Prüfungsaufgaben Informatik

Herausgegeben von G. Böhme

Mit Beiträgen von
W. Bauer R. Bischoff G. Böhme A. Bopp
M. Bues H. Heilmann E. Hoefer R. M. Katzsch
F. Kemmler H. Klein W. Kuntz R. May
H. Nielinger H.-V. Niemeier D. Pflügel
K. H. Schmidt H.-J. Ziegler

Mit 346 Abbildungen

Springer-Verlag
Berlin Heidelberg New York Tokyo 1984

Professor Gert Böhme
Fachbereich Allgemeine Informatik
Fachhochschule Furtwangen
Gerwigstraße 11, D-7743 Furtwangen

CIP-Kurztitelaufnahme der Deutschen Bibliothek
Prüfungsaufgaben Informatik / hrsg. von G. Böhme
– Berlin; Heidelberg; New York; Tokyo: Springer, 1984.

ISBN-13: 978-3-540-12772-7   e-ISBN-13: 978-3-642-69331-1
DOI: 10.1007/978-3-642-69331-1

NE: Böhme, Gert [Hrsg.]

Vorwort

Mit dieser Gemeinschaftsarbeit von Professoren der Fachhochschule Furtwangen werden zum ersten Male konkrete Leistungsanforderungen für Studenten von Informatik-Studiengängen einer breiten Öffentlichkeit zugänglich gemacht. Es handelt sich um einen repräsentativen Querschnitt von Prüfungsaufgaben aller Schwierigkeitsgrade, die aus zweiunddreißig Lehrveranstaltungen der Allgemeinen Informatik, der Ingenieur-Informatik und der Wirtschaftsinformatik ausgewählt wurden. Von jeder dieser Vorlesungen werden die Lehrinhalte in Stichworten, die zur Bearbeitung der Prüfungsaufgaben zugelassenen Hilfsmittel, die Aufgabentexte samt Lösungen sowie eine Liste der empfohlenen Literatur dokumentiert.

Die Prüfungsaufgaben haben ausnahmslos konstruktiven Charakter. Sie haben sich als Leistungsmesser in Klausuren bewährt und werden auch in Zukunft zu Klausuren verwendet werden. Damit wird kein Geheimnis gelüftet. Im Gegenteil, die Publikation solcher Prüfungsaufgaben kann als Beitrag zu einer Humanisierung des Studiums verstanden werden. Jedes Hochschulstudium ist heute in ein kaum noch überschaubares Netz restriktiver Studien- und Prüfungsbedingungen eingebunden. Die Studenten werden dadurch gezwungen, prüfungsorientiert zu lernen. Sie müssen sich bei den meisten Lehrveranstaltungen auf die Erarbeitung prüfungsrelevanter Studieninhalte beschränken. Deshalb ist für sie die Offenlegung der Lernziele zu einer Lehrveranstaltung eine wirklich große Hilfe.

Die Autoren haben besondere Mühe darauf verwandt, bei den meisten Fächern nicht nur die Endlösungen, sondern auch die Zwischenergebnisse, den Lösungsgang und die erforderlichen Begründungen darzulegen. Auf diese Weise können auch Studenten anderer Hochschulen, sofern sie die betreffenden Vorlesungen gehört haben, mit diesem Prüfungskatalog

selbständig arbeiten und sich auf die Prüfungen vorbereiten. Auch wenn es in der Informatik keine genormten
Prüfungsaufgaben gibt, so kann doch festgestellt werden,
daß vergleichsweise viele dieser Aufgaben gewissermaßen
typisch für das betreffende Fach und somit auch hochschul-
übergreifend sind. Andererseits können vom üblichen Standard abweichende Aufgaben eine reizvolle Ergänzung und
Erweiterung des Lehr- und Übungsstoffes darstellen. Darüber hinaus will dieser Prüfungskatalog aber auch dazu
beitragen, den Begriff der Angewandten Informatik, so wie
er im Bereich der Fachhochschulen verstanden wird, zu
füllen und zu veranschaulichen.

Die Autoren hoffen auch, mit dieser Publikation eine Dis-
kussion über Ziele und Inhalte ihrer Lehrveranstaltung in
Gang zu bringen. Sie sind für alle Anregungen und Ergänzungen dankbar. Da auf den wissenschaftlichen Tagungen
fachinhaltliche und fachdidaktische Fragen zur Ausbildung
von Informatikstudenten meistens zu kurz kommen, könnte
auf diese Weise ein Informations- und Erfahrungsaustausch
in die Wege geleitet werden.

Herausgeber und Autoren danken allen Mitarbeitern, die
an der Fertigstellung des Buches beteiligt waren. Besondere Anerkennung verdient Frau R. Selzer für die außer-
gewöhnliche Sorgfalt und Zuverlässigkeit beim Schreiben
des Textes.

Furtwangen, im Dezember 1983   Gert Böhme

Inhaltsverzeichnis

Autorenverzeichnis

Prof. Dr. phil. Wolfgang BAUER
Fachbereich Allgemeine Informatik
Fachhochschule Furtwangen

Prof. Dr. rer. pol. Rainer BISCHOFF
Fachbereich Wirtschaftsinformatik
Fachhochschule Furtwangen

Prof. Gert BÖHME
Fachbereich Allgemeine Informatik
Fachhochschule Furtwangen

Prof. Dipl.-Ing. Achim BOPP
Fachbereich Ingenieur-Informatik
Fachhochschule Furtwangen

Prof. Dipl.-Kfm. Manfred BUES
Fachbereich Wirtschaftsinformatik
Fachhochschule Furtwangen

Prof. Dr. rer. soc. oec. Heidi HEILMANN
Fachbereich Wirtschaftsinformatik
Fachhochschule Furtwangen

Prof. Dr.-Ing. Eberhard HOEFER
Fachbereich Ingenieur-Informatik
Fachhochschule Furtwangen

Prof. Dipl.-Kfm. Rolf M. KATZSCH
Fachbereich Wirtschaftsinformatik
Fachhochschule Furtwangen

Prof. Dipl.-Ing. Friedrich KEMMLER
Fachbereich Ingenieur-Informatik
Fachhochschule Furtwangen

Prof. Dr. rer. nat. Heinz KLEIN
Fachbereich Ingenieur-Informatik
Fachhochschule Furtwangen

Prof. Dr.-Ing. Walter KUNTZ
Fachbereich Ingenieur-Informatik
Fachhochschule Furtwangen

Prof. Dr. rer. nat. Rolf MAY
Fachbereich Ingenieur-Informatik
Fachhochschule Furtwangen

Prof. Dr.-Ing. Horst NIELINGER
Fachbereich Ingenieur-Informatik
Fachhochschule Furtwangen

Prof. Dr. rer. nat. Hans-Volker NIEMEIER
Fachbereich Allgemeine Informatik
Fachhochschule Furtwangen

Prof. Dr.-Ing. Dieter PFLÜGEL
Fachbereich Allgemeine Informatik
Fachhochschule Furtwangen

Prof. Dipl.-Ing. M.S.E. Kurt H. SCHMIDT
Fachbereich Ingenieur-Informatik
Fachhochschule Furtwangen

Dipl.-Math. Hans-Jörg ZIEGLER
Lehrbeauftragter an der
Fachhochschule Furtwangen

1. Algebra I

Gert Böhme

Fachbereich Allgemeine Informatik

Mengen: Schreibweisen, Beziehungen, Verknüpfungen, disjunktive Normalform, Mengen-
algebra. Relationen: Paare, n-tupel, kartesisches Produkt, Eigenschaften zweistel-
liger Relationen, Relationsgraph, Verknüpfungen, Äquivalenzrelationen, Klassenbildung, Ordnungsrelationen, HASSE-Diagramme. Abbildungen: Begriff, Darstellungs-
formen, Eigenschaften, Verknüpfungen, insbesondere Komposition und Umkehrung.
Operationen: Innere und äußere Operationen, Kommutativität, Assoziativität, LIGHT-
Algorithmus, Neutralelemente, inverse Elemente, Auflösbarkeit, Distributivität.
Operations- und Relationstreue: Homo-, Iso-, Endo- und Automorphismen. Struktur-
begriff. BOURBAKI-Aufbau. Graphen: Knoten, Kanten, Adjazenzrelation, Isomorphie
von Graphen, Teilgraphen, Zusammenhängende Graphen, Artikulationen, Bäume, Gerüste,
Algorithmen. Gruppen: Axiome, isomorphe Gruppen, Permutationsgruppen, Zyklen-Dar-
stellung, CAYLEY-Algorithmus, Untergruppen, Normalteiler, Faktorgruppe. Ringe.
Körper. BOOLEsche Algebra: HUNTINGTON-Axiome, einfache Sätze, Termoperationen,
Minimierungen: KARNAUGH-Tafel, QUINE-McCLUSKEY-Algorithmus, Normalformen. Schalt-
algebra: Modellbegriff, Struktureigenschaften, Analyse und Synthese logischer
Schaltungen, Gattertechnik, Addierwerke, NOR- und NAND-Operation, digitaltechnische
Anwendungen.

Zugelassene Hilfsmittel für die Prüfungsaufgaben 1.1 bis 1.16: keine

Aufgaben

1.1

Auf der Potenzmenge P(M) der Menge M = {a,b} sei eine dreistellige Relation R
durch die Äquivalenz

$$(A,B,C) \in R \iff A \cap B = C$$

erklärt. Schreiben Sie R als Menge durch Aufzählen aller Elemente an!

1.2

Durch das VENN-Diagramm der Abb. 1.2.1

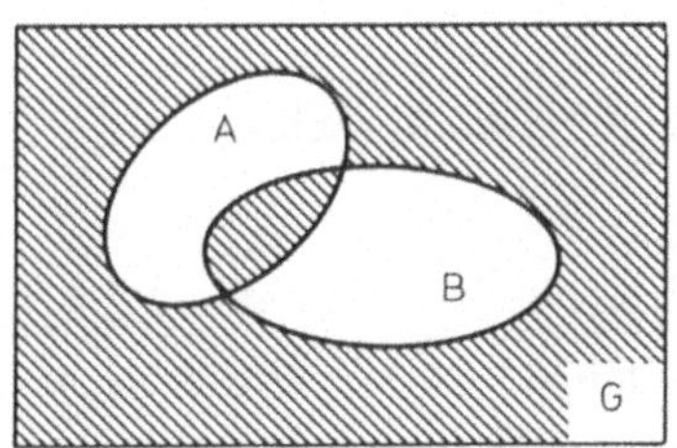

Abb. 1.2.1

wird auf der Grundmenge G eine zweistellige mengenalgebraische Verknüpfung A * B
erklärt, die aus genau den Elementen besteht, die durch die Schraffur gekennzeich-
net sind.

a) Schreiben Sie A * B mit Hilfe des Mengenbildungsoperators an!

b) Termdarstellung von A * B?

c) Untersuchen Sie auf mengenalgebraische Weise die Verknüpfung "*" hinsichtlich
   folgender Eigenschaften (verwenden Sie für die Rechnungen die ökonomischen
   Schreibweisen mit "·" und "+" für Durchschnitt bzw. Vereinigung!):

   (1) Kommutativität
   (2) Assoziativität
   (3) Neutralelement
   (4) Inverse Elemente

d) Welche Struktur liegt demnach für (G,*) vor?

1.3

Ein Theater verfüge über 20 Reihen zu je 10 Plätzen. Jeder Platz ist durch seine
Reihennummer r und seine Sitznummer s, also das Paar (r,s) eindeutig bestimmt
(Eintrittskarte).

Im Rahmen einer algebraischen Systembeschreibung werde jede Vorstellung R als
Menge der verkauften Plätze verstanden. A bezeichne die Menge der Reihennummern,
B die Menge der Sitznummern.

Durch welche relationsalgebraisch relevanten Aussagen können die folgenden Sachverhalte formalisiert werden:

(1) Die Vorstellung ist ausverkauft.
(2) Es können nicht mehr Karten verkauft werden, als das Theater Sitzplätze hat.
(3) Keine Karte wurde verkauft.
(4) Die Menge M aller Vorstellungen der Saison.
(5) Von jeder Reihe wurde mindestens ein Platz verkauft.
(6) Wenigstens eine Reihe ist vollständig besetzt.
(7) Auf jeder Reihe sitzt genau ein Besucher.

1.4

Es ist ein Algorithmus zu konstruieren, der die Fortsetzung einer beliebigen zweistelligen Relation R auf einer Menge M zu einer Äquivalenzrelation $\hat{R}$ minimaler
Mächtigkeit bewirkt.

Anleitung: Bezüglich der Transitivität beachte man, daß für jede Relation R die
"transitive Hülle"

$$R^t := R \cup (R * R) \cup (R * R * R) \ldots$$

zu einer transitiven Relation R^t führt. Bei endlichem R bricht dieser Prozeß nach
endlich vielen Schritten ab. Nach einer verbalen Beschreibung ist der Algorithmus

für die Relation

$$R = \{(1;2), (3;4), (1;8)\} \quad \text{auf} \quad M = \{1,2,3,4,5,6,7,8\}$$

zu testen. Es ist $\hat{R}$, die Quotientenmenge $M\backslash\hat{R}$ und die Klasseneinteilung mit dem Relationsgraphen anzugeben. "*" bezeichnet die Komposition.

1.5

Stellen Sie die Echte-Teilerbeziehung auf der Menge $M = \{1,2,3,4,5,6\}$ als Graph G dar:

a) Aufzeichnung des Graphen G
b) Von welchem Typ ist der Graph G?
c) Welche der Knoten 1,2,3 sind Artikulationen des zugehörigen ungerichteten Graphen G'?
d) Bewerten Sie im Graphen G die Kanten mit den ganzzahligen Quotienten aus den Zahlen der jeweiligen Begrenzungsknoten und konstruieren Sie in G ein Minimalgerüst anhand des in der Vorlesung gebrachten Algorithmus!

1.6

Vorgelegt sei die reelle Funktion f gemäß

$$f: \quad [0;4] \longrightarrow [0;6] \quad \text{mit} \quad f(x) = y = x + \sqrt{x}$$

a) Skizzieren Sie den Funktionsgraphen!
b) Ist f bijektiv?
c) Bestimmung der Umkehrfunktion f^{-1} von f!
d) Kontrolle der Umkehr-Identitäten (detaillierte Rechnung!):

$$f^{-1}(f(x)) = x \quad \text{für alle } x \in [0;4]$$

$$f(f^{-1}(x)) = x \quad \text{für alle } x \in [0;6]$$

e) Skizze des Graphen von f^{-1}.

1.7

Vorgelegt sei eine algebraische Struktur $(A = \{a,b,c,d,e,f\}, *)$ mit folgender Verknüpfungstafel:

*	a	b	c	d	e	f
a	a	a	a	a	a	a
b	a	b	c	d	e	f
c	a	c	e	a	c	e
d	a	d	a	d	a	d
e	a	e	c	a	e	c
f	a	f	e	d	c	b

(1) Geben Sie (mit Nachweis!) ein Erzeugendensystem E minimaler Mächtigkeit an.

(2) Untersuchen Sie die Operation "*" auf Assoziativität mit dem LIGHT-Algorithmus!

(3) Besitzt die Struktur ein Neutralelement? Welche Elemente haben ein Inverses?
    Ist $(A,*)$ Gruppe?

(4) Geben Sie für $(A,*)$ ein Modell (B,o) an und zeigen Sie die Isomorphie durch An-
    gabe einer entsprechenden Abbildung.

1.8

Es sind alle Endomorphismen der additiven Restklassengruppe modulo 6 anzugeben. Die
Endomorphismen sind vollständig zu beschreiben, die Verknüpfungstreue der nicht-
trivialen Endomorphismen durch jeweils drei Beispiele zu überprüfen!

Anleitung: Man beginne mit der Aufstellung der Verknüpfungstafel für $(R_6,\oplus)$ und
suche nach abgeschlossenen Teilmengen von R_6 bezüglich $\oplus$.

1.9

Die komplexe Zahlenebene werde so auf sich abgebildet, daß jeder Punkt an der imagi-
nären Achse gespiegelt wird. Diese Abbildung ist zu untersuchen

(1) auf Bijektivität

(2) auf Verknüpfungstreue bezüglich der Addition

(3) auf Verknüpfungstreue bezüglich der Multiplikation

1.10

Mit $(R_i,\oplus_i)$, $i \in \{2,3,6\}$, mögen die additiven Restklassengruppen modulo i bezeichnet werden:

$$R_2 = \{\bar{0},\bar{1}\}, \quad R_3 = \{\bar{0},\bar{1},\bar{2}\}, \quad R_6 = \{\bar{0},\bar{1},\bar{2},\bar{3},\bar{4},\bar{5}\}$$

Wir erklären zwei algebraische Strukturen. Die eine sei die bekannte Gruppe $(R_6,\oplus_6)$.
Die andere Struktur habe als Trägermenge das kartesische Produkt $R_3 \times R_2$, und darauf
werde eine Operation "*" wie folgt erklärt:

$$(x_1,y_1) * (x_2,y_2) := (x_1 \oplus_3 x_2,\ y_1 \oplus_2 y_2)$$
$$\text{mit } x_i \in R_3,\ y_i \in R_2.$$

(1) Stellen Sie die Verknüpfungstafel für $(R_6,\oplus_6)$ auf!

(2) Stellen Sie die Verknüpfungstafel für $(R_3 \times R_2,*)$ auf!

(3) Weisen Sie die Gruppeneigenschaft für $(R_6,\oplus_6)$ nach!

(4) Erklären Sie jetzt in geeigneter Weise (!) eine Abbildung $\varphi : R_3 \times R_2 \longrightarrow R_6$, so
    daß φ einen Isomorphismus darstellt. Überprüfen Sie die Verknüpfungstreue anhand
    von drei gut gewählten Beispielen!

(5) Welche Struktureigenschaften hat $(R_3 \times R_2,*)$?

1.11

Auf der Trägermenge G gemäß

$$G = \{x \mid x = a + b\sqrt{5} \wedge a \in \mathbf{Q} \wedge b \in \mathbf{Q} \wedge a^2 + b^2 \neq 0\}$$

werde die Multiplikation "·" als Verknüpfung erklärt. Zeigen Sie: (G,·) ist eine ABELsche Gruppe!

Hinweis: Die Struktureigenschaften des reellen Zahlenkörpers $(\mathbf{R};+,\cdot)$ können als bekannt vorausgesetzt (und damit beim Beweis ausgebeutet) werden.

1.12

Man zeige, daß die Menge M der rationalen Funktionen f der Gestalt

$$x \longmapsto f(x) = \frac{a \cdot x + b}{c \cdot x + d}$$

mit $a,b,c,d \in \mathbf{R}$ bezüglich der Komposition eine Gruppe bildet.

Hinweis: 1) Im Verlauf der Rechnung ergibt sich eine Koeffizientenbedingung für die a,b,c,d. Wie lautet diese?

2) Die Auflösbarkeit braucht (aus Zeitgründen) nur anhand *einer* Gleichung gezeigt zu werden.

1.13

Unter Anwendung des CAYLEY-Algorithmus sind die Elemente der multiplikativen Restklassengruppe $(R_7 \setminus \{\bar{0}\}, \odot_7)$ durch Permutationen und Zyklen darzustellen.

1.14

Für interne Kontrollen wird jedem Byte vom Rechner automatisch ein Paritybit angehängt, das die Zahl der auf "1" gesetzten Bits stets auf eine ungerade Anzahl ergänzt. Wir beschränken uns hier auf ein Halbbyte (eine Tetrade) und suchen die BOOLEsche Funktion f mit

$$(x_1, x_2, x_3, x_4) \longmapsto f(x_1, x_2, x_3, x_4),$$

die diese Zuordnung Tetrade $\longmapsto$ Paritybit beschreibt.

(1) Darstellung von f
    a) tabellarisch
    b) algebraisch (BOOLEsche Schreibweise)
    c) topographisch (KARNAUGH-Tafel)
(2) Minimierung von f
    a) mit KARNAUGH
    b) durch algebraische Umformung
(3) Aufzeichnung der minimierten Funktion f durch eine Gatterschaltung. Dabei verwende man ausschließlich UND- und ODER-Gatter mit 2 Eingängen, negierte Eingangssignale sollen am Gattereingang dargestellt werden.

1.15

Ein Taxiunternehmen verfügt über vier Wagen. Um eine laufende Kontrolle über den
Einsatz der Wagen zu erhalten, stehen diese mit der Zentrale über Funk in Verbin-
dung. Sobald ein Taxi auf Fahrt ist, gibt es ein Signal an die Zentrale. Dort soll
eine Schaltung aufgebaut werden, welche die Gesamtzahl der ankommenden Signale
registriert.

Anleitung: Für jeden Wagen führe man eine Schaltvariable x_i ($i \in \{1,2,3,4\}$) ein
und setze fest:

$$x_i = 1 : \text{ der Wagen i ist auf Fahrt}$$
$$x_i = 0 : \text{ sonst}$$

Das gesuchte Schaltnetz muß fünf Ausgänge erhalten, je nachdem zu einem bestimmten
Zeitpunkt 0, 1, 2, 3 oder alle 4 Wagen im Einsatz sind. Die zuständigen Schaltfunktionen f_k lege man so fest, daß f_k (x_1, x_2, x_3, x_4) = 1 genau dann gilt, wenn insgesamt k Signale eintreffen, d.h. k Wagen auf Fahrt sind ($k \in \{0,1,2,3,4\}$).

a) Aufstellung der schaltalgebraischen Funktionsterme f_k (x_1, x_2, x_3, x_4) für jedes k.
b) Geeignete Umformung der Funktionsterme mit dem Ziel, möglichst viele gemeinsame
   Teilterme zu gewinnen.
c) Aufzeichnung des Schaltnetzes mit UND- und ODER-Gattern ($\geq$ 2 Eingänge), negierte
   Signale sollen an den Eingängen der o.a. Gatter dargestellt werden.

1.16

Ein junger Mann sucht die Frau fürs Leben. Dabei stellt er folgende Ansprüche: eine
Dame kommt in die engere Wahl, wenn sie von den Eigenschaften

    attraktiv (a)
    begütert (b)
    clever (c)
    diplomiert (d)

1. wenigstens drei dieser Eigenschaften besitzt *oder*
2. falls genau zwei Eigenschaften vorhanden sind, die Dame
   - attraktiv und begütert *oder*
   - clever und begütert ist *oder*
3. falls genau eine Eigenschaft vorliegt, die Dame
   - attraktiv ist.

Damit ist eine schaltalgebraische Funktion f bestimmt!

(1) Aufstellung der disjunktiven Normalform von f: (a,b,c,d) $\longmapsto$ f(a,b,c,d)
(2) Darstellung von f im KARNAUGH-Diagramm!
(3) Minimierung von f mit KARNAUGH!
(4) Weitere Minimierung von f algebraisch!
(5) Kontaktschaltbild?

(6) Gatterschaltung (UND- und ODER-Gatter mit $\geq$ 2 Eingängen; NICHT-Gatter) mit
    möglichst wenig Gattern
(7) Umformung von f "via NAND"?
(8) NAND-Gatterschaltung?

Literatur

[1] Böhme G (1981) Algebra, 4. Aufl. Springer, Berlin Heidelberg New York

[2] Böhme G (Hrsg) (1977) Anwendungsorientierte Mathematik, Bd 4 (Aktuelle Anwen-
    dungen der Mathematik). Springer, Berlin Heidelberg New York

Lösungen

<u>1.1</u>

$P(M) = \{\emptyset,\{a\},\{b\},M\}$

$R = \{(\emptyset,\emptyset,\emptyset),(\emptyset,\{a\},\emptyset),(\emptyset,\{b\},\emptyset),(\emptyset,M,\emptyset),(\{a\},\emptyset,\emptyset),(\{a\},\{a\},\{a\}),$
$\quad(\{a\},\{b\},\emptyset),(\{a\},M,\{a\}),(\{b\},\emptyset,\emptyset),(\{b\},\{a\},\emptyset),(\{b\},\{b\},\{b\}),$
$\quad(\{b\},M,\{b\}),(M,\emptyset,\emptyset),(M,\{a\},\{a\}),(M,\{b\},\{b\}),(M,M,M)\}$

<u>1.2</u>

a) $A * B = \{x \mid (x \in A \wedge x \in B) \vee (x \notin A \wedge x \notin B)\}$

b) $A * B = (A \cap B) \cup (A' \cap B') = AB + A'B'$

c) (1) $B * A = BA + B'A' = AB + A'B' = A * B$

   (2) $(A * B) * C = (AB + A'B') * C$
$$= ABC + A'B'C + A'BC' + AB'C'$$
$$A * (B * C) = A * (BC + B'C')$$
$$= ABC + A'B'C + A'BC' + AB'C'$$

   (3) Neutralelement ist die Grundmenge G
$$A * G = AG + A'G' = A + A'\emptyset = A + \emptyset = A$$
$$G * A = A * G = A \text{ wegen (1)}$$

   (4) Jede Menge hat sich selbst als Inverses:
$$A * A^{-1} = A * A = AA + A'A' = A + A' = G$$
$$A^{-1} * A = G \text{ wegen (1)}$$

<u>1.3</u>

(1) $R = A \times B$

(2) $R \subset A \times B$ oder $|R| \leq |A||B| = 200$

(3) $R = \emptyset$

(4) $M \subset P(A \times B)$

(5) $V_R = A$ (R ist linkstotal, Deckung im Vorbereich V_R)

(6) $N_R = B$ (R ist rechtstotal, Deckung im Nachbereich N_R)

(7) R ist funktionell (rechtseindeutig und linkstotal)

<u>1.4</u>

Algorithmus:

1. $R \cup R^{-1}$ bestimmen (Symmetrie!)

2. $R \cup R^{-1} \cup I_M$ bestimmen (Reflexivität!)

3. Falls $R \cup R^{-1} \cup I_M$ bereits transitiv ist: $R \cup R^{-1} \cup I_M = \hat{R}$
   ENDE! Anderenfalls:

4. $(R \cup R^{-1} \cup I_M) * (R \cup R^{-1} \cup I_M)$ bestimmen und auf Transitivität untersuchen.
   Weiter entsprechend von 3.

Testbeispiel: $\hat{R}$ = {(1;1),(2;2),(3;3),(4;4),(5;5),(6;6),(7;7),(8;8),
                (1;2),(2;1),(3;4),(4;3),(1;8),(8;1),(2;8),(8;2)}
$M\backslash\hat{R}$ = {{1,2,8},{3;4},{5},{6},{7}}. Relationsgraph: Abb. L1.4.1

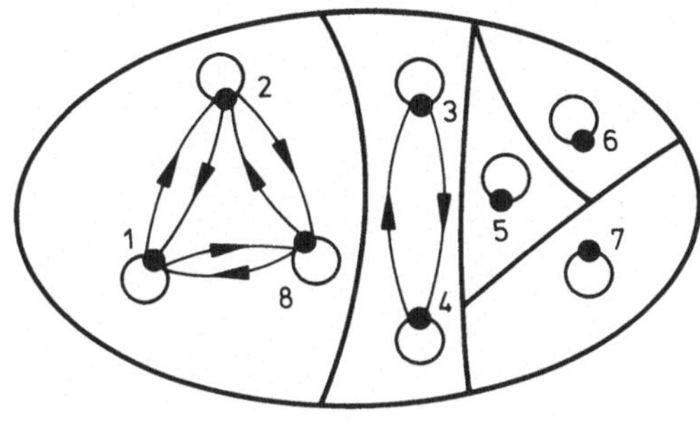

Abb. L1.4.1

<u>1.5</u>

a) Abb. L1.5.1

b) schwach zusammenhängender, gerichteter Graph

c) nur 1 ist Artikulation

d) Abb. L1.5.2

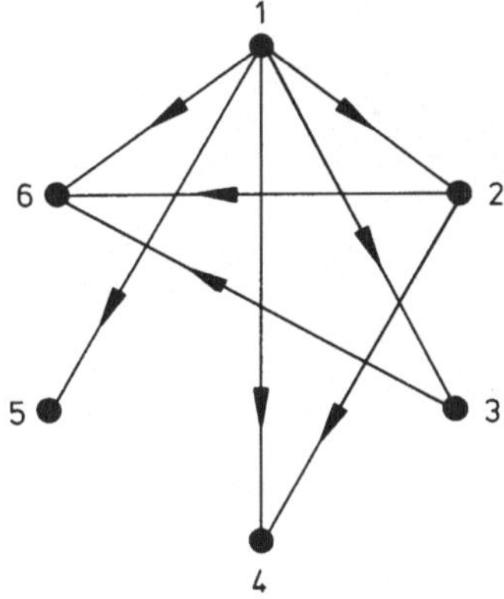

Abb. L1.5.1

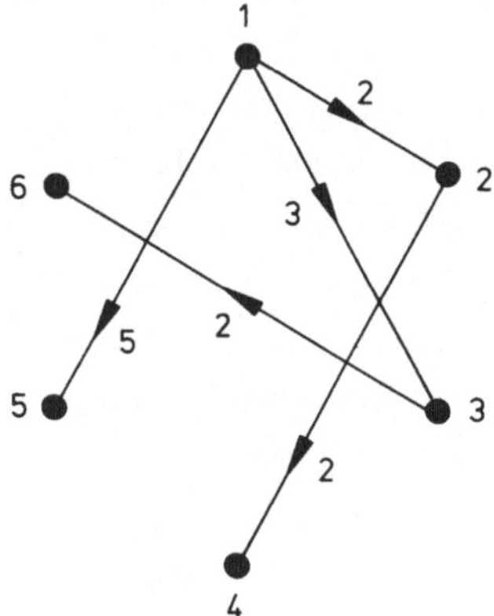

Abb. L1.5.2

<u>1.6</u>

a) Abb. L1.6.1

b) f ist in [0;4] streng monoton steigend, also bijektiv

c) f^{-1} = {(x,y)|x $\in$ [0;6],y $\in$ [0;4],x = y + $\sqrt{y}$}

d) $x = y + \sqrt{y} \Longleftrightarrow y = x + \frac{1}{2} - \sqrt{x + \frac{1}{4}} = f^{-1}(x)$

$$f^{-1}(f(x)) = f(x) + \frac{1}{2} - \sqrt{f(x) + \frac{1}{4}} = x + \sqrt{x} + \frac{1}{2} - \sqrt{(\sqrt{x} + \frac{1}{2})^2} = x$$

$$f(f^{-1}(x)) = f^{-1}(x) + \sqrt{f^{-1}(x)} = x + \frac{1}{2} - \sqrt{x + \frac{1}{4}} + \sqrt{\left(\sqrt{x + \frac{1}{4}} - \frac{1}{2}\right)^2} = x$$

e) Abb. L1.6.1

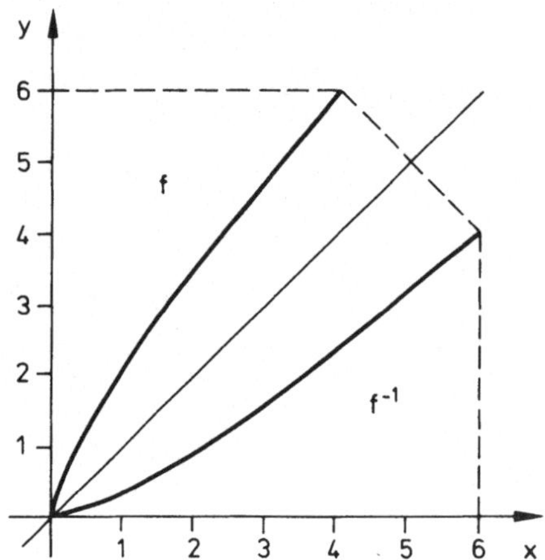

Abb. L1.6.1

1.7

(1) $E = \{d,e,f\}$; $a = e * d$, $b = f * f$, $c = e * f$

(2) "*" ist assoziativ; LIGHT-Algorithmus siehe [2]

(3) b ist Neutralelement; $b^{-1} = b$, $f^{-1} = f$; keine Gruppe; Monoid!

(4) Modell (B,o) ist z.B. der multiplikative Restklassen-Monoid
modulo 6: $\varphi(a) = \bar{0}$, $\varphi(b) = \bar{1}$, $\varphi(c) = \bar{2}$, $\varphi(d) = \bar{3}$, $\varphi(e) = \bar{4}$,
$\varphi(f) = \bar{5}$: $\varphi(x * y) = \varphi(x) \ o \ \varphi(y)$ für alle $x,y \in A$.

1.8

Bezüglich $\oplus$ abgeschlossene Teilmengen sind $M_1 = \{\bar{0}\}$, $M_2 = R_6$, $M_3 = \{\bar{0},\bar{3}\}$,
$M_4 = \{\bar{0},\bar{2},\bar{4}\}$. Endomorphismen φ_i sind:

φ_1: $R_6 \to M_1$ mit $\varphi_1(x) = \bar{0}$ für alle $x \in R_6$

φ_2: $R_6 \to R_6$ mit $\varphi_2(x) = x$ für alle $x \in R_6$

φ_3: $R_6 \to M_3$ mit $\varphi_3(\bar{0}) = \varphi_3(\bar{2}) = \varphi_3(\bar{4}) = \bar{0}$, $\varphi_3(\bar{1}) = \varphi_3(\bar{3}) = \varphi_3(\bar{5}) = \bar{3}$

φ_4: $R_6 \to M_4$ mit $\varphi_4(\bar{0}) = \varphi_4(\bar{3}) = \bar{0}$, $\varphi_4(\bar{1}) = \varphi_4(\bar{4}) = \bar{2}$, $\varphi_4(\bar{2}) = \varphi_4(\bar{5}) = \bar{4}$

1.9

φ: $\mathbb{C} \to \mathbb{C}$ mit $\varphi(z) = \varphi(a + bj) = -a + bj$

(1) φ ist injektiv $(a + bj \neq a' + b'j \Rightarrow -a + bj \neq -a' + b'j)$ und
surjektiv $\Rightarrow \varphi$ ist bijektiv

(2) $\varphi(z_1 + z_2) = \varphi(z_1) + \varphi(z_2)$ für alle $z_1,z_2 \in \mathbb{C}$

(3) keine Verknüpfungstreue bezgl. der Multiplikation

1.10

(1)

$\oplus_6$	$\bar 0$	$\bar 1$	$\bar 2$	$\bar 3$	$\bar 4$	$\bar 5$
$\bar 0$	$\bar 0$	$\bar 1$	$\bar 2$	$\bar 3$	$\bar 4$	$\bar 5$
$\bar 1$	$\bar 1$	$\bar 2$	$\bar 3$	$\bar 4$	$\bar 5$	$\bar 0$
$\bar 2$	$\bar 2$	$\bar 3$	$\bar 4$	$\bar 5$	$\bar 0$	$\bar 1$
$\bar 3$	$\bar 3$	$\bar 4$	$\bar 5$	$\bar 0$	$\bar 1$	$\bar 2$
$\bar 4$	$\bar 4$	$\bar 5$	$\bar 0$	$\bar 1$	$\bar 2$	$\bar 3$
$\bar 5$	$\bar 5$	$\bar 0$	$\bar 1$	$\bar 2$	$\bar 3$	$\bar 4$

(2)

$*$	$(\bar 0,\bar 0)$	$(\bar 0,\bar 1)$	$(\bar 1,\bar 0)$	$(\bar 1,\bar 1)$	$(\bar 2,\bar 0)$	$(\bar 2,\bar 1)$
$(\bar 0,\bar 0)$	$(\bar 0,\bar 0)$	$(\bar 0,\bar 1)$	$(\bar 1,\bar 0)$	$(\bar 1,\bar 1)$	$(\bar 2,\bar 0)$	$(\bar 2,\bar 1)$
$(\bar 0,\bar 1)$	$(\bar 0,\bar 1)$	$(\bar 0,\bar 0)$	$(\bar 1,\bar 1)$	$(\bar 1,\bar 0)$	$(\bar 2,\bar 1)$	$(\bar 2,\bar 0)$
$(\bar 1,\bar 0)$	$(\bar 1,\bar 0)$	$(\bar 1,\bar 1)$	$(\bar 2,\bar 0)$	$(\bar 2,\bar 1)$	$(\bar 0,\bar 0)$	$(\bar 0,\bar 1)$
$(\bar 1,\bar 1)$	$(\bar 1,\bar 1)$	$(\bar 1,\bar 0)$	$(\bar 2,\bar 1)$	$(\bar 2,\bar 0)$	$(\bar 0,\bar 1)$	$(\bar 0,\bar 0)$
$(\bar 2,\bar 0)$	$(\bar 2,\bar 0)$	$(\bar 2,\bar 1)$	$(\bar 0,\bar 0)$	$(\bar 0,\bar 1)$	$(\bar 1,\bar 0)$	$(\bar 1,\bar 1)$
$(\bar 2,\bar 1)$	$(\bar 2,\bar 1)$	$(\bar 2,\bar 0)$	$(\bar 0,\bar 1)$	$(\bar 0,\bar 0)$	$(\bar 1,\bar 1)$	$(\bar 1,\bar 0)$

(3) Abgeschlossenheit: siehe Tafel!

Assoziativität: für alle $x,y,z \in R_6$ gilt $(\bar x \oplus_6 \bar y) \oplus_6 \bar z$

$= \overline{x + y} \oplus_6 \bar z = \overline{(x + y) + z} = \overline{x + (y + z)} = \bar x \oplus_6 \overline{y + z} = \bar x \oplus_6 (\bar y \oplus_6 \bar z)$

Neutralelement ist $\bar 0$; inverse Elemente sind $\bar 0^{-1} = \bar 0$, $\bar 1^{-1} = \bar 5$, $\bar 2^{-1} = \bar 4$, $\bar 3^{-1} = \bar 3$, $\bar 4^{-1} = \bar 2$, $\bar 5^{-1} = \bar 1$. $(R_6, \oplus_6)$ ist ferner ABELsch.

(4) $\varphi((\bar 0,\bar 0)) = \bar 0$, $\varphi((\bar 0,\bar 1)) = \bar 3$, $\varphi((\bar 1,\bar 0)) = \bar 4$, $\varphi((\bar 2,\bar 0)) = \bar 2$, $\varphi((\bar 1,\bar 1)) = \bar 1$, $\varphi((\bar 2,\bar 1)) = \bar 5$

(5) $(R_3 \times R_2, *)$ ist ABELsche Gruppe

1.11

Abgeschlossenheit: $a + b\sqrt 5 \in G$, $a' + b'\sqrt 5 \in G \Rightarrow (a + b\sqrt 5) \cdot (a' + b'\sqrt 5)$

$= (aa' + 5bb') + (ab' + a'b)\sqrt 5 \in G$, denn $aa' + 5bb' \in \mathbb{Q}$ und $ab' + a'b \in \mathbb{Q}$

und $(aa' + 5bb')^2 + (ab' + a'b)^2 \neq 0$ wegen der Nullteilerfreiheit in $\mathbb{R}$.

Assoziativität und Kommutativität bzgl. "$\cdot$" besteht in $\mathbb{R}$ und wegen

$G \subset \mathbb{R}$ auch in G.

Auflösbarkeit: $(a + b\sqrt 5) \cdot (x + y\sqrt 5) = c + d\sqrt 5 \Rightarrow$

$$x = \frac{ac - 5bd}{a^2 - 5b^2}, \quad y = \frac{ad - bc}{a^2 - 5b^2}$$

Wegen $a,b \in \mathbb{Q}$ ist $a^2 - 5b^2 \in \mathbb{Q}$ und $a^2 \neq 5b^2$. Also ist $x \in \mathbb{Q}$, $y \in \mathbb{Q}$ und damit $x + y\sqrt 5 \in G$.

1.12

Abgeschlossenheit: Man setze die Funktionsterme von f und g so an:

$$f(x) = \frac{ax + b}{cx + d}, \quad g(x) = \frac{a'x + b'}{c'x + d'} \quad \text{mit} \quad \begin{vmatrix} a & b \\ c & d \end{vmatrix} \neq 0, \quad \begin{vmatrix} a' & b' \\ c' & d' \end{vmatrix} \neq 0$$

$$f * g(x) = f(g(x)) = \frac{(aa' + bc')x + (ab' + bd')}{(ca' + dc')x + (cb' + dd')}$$

$$\text{mit} \quad \begin{vmatrix} aa' + bc' & ab' + bd' \\ ca' + dc' & cb' + dd' \end{vmatrix} = \begin{vmatrix} a & b \\ c & d \end{vmatrix} \cdot \begin{vmatrix} a' & b' \\ c' & d' \end{vmatrix} \neq 0$$

Assoziativität bedarf keines Nachweises, da die Komposition (Verkettung) von Abbildungen als assoziativ bekannt ist.

Auflösbarkeit: Gibt es eine Funktion $g \in M$, so daß $f * g = h$ bei beliebigen, vorgegebenen $f,h \in M$ gilt?

$$h(x) = \frac{a''x + b''}{c''x + d''} \; ; \quad f(g(x)) = h(x) \Rightarrow \frac{(aa' + bc')x + (ab' + bd')}{(ca' + dc')x + (cb' + dd')} = \frac{a''x + b''}{c''x + d''}$$

$$\Rightarrow a' = \frac{a''d - c''b}{ad - bc}, \quad b' = \frac{b''d - d''b}{ad - bc}, \quad c' = \frac{ac'' - ca''}{ad - bc}, \quad d' = \frac{d''a - b''c}{ad - bc}$$

(Linksseitige Auflösbarkeit zeigt man ganz entsprechend!) Wegen $\begin{vmatrix} a & b \\ c & d \end{vmatrix} = ad - bc \neq 0$
existieren die a',b',c',d' eindeutig.

1.13

$\bar{1} \longmapsto (1), \ \bar{2} \longmapsto (124)(365), \ \bar{3} \longmapsto (132645), \ \bar{4} \longmapsto (142)(356), \ \bar{5} \longmapsto (154623),$
$\bar{6} \longmapsto (16)(25)(34)$

1.14

(1) $f(x_1,x_2,x_3,x_4) = x_1'x_2'x_3'x_4' + x_1'x_2'x_3x_4 + x_1'x_2x_3'x_4 + x_1'x_2x_3x_4'$

$\qquad\qquad + x_1x_2'x_3'x_4 + x_1x_2'x_3x_4' + x_1x_2x_3'x_4' + x_1x_2x_3x_4$

(2) a) Minimierung mit der KARNAUGH-Tafel ist nicht möglich!

$\quad$ b) $f(x_1,x_2,x_3,x_4) = (x_1x_2 + x_1'x_2')(x_3x_4 + x_3'x_4') + (x_1'x_2 + x_1x_2')(x_3'x_4 + x_3x_4')$

$\qquad\qquad = (x_1x_2 + x_1'x_2')(x_3x_4 + x_3'x_4') + (x_1x_2 + x_1'x_2')'(x_3x_4 + x_3'x_4')'$

(3) Abb. L1.14.1

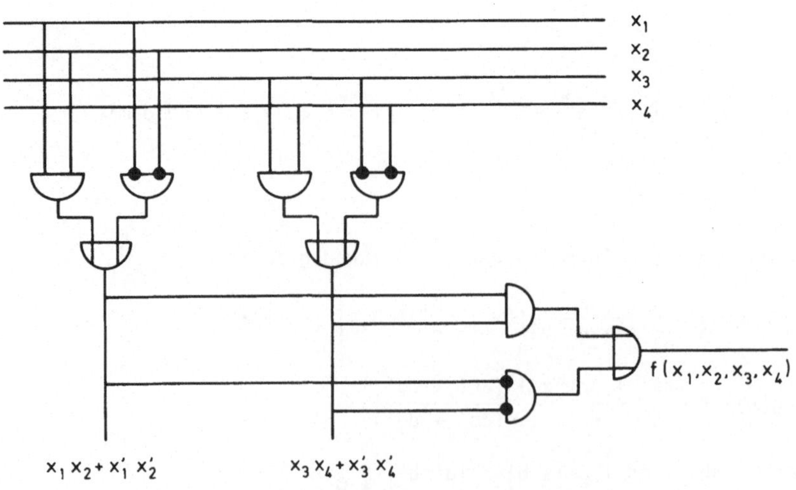

Abb. L1.14.1

<u>1.15</u>

a) $f_0(x_1,x_2,x_3,x_4) = x_1'x_2'x_3'x_4'$

$f_1(x_1,x_2,x_3,x_4) = x_1x_2'x_3'x_4' + x_1'x_2x_3'x_4' + x_1'x_2'x_3x_4' + x_1'x_2'x_3'x_4$

$f_2(x_1,x_2,x_3,x_4) = x_1x_2x_3'x_4' + x_1x_2'x_3x_4' + x_1x_2'x_3'x_4 + x_1'x_2x_3x_4'$

$\qquad\qquad\qquad\qquad + x_1'x_2x_3'x_4 + x_1'x_2'x_3x_4$

$f_3(x_1,x_2,x_3,x_4) = x_1'x_2x_3x_4 + x_1x_2'x_3x_4 + x_1x_2x_3'x_4 + x_1x_2x_3x_4'$

$f_4(x_1,x_2,x_3,x_4) = x_1x_2x_3x_4$

b) $f_0(x_1,x_2,x_3,x_4) = (x_1'x_2')(x_3'x_4')$

$f_1(x_1,x_2,x_3,x_4) = (x_1'x_2 + x_1x_2')x_3'x_4' + (x_3'x_4 + x_3x_4')x_1'x_2'$

$f_2(x_1,x_2,x_3,x_4) = (x_1'x_2 + x_1x_2')(x_3'x_4 + x_3x_4') + (x_1x_2)(x_3'x_4') $

$\qquad\qquad\qquad\qquad + (x_1'x_2')(x_3x_4)$

$f_3(x_1,x_2,x_3,x_4) = (x_1'x_2 + x_1x_2')x_3x_4 + (x_3'x_4 + x_3x_4')x_1x_2$

$f_4(x_1,x_2,x_3,x_4) = (x_1x_2)(x_3x_4)$

c) Abb. L1.15.1

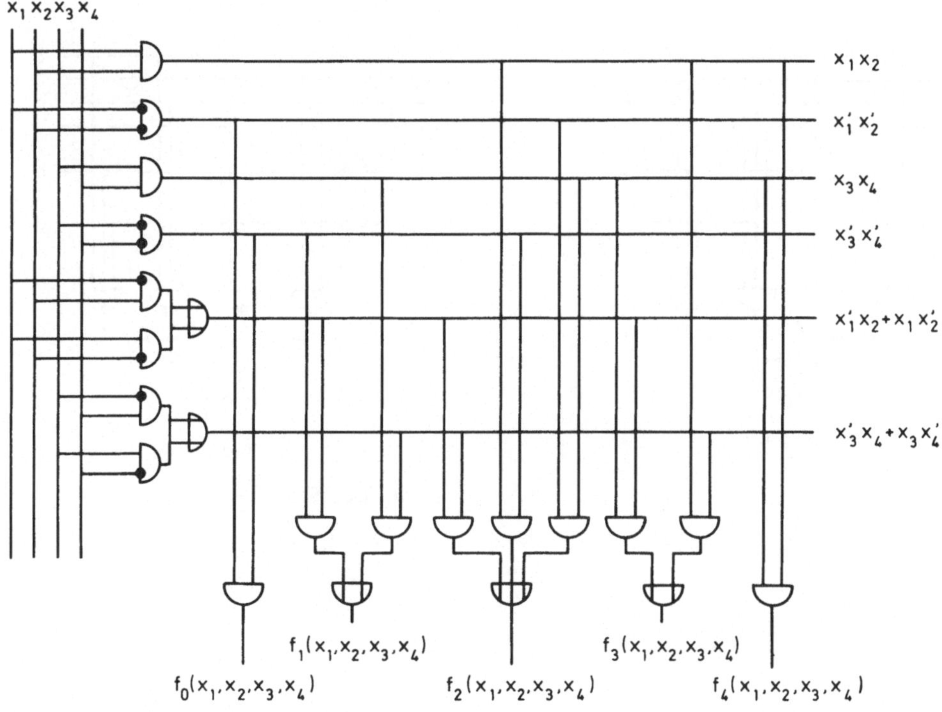

Abb. L1.15.1

1.16

(1) $f(a,b,c,d)$ = a'bcd' + a'bcd + ab'c'd' + ab'cd + abc'd' + abc'd
              + abcd' + abcd

(2) Abb. L1.16.1

(3) $f(a,b,c,d)$ = ab + bc + acd + ac'd'

(4) $f(a,b,c,d)$ = a(b + cd + c'd') + bc

(5) Abb. L1.16.2

(6) Abb. L1.16.3

(7) $f(a,b,c,d)$ = ((ab)' · (bc)' · (acd)' · (ac'd')')'

(8) Abb. L1.16.4

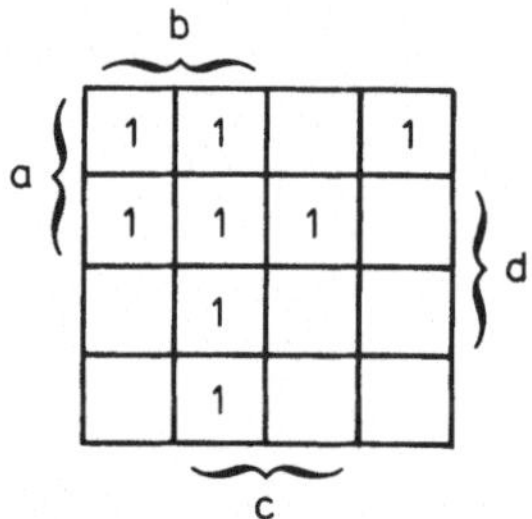

Abb. L1.16.1

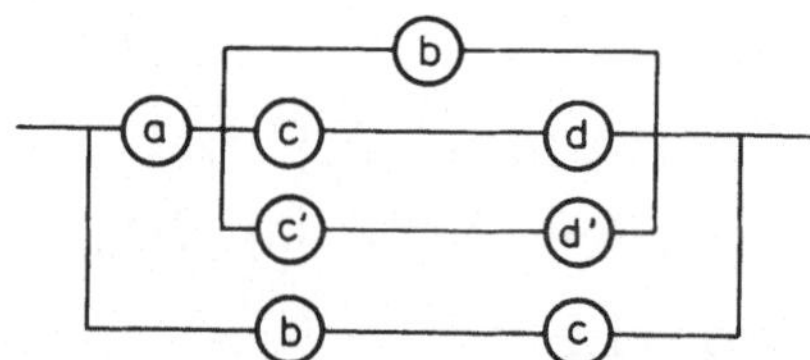

Abb. L1.16.2

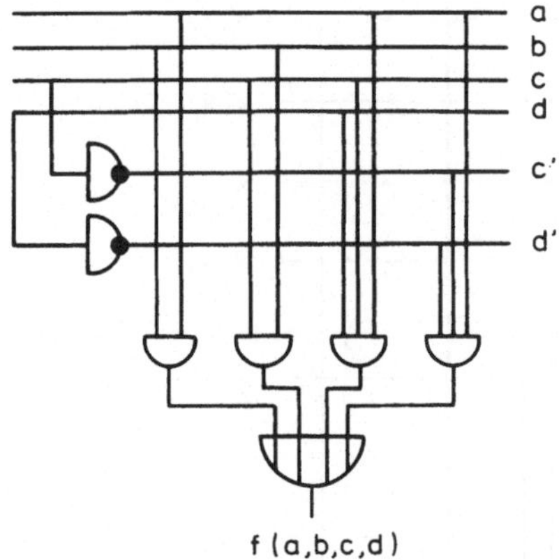

Abb. L1.16.3

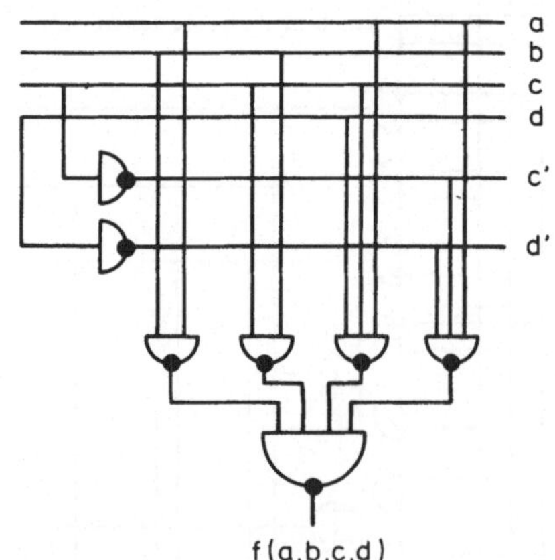

Abb. L1.16.4

2. Algebra II (Lineare Algebra)

Rainer Bischoff

Fachbereich Wirtschaftsinformatik

Einführung in das Gebiet der linearen Gleichungssysteme: zum Gleichungsbegriff, lineare Gleichungen mit einer Variablen, lineare Gleichungen mit zwei Variablen, Systeme von zwei linearen Gleichungen mit zwei Variablen, Systeme von m linearen Gleichungen mit n Variablen, ökonomische Anwendungsbeispiele. Vektoren: Begriff des Vektors und einige Definitionen, Operationen für Vektoren, lineare Abhängigkeit und lineare Unabhängigkeit, Rang - Dimension - Basis. Matrizen: Begriff und Rechenoperationen, Rang einer Matrix - Inverse Matrix, Anwendungen der Matrizenrechnung in den Wirtschaftswissenschaften. Determinanten: Begriff und die wichtigsten Rechenregeln, SARRUS'sche Regel, Determinanten und Invertierbarkeit, Unterdeterminanten, Multiplikation von Determinanten. Lineare Gleichungssysteme: Formulierungen für lineare Gleichungssysteme, ein Kriterium für die Lösbarkeit eines linearen Gleichungssystems, die Lösungsmenge des Gleichungssystems $A \cdot \underline{x} = \underline{b}$, das GAUSS'sche Eliminationsverfahren. Lineare Ungleichungssysteme: Grundlagen, der Simplex-Algorithmus in kanonischer Schreibweise, erstes Anwendungsbeispiel, graphische Lösung.

Zugelassene Hilfsmittel für die Prüfungsaufgaben 2.1 bis 2.10: Skriptum/Umdrucke; beliebige Fachliteratur mit Ausnahme von Aufgabensammlungen; Formelsammlungen, Taschenrechner (sofern nicht für die Aufgabenstellung programmiert), Übungsaufgaben

Aufgaben

2.1

$$\begin{pmatrix} 1 & 0 & 2 \\ 0 & -1 & 1 \\ 2 & 0 & 6 \end{pmatrix} \cdot \begin{pmatrix} 1 & 0 & 0 \\ 0 & 1 & 0 \\ 0 & 0 & 1 \end{pmatrix} \cdot \begin{pmatrix} -2 \\ -2 \\ 2 \end{pmatrix} + \left[(2) \cdot (1,1,-1) \right]' =$$

Kurzschreibweise:

$$A \quad \cdot \quad B \quad \cdot \quad C \quad + \quad [\, D \cdot E \,]' \quad =$$

a) Man prüfe, ob die verlangten Rechenoperationen überhaupt durchführbar sind.

b) Man berechne ggf. den Ausdruck.

2.2

Man löse die folgende Matrizengleichung

$$A \cdot X + X \cdot 4 = 3 \cdot B + X$$

mit $A = \begin{pmatrix} 1 & 1 \\ 0 & 1 \end{pmatrix}$ und $B = \begin{pmatrix} 0 & 2 \\ 3 & 2 \end{pmatrix}$

2.3

$$A = \begin{pmatrix} 5 & -2 & 5 \\ 3 & 4 & -1 \\ -3 & 2 & -4 \end{pmatrix} \qquad B = \begin{pmatrix} \frac{1}{5} & 3 & \frac{1}{2} \\ 1 & 10 & 2 \\ -\frac{1}{2} & 1 & -\frac{1}{5} \end{pmatrix}$$

Man berechne $\det(A^{-1} \cdot B^{-1})$.

2.4

Man gebe alle Vektoren $\underline{x}' = (x_1, x_2)$ an, die zu $\underline{a}' = (4,-3)$ orthogonal sind und deren Länge mit der Länge von $\underline{a}'$ übereinstimmt.

2.5

Es sei $V_1 = <(2,4,6),(4,0,-4),(-1,2,5)>$ und $V_2 = <(0,1,2),(9,1,-7),(9,3,-3)>$.

Sind die Vektorräume gleich?

2.6

a) Für welche(n) Wert(e) von k hat das folgende lineare Gleichungssystem $A \cdot \underline{x} = \underline{b}$
   unendlich viele Lösungen?

b) Man gebe sie an.

LGS: $2x_1 + kx_2 + 2x_3 = 1$

$\qquad 2x_1 + kx_2 + 3x_3 = 3 - 2x_2$

$\qquad\qquad 2x_2 + 2x_3 = 2 - k \cdot x_3$

2.7

Für das lineare Gleichungssystem $A \cdot \underline{x} = \underline{0}$

mit $\begin{pmatrix} 2 & 2 & 1 \\ 1 & 1 & 0 \\ 4 & 4 & 1 \end{pmatrix} \cdot \begin{pmatrix} x_1 \\ x_2 \\ x_3 \end{pmatrix} = \begin{pmatrix} 0 \\ 0 \\ 0 \end{pmatrix}$

bestimme man

a) die Dimension des Lösungsraums und

b) eine konkrete Basis dieses Lösungsraums.

2.8

In einem Betrieb werden aus den Rohstoffen R_1, R_2, R_3 die Zwischenprodukte Z_1, Z_2 und aus diesen die Endprodukte E_1 und E_2 hergestellt. Der Materialverbrauch in Gewichtseinheiten pro Einheit Z_i bzw. pro Einheit E_k (Verbrauchskoeffizienten) ist den folgenden Bedarfsmatrizen zu entnehmen (vgl. Abb. 2.8.1).

M_{RZ}	Z_1	Z_2
R_1	1	2
R_2	3	2
R_3	4	1

M_{ZE}	E_1	E_2
Z_1	3	2
Z_2	1	4

Abb. 2.8.1

a) Man bestimme die Rohstoffverbrauchsmatrix M_{RE} für die Einheiten der Endprodukte.

b) Es sollen 10 Einheiten von E_1 und 5 Einheiten von E_2 hergestellt werden. Wie groß ist der Rohstoffbedarf?

2.9

Die Verflechtungen einer aus drei produzierenden Sektoren bestehenden Volkswirtschaft seien durch die Verflechtungsmatrix A gegeben.

a) Wieviel Mengeneinheiten x_1 (Sektor 1), x_2 (Sektor 2) und x_3 (Sektor 3) müssen von den einzelnen Sektoren produziert werden, damit der Eigenverbrauch der Sektoren, die Lieferungen untereinander und der Endverbrauch (= Außenwelt für die Sektoren) y_1, y_2, y_3 befriedigt werden können?

b) Welche Menge liefert Sektor 1 an Sektor 3?

$$A = \begin{pmatrix} 0{,}4 & 0{,}2 & 0{,}1 \\ 0 & 0{,}5 & 0{,}1 \\ 0 & 0{,}1 & 0{,}4 \end{pmatrix} \qquad \underline{y} = \begin{pmatrix} 30 \\ 87 \\ 174 \end{pmatrix}$$

2.10

Zwei Produkte P_1 und P_2 werden auf drei Maschinen hergestellt. Die Bearbeitungszeiten, die Verkaufspreise und die variablen Kosten pro Produkteinheit sind gegeben. Die Maschinen sind nur eine beschränkte Zeit einsetzbar. Die Gesamtfixkosten betragen 800,-- DM. Es bestehen keine Absatzbeschränkungen (vgl. Abb. 2.10.1).

Man gebe das gewinnmaximale Produktionsprogramm und den dazugehörigen Gewinn an.

a) Zeichnerische Lösung.

b) Rechnerische Lösung (Simplex-Algorithmus in kanonischer Form) und Interpretation.

Produkt Maschine	P_1	P_2	Kapazität (in Std.) (pro Woche)
	Bearbeitungszeiten		
Maschine A	2	0	40
" B	2	2	60
" C	0	3	75
Verkaufs- preis	50,--	80,--	G = ?
Variable Kosten	10,--	60,--	

Abb. 2.10.1

Literatur

[1] Beng C C, Korb U-G (1976) Mathematik für Wirtschaftswissenschaftler, Bd 2,
    2. Aufl. Gabler, Wiesbaden

[2] Bischoff R, Dahmen U, Hüttemann H (1981) Mathematik für Wirtschaftswissen-
    schaftler (Lineare Algebra), 5. Aufl. Selbstverlag, Furtwangen Köln

[3] Böhme G (1981) Algebra, 4. Aufl. Springer, Berlin Heidelberg New York

Lösungen

2.1

a) Mit (i,k) werde die Zeilen-Spalten-Struktur einer Matrix beschrieben. $(3,2)$ beschreibt z.B. die Struktur einer Matrix mit 3 Zeilen und 2 Spalten: $(3,2)$-Matrix:

$$(3,3) \cdot (3,3) \cdot (3,1) \quad "+" \quad [(1,1) \cdot (1,3)]'$$

$$\underbrace{\qquad}_{\text{verkettet}} \underbrace{\qquad}_{\text{verkettet}} \qquad \underbrace{\qquad}_{\text{verkettet}}$$

$$(3,1) \qquad\qquad "+" \qquad\qquad (1,3)'$$

$$(3,1) \ "+" \ (3,1): \text{Ergebnis ist eine } (3,1)\text{-Matrix}$$

b) $B = E \Rightarrow A \cdot B = A \cdot E = A$

$$A \cdot C = \begin{pmatrix} 2 \\ 4 \\ 8 \end{pmatrix} ; \qquad D \cdot E = (2,2,-2)$$

$$\begin{pmatrix} 2 \\ 4 \\ 8 \end{pmatrix} + (2,2,-2)' = \begin{pmatrix} 4 \\ 6 \\ 6 \end{pmatrix}$$

2.2

X muß eine $(2,2)$-Matrix sein, wie man entsprechend Aufgabe 2.1 nachprüfen kann.
Auflösen der Matrizengleichung nach X:

$$\text{Mit } X \cdot 4 = 4 \cdot X \quad \text{und} \quad 4 \cdot X = E \cdot (4X) = (4E) \cdot X$$

- das Kommutativgesetz der Multiplikation gilt nicht, jedoch gilt für quadratische
Matrizen M: $M \cdot E = E \cdot M = M$ - ergibt sich $(A + 4E - E)X = 3B$.

$$\text{Mit } A + 3E = C \text{ folgt } C \cdot X = 3B.$$

$C = \begin{pmatrix} 4 & 1 \\ 0 & 4 \end{pmatrix}$ ist regulär. C^{-1} existiert damit und ist $\begin{pmatrix} \frac{1}{4} & -\frac{1}{16} \\ 0 & \frac{1}{4} \end{pmatrix}$.

(Vergleiche zu einem Verfahren der Inversion Aufgabe 2.9.)

Linksseitiges Heranmultiplizieren von C^{-1} ergibt mit $C^{-1} \cdot C \cdot X = E \cdot X = X$.

$$X = \begin{pmatrix} x_{11} & x_{12} \\ x_{21} & x_{22} \end{pmatrix} = \begin{pmatrix} \frac{1}{4} & -\frac{1}{16} \\ 0 & \frac{1}{4} \end{pmatrix} \cdot \begin{pmatrix} 0 & 6 \\ 9 & 6 \end{pmatrix} = \begin{pmatrix} -\frac{9}{16} & \frac{9}{8} \\ \frac{9}{4} & \frac{3}{2} \end{pmatrix}$$

2.3

Da $\det(A) = -10 (\neq 0)$ und $\det(B) = -\frac{1}{5} (\neq 0)$ (mit SARRUS'scher Regel errechnen!),
existiert A^{-1} und B^{-1} (A regulär $\Leftrightarrow \det(A) \neq 0$).
Mit dem Satz $\det(A \cdot B) = \det(A) \cdot \det(B)$ ergibt sich

$$\det(A^{-1} \cdot B^{-1}) = \det(A^{-1}) \cdot \det(B^{-1}) \quad (*)$$

Aus obigem Satz folgt mit $B = A^{-1}$ (bei A regulär)

$$\det(A \cdot A^{-1}) = \det(A) \cdot \det(A^{-1})$$

Mit $A \cdot A^{-1} = E$ und $\det(E) = 1$ folgt

$$\det(A^{-1}) = \frac{1}{\det(A)}$$

Für $(*)$ ergibt sich

$$\det(A^{-1} \cdot B^{-1}) = \frac{1}{\det(A)} \cdot \frac{1}{\det(B)} = +\frac{1}{2}$$

2.4

Es sind die unbekannten Komponenten x_1 und x_2 zu bestimmen. Für zwei orthogonale
Vektoren $\underline{a}$ und $\underline{b}$ gilt $\underline{a} \cdot \underline{b} = 0$:

$$\underline{x}' \cdot \underline{a}' = 4x_1 - 3x_2 = 0 \qquad (1)$$

Eine 2. Gleichung für x_1 und x_2 ergibt sich durch

$$|\underline{a}'| = |\underline{x}'| \;\Rightarrow\; 5 = x_1^2 + x_2^2 \qquad (2)$$

(1) nach x_1 aufgelöst und in (2) eingesetzt, liefert $x_2^2 = 5 \cdot \frac{16}{25}$.

Es ergibt sich

$$\underline{x}_1' = \left(\frac{3}{5}\sqrt{5}, \; \frac{4}{5}\sqrt{5}\right)$$

$$\underline{x}_2' = \left(-\frac{3}{5}\sqrt{5}, \; -\frac{4}{5}\sqrt{5}\right)$$

Hinweis: Das Skalarprodukt in (1) als Matrizenprodukt geschrieben: $\underline{x}' \cdot \underline{a} = 0$.

2.5

Elementare Zeilenumformungen, auf ein Erzeugendensystem eines Vektorraums angewandt, führen zu einem anderen Erzeugendensystem desselben Vektorraums.

Schritt 1: Für jeden Vektorraum wird ein spezielles Erzeugendensystem, eine Basis,
gesucht.

Schritt 2: Sind die Dimensionen beider Vektorräume gleich, wird versucht, die eine
Basis in die andere zu überführen. Gelingt dies nicht, sind die Vektorräume ungleich. Äquivalent dazu sind V_1 und V_2 gleich, wenn für die Dimension des aus beiden Basen aufgespannten Vektorraums V gilt: $\dim V_1 = \dim V_2 = \dim V$.

V_1:

2	4	6	:2
4	0	-4	:4
-1	2	5	

1	2	3	$\cdot(-1)$ $\cdot 1$
①	0	-1	$\cdot 1$
⊝1	2	5	$\cdot 1$

1	2	3	
0	-2	-4	$\cdot 2$
0	④	8	$\cdot 1$

1	2	3
0	-2	-4
0	0	0

V_2:

9	1	-7	$\cdot(-1)$
⑨	3	-3	$\cdot 1$
0	1	2	

9	1	-7	
0	2	4	$\cdot 1$
0	①	2	$\cdot(-2)$

9	1	-7
0	2	4
0	0	0

$V_1 = \langle(1,2,3),(0,-2,-4)\rangle$
Die Vektoren $(1,2,3),(0,-2,-4)$
bilden eine Basis von V_1.
dim $V_1 = 2$

$V_2 = \langle(9,1,-7),(0,2,4)\rangle$
Die Vektoren $(9,1,-7),(0,2,4)$ bilden
eine Basis von V_2.
dim $V_2 = 2$

$(0,2,4)$ oder $(0,-2,-4)$ könnte sofort
weggelassen werden.

$V_1 \cup V_2$:

1	2	3	$\cdot(-9)$
0	-2	-4	
⑨	1	-7	$\cdot 1$
0	2	4	

1	2	3	
0	-2	-4	
0	-17	-34	$\cdot\frac{2}{17}$
0	2	4	$\cdot(-1)$

1	2	3	
0	-2	-4	$\cdot(-1)$ $\cdot(-1)$
0	⊝2	-4	$\cdot 1$
0	⊝2	-4	$\cdot 1$

1	2	3
0	-2	-4
0	0	0
0	0	0

$V = \langle(1,2,3),(0,-2,-4)\rangle$
Die Vektoren $(1,2,3),(0,-2,-4)$ bilden eine Basis von V.
dim V = 2. Es folgt $V_1 = V_2$. Damit bilden $(1,2,3),(0,-2,-4)$ auch eine Basis von
V_1 bzw. V_2, oder kurz $V_1 = V_2 = V$. (Hätte sich hier für V die Dimension 3 ergeben,
wäre $V_1 \neq V_2$.)

2.6

Das LGS ist ein inhomogenes, lineares Gleichungssystem. Ein solches LGS ist genau
dann lösbar, wenn der Rang der Koeffizientenmatrix dem Rang der erweiterten Koeffizientenmatrix gleich ist, d.h. wenn gilt $rg(A) = rg(A,\underline{b})$. Es hat darüber hinaus
unendlich viele Lösungen, wenn $n - rg\,A > 0$, wobei n die Anzahl der Unbekannten ist.

A ist hier eine (3,3)-Matrix. Die Anwendung des GAUSS'schen Eliminationsverfahrens
liefert nach Zusammenfassung der Koeffizienten bei x_1, x_2, x_3:

	x_1	x_2	x_3	1	
I	2	k	2	1	$\cdot(-1)$
II	②	k+2	3	3	$\cdot 1$
III	0	2	2+k	2	
I	2	k	2	1	
II'	0	2	1	2	$\cdot(-1)$
III	0	②	2+k	2	$\cdot 1$
I	2	k	2	1	
II'	0	2	1	2	
III'	0	0	1+k	0	

a) Für $1+k = 0$, d.h. $k = -1$, gilt $rg(A) = rg(A,\underline{b}) = 2$.

   Das LGS ist lösbar. Damit ist $n - rg(A) = 3 - 2 = 1$. Ein Parameter ist frei
   wählbar: Es gibt unendlich viele Lösungen.

b)

	x_1	x_2	x_3	1	
I	2	-1	2	1	$\cdot 1$
II'	0	2	1	2	$\cdot(-2)$
III"	0	0	0	0	
I'	2	-5	0	-3	
II'	0	2	1	2	
III'	0	0	0	0	

x_3 wird frei gewählt. Durch Einsetzen ergibt sich schließlich

$$LM = \{(x_1,x_2,x_3)' \mid \text{mit } (x_1,x_2,x_3) = (1 - \tfrac{5}{4}x_3,\ 1 - \tfrac{1}{2}x_3,\ x_3) \wedge x_3 \in \mathbb{R}\}$$

oder anders geschrieben:

$$\underline{x} = \begin{pmatrix} 1 - \dfrac{5}{4}x_3 \\[2mm] 1 - \dfrac{1}{2}x_3 \\[2mm] x_3 \end{pmatrix} \quad \text{mit } x_3 \in \mathbb{R} \text{ ist die allgemeine Lösung.}$$

2.7

Das LGS ist ein homogenes LGS. Ein homogenes LGS hat zumindest die Null-Lösung,
hier $\underline{x}' = (0,0,0)$. Die Lösungsmenge eines ho-LGS bildet einen Vektorraum LM mit
der Dimension $d = n - r$. n = Anzahl der Unbekannten und $r = rg(A)$. Eine Basis
besteht aus d linear unabhängigen Vektoren $\underline{x}_i \in$ LM, die den Lösungsraum aufspannen,
d.h. jede Linearkombination dieser d Vektoren liefert eine Lösung (= Element des
Vektorraums).

a) Anwendung des GAUSS'schen Eliminationsverfahrens:

	x_1	x_2	x_3	1
I	2	2	1	0
II	①	1	0	0
III	④	4	1	0
I	2	2	1	0
II'	0	0	1	0
III'	0	0	-1	0
I	2	2	1	0
II'	0	0	1	0
III''	0	0	0	0

$rg(A) = 2$; $d = n - r = 3 - 2 = 1$

b) II' gilt nur, falls $x_3 = 0$.
   Eine weitere Variable kann frei gewählt werden: $x_2 = 1$. Durch Einsetzen in I
   erhält man schließlich $x_1 = -1$.

$$\underline{c}_1 = \begin{pmatrix} -1 \\ 1 \\ 0 \end{pmatrix} \quad \text{ist eine Basis des Lösungsraums LM}$$

$$\underline{c} = \alpha \cdot \begin{pmatrix} -1 \\ 1 \\ 0 \end{pmatrix} \quad \text{mit } \alpha \in \mathbf{R} \quad \text{ist die allgemeine Lösung des ho-LGS}$$

oder $\quad$ LM $= \{(x_1, x_2, x_3)' \mid$ mit $(x_1, x_2, x_3) = (-\alpha, \alpha, 0) \wedge \alpha \in \mathbf{R}\}$

Eine andere Basis ist z.B.
$\underline{c}_2' = (1, -1, 0)$. Es gibt unendlich viele Basen.

2.8

Es handelt sich um Bedarfsrechnung mit Matrizen.

a) $M_{RZ} \cdot M_{ZE}$ (Die Matrizen sind trivialerweise verkettet!)

M_{ZE}		E_1	E_2
Z_1		3	2

M_{RZ}	Z_1	Z_2	E_1	E_2
R_1	1	2	5	10
R_2	3	2	11	14
R_3	4	1	13	12

Zum Beispiel sind 5 Einheiten von R_1 zur Herstellung einer Einheit von E_1 nötig.

Für die rechte Teilmatrix gilt $= M_{RE}$.

b) $\underline{p}$ sei der Produktionsvektor, hier $\underline{p}' = (10,5)$.

$\underline{r}$ sei der Rohstoffvektor.

Es ist $M_{RE} \cdot \underline{p} = \underline{r}$.

Es ergibt sich: $\underline{r} = (100,180,190)'$.

Es sind also 100 Einheiten von R_1, 180 von R_2 und 190 von R_3 nötig, um 10 Einheiten von E_1 und 5 Einheiten von E_2 herzustellen.

2.9

Es handelt sich um eine volkswirtschaftliche Input-Output-Analyse (vgl. Abb. L2.9.1). $A = (a_{ik})^{(3,3)}$. Die a_{ik} heißen technische Koeffizienten oder Verbrauchskoeffizienten. $\underline{x} = (x_1, x_2, x_3)'$.

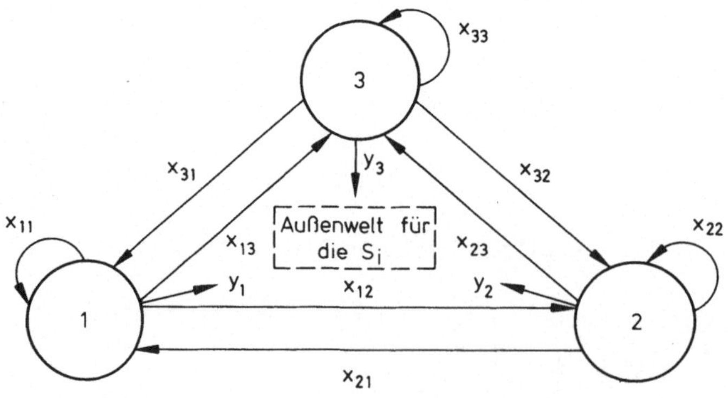

Abb. L2.9.1

Es gilt: $\underline{x} = A \cdot \underline{x} + \underline{y}$ oder $(E - A)\underline{x} = \underline{y}$.

Ist $(E - A)$ regulär, existiert die sogenannte "LEONTIEF-Inverse" $(E - A)^{-1}$.
Damit ist: $\underline{x} = (E - A)^{-1}\underline{y}$.

a)
$$E - A = \begin{pmatrix} 0,6 & -0,2 & -0,1 \\ 0 & 0,5 & -0,1 \\ 0 & -0,1 & 0,6 \end{pmatrix}$$

Prüfung auf Regularität und gleichzeitiger Beginn der Inversion:

E - A			E			
0,6	-0,2	-0,1	1	0	0	·10
0	0,5	-0,1	0	1	0	·10
0	-0,1	0,6	0	0	1	·10
6	-2	-1	10	0	0	
0	5	-1	0	10	0	·1
0	(-1)	6	0	0	10	·5
6	-2	(-1)	10	0	0	·29
0	5	(-1)	0	10	0	·29
0	0	29	0	10	50	·1 ·1
174	(-58)	0	290	10	50	:29
0	145	0	0	300	50	:29
0	0	29	0	10	50	:29
6	-2	0	10	$\frac{10}{29}$	$\frac{50}{29}$	·5
0	5	0	0	$\frac{300}{29}$	$\frac{50}{29}$	·2
0	0	1	0	$\frac{10}{29}$	$\frac{50}{29}$	
30	0	0	50	$\frac{650}{29}$	$\frac{350}{29}$	:30
0	5	0	0	$\frac{300}{29}$	$\frac{50}{29}$	:5
0	0	1	0	$\frac{10}{29}$	$\frac{50}{29}$	
1	0	0	$\frac{5}{3}$	$\frac{65}{87}$	$\frac{35}{87}$	
0	1	0	0	$\frac{60}{29}$	$\frac{10}{29}$	
0	0	1	0	$\frac{10}{29}$	$\frac{50}{29}$	
E			$(E - A)^{-1}$			

Die linke Matrix ist regulär. Damit ist $(E - A)$ regulär.

$$\underline{x} = \begin{pmatrix} x_1 \\ x_2 \\ x_3 \end{pmatrix} = (E-A)^{-1} \cdot \begin{pmatrix} y_1 \\ y_2 \\ y_3 \end{pmatrix} = \begin{pmatrix} \frac{5}{3} & \frac{65}{87} & \frac{35}{87} \\ 0 & \frac{60}{29} & \frac{10}{29} \\ 0 & \frac{10}{29} & \frac{50}{29} \end{pmatrix} \cdot \begin{pmatrix} 30 \\ 87 \\ 174 \end{pmatrix} = \begin{pmatrix} 185 \\ 240 \\ 330 \end{pmatrix}$$

b) Sektor 1 liefert die Menge x_{13} an Sektor 3.

Es ist: $x_{ik} = a_{ik} \cdot x_k$ $(i,k = 1,2,3)$

hier: $x_{13} = a_{13} \cdot x_3 = 0,1 \cdot x_3$

Um 1 Mengeneinheit in Sektor 3 herzustellen, sind also 0,1 Einheiten von Sektor 1 notwendig. Mit $x_3 = 330$ ergibt sich $x_{13} = 0,1 \cdot 330 = 33$

2.10

Es handelt sich um ein lineares Optimierungsproblem in Standardform. Mathematische Formulierung (vgl. auch Abb. 2.10.1):

1) Nichtnegativitätsbedingung: $x_1, x_2 \geqq 0$ } Mengeneinheiten von x_1 und x_2

2) Restriktionsgleichungen:

$$\left.\begin{array}{rl} \text{I} & 2x_1 + 0x_2 \leq 40 \\ \text{II} & 2x_1 + 2x_2 \leq 60 \\ \text{III} & 0x_1 + 3x_2 \leq 75 \end{array}\right\} \text{Kapazitätsbeschränkungen}$$

3) Zielfunktion

$G = (50 - 10)x_1 + (80 - 60)x_2 - 800 \to \text{Max.}$

a) Zeichnerische Lösung

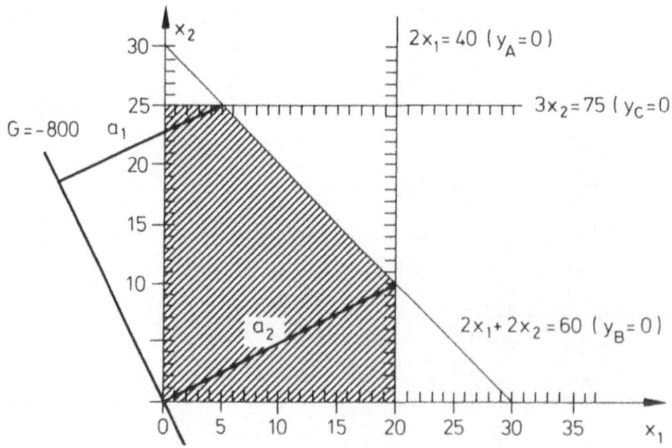

Abb. 2.10.1

$G = 40x_1 + 20x_2 - 800$

$G = -800 \Rightarrow 40x_1 + 20x_2 = 0$

Als optimale Lösung wird abgelesen $x_1 = 20$ und $x_2 = 10$, da $a_2 > a_1$.
$G_{opt.} = 40 \cdot 20 + 20 \cdot 10 - 800 = 200$

<u>Auslastung der Maschinen:</u>

Maschine A:　$2 \cdot 20 + 0 \cdot 10 \leqq 40$
$40 \leqq 40$
A ist ausgelastet

Maschine B:　$2 \cdot 20 + 2 \cdot 10 \leqq 60$
$60 \leqq 60$
B ist ausgelastet

Maschine C:　$0 \cdot 20 + 3 \cdot 10 \leqq 75$
$30 \leqq 75$
C hat noch 45 Std. frei

b) Rechnerische Lösung

1) $x_1, x_2 \geqq 0$

2) Einführung von nicht-negativen Schlupfvariablen
$$2x_1 + 0x_2 + y_A \qquad\qquad = 40 \quad \text{mit } y_A \geqq 0$$
$$2x_1 + 2x_2 \qquad + y_B \qquad = 60 \quad \text{mit } y_B \geqq 0$$
$$0x_1 + 3x_2 \qquad\qquad + y_C = 75 \quad \text{mit } y_C \geqq 0$$

3) $G = 40x_1 + 20x_2 - 800$

Ausgangstableau in kanonischer Form (Tabelle 1):

	x_1	x_2	y_A	y_B	y_C	RS
G	-40	-20	0	0	0	-800
y_A	②	0	1	0	0	40
y_B	2	2	0	1	0	60
y_C	0	3	0	0	1	75

② wird Pivotelement, da $40 : 2 = 20$ der kleinste positive Quotient, verglichen mit $60 : 2 = 30$

Das inhomogene LGS in Tabelle 1 ist lösbar, denn $rg(A) = rg(A, \underline{RS}) = 3$.
$n - r = 5 - 3 = 2$. 2 Parameter (Variable) sind also frei wählbar:

• Eine <u>erste zulässige Lösung</u> (Ausgangslösung) ist $x_1 = 0$ (frei gewählt) und $x_2 = 0$ (frei gewählt). Daraus folgt direkt aus dem Tableau (Tabelle 1): $y_A = 40$, $y_B = 60$, $y_C = 75$ und $G = -800$. Diese Lösung ist unbefriedigend: Es wird nichts produziert!

Elementare Zeilenumformungen gemäß dem GAUSS'schen Eliminationsverfahren werden in der Weise angewandt, daß die negativen Zielfunktionskoeffizienten in Zeile G verschwinden. Dies bedeutet eine Zunahme des Gewinns. Es entstehen weitere Tableaus, schließlich die optimale, kanonische Form.

	x_1	x_2	y_A	y_B	y_C	RS
G	0	-20	20	0	0	0
x_1	1	0	$\frac{1}{2}$	0	0	20
y_B	0	②	-1	1	0	20
y_C	0	3	0	0	1	75
G	0	0	10	10	0	200
x_1	1	0	$\frac{1}{2}$	0	0	20
x_2	0	1	$-\frac{1}{2}$	$\frac{1}{2}$	0	10
y_C	0	0	3	-3	2	90
G	0	0	10	10	0	200
x_1	1	0	$\frac{1}{2}$	0	0	20
x_2	0	1	$-\frac{1}{2}$	$\frac{1}{2}$	0	10
y_C	0	0	$\frac{3}{2}$	$-\frac{3}{2}$	1	45

(Operationen: $\cdot 1$, $\cdot 10$, $\cdot(-3)$, $\cdot 2$, $\cdot\frac{1}{2}$)

- Die <u>optimale Lösung</u> ist erreicht, und zwar bei Wahl von $y_A = 0$ und $y_B = 0$. Würde man sie kleiner null wählen, widerspräche das der Interpretation der Restriktionen I und II. Würde man sie größer null wählen, verringerte sich G = 200. Für die übrigen Werte ergibt sich: $x_1 = 20$, $x_2 = 10$, $y_C = 45$.

3. Analysis I

Heinz Klein, Rolf May

Fachbereich Ingenieur-Informatik

Wiederholung: Ableitungsregeln, höhere Ableitungen; Ableitung der Logarithmus-Funktion. - Differenzieren nach Logarithmieren. Funktionen mit mehreren Veränderlichen, partielle Ableitungen, vollständiges Differential. - Einteilung der reellen Funktionen, Symmetrien, Umkehrfunktionen, Nullstellen, Polstellen, Lücken, BERNOULLIsche Regel, Asymptoten, Definitionsbereich, Wertebereich, vollständige Kurvendiskussionen. - Wiederholung: Allgemeines und bestimmtes Integral, elementare Integrationsregeln. - Flächenberechnung, Berechnung der Bogenlänge. - Integration durch Substitution, Substitution bei bestimmten Integralen. Partielle Integration, Rekursionsformeln. Integration gebrochen-rationaler Funktionen nach Partialbruchzerlegung (einfache und mehrfache reelle Nullstellen des Nenners, konjugiert-komplexe Nullstellen). - Numerische Verfahren zur näherungsweisen Integration: Trapezformel, SIMPSONsche Formel. Mehrfache Integrale.

Zugelassene Hilfsmittel für die Prüfungsaufgaben 3.1 bis 3.29: Skriptum/Umdrucke, Formelsammlungen, Taschenrechner, Vorlesungs-Mitschrift

Aufgaben

3.1

Differenzieren Sie die folgende Funktion nach x:

$$y = 3 \cdot \sin 3x - \sin^3 x + \sin x^3$$

Nach dem Differenzieren ist eine weitere Vereinfachung des Resultats nicht verlangt.

3.2

Gesucht ist die Ableitung von

$$y = \frac{\sqrt{1 + x^2}}{x}$$

3.3

Es ist $p = 12u^2$ und $u = \sin x$. Man berechne

a) $p'(u)$,   b) p',   c) $\dfrac{dp}{du}$

3.4

Man bestimme die 1. Ableitung von $y = x^x$.

3.5

Für welche Werte von x und y nimmt die erste Ableitung $\frac{dy}{dx}$ der Funktion
$F(x,y) \equiv x\,e^y + y\,e^x = 0$ den Wert 0 an?

3.6

Bestimmen Sie die Extremwerte der Funktion

$$z = f(x,y) = x^3 + 2xy - y^3 + 2,5$$

3.7

Gegeben ist die Funktion $z = f(x,y) = x^2 + 2xy$.

a) Geben Sie alle (auch die höheren) partiellen Ableitungen an, soweit sie von
   Null verschieden sind.

b) Welche Gleichung hat die Schnittkurve des Bildes von $z = f(x,y)$ mit der
   x-z-Ebene E_{xz}?

c) Welchen Winkel schließen die Tangente im Punkte $x = 1$ an diese Schnittkurve und
   die x-Achse ein?

3.8

Durch einen einfachen Fallversuch soll die Fallbeschleunigung g bestimmt werden.
Ist t die Fallzeit, so gilt bei Vernachlässigung des Luftwiderstandes für die Fall-
höhe

$$s = \frac{1}{2}\,gt^2 .$$

Gemessen wurden folgende Werte:

$$s = 20,0\ \text{m} \pm 10\ \text{cm} \quad \text{(mit einem 10-Meter-Bandmaß)}$$
$$t = 2,0\ \text{s} \pm 0,2\ \text{s} \quad \text{(mit Stoppuhr)}$$

a) Geben Sie das Ergebnis für g und den maximal möglichen Fehler an!

b) Welche Meßgröße liefert den größten Fehlerbeitrag und wie groß ist er?

3.9

Eine Rechnung hat das Ergebnis

$$Q = \frac{605}{544} .$$

Um wieviel Prozent kann das Ergebnis falsch sein, wenn der Zähler möglicherweise
um 0,5 % und der Nenner um 0,25 % falsch ist?

3.10

Von einem Dreieck ist die Grundlinie c = 5,00 m exakt bekannt. Die beiden anliegen-
den Winkel wurden zu $\alpha = 51°$ und $\beta = 48°$ bestimmt. Mit welcher Genauigkeit läßt
sich die Seite a bestimmen, wenn α und β mit den kleinen Fehlern $d\alpha$ bzw. $d\beta$ behaf-
tet sind? Zahlenbeispiel für $|d\alpha| = |d\beta| \leq 30'$.

3.11

Der Ablenkungswinkel α des Zeigers eines elektrischen Meßgerätes hängt von der
Stromstärke I gemäß der Gleichung $I = k^2 \cdot \tan \alpha$ ab, wobei k^2 eine Konstante ist.
Wie groß ist der relative Fehler

$$\frac{\Delta I}{I}$$

der Stromstärke, wenn die Ablesung von $\alpha = 20°$ mit einem Fehler von $|\Delta\alpha| \leq 5'$ ver-
bunden ist?

3.12

Ermitteln Sie mit der Regel von DE L'HOSPITAL die folgenden Grenzwerte:

a) $\displaystyle\lim_{x\to 0} \frac{\sin 3x}{2x}$

b) $\displaystyle\lim_{x\to -1} \frac{x^9 + 1}{x^7 + 1}$

c) $\displaystyle\lim_{x\to -\infty} x^2 \cdot e^x$

d) $\displaystyle\lim_{x\to 0} \frac{1 - \cosh x}{x}$

3.13

Gesucht sind die Gleichungen der Asymptoten zur Funktion

$$y = \frac{2x^3 + 2x^2 + 2x + 4}{2x^2 + 1}$$

für $x \to +\infty$ und $x \to -\infty$.

3.14

Skizzieren Sie die Funktion $f(x) = x^2 - \dfrac{1}{x}$. Man führe dazu eine Kurzdiskussion der
Funktion durch; d.h. versuchen Sie, mit möglichst geringem Aufwand zum Kurvenverlauf
zu kommen.

3.15

Die Funktion $f(x) = |x^3 + 1|$ ist zu skizzieren und hinsichtlich Stetigkeit und Dif-
ferenzierbarkeit zu diskutieren.

3.16

Gegeben ist die Funktionsgleichung $y = 1/x$.

a) Bestimmen Sie die Umkehrfunktion.

b) Bestimmen Sie die Nullstellen der Funktion.

c) Bestimmen Sie die Polstellen x_p der Funktion und schreiben Sie gegebenenfalls die Ordnung in Klammern dahinter.

d) Wo hat die zugehörige Kurve eine Lücke?

e) Wie lauten die Asymptotengleichungen?

f) Liegt Axialsymmetrie zur x-Achse vor? →   ◯ ja   ◯ nein

g) Kreuzen Sie an, welche weiteren Symmetrien vor-
   liegen, und begründen Sie jeweils Ihre Entscheidung.   ja   nein:
   1) Axialsymmetrie zur y-Achse: ◯   ◯
   2) Axialsymmetrie zur Geraden x=y: ◯   ◯
   3) Punktsymmetrie zum Ursprung: ◯   ◯

h) Geben Sie den Definitionsbereich der Funktion an.

i) Wieviele unabhängige Variablen hat die Funktion?

j) Bestimmen Sie die 1. Ableitung.

k) Wie lautet die allgemeine Form einer algebraischen Funktion?
   Ist die Funktion $y = 1/x$ eine solche algebraische Funktion?
   (Begründen Sie Ihre Entscheidung!)

3.17

Vorgegeben ist die Funktion $f(x) = 3x \cdot e^{-x}$.
Wie groß ist die Fläche, die die Kurve für $0 \leq x \leq 5$ mit der x-Achse einschließt?
Skizzieren Sie diese Fläche!

3.18

a) Berechnen Sie mit Hilfe der Integralrechnung die Fläche, die von der x-Achse
   und den Funktionskurven

$$y = \frac{x}{2} \quad \text{und} \quad y = -2x + 10$$

   eingeschlossen wird.

b) Berechnen Sie die Fläche nun nach einer völlig anderen Methode.

3.19

Gegeben ist die Funktion $y = x^2 - 12x + 32$.
Berechnen Sie die Summe aller Flächenbeträge zwischen der zugehörigen Kurve und
der x-Achse im Intervall [0;5].

Nutzen Sie dabei die Möglichkeiten, auf einfache Weise die Richtigkeit von Zwischen-
ergebnissen und Endresultat zu testen!

3.20

Welche Fläche schließt die Funktion $y = x \cdot e^{-x^2}$ für $x \geq 0$ mit der x-Achse ein?
Skizzieren Sie die Funktion und die gesuchte Fläche!

3.21

Berechnen Sie (ohne Benutzung einer Integraltafel) das Integral

$$I = \int \sqrt{a^3 + x} \; dx \qquad \text{(a: Konstante)}$$

und machen Sie durch Differenzieren die Probe.

3.22

Berechnen Sie

$$I = \int x \cdot \arccos x \, dx \; .$$

Bei Bedarf kann dabei die folgende Rekursionsformel benutzt werden:

$$I_n = \int \sin^n x \, dx = -\frac{1}{n} \sin^{n-1} x \cos x + \frac{n-1}{n} \int \sin^{n-2} x \, dx \; .$$

3.23

a) Berechnen Sie mit Hilfe der Partialbruchzerlegung das Integral

$$\int \frac{3x^2 + 6x - 9}{x^3 + 3x^2 - 9x + 5} \; dx \; .$$

   Hinweis zur Lösung: Eine ganzzahlige Nullstelle der Nenner-Funktion kann leicht
   durch Probieren gefunden werden.

b) Prüfen Sie, ob Sie nach Differenzieren Ihres Resultats wieder den ursprünglichen
   Integranden erhalten.
   Falls dies nicht der Fall ist: Betrachten Sie insbesondere den Nenner und überlegen Sie, ob es (außer einem Rechenfehler) eine Begründung für den Unterschied
   gibt.

c) Berechnen Sie nun das Integral ohne Benutzung der Partialbruchzerlegung.

3.24

Gesucht ist das Integral

$$I = \int \frac{x^3 - 5x^2 + 10x - 38}{x^2 + 9} \; dx \; .$$

3.25

Sie haben in der Vorlesung gehört, welche Integrationsmethode unter welchen Umständen Aussicht auf Erfolg hat. Geben Sie durch Eintragung in das nachfolgende Schema
an, welche Methode von Nutzen sein könnte bei der Berechnung des Integrals

$$I = \int \frac{x}{(1 - x^2)^2} \, dx$$

A. Substitutionsverfahren

Der Integrand ist vom Typ …	nein:	ja:	Falls ja: Geeignete Subst.:
a) $f(ax + b)$	◯	◯ →	$u =$
b) $f[\varphi(x)] \cdot \varphi'(x) \cdot k$	◯	◯ →	$u =$
Falls ja: $\varphi(x) =$			
$\varphi'(x) =$			
$f(\varphi) =$			
c) $k \cdot f'(x) / f(x)$	◯	◯ →	$u =$
d) $f(x; \sqrt{\pm a^2 \pm x^2})$	◯	◯ →	$u =$
e) $R(\sin x; \cos x; \tan x; \cot x)$	◯	◯ →	$u =$

B. Partialbruchzerlegung

könnte verwendet werden.	◯	◯
Falls ja:		
Der Ansatz müßte lauten:		

3.26

Berechnen Sie zum Vergleich (jeweils mit 5 Stellen hinter dem Komma)

$$\int_1^2 \frac{dx}{x}$$

a) durch geschlossene Integration,
b) nach der Trapezformel mit 4 Teilintervallen,
c) nach der SIMPSONschen Formel mit 2 Doppelintervallen.

3.27

Das Integral

$$I = \int_0^2 e^{-0,5x}\, dx$$

soll näherungsweise bestimmt werden, und zwar

a) mittels Trapezformel (n = 2, h = 1),

b) mittels SIMPSON-Regel (n = 2, h = 1),

c) mittels Reihenentwicklung des Integranden. Man benutze die McLAURIN-Entwicklung
   von $f(x) = e^{-0,5x}$.

Vergleichen Sie diese drei Näherungswerte mit dem Wert des bestimmten Integrals I
nach geschlossener Integration.

3.28

Die Funktion $y = \sqrt{\dfrac{1}{1+x^2}}$ erzeugt bei Rotation um die x-Achse einen ins Unendliche

reichenden Rotationskörper. Wie groß ist sein Volumen?

3.29

Für die Funktion $f(x,y) = x \cdot y$ ist das Doppelintegral über dem Gebiet, das von den
Parabeln $y = \dfrac{1}{4}x^2$ und $y = \sqrt{x}$ begrenzt wird, zu bestimmen.

Literatur

[1] Leupold W et al (1968) Analysis. Deutsch, Frankfurt a.M.

[2] Bartsch H-J (1977) Taschenbuch mathematischer Formeln. Deutsch, Frankfurt a.M.

[3] Bronstein IN, Semendjajew KA (1980) Taschenbuch der Mathematik. Deutsch, Frank-
    furt a.M.

Lösungen

3.1

$$y' = 9\cos 3x - 3\sin^2 x \cdot \cos x + 3x^2 \cdot \cos x^3$$

(Schwierigkeitsgrad[1]): einfach)

3.2

$$y' = \frac{x^2 - (1 + x^2)}{x^2 \cdot \sqrt{1 + x^2}} = -\frac{1}{x^2 \sqrt{1 + x^2}}$$

(Schwierigkeitsgrad: mittel/schwierig)

3.3

Bei dieser Aufgabe geht es um die Bedeutung der verschiedenen Schreibweisen.

a) $p'(u) = 24u$ $(= 24\sin x)$

b) $p' = \dfrac{dp}{dx} = \dfrac{dp}{du} \cdot \dfrac{du}{dx} = 24u \cdot \cos x = 24\sin x \cdot \cos x = 12\sin 2x$

c) $\dfrac{dp}{du} \equiv p'(u)$ (siehe a)

(Schwierigkeitsgrad: mittel)

3.4

$$\ln y = x \cdot \ln x, \quad y' = y(\ln x + 1) = x^x(\ln x + 1)$$

3.5

$$\frac{dy}{dx} = -\frac{F_x}{F_y} = -\frac{e^y + y \cdot e^x}{x \cdot e^y + e^x} = 0 \quad \text{für} \quad e^y + y \cdot e^x = 0$$

Mit $x\,e^y + y\,e^x = 0$ ergibt das $e^y(1 - x) = 0$, also $x = 1$. Den zugehörigen y-Wert erhält man als Lösung der transzendenten Gleichung $e^y + y \cdot e = 0$ bzw. $e^{y-1} + y = 0$ zu $y = -0{,}28$ (am einfachsten graphisch als Schnittpunktsabszisse der Kurven $f(z) = e^z$ und $g(z) = -z-1$; $z = y - 1$).

3.6

Der einzige Extremwert ist ein Minimum und liegt bei $x_2 = \frac{2}{3}$, $y_2 = -\frac{2}{3}$, $z_2 = f(x_2, y_2) = \frac{119}{54}$. Das Paar $(x_1, y_1) = (0,0)$ erfüllt die Existenzbedingung $f_{xx} \cdot f_{yy} - f_{xy} > 0$ nicht!

---

[1])Soweit bei den Lösungen ein Schwierigkeitsgrad angegeben ist, handelt es sich um einen Erfahrungswert aus der Klausurenerprobung

3.7

a) $z_x = 2x + 2y$, $z_y = 2x$, $z_{xx} = 2$, $z_{xy} = z_{yx} = 2$

b) $z_s = x^2$ (für E_{xz} ist $y = 0$)

c) $\tan \tau_{xy} = z_x(1;0) = 2$, $\tau_{xy} = \arctan 2 \approx 63^0\ 26' \approx 63{,}4^0$

(Schwierigkeitsgrad: mittel/einfach)

3.8

a) Ohne Berücksichtigung der Meßfehler: $g = 2s/t^2 = 10{,}0\ \text{m/s}^2$.
   Der Größtfehler kann mit Hilfe des vollständigen Differentials abgeschätzt werden zu

$$\Delta g \approx \left|\frac{\partial g}{\partial s}\right| \cdot \Delta s + \left|\frac{\partial g}{\partial t}\right| \Delta t = \frac{2}{t^2} \Delta s + \left|-\frac{4s}{t^3}\right| \Delta t \approx 2{,}1\ \text{m/s}^2.$$

b) Entscheidend ist der zweite Summand, der durch den Fehler der Zeitmessung ver-
   ursacht wird und $2\ \text{m/s}^2$ beträgt.

3.9

$$Q = \frac{u}{v}, \quad dQ = \frac{du}{v} - \frac{u\,dv}{v^2} = \frac{u}{v}\left(\frac{du}{u} - \frac{dv}{v}\right), \quad |dQ| \leq |Q| \cdot \left(\left|\frac{du}{u}\right| + \left|\frac{dv}{v}\right|\right)$$

$$100 \cdot \left|\frac{dQ}{Q}\right| \leqq 100\left|\frac{du}{u}\right| + 100\left|\frac{dv}{v}\right| \leqq 0{,}5\ \% + 0{,}25\ \% \ ; \quad Q = \frac{605 \pm 4{,}54}{544}.$$

3.10

Aus dem Sinussatz folgt $a = c \cdot \sin \alpha / \sin(\alpha + \beta) = 3{,}934\ \text{m}$ (Abb. L3.10.1).

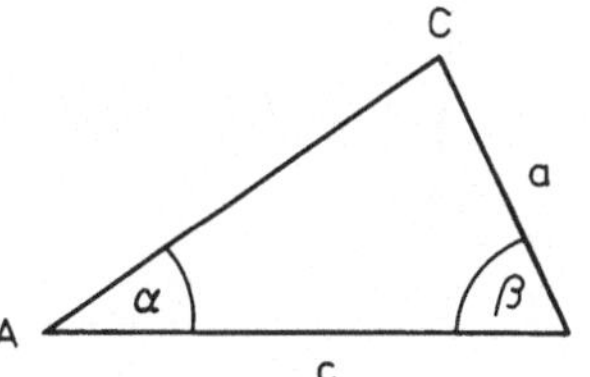

Abb. L3.10.1

$$|da| \leq c\left[\frac{\cos \alpha \cdot |d\alpha|}{\sin(\alpha + \beta)} + \frac{\sin \alpha \cdot |\cos(\alpha + \beta)|}{\sin^2(\alpha + \beta)} \cdot |d(\alpha + \beta)|\right]$$

$$|d\alpha| \leq 9 \cdot 10^{-3}, \quad |d(\alpha + \beta)| \leq 18 \cdot 10^{-3}, \quad |da| \leq 4\ \text{cm}, \quad a = (393{,}4 \pm 4)\ \text{cm}$$

3.11

$$dI = k^2 \frac{d\alpha}{\cos^2 \alpha}, \quad \left|\frac{\Delta I}{I}\right| \leq \frac{\cos \alpha}{\cos^2 \alpha \cdot \sin \alpha}\, |\Delta\alpha|, \quad \left|\frac{\Delta I}{I}\right|_{20^0} \leq 0{,}0045$$

3.12

a) $\frac{3}{2}$, b) $\frac{9}{7}$, c) 0, d) 0

3.13

$(2x^3 + 2x^2 + 2x + 4) : (2x^2 + 1) = x + 1 + (x + 3) : (2x^2 + 1) =: g(x) + r(x)$

Für $x \to \pm \infty$ geht $r(x) \to 0$. Asymptotengleichung: $y = g(x) = x + 1$.

Die Bestimmung von m und b mit Hilfe der üblichen Formeln ist umständlicher.

(Schwierigkeitsgrad: einfach)

3.14

Die Kurve (Abb. L3.14.1) kann als Überlagerung der beiden Teilfunktionen $g_1(x) = x^2$
und $g_2(x) = -1/x$ gezeichnet werden. Wegen $\lim\limits_{\pm 0}(x^2 - 1/x) = \mp \infty$ ist die y-Achse senk-
rechte Asymptote, wegen $\lim g_2(x) = 0$ für $x \to \pm \infty$ ist die Kurve $y = g_1(x)$ krumme
Asymptote. Weiter gilt, daß für $|x| \ll 1$ die Funktion $y = g_2(x)$ Näherungsfunktion
für $f(x)$ ist. $x = 1$ ist Nullstelle, ein relatives Minimum liegt bei $(-\sqrt[3]{0,5}; 1,89)$.

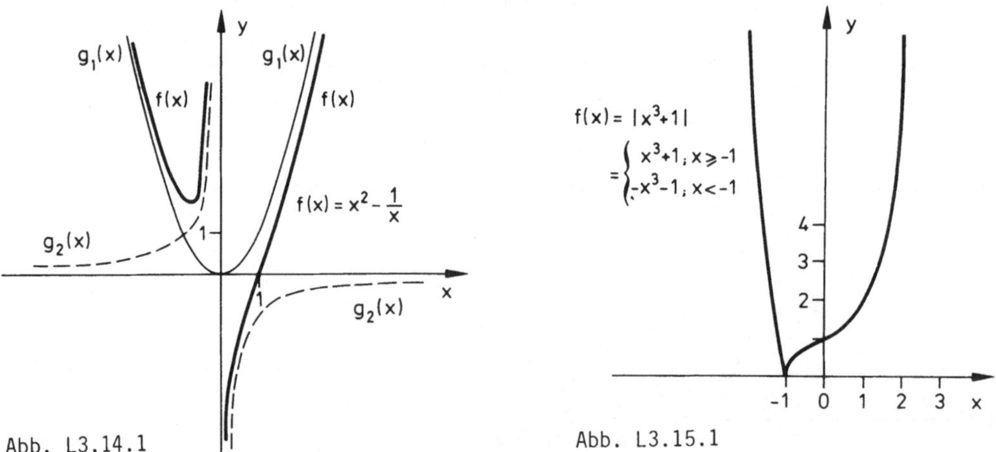

Abb. L3.14.1   Abb. L3.15.1

3.15

Die Kurve (Abb. L3.15.1) entsteht aus einer verschobenen kubischen Normalparabel,
deren unterhalb der x-Achse gelegener Teil nach oben gespiegelt wird. Die Kurve
ist überall stetig und an der Ecke $x = -1$ nicht differenzierbar. In $x = 0, y = 1$
hat die Kurve eine horizontale Tangente, jedoch keinen Extremwert (Wendepunkt!).
Im Punkt $x = -1$ hat die Kurve ein absolutes Minimum.

3.16

a) Umkehrfunktion: $y = 1/x$

b) Es ist stets $y \neq 0$: keine Nullstellen!

c) Eine Polstelle liegt vor für $x_P = 0$ (Ordnung: 1)

d) Da der Zähler nirgends verschwindet, kann keine Lücke vorliegen.

e) $x = 0$, $y = 0$

f) nein

g) 1) nein: Funktion ist nicht gerade; $f(-x) \neq f(x)$

   2) ja: Funktion und Umkehrfunktion sind gleich!

   3) ja: Funktion ist ungerade; $f(x) = -f(-x)$

h) $x \in \mathbf{R} \setminus \{0\}$

i) Eine unabhängige Variable, die zweite ist abhängig davon.

j) $y' = -1/x^2$

k) Eine algebraische Funktion muß in der allgemeinen Form

$$P_n(x)y^n + \ldots + P_1(x)y + P_0(x) = 0$$

darstellbar sein. Hier ist (wegen $xy - 1 = 0$) $P_0 = -1$, $P_1(x) = x$, alle übrigen $P_i = 0$. Die Funktion ist also algebraisch.

(Schwierigkeitsgrad: mittel/einfach)

3.17

Kurve und Fläche siehe Abb. L3.17.1 (H: Hochpunkt, W: Wendepunkt, x-Achse ist Asymptote). Fläche $A = 2,879$.

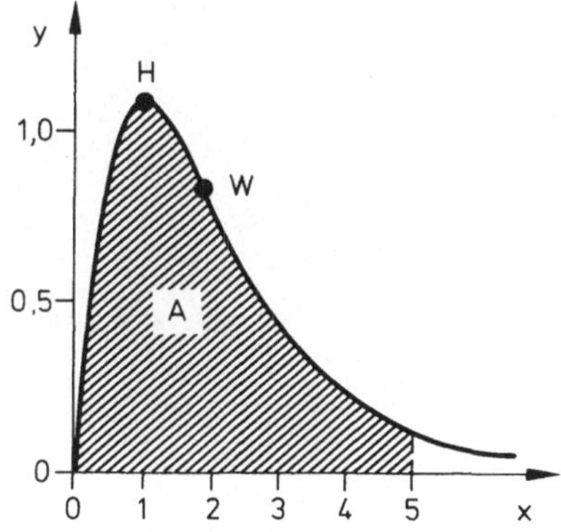

Abb. L3.17.1

3.18

a) Man erhält für die gesuchte Fläche A (Abb. L3.18.1)

$$A = \int_0^4 \frac{x}{2}\, dx + \int_4^5 (-2x + 10)\, dx = \frac{1}{4} \cdot 16 + (25 - 24) = 5$$

b) Es handelt sich um eine Dreiecksfläche: $A = \frac{1}{2} \cdot 2 \cdot 5 = 5$

(Schwierigkeitsgrad: einfach)

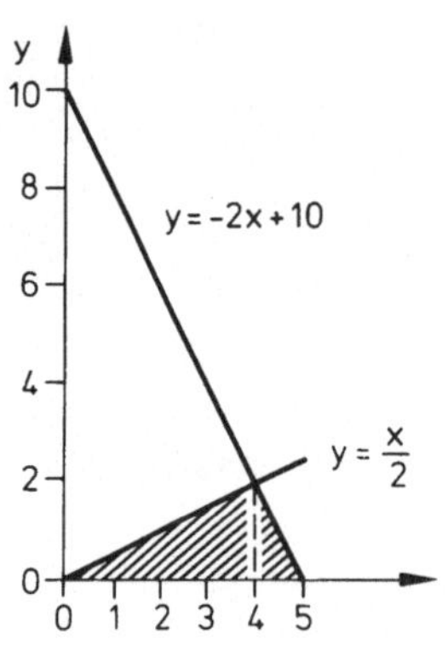

Abb. L3.18.1

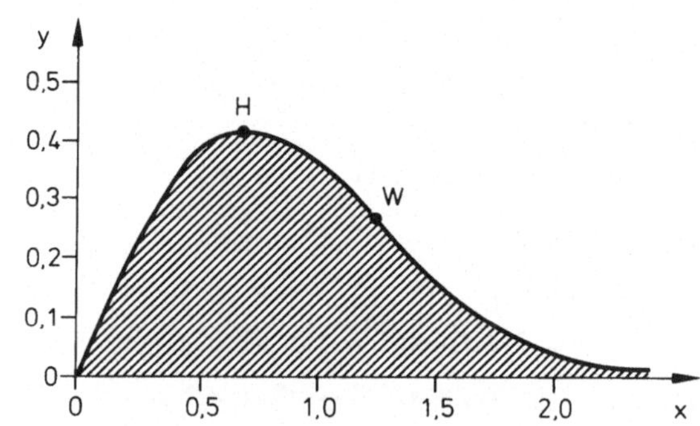

Abb. L3.20.1

3.19

$$A_{abs} = \left| \int_0^4 (x^2 - 12x + 32)\, dx \right| + \left| \int_4^5 (x^2 - 12x + 32)\, dx \right| \qquad \text{(Nullstelle bei } x = 4\text{)}$$

$$= 53\frac{1}{3} + \left| 20\frac{1}{3} - 22 \right| = 53\frac{1}{3} + 1\frac{2}{3} = 55$$

(Schwierigkeitsgrad: einfach)

3.20

Kurve und Fläche siehe Abb. L3.20.1. Wegen $\lim xe^{-x^2} = 0$ für $x \to \infty$ ist die x-Achse waagrechte Asymptote.

$$A = \int_0^\infty x \cdot e^{-x^2}\, dx = \lim_{a \to \infty} \int_0^a x \cdot e^{-x^2}\, dx = \lim_{a \to \infty} \left[-\frac{1}{2} e^{-x^2} \right]_0^a = \frac{1}{2}$$

Das Integral löst man über die Substitution $-x^2 = t$.

3.21

Substitution: $u = a^3 + x$, $du/dx = 1 = dx/du$

$$I = \int u^{\frac{1}{2}}\, du = \frac{2}{3} u^{\frac{3}{2}} + C = \frac{2}{3}\sqrt{(a^3 + x)^3} + C$$

$$\text{Probe: } \frac{d}{dx}\left[\frac{2}{3}(a^3 + x)^{\frac{3}{2}} + C\right] = (a^3 + x)^{\frac{1}{2}} = \sqrt{a^3 + x}$$

(Schwierigkeitsgrad: einfach)

3.22

Partielle Integration liefert

$$I = \frac{x^2}{2} \cdot \arccos x + \frac{1}{2}\int \frac{x^2}{\sqrt{1 - x^2}}\, dx$$

Das Restintegral I_R kann mit der Substitution $x = \sin u$, $u = \arcsin x$,

$dx/du = \cos u = \sqrt{1 - x^2}$ gelöst werden:

$$I_R = \int \frac{\sin^2 u}{\cos u} \cdot \cos u\, du = \int \sin^2 u\, du = -\frac{1}{2}\sin u \cdot \cos u + \frac{1}{2} u + C^* =$$

$$= -\frac{1}{2} x \sqrt{1 - x^2} + \frac{1}{2}\arcsin x + C^*$$

$$I = \frac{x^2}{2}\arccos x - \frac{1}{4} x \cdot \sqrt{1 - x^2} + \frac{1}{4}\arcsin x + C^* =$$

$$= \left(\frac{x^2}{2} - \frac{1}{4}\right)\arccos x - \frac{x}{4}\sqrt{1 - x^2} + C \qquad (C := C^* + \frac{\pi}{8})$$

(Schwierigkeitsgrad: mittel/schwierig)

3.23

a) $x^3 + 3x^2 - 9x + 5 = (x - 1)^2(x + 5)$. Partialbruchzerlegung ergibt:

$$\frac{3x^2 + 6x - 9}{x^3 + 3x^2 - 9x + 5} = \frac{A_{11}}{x - 1} + \frac{A_{12}}{(x - 1)^2} + \frac{A_2}{x + 5} \; : \; A_{12} = 0, \; A_2 = 1, \; A_{11} = 2$$

$$I = 2 \cdot \ln |x - 1| + \ln |x + 5| + C$$

b) Die Probe liefert zunächst

$$2 \cdot \frac{1}{x - 1} + \frac{1}{x + 5} = \frac{3x + 9}{(x - 1)(x + 5)}$$

Durch Erweiterung mit $x - 1$ folgt daraus der Integrand, der bei $x = 1$ eine
Lücke hat, die bei der Partialbruchzerlegung behoben wird.

c) Zähler ist gleich Ableitung des Nenners:

$$I = \ln |x^3 + 3x^2 - 9x + 5| + C$$

__3.24__

$$(x^3 - 5x^2 + 10x - 38) : (x^2 + 9) = x - 5 + (x + 7) : (x^2 + 9)$$

Beim letzten Summanden ist der Ansatz für konjugiert-komplexe Nenner-Nullstellen
zu benutzen.

$$I = \frac{x^2}{2} - 5x + \frac{1}{2} \ln (x^2 + 9) + \frac{7}{3} \arctan \frac{x}{3} + C$$

__3.25__

__A. Substitutionsverfahren__

Der Integrand ist vom Typ ...   nein: ja: Falls ja:
                                                                  Geeignete Subst.:

a) $f(ax + b)$ $\otimes$ $\bigcirc$ $\longrightarrow$ u =

b) $f[\varphi(x)] \cdot \varphi'(x) \cdot k$ $\bigcirc$ $\otimes$ $\longrightarrow$ $u = 1 - x^2$
   Falls ja: $\varphi(x) = 1 - x^2$ (oder x^2)
             $\varphi'(x) = -2x$
             $f(\varphi) = 1/\varphi^2$

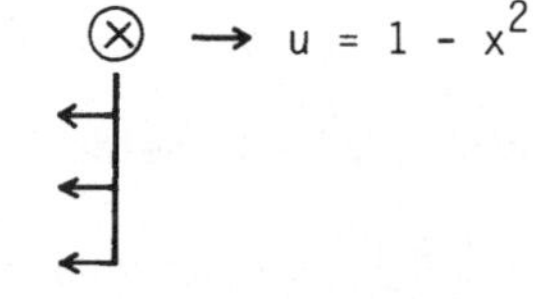

c) $k \cdot f'(x) / f(x)$ $\otimes$ $\bigcirc$ $\longrightarrow$ u =

d) $f(x; \sqrt{\pm a^2 \pm x^2})$ $\bigcirc$ $\otimes$ $\longrightarrow$ $u = \arcsin x$
                                                                          (oder: $\operatorname{ar tanh} x$)

e) $R(\sin x; \cos x; \tan x; \cot x)$ $\otimes$ $\bigcirc$ $\longrightarrow$ u =

__B. Partialbruchzerlegung__

könnte verwendet werden. $\bigcirc$ $\otimes$
   Falls ja:
   Der Ansatz müßte lauten:

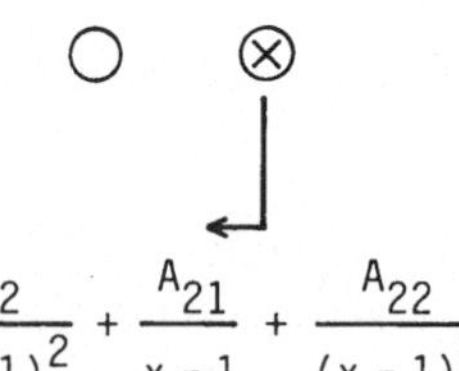

$$\frac{x}{(1 - x^2)^2} = \frac{x}{(x + 1)^2 (x - 1)^2} = \frac{A_{11}}{x + 1} + \frac{A_{12}}{(x + 1)^2} + \frac{A_{21}}{x - 1} + \frac{A_{22}}{(x - 1)^2}$$

(Schwierigkeitsgrad: mittel/schwierig)

__3.26__

a) $\displaystyle\int_1^2 \frac{dx}{x} = [\ln x]_1^2 = \ln 2 \approx 0{,}69315$

b) $\displaystyle\int_1^2 \frac{dx}{x} \approx h\left(\frac{y_0}{2} + y_1 + y_2 + y_3 + \frac{y_4}{2}\right) = \frac{1}{4} \cdot 2{,}78810 = 0{,}69703$

c) $\displaystyle\int_1^2 \frac{dx}{x} \approx \frac{h}{3}(y_0 + 4y_1 + 2y_2 + 4y_3 + y_4) = \frac{1}{12} \cdot 8{,}31905 = 0{,}69325$

3.27

a) $A_T = h\,(\tfrac{1}{2}\,y_0 + y_1 + \tfrac{1}{2}\,y_2) = 1{,}2904$　　　　$(h = 1,\ y_0 = 1{,}0,$

b) $A_S = \tfrac{1}{3}\,h\,(y_0 + 4y_1 + y_2) = 1{,}2646$　　　　$y_1 = 0{,}60653,\ y_2 = 0{,}36788)$

c) $\displaystyle \int_0^2 e^{-0{,}5x}\,dx = \int_0^2 \left(1 - \frac{0{,}5}{1!}\,x + \frac{(0{,}5)^2}{2!}\,x^2 - \frac{(0{,}5)^3}{3!}\,x^3 + \frac{(0{,}5)^4}{4!}\,x^4 - + \ldots\right) dx$

$$A_R = \left[x - \frac{0{,}5}{2\cdot 1!}\,x^2 + \frac{(0{,}5)^2}{3\cdot 2!}\,x^3 - \frac{(0{,}5)^3}{4\cdot 3!}\,x^4 + \frac{(0{,}5)^4}{5\cdot 4!}\,x^5\right]_0^2 = \frac{19}{15} \approx 1{,}2666$$

Vergleich:　　$\displaystyle A = \int_0^2 e^{-0{,}5x}\,dx = 2\left(1 - \frac{1}{e}\right) \approx 1{,}2642$

Man erkennt, daß A_S die Fläche A am besten nähert.

3.28

Mit Abb. L3.28.1 erhält man für das Volumen V_x

$$V_x = \pi \int_{-\infty}^{\infty} y^2\,dx = \pi \int_{-\infty}^{\infty} \frac{dx}{1 + x^2} = \left[\pi\cdot\arctan x\right]_{-\infty}^{\infty} = \pi^2$$

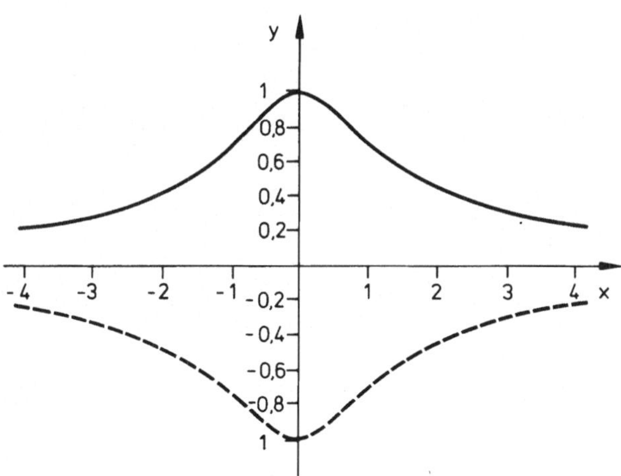

Abb. L3.28.1

<u>3.29</u>

Die Parabeln schneiden sich im Ursprung und im Punkt P $(2\sqrt[3]{2},\ \sqrt[3]{4})$.

$$I = \int_{x=0}^{2\sqrt[3]{2}} \left[\int_{y=\frac{1}{4}x^2}^{\sqrt{x}} x \cdot y \cdot dy \right] dx = \int_{x=0}^{2\sqrt[3]{2}} \left(\frac{1}{2} x^2 - \frac{1}{32} x^5 \right) dx = \frac{4}{3}$$

$$= \int_{y=0}^{\sqrt[3]{4}} \left[\int_{x=y^2}^{2\sqrt{y}} y \cdot x \cdot dx \right] dy = \int_{y=0}^{\sqrt[3]{4}} \left(2y^2 - \frac{1}{2} y^5 \right) dy = \frac{4}{3}$$

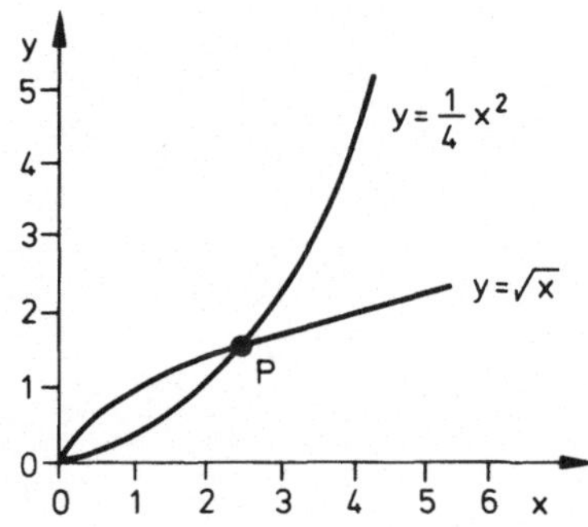

Abb. L3.29.1

4. Analysis II

Heinz Klein, Rolf May

Fachbereich Ingenieur-Informatik

Unendliche Reihen: Potenzreihen, Konvergenz, Konvergenzradius. TAYLOR-Reihen, MACLAURINsche Form und Normalform, Näherungsformeln, Restglied. Integration nach Reihenentwicklung. FOURIER-Reihen. Differentialgleichungen 1. Ordnung: variablentrennbare Formen, substituierbare Formen, lineare Differentialgleichung, Variation der Konstanten. Differentialgleichungen 2. Ordnung: Integrable Typen, lineare Differentialgleichungen, Variation der Konstanten. Lineare Differentialgleichungen n-ter Ordnung: Operatorschreibweise, homogene Lösung, allgemeine Lösung, spezielle Lösung, Beispiele aus Physik und Technik. LAPLACE-Transformation zur Lösung von linearen Differentialgleichungen n-ter Ordnung.

Zugelassene Hilfsmittel für die Prüfungsaufgaben 4.1 bis 4.17: Skriptum/Umdrucke, Formelsammlungen, Taschenrechner, Vorlesungs-Mitschrift

Aufgaben

4.1

Gegeben ist die Zahlenfolge $135, 45, 15, \ldots$

a) Geben Sie ein möglichst einfaches Bildungsgesetz an, um allgemein aus dem n-ten Glied u_n das folgende Glied u_{n+1} zu berechnen.

b) Ist die Folge konvergent?
   Falls "ja": Bestimmen Sie den Grenzwert!
   Falls "nein": Beweisen Sie Ihre Behauptung!

c) Ist die zugehörige Reihe konvergent?
   Falls "ja": Bestimmen Sie die Summe der unendlichen Reihe!
   Falls "nein": Beweisen Sie Ihre Behauptung!

4.2

Die komplexe Zahlenfolge $z_n = \frac{1}{n} + j\,\frac{n}{n+1}$ ist graphisch darzustellen. Ebenso der Grenzwert.

4.3

Bestimmen Sie den Konvergenzradius r der Reihe

$$R = 1 + x + \binom{n}{2} x^2 + \ldots + \binom{n}{k} x^k + \ldots = \sum_{\nu=0}^{\infty} \binom{n}{\nu} x^\nu$$

mit $n \in \mathbf{R}$.

4.4

Es soll die bekannte Näherungsformel $\sin x \approx x$ verwendet werden, wobei der relative Fehler maximal 1 % betragen darf.
Für welche Winkel (im Gradmaß) ist demnach die Näherung ausreichend?

4.5

Zeigen Sie, daß für $|x| \ll 1$ für die Funktion

$$f(x) = \frac{e^{-x}}{\sqrt{1+x}}$$

die Näherung $f(x) \approx 1 - 1{,}5\,x$ gilt!

4.6

Die Funktion $f(x) = x^3 + 50x - 60$ hat in der Nähe von $x_0 = 1$ eine Nullstelle. Verbessern Sie diese Lösung! Entwickeln Sie dazu $f(x)$ mittels TAYLOR-Formalismus an der Stelle x_0. Nutzen Sie die Näherungsfunktionen $f_1(x)$ (Polynom 1. Ordnung) und $f_2(x)$ (Polynom 2. Ordnung) und bestimmen Sie deren Durchgang durch die x-Achse. Welche der beiden Näherungslösungen ist die bessere Lösung?

4.7

Ein Zylinder mit den Maßen R = x und H = y soll hinsichtlich kleiner Änderungen seines Volumens durch Abweichungen der Maße $\Delta x = h$ und $\Delta y = k$ untersucht werden. Entwickeln Sie die Volumenfunktion $V(x,y) = \pi \cdot x^2 \cdot y$ mit dem TAYLOR-Formalismus. Geben Sie die Näherungsfunktionen 1. und 2. Ordnung an.[1]
Zahlenbeispiel für x = 2 cm, y = 3 cm, h = 1 mm, k = 1 mm.

4.8

Berechnen Sie die FOURIER-Entwicklung der Funktion $f(x) = |\sin x|$. Wie kommt man von dieser Reihenentwicklung zu der Entwicklung der Funktion $g(x) = |\cos x|$?

---

[1] Eine Aufgabe zur Integration nach Reihenentwicklung befindet sich bereits in ANALYSIS I (Aufgabe 3.27.c)

4.9

Beim senkrechten Wurf nach oben ist

$$\ddot{s} = -g = const.$$

Bestimmen Sie die allgemeine Lösung dieser Differentialgleichung und überlegen Sie, welche physikalische Bedeutung die auftretenden Integrationskonstanten haben.

4.10

Abbildung 4.10.1 zeigt einen Stromkreis mit ohmschem Widerstand R und Kapazität C. Beim Schließen des Schalters ändert sich die Spannung u als Funktion der Zeit t. Wie lautet die explizite Form der Differentialgleichung?

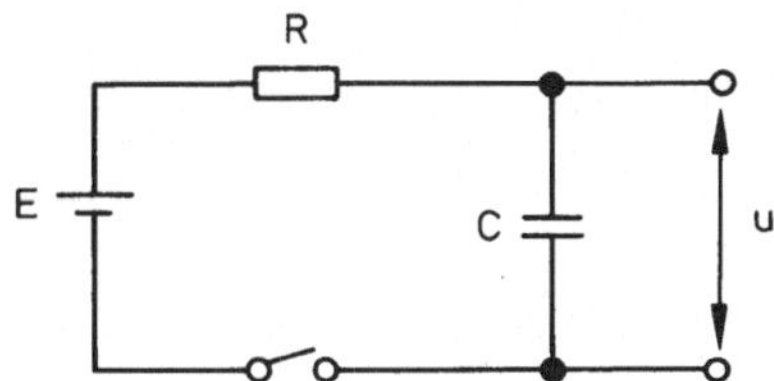

Abb. 4.10.1

4.11

Gegeben ist die Differentialgleichung x = -yy'.

a) Leiten Sie dazu drei verschiedene Isoklinen-Gleichungen her. Darunter sollen die beiden Isoklinen sein, deren Linienelemente waagrecht bzw. unter 45° zur x-Achse verlaufen.

b) Zeichnen Sie diese Isoklinen und geben Sie zu jeder Isokline ein Linienelement an.

c) Bestimmen Sie rechnerisch die partikuläre Lösung zu den Randbedingungen x = 1 und y = 0.
   Zeichnen Sie die partikuläre Lösungskurve ein. Um was für eine Kurve handelt es sich?

d) Welchen Grad hat die Differentialgleichung? Geben Sie die Ordnung der Differentialgleichung an.

e) Handelt es sich um eine lineare Differentialgleichung?

4.12

Beim radioaktiven Zerfall ist die Menge des zerfallenden Stoffes proportional der vorhandenen Stoffmenge. Dies führt zu der Differentialgleichung

$$dM = -k \cdot M \cdot dt \, .$$

Die Konstante k ist stoffspezifisch. Beim Zerfall des Radiums zerfällt im Verlauf von 1600 Jahren die Hälfte des ursprünglich vorhandenen Stoffes (Halbwertszeit!). Geben Sie das Zerfallsgesetz für Radium an!

4.13

Ein Körper (Masse m, spez. Wärme c) ist auf die Temperatur T_1 erwärmt worden. Die Umgebungstemperatur beträgt $T_0 (T_0 < T_1)$. Der Abkühlungsvorgang wird durch die Differentialgleichung

$$m \cdot c \cdot \dot{T} = -k(T - T_0)$$

beschrieben. Dabei ist k > 0 eine Konstante, die von der Größe und Form des Körpers abhängt. Ermitteln Sie das Abkühlungsgesetz $T = f(t)$.

4.14

Welche allgemeine Lösung hat die Differentialgleichung

$$(1 + x^2) \cdot y' + x \cdot y = 0 \quad ?$$

Stellen Sie die Lösungsgesamtheit graphisch dar! Welche spezielle Lösung geht durch den Punkt $Q(1 \backslash \sqrt{2})$? Zeichnen Sie auch diese Kurve!

4.15

Man löse die Differentialgleichung

$$y' = \frac{x - y + 2}{x},$$

indem man sie durch geeignete Substitution auf eine Differentialgleichung mit trennbaren Variablen zurückführt.

4.16

Gesucht ist die spezielle Lösung der Differentialgleichung $\dot{Y} - 4Y = \sin 2t$ für die Anfangsbedingung $Y(0) = 0$. Lösen Sie die Aufgabe mittels

a) Ansatzmethode,
b) Variation der Konstanten,
c) LAPLACE-Transformation.

4.17

Bestimmen Sie die allgemeine Lösung der Differentialgleichung

$$y'' - 3y' + 2y = e^x + x\, e^x .$$

Der geeignete Ansatz zur Bestimmung einer partikulären Lösung der inhomogenen Differentialgleichung wird üblicherweise in der Vorlesung angegeben und kann aus der Literatur entnommen werden.

Literatur

[1],[2],[3] Siehe Literaturhinweise zu ANALYSIS I
[4] Greuel O (1976) Mathematische Ergänzungen und Aufgaben für Elektrotechniker. Hanser, München

Lösungen

<u>4.1</u>

a) $u_{n+1} = \frac{1}{3} u_n$

b) $u_\nu = \dfrac{135}{3^\nu}$ mit $\nu \in \mathbb{N}_0$; $\lim\limits_{\nu \to \infty} u_\nu = \lim\limits_{\nu \to \infty} \dfrac{135}{3^\nu} = 0$.

c) Geometrische Reihe mit Faktor $q = \frac{1}{3} < 1$, also Konvergenz! Summe $s = 202{,}5$.

(Schwierigkeitsgrad: mittel)

<u>4.2</u>

$z_1 = 1 + \frac{1}{2} j$, $z_2 = \frac{1}{2} + \frac{2}{3} j$, $z_3 = \frac{1}{3} + \frac{3}{4} j$, $z_4 = \frac{1}{4} + \frac{4}{5} j$, $z_5 = \frac{1}{5} + \frac{5}{6} j$,

$z_6 = \frac{1}{6} + \frac{6}{7} j$; $\lim\limits_{n \to \infty} z_n = j$ (Abb. L4.2.1)

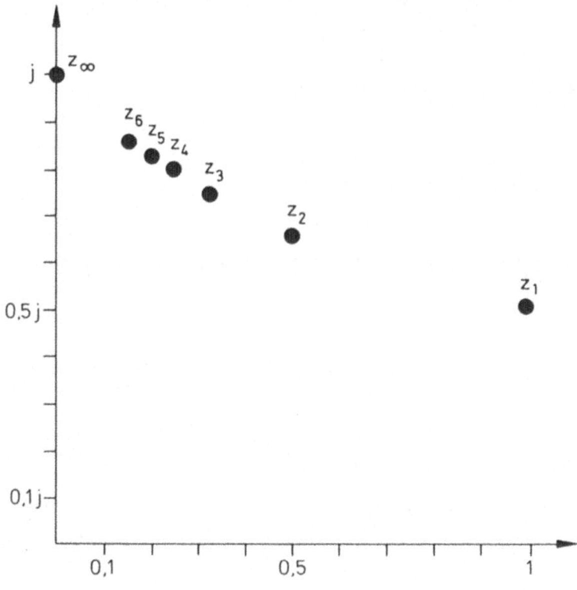

Abb. L4.2.1

4.3

$$r = \lim_{\nu \to \infty} \left| \frac{a_\nu}{a_{\nu+1}} \right| = \lim_{\nu \to \infty} \left| \frac{\binom{n}{\nu}}{\binom{n}{\nu+1}} \right|$$

$$r = \lim_{\nu \to \infty} \left| \frac{n!}{(n-\nu)!\,\nu!} \cdot \frac{(n-\nu-1)!\,(\nu+1)!}{n!} \right|$$

$$r = \lim_{\nu \to \infty} \left| \frac{\nu+1}{n-\nu} \right| = \lim_{\nu \to \infty} \left| \frac{1+\frac{1}{\nu}}{\frac{n}{\nu}-1} \right| = \lim_{\nu \to \infty} \left| \frac{1}{-1} \right| = 1$$

(Schwierigkeitsgrad: schwierig)

4.4

MACLAURIN-Reihe für die Sinusfunktion:

$$\sin x = x - \frac{x^3}{3!} + \frac{x^5}{5!} - + \ldots$$

Der maximale Fehler bei Abbruch der Reihe nach dem ersten Glied ist durch das Restglied R_3 gegeben; der relative Fehler beträgt

$$\frac{|R_3|}{|x|} < \frac{x^2}{3!} \text{, also } 1\,\% = 0,01 < x^2/3! \text{ , } x^2 < 0,06$$

$$-0,2449 < x < 0,2449 \text{ , } -14^0 < \varphi < 14^0$$

4.5

Erste Möglichkeit: Reihen für e^{-x} und $\dfrac{1}{\sqrt{1+x}}$ miteinander multiplizieren und nach der 1. Potenz abbrechen (Konvergenz für $|x| < 1$):

$$e^{-x} \cdot \frac{1}{\sqrt{1+x}} = \left(1 - \frac{x}{1!} + \frac{x^2}{2!} - + \ldots\right) \cdot \left(1 - \frac{1}{2}x + \frac{1}{2}\cdot\frac{3}{4}x^2 - + \ldots\right)$$

$$= 1 - \frac{3}{2}x + \frac{11}{8}x^2 - + \ldots \approx 1 - \frac{3}{2}x \qquad (|x| \ll 1)$$

Zweite Möglichkeit: MACLAURIN-Formalismus anwenden und die Reihe bis zur 1. Potenz entwickeln:

$$f(0) = 1, \ f'(0) = -\frac{3}{2} : f(x) \approx f(0) + f'(0)\,x = 1 - \frac{3}{2}x$$

4.6

$$f(x) = f(x_0) + f' \frac{(x_0)}{1!} (x - x_0) + f'' \frac{(x_0)}{2!} (x - x_0)^2 + \ldots$$

liefert mit $x_0 = 1$ die Darstellung

$$f(x) = -9 + 53(x - 1) + 3(x - 1)^2 + (x - 1)^3$$

(die Koeffizienten -9, 53, 3 und 1 gewinnt man einfacher aus dem HORNER-Schema!).
In der Umgebung von $x_0 = 1$ (für $|x - x_0| \ll 1$) lauten die Näherungsfunktionen

> 1. Ordnung: $f_1(x) = -9 + 53(x - 1)$
> 2. Ordnung: $f_2(x) = -9 + 53(x - 1) + 3(x - 1)^2$

$f_1(x) = 0$ liefert den Näherungswert $x_1 = 1{,}1698$.
$f_2(x) = 0$ liefert den Näherungswert $x_1' = 1{,}1682$.

Wegen $f(x_1') = 4{,}23 \cdot 10^{-3}$, $f(x_1) = 9{,}08 \cdot 10^{-2}$ ist x_1' die bessere Näherungslösung.
Dies war zu erwarten, da die Schmiegungsparabel 2. Ordnung $f_2(x)$ die Funktion im
betrachteten Bereich besser nähert als die Tangente $f_1(x)$.

4.7

$$V(x + h, y + k) = V(x,y) + \{\frac{\partial V}{\partial x} h + \frac{\partial V}{\partial y} k\} + \frac{1}{2!} \{\frac{\partial^2 V}{\partial x^2} h^2 +$$

$$2 \cdot \frac{\partial^2 V}{\partial x \partial y} h \cdot k + \frac{\partial^2 V}{\partial y^2} k^2\} + \frac{1}{3!} \{\frac{\partial^3 V}{\partial x^3} h^3 + \ldots\} + \ldots$$

$$= \pi x^2 y + \{2\pi xy \cdot h + \pi x^2 \cdot k\} + \frac{1}{2} \{2\pi y \cdot h^2 + 4\pi x \cdot h \cdot k\} + \frac{1}{6} \{\ldots\} + \ldots$$

Die Näherungsfunktionen lauten demnach

$$V_0 = \pi x^2 y, \quad V_1 = V_0 + \{2\pi xy \cdot h + \pi x^2 \cdot k\}, \quad V_2 = V_1 + \{\pi y \cdot h^2 + 2\pi xh \cdot k\}$$

$$V_0 = 12\,\pi\,\text{cm}^3, \quad V_1 = 13{,}6\,\pi\,\text{cm}^3, \quad V_2 = 13{,}67\,\pi\,\text{cm}^3.$$

Vergleich: $V(2{,}1\text{ cm}; 3{,}1\text{ cm}) = 13{,}671\,\pi\,\text{cm}^3$.
Die Korrektur 3. Ordnung würde die noch bestehende Abweichung im Volumen ausgleichen.

4.8

$$a_0 = \frac{1}{\pi} \int_0^\pi \sin x\, dx = \frac{2}{\pi}, \quad b_\nu = 0 \quad (\text{wegen } f(-x) = f(x))$$

$$a_\nu = \frac{2}{\pi} \int_0^\pi \sin x \cdot \cos 2\nu x\, dx = -\frac{4}{\pi(2\nu + 1)(2\nu - 1)} \quad \text{für } \nu = 1,2,3,\ldots$$

$$f(x) = \frac{2}{\pi} - \frac{4}{\pi} \left[\frac{\cos 2x}{1.3} + \frac{\cos 4x}{3.5} + \frac{\cos 6x}{5.7} + \ldots\right]$$

Wegen $g(x) = f(\frac{\pi}{2} \pm x)$ kann aus der Reihenentwicklung von $f(x)$ die Reihenentwicklung
von $g(x)$ gewonnen werden:

$$g(x) = \frac{2}{\pi} + \frac{4}{\pi} \left[\frac{\cos 2x}{1.3} - \frac{\cos 4x}{3.5} + \frac{\cos 6x}{5.7} - + \ldots\right]$$

4.9

$\dot{s} = -gt + C_1$, $\quad s = -\frac{1}{2} gt^2 + C_1 t + C_2$; $\quad t = 0$ liefert $\dot{s}(0) = C_1$, $s(0) = C_2$. Es handelt sich also um die Anfangsgeschwindigkeit und die Anfangshöhe des Körpers. (Schwierigkeitsgrad: einfach)

4.10

Das 2. KIRCHHOFFsche Gesetz (Maschenregel) liefert

$$E + u_R + u = 0, \quad E + iR + u = 0$$

$$\text{mit} \quad i = \frac{dQ}{dt} = \frac{d(Cu)}{dt} = C \cdot \frac{du}{dt}; \quad E + RC \cdot \frac{du}{dt} + u = 0 ,$$

$$\text{also} \quad \frac{du}{dt} = -\frac{1}{RC} u - \frac{E}{RC} \quad \text{(explizite Form)} .$$

4.11

a) $y' = -x/y = c = \text{const}$ bzw. $y = -x/c$ $(c \neq 0)$ für jede Isokline.
   $c = 0 : x = 0$ (y-Achse), $c = 1 : y = -x$, $c = -2$ (z.B.) $: y = x/2$.

b) Abb. L4.11.1

c) Variablen-Trennung! $y^2 = -x^2 + 2C$ $(C \geq 0)$; $r^2 = 2C$ ergibt $x^2 + y^2 = r^2$
   (ursprungskonzentrische Kreisschar). Die Randbedingungen $x = 1$, $y = 0$ erfordern
   $r^2 = 1 : x^2 + y^2 = 1$ (Einheitskreis).

d) Grad 2, Ordnung 1

e) Die Differentialgleichung ist nicht linear.

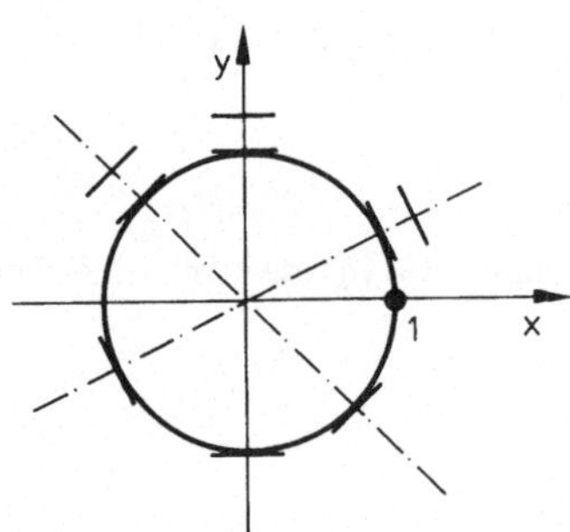

Abb. L4.11.1

4.12

Lösen der Differentialgleichung mit Variablentrennung:

$$\frac{dM}{M} = -kdt, \quad \ln |M| = -kt + K \ (K \in \mathbf{R}), \quad M = Ce^{-kt} \ (C \in \mathbf{R}) .$$

Zum Zeitpunkt $t = 0$ sei die Stoffmenge M_0 vorhanden, also $M(0) = M_0$. Einsetzen ergibt $C = M_0$ und damit

$$M(t) = M_0 e^{-kt} .$$

Weiter gilt $M(1600) = 0{,}5\ M_0$, falls man die Zeit in Jahren mißt. Einsetzen von $t = 1600$ liefert damit

$$0{,}5\ M_0 = M_0\ e^{-1600\,k_R}, \quad k_R = \ln 2/1600 = 0{,}000433 .$$

Mit dieser Zerfallskonstanten k_R für Radium ergibt sich das Zerfallsgesetz für Radium zu

$$M(t) = M_0\ e^{-0,000433\,t} .$$

4.13

Die Differentialgleichung wird durch Variablentrennung umgestellt:

$$mc\,\frac{dT}{dt} = -k(T - T_0) , \quad \frac{dT}{T - T_0} = -\frac{k}{mc}\,dt ,$$

$$\ln |T - T_0| = -\frac{k}{mc} \cdot t + K' , \quad T_A = T_0 + K \exp\left(-\frac{k}{mc} \cdot t\right)$$

mit $K' \in \mathbf{R}$ und $K \in \mathbf{R}$. Anfangsbedingung $T(0) = T_1$ liefert die spezielle Lösung des Abkühlungsvorganges

$$T_{Spez} = T_0 + (T_1 - T_0) \cdot \exp\left(-\frac{k}{mc} \cdot t\right)$$

4.14

Die Differentialgleichung wird durch Variablentrennung gelöst:

$$\frac{dy}{y} = -\frac{1}{2}\,\frac{2x}{1 + x^2} , \quad y_A = \frac{C}{\sqrt{1 + x^2}} .$$

Die Nebenbedingung führt zu der Forderung $y(1) = \sqrt{2}$, woraus $C = 2$ und die spezielle Lösung

$$y_{Spez} = \frac{2}{\sqrt{1 + x^2}}$$

folgen. Wegen $\lim\limits_{x \to \pm\infty} y_A = 0$ ist die x-Achse Asymptote. Wegen $y_A(-x) = y_A(x)$ sind alle Lösungskurven symmetrisch zur y-Achse (Abb. L4.14.1). $C > 0$ führt zu Kurven in der oberen Halbebene, $C < 0$ ergibt Kurven in der unteren Halbebene.

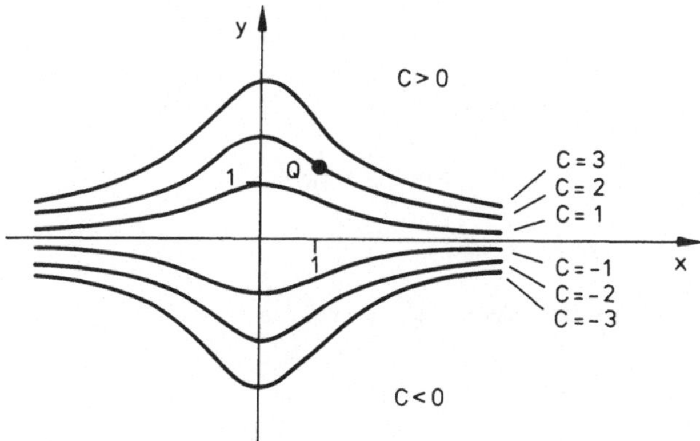

Abb. L4.14.1

4.15

Das Gleichungssystem

$$x + y - 2 = 0 \quad \text{(Zähler)}$$
$$x = 0 \quad \text{(Nenner)}$$

hat die Lösung $x_0 = 0$, $y_0 = 2$. Substitution $\xi = x - x_0 = x$, $\eta = y - y_0 = y - 2$ führt auf

$$\frac{d\eta}{d\xi} = \frac{\xi - \eta}{\xi} = 1 - \frac{\eta}{\xi}.$$

Durch eine zweite Substitution

$$u = \frac{\eta}{\xi}; \quad \eta = u \cdot \xi, \quad \frac{d\eta}{d\xi} = \frac{du}{d\xi} \cdot \xi + u$$

wird daraus die trennbare Differentialgleichung

$$\frac{du}{d\xi} \cdot \xi + u = 1 - u$$

mit der allgemeinen Lösung $u = \frac{1}{2}(1 \pm \frac{C_0^2}{\xi^2})$. Resubstitution liefert

$$\eta = u \cdot \xi = \frac{\xi}{2} \pm \frac{C_0^2}{2\xi^2} = \frac{\xi}{2} + \frac{C}{\xi} \quad \text{mit } C := \pm \frac{C_0^2}{2}$$

$$y - 2 = \frac{x}{2} \pm \frac{C}{x}, \quad y = \frac{x}{2} + 2 + \frac{C}{x}.$$

(Schwierigkeitsgrad: schwierig)

4.16

a) Allgemeine Lösung der homogenen DGL: $Y_{AH} = Ce^{4t}$. Ansatz für eine partikuläre Lösung der inhomogenen DGL: $Y_P = A \sin 2t + B \cos 2t$. Koeffizientenvergleich nach Einsetzen von Y_P und $\dot{Y}_P$ in die DGL liefert $A = -\frac{1}{5}$, $B = -\frac{1}{10}$.

Demnach $Y_P = -\frac{1}{5} \sin 2t - \frac{1}{10} \cos 2t$. Allg. Lösung der inhomogenen DGL:

$$Y_A = Y_P + Y_{AH} = -\frac{1}{5} \sin 2t - \frac{1}{10} \cos 2t + Ce^{4t}. \text{ Aus } Y(0) = 0 \text{ folgt } C = \frac{1}{10}.$$

Spezielle Lösung:

$$Y_{Spez} = -\frac{1}{5} \sin 2t - \frac{1}{10} \cos 2t + \frac{1}{10} e^{4t}.$$

b) $Y_{AH} = Ce^{4t}$ (vgl. a). Lösungsansatz nach LAGRANGE: $Y_P = C(t)e^{4t}$ liefert

$$C(t) = \frac{e^{-4t}}{20} [-4 \sin 2t - 2 \cos 2t], \quad Y_P = -\frac{1}{5} \sin 2t - \frac{1}{10} \cos 2t.$$

$$Y_A = Y_P + Y_{AH} = -\frac{1}{5} \sin 2t - \frac{1}{10} \cos 2t + Ce^{4t}.$$

Aus $Y(0) = 0$ ergibt sich wieder $C = \frac{1}{10}$ und damit Y_{Spez} (vgl. a).

c) Mittels Differentiationsansatz und Transformationstabelle transformiert man die Differentialgleichung auf

$$s \cdot y(s) - 4 \cdot y(s) = \frac{2}{s^2 + 4}$$

Für die Lösung im Bildraum erhält man demnach

$$y(s) = \frac{2}{(s - 4)(s^2 + 4)}$$

Die Partialbruchzerlegung des Quotienten führt zu

$$\frac{2}{(s - 4)(s^2 + 4)} = \frac{A}{s - 4} + \frac{Bs + C}{s^2 + 4} \quad \text{mit } A = \frac{1}{10}, \quad B = -\frac{1}{10}, \quad C = -\frac{2}{5}$$

$$y(s) = \frac{1}{10}\frac{1}{s - 4} - \frac{2}{5}\frac{1}{s^2 + 4} - \frac{1}{10}\frac{s}{s^2 + 4}$$

Die Rücktransformation führt direkt zu der gesuchten speziellen Lösung

$$Y_{Spez}(t) = \frac{1}{10} e^{4t} - \frac{1}{5} \sin 2t - \frac{1}{10} \cos 2t$$

4.17

Allg. Lösung der homogenen DGL: $\quad y_H = C_1 e^x + C_2 e^{2x}$.

Ansatz für y_p: $\quad y_p = (b_0 x + b_1 x^2) e^x$; $\quad b_0 = -2$, $b_1 = -\frac{1}{2}$ (Koeffizientenvergleich!).

Allgemeine Lösung y der inhomogenen DGL:

$$y = y_H + y_p = \left(C_1 - 2x - \frac{1}{2}x^2\right) e^x + C_2 e^{2x}$$

Die Aufgabe ist auch lösbar, indem man die Differentialgleichungen $y'' - 3y' + 2y = e^x$ und $y'' - 3y' + 2y = x\,e^x$ einzeln bearbeitet und die beiden partikulären Lösungen y_{p_1} und y_{p_2} der beiden inhomogenen Gleichungen addiert: $y_p = y_{p_1} + y_{p_2}$.

(Schwierigkeitsgrad: einfach)

5. Mathematische Logik

Gert Böhme

Fachbereich Allgemeine Informatik

Logik als philosophische Disziplin. Logik als mathematische Disziplin. Bedeutung der mathematischen Logik für die Informatik. Wahrheitswerte. Aussagen. Typisierungen. Zweiwertigkeitsprinzip. Aussagenverknüpfungen: Negation, Konjunktion, Disjunktion, Subjunktion, Bijunktion. Syntax des Aussagenkalküls: zulässige aussagenlogische Ausdrücke. Entscheidbarkeit. PASCAL-Programme. Semantik des Aussagenkalküls: Interpretation (Bewertung) aussagenlogischer Ausdrücke: Wahrheitswertetafeln, Erfüllungsmengen. Tautologien, Kontingenzen, Kontradiktionen. Erfüllbarkeit. Entscheidbarkeit. Textanalysen, Textinterpretationen. Aussagenlogische Gesetze, Äquivalenzen, Implikationen. Einfache Normalformen. Kanonische Normalformen. Entscheidungsverfahren. Eindeutigkeitssätze. Anwendungen. Aussagenlogisches Schließen: mathematisches Modell, nicht-logische und unlogische Schlüsse. Anzahl-Satz. Schlußregeln. Anwendungen des Modus ponens. Anwendungen des Modus tollens. Fehlschlüsse. Notwendige und hinreichende Bedingungen. Verknüpfungsbasen, Struktureigenschaften, Axiomatik des Aussagenkalküls. Ausblick auf die Prädikatenlogik[1].

Zugelassene Hilfsmittel für die Prüfungsaufgaben 5.1 bis 5.15: keine

Aufgaben

5.1

Beweisen Sie den allgemeinen Kettenschluß

$$A \longrightarrow B_1$$
$$B_1 \longrightarrow B_2$$
$$\vdots$$
$$\underline{B_n \longrightarrow B}$$
$$A \longrightarrow B \ ,$$

bei welchem $A, B, B_1, B_2, \ldots, B_n$ für aussagenlogische Ausdrücke stehen, indem Sie die Allgemeingültigkeit des Subjungats

$$(A \longrightarrow B_1) \wedge (B_1 \longrightarrow B_2) \wedge \ldots \wedge (B_n \longrightarrow B) \longrightarrow (A \longrightarrow B)$$

durch Äquivalenz-Umformungen zeigen. Achten Sie bitte auf eine lückenlose Darstellung der einzelnen Umwandlungsschritte.

---

[1]Prädikatenlogik wird an der FH Furtwangen als Wahlfach angeboten

5.2

Den Betriebsangehörigen eines Industrieunternehmens wird folgende Mitteilung bekannt gemacht: "Werktags außer samstags ist entweder unsere Kantine oder die Cafeteria geöffnet."

a) Zerlegung des Satzes in vier aussagenlogisch nicht weiter zerlegbare Teilsätze.

b) Formalisierung des Satzes formal im Sinne der mathematischen Logik (d.h. ohne eine zusätzliche Interpretation).

c) Vervollständigung des Satzes im Sinne des üblicherweise gemeinten Sachverhalts verbal und formal.

d) Anlage einer Wahrheitswertetafel für den unter c) aufgestellten aussagenlogischen Ausdruck und Erläuterung der interpretierbaren Fälle!

5.3

Der dreistellige aussagenlogische Ausdruck

$$\neg\, (a \leftrightarrow b \rightarrow c) \rightarrow (\neg\, a \lor c) \land (b \land \neg\, c)$$

ist

a) einer aussagenlogischen Syntaxanalyse zu unterziehen,

b) tabellarisch auf Allgemeingültigkeit hin zu untersuchen. Wie lautet die Erfüllungsmenge des Ausdrucks?

Hinweis: Zur Lösung der Aufgabe ist die in [1] auf Seite 20 gegebene Definition 1.5.1 (zulässige aussagenlogische Ausdrücke) zugrunde zu legen.

5.4

Die mengentheoretisch definierte Funktion f gemäß

$$f = \{(0;2), (1;1), (2;0)\}$$

besitzt die Menge $\{0, 1, 2\}$ als Definitionsbereich D_f und als Wertevorrat W_f (Abb. 5.4.1).

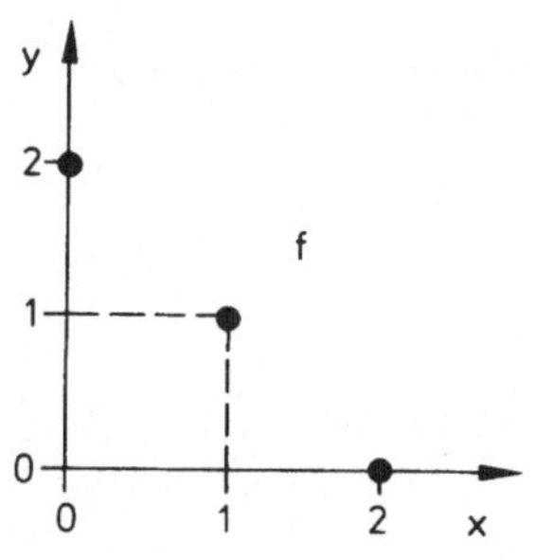

Abb. 5.4.1

Die Aussage A:

"$f(x) > 0$ für alle $x \in D_f$"

ist offensichtlich falsch, ebenso die Aussage B:

"$f(x) < 2$ für alle $x \in D_f$".

Hingegen ist die Aussage C:

"$f(x) > 0$ oder $f(x) < 2$ für alle $x \in D_f$"

offensichtlich richtig. Durch Disjunktion zweier falscher Aussagen ist eine wahre Aussage entstanden - wo steckt der Fehler?

Bitte gehen Sie wie folgt vor:
a) Formalisieren Sie die Aussagen A und B im Aussagenkalkül!
b) Formalisieren Sie die im Text beschriebene Disjunktionsaussage C!
c) Führen Sie die Disjunktion der Aussagen A und B korrekt aus (formal und verbal)!
d) Vergleichen Sie die in b) und c) gewonnenen Ausdrücke miteinander und zeigen Sie
   deren Nicht-Äquivalenz!

5.5

Der dreistellige aussagenlogische Ausdruck

$$(\neg\ c \leftrightarrow b) \longrightarrow (b \longrightarrow a \wedge b)$$

ist nach Umwandlung in eine konjunktive Normalform auf Allgemeingültigkeit zu prüfen. Wie lautet die kürzeste Form des Ausdrucks?

5.6

Die durch den McCARTHY-Term

$$|x \not\equiv y| = (|x| = |y| \bullet\!\!\longrightarrow F, W)$$

definierte XOR-Verknüpfung ("entweder x oder y") soll dargestellt werden
a) in der BOOLE-Basis $\{\wedge, \vee, \neg\}$,
b) in der FREGE-Basis $\{\longrightarrow, \neg\}$,
c) in der NAND-Basis $\{\overline{\wedge}\}$.
Die Umformungen sind durch Äquivalenz-Umwandlungen vorzunehmen.

5.7

Vorgelegt seien die vier Prämissen

$$(1)\ x_1 \wedge \neg\ x_2,$$
$$(2)\ \neg\ x_1 \vee \neg\ x_3,$$
$$(3)\ x_2 \vee x_4,$$
$$(4)\ x_3 \vee \neg\ x_4 \vee \neg\ x_5.$$

a) Ziehen Sie daraus durch Anwendung der in der Vorlesung gebrachten Schlußregeln
   die folgenden fünf Konklusionen:

$$x_1,\ \neg\ x_2,\ \neg\ x_3,\ x_4,\ \neg\ x_5.$$

   Die jeweils benutzten Regeln sind zu zitieren.

b) Wieviele Folgerungen lassen sich insgesamt aus den Prämissen (1) bis (4) ziehen?
   Die Berechnung dieser Zahl soll über eine der kanonischen Normalformen erfolgen.
   Man achte auf eine rationelle und übersichtliche Darstellungsweise!

5.8

Kann aus den Prämissen

    (1) Wenn Oliver Mathematik studiert, dann studiert er Physik

    (2) Wenn Oliver keine Informatik studiert, dann studiert er Philosophie

    (3) Oliver studiert keine Physik, wenn er Philosophie studiert

    (4) Oliver studiert Mathematik

auf die Aussage "Oliver studiert Informatik" geschlossen werden?

Anleitung: Formalisieren Sie die Prämissen durch Einführung von vier Aussagen-variablen. Verkürzen Sie das Prämissensystem zunächst auf zwei Aussagen durch Anwenden bekannter Schlußregeln!

5.9

Gesucht sind zwei dreistellige aussagenlogische Ausdrücke $A(x_1,x_2,x_3)$ und $B(x_1,x_2,x_3)$ mit der Eigenschaft, daß ihre Inklusive-Oder-Verknüpfung (Disjunktion, "$\vee$") äquivalent ist der Exklusiven-Oder-Verknüpfung (Antivalenz, XOR, "$\not\equiv$"):

$$A(x_1,x_2,x_3) \vee B(x_1,x_2,x_3) \Longleftrightarrow A(x_1,x_2,x_3) \not\equiv B(x_1,x_2,x_3)$$

Konstruieren Sie zwei solche Ausdrücke, begründen Sie Ihre Vorgehensweise und weisen Sie die Äquivalenz nach!

5.10

Zeigen Sie die Gültigkeit der Äquivalenz

$$p \vee q \Longleftrightarrow (p \longrightarrow q) \longrightarrow q,$$

indem Sie, ausgehend von der linken Seite, den Ausdruck $p \vee q$ äquivalent so umwandeln, daß der Ausdruck auf der rechten Seite der Äquivalenz entsteht.

5.11

Beweisen Sie die aussagenlogische Schlußregel

$$\frac{x_1 \wedge x_2 \wedge \cdots \wedge x_{n-1} \wedge x_n \longrightarrow y}{x_1 \wedge x_2 \wedge \cdots \wedge x_{n-1} \longrightarrow (x_n \longrightarrow y)}$$

durch Äquivalenzumformungen. Es ist $n \geq 2$.

5.12

Eine identitive Relation R über dem kartesischen Produkt $A \times B$ wird in der Algebra durch den prädikatenlogischen Ausdruck

$$\bigwedge_{x \in A} \bigwedge_{y \in B} (xRy \wedge yRx \longrightarrow x = y)$$

definiert.

a) Zeigen Sie im Rahmen der Aussagenlogik, daß die Definition

$$\bigwedge_{x \in A} \bigwedge_{y \in B} (xRy \land x \neq y \longrightarrow \lnot (yRx))$$

damit äquivalent ist (Quantoren bleiben unverändert stehen).

b) Zeigen Sie, daß die asymmetrischen Relationen

$$\bigwedge_{x \in A} \bigwedge_{y \in B} (xRy \longrightarrow \lnot (yRx))$$

durch Spezialisierung aus den identitiven Relationen hervorgehen.
Anleitung: Abschwächungsregel für die Konjunktion ausbeuten.

5.13

Ein Student beweist den Satz

> "lg 5 ist eine irrationale Zahl"

auf folgende Weise:

Angenommen, lg 5 sei rational. Dann muß eine Darstellung

$$\lg 5 = \frac{m}{n} \quad \text{mit } m,n \in \mathbb{N}$$

gelten. Beiderseitiges Potenzieren zur Basis 10 liefert

$$10^{\frac{m}{n}} = 5 \quad \text{und} \quad 10^{m} = 5^{n}.$$

Da aber keine Potenz von 10 (mit natürlichem Exponenten) gleich ist einer Potenz von 5 (mit natürlichem Exponenten), ist die Annahme auf einen Widerspruch (zu $10^{m} \neq 5^{n}$ für alle $m,n \in \mathbb{N}$) geführt. Also muß lg 5 irrational sein.

Man unterziehe den Beweis einer aussagenlogischen Analyse und prüfe damit seine Korrektheit.

5.14

Ein Student beweist die Aussage

> "Das arithmetische Mittel zweier nicht-negativer Zahlen ist mindestens
> gleich deren geometrischem Mittel"

auf die folgende Weise:

Ausgehend von der Behauptung

$$\frac{x + y}{2} \geq \sqrt{x \cdot y}$$

multipliziere man beiderseits mit 2:

$$x + y \geq 2 \sqrt{x \cdot y},$$

quadriere beiderseits

$$x^2 + y^2 + 2 \cdot x \cdot y \geq 4 \cdot x \cdot y$$

und subtrahiere auf beiden Seiten der Gleichung den Term 4xy, wobei linkerseits ein vollständiges Quadrat entsteht:

$$(x - y)^2 \geq 0 .$$

Diese Aussage ist als richtig bekannt, womit der Satz bewiesen ist. -

Unterziehen Sie die Beweisführung einer logischen Analyse und entscheiden Sie daraufhin, ob der Beweis korrekt ist!

5.15

Wir gehen aus von der Definition der linearen Abhängigkeit: Drei Vektoren $\vec{a}, \vec{b}, \vec{c}$ heißen linear abhängig in $\mathbb{R}$, wenn es drei Zahlen $\alpha, \beta, \gamma \in \mathbb{R}$ gibt, so daß die Linearkombination

$$\alpha \vec{a} + \beta \vec{b} + \gamma \vec{c} = \vec{0}$$

ist und wenigstens eine der Zahlen α, β, γ ungleich null ist.

a) Formalisierung dieser Erklärung im Aussagenkalkül!

b) Um die Definition der linearen Unabhängigkeit zu gewinnen, bilde man das Negat des in a) aufgestellten Ausdrucks und forme dieses in geeigneter Weise äquivalent um.

c) Verbalisierung der linearen Unabhängigkeit aufgrund des in b) gewonnenen Ausdrucks, wobei die Wörter "nur dann" Verwendung finden sollen.

Literatur

[1] Böhme G (1981) Einstieg in die Mathematische Logik. Hanser, München Wien

Lösungen

5.1

$(\neg A \vee B_1) \wedge (\neg B_1 \vee B_2) \wedge \ldots \wedge (\neg B_n \vee B) \rightarrow (\neg A \vee B) \Leftrightarrow$

$\neg (\neg A \vee B_1) \vee \neg (\neg B_1 \vee B_2) \vee \ldots \vee \neg (\neg B_n \vee B) \vee (\neg A \vee B) \Leftrightarrow$

$(A \wedge \neg B_1) \vee (B_1 \wedge \neg B_2) \vee \ldots \vee (B_n \wedge \neg B) \vee \neg A \vee B \Leftrightarrow$

$(\neg A \vee (A \wedge \neg B_1)) \vee (B_1 \wedge \neg B_2) \vee \ldots \vee (B_n \wedge \neg B) \vee B \Leftrightarrow$

$((\neg A \vee A) \wedge (\neg A \vee \neg B_1)) \vee (B_1 \wedge \neg B_2) \vee \ldots \vee ((B_n \vee B) \wedge (\neg B \vee B)) \Leftrightarrow$

$(W \wedge (\neg A \vee \neg B_1)) \vee (B_1 \wedge \neg B_2) \vee \ldots \vee ((B_n \vee B) \wedge W) \Leftrightarrow$

$\neg A \vee (\neg B_1 \vee (B_1 \wedge \neg B_2)) \vee \ldots \vee (B_n \vee B) \Leftrightarrow$

$\neg A \vee ((\neg B_1 \vee B_1) \wedge (\neg B_1 \vee \neg B_2)) \vee \ldots \vee (B_n \vee B) \Leftrightarrow$

$\neg A \vee (W \wedge (\neg B_1 \vee \neg B_2)) \vee \ldots \vee (B_n \vee B) \Leftrightarrow$

$\neg A \vee \neg B_1 \vee \neg B_2 \vee \neg B_3 \vee \ldots \vee (\neg B_n \vee B_n) \vee B \Leftrightarrow$

$\neg A \vee \neg B_1 \vee \neg B_2 \vee \neg B_3 \vee \ldots \vee W \vee B \Leftrightarrow W$

5.2

a) Es ist werktags: x_1
   Es ist samstags: x_2
   Die Kantine ist geöffnet: x_3
   Die Cafeteria ist geöffnet: x_4

b) Wenn es werktags und nicht samstags ist, dann ist entweder die Kantine oder die Cafeteria geöffnet:

$$(x_1 \wedge \neg x_2) \rightarrow (x_3 \not\equiv x_4)$$

("$\wedge$" Junktor der Konjunktion ("und"), "$\neg$" Junktor der Negation ("nicht"), "$\rightarrow$" Junktor der Subjunktion ("wenn - dann"), "$\not\equiv$" Junktor der Antivalenz (XOR) ("entweder - oder")). Der Ausdruck sei $A(x_1, x_2, x_3, x_4)$.

c) "Werktags außer samstags und auch nur an diesen Tagen ist entweder unsere Kantine oder die Cafeteria geöffnet", oder:
"Werktags außer samstags ist entweder unsere Kantine oder die Cafeteria geöffnet und an allen anderen Tagen sind Kantine und Cafeteria geschlossen."

$$((x_1 \wedge \neg x_2) \rightarrow (x_3 \not\equiv x_4)) \wedge (\neg (x_1 \wedge \neg x_2) \rightarrow (\neg x_3 \wedge \neg x_4))$$

Der Ausdruck heiße $B(x_1, x_2, x_3, x_4)$.

d)

x_1	x_2	x_3	x_4	$A(x_1,x_2,x_3,x_4)$	$B(x_1,x_2,x_3,x_4)$
W	W	W	W	W	F
W	W	W	F	W	F
W	W	F	W	W	F
W	W	F	F	W	W
W	F	W	W	F	F
W	F	W	F	W	W
W	F	F	W	W	W
W	F	F	F	W	F
F	W	W	W	W	F
F	W	W	F	W	F
F	W	F	W	W	F
F	W	F	F	W	W
F	F	W	W	W	F
F	F	W	F	W	F
F	F	F	W	W	F
F	F	F	F	W	W

Zeile 4:   samstags ist Kantine und Cafeteria geschlossen (W)

Zeilen 6,7: montags bis freitags ist die Kantine geöffnet und die Cafeteria geschlossen (W) - oder es ist die Kantine geschlossen und die Cafeteria geöffnet (W)

Zeile 16:   sonntags ist Kantine und Cafeteria geschlossen (W)

Entsprechend interpretiert man die übrigen Zeilen mit Ausnahme der nicht inter-
pretationsfähigen Zeilen 9 bis 12.

5.3

a) Syntaxanalyse des Ausdrucks. ZAA steht im folgenden für "zulässiger aussagenlogischer Ausdruck":

a, b, c sind ZAA

(b $\longrightarrow$ c) ist ZAA

(a $\longleftrightarrow$ (b $\longrightarrow$ c)) ist ZAA

(a $\longleftrightarrow$ b $\longrightarrow$ c) ist ZAA ($\longrightarrow$ hat Priorität vor $\longleftrightarrow$)

$\neg$ (a $\longleftrightarrow$ b $\longrightarrow$ c) ist ZAA

$\neg$ a ist ZAA

($\neg$ a $\vee$ c) ist ZAA

$\neg$ c ist ZAA

(b $\wedge$ $\neg$ c) ist ZAA

(($\neg$ a $\vee$ c) $\wedge$ (b $\wedge$ $\neg$ c)) ist ZAA

($\neg$ (a $\longleftrightarrow$ b $\longrightarrow$ c) $\longrightarrow$ (($\neg$ a $\vee$ c) $\wedge$ (b $\wedge$ $\neg$ c))) ist ZAA

$\neg$ (a $\longleftrightarrow$ b $\longrightarrow$ c) $\longrightarrow$ (($\neg$ a $\vee$ c) $\wedge$ (b $\wedge$ $\neg$ c)) ist ZAA

$\neg$ (a $\longleftrightarrow$ b $\longrightarrow$ c) $\longrightarrow$ ($\neg$ a $\vee$ c) $\wedge$ (b $\wedge$ $\neg$ c) ist ZAA

b) Der Ausdruck ist nicht allgemeingültig!

Erfüllungsmenge $E = \{(W,W,W), (W,F,W), (W,F,F), (F,W,F)\}$

5.4

Man bezeichne die Aussagen

$$f(0) > 0 \quad \text{mit } A_1, \qquad f(0) < 2 \quad \text{mit } B_1$$
$$f(1) > 0 \quad \text{mit } A_2, \qquad f(1) < 2 \quad \text{mit } B_2$$
$$f(2) > 0 \quad \text{mit } A_3, \qquad f(2) < 2 \quad \text{mit } B_3$$

a) Aussage A: $\Longleftrightarrow A_1 \wedge A_2 \wedge A_3$

   Aussage B: $\Longleftrightarrow B_1 \wedge B_2 \wedge B_3$

b) Aussage C: $\Longleftrightarrow (A_1 \vee B_1) \wedge (A_2 \vee B_2) \wedge (A_3 \vee B_3)$

c) $A \vee B \Longleftrightarrow (A_1 \wedge A_2 \wedge A_3) \vee (B_1 \wedge B_2 \wedge B_3) \Longleftrightarrow\ : D$

   Verbal: "$f(x) > 0$ für alle $x \in D_f$ oder $f(x) < 2$ für alle $x \in D_f$"

d) Für die Belegung

$$|A_1| = |A_2| = |B_2| = |B_3| = W,$$
$$|A_3| = |B_1| = F$$

   ergibt sich für den Wahrheitswert der Aussage C

$$|(A_1 \vee B_1) \wedge (A_2 \vee B_2) \wedge (A_3 \vee B_3)|$$
$$= (W \vee F) \wedge (W \vee W) \wedge (F \vee W)$$
$$= W \wedge W \wedge W$$
$$= W,$$

   hingegen für den Wahrheitswert der Aussage D

$$|(A_1 \wedge A_2 \wedge A_3) \vee (B_1 \wedge B_2 \wedge B_3)|$$
$$= (W \wedge W \wedge F) \vee (F \wedge W \wedge W)$$
$$= F \vee F$$
$$= F.$$

   Damit ist die Nicht-Äquivalenz gezeigt!

5.5

Für die Umwandlung in eine konjunktive Normalform wird in [1] (Satz 1.7.10) ein Algorithmus bereitgestellt. Danach ergibt sich

$$(\neg c \leftrightarrow b) \longrightarrow (b \longrightarrow a \wedge b) \Longleftrightarrow$$
$$(\neg c \wedge b) \vee (c \wedge \neg b) \longrightarrow (b \longrightarrow a \wedge b) \Longleftrightarrow$$
$$(\neg (\neg c \wedge b) \wedge \neg (c \wedge \neg b)) \vee (\neg b \vee (a \wedge b)) \Longleftrightarrow$$
$$((c \vee \neg b) \wedge (\neg c \vee b)) \vee ((\neg b \vee a) \wedge (\neg b \vee b)) \Longleftrightarrow$$
$$((c \vee \neg b) \wedge (\neg c \vee b)) \vee ((\neg b \vee a) \wedge W) \Longleftrightarrow$$
$$((c \vee \neg b) \wedge (\neg c \vee b) \vee a \vee \neg b \Longleftrightarrow$$
$$(a \vee \neg b \vee \neg b \vee c) \wedge (a \vee \neg b \vee b \vee \neg c)$$

Dies ist eine konjunktive Normalform mit zwei Disjunktionstermen, von denen aber
nur der zweite eine Variable zugleich mit ihrem Negat aufweist. Der Ausdruck ist
deshalb keine Tautologie.

Kürzeste Form: $a \vee \neg b \vee c$

5.6

a) $x \not\equiv y \Leftrightarrow (\neg x \wedge y) \vee (x \wedge \neg y) \Leftrightarrow (x \vee y) \wedge (\neg x \vee \neg y)$

b) $(x \vee y) \wedge (\neg x \vee \neg y) \Leftrightarrow (\neg x \rightarrow y) \wedge (x \rightarrow \neg y) \Leftrightarrow$

   $\neg (\neg (\neg x \rightarrow y) \vee \neg (x \rightarrow \neg y)) \Leftrightarrow$

   $\neg ((\neg x \rightarrow y) \rightarrow \neg (x \rightarrow \neg y))$

c) $\neg \neg ((\neg x \wedge y) \vee (x \wedge \neg y)) \Leftrightarrow$

   $\neg (\neg (\neg x \wedge y) \wedge \neg (x \wedge \neg y)) \Leftrightarrow$

   $(\neg x \overline{\wedge} y) \overline{\wedge} (x \overline{\wedge} \neg y) \Leftrightarrow ((x \overline{\wedge} x) \overline{\wedge} y) \overline{\wedge} (x \overline{\wedge} (y \overline{\wedge} y))$

5.7

a) x_1 aus (1) durch Abschwächung der Konjunktion

   $\neg x_2$ aus (1) durch Abschwächung der Konjunktion

   $\neg x_3$ aus x_1 und (2) $x_1 \rightarrow \neg x_3$ (Modus ponens)

   x_4 aus $\neg x_2$ und (3) $\neg x_2 \rightarrow x_4$ (Modus ponens)

   $\neg x_5$ aus $x_3 \vee \neg x_4 \vee \neg x_5 \Leftrightarrow \neg (x_3 \vee \neg x_4) \rightarrow \neg x_5$ (4)

   und $\neg x_3$ und x_4, also $\neg x_3 \wedge x_4 \Leftrightarrow \neg (x_3 \vee \neg x_4)$ (Modus ponens)

b) Bei Äquivalenz-Umwandlung in die kanonische konjunktive Normalform erhält man
   31 Maxterme, also gibt es 2^{31} Folgerungen. Einfacher: Umwandlung in die kanonische disjunktive Normalform, die nur einen Minterm aufweist (Gesamtzahl der
   Maxterme und Minterme beträgt 2^n bei einem n-stelligen Ausdruck).

5.8

Formalisierung der Prämissen

    x_1: Oliver studiert Mathematik

    x_2: Oliver studiert Physik

    x_3: Oliver studiert Informatik

    x_4: Oliver studiert Philosophie

    $x_1 \rightarrow x_2$ (1)

    $\neg x_3 \rightarrow x_4$ (2)

    $x_4 \rightarrow \neg x_2$ (3)

    x_1 (4)

Aus (1) und (4) folgt x_2 mit dem Modus ponens.

Aus (2) und (3) folgt $\neg x_3 \rightarrow \neg x_2$ mit dem Kettenschluß.

Der Ausdruck $x_2 \wedge (\neg x_3 \rightarrow \neg x_2) \rightarrow x_3$ ist demnach auf Allgemeingültigkeit
zu prüfen:

$$x_2 \wedge (x_3 \vee \neg x_2) \rightarrow x_3 \Leftrightarrow \neg x_2 \vee (\neg x_3 \wedge x_2) \vee x_3 \Leftrightarrow$$
$$(\neg x_2 \vee x_3 \vee \neg x_3) \wedge (\neg x_2 \vee x_3 \vee x_2) \Leftrightarrow W$$

(konjunktive Normalform: jeder Disjunktionsterm enthält eine Variable negiert und
zugleich nicht-negiert!). "Oliver studiert Informatik" ist demnach eine Folgerung
aus dem obigen Prämissensystem (1) bis (4).

5.9

Anhand des W-F-Verlaufs von Disjunktion und XOR:

x	y	$x \vee y$	$x \not\equiv y$
W	W	W	F
W	F	W	W
F	W	W	W
F	F	F	F

erkennt man Übereinstimmung mit Ausnahme der ersten Zeile. Ersetzt man demnach x,y
durch die Ausdrücke A, B, so sind diese so zu wählen, daß das Paar (W,W) nicht auftritt, ansonsten bestehen keine Einschränkungen. Beispiel:

x_1	x_2	x_3	A	B	$A \vee B$	$A \not\equiv B$
W	W	W	W	F	W	W
W	W	F	F	F	F	F
W	F	W	F	W	W	W
W	F	F	F	F	F	F
F	W	W	W	F	W	W
F	W	F	F	W	W	W
F	F	W	W	F	W	W
F	F	F	W	F	W	W

Die Ausdrücke $A(x_1, x_2, x_3)$ und $B(x_1, x_2, x_3)$ können daraus über die kanonische
disjunktive oder kanonische konjunktive Normalform leicht aufgestellt werden:

$$A(x_1, x_2, x_3) \Leftrightarrow (x_1 \wedge x_2 \wedge x_3) \vee (\neg x_1 \wedge x_2 \wedge x_3)$$
$$\vee (\neg x_1 \wedge \neg x_2 \wedge x_3) \vee (\neg x_1 \wedge \neg x_2 \wedge \neg x_3)$$

$$B(x_1, x_2, x_3) \Leftrightarrow (x_1 \wedge \neg x_2 \wedge x_3) \vee (\neg x_1 \wedge x_2 \wedge \neg x_3)$$

5.10

$$p \lor q \Leftrightarrow (p \lor q) \land W$$
$$\Leftrightarrow (p \lor q) \land (q \lor \neg q)$$
$$\Leftrightarrow (q \lor p) \land (q \lor \neg q)$$
$$\Leftrightarrow q \lor (p \land \neg q)$$
$$\Leftrightarrow (p \land \neg q) \lor q$$
$$\Leftrightarrow \neg (\neg p \lor q) \lor q$$
$$\Leftrightarrow \neg (p \rightarrow q) \lor q$$
$$\Leftrightarrow (p \rightarrow q) \rightarrow q$$

5.11

Der Ausdruck (das Subjungat)

$$(x_1 \land x_2 \land \ldots \land x_n \rightarrow y) \rightarrow (x_1 \land x_2 \land \ldots \land x_{n-1} \rightarrow (x_n \rightarrow y))$$

ist auf Allgemeingültigkeit zu untersuchen:

$$(\neg (x_1 \land x_2 \land \ldots \land x_n) \lor y) \rightarrow (\neg (x_1 \land x_2 \land \ldots \land x_{n-1}) \lor (\neg x_n \lor y))$$
$$\neg (\neg (x_1 \land x_2 \land \ldots \land x_n) \lor y) \lor (\neg (x_1 \land x_2 \land \ldots \land x_{n-1}) \lor \neg x_n \lor y)$$
$$(x_1 \land x_2 \land \ldots \land x_n \land \neg y) \lor \neg (x_1 \land x_2 \land \ldots \land x_n \land \neg y) \Leftrightarrow W,$$

denn linkerseits steht das Disjungat aus einem Ausdruck und dessen Negat.

5.12

Man bezeichne xRy mit a, yRx mit b, x = y mit c (xRy ist gleichbedeutend mit $(x,y) \in R$ etc.).

a) Äquivalenz-Umformung des Ausdrucks hinter den Quantoren:

$$a \land b \rightarrow c \Leftrightarrow \neg (a \land b) \lor c \Leftrightarrow \neg a \lor \neg b \lor c \Leftrightarrow$$
$$\neg (a \land \neg c) \lor \neg b \Leftrightarrow a \land \neg c \rightarrow \neg b$$

b) Umwandlung des Ausdrucks in ein Konjungat zum Zwecke der Abschwächung:

$$a \rightarrow \neg b \Leftrightarrow \neg a \lor \neg b \Leftrightarrow \neg a \lor \neg b \lor (c \land \neg c) \Leftrightarrow$$
$$(\neg a \lor \neg b \lor c) \land (\neg a \lor \neg b \lor \neg c) \Rightarrow \neg a \lor \neg b \lor c$$

(der Implikationspfeil " $\Rightarrow$ " kennzeichnet den Übergang zur Folgerung aufgrund
der Abschwächung der Konjunktion). Da dies eine echte Implikation (d.h. keine
Äquivalenz) ist, bildet die Menge der asymmetrischen Relationen eine echte Teil-
menge der Menge der identitiven Relationen (vgl. ggf. die zu 1 (Algebra) angegebene Literatur!).

5.13

Bezeichnen Sie die Aussagen

    "lg 5 ist eine Irrationalzahl" mit A,

    "lg 5 $= \frac{m}{n}$" mit B_1, "$10^{\frac{m}{n}} = 5$" mit B_2, "$10^m = 5^n$" mit B.

Dann bildet sich der beschriebene Beweis auf folgende Schlußkette ab:

$\neg\, A \longrightarrow B_1$:   Wenn lg 5 rational, dann lg $5 = \frac{m}{n}$

$B_1 \longrightarrow B_2$:   Wenn lg $5 = \frac{m}{n}$, dann $10^{\frac{m}{n}} = 5$

$B_2 \longrightarrow B$:   Wenn $10^{\frac{m}{n}} = 5$, dann $10^m = 5^n$

$\neg\, B$:   Es gilt $10^m \neq 5^n$

Aus den ersten drei Zeilen folgt aufgrund des Kettenschlusses $\neg\, A \longrightarrow B$, zusammen mit $\neg\, B$ folgt daraus mit dem Modus tollens $\neg\,(\neg\, A) \Longleftrightarrow A$. Der Beweis ist korrekt. Die Beweismethode ist als "indirekter Beweis" bekannt.

<u>5.14</u>

Bezeichnen Sie die Aussagen

$$\frac{x+y}{2} \geq \sqrt{x \cdot y} \ \text{ mit A,}$$

$x+y \geq 2\sqrt{x \cdot y}$ mit B_1, $x^2 + y^2 + 2xy \geq 4xy$ mit B_2, $(x-y)^2 \geq 0$ mit B.

Dann bildet sich der Beweis auf folgende Kette ab:

$A \longrightarrow B_1$:   Wenn $\frac{x+y}{2} \geq \sqrt{xy}$, dann $x+y \geq 2\sqrt{xy}$

$B_1 \longrightarrow B_2$:   Wenn $x+y \geq 2\sqrt{xy}$, dann $x^2 + y^2 + 2xy \geq 4xy$

$B_2 \longrightarrow B$:   Wenn $x^2 + y^2 + 2xy \geq 4xy$, dann $(x-y)^2 \geq 0$

B :   Es gilt $(x-y)^2 \geq 0$

Aus den ersten drei Zeilen folgt per Kettenschluß $A \longrightarrow B$.

Nun ist noch zu prüfen, ob

$$(A \longrightarrow B) \wedge B \longrightarrow A$$

allgemeingültig ist. Äquivalenz-Umformungen auf eine konjunktive Normalform ergeben:

$(\neg\, A \vee B) \wedge B \longrightarrow A \ \Longleftrightarrow$
$\neg\,(\neg\, A \vee B) \vee \neg\, B \vee A \ \Longleftrightarrow$
$(A \wedge \neg\, B) \vee \neg\, B \vee A \ \Longleftrightarrow$
$(A \vee \neg\, B \vee A) \wedge (\neg\, B \vee \neg\, B \vee A)$

Beide Disjunktionsterme erfüllen nicht die für eine Tautologie erforderliche Bedingung, der Schluß ist also unzulässig und damit der Beweis falsch!

<u>5.15</u>

Man bezeichne die Aussagen

$$\alpha = 0 \ \text{ mit A,} \quad \beta = 0 \ \text{ mit B,} \quad \gamma = 0 \ \text{ mit C,} \quad \alpha\vec{a} + \beta\vec{b} + \gamma\vec{c} = \vec{0} \ \text{ mit D.}$$

a) $D \wedge (\neg A \vee \neg B \vee \neg C)$ ist dann die aussagenlogische Formalisierung der linearen Abhängigkeit: "Es gilt

$$\alpha \vec{a} + \beta \vec{b} + \gamma \vec{c} = \vec{0},$$

und für α, β, γ gilt

$$\alpha \neq 0 \quad \text{oder} \quad \beta \neq 0 \quad \text{oder} \quad \gamma \neq 0."$$

b) $\neg (D \wedge (\neg A \vee \neg B \vee \neg C)) \iff$

$\neg D \vee \neg (\neg A \vee \neg B \vee \neg C) \iff$

$\neg D \vee (A \wedge B \wedge C) \iff$

$D \longrightarrow A \wedge B \wedge C$

c) Lineare Unabhängigkeit: Formal aufgrund von b) ergibt sich

$$\alpha \vec{a} + \beta \vec{b} + \gamma \vec{c} = \vec{0} \longrightarrow \alpha = \beta = \gamma = 0$$

Verbal: Die Linearkombination der Vektoren a, b, c verschwindet *nur dann*, wenn alle Koeffizienten α, β, γ gleich null sind.

6. Wahrscheinlichkeitsrechnung und Statistik Hans-Volker Niemeier

Fachbereich Allgemeine Informatik

Anwendungsgebiete und -beispiele. Grundbegriffe der deskriptiven Statistik: Typen von Beobachtungsmerkmalen, Häufigkeitsverteilungen, graphische Darstellungen, Klassenbildung, Maßzahlen: Mittelwert, Median, Modalwert, Quantilen, Varianz, MAD, Schiefe, Korrelationskoeffizient zweier Merkmale. Kombinatorik: Permutationen, Kombinationen, Variationen. Ereignisalgebra. Wahrscheinlichkeit: Axiome, Regeln, bedingte Wahrscheinlichkeit, Satz von BAYES. Zufallsvariable und Verteilungsfunktionen: diskret/kontinuierlich, Mittelwert, Varianz, Variablentransformationen. Diskrete Verteilungen: Gleich-, Binomial-, Poisson-, Hypergeometrische Verteilung. Stetige Verteilungen: Gleich-, Exponential-, Normalverteilung (Anwendungen, Zentraler Grenzwertsatz, Approximationen). Testverteilungen: t, X^2, F. Schätzen von Parametern: Punktschätzungen, Vertrauensbereiche. Statistische Tests: Prinzip, Tests auf Mittelwert, Varianz, p der Binomialverteilung, 2-Stichproben-Tests, X^2-Verteilungstest. Einfache und Modell der zweifachen Varianzanalyse. Gemeinsame Wahrscheinlichkeitsverteilung mehrerer Zufallsvariabler, Korrelation, Kontingenztabellen, Vierfeldertafel. Regressionsrechnung: Modell, einfache lineare Regression, Vertrauensbereiche und Tests, Einblick in mehrfache (lineare) Regression. Überblick über andere multivariate Verfahren.

Zugelassene Hilfsmittel für die Prüfungsaufgaben 6.1 bis 6.16: Skriptum/Umdrucke, Formelsammlungen, Taschenrechner

Aufgaben

6.1

Werten Sie die nachfolgende Tabelle über den KFZ-Bestand in der Bundesrepublik Deutschland am 1.7.1975 aus, indem Sie für PKW und LKW die Altersstrukturen statistisch vergleichen. Gehen Sie der Einfachheit halber davon aus, daß die Fahrzeuge gleichmäßig über das Jahr gekauft wurden und daß für die Zulassungsjahre 1960 bis 1952 im Mittel das Jahr 1958 angesetzt werden kann.

Jahr der 1. Zulassung	PKW [1000]	LKW [1000]
1975	1107,9	40,8
1974	1689,7	88,9
1973	2003,6	115,8
1972	2096,2	125,9
1971	2070,8	134,8
1970	1993,0	135,7
1969	1669,1	113,8
1968	1216,5	88,4
1967	1048,4	68,8
1966	947,8	60,1
1965	739,3	45,4
1964	451,1	31,4
1963	276,5	23,3
1962	199,0	15,0
1961	134,1	10,6
1960 bis 1952	223,9	21,3
1951 und früher	4,4	1,4

Quelle: Statistisches Jahrbuch

6.2

Für zwei Reifenmarken, Dumkop (D) und Pichelin (P), wurden folgende Lebensdauern
(in 1000 km) festgestellt (Angaben in %):

	≤ 10	10-15	15-20	20-25	25-30	30-35	35-40	> 40
D	2	15	25	25	15	10	5	3
P	2	5	15	25	20	20	10	3

Nehmen Sie 9000 in der Klasse ≤ 10, 45000 in der Klasse > 40 als Durchschnitt an.

a) Dumkopreifen kosten 100 DM, Pichelinreifen 110 DM. Welchen würden Sie kaufen
   und warum?

b) Bestimmen Sie zeichnerisch und rechnerisch jeweils den Median.

6.3

In der Fußballbundesliga spielen 18 Mannschaften. Wieviele verschiedene Möglichkeiten gibt es, die 9 Spiele für den 1. Spieltag - mit Festlegung der "Heimmannschaft" - einzuplanen?

6.4

3 etwa gleich gute Skatspieler treffen sich zu 2 Skatabenden pro Monat. Mit welcher
Wahrscheinlichkeit

a) gewinnt Spieler A bzw. gewinnt derselbe Spieler beide Male?

b) ist die Rangfolge beide Male: ABC bzw. beide Male dieselbe?

c) liegt kein Spieler beim 2. Mal auf dem gleichen Platz wie zuvor?

Die Lösung darf nicht durch Aufnotieren aller möglicher Reihenfolgen und Abzählen
erfolgen.

6.5

Ein Gerät arbeitet einwandfrei, wenn 3 Komponenten A, B, C funktionieren. Deren Ausfallwahrscheinlichkeiten seien jeweils (unabhängig voneinander) p = 0,02. Durch Parallelschalten von Komponenten gleichen Typs läßt sich die Funktionssicherheit verbessern. Berechnen Sie diese für folgende Konfigurationen:

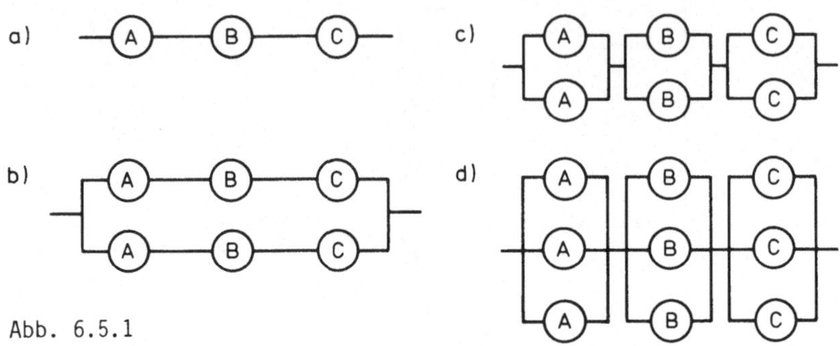

Abb. 6.5.1

6.6

In Furtwangen hat man aufgrund langjähriger Erfahrungen folgendes Wetterverhalten festgestellt: Die Wahrscheinlichkeit, daß es nach einem schönen Tag wieder schön ist am nachfolgenden Tag, beträgt 0,65, die, daß es schlecht wird, 0,35, entsprechend für den Wechsel schlecht auf schön: 0,30, die für schlecht bleibend: 0,70. Heute ist es schön. Welcher Prognose für übermorgen billigen Sie bessere Chancen zu: schön oder schlecht?

6.7

Vor einer "Autogeneration" betrug der Anteil japanischer Autos auf dem deutschen Markt 5 %. Die Hersteller vermuten, daß beim nächsten Autokauf 70 % der Besitzer japanischer Autos wieder ein solches gekauft und 30 % gewechselt haben, sowie 10 % der "Nicht-Japaner" auf einen "Japaner" umgestiegen und 90 % bei einem "Nicht-Japaner" geblieben sind. Wie groß müßte dann der Japaner-Anteil jetzt sein? Wieviele Käufer japanischer Wagen müßten dann schon vorher einen solchen besessen haben?

6.8

Sei $f(x) = \begin{cases} c \cdot \cos x & \text{für} \quad -\Pi/2 \leq x \leq \Pi/2 \\ 0 & \text{sonst} \end{cases}$ die Dichtefunktion einer Verteilung.

Bestimmen Sie c, den Mittelwert, die Varianz und die 95 %-Vertrauensgrenzen um den Mittelwert.

6.9

Ein Glücksspielautomat besitzt 2 rotierende Scheiben mit je 8 Feldern: 1 × 1 DM,
2 × 0,80 DM, 2 × 0,40 DM und 3 × 0,20 DM. Zu Ende eines Spiels (Einsatz 0,20 DM)
zeigen die Scheiben bei Stillstand je einen Betrag in einem Fenster. Der Spieler
gewinnt bei Übereinstimmung der beiden Zahlen den angezeigten Betrag. Wieviel
kassiert der Automatenaufsteller im Durchschnitt pro Spiel?

6.10

n Eingabedaten in eine numerische Rechnung seien durch Meßungenauigkeiten als Meß-
ergebnisse und/oder durch Rundungsfehler bei der Konvertierung in Maschinenzahlen
nur bis auf $5 \cdot 10^{-5}$ genau (Rundung auf 4. Dezimalnachkommastelle).

a) Wie groß ist der *maximale* Fehler, der bei ihrem Aufsummieren entstehen kann
   (exakte Summenbildung vorausgesetzt)?
b) Geben Sie in statistischer Betrachtungsweise 99 %-Grenzen für den Fehler an,
   wenn davon auszugehen ist, daß die korrekten Daten und damit auch die Fehler
   über das Rundungsintervall jeweils gleichverteilt sind. Konkrete Zahlenwerte
   jeweils für n = 1000! Vergleich mit a)!
c) Welche Voraussetzungen müssen erfüllt sein, damit der Schluß in b) zulässig ist?

6.11

Begründen Sie, warum Infratest in
nebenstehendem Text auf mögliche
absolute Abweichungen von ± 5 %
der Stimmanteile für SPD und CDU
kommt! Statistische Formulierung
der Problemstellung und des Ergeb-
nisses!

Infratest: Abweichung möglich

Das Meinungsforschungsinstitut Infratest hat am Mittwoch betont, daß die
am Vortag veröffentlichten Zahlen aus
einer Befragung des Instituts zur
Situation der Parteien in Nordrhein-
Westfalen keine genauen Schlüsse auf
den Ausgang der Landtagswahl am 4. Mai
zuließen. Die in der Illustrierten
"Stern" veröffentlichten Zahlen gaben
der SPD 44, der FDP neun und der CDU
44 Prozent.
Infratest betonte, es habe die Veröf-
fentlichung nicht veranlaßt. Es han-
dele sich um die Teilauswertung einer
Befragung von Ende Februar/Anfang März
im gesamten Bundesgebiet. In Nordrhein-
Westfalen seien nur 600 Wähler befragt
worden, und eine Auswertung einer so
geringen Zahl von Interviews bedeute
eine mögliche Abweichung von plus/minus
fünf Prozent.

6.12

Zwei Eignungstests sollen daraufhin untersucht werden, ob sie signifikant unterschiedliche durchschnittliche Punktzahlen liefern. Bei 10 Testpersonen ergaben sich
folgende Ergebnisse:

Person	1	2	3	4	5	6	7	8	9	10
Test 1	71	70	61	95	53	60	85	68	71	70
Test 2	81	74	66	93	60	59	80	77	74	70

a) Testen Sie "gleich" gegen "unterschiedlich" bei S = 95 %.

b) Wie fällt der Test auf höhere Werte bei Test 2 gegenüber Test 1 aus?

c) Art und notwendige Voraussetzungen der statistischen Tests in a) bzw. b)?

d) Bei Gleichheit der Beurteilungspunkte im Mittel müßten beide Eignungstests
   gleich oft die höhere der beiden Punktzahlen liefern. Entwickeln Sie daraus
   einen "Vorzeichentest". Wie fällt er hier aus? Wie ist er im Vergleich zu a)
   zu beurteilen?

6.13

Die Funktionsdauer eines Aggregates sei normalverteilt mit Mittelwert μ = 800 h
und Standardabweichung σ = 200 h.

a) Mit welcher Wahrscheinlichkeit "überlebt" ein Aggregat 1000 Betriebsstunden?

b) Welche Betriebsstundenzahl erreichen 80 % der Aggregate mindestens?

c) Eine Testserie von 101 Stück eines neuen Typs wies eine mittlere Betriebsdauer
   von 850 h bei einer Standardabweichung von 210 h auf. Läßt das auf eine stärkere
   Streuung und eine signifikant längere "Lebensdauer" schließen?

6.14

Bei der Befragung von 1000 Besitzern eines Autos eines bestimmten Typs wurden folgende Angaben über den durchschnittlichen Benzinverbrauch gemacht:

Liter/100 km	Häufigkeit
< 10	300
10 - 11	390
11 - 12	234
> 12	76

Kann die Hypothese, daß eine Normalverteilung mit μ = 10,5 l und σ = 1 l vorliegt,
bei α = 5 % abgelehnt werden?

6.15

In den 612 Fußballbundesligaspielen einer Saison gab es folgende Torzahlen pro
Spiel:

Tore	0	1	2	3	4	5	6	7	8	9	10
Anzahl Spiele	24	101	145	130	95	65	28	14	7	2	1

a) Welche Verteilung vermuten Sie für die Torzahlen? Begründen Sie diese Vermutung.
b) Prüfen Sie Ihre Vermutung statistisch nach.

6.16

Die Bevölkerungszahlen Japans betrugen (in Mio.):

1965	1966	1967	1968	1969	1970	1971	1972	1973
98,88	99,79	100,83	101,96	103,17	104,34	105,60	106,96	108,35

Erstellen Sie Prognosen für 1974 und 1980, indem Sie einen exponentiellen Regres-
sionsansatz $\hat{y} = a \cdot e^{b \cdot t}$ machen. Warum paßt dieser Ansatz besser als ein linearer?
Was besagt der Regressionskoeffizient?

Literatur

[1] Bleymüller, Gehlert, Gülicher (1981) Statistik für Wirtschaftswissenschaftler.
    Vahlen, München

[2] Kreyszig E (1979) Statistische Methoden und ihre Anwendungen, 7. Aufl. Vanden-
    hoeck & Ruprecht, Göttingen

[3] Anderson O, Popp W, Schaffranek M, Steinmetz D, Stenger H (1976) Schätzen und
    Testen. Eine Einführung in die Wahrscheinlichkeitsrechnung und schließende
    Statistik (HTB). Springer, Berlin Heidelberg New York

Lösungen

<u>6.1</u>

Achtung: Mittleres Alter bei Zulassung 1975: 0,25 Jahre

      "   "   bei Zulassung 1974: 1   Jahr usw.

Tabelle der relativen Summenhäufigkeiten bzw. Summenhäufigkeitskurve

Alter bis	0,5	1,5	2,5	3,5	4,5	5,5	6,5 Jahre
PKW	0,062	0,156	0,268	0,385	0,501	0,612	0,706
LKW	0,036	0,116	0,219	0,331	0,451	0,572	0,674

usw.

	PKW	LKW	
Häufigstes Alter (Modalwert):	3	5	Jahre
Durchschnittl. Alter (Mittelwert):	5,1	5,5	"
50 % sind höchstens alt (Median):	4,5	5	"
z.B. 90 % sind höchstens alt:	10	10,5	"

Die Summenhäufigkeitskurve für LKW liegt ständig unter der für PKW; alle Maßzahlen
der Lage liegen über denen für PKW. Also sind LKW älter (länger in Betrieb) als PKW.

<u>6.2</u>

a) Mittlere Lebensdauern:

$$\overline{X}_D = (2 \cdot 9 + 15 \cdot 12,5 + \ldots + 5 \cdot 37,5 + 3 \cdot 45)/100 = 22,655 \text{ Tkm}$$
$$\overline{X}_P = (2 \cdot 9 + 5 \cdot 12,5 + \ldots + 10 \cdot 37,5 + 3 \cdot 45)/100 = 26,155 \text{ Tkm}$$

P-Reifen leben im Mittel 15,5 % länger als D-Reifen, sind aber nur 10 % teurer,
also vorzuziehen.

b) $Me_D = 20 + \dfrac{8}{25} \cdot 5 = 21,6 \text{ Tkm}$

$Me_P = 25 + \dfrac{3}{20} \cdot 5 = 25,75 \text{ Tkm}$

Ausschnitt aus den Verteilungsfunktionen der Lebensdauern L_D bzw. L_P:

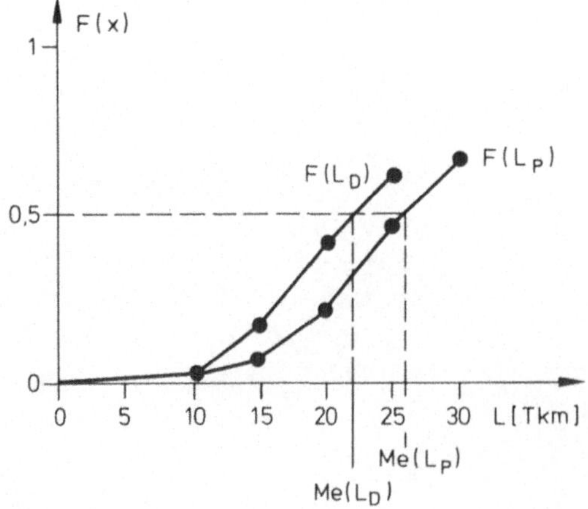

Abb. L6.2.1

6.3

Jede Permutation der 18 Mannschaften liefert einen Spielplan (ABCD ... bedeute:
A gegen B, C gegen D, ...). Davon sind alle Pläne gleich, bei denen nur die Reihenfolge der 9 Spiele vertauscht ist: $\frac{18!}{9!}$ oder:

$\quad$ 1. Spiel: $\binom{18}{2}$ Möglichkeiten, 2 Mannschaften auszuwählen

$\quad$ 2. Spiel: $\binom{16}{2}$ Möglichkeiten, usw.;

jeweils 2 Möglichkeiten zum Festlegen der Heimmannschaft;
ergibt (s.o.) je 9! gleiche Spiele in verschiedener Reihenfolge:

$$\frac{\binom{18}{2} \cdot \binom{16}{2} \cdot \ldots \cdot \binom{4}{2} \cdot 2^9}{9!} = \frac{18!}{9!}$$

6.4

a) Beide Male A: $\quad p = \frac{1}{3} \cdot \frac{1}{3} = \frac{1}{9}$; $\quad$ beide Male derselbe: $p = 1 \cdot \frac{1}{3} = \frac{1}{3}$

b) Beide Male ABC: $p = \frac{1}{3!} \cdot \frac{1}{3!} = \frac{1}{36}$; $\quad$ beide Male dieselbe: $p = 1 \cdot \frac{1}{3!} = \frac{1}{6}$

c) 1. Mal beliebig, z.B. ABC, 2. Mal: BCA oder CAB, d.h. $p = \frac{1}{3}$

6.5

a) Gerät funktioniert, falls A und B und C funktionieren:

$\quad$ $p_1 = p(A) \cdot p(B) \cdot p(C) = 0,98^3 = 0,9412$

b) Gerät funktioniert, falls (A und B und C)$_1$ oder (A und B und C)$_2$ funktionieren:

$\quad$ $p_2 = 1 - p(\overline{A \cdot B \cdot C})_1 \cdot (\overline{A \cdot B \cdot C})_2 = 1 - (1 - p_1)^2 = 0,9965$

c) Wahrscheinlichkeit, daß beide Komponenten A (bzw. B bzw. C) ausfallen:

$\quad$ $p = 0,02^2 = 0,0004$,

$\quad$ daß mindestens eine funktioniert:

$\quad$ $p = 1 - 0,0004 = 0,9996$,

$\quad$ daß jeweils mindestens eine und damit das Gerät funktioniert:

$\quad$ $p_3 = 0,9996^3 = 0,9988$.

d) Analog zu c) mit jeweils 3 Möglichkeiten:

$\quad$ $p_4 = (1 - 0,02^3)^3 = 0,99998$.

6.6

P (übermorgen schön/heute schön) $= 0{,}65 \cdot 0{,}65 + 0{,}35 \cdot 0{,}3 = 0{,}5275$ (vgl. Abb. L6.6.1).

Prognose: schön

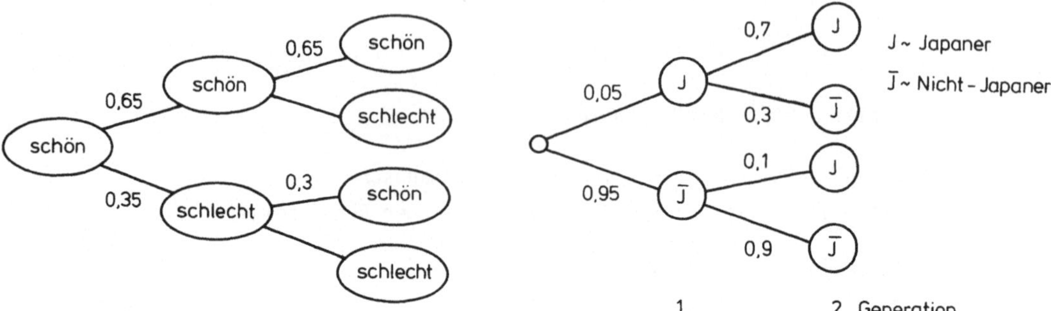

Abb. L6.6.1   Abb. L6.7.1

6.7

J_j bzw. J_f stehe für die Ereignisse "Japaner jetzt" bzw. "Japaner früher", entsprechend $\overline{J_j}$ bzw. $\overline{J_f}$ für die Alternativereignisse. Bei Gültigkeit der Vermutung müßte gelten:

$$P(J_j) = 0{,}05 \cdot 0{,}7 + 0{,}95 \cdot 0{,}1 = 0{,}13 \quad \text{(vgl. Abb. L6.7.1)}$$

$$P(J_f/J_j) = \frac{P(J_f) \cdot P(J_j/J_f)}{P(J_f) \cdot P(J_j/J_f) + P(\overline{J_f}) \cdot P(J_j/\overline{J_f})}$$

$$= \frac{P(J_f) \cdot P(J_j/J_f)}{P(J_j)} = \frac{0{,}05 \cdot 0{,}7}{0{,}13} = 0{,}27$$

6.8

$$1 = \int_{-\infty}^{\infty} f(x)\,dx = c \cdot \int_{-\pi/2}^{\pi/2} \cos x \, dx = c \cdot \sin x \Big]_{-\pi/2}^{\pi/2} = 2c \Rightarrow c = \frac{1}{2}$$

$\mu = 0$, da $f(x)$ symmetrisch bezüglich 0 oder $\mu = \dfrac{1}{2} \displaystyle\int_{-\pi/2}^{\pi/2} x \cdot \cos x \, dx = 0$

$$\sigma^2 = \frac{1}{2} \int_{-\pi/2}^{\pi/2} (x-0)^2 \cdot \cos x \, dx = \frac{1}{2} \left[2x \cos x + (x^2 - 2) \sin x \right]_{-\pi/2}^{\pi/2} = 0{,}4674$$

Obere 95 %-Vertrauensgrenze a:

$$0{,}475 = \frac{1}{2} \int_{0}^{a} \cos x \, dx = \frac{1}{2} \sin a \Rightarrow a = 1{,}253 \Rightarrow [-1{,}253; 1{,}253]$$

6.9

Gewinnwahrscheinlichkeiten:

$$p(1\ \text{DM}) \quad = \frac{1}{8} \cdot \frac{1}{8} = \frac{1}{64} \qquad\qquad p(0,80\ \text{DM}) = \frac{2}{8} \cdot \frac{2}{8} = \frac{4}{64}$$

$$p(0,40\ \text{DM}) = \frac{4}{64} \qquad\qquad p(0,20\ \text{DM}) = \frac{3}{8} \cdot \frac{3}{8} = \frac{9}{64}$$

Mittlere Auszahlung pro Spiel:

$$1 \cdot \frac{1}{64} + 0,8 \cdot \frac{4}{64} + 0,4 \cdot \frac{4}{64} + 0,2 \cdot \frac{9}{64} = 0,11875$$

Durchschnittliche Einnahme: $0,2 - 0,11875 = 0,08125$ DM

6.10

a) Maximalfehler: $n \cdot 5 \cdot 10^{-5}$; $n = 1000$: $5 \cdot 10^{-2}$

b) Bei Unabhängigkeit der Fehler e_i, jeweils Gleichverteilung zwischen $-5 \cdot 10^{-5}$
c) und $5 \cdot 10^{-5}$ und genügend großem n gilt für die Verteilung der Fehler:

$$\mu_e = 0,\ \sigma_e^2 = \frac{1}{12} \cdot 10^{-8},\ \bar{e} = \frac{1}{n} \sum_{i=1}^{n} e_i \text{ ist angenähert normalverteilt mit Mittel-}$$

wert 0 und Varianz σ_e^2/n, $\sum\limits_{i=1}^{n} e_i$ also angenähert normalverteilt mit Mittelwert 0

und Varianz $\sigma_{\sum e_i}^2 = n \cdot \dfrac{10^{-8}}{12}$. Der Wert des Fehlers von $\sum e_i$ liegt dann mit

99 % Wahrscheinlichkeit in den Grenzen: $\pm 2,58 \cdot \sigma_{\sum e_i} = 0,0024$ für $n = 1000$,

d.h. etwa um den Faktor 20 kleiner.

6.11

Berechne Vertrauensgrenzen für den Anteilswert π jeder Partei in der Grundgesamtheit aller Wähler aus dem Stichprobenanteilswert p ($\pm z_S$ seien die S %-Vertrauens-
grenzen der standardisierten Normalverteilung):

$$p - z_S \cdot \sqrt{\frac{p \cdot (1-p)}{n}} \leq \pi \leq p + z_S \cdot \sqrt{\frac{p \cdot (1-p)}{n}}$$

Für SPD und CDU ergibt sich bei S = 99 %

$$0,44 - 2,576 \cdot \sqrt{\frac{0,44 \cdot 0,56}{600}} \leq \pi \leq 0,44 + 2,576 \cdot \sqrt{\frac{0,44 \cdot 0,56}{600}}$$

$$0,388 \leq \pi \leq 0,492$$

d.h. mit einer Irrtumswahrscheinlichkeit von 1 % weichen die Stimmanteile (zum
Zeitpunkt der Befragung) um höchstens 5 % nach oben oder unten ab.

6.12

a) Bilde Differenzen di der Punktzahlen aus Test 1 und Test 2 für Personen
$i = 1, \ldots, 10$. Stichprobenmittelwert der Differenzen: $\bar{d} = -3$, Stichproben-
varianz: $s_d^2 = 24{,}4$; t-Test auf Mittelwert 0 der Grundgesamtheit bei unbekannter
Varianz: Testgröße $T = \dfrac{\bar{d}-0}{s_d} \cdot \sqrt{n} = 1{,}92$, kritischer t-Wert $t(9)_{97,5\%} = 2{,}26$,
d.h. Hypothese "gleich" wird nicht abgelehnt bei zweiseitigem Test.

b) Kritischer t-Wert $t(9)_{95\%} = 1{,}83$, d.h. die Hypothese "gleich" wird bei ein-
seitigem Test gegenüber der Hypothese "höhere Punktzahlen im zweiten Test"
abgelehnt.

c) Test gepaarter Stichproben auf gleichen Mittelwert. Voraussetzungen: Die Punktzahlen (und damit ihre Differenzen) stammen jeweils aus normalverteilten Grund-
gesamtheiten.

d) Vorzeichentest: Die Differenzen di sind 6mal negativ, 3mal positiv und einmal 0
(je $\frac{1}{2}$ mal + und - gerechnet). X^2-Anpassungs-Test auf Gleichverteilung der Vorzeichen liefert die Testgröße

$$X_0^2 = \frac{(6{,}5 - 5)^2}{5} + \frac{(3{,}5 - 5)^2}{5} = 0{,}9. \quad \text{Kritischer Wert: } X^2(1)_{95\%} = 3{,}84,$$

d.h. lehne Hypothese der Gleichheit nicht ab. Der Test ist wesentlich unschärfer
als a).

6.13

a) $1 - F(1000) = 1 - F_N\left(\dfrac{1000 - 800}{200}\right) = 1 - F_N(1) = 1 - 0{,}8413 = 0{,}1587$

b) $F_N(z) = 0{,}2 \Rightarrow z = -0{,}842 \Rightarrow 200 \cdot (-0{,}842) + 800 = 631{,}6$ Betriebsstunden

c) Testgröße für Varianzgleichheit:

$$x^2 = \frac{(n - 1) \cdot s^2}{\sigma^2} = \frac{100 \cdot 2{,}1^2}{4} = 100{,}25$$

Kritischer Wert: $X^2(100)_{S = 95\%} = 124{,}3$, d.h. Gleichheit der Varianzen läßt sich
nicht abweisen.

Testgröße für mittlere Lebensdauer:

$$z = \frac{\bar{x} - \mu}{\sigma}\sqrt{n} = \frac{850 - 800}{200} \cdot \sqrt{101} = 2{,}51$$

Kritischer Wert: $z_{99\%}$ (der standardisierten NV) $= 2{,}326$, d.h. die Hypothese
einer gleichen mittleren Lebensdauer wird gegenüber der Hypothese "länger" abgelehnt. Man kann von einer verbesserten Leistung ausgehen.

6.14

Test auf Normalverteilung mit $\mu = 10,5$ und $\sigma = 1$ mittels X^2-Anpassungstest ($\emptyset(x)$ sei die Verteilungsfunktion der standardisierten Normalverteilung):

$$P(X \leq 10) = F(10) = \emptyset\left(\frac{10 - 10,5}{1}\right) = \emptyset(-0,5) = 0,309, \quad \text{d.h. theoretisch}$$

309 Autos mit bis zu 10 l Verbrauch;

$$P(10 < X \leq 11) = F(11) - F(10) = \emptyset(0,5) - \emptyset(-0,5) = 0,382;$$

$$P(11 < X \leq 12) = F(12) - F(11) = \emptyset(1,5) - \emptyset(0,5) = 0,242;$$

$$P(x > 12) \qquad = 1 - F(12) = 1 - \emptyset(1,5) \qquad = 0,067 \Rightarrow$$

$$\text{Testgröße } X_0^2 = \frac{(309 - 300)^2}{309} + \frac{(382 - 390)^2}{382} + \frac{(242 - 234)^2}{242} + \frac{(67 - 76)^2}{67} = 1,9$$

$$X^2(3)_{\alpha = 5\%} = 7,81 \Rightarrow \text{Hypothese nicht abzulehnen.}$$

6.15

a) Poisson-Verteilung als Verteilung der "seltenen Ereignisse" (große Anzahl Ereignismöglichkeiten, geringe Ereigniswahrscheinlichkeit); typischer Verlauf mit linkssteilem Anstieg und "langem Schwanz nach rechts".

b) X^2-Anpassungstest für Torklassen $0,1,\ldots,7,\geq 8$ (mindestens 5 Werte je Klasse); schätze Mittelwert $\mu = \dfrac{\Sigma \text{ Tore}}{\text{Spiele}} = \dfrac{1836}{612} = 3$ Tore pro Spiel.

Vergleich von Ist- und theoretischen Zahlen für Poisson-Verteilung mit $\mu = 3$:

Tore	0	1	2	3	4	5	6	7	≥ 8
Ist	24	101	145	130	95	65	28	14	10
theoretisch	30,5	91,4	137,1	137,1	102,8	61,7	30,8	13,2	7,3

Testgröße $X_0^2 = 5,286$; $X^2(9-1-1)_{95\%} = 14,07$, d.h. Vermutung der Poisson-Verteilung wird nicht abgelehnt.

6.16

$\hat{y} = a \cdot e^{b \cdot t} \Rightarrow \ln \hat{y} = \ln a + b \cdot t$, d.h. suche Regressionsgerade zu Meßpunkten $(t; \ln y)$; 1965 entspreche $t = 1$: $\ln a = 4,5799$, $b = 0,0115$, d.h. mittlerer Anstieg um $1,15\%$ pro Jahr.

$$\hat{y} = e^{4,5799} \cdot e^{0,0115t} = 97,5 \cdot e^{0,0115t}$$

$$\hat{y}_{1974} = 109,38 \quad (\text{tatsächlich: } 109,67)$$

$$\hat{y}_{1980} = 117,20 \quad (\text{tatsächlich: } 117,06)$$

Exponentieller Ansatz paßt besser, weil nicht die absoluten, sondern die prozentualen Veränderungen von Jahr zu Jahr für 1965 bis 1973 etwa konstant waren.

7. Wirtschaftsmathematik

Rainer Bischoff

Fachbereich Wirtschaftsinformatik

Inhalt der Vorlesung sind die Themenbereiche Investitionsrechnungen und Wirtschaftlichkeit der EDV. Mathematische Grundlagen: Zins-, Annuitäten- und Rentenrechnung. Nominalskala, Ordinalskala, Intervallskala, Verhältnisskala. Betriebswirtschaftliche Grundlagen: Kostenarten in der EDV, EDV-Nutzenkategorien, innerbetriebliche Verrechnung von EDV-Leistungen, Organisation der EDV-Abteilung. Methoden der Wirtschaftlichkeitsberechnung: statische Investitionsrechnungen, dynamische Investitionsrechnungen, Nutzwertanalyse und ihre Varianten, Kosten-Nutzen-Betrachtungen, Berücksichtigung der Ungewißheit in Wirtschaftlichkeitsrechnungen. Verfahren zur Aufwandsschätzung von DV-Projekten (incl. Schätzung des Programmieraufwandes). Leistungsmessung, Leistungsbeurteilung und Leistungsverbesserung von Hardware und Software: Mixkennzahlen, Kernels, Benchmarks, Software-Monitore, Hardware-Monitore, Simulation. Beurteilungskriterien für Standardsoftware. Probleme des Kaufs, der Miete und des Leasings von Hardware und Software.

Zugelassene Hilfsmittel für die Prüfungsaufgaben 7.1 bis 7.5: Skriptum/Umdrucke, beliebige Fachliteratur mit Ausnahme von Aufgabensammlungen; Formelsammlungen, Taschenrechner (sofern nicht für die Aufgabenstellungen programmiert), Übungsaufgaben

Aufgaben

7.1

Eine Schuld von DM 100.000,-- soll in gleichbleibenden "Annuitäten", die am Ende eines jeden Vierteljahres anfallen, bei 10 % Zinseszins (Jahreszins), die vierteljährlich berechnet werden, in $1\frac{3}{4}$ Jahren zurückgezahlt werden.

a) Stellen Sie einen Tilgungsplan auf!
b) Wie groß ist der Effektivzins auf das Jahr gerechnet?

7.2

Eine kleinere Unternehmung nutzt einen etwas älteren, gebraucht gekauften Rechner mit Karteneingabe, der vom Hauptbuchhalter bedient wird: Der explodierende Markt der Personal-Computer (PC) und deren ständig fallende Preise bei zunehmendem Leistungsvermögen führt bei dem Unternehmer zur Überlegung, einen solchen zu kaufen. Die Vorlaufkosten (Umstellung etc.) werden mit DM 12.000,-- geschätzt. Der Hauptbuchhalter mußte sich pro Jahr 600 Stunden mit der EDV befassen. DM 40,-- pro Stunde werden der EDV-Abteilung dafür verrechnet. Die neue Anlage (Hauptspeicher:

256 KB; ausbaubar) ist einfacher und schneller zu bedienen, andererseits sollen
auch mehr Anwendungen darauf gefahren werden. Man kann die Einsatzzeit des Hauptbuchhalters an der neuen Anlage noch nicht abschätzen. Kostenersparnisse verspricht
sich der Unternehmer mit der neuen Anlage nicht. Eine zusätzliche "Ausfallzeit" des
Hauptbuchhalters müßte zudem sowieso durch eine gleichqualifizierte Stundenkraft
ausgeglichen werden. Eine Ersparnis würde ihn für höherwertige Tätigkeiten frei-
machen. Jedoch, dem Unternehmer ist der Nutzen in Form einer schnelleren, komfor-
tableren (Anschluß eines Schönschreibedruckers) und sichereren Verarbeitung viel-
versprechend. Zudem lockt ein Standardsoftwareprogramm für die Finanzbuchhaltung
(FIBU).

Führen Sie eine Kostenvergleichsrechnung durch, die der Unternehmer für eine fun-
dierte Entscheidung nutzen kann, die Sie durch eine kurze Interpretation der Ergebnisse vorbereiten sollen. Die fehlenden Daten für beide Alternativen sind im folgenden aufgeführt.

* Alternative 1: Alte Anlage
  Altwert DM 1.800,-- (Verkauf an das Rechnermuseum Furtwangen)
  Restwert DM 1.200,--　　　　　　　　　　　　　　sonstige fixe Kosten DM 6.000,--/Jahr
  Restlebensdauer 3 Jahre

* Alternative 2: Neue Anlage
  Anschaffungskosten DM 40.000,--　　　　　sonstige fixe Kosten DM 4.000,--/Jahr
  Lebensdauer 6 Jahre
  Altwert nach 6 Jahren DM 4.000,--　　　　(an obiges Museum)

* lineare Abschreibungen, 10 % kalkulatorische Zinsen

7.3

Der EDV-Bereich einer Unternehmung ist in die Kostenstellen Rechenzentrum, Systemprogrammierung und Anwendungsprogrammierung gegliedert, die untereinander Leistungen austauschen und Leistungen an Fachabteilungen abgeben. So gibt das Rechenzentrum Rechenzeit an die Fachabteilungen und an die Anwendungsprogrammierung (z.B.
zum Testen) ab. Die Systemprogrammierung pflegt zum Beispiel die Systemsoftware für
das Rechenzentrum oder nimmt Veränderungen aufgrund von Anwenderwünschen daran vor.
Eine Vielzahl weiterer Verflechtungen bestehen. Die Struktur der folgenden Tabelle
könnte sich ergeben. Vereinfachend seien zwei Fachabteilungen unterstellt (vgl.
Abb. 7.3.1).

In der Rechenzeit (CPU-Zeit) werden alle nach außen gehenden Leistungen des RZ verrechnet. Die Verrechnung der anderen Stellen erfolgt ebenfalls über die geleistete
Zeit. Die Zahlen in der Tabelle sind diese Leistungseinheiten, jeweils in Stunden
pro Monat. Von einem Eigenverbrauch der einzelnen Kostenstellen sei abgesehen (das
RZ verbraucht zum Beispiel CPU-Zeit für eigene Programme). Man ermittle

a) die Kosten der jeweiligen Leistungseinheiten,
b) die Gesamtkosten der Hilfskostenstellen[1].

empfängt / erzeugt	RZ	AP	SP	Fachabteilungen 1 | 2	Summe der Leistungseinheiten
RZ	–	Rechenzeit 40	Rechenzeit 20	Rechenzeit 30 | 70	160
Anwendungsprogrammierung = AP	Beratung u. Programmierung 20	–	Beratung u. Programmierung 10	Beratung u. Programmierung 210 | 400	640
Systemprogrammierung = SP	Beratung u. Programmierung 60	Beratung u. Programmierung 40	–	Beratung u. Programmierung 30 | 30	160
Primäre Kosten	20 TDM	30 TDM	10 TDM		

Abb. 7.3.1

7.4

Sie haben den Auftrag, Leistungsmessungen an der EDV-Anlage Ihrer Unternehmung
durchzuführen. Aus Kostengründen kommt entweder ein Hardware-Monitor oder ein
Software-Monitor in Frage. Um Ihre Entscheidungsvorbereitung vor dem EDV-Leiter
vertreten zu können, sollen Sie eine gut strukturierte Nutzwertanalyse durchführen.

a) Erstellen Sie eine einstufige Zielhierarchie mit 4 - hier der Kürze halber -
   Kriterien auf der zweiten Ebene, deren Gewichtung Sie durch einen bewerteten,
   paarweisen Vergleich der Ziele erhalten.

b) Gliedern Sie ein Ziel auf der zweiten Ebene in 2 Unterziele auf der dritten
   Ebene auf. Die Gewichte bestimmen Sie durch direkte Schätzung. Bewerten Sie
   dann die Eigenschaften von Hardware- und Software-Monitoren zwischen 0 bis 10
   im Sinne einer Verhältnisskala und errechnen Sie die Nutzwertpunkte pro Alternative. Nehmen Sie des weiteren einen Kaufpreis von DM 20.000,-- für einen
   Software-Monitor und DM 60.000,-- für einen Hardware-Monitor an.

c) Würdigen Sie Ihre Vorgehensweise und die Ergebnisse.

---

[1] Vgl. zur Lösung: Bischoff R, Dahmen U, Hüttemann H (1981) Mathematik für Wirtschaftswissenschaftler (Lineare Algebra). 5. erw. Aufl. Selbstverlag Furtwangen
Köln

7.5

Drei Alternativen sind bei gleichgewichtigen Zielen (Kriterien) im Sinne kardinaler Zielwerte bewertet worden (vgl. Abb. 7.5.1).

a) Man führe auf der Basis dieser kardinalen Bewertung eine ordinale ein.

b) Man wähle zur Wertsynthese die folgenden vier Entscheidungsregeln:
- R 1: Majoritätsregel
- R 2: Copeland-Regel
- R 3: Additionsregel bei Intervallfixierung
- R 4: Maxi-Max-Regel

Man skizziere ihre Anwendung.

		K_1	K_2	K_3	K_4	K_5
A_1	K	4	10	3	5	8
	0					
A_2	K	5	10	1	1	4
	0					
A_3	K	6	10	2	8	8
	0					

Abb. 7.5.1

Literatur

[1] Bottler J, Horváth P, Kargl H (1972) Methoden der Wirtschaftlichkeitsberechnung für die Datenverarbeitung. Verlag Moderne Industrie, München

[2] Caprano E (1981) Finanzmathematik. Vahlen, München

[3] IBM (Hrsg) (1978) Datenverarbeitung, Gewinnquelle des Unternehmens, Nutzenanalyse als Basis einer Wirtschaftlichkeitsrechnung für Datenverarbeitungsanlagen. IBM Form GE 12-1307-3

[4] Zangemeister C (1970) Nutzwertanalyse in der Systemtechnik. Wittmannsche Buchhandlung, München

Lösungen

<u>7.1</u>

Bei der Tilgung durch gleichbleibende Annuitäten spricht man von Annuitätentilgung
im Gegensatz zur Ratentilgung bei gleichbleibenden Tilgungsraten.
Der Endwert En eines Kapitals Ko, das n Jahre lang am Ende eines jeden Jahres um
jeweils den Betrag A vermindert (vermehrt) wird, ist bei p % Zinseszins

$$En = Ko \cdot q^n \; (\pm) \; A \cdot \frac{q^n - 1}{q - 1} \quad \text{mit } q = 1 + \frac{p}{100}$$

a) A ist die gesuchte "Annuität", die nach n Jahren (Perioden) En = 0 liefert.
   A = Ti + Zi, wobei Ti die Tilgungsrate und Zi die Zinsbelastung in der Periode i
   ist. Da hier der Zins vierteljährlich berechnet wird, ist dieser Zeitraum als
   Periode zugrunde zu legen: n = 7, p = 2,5 %, q = 1,025.

$$A = Ko \cdot q^n \cdot \frac{(q - 1)}{q^n - 1} = Ko \cdot V_n^p, \quad V_n^p \text{ ist der Annuitätenfaktor,}$$

$$A = Ko \cdot V_7^{2,5} = 15.749,54$$

<u>Tilgungsplan zur Annuitätentilgung</u>

Periode	Restschuld am Anfang der Periode	Zinsen	Annuität	Tilgung
1	100.000,--	2.500,--	15.749,54	13.249,54
2	86.750,46	2.168,76	15.749,54	13.580,78
3	73.169,68	1.829,24	15.749,54	13.920,30
4	59.249,38	1.481,23	15.749,54	14.268,31
5	44.981,07	1.124,53	15.749,54	14.625,01
6	30.356,06	758,90	15.749,54	14.990,64
7	15.365,42	384,14	$\boxed{15.749,56}$	15.365,42
				100.000,00

Abb. L7.1.1

Durch Rundungsfehler bedingt, muß die "Annuität" in der letzten Zeile von
Abb. L7.1.1 in der Weise abgeändert werden, daß Z7 + T7 die "Annuität" der
letzten Periode ergibt.

b) $Kn = Ko \cdot (1 + \frac{p}{100})^n, \quad K4 = Ko \cdot (1 + \frac{2,5}{100})^4 = Ko \cdot 1,1038$

Der auf das Jahr bezogene Effektivzins beträgt 10,38 %.

7.2

Bei dieser (vereinfachten) Fragestellung handelt es sich um die Frage nach einer
Ersatzinvestition (Ersatz der alten Anlage oder nicht). Zwei Lösungsmethoden bieten sich an:

(1) Vergangenheitsorientierte Betrachtungsweise:
    Die Investitionspolitik wird als kontinuierliche, aufeinander aufbauende Ent-
    scheidungsfindung betrachtet: Die Differenz Restwert minus Altwert wird der
    neuen Anlage zugeschlagen.

(2) Zukunftsorientierte Betrachtungsweise:
    Die Investitionsrechnung ist keine "Kalkulation". Die Entscheidung für eine
    Ersatzinvestition steht für sich.

Zu (1) Kostenvergleichsrechnung:

Alte Anlage

Fixe Kosten

    Kapitaldienst

    1. Abschreibungen (1.200 : 3)   DM   400,-- pro Jahr

    2. Kalkulatorische Zinsen
       (Durchschnittsmethode: (Zinsen 1. J. +
       Zinsen n. J.) : 2); (120 + 40) : 2   DM   80,-- pro Jahr

                                             DM   480,-- pro Jahr

    Sonstige fixe Kosten   DM 6.000,-- pro Jahr

                                           DM 6.480,-- pro Jahr

Variable (proportionale) Kosten 600 · 40 DM   DM 24.000,-- pro Jahr
    (dies seien die einzigen)

Gesamtkosten   DM 30.480,-- pro Jahr

Neue Anlage

Fixe Kosten

    Kapitaldienst

    1. Abschreibungen
       (40.000 - 4.000 + (1.200 - 1.800)) : 6   DM 5.900,-- pro Jahr

    2. Kalkulatorische Zinsen (3.940 + 990) : 2   DM 2.465,-- pro Jahr

                                           DM 8.365,-- pro Jahr

    Sonstige fixe Kosten   DM 4.000,-- pro Jahr

                                           DM 12.365,-- pro Jahr

Vorlaufkosten (12.000 : 6)   DM 2.000,-- pro Jahr

                                           DM 14.365,-- pro Jahr

Proportionale Kosten 600 · 40 DM   DM 24.000,-- pro Jahr

                                           DM 38.365,-- pro Jahr

Interpretation:

Unter der Annahme, daß der Hauptbuchhalter ebenfalls 600 Stunden mit der neuen
Anlage beschäftigt ist, ist die alte Anlage kostengünstiger.

x sei die unbekannte Stundenzahl der Beschäftigung mit der neuen Anlage.

$$14.365 + 40 \cdot x = 30.480$$
$$x = 402,8 \text{ Stunden}$$

Sinkt die Beschäftigung des Hauptbuchhalters unter diese Stundenzahl, wird die neue
Anlage im Sinne dieses Verfahrens günstiger. Im Hinblick auf die Gesamtunternehmung
wäre eine Kosteneinsparung jedoch nur bei Personalfreisetzung bzw. bei weniger Neu-
einstellungen in Zukunft realisierbar. Die Übernahme von Routineaufgaben auf den
Rechner macht den Sachbearbeiter jedoch für höherwertige Tätigkeiten frei, die bei
zunehmender Expansion und Kompliziertheit der Märkte lebensnotwendig werden: Offensichtlich müßten Nutzenbetrachtungen mit einbezogen werden. Jede Investitionsrech-
nung ist eben nur *eine* Sicht.

Zu (2):
Der Unterschied zu (1) besteht im Kapitaldienst.

Alte Anlage
<u>Alte Anlage</u>
    Kapitaldienst
      1. Abschreibungen (1.800 : 3)   DM   600,-- pro Jahr
      2. Kalkulatorische Zinsen (180 + 60) : 2   DM   120,-- pro Jahr

                                                DM   720,-- pro Jahr

Die Berechnung entspricht einem Quasikauf zu DM 1.800,--.

<u>Neue Anlage</u>
    Kapitaldienst
      1. Abschreibungen (40.000 - 4.000) : 6   DM 6.000,-- pro Jahr
      2. Kalkulatorische Zinsen (4.000 + 1.000) : 2   DM 2.500,-- pro Jahr

                                                DM 8.500,-- pro Jahr

Der Leser kann sich diese Lösung leicht selbst vervollständigen.

<u>7.3</u>

a) Es handelt sich um ein Problem der innerbetrieblichen Leistungsverrechnung. Da
   die Hilfskostenstellen gegenseitig Leistungen austauschen, sind die Gesamtkosten
   einer jeden Stelle größer als die Primärkosten (Gehälter, Steuern, Material
   etc.). Diese Mehrkosten sind die Sekundärkosten.

$$\begin{pmatrix} \text{Gesamtkosten einer} \\ \text{Kostenstelle} \end{pmatrix} = \begin{pmatrix} \text{primäre} \\ \text{Kosten} \end{pmatrix} + \begin{pmatrix} \text{sekundäre} \\ \text{Kosten} \end{pmatrix}$$

x_i sei der Verrechnungssatz einer Leistungseinheit der in Hilfskostenstelle i hergestellten Leistungsart. RZ: x_1, AP: x_2, SP: x_3. Es gilt für jede Hilfskostenstelle:

$$\begin{pmatrix}\text{insgesamt erzeugte}\\\text{Leistungseinheiten}\end{pmatrix} \times \begin{pmatrix}\text{Kosten einer}\\\text{Leistungseinheit}\end{pmatrix} = \begin{pmatrix}\text{Gesamtkosten der}\\\text{Kostenstelle}\end{pmatrix}$$

Es ergibt sich   oder

x_1	x_2	x_3	1
160	-20	-60	20
-40	640	-40	30
-20	-10	160	10

$$160\ x_1 = 20 + 20\ x_2 + 60\ x_3$$
$$640\ x_2 = 30 + 40\ x_1 + 40\ x_3$$
$$160\ x_3 = 10 + 20\ x_1 + 10\ x_2$$

Das GAUSS'sche Eliminationsverfahren liefert: RZ: x_1 = 165,49 DM/CPU-Stunde, AP: x_2 = 62,66 DM/Arbeitsstunde, SP: x_3 = 87,10 DM/Arbeitsstunde.

b) Die Gesamtkosten K_i der Hilfskostenstelle i pro Monat ergeben sich durch Multiplikation der von der Stelle erzeugten Leistungseinheiten mit dem Verrechnungssatz x_i:

Rechenzentrum: K_1 = 165,49 · 160 = 26.478,40 DM pro Monat

Anwendungs-
programmierung: K_2 = 62,66 · 640 = 40.102,40 DM pro Monat

System-
programmierung: K_3 = 87,10 · 160 = 13.936,00 DM pro Monat

Bemerkung: Der *direkte* Ansatz zur Bestimmung der Gesamtkosten lautet:

$$K_1 = 20\ 000 + \frac{20}{640}\ K_2 + \frac{60}{160}\ K_3$$

$$K_2 = 30\ 000 + \frac{40}{160}\ K_1 + \frac{40}{160}\ K_3$$

$$K_3 = 10\ 000 + \frac{20}{160}\ K_1 + \frac{10}{640}\ K_2$$

Der Leser möge dieses LGS lösen.

<u>7.4</u>

Die Lösung erfolgt hier ohne Eingehen auf statistische Elemente, die wohl meistens in der Praxis vernachlässigt werden.

a) <u>I. Fixierung der Ziele</u>

Gesamtziel: *Wirtschaftliche* Verbesserung der Ausgewogenheit der Auslastung der Gesamtkonfiguration:

   1. Einfache Handhabung

   2. Preis/Leistung

   3. Meßumfang (Menge unterschiedlicher Daten)

   4. Meßgenauigkeit

II. <u>Vergleich der Ziele</u> (lt. Abb. L7.4.1 und Abb. L7.4.2)

| Paarweiser Vergleich der Ziele [1] | | | | | | | | | | | |
Wichtiger als das Ziel ist dieses Ziel	Einfache Handhabung 1.	Preis/ Leistung 2.	Meßumfang 3.	Meß- genauigkeit 4.	5.	6.	7.	8.	9.	10.	11.
1. Einfache Handhabung	o	0	+2	+2							
2. Preis/Leistung	0	o	0	-1							
3. Meßumfang	-2	0	o	3							
4. Meßgenauigkeit	-2	+1	-3	o							
5.					o						
6.						o					
7.							o				
8.								o			
9.									o		
10.										o	
11.											o
Σ	-4	-1	1	4							
Σ: = Σ·(-1)	4	+1	-1	-4							
Σ +|kleinster negativer Wert| + 1	9	6	4	1							

$$\text{Bewertung:} \quad \begin{array}{l} 0 = \text{gleich} \\ 1 = \text{etwas} \\ 2 = \text{viel} \\ 3 = \text{sehr viel} \end{array} \Bigg\} \quad \pm$$

Abb. L7.4.1

---

[1] Vgl. diese und die folgende Tabelle: Busch U, Kropp I (1975) Die Entwicklung der Wirtschaftlichkeit von Automatisierungsvorhaben. Z Organisation 8:450-457

	Einfache Hand-habung	Preis/Leistung	Meßumfang	Meßgenauigkeit							
	1.	2.	3.	4.	5.	6.	7.	8.	9.	10.	11.
letzte Zeile aus Abb. L 7.4.1	9	4	6	1							
Gewicht in % :	45	20	30	5							

$$20 \overset{\wedge}{=} 100 \ \%$$

Abb. L7.4.2

b) I. Unterziele zu Ziel 1 "einfache Handhabung" und Aufstellung der Zielhierarchie (lt. Abb. L7.4.3 und Abb. L7.4.4)

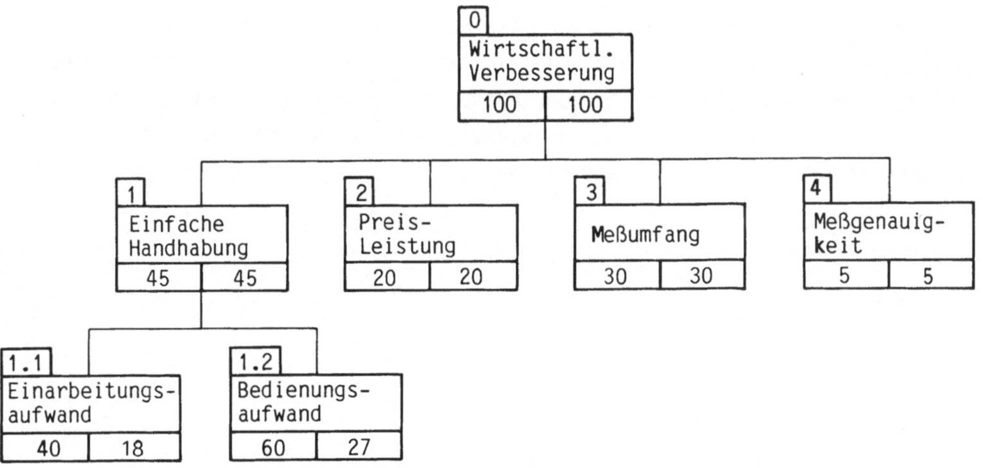

Abb. L7.4.3

II. <u>Bewertung zwischen 0 und 10</u> (10: gut, 0: schlecht, im Sinne der optimalen
Zielerreichung)

Ziele	1.1	1.2	2	3	4	Σ	Kosten	DM pro Nutzwertpunkt
Gewichte	18	27	20	30	5	100%		
Softwaremonitor	$8^{1)}$	10	6	6	2	724	20.000,--	ca. 28,--
Hardwaremonitor	2	1	4	9	10	463	60.000,--	ca. 130,--

[1] Geringer als beim Hardwaremonitor

Abb. L7.4.4

c) <u>I. Vorgehensweise:</u> Die Addition des Betrages des kleinsten negativen Wertes in
   Abb. L7.4.1 ist insofern kritisch, als durch Addition einer größeren Zahl die
   Gewichte beliebig manipuliert werden können. Vermengung von ordinalen und metri-
   schen Eigenschaften!
   Die Bewertung zwischen 0 und 10 wird bei mehr als zwei Alternativen sinnvoller.

   <u>II. Ergebnisse:</u> Das schlechte Abschneiden des Hardwaremonitors liegt in den
   speziellen Präferenzen begründet, die sich in den Gewichtungen der Ziele nieder-
   schlagen. Sein schlechtes Abschneiden hätte man schon in b) I erahnen können.
   Die weitere Betrachtung ist trotzdem sinnvoll, da sie den Unterschied - im Sinne
   der Präferenzen - "in etwa" quantifiziert!

<u>7.5</u>

a)   b)

		K_1	K_2	K_3	K_4	K_5	Σ	R1		R2		R3		R4	
A_1	K	4	10	3	5	8	30					$2\cdot30-(21+34)=5$	②	10	①
	0	③	①	①	②	①		$A_1>A_2$ $A_1<A_3$	②	$+1-1=0$	②				
A_2	K	5	10	1	1	4	21					$2\cdot21-(30+34)=-22$	③	10	①
	0	②	①	③	③	②		$A_2<A_1$ $A_2<A_3$	③	$-1-1=-2$	③				
A_3	K	6	10	2	8	8	34					$2\cdot34-(21+30)=17$	①	10	①
	0	①	①	②	①	①		$A_3>A_1$ $A_3>A_2$	①	$1+1=2$	①				

◯ : Rangplätze

Abb. L7.5.1

c) • R1 für ordinale Zielwerte: Es gilt $A_i > A_k$, wenn A_i in mehr Bewertungen besser eingestuft worden ist als A_k.

• R2 für ordinale Zielwerte: Ist A_i im Vergleich mit A_k in mehr Bewertungen überlegen (unterlegen), erhält es einen Pluspunkt (Minuspunkt).

• R3 für kardinale Zielwerte: Vergleich von A_i mit den anderen: Die Differenzen der einzelnen Bewertungen zu A_k werden über alle K_j addiert. Die Summe der Differenzen über alle A_k, bezogen auf A_i, ergibt den Wert in Spalte R3 für A_i. (In obiger Tabelle: vereinfachte Berechnung)

• R4 für kardinale Zielwerte: Pro Alternative wird das Maximum der Bewertungen ausgewählt. Diese Maxima werden in eine Rangfolge gebracht.

8. Operations Research

Hans-Volker Niemeier

Hans Georg Ziegler

Fachbereich Allgemeine Informatik

Überblick über Teilgebiete, Anwendungsbereiche, Vorgehensweisen. Lineare Optimierung: Anwendungs- und Formulierungsbeispiele, graphische Lösung bei 2 Variablen, allgemeine Problemstellung, Simplex-Algorithmus für Standard-Maximum-Probleme, Ausartung, Mehrdeutigkeit, 2-Phasen-Methode, Dualisierung, Interpretation der dualen Variablen, Sensitivitätsanalyse, parametrische Optimierung, größere LP-Anwendungsbeispiele, LP-Software. (Gemischt) ganzzahlige Optimierung: Beispiele, Problematik, Prinzip der Schnittebenen nach GOMORY, Branch-und-Bound-Methode, 0/1-Optimierung. Spezielle LP-Probleme: Transportproblem, Eröffnungsverfahren, Verbesserung mittels Stepping-Stone-Algorithmus, Zuordnungsproblem (Ungarische Methode), Travelling-Salesman-Problem (Branch-und-Bound-Methode), heuristische Verfahren. Einführung in die nicht-lineare Optimierung. Warteschlangenprobleme: Problemstellung, Ankunfts- und Bedienungsverteilungen, Modellbildung und analytische Lösung. Computersimulation: Einführung, Erzeugung von Zufallszahlen, Auswertung von Simulationsstudien, Anwendungen in Warteschlangenproblemen, Personalplanung, Lagerhaltung, Risikoanalyse.

Zugelassene Hilfsmittel für die Prüfungsaufgaben 8.1 bis 8.7: Skriptum/Umdrucke, Formelsammlungen, Taschenrechner

Aufgaben

8.1

Ein Betrieb kann auf 2 Maschinen M_1 und M_2 nach 2 verschiedenen Verfahren A und B ein Produkt P_1 und nach 2 anderen Verfahren C und D ein Produkt P_2 herstellen. M_1 bzw. M_2 stehen höchstens 120 h bzw. 100 h pro Monat zur Verfügung. Als Bedienungspersonal sind 15 Arbeiter vorhanden. Je hergestellte Tonne werden benötigt bzw. verdient:

	A	B	C	D
M_1 [h]	7	8	10	12
M_2 [h]	3	2	4	3
Personal	1	1	1	1
Gewinn [TDM]	6	5,5	7	8

Wie sieht das gewinnoptimale Produktionsprogramm aus?

a) Formulierung als Standard-Maximum-Problem.

b) Können theoretisch alle 4 bzw. 3 Verfahren in der optimalen Lösung zum Zug kommen? Wenn nein: warum nicht? Wenn ja: wann?

c) Vollständige verbale Interpretation der optimalen Lösung (Zielfunktion, ökonomische, Schlupf-, Dualvariable).

d) Würde nach B produziert werden, wenn der Gewinn 6,2 TDM, d.h. höher als bei A wäre? Würde nach C produziert werden, wenn der Gewinn 7,5 TDM, d.h. immer noch geringer als bei D wäre?

e) In welchen Grenzen können sich die ausgeschöpften Kapazitäten ändern, ohne daß ein Basiswechsel, d.h. eine Änderung der eingesetzten Verfahren, eintritt?

Rechentableau[1])

Die Reihenfolge der ökonomischen Variablen und Nebenbedingungen/Schlupfvariablen ist so, wie sie in der Aufgabenstellung auftreten. Freie Felder sind einzutragen.

	x_1	x_2	x_3	x_4	y_1	y_2	y_3	RS
y_1								
y_2								
y_3								
z								
	7/12	8/12	10/12	1	1/12	0	0	10
	15/12	0	18/12	0	-3/12	1	0	70
	5/12	4/12	2/12	0	-1/12	0	1	5
z	-16/12	-2/12	-4/12	0	8/12	0	0	80
	0	1/5	3/5	1	1/5	0	-7/5	
	0	-1	1	0	0	1	-3	
	1	4/5	2/5	0	-1/5	0	12/5	
z	0	9/10	1/5	0	2/5	0	16/5	

8.2

In einem Produktionsplanungsmodell

$$(*) \quad Z = \sum_{j=1}^{n} c_j x_j = \text{Max} \quad \text{mit} \quad \sum_{j=1}^{n} a_{ij} x_j \leq b_i \quad \text{für } i = 1,\dots,m$$

tritt z.B. in der chemischen Industrie oft eine der folgenden zusätzlichen Bedingungen für ein Produkt P_k auf:

---

[1] Verwendet wird aus didaktischen Gründen das Tableau mit expliziter Einheitsmatrix. Die Vorgabe eines teil-ausgefüllten Tableaus hat sich sehr bewährt, weil dadurch das reine "Verrechnen" reduziert wird und doch Verständnis und Rechenablauf des Simplex-Algorithmus überprüft werden kann

a) Gehört P_k zum optimalen Produktionsprogramm, muß eine Mindestcharge M_k produziert werden.

b) Wird P_k produziert, entstehen zur Vorbereitung der Fertigungsanlage fixe Kosten K_k.

Ergänzen Sie in beiden Fällen das Modell (*) zu einer geeigneten gemischt-ganzzahligen Optimierungsaufgabe (mit Begründung).

8.3

Die Deutsche Bundesbahn benötigt im Weihnachtsverkehr in Düsseldorf 15, in Frankfurt 7 und in Bremen 12 zusätzliche Züge. In den Hauptdepots Köln und Hannover stehen 16 bzw. 13 Sonderzüge zur Verfügung. Fehlende Züge können an den Bedarfsorten aus eigenem Wagenbestand bestritten werden.

Überführungskosten pro Zug in TDM:

Köln - Düsseldorf	1		Hannover - Düsseldorf	5
Köln - Frankfurt	6		Hannover - Frankfurt	8
Köln - Bremen	8		Hannover - Bremen	5

a) Gesucht ist der kostenoptimale Überführungsplan.

b) Bleibt die Lösung optimal, wenn die Kosten Köln - Düsseldorf auf 4 TDM ansteigen? Wenn nein: Ermittlung der neuen optimalen Lösung aus dem alten optimalen Tableau!

c) Ohne Rechnung: Wie ließen sich folgende Bedingungen in ein (evtl. erweitertes) Starttableau einbringen:
   - kein Zug von Hannover nach Frankfurt
   - Köln - Düsseldorf höchstens 10 Züge
   - Bereitstellungskosten in den Zielorten, falls der Bedarf nicht aus Köln oder Hannover zu decken ist

8.4

Im Fachbereich Allgemeine Informatik sollen 4 Professoren P_i je eine von 4 Vorlesungen V_j halten. Wie sollten die Vorlesungen optimal verteilt werden, wenn die Eignung bzw. Neigung für eine Vorlesung sich folgendermaßen darstellt (je größer c_{ij}, desto besser)?

	V_1	V_2	V_3	V_4
P_1	3	3	4	5
P_2	2	6	1	4
P_3	8	2	3	2
P_4	4	9	6	1

8.5

Sie schreiben gerade eine Klausur von 90 min Dauer. Die wesentlichen Ideen zu dieser Klausur kommen Ihnen unabhängig voneinander in zufälligen Abständen, wobei der Mittelwert dieser Zeitlücken 5 min beträgt und während der ganzen Klausur konstant bleibt.

a) Welcher Wahrscheinlichkeitsverteilung genügen die Zeitlücken zwischen zwei Ideen? Geben Sie die Dichte an! Begründung in Stichworten!

b) Wie groß ist die Wahrscheinlichkeit, daß Ihnen während 5 min keine Idee kommt?

c) Wie groß ist die Wahrscheinlichkeit dafür, daß Ihnen während 10 min drei oder mehr Ideen kommen?

d) 5 min lang ist Ihnen trotz intensiven Nachdenkens keine Idee gekommen. Wie groß ist unter diesem Umstand die Wahrscheinlichkeit dafür, daß Ihnen auch in den nächsten 5 min keine Idee einfällt?

e) Sie haben ein schlechtes Gedächtnis und müssen jede Idee sofort notieren, sonst geht sie Ihnen verloren. Zum Notieren brauchen Sie durchschnittlich 4 min, wobei diese Zeiten exponential-verteilt sind. Wieviel Minuten brauchen Sie während der Klausur zum Notieren? Wieviel Ideen gehen voraussichtlich verloren?

8.6

In der EDV-Abteilung einer Firma arbeitet ein Programmierer. Dieser bearbeitet Programme gemäß den Wünschen und Anforderungen der Fachabteilungen. Pro Monat (20 Arbeitstage) erhält er im Mittel 4 Aufträge zur Bearbeitung (POISSON-Strom). Einen Auftrag erledigt er im Durchschnitt in 4 Arbeitstagen (Exponential-Verteilung).

a) Wie lange muß eine Fachabteilung bis zur Fertigstellung eines Auftrages im Mittel warten?

b) Wie oft ist der Programmierer unbeschäftigt?

c) Wie groß ist der mittlere Anwenderstau, d.h. wieviele Aufträge liegen unbearbeitet auf dem Schreibtisch des Programmierers?

d) Zur Verbesserung der Situation gibt es zwei gleich teuere Möglichkeiten:
   A) Miete modernster Tools zur Software-Produktion. Die Geschwindigkeit des Programmierers wird dadurch um 50 % gesteigert.
   B) Einstellung eines zweiten Programmierers mit denselben Fähigkeiten.
   Welche Maßnahme ist für die Firma günstiger?

e) Um wieviel Prozent müßte die Geschwindigkeit des Programmierers mindestens gesteigert werden, damit Variante A günstiger wäre?

f) Die schnellere Erledigung der Aufträge führt dazu, daß mehr Aufträge eingehen. Wieviel Aufträge können die beiden Programmierer bei Variante B gerade noch verkraften, ohne daß die mittlere Verweilzeit einen Monat übersteigt?

<u>8.7</u>
Entwerfen Sie ein Simulationsprogramm für ein FIFO-Warteschlangensystem vom Typ
M/M/1, bei welchem 60 % der Einheiten ungeduldige Einheiten sind. Diese verlassen
das System ohne Bedienung, wenn sie länger als eine vorgegebene Zeit warten mußten.
Mit dem Programm soll die mittlere Wartezeit und die Anzahl von Einheiten, die das
System ohne Bedienung verlassen, ermittelt werden.
Erstellen Sie ein kommentiertes Ablaufdiagramm, Struktogramm o.ä. für das Programm.
Zur Verfügung steht die Funktion RANEXP, welche exponential-verteilte Pseudozufalls-
zahlen liefert, sowie die Funktion RAN zur Erzeugung von [0,1]-gleichverteilten
Pseudo-Randomzahlen.

Literatur

[1] Schmitz P, Schönlein A (1978) Lineare und linearisierbare Optimierungsmodelle
    sowie ihre ADV-gestützte Lösung. Vieweg, Braunschweig
[2] Wiedling H (1981) Lineare Planungstechnik. Deutscher Betriebswirte-Verlag,
    Gernsbach
[3] Müller-Merbach H (1973) Operations Research. 3. Aufl. Vahlen, München

Lösungen

<u>8.1</u>

a) x_i (≥ 0) entspreche den Produktionsmengen nach A, B, C, D für $i = 1, 2, 3, 4$.

$$6\,x_1 + 5{,}5\,x_2 + 7\,x_3 + 8\,x_4 = \text{Max}$$
$$7\,x_1 + 8\;x_2 + 10\,x_3 + 12\,x_4 \leq 120$$
$$3\,x_1 + 2\;x_2 + 4\,x_3 + 3\,x_4 \leq 100$$
$$x_1 + \;\;x_2 + \;\;x_3 + \;\;x_4 \leq 15$$

b) Anzahl Basisvariable = Anzahl Nebenbedingungen = 3, d.h. alle 4 Verfahren sind unmöglich. 3 Verfahren $\Rightarrow$ alle Schlupfvariable gleich 0, d.h. nur möglich, falls zufällig durch die optimale Lösung alle Kapazitäten genau erschöpft werden.

c)

	x_1	x_2	x_3	x_4	y_1	y_2	y_3	RS	Q
y_1	7	8	10	(12)	1	0	0	120	10 ←
y_2	3	2	4	3	0	1	0	100	100/3
y_3	1	1	1	1	0	0	1	15	15
z	-6	-5,5	-7	-8↑	0	0	0	0	
x_4	7/12	8/12	10/12	1	1/12	0	0	10	120/7
y_2	15/12	0	18/12	0	-3/12	1	0	70	840/15
y_3	(5/12)	4/12	2/12	0	-1/12	0	1	5	12 ←
z	-16/12↑	-2/12	-4/12	0	8/12	0	0	80	
x_4	0	1/5	3/5	1	1/5	0	-7/5	3	
y_2	0	-1	1	0	0	1	-3	55	
x_1	1	4/5	2/5	0	-1/5	0	12/5	12	
z	0	9/10	1/5	0	2/5	0	16/5	96	

Von P_1 werden 12 t nach Verfahren A, von P_2 3 t nach Verfahren D produziert. Die beiden anderen Verfahren kommen nicht zum Einsatz. Maschine 1 und das Personal sind ausgelastet, auf Maschine 2 bleiben 55 h Restkapazität. Der Gewinn beträgt 96 TDM. Die Werte der Dualvariablen lauten: $\tilde{x}_1 = \frac{2}{5}$ TDM (Schattenpreis 400 DM = Mindestmietpreis pro h, falls Maschine 1 vermietet werden soll, ohne den Gesamtgewinn zu vermindern, bzw. Gewinnzuwachs durch Erhöhung der Kapazität von M 1 um eine Stunde), $\tilde{x}_2 = 0$ (M 2 ist nicht ausgelastet), $\tilde{x}_3 = \frac{16}{5}$ TDM = 3 200 DM Gewinnzuwachs durch eine zusätzliche Arbeitskraft.

d) Nach B wird nicht produziert, solange der Gewinnzuwachs pro t: $\Delta \leq \frac{9}{10}$, d.h. der Gewinn pro t $\leq 6{,}4$ TDM ist $\Rightarrow$ keine Produktion nach B.
Nach C wird nicht produziert, solange der Gewinnzuwachs pro t: $\Delta \leq \frac{1}{5}$, d.h. der Gewinn pro t $\leq 7{,}2$ TDM ist $\Rightarrow$ Produktion nach C.

e) M_1: $-15 \leq \Delta \leq 60$, d.h. Kapazität zwischen 105 h und 180 h;

M_2: Kapazität ist nicht erschöpft.

Personal: $-5 \leq \Delta \leq \frac{15}{7}$, d.h. zwischen 10 und 17 $(\frac{1}{7})$ Personen.

8.2

Sei S_k eine genügend große Zahl als obere Schranke für die Produktionsmenge x_k von P_k, so daß $x_k \leq S_k$ in der optimalen Lösung garantiert ist. Führe zusätzliche 0/1-Variable y_k ein mit $y_k = 1$ bzw. 0, falls P_k produziert bzw. nicht produziert wird. Es muß gelten:

$$y_k = 1 \Leftrightarrow x_k > 0 \,.$$

a) (∗) und zusätzliche Nebenbedingungen (für jedes relevante k):

$$x_k \leq S_k \cdot y_k \quad (\text{garantiert: } x_k > 0 \Rightarrow y_k = 1)$$
$$x_k \geq M_k \cdot y_k \quad (\text{garantiert: } y_k = 1 \Rightarrow x_k \geq M_k)$$

b)
$$Z = \sum_{j=1}^{n} (c_j x_j - k_j y_j) = \text{Max}$$

$$\sum_{j=1}^{n} a_{ij} x_j \leq b_i \quad \text{für } i = 1,\dots,m$$

$$x_k \leq S_k \cdot y_k \quad (x_k > 0 \Rightarrow y_k = 1; \; y_k = 0 \text{ sonst wird durch } Z \text{ garantiert.})$$

8.3

a) Bedarf: 34 Züge, Angebot: 29 Züge, d.h. es ist ein fiktiver Angebotsort F mit einem Angebot von 5 Zügen anzusetzen.

Startlösung mittels Zeilen-Spalten-Sukzession:

	Dü	Fr	Br	Angebot
Kö	15 (1)	1 (6)	(8)	16
Ha	(5)	6 (8)	7 (5)	13
Fiktiv	(0)	(0)	5 (0)	5
Bedarf	15	7	12	

Legende: x (box y) mit

x = Transportmenge
y = Transportkosten

Verbesserung mittels Stepping-Stone-Methode: $\delta_{32} = 0 - 8 + 5 - 0 < 0$

	Dü	Fr	Br
Kö	15 (1)	1 (6)	(8)
Ha	(5)	1 (8)	12 (5)
Fiktiv	(0)	5 (0)	(0)

Optimale Basislösung, da alle $\delta_{ij} \geq 0$; Kosten 89 TDM.

b) Setzt man den Kostenkoeffizienten Köln - Düsseldorf auf 4, ergibt sich ein weiterer Verbesserungszyklus zu folgender optimalen Lösung:

	Dü	Fr	Br
Kö	14	2	
Ha	1		12
Fiktiv		5	

Kosten 133 TDM

c) - Setze Kosten Hannover - Frankfurt ∞.
   - 2 Zeilen für Köln: eine mit Angebot 10 und unveränderten Kosten, eine mit
     Angebot 6 und Kosten nach Düsseldorf: ∞.
   - Ersetze fiktive Kosten 0 durch die Bereitstellungskosten.

8.4

$x_{ij} = 1$ bzw. 0, falls Professor i Vorlesung j hält bzw. nicht hält. Zur Anwendung
der Ungarischen Methode ist zunächst das Maximumproblem als Minimumproblem zu for-
mulieren, z.B. indem zeilenweise jeder Koeffizient vom jeweiligen Zeilenmaximum
subtrahiert wird: $(c_{ij}) \rightarrow (\tilde{c}_{ij})$, wobei $\sum c_{ij}x_{ij} = $ Max $\Leftrightarrow \sum \tilde{c}_{ij}x_{ij} = $ Min

$$c = \begin{pmatrix} 3 & 3 & 4 & 5 \\ 2 & 6 & 1 & 4 \\ 8 & 2 & 3 & 2 \\ 4 & 9 & 6 & 1 \end{pmatrix} \rightarrow \begin{pmatrix} 2 & 2 & 1 & 0 \\ 4 & 0 & 5 & 2 \\ 0 & 6 & 5 & 6 \\ 5 & 0 & 3 & 8 \end{pmatrix} = \tilde{c}; \text{ Zeilenreduktion:}$$

$$\begin{pmatrix} 2 & 2 & 0 & 0 \\ 4 & 0 & 4 & ② \\ 0 & 6 & 4 & 6 \\ 5 & 0 & 2 & 8 \end{pmatrix} \text{ ; noch nicht optimal; } m = 2$$

$$\begin{pmatrix} 4 & 4 & 0 & 0 \\ 4 & 0 & 2 & 0 \\ 0 & 6 & 4 & 2 \\ 5 & 0 & 0 & 6 \end{pmatrix}$$

optimale Lösung:
$x_{14} = x_{22} = x_{31} = x_{43} = 1$; $x_{ij} = 0$ sonst oder:
$x_{13} = x_{24} = x_{31} = x_{42} = 1$; $x_{ij} = 0$ sonst.
Neigungssumme $Z = 25$.

8.5

a) Das Ankunftsverhalten der Ideen erfüllt die Voraussetzungen eines POISSON-
   Stromes, die Zeitlücken zwischen zwei Ideen sind also *exponential-verteilt* mit
   Ankunftsrate $\lambda = 1/5$ Idee/min.

   Dichte $f(t) = \frac{1}{5} e^{-\frac{t}{5}}$ für $t \geq 0$

   Verteilungsfunktion $F(t) = 1 - e^{-\frac{t}{5}}$ für $t \geq 0$

b) Mit A = Ankunftszeitlücke gilt:

$$P(A > 5) = 1 - P(A \leq 5) = 1 - F(5) = e^{-\frac{5}{5}} = 0,39$$

c) Mit N(t) = Anzahl Ideen in einem Intervall der Länge t und $p_k(t) = \dfrac{(\lambda t)^k}{k!} e^{-\lambda t}$
= Wahrscheinlichkeit, daß bei einem POISSON-Strom k Ankünfte in einem Intervall
der Länge t vorkommen, gilt:

$$P(N(10) \geq 3) = 1 - P(N(10) < 3) = 1 - p_2(10) - p_1(10) - p_0(10)$$
$$= 1 - 5\,e^{-2} = 0,32$$

d) Wegen der "Gedächtnislosigkeit" der Exponentialverteilung gilt:

$$P(A > s + t | A > t) = P(A > s), \text{ also (mit a))}$$
$$P(A > 10 | A > 5) \quad = P(A > 5) = 0,39$$

e) Die Bearbeitung der Ideen bildet ein Verlustsystem M/M/1 mit λ = 1/5 und μ = 1/4
(Servicerate). Mit $\rho = \lambda/\mu$ = 4/5 und p_0 = Wahrscheinlichkeit, daß gerade keine
Idee bearbeitet wird, gilt $p_0 = 1/(1 + \rho)$ = 5/9.
Benötigte Zeit zum Notieren: T = 90 min $\cdot$ (1 - p_0) = 40 min
Anzahl verlorener Ideen: N = $\lambda \cdot$ T = (1/5) $\cdot$ 40 =   8 Ideen

8.6

Warteschlangensystem M/M/1 mit λ = 4 Aufträge/Monat, μ = 5 Aufträge/Monat.

a) Zeit bis zur Fertigstellung = Verweilzeit V, E(V) = 1/(μ - λ) = 1 Monat

b) Mit $\rho = \lambda/\mu$ = 0,8 gilt: Wahrscheinlichkeit, daß der Programmierer unbeschäftigt
ist: P(L = 0) = 1 - ρ = 0,2. Der Programmierer ist also ca. 4 Tage pro Monat
unbeschäftigt.

c) L_W = Länge der Warteschlange, also E(L_W) = $\rho^2/(1 - \rho)$ = 3,2

d) Optimalitätskriterium ist die Verweilzeit.
   Variante A: System M/M/1 mit μ = 7,5, E(V) = 1/(μ - λ) = 1/3,5 = 0,285 Monate
   = 5,7 Tage.
   Variante B: System M/M/2 mit μ = 5, E(V) = 4/μ(4 - ρ^2) = 0,24 Monate = 4,8 Tage.
   Variante B ist also für die Firma (und für den Arbeitsmarkt) günstiger.

e) Gesucht ist μ_1 mit E(V_1) < 0,24, E(V_1) = 1/(μ_1 - λ) < 0,24.
   $\Rightarrow \mu_1$ > 4,2 + λ = 8,2 $\Rightarrow$ Steigerung = (μ_1 - μ)/$\mu \geq$ 0,64 = 64 %

f) Gesucht ist λ_2 mit E(V) = 1, E(V) = 4/μ(4 - ρ_2^2) = 1.
   $\Rightarrow \rho_2^2 = 4 - 4/\mu \Rightarrow \lambda_2^2 = 4\mu^2 - 4 \cdot \mu = 80 \Rightarrow \lambda_2$ = 8,9 Aufträge/Monat

8.7

Die Einheiten werden nacheinander berechnet. Eine Einheit wird ohne Wartezeit bedient, wenn ihr Vorgänger bei ihrer Ankunft das System schon verlassen hat.

Variablen:

n	Anzahl der simulierten Einheiten
λ	Ankunftsrate
μ	Servicerate
a_i	Ankunftszeitpunkt von Einheit i = Ankunft des Vorgängers + Zeitlücke
s_i	Servicezeit von Einheit i
u_i	Einheit i ist ungeduldig oder nicht (logische Variable)
d_i	Ende des Service von Einheit i (= Zeitpunkt, zu dem Einheit i das System verläßt) bzw. Zeitpunkt, zu dem die Servicestation wieder frei wird, nachdem die Einheit i das System vorzeitig verlassen hat
w_i	Wartezeit von Einheit i
wmax	maximale Wartezeit der ungeduldigen Einheiten
$\overline{w}$	mittlere Wartezeit aller Einheiten
k	Anzahl der ungeduldigen Einheiten, die das System vorzeitig verlassen

Struktogramm: s. Abb. L8.7.1

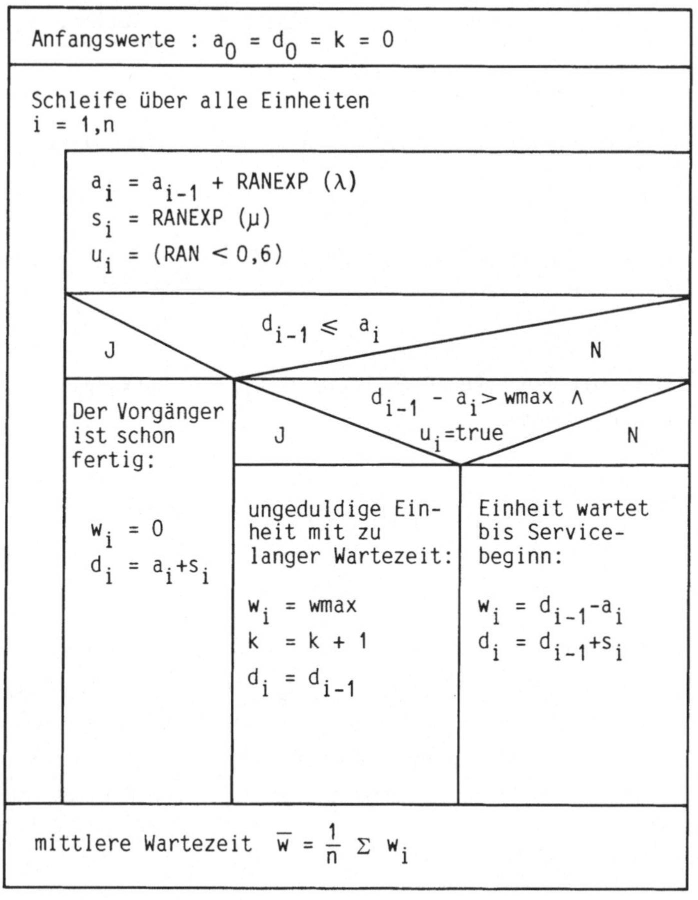

Abb. L8.7.1

9. Numerische Methoden

Hans-Volker Niemeier

Fachbereich Allgemeine Informatik

Problemkreise und Einführungsbeispiele. Fehlerrechnung: Fehlertypen, Fehlerfortpflanzung, Kondition von Problemen. Lösung von Gleichungen: Kondition, Intervallhalbierungsmethode, allgemeines Iterationsverfahren, Konvergenz und Fehlerabschätzungen, NEWTON-RAPHSON-Verfahren, Regula falsi, Algebraische Gleichungen. Lineare und nicht-lineare Gleichungssysteme: Normen von Vektoren und Matrizen, Kondition, GAUSS-Elimination, GAUSS-JORDAN, Matrixinversion, Pivotisierung, LR-Zerlegung, Nachiteration, Rechenaufwandsformeln, allgemeines Iterationsverfahren für beliebige Systeme, JACOBI, GAUSS-SEIDEL, NEWTON-RAPHSON für beliebige Systeme, Prinzip der Gradientenmethode. Ersatzfunktionen, LAGRANGE- und NEWTON-Interpolation, natürliche kubische SPLINE-Funktion, TSCHEBYSCHEFF-Approximation, numerische Integration: NEWTON-COTES-Formeln, ROMBERG-Verfahren, GAUSSsche Quadraturformeln. Numerische Lösung von Anfangswertproblemen bei gewöhnlichen Differentialgleichungen: Richtungsfeld, EULERsches Streckenzugverfahren, RICHARDSON-Extrapolation, RUNGE-KUTTA-Verfahren, Einblick in weitere Verfahren. Durchgehend: Einsatz von Routinen der mathematisch-statistischen Programmbibliothek IMSL.

Zugelassene Hilfsmittel für die Prüfungsaufgaben 9.1 bis 9.6: Skriptum/Umdrucke, Formelsammlungen, Taschenrechner

Aufgaben

9.1

Der Flächeninhalt eines Dreiecks mit den Ecken $P_1(x_1|y_1)$, $P_2(x_2|y_2)$, $P_3(x_3|y_3)$ berechnet sich bekanntlich nach der Formel:

$$F_\Delta = \begin{Vmatrix} x_1 & y_1 & 1 \\ x_2 & y_2 & 1 \\ x_3 & y_3 & 1 \end{Vmatrix} = \frac{1}{2} \cdot |x_1 \cdot (y_2 - y_3) + x_2 \cdot (y_3 - y_1) + x_3 \cdot (y_1 - y_2)|$$

(Betrag Determinante)

Bei einer Vermessung haben sich die Koordinaten der Eckpunkte in einem Koordinatensystem ergeben zu: $P_1(0|1201)$, $P_2(355|0)$, $P_3(566|432)$, jeweils in [m]. Schätzen Sie den Betrag des absoluten und des relativen Fehlers von F_Δ nach oben ab, wenn die Meßergebnisse jeweils bis auf ± 1 m genau angenommen werden können. Vergleichen Sie das Resultat mit einem im Rahmen der angegebenen Abweichungen möglichen Dreieck mit möglichst großem Flächeninhalt.

9.2

Gesucht ist die Nullstelle $\tilde{x}$ der Funktion $f(x) = \ln x - \arctan x$.

a) Begründen Sie, warum $f(x) = 0$ nur eine Lösung besitzt, und lokalisieren Sie für
   diese ein Intervall der Breite 0,1.

b) Durch Auflösen nach x sollen zwei mögliche Iterationsverfahren $x = \varphi(x)$ angegeben und ihr Konvergenzverhalten im Intervall nach a) beurteilt werden.

c) Starten Sie das geeignete Verfahren mit der günstigeren Intervallgrenze. Führen
   Sie eine a-priori-Fehlerabschätzung für die Anzahl notwendiger Schritte bis zu
   einer Genauigkeit von $5 \cdot 10^{-6}$ durch. Brechen Sie das Verfahren ab, wenn die
   Näherung einen Fehler von höchstens $5 \cdot 10^{-6}$ besitzt, und geben Sie die Lösung
   auf 5 Nachkommastellen genau an.

d) Wenden Sie das NEWTON-Verfahren an und untersuchen Sie vorher, ob keine doppelte
   Nullstelle vorliegt. Abbruch, wenn $|f(x_k)| < 10^{-6}$ gilt.

e) Zeigen Sie: Ist allgemein $\tilde{x}$ doppelte Nullstelle einer Funktion $f(x)$, so konvergiert das NEWTON-Verfahren nur linear mit Konvergenzfaktor $\frac{1}{2}$. Das abgewandelte

   Verfahren $x_k = x_{k-1} - 2 \cdot \dfrac{f(x_{k-1})}{f'(x_{k-1})}$ konvergiert dagegen (mindestens) quadra-

   tisch gegen $\tilde{x}$.

9.3

Lösen Sie folgendes lineares Gleichungssystem:

$$
\begin{aligned}
-4x_1 + 20x_2 - x_3 - 4x_4 &= 0 \\
- x_1 - 4x_2 - 4x_3 + 20x_4 &= 0 \\
20x_1 - 4x_2 - 4x_3 - x_4 &= 1 \\
-4x_1 - x_2 + 20x_3 - 4x_4 &= 0
\end{aligned}
$$

mit dem JACOBI-Gesamtschritt-Verfahren (Achtung!).

a) Stellen Sie die Iterationsformel auf, starten Sie mit $x_{10} = x_{20} = x_{30} = x_{40} = 0.1$
   und führen Sie einen Verbesserungsschritt durch.

b) Schätzen Sie ab, wieviele Iterationsschritte genügen, um
   1. den Fehler je Komponente,
   2. die Summe der Beträge der Fehler je Komponente,
   3. die Länge des Fehlervektors
   auf weniger als 10^{-3} zu drücken.

c) Führen Sie zwei weitere Iterationsschritte mit 5 Nachkommastellen durch, machen
   Sie eine a-posteriori-Fehlerabschätzung für dieselben Fehler wie in b) und vergleichen Sie diese mit den tatsächlichen Fehlern (exakt: $x_1 = 0.05580$,
   $x_2 = 0.01347 = x_3$, $x_4 = 0.00818$).

d) Vergleichen Sie den Rechenaufwand des JACOBI-Verfahrens mit dem des GAUSSschen
   Eliminationsverfahrens.

e) Für das JACOBI-Verfahren zur Lösung von $A \cdot \vec{x} = \vec{b}$ mit $A = \begin{pmatrix} & & R \\ L & \diagdown & \\ & & D \end{pmatrix}$
   hatten wir die Iterationsformel

$$\vec{x}_{k+1} = -D^{-1} \cdot (L + R) \cdot \vec{x}_k + D^{-1} \cdot \vec{b} = B \cdot \vec{x}_k + \vec{c}$$

   hergeleitet, die Konvergenz für $||B|| \leq L < 1$ garantierte. Bestimmen Sie die
   entsprechende Matrix B für das GAUSS-SEIDEL-Verfahren.

9.4

a) $y = \tan x$ soll über dem Intervall $[1.1; 1.5]$ quadratisch interpoliert werden,
   d.h. gesucht ist das Interpolationspolynom 2. Grades in den Stützstellen 1.1,
   1.3 und 1.5. Probe! (Rechnung mit 6 Nachkommastellen)

b) Schätzen Sie den Interpolationsfehler an der Stelle x = 1.4 ab. Wie groß ist er
   mindestens und höchstens? Berechnen Sie dann den tatsächlichen Interpolationsfehler an dieser Stelle. Warum ist er so groß? Könnte Ihrer Meinung nach ein
   SPLINE-Ansatz bessere Ergebnisse bringen (Begründung, keine Rechnung)?

c) Die Überlegungen aus b) legen eine *rationale Interpolation* nahe, z.B. mit einem
   Ansatz:

$$r_{0,1,2}(x) = \frac{a_0 + a_1 x + a_2 x^2}{x - \Pi/2}$$

   Begründen Sie den Nenner!
   Aus der Tatsache, daß die Kurve durch die vorgegebenen Knoten geht, ergibt sich
   ein lineares Gleichungssystem zur Bestimmung der a_i. Stellen Sie es auf (rechte
   Seiten mit 5 Stellen), lösen Sie es mittels GAUSS-Elimination und bestimmen Sie
   jetzt den Interpolationsfehler in x = 1.4. Probe zur Bestätigung von $r_{0,1,2}(x)$!

9.5

Für den Umfang U einer Ellipse mit großer Halbachse a und kleiner Halbachse b gilt:

$$U = 2a \cdot \int_0^{\Pi} \sqrt{1 - \frac{a^2 - b^2}{a^2} \cdot \cos^2 x}\ dx$$

Bestimmen Sie U für eine Ellipse mit $a = \sqrt{2}$ und b = 1. Da das sogenannte *ellip-
tische Integral* nicht geschlossen lösbar ist, setzen Sie ein geeignetes numerisches
Integrationsverfahren ein und führen es (mit mindestens 7 Nachkommastellen) durch,
bis im Rahmen dieser Rechengenauigkeit keine Verbesserung mehr möglich ist.

Hinweis: Vereinfachen Sie die Berechnung so weit wie möglich, indem Sie Symmetrie-
eigenschaften ausnutzen.

<u>9.6</u>
Gesucht ist die Lösung der Differentialgleichung $y' = x^2 - y^2$ mit $y(0) = 1$ an der Stelle $x = 0{,}2$.

a) Skizzieren Sie das Richtungsfeld der Differentialgleichung und den ungefähren Verlauf der gesuchten Kurve.

b) Berechnen Sie Näherungen
   1. unter Verwendung des EULER-Verfahrens mit wiederholter RICHARDSON-Extrapolation für $h = 0{,}2; 0{,}1$ und $0{,}05$,
   2. unter Verwendung des RUNGE-KUTTA-Verfahrens 4. Ordnung mit $h = 0{,}1$,
   3. durch Ansatz einer TAYLOR-Entwicklung (Potenzreihe) für y mit 5 Gliedern und Koeffizientenvergleich.

   Vergleichen Sie die Resultate mit der hier leicht zu berechnenden exakten Lösung 0,83578.

Literatur

[1] Carnahan B, Luther HA, Wilkes J (1969) Applied Numerical Methods. Wiley, New York

[2] Selder H (1979) Einführung in die Numerische Mathematik für Ingenieure. 2. Aufl. Hanser, München

[3] Stetter HJ (1976) Numerik für Informatiker. Oldenbourg, München Wien

[4] Jordan-Engeln G, Reutter F (1982) Numerische Mathematik für Ingenieure. 3. Aufl. Bibliographisches Institut, Mannheim Wien Zürich

[5] Rice JR (1983) Numerical Methods, Software, and Analysis. McGraw-Hill, New York

Lösungen

9.1

$$F_\Delta = \frac{1}{2} \cdot |0 + 355 \cdot (432 - 1201) + 566 \cdot 1201| = 203\,385,5 \text{ m}^2$$

$$|\Delta F_\Delta| \leq \frac{1}{2} \cdot \left(\sum_{i=1}^{3} \left| \frac{\partial F_\Delta}{\partial x i} \right| \cdot \left| \Delta x i \right| + \sum_{i=1}^{3} \left| \frac{\partial F_\Delta}{\partial y i} \right| \cdot \left| \Delta y i \right| \right) =$$

$$= \frac{1}{2} \cdot (|y_2 - y_3| \cdot 1 + |y_3 - y_1| \cdot 1 + |y_1 - y_2| \cdot 1 + |x_3 - x_2| \cdot 1 + |x_1 - x_3| \cdot 1 +$$

$$+ |x_2 - x_1| \cdot 1) = 1767 \text{ m}^2$$

$$\left| \frac{\Delta F_\Delta}{F_\Delta} \right| \leq \frac{1767}{203\,385,5} = 0,0087$$

Größeres Dreieck: $P_1(-1/1202)$, $P_2(354/-1)$, $P_3(567/433)$ vgl. Abb. L9.1.1
$F_\Delta = 205\,154,5 \text{ m}^2$ mit $|\Delta F_\Delta| = 1769 \text{ m}^2$ (leicht über der Abschätzung der Fehler-
obergrenze)

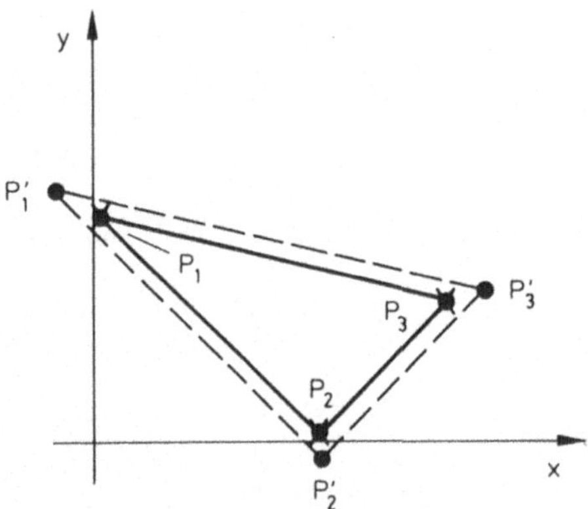

Abb. L9.1.1

9.2

a) $f(3,6) = -0,02$; $f(3,7) = 0,002 \Rightarrow$ Nullstelle in $I = [3,6;3,7]$

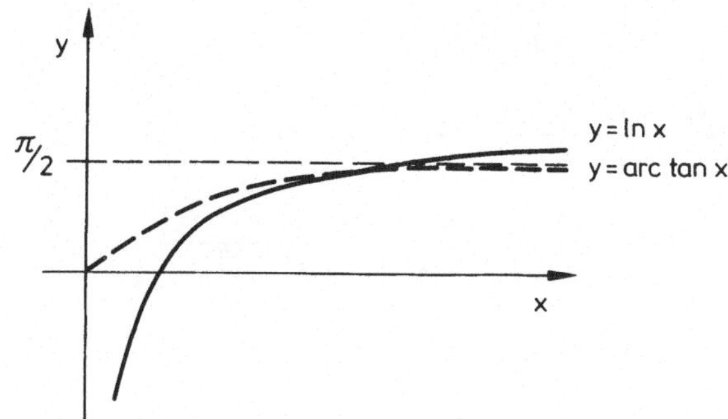

Abb. L9.2.1

Einzige Nullstelle wegen: $(\ln x)' = \dfrac{1}{1+x} > \dfrac{1}{1+x^2} = (\arctan x)'$ für $x > 0$

b) $\ln x = \arctan x \Rightarrow x = \tan(\ln x) = \varphi_1(x)$

$\qquad\qquad\qquad x = e^{\arctan x} = \varphi_2(x)$

$\varphi_1'(x) = \dfrac{1}{\cos^2(\ln x)} \cdot \dfrac{1}{x}$ mit $|\varphi_1'(x)| > 1$ in $[3,6;3,7]$ (ungeeignet)

$\varphi_2'(x) = e^{\arctan x} \cdot \dfrac{1}{1+x^2}$ mit $|\varphi_2'(x)| \le 0,27 = L$ in I und

$\varphi_2(3,6) = 3,669$, $\varphi_2(3,7) = 3,694$, dazwischen monoton, d.h.

$\varphi_2(I) \subset I$ und φ_2 kontrahierend.

c) $x_0 = 3,7$ $x_1 = 3,694453361$

a-priori-Abschätzung: $5 \cdot 10^{-6} \ge \dfrac{0,27^k}{0,73} \cdot |x_1 - x_0| \ge e_k \Rightarrow k \ge 5,6$,

d.h. 6 Verbesserungsschritte reichen.

$x_5 = 3,692593250$ $x_6 = 3,692587594$

a-posteriori-Fehlerabschätzung für x_5 : $8 \cdot 10^{-6}$

$\qquad\qquad\qquad\qquad\qquad$ für x_6 : $2 \cdot 10^{-6}$

gesuchte Lösung: $\tilde{x} = 3,69259$

d) $f'(x) = \dfrac{1}{x} - \dfrac{1}{1+x^2} \neq 0$ für $x > 0$ (siehe a)) $\Rightarrow f'(\tilde{x}) \neq 0$, d.h. keine doppelte

Nullstelle

$x_0 = 3,7$ $x_1 = 3,692580413$ $x_2 = 3,692585685$

e) Doppelte Nullstelle: $f'(\tilde{x}) = 0$, aber $f''(\tilde{x}) \neq 0$

Iterationsverfahren für NEWTON: $\varphi(x) = x - \dfrac{f(x)}{f'(x)} \Rightarrow$

$$\Rightarrow \varphi'(x) = 1 - \frac{f'(x)^2 - f(x) \cdot f''(x)}{f'(x)^2} = \frac{f(x) \cdot f''(x)}{f'(x)^2}$$

$$\varphi'(\tilde{x}) = \lim_{x \to \tilde{x}} \frac{f(x) \cdot f''(x)}{f'(x)^2} = \lim_{x \to \tilde{x}} \frac{f(x) \cdot f'''(x) + f'(x) \cdot f''(x)}{2f'(x) \cdot f''(x)} =$$

$$= \frac{1}{2} + \lim_{x \to \tilde{x}} \frac{f(x) \cdot f'''(x)}{2f'(x) \cdot f''(x)} = \frac{1}{2} + \lim_{x \to \tilde{x}} \frac{f(x) \cdot f^{(4)}(x) + f'(x) \cdot f'''(x)}{2(f'(x)f'''(x) + f''(x)^2)}$$

$$= \frac{1}{2} \text{, d.h. linear konvergent mit Konvergenzfaktor } \frac{1}{2},$$

$$\varphi(x) = x - \frac{2f(x)}{f'(x)} \Rightarrow \varphi'(x) = 1 - 2 \cdot \frac{f'(x)^2 - f(x) \cdot f''(x)}{f'(x)^2} =$$

$$= -1 + \frac{2f(x) \cdot f''(x)}{f'(x)^2} \Rightarrow \varphi'(\tilde{x}) = -1 + 2 \cdot \frac{1}{2} = 0 \quad \text{(s.o.)},$$

d.h. (mindestens) quadratisch konvergent.

9.3

Umstellen der Gleichungen, um starke Diagonaldominanz zu erreichen und damit Konvergenz zu garantieren:

$$\begin{aligned}
20x_1 - 4x_2 - 4x_3 - x_4 &= 1 \\
-4x_1 + 20x_2 - x_3 - 4x_4 &= 0 \\
-4x_1 - x_2 + 20x_3 - 4x_4 &= 0 \\
-x_1 - 4x_2 - 4x_3 + 20x_4 &= 0
\end{aligned}$$

a)

$$\begin{aligned}
x_1 &= (1 + 4x_2 + 4x_3 + x_4)/20 & x_{11} &= 0{,}095 \\
x_2 &= (4x_1 + x_3 + 4x_4)/20 & x_{21} &= 0{,}045 \\
x_3 &= (4x_1 + x_2 + 4x_4)/20 & x_{31} &= 0{,}045 \\
x_4 &= (x_1 + 4x_2 + 4x_3)/20 & x_{41} &= 0{,}045
\end{aligned}$$

b) $\overrightarrow{x_{k+1}} = B \cdot \overrightarrow{x_k} + \vec{c}$ mit

$$B = \begin{pmatrix}
0 & 1/5 & 1/5 & 1/20 \\
1/5 & 0 & 1/20 & 1/5 \\
1/5 & 1/20 & 0 & 1/5 \\
1/20 & 1/5 & 1/5 & 0
\end{pmatrix}$$

$$||B||_\infty = ||B||_1 = 0{,}45 \qquad ||B||_2 = 0{,}575$$

Setze an: $||\overrightarrow{x_k} - \vec{\tilde{x}}|| \leq 10^{-3} \leq \dfrac{L^k}{1-L} \cdot ||\overrightarrow{x_1} - \overrightarrow{x_0}|| \Rightarrow k > \dfrac{\ln \dfrac{(1-L) \cdot 10^{-3}}{||\overrightarrow{x_1} - \overrightarrow{x_0}||}}{\ln L}$

1. $||\vec{x_1} - \vec{x_0}||_\infty = 0,055 \;\Rightarrow\; k > \dfrac{\ln\dfrac{0,55 \cdot 10^{-3}}{0,055}}{\ln 0,45} = 5,76,$ d.h. 6 Schritte genügen,

um den Fehler je Komponente kleiner als 10^{-3} zu machen.

2. $k > 7,18,$ d.h.   8 Schritte

3. $k > 9,77,$ d.h. 10 Schritte

c) $x_{12} = 0,07025$ $x_{13} = 0,06324$ $\Delta x_1 = -0,00701$

   $x_{22} = 0,03025$ $x_{23} = 0,02011$ $\Delta x_2 = -0,01014$

   $x_{32} = 0,03025$ $x_{33} = 0,02011$ $\Delta x_3 = -0,01014$

   $x_{42} = 0,02275$ $x_{43} = 0,01561$ $\Delta x_4 = -0,00714$

$$||\vec{x_3} - \vec{\tilde{x}}||_\infty \le \frac{0,45}{0,55} \cdot 0,01014 \;\cong\; 8,4 \cdot 10^{-3} \quad (\text{tats. } 7,5 \cdot 10^{-3})$$

$$||\vec{x_3} - \vec{\tilde{x}}||_1 \qquad\qquad\qquad \cong\; 2,8 \cdot 10^{-2} \quad (\text{tats. } 2,8 \cdot 10^{-2})$$

$$||\vec{x_3} - \vec{\tilde{x}}||_2 \qquad\qquad\qquad \cong\; 2,4 \cdot 10^{-2} \quad (\text{tats. } 1,4 \cdot 10^{-2})$$

d.h. die a-posteriori-Fehlerabschätzungen treffen gut bis sehr gut.

d) Wesentliche Operationen sind Multiplikationen und Divisionen. Je Iterations-
schritt fallen n^2 solche Operationen bei vollbesetzten Matrizen an. Beim GAUSS-
Verfahren ist die entsprechende Gesamtzahl für genügend großes n etwa $\frac{n^3}{3}$, d.h.
das Iterationsverfahren ist günstig, falls weniger als $\frac{n}{3}$ Iterationsschritte
notwendig sind.

e) Das GAUSS-SEIDEL-Verfahren läßt sich schreiben in der Form:

$$D \cdot \vec{x_{k+1}} = -L \cdot \vec{x_{k+1}} - R \cdot \vec{x_k} + \vec{b}$$

$$(D + L) \cdot \vec{x_{k+1}} = -R \cdot \vec{x_k} + \vec{b}$$

$$\vec{x_{k+1}} = -(D+L)^{-1} \cdot R \cdot \vec{x_k} + (D+L)^{-1} \cdot \vec{b}, \quad \text{d.h. mit}$$

$$B = -(D+L)^{-1} \cdot R$$

9.4

a) Differenzschema für äquidistante Stützstellen:

$$x_i \qquad \tan x_i$$

x_i	$\tan x_i$		
1,1	1,964760		
		1,637342	
1,3	3,602102		8,861976
		10,499318	
1,5	14,101420		

$$p_{0,1,2}(x) = 1,964760 + 8,18671 \cdot (x - 1,1) + 110,7747 \cdot (x - 1,1) \cdot (x - 1,3)$$

b) Fehler $R(x) = (x - 1,1) \cdot (x - 1,3) \cdot (x - 1,5) \cdot \dfrac{\tan'''(\xi)}{6}$ mit $\xi \in [1,1;1,5]$

$$\tan'''(x) = \frac{2 \cdot (1 + 2\sin^2 x)}{\cos^4 x} \quad \text{ist dort monoton steigend.}$$

$\tan'''(1,1) = 122,3$, $\quad \tan'''(1,5) = 238840,8 \Rightarrow -119,42 \leq R(1,4) \leq -0,061$,
d.h. der Fehler kann sehr groß sein.

Tatsächlich: $p_{0,1,2}(1,4) = 7,744014$, $\quad \tan(1,4) = 5,797884$,
d.h. Fehler betragsmäßig ungefähr gleich 2.

Grund: $\tan x$ hat in $x = \dfrac{\pi}{2}$ nahe 1,5 einen Pol; durch Parabel nicht nachzuvollziehen.

SPLINE-Ansatz würde keine Verbesserung bringen, da dasselbe für ein Polynom 3. Grades gilt.

c) $r_{0,1,2}(x)$ hat wie $\tan x$ einen Pol in $x = \dfrac{\pi}{2}$.

Lineares System: $a_0 + a_1 x_i + a_2 x_i^2 = \tan x_i \cdot \left(x_i - \dfrac{\pi}{2}\right)$ für $x_i = 1,1;\ 1,3;\ 1,5$

Lösung: $a_0 = -0,15512 \qquad a_1 = -1,0787 \qquad a_2 = 0,34438$

$r_{0,1,2}(1,4) = 5.7981$, d.h. Interpolationsfehler $\cong 2 \cdot 10^{-4}$ ist wesentlich

besser.

9.5

$$U = 2 \cdot \sqrt{2} \cdot \int_0^{\pi} \sqrt{1 - 0,5\cos^2\varphi}\ d\varphi = 4 \cdot \sqrt{2} \cdot \int_0^{\pi/2} \sqrt{1 - 0,5\cos^2\varphi}\ d\varphi$$

Berechne Integral nach dem ROMBERG-Verfahren:

h	$T_{\cdot 1}$	$T_{\cdot 2}$
$\pi/2$	1,3407585	
$\pi/4$	1,3507336	1,3540586
$\pi/8$	$\boxed{1,3507336}$	

d.h. wiederholte Anwendung der Trapezregel mit Halbierung der Schrittweiten liefert am schnellsten das gesuchte Resultat.

$$U = 4 \cdot \sqrt{2} \cdot 1,3507336 = 7,640903$$

9.6

a)

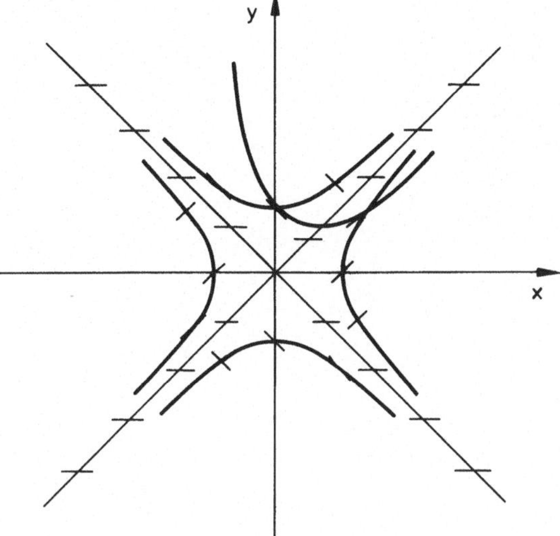

Abb. L9.6.1

Isoklinen sind die Normalhyperbeln $x^2 - y^2 = c$.

b) 1.

	x_i	y_i	$f(x_i, y_i)$
$h = 0{,}2$:	0	1	-1
	0,2	0,8	
$h = 0{,}1$:	0,1	0,9	-0,8
	0,2	0,82	
$h = 0{,}05$:	0,05	0,95	-0,9
	0,1	0,905	-0,809025
	0,15	0,86455	-0,724945
	0,2	0,82830	

$F \cong 4 \cdot 10^{-2}$

$F \cong 2 \cdot 10^{-2}$

$F \cong 8 \cdot 10^{-3}$

RICHARDSON-Extrapolation:

n	y	y^*	y^{**}
1	0,8		
2	0,82	$\boxed{0{,}84}$	
4	0,82830	0,83660	$\boxed{0{,}83547}$

$F \cong 5 \cdot 10^{-3}$

$F \cong 3 \cdot 10^{-4}$

2.

x	y	f	k	
0	1	-1	-0,1	
0,05	0,95	-0,9	-0,09	
0,05	0,955	-0,909525	-0,090953	
0,1	0,909048	-0,816674	-0,081637	-0,090590
0,1	0,909410	-0,817026	-0,081703	
0,15	0,868558	-0,731894	-0,073189	
0,15	0,872815	-0,739306	-0,073931	
0,2	0,835479	-0,658025	-0,065803	-0,073624
0,2	0,835786			

$F < 10^{-5}$

3. Ansatz: $y = a_0 + a_1 x + \dots + a_5 x^5 (+ \dots)$

$$y' = a_1 + 2a_2 x + \dots + 5a_5 x^4 (+ \dots)$$

$$x^2 - y^2 = -a_0^2 - 2a_0 a_1 x - \dots$$

$y' = x^2 - y^2 \Rightarrow a_1 = -a_0^2$, wobei $a_0 = y(0) = 1 \Rightarrow a_1 = -1$ usw.

$y \cong 1 - x + x^2 - \frac{2}{3} x^3 + \frac{5}{6} x^4$; $y(0{,}2) \cong \boxed{0{,}836}$

$F \cong 2 \cdot 10^{-4}$

10. Einführung in die Datenverarbeitung

Heidi Heilmann

Fachbereich Wirtschaftsinformatik

Grundbegriffe: Daten und Informationen; Eingabe, Verarbeitung und Ausgabe. Datenerfassung: Offline- und Online-Erfassung; Datenerfassungsgeräte. Hardware: Systemkonfigurationen; Zentraleinheit; Codes und Adressierung; Peripherie; externe Speicher; Datenfernübertragung; Betriebsarten; Computerklassen, Computermarkt. Software: Programmiersprachen; Programmdesign; Programmierte Kontrollen; Programmierbeispiel; System- und Anwendungssoftware. Überblick über DV-Organisation und DV-Einsatzmöglichkeiten.

Zugelassene Hilfsmittel für die Prüfungsaufgaben 10.1 bis 10.20: keine

Aufgaben

10.1
Beschreiben und vergleichen Sie Online- und Offline-Datenerfassung.

10.2
Wodurch wird die Einsatzmöglichkeit von Markierungslesung begrenzt?

10.3
Welche Darstellungsmöglichkeiten bestehen in Bytemaschinen für numerische Daten, und wie erfolgt die Speicherung im Hauptspeicher in diesen Fällen?

10.4
Welche Drucker werden warum schwerpunktmäßig dezentral in Fachabteilungen eingesetzt?

10.5
Was ist Mixed Hardware und aus welchen Gründen wird sie eingesetzt?

10.6
Was bedeutet COM, und wofür kann COM eingesetzt werden?

10.7
Was sind Duplex-, was Multiprozessor-Systeme?

10.8

Welche öffentlichen Wählnetze stellt die Deutsche Bundespost für die Datenfernübertragung bereit? Welches Netz hat die größte Benutzerzahl?

10.9

Was ist Blockung und welche Bedeutung hat sie für die Verwendung externer Speicher?

10.10

Welche Speicherungs- und Verarbeitungsformen kennen Sie?

10.11

Erläutern Sie die prinzipielle Funktionsweise des Virtuellen Speichers.

10.12

Welche Vorteile haben höhere Programmiersprachen im Vergleich zu Assemblersprachen?

10.13

Wie werden Operanden in einem echten Maschinenbefehl eindeutig definiert?

10.14

Nach welchen Kriterien wählen Sie eine (verfügbare) Programmiersprache zur Programmierung einer konkreten Aufgabenstellung aus?

10.15

Nennen und erläutern Sie die wichtigsten Funktionen eines Betriebssystems (i.e.S.).

10.16

Welche wesentlichen Teile enthält ein COBOL-Programm, und welche Funktionen haben
diese Teile?[1]

10.17

Was ist Anwendungs-, was Systemsoftware?

10.18

Was verstehen Sie unter Vorgangsbearbeitung (Direktverarbeitung, Update Processing)
am Terminal? Verdeutlichen Sie Ihre Aussage durch ein Beispiel.

---

[1]Diese Frage ist nur sinnvoll, wenn COBOL nicht parallel als erste Programmiersprache gelehrt wird

<u>10.19</u>

Erläutern Sie verschiedene Möglichkeiten programmierbarer Kontrollen, und geben Sie jeweils ein Beispiel.

<u>10.20</u>

Entwickeln Sie einen identifizierenden und klassifizierenden Schlüssel für Studenten, a) in Form einer Verbundnummer, und b) in Form eines Parallelschlüssels.

Literatur

[1] Hansen HR (1983) Wirtschaftsinformatik I, Einführung in die betriebliche Datenverarbeitung. 4. Aufl. Stuttgart New York

[2] Schmitz P, Seibt D (1982) Einführung in die anwendungsorientierte Informatik I, Systemtechnische Grundlagen. 2. Aufl. München

Lösungen

10.1

Offline-Erfassung erfolgt unabhängig vom Zentralrechner auf Datenerfassungsgeräten
oder über maschinell lesbare Belege. Die entstandenen Datenträger werden gestapelt
und im Batchbetrieb eingelesen, inhaltlich überprüft und verarbeitet. Online-Erfassung erfolgt am Terminal, angeschlossen an den Zentralrechner. Erfaßte und geprüfte
Daten können sofort oder später verarbeitet werden.

Bei Offline-Erfassung ist die Datenerfassungsfunktion in mehrere Teilschritte zerlegt, zwischen denen Stapel gebildet werden; dadurch ergeben sich längere Zeiträume
zwischen dem ursprünglichen Datenanfall und der Verarbeitung der Daten; Offline-
Erfassung zwingt zur Stapelverarbeitung, Online-Erfassung dagegen erlaubt auch
sofortige Verarbeitung. Online können Eingabefehler sofort erkannt, zurückgewiesen
und korrigiert werden. Online-Erfassung im Fachbereich ermöglicht die Reduzierung
zentraler Nur-Datenerfassungs-Plätze. Online-Erfassung erfordert entsprechende
Hardware- und Systemsoftware-Erweiterungen und ist dadurch tendenziell teurer als
Offline-Erfassung.

10.2

Eine Markierung auf einem Beleg bedeutet eine JA/NEIN-Entscheidung. Deshalb sind
Markierungsbelege dann gut geeignet, wenn *eine* Markierung *einem* bestimmten Sachver-
halt entspricht (z.B. Strich in einem Volkszählungsbeleg bedeutet "abgeschlossenes
Hochschulstudium"). Sobald variable Daten markiert werden sollen, steigen Platz-
bedarf und Fehlergefahr an: Um eine fünfstellige Kundennummer zu markieren, sind
schon 5 × 10 Markierungspositionen erforderlich, ein alphabetisches Feld benötigt
je Zeichen sogar 26 Positionen.

10.3

a) *Dezimal ungepackt:* In einem Byte wird eine Dezimalziffer binär gespeichert, und
   zwar im rechten Halbbyte. Das linke Halbbyte enthält ein (codeabhängiges) Füll-
   zeichen bzw. im äußersten rechten Byte des Feldes das Vorzeichen.

b) *Dezimal gepackt:* In einem Byte werden zwei Dezimalziffern binär gespeichert.
   Das rechteste Halbbyte enthält das Vorzeichen.

c) *Binär:* Die zu speichernde Dezimalzahl wird in eine reine Binärzahl umgeformt
   und so gespeichert. Das Vorzeichen steht im äußersten linken Bit des Feldes.

d) *Gleitkommadarstellung:* Die Dezimalzahl wird aufgelöst in eine Mantisse und in
   einen Exponenten zu einer fest vereinbarten Basis (die deshalb nicht gespeichert
   werden muß). Negative Exponenten werden durch Addition einer festgelegten Zahl
   zum tatsächlichen Exponenten vermieden. Mantisse und Exponent werden als reine
   Binärzahlen in festgelegter Reihenfolge gespeichert, das Vorzeichen wird analog
   zu c) dargestellt.

10.4

Serielle, nicht-mechanische Drucker, weil sie von ihrer Druckleistung her den Anforderungen in der Fachabteilung genügen und preiswerter sind. Nicht-mechanische
Drucker arbeiten leise, die auf ihnen nicht möglichen Kopien im gleichen Arbeits-
gang mit der Originalerstellung werden in der Fachabteilung nicht häufig benötigt,
stellen also keinen nennenswerten Nachteil dar.

10.5

Mixed Hardware bedeutet, daß die Bestandteile eines Computers nicht durchwegs vom
gleichen Hersteller gekauft/gemietet worden sind, sondern von verschiedenen Lieferanten stammen (Mixed Hardware liegt *nicht* vor, wenn ein Hersteller einen Computer
in eigener Verantwortung vertreibt, dessen Bestandteile er selbst ohne Wissen des
Kunden von verschiedenen Zulieferanten bezogen hat!). Der Einsatz von Mixed Hardware
wird durch "Steckerkompatibilität" unterstützt. Sie wird installiert, weil sie mit
Preis- und/oder Leistungsvorteilen im Vergleich zum Herstellerangebot verbunden .ist.

10.6

COM = Computerausgabe auf Mikrofilm. Ausgabedaten werden *nicht* gedruckt, sondern
direkt (on- oder offline) auf Mikrofilm ausgegeben. Dies ist auch offline über den
Zwischendatenträger Magnetband in einem Service-Rechenzentrum möglich.

COM ist eine wirtschaftliche und platzsparende Möglichkeit zur Datenarchivierung.
Wo Lesegeräte vorhanden und akzeptiert sind, kann Mikrofilm auch als Nachschlage-
medium verwendet werden (Beispiel: Ersatzteil-"Kataloge" auf Mikrofiche der Auto-
mobilhersteller).

10.7

Duplex- und Multiprozessorsysteme werden vor allem aus Gründen der Ausfallsicherheit
eingesetzt.

Duplexsystem: zwei (häufig gleiche) Zentraleinheiten mit (meist) umschaltbarer
Peripherie.

Multiprozessorsysteme: e i n e Zentraleinheit mit mehreren gleichen Prozessoren
(Rechen-, Zentralprozessoren), die simultan arbeiten können und einen gemeinsamen
Hauptspeicher benützen.

(Vorsicht: Es gibt auch Computermodelle, die sich alternativ als Duplex- oder als
Multiprozessorsystem verwenden lassen.)

10.8

Telexnetz, Datexnetz (Datex-L, Datex-P) und Fernsprechnetz. Die meisten Benutzer
hat das Fernsprechnetz.

10.9

Blocken bedeutet das Zusammenfassen von logischen Datensätzen (z.B. Kundenstamm- und -bestandssätze einzelner Kunden) zu einem physischen Satz oder Block, der mit *einem* physischen Schreib- bzw. Lesebefehl bearbeitet wird.

Blocken und Entblocken wird von der Systemsoftware (Betriebssystem) unterstützt, der Programmierer muß sich nur mit der Bereitstellung und Bearbeitung der logischen Sätze befassen.

Blocken ist mit folgenden Vorteilen verbunden:
- bessere Ausnutzung des verfügbaren Speicherplatzes auf externen Speichern durch weniger Zwischenräume/Klüfte,
- schnellere Verarbeitung als Folge von weniger Start/Stop-Zeiten beim Lesen/ Schreiben auf externen Speichern.

10.10

a) *Starr fortlaufend* (sequentiell): Datensätze können nur in ihrer physischen Reihenfolge bearbeitet werden.

b) *Gestreut mit direkter Adressierung:* Aus dem Ordnungsbegriff des Satzes wird eine eindeutige Adresse ermittelt. Die Verarbeitung ist sowohl wahlfrei als auch in der Reihenfolge der Ordnungsbegriffe möglich.

c) *Gestreut mit indirekter Adressierung:* Die Umrechnung vom Ordnungsbegriff in die Adresse ist *nicht* eindeutig, d.h. dieselbe Adresse kann sich für mehrere Sätze ergeben; für diese Fälle muß eine Überlauforganisation vorgesehen sein. Wahlfreier Zugriff ist über die Umrechnung und die Überlauforganisation möglich, Abarbeitung nach Ordnungsbegriffen auf- oder absteigend problematisch (Zugriffszeit).

d) *Indexsequentiell:* Die Systemsoftware baut parallel zum Laden des sortierten Datenbestandes Indizes zum Nachschlagen der Adressen auf, die bei Änderungen des Datenbestandes laufend nachgeführt werden müssen. Es ist wahlfreier Zugriff und fortlaufende Verarbeitung nach Ordnungsbegriffen möglich.

10.11

Ergänzend zum Hauptspeicher (Realspeicher) wird ein größerer *Virtueller Speicher* auf einem schnellen, externen Speicher eingerichtet. Real- und Virtueller Speicher sind in Seiten (Pages, z.B. von 1, 2 oder 4 K Größe) eingeteilt. Zur Ausführung bestimmte Programme werden aus der Programmbibliothek vollständig in den Virtuellen Speicher geladen und von dort nach Bedarf seitenweise in den Realspeicher übernommen.

Die Virtuelle Speichertechnik wird durch entsprechende Betriebssysteme und zum Teil auch durch Hardware, z.B. zur schnellen Adreßumsetzung, unterstützt.

Probleme: Seitenwechselrate erhöht System-Overhead, Algorithmus zum Überschreiben
von Seiten im Hauptspeicher.

10.12

Höhere Programmiersprachen
- sind leichter erlernbar und
- erfordern weniger Maschinenkenntnisse.
- Programme können in höheren Sprachen schneller geschrieben und schneller ausge-
  testet werden.
- Die Formulierung eines Problems in diesen Sprachen ist (richtige Sprachauswahl
  vorausgesetzt) problemgerechter und leichter lesbar als in Assemblersprachen.
- Höhere Sprachen sind (mit Einschränkungen) kompatibel.

10.13

Operanden in einem echten Maschinenbefehl sind eindeutig definiert durch
- ihre Adresse (üblicherweise die Startadresse im Hauptspeicher)
- und durch Angabe ihrer Länge.

10.14

Die *Auswahl der Programmiersprache* für eine konkrete Aufgabenstellung erfolgt nach
den Kriterien:
- Frequenz und Datenvolumen des entstehenden Programms: Je häufiger und/oder mit
  je größerem Datenvolumen das Programm nach seiner Fertigstellung laufen soll,
  um so mehr kommt es auf die Wahl einer Programmiersprache an, die eine Programm-
  optimierung (durch den Programmierer oder durch Optimizing-Compiler) erlaubt.
  Je seltener und/oder mit je geringerem Datenvolumen das Programm laufen soll,
  um so mehr kommt es auf eine Programmiersprache an, in der *schnell* programmiert
  werden kann.
- Eignung der Programmiersprache für das vorgesehene Anwendungsgebiet (z.B. COBOL
  für kommerzielle Aufgabenstellungen).
- Individuelle Situation: Sprachkenntnisse/Spracherfahrung der verfügbaren Programmierer, Zukunftspläne der DV-Abteilung zum Programmiersprachen-Einsatz,
  Termindruck etc.

10.15

Die wichtigsten *Funktionen eines Betriebssystems* sind:
- Laden, Starten, Steuern und Beenden von Programmen,
- Verwaltung und Zuordnung von Betriebsmitteln,
- Steuerung des Mehrprogrammbetriebs (Multiprogramming),
- Analyse und Bearbeitung von Unterbrechungen und Anforderungen,
- Eröffnen, Schließen, Bearbeiten und Verwalten von Datenbeständen,

- Steuern und Überwachen von Kanälen und Peripherie,
- Kommunikation mit dem Operator.

10.16

Ein COBOL-Programm besteht aus:

a) *Identification Division:* Benennung des Programms und Aufführung von (nicht zwingend vorgeschriebenen) Erläuterungen.

b) *Environment Division:* Zuordnung der verwendeten Dateien zu den peripheren Geräten (zur Ausführungszeit über Betriebssystem-Kommandos änderbar), zur Dokumentation der verwendeten Computer für Übersetzung und echten Lauf, für verschiedene Spezialaufgaben.

c) *Data Division:* Definition aller verwendeten Dateien, Datensätze und Datenfelder sowohl der Ein- und Ausgabe als auch zur Zwischenspeicherung (Working Storage Section).

d) *Procedure Division:* Abbild des Programmdesigns = Befehlsfolge, gegliedert in Sections und Paragraphen.

Von Umfang und Inhalt her sind die Data Division und die Procedure Division wesentlich wichtiger als die Identification und die Environment Division.

10.17

Anwendungssoftware umfaßt alle Programme, die die betrieblichen Aufgaben unmittelbar unterstützen, also z.B. Programme für die Fakturierung, die Verkaufsstatistik, die Debitorenbuchhaltung, die Personalabrechnung, die Fertigungsauftragssteuerung, die Bereitstellung von Informationen für das Management ... Anwendungssoftware wird entweder individuell für eine bestimmte Institution erstellt oder am Softwaremarkt als Standardanwendungssoftware gekauft oder gemietet.

Zur *Systemsoftware* zählen Betriebssysteme, Übersetzer (Compiler), Datenbank-Software, Dienst- und Verwaltungsprogramme ... Systemsoftware erleichtert Erstellung und Betrieb von Anwendungssoftware. Sie ist nur anlagen-, nicht auch branchen- oder anwendungsgebietsabhängig und wird deshalb fast ausschließlich als fertige Standardsoftware von Herstellern und/oder Softwarehäusern bezogen.

10.18

Vorgangsbearbeitung am Terminal liegt vor, wenn ein Mitarbeiter Daten eines Geschäftsvorfalls - im allgemeinen kurz nach dessen Bekanntwerden - am Terminal erfaßt und anschließend bearbeiten läßt.

Beispiele: Der Vertriebssachbearbeiter gibt einen Kundenauftrag ein und läßt prüfen, ob der Auftrag zum vom Kunden gewünschten Liefertermin ausgeführt werden kann; ist dies möglich, läßt er den Auftrag in der Datei mit den offenen Kundenaufträgen

speichern und veranlaßt - evtl. auf einem Druckerterminal in der Nähe seines
Arbeitsplatzes - das Ausdrucken der Auftragsbestätigung. Wenn es sich um einen
Sofortauftrag handelt, kann er auch die Auslieferung, Versandpapierschreibung und
Fakturierung veranlassen.

Zu beachten ist, daß bestimmte, mit diesem Vorgang im Zusammenhang stehende Ver-
arbeitungen zu späteren Zeitpunkten erfolgen: z.B. die Auslieferung des Termin-
auftrags im ersten Teil des Beispiels, oder die Einbeziehung des Auftrags in eine
Zusammenstellung des Auftragsbestandes.

10.19

Programmierte Kontrollen sind:

a) Datenformatprüfungen,
b) Prüfungen auf zulässige Werte (feldbezogen),
c) Plausibilitätsprüfungen (auf mehr als ein Feld bezogen),
d) Vollständigkeitsprüfungen,
e) Prüfziffernberechnungen nach einem der bekannten Verfahren.

Beispiele zu a) bis d):

a) In einem Mengenfeld, z.B. der Zu- oder Abgangsmenge einer Artikelposition, dürfen nur numerische Inhalte vorkommen.

b) Eine eingegebene Kostenstellennummer muß existieren.
   Eine Gehaltserhöhung darf nicht mehr als n Prozent des bisherigen Gehalts aus-
   machen.

c) Ein Datensatz, der verändert oder gelöscht werden soll, muß gefunden werden.
   Ein Mitarbeiter, bei dem das Kennzeichen Mutterschutz gesetzt werden soll, muß
   weiblich sein.

d) Von einem neuen Mitarbeiter müssen unbedingt folgende Stammdaten eingegeben werden: Name, Abteilung, Gehalt, Eintrittsdatum, Bankverbindung, ...

10.20

a) Beispiellösung zur *Verbundnummer*:

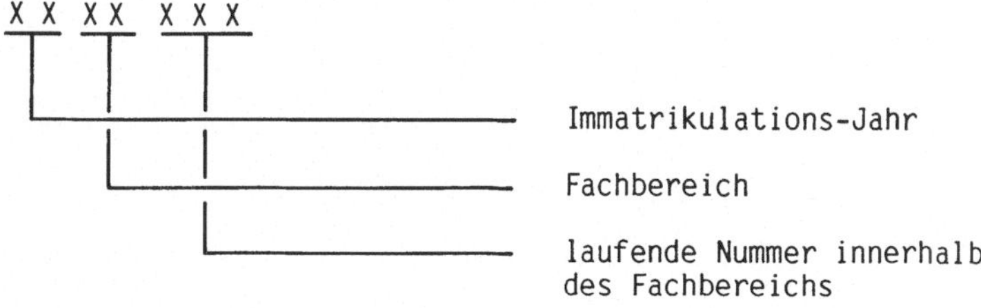

b) Beispiellösung zur *Parallelverschlüsselung*:

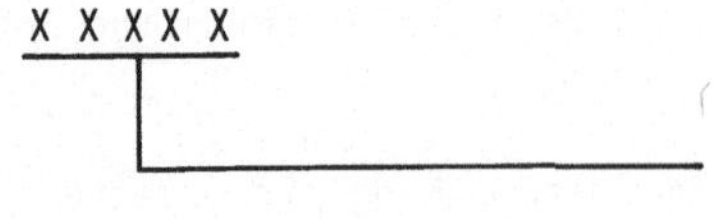

fortlaufende Zählnummer als
Ident-Nummer für maximal 99.999
Studenten (evt. kann noch eine
Prüfziffer zusätzlich vorgesehen
sein)

Diese Ident-Nummer wird durch beliebig viele, voneinander unabhängige klassifizierende Schlüssel ergänzt, z.B.:

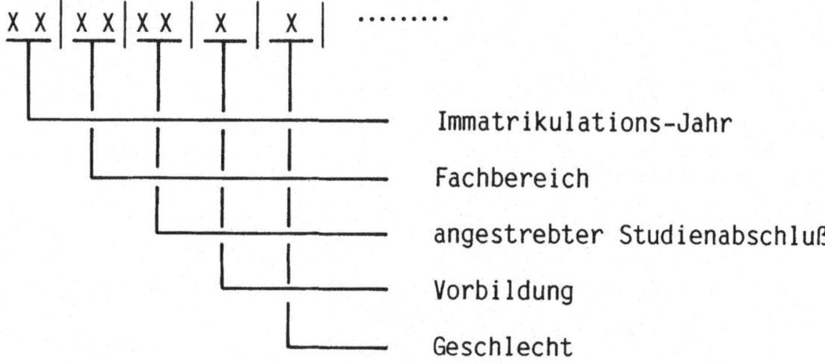

Wolfgang Bauer

11. PASCAL

Fachbereich Allgemeine Informatik

Grundelemente: Programmaufbau, Konstanten-Vereinbarung, Typen-Vereinbarung, Variablen-Vereinbarung, Ergibt-Anweisung. Graphische Hilfsmittel: Syntaxgraph, Programmablaufplan, Struktogramm. Programmsteuerung: IF ... THEN ... ELSE-, WHILE ... DO-, FOR ... DO-, REPEAT ... UNTIL-, CASE-Anweisung. Testhilfsmittel: DEBUG. Unterprogramme - Prozeduren und Funktionen: Konzept, Lokale Größen, Schachtelung von Prozeduren, Prozedurparameter, Standardfunktionen und Standardprozeduren. Textdateien: Zeilenende, Dateiende, Generelle Struktur eines Verarbeitungsprogramms für Textdateien. Datenstrukturen: Skalare, Arrays, Records. Allgemeine Dateien: Filebuffer, Generierung und Inspektion eines File. Zeiger und Listen: dynamische Variable, FIFO, LIFO, STACK, Bäume.

Zugelassene Hilfsmittel für die Prüfungsaufgaben 11.1 bis 11.13: keine

Aufgaben

11.1

Man schreibe ein Programm, das die beiden Integer-Variable A und B über INPUT einliest und die beiden Ausdrücke

    A DIV B und
    A MOD B

berechnet und auf dem Sichtgerät mit dem Text

    ... DIV ... = ... ,
    ... MOD ... = ... ,

ausgibt, *ohne* die beiden Standardoperatoren DIV und MOD von PASCAL zu benutzen.

11.2

Gesucht ist ein Programm, das einen über INPUT eingegebenen Text zeichenweise einliest, die absolute und relative Häufigkeit jedes der Vokale im Text bestimmt und über OUTPUT ausgibt. Das Textende wird durch das EOF-Zeichen der Standard-Eingabedatei INPUT, ↑Z, verschlüsselt.

11.3

Man schreibe ein Programm, das Integer-Zahlen über INPUT einliest und jede Zahl,
sowie neben jede Zahl den Text "Ziffernsumme gerade" bzw. "Ziffernsumme ungerade",
auf OUTPUT ausdruckt, je nachdem, ob die Quersumme der Zahl gerade oder ungerade
ist. Bei der Ausgabe werde für jede Zahl eine neue Zeile begonnen. Die Zahlenfolge
werde durch das EOF-Zeichen, ↑Z, beendet.

11.4

Gegeben sei eine Folge von ganzen positiven Zahlen, die über INPUT eingelesen werden. Die Zahlenfolge wird bei der Eingabe mit dem EOF-Zeichen, ↑Z, abgeschlossen.

Man entwerfe ein Programm, das folgende Teilsummen der eingegebenen Zahlenfolge
auf OUTPUT ausgibt:

- die Summe aller Zahlen, die durch 3 und durch 7 teilbar sind,
- die Summe aller Zahlen, die durch 2 oder durch 5 teilbar sind.

11.5

Man bestimme den Dezimalwert einer über INPUT eingelesenen Oktalzahl. Die Oktalzahl
kann mit beliebig vielen Zwischenräumen beginnen, darauf folgen die zulässigen
Oktalziffern, danach das Zeichen ',' zum Abschluß der Oktalzahl. Der Dezimalwert
werde über OUTPUT ausgegeben. Bei Fehler nochmaliger Leseversuch!

11.6

Schreiben Sie ein Programm, das eine Folge von ganzen Zahlen (mehr als zwei und
weniger als 101) über INPUT einliest, sie absteigend sortiert und auf OUTPUT wieder
ausgibt. Die Zahlenfolge wird durch das EOF-Zeichen auf INPUT, ↑Z, abgeschlossen.
Beispiel: Die Eingabe

        2   7   -1   4   19

erzeugt die Ausgabe

        19   7   4   2   -1 .

11.7

Schreiben Sie ein Programm, das eine Textdatei einliest und diese je nach über
INPUT eingegebenem Benutzerbefehl mit einfachem, doppeltem oder dreifachem Zeilen-
abstand ausdruckt.

11.8

Der italienische Mathematiker FIBONACCI stellte eine Zahlenfolge nach dem Gesetz
auf, daß jede Zahl die Summe der beiden vorangehenden sein muß. Mit den Anfangs-
gliedern 0 und 1 lautet die FIBONACCIsche Zahlenfolge also:

$$0, \ 1, \ 1, \ 2, \ 3, \ 5, \ 8, \ 13, \ 21, \ 34, \ \ldots, \quad \text{d.h.}$$
$$A_i = A_{i-1} + A_{i-2} \quad \text{für } i \geq 2,$$
$$A_1 = 1, \ A_0 = 0.$$

Man schreibe eine rekursive Funktion, der als Parameter der Index des Gliedes der FIBONACCI-Folge übergeben wird und die den Wert dieses Gliedes zurückgibt. Der Aufruf

```
X := FIB(6);
```

weist X also den Wert 8 zu.

Das Hauptprogramm lese über INPUT eine Folge von Indizes ein, berechne zu jedem Index die FIBONACCI-Zahl und gebe Index und FIBONACCI-Zahl auf OUTPUT aus. Es beende sich, sobald ein Index kleiner als 0 eingegeben wird.

11.9

Gegeben sei eine Folge von sogenannten Quadrupeln der Form:

```
var QUADRUPEL : record
                OPERATOR : char;
                OPERAND1, OPERAND2, RESULTAT: integer;
                end;
```

Die Operatoren können sein: '*' für Multiplikation, '/' für Division, '+' für Addition und '-' für Subtraktion.

Die Operanden und das Resultat stellen Indizes zur Adressierung eines Speicherbereichs

```
var MEMORY : array [1 .. N] of real;
```

dar. So bedeutet z.B. das Quadrupel

```
('*',5,2,3)
```

die Vorschrift, das Produkt MEMORY[5] *MEMORY[2] in das Element MEMORY[3] abzuspeichern.

Man schreibe ein Programm, das von INPUT die Quadrupel einliest und sie jeweils interpretiert, d.h. ausführt.

Das letzte Quadrupel enthält als Operator das Zeichen '#', was zum Ende des Programms führt. Alle anderen Operatoren und Indizes außerhalb der vereinbarten Reichweite führen zu einer Fehlermeldung, nach der das nächste Quadrupel verarbeitet wird.

<u>11.10</u>

Man schreibe ein Programm, mit welchem der Inhalt zweier hintereinander liegender Felder A [1 .. N] und B [1 .. M] von Integerzahlen um K Stellen nach rechts verschoben werde. Dabei werden in A von links Nullen nachgezogen, in B gehen die rechts hinausgeschobenen Elemente verloren, z.B.:

$$N = 4, M = 5:$$
$$A = (1,2,3,4); \quad B = (5,6,7,8,9); \quad \text{ergibt mit } K = 2:$$
$$A = (0,0,1,2); \quad B = (3,4,5,6,7).$$

Das Programm lese die als Beispiel gegebenen Felder A und B von INPUT ein, ebenso die Anzahl der zu verschiebenden Felder, K. Die Ergebnisfelder A und B werden auf OUTPUT ausgegeben.

Bei der Programmierung ist zu beachten, daß außer den Feldern A und B keine weiteren Zwischenspeicherplätze verbraucht werden dürfen.

<u>11.11</u>

Die Funktion Y = f(X) = 1/(1 + X) läßt sich durch folgende unendliche Reihe darstellen:

$$Y = \sum_{I=0}^{\infty} (-1)^I X^I = 1 - X + X^2 - X^3 + \ldots \qquad \text{für } |x| < 1.0$$

Man schreibe ein Programm, mit welchem der Wert von Y nach obiger Reihenentwicklung berechnet wird. Die Aufsummierung der Einzelglieder soll abgebrochen werden, sobald der Zuwachs $|X^K|$ kleiner als EPSILON ist oder sobald die Anzahl der addierten Glieder größer als N ist. Die Werte für X, N, EPSILON sind in dieser Reihenfolge von INPUT einzulesen, der Wert von Y auf OUTPUT auszugeben.

Das Programm prüfe ab, ob die Näherungsformel für den eingelesenen X-Wert Gültigkeit hat (d.h. $|X| < 1.0$), und gebe gegebenenfalls eine Fehlermeldung aus.

Man schreibe ein möglichst effektives Programm, das das jeweilige Folgeglied der Reihe aus dem jeweils letzten berechnet.

<u>11.12</u>

Man schreibe ein Programm, das einen Text von INPUT einliest und folgende Parameter dieses Textes bestimmt und über OUTPUT ausgibt:

a) die Anzahl aller Wörter des Textes,

b) die Anzahl aller Wörter des Textes, die

- ein,
- zwei,
- drei,
- vier,

- fünf,
- sechs,
- sieben,
- acht,
- mehr als acht

Buchstaben lang sind.

Der Zwischenraum wird als Wortgrenze definiert. Unmittelbar auf ein Wort folgende Satzzeichen werden als zum Wort gehörig behandelt; isolierte Satzzeichen als Einbuchstabenwörter.

11.13

Gegeben sei ein Zirkularpuffer von 8 Integer-Elementen (Elemente Nr. 0 bis Nr. 7). Entwickeln Sie die Prozeduren FUELLEN und LEEREN, die Einträge in den Zirkularpuffer vornehmen bzw. gespeicherte Einträge aus dem Zirkularpuffer entnehmen und dabei folgende Vorschriften beachten:

- Der Puffer wird aufsteigend nach Elementnummern gefüllt und geleert beginnend vom Element Nr. 0. Nachfolger des Elements Nr. 7 ist dabei wieder Element Nr. 0, daher der Name Zirkularpuffer.

- Im Hauptprogramm sind die globalen Variablen SZ (Schreibzeiger), LZ (Lesezeiger), VOLL und LEER vereinbart; diese werden von den Prozeduren FUELLEN und LEEREN verwaltet. Insbesondere soll VOLL von FUELLEN dann auf TRUE gesetzt werden, wenn mit dem letzten Eintrag der Puffer aufgefüllt wurde; analog LEER. Vor dem Aufruf der beiden Prozeduren müssen also die Flags VOLL bzw. LEER abgefragt werden.

Als Hauptprogramm, in dem die beiden Prozeduren vereinbart sind, schreibe man ein kleines Testprogramm, das die Prozeduren FUELLEN und LEEREN so aufruft, daß auch die Fehlerparameter VOLL bzw. LEER getestet werden.

Literatur

[1] Wilson, Addyman (1981) PASCAL: Leichtverständliche Einführung in das Programmieren mit PASCAL. Hanser, München Wien

[2] Zaks R (1981) Einführung in PASCAL und UCSD-PASCAL. Sybex, Düsseldorf

[3] Bowles KL (1982) PASCAL für Mikrocomputer. Springer, Berlin Heidelberg New York

Lösungen

<u>11.1</u>

```pascal
program DIVMOD (input, output);
var    A, B, ADIVB, AMODB: integer;
begin
  (*  Eingabeschleife  *)
  repeat
    writeln ('GEBEN SIE DIVIDEND A UND DIVISOR B, BEIDE > O EIN');
    readln (A,B);
  until (A > 0) and (B > 0);
  (*  Initialisierung  *)
  ADIVB := 0;
  AMODB := A;
  (*  Subtraktionsschleife  *)
  while AMODB >= B do
  begin
    ADIVB := ADIVB + 1;
    AMODB := AMODB - B;
  end;
  (*  Ausgabe  *)
  writeln (A,' DIV ',B,' = ',ADIVB);
  writeln (A,' MOD ',B,' = ',AMODB);
end.
```

<u>11.2</u>

```pascal
program VOKALHAEUFIGKEIT (input, output);
var    ZEICHEN: char;
       VOKAL: array [1 .. 5] of char;
       ANZAHL: array [0 .. 5] of integer;
       I: integer;
begin
  (*  Initialisierung  *)
  VOKAL [1] := 'A';
  VOKAL [2] := 'E';
  VOKAL [3] := 'I';
  VOKAL [4] := 'O';
  VOKAL [5] := 'U';
  for I := 0 to 5 do
    ANZAHL [I] := 0;
  (*  Leseschleife  *)
```

```pascal
  while not eof do
  begin
    read (ZEICHEN); ANZAHL [0] := ANZAHL [0] + 1;
    case ZEICHEN of
    'A': ANZAHL [1] := ANZAHL [1] + 1;
    'E': ANZAHL [2] := ANZAHL [2] + 1;
    'I': ANZAHL [3] := ANZAHL [3] + 1;
    'O': ANZAHL [4] := ANZAHL [4] + 1;
    'U': ANZAHL [5] := ANZAHL [5] + 1;
    otherwise;
    end;
  end;
  (* Ausgabe *)
  if ANZAHL [0] <> 0 then
  begin
    writeln (' ':10,'ABS. HAEUFIGKEIT    REL. HAEUFIGKEIT');
    writeln; writeln;
    for I := 1 to 5 do
      writeln (VOKAL [I] :5,' ':5,ANZAHL [I] :16,' ':5,
               ANZAHL [I] /ANZAHL [0] :16:2);
    writeln;
    writeln ('GESAMTZAHL ALLER ZEICHEN:', ANZAHL [0]);
  end
  else
    writeln ('LEERE DATEI');
end.


11.3
program QUERSUMME (input, output);
var     QS,Z: integer;
begin
  (* Leseschleife *)
  while not eof do
  begin
    readln (ZAHL); write (ZAHL);
    (* Berechnung der Quersumme *)
    QS := 0;
    while ZAHL <> 0 do
    begin
      QS := QS + ZAHL mod 10;
      ZAHL := ZAHL div 10;
```

```pascal
        end;
      if QS mod 2 = 0 then writeln ('  ZIFFERNSUMME GERADE')
                        else writeln ('  ZIFFERNSUMME UNGERADE');
    end;
end.
```

11.4

```pascal
program SORTSUM (input, output);
var     SUM1, SUM2, ZAHL: integer;
begin
  (*  Initialisierung  *)
  SUM1 := 0; SUM2 := 0;
  (*  Leseschleife  *)
  while not eof do
  begin
    read (ZAHL);
    if (ZAHL mod 3 = 0) and (ZAHL mod 7 = 0) then
                         SUM1 := SUM1 + ZAHL;
    if (ZAHL mod 2 = 0)  or  (ZAHL mod 5 = 0) then
                         SUM2 := SUM2 + ZAHL;
  end;
  (*  Ausgabe  *)
  writeln ('DIE SUMME ALLER DURCH 3 UND DURCH 7 TEILBAREN ZAHLEN BETRAEGT:', SUM1);
  writeln ('DIE SUMME ALLER DURCH 2 ODER DURCH 5 TEILBAREN ZAHLEN BETRAEGT:', SUM2);
end.
```

11.5

```pascal
program OKTAL (input, output);
var     ZEICHEN: char;
        ZAHL: integer;
        ZIFFER, FEHLER, ENDE: boolean;
begin
  ENDE := false;
  (*  Schleife fuer die einzelnen Leseversuche  *)
  while not ENDE do
  begin
    ZAHL := 0; FEHLER := false; ZIFFER := false;
    (*  Ueberlesen der fuehrenden Zwischenraeume  *)
    repeat
      read (ZEICHEN)
    until ZEICHEN <> ' ';
```

```
      (*  Einlesen der Oktalzahl  *)
      while not FEHLER and not ENDE do
        case ZEICHEN of
        '0','1','2','3','4','5','6','7':
          begin
            ZIFFER := true;
            ZAHL := ZAHL * 8 + ord(ZEICHEN) - ord ('0');
            read (ZEICHEN);
          end;
        ',': if ZIFFER then ENDE := true
                       else FEHLER := true;
        otherwise FEHLER := true;
      end;
      if FEHLER then writeln ('FALSCHE EINGABE')
              else writeln ('EINGELESENE OKTALZAHL:', ZAHL);
  end;
end.


11.6
program BUBBLESORT (input, output);
var     ZAHL: array [1 .. 100] of integer;
        I, J, TEMP, N: integer;
begin
  (*  Leseschleife  *)
  N := 0;
  while not eof and (N < = 100) do
  begin
    N := N + 1;
    read (ZAHL [N]);
  end;
  (*  Sortierschleife  *)
  for I := N-1 downto 1 do
    for J := 1 to I do
      if ZAHL [J] < ZAHL [J+1] then (*  Vertauschen  *)
                                begin
                                  TEMP := ZAHL [J];
                                  ZAHL [J] := ZAHL [J+1];
                                  ZAHL [J+1] := TEMP;
                                end;
  for I := 1 to N do  write (ZAHL [I]);
end.
```

11.7

```
program KOPIEREN (input, output, TEXT1);
var     Z: char;
        I, KOM: integer;
        TEXT1: text;
begin
  readln (KOM);
  while not eof (TEXT1) do
  begin
    while not eoln (TEXT1) do
    begin
      read (TEXT1,Z);
      write (Z);
    end;
    readln (TEXT1);
    for I := 1 to KOM do writeln;
  end;
end.
```

11.8

```
program FIBONACCI (input, output);
var     INDEX: integer;
function FIB (INDEX: integer): integer;
begin
  if INDEX < 2 then
              if INDEX = 0 then FIB := 0
                           else FIB := 1
              else FIB := FIB(INDEX-1) + FIB(INDEX-2);
end;
begin  (* Hauptprogramm *)
  read (INDEX);
  while INDEX > 0 do
  begin
    writeln ('DIE', INDEX:3,'-TE FIBONACCI-ZAHL LAUTET:',FIB(INDEX):10);
    read (INDEX);
  end;
end.
```

<u>11.9</u>

```pascal
program OPCODE (input, output);
const N = 100; (*  Memorygroesse  *)
var     QUADRUPEL: record
                     OPR: char;
                     OP1, OP2, RES: integer;
                     end;
        MEM: array [1 .. N] of real;
        ENDE, FEHLER: boolean;
begin
  ENDE := false;
  (*  Leseschleife  *)
  with QUADRUPEL do
  begin
    while not ENDE do
    begin
      FEHLER := false;
      (*  Einlesen und Pruefen auf Fehler  *)
      read (OPR, OP1, OP2, RES);
      if (OP1 < 1) or (OP2 < 1) or (RES < 1) or
         (OP1 > N) or (OP2 > N) or (RES > N) then
         begin
           FEHLER := true;
           writeln ('INDIZES JENSEITS VEREINBARTER GRENZEN');
         end;
      if not FEHLER then
        case OPR of
          '#': ENDE := true;
          '+': MEM [RES] := MEM [OP1] + MEM [OP2];
          '-': MEM [RES] := MEM [OP1] - MEM [OP2];
          '*': MEM [RES] := MEM [OP1] * MEM [OP2];
          '/': MEM [RES] := MEM [OP1] / MEM [OP2];
          otherwise  writeln ('NICHT VEREINBARTER OPERATOR');
        end;
    end;
  end;
end.
```

<u>11.10</u>

```pascal
program RECHTSSHIFT (input, output);
const   N = 4; M = 5;   (*  Feldgroessen  *)
var     A: array [1 .. N] of integer;
        B: array [1 .. M] of integer;
        I, K: integer;
begin
  (*  Einlesen der Felder und des Verschiebefaktors  *)
  for I := 1 to N do read (A [I]);
  readln;
  for I := 1 to M do read (B [I]);
  readln;
  repeat
    writeln ('EINGABE DES VERSCHIEBEFAKTORS > 0:');
    readln (K);
  until K > 0;
  (*  Normieren der Felder, falls K > = N + M  *)
  if K > = N + M then
  begin
    for I := 1 to N do A [I] := 0;
    for I := 1 to M do B [I] := 0;
  end
  else  (*  Schieben innerhalb der Felder  *)
  begin
    for I := M downto 1 do
    if (I-K) > = 1 then B [I] := B [I-K]
                   else
                   if (I-K+N) > = 1 then B [I] := A [I-K+N]
                                    else B [I] := 0;
    for I := N downto 1 do
    if (I-K) > = 1 then A [I] := A [I-K]
                   else A [I] := 0;
  end;
  (*  Ausgabe  *)
  for I := 1 to N do write (A [I]);
  writeln;
  for I := 1 to M do write (B [I]);
end.
```

<u>11.11</u>
```
program REIHE (input, output);
var     Y, SGLIED, X, EPSILON: real;
        I, N: integer;
begin
  read (X, N, EPSILON);
  if abs (X) < 1.0 then
    begin
      Y := 1.0; I := 1; SGLIED := 1.0;
      while (abs(SGLIED) > EPSILON) and (I < N) do
      begin
        I := I + 1;
        SG := -SG * X;
        Y := Y + SG;
      end;
      writeln ('Y = F(',X,') = 1/(1 + ',X,') = ',Y);
    end
    else writeln ('REIHE KONVERGIERT NICHT FUER ',X);
end.
```

<u>11.12</u>
```
program WORTEZAEHLEN (input, output, TEXT1);
var     WORTZAHL: array [0 .. 9] of integer;
        WORT: boolean;
        ZEICHEN: char;
        WORTLAENGE, I: integer;
        TEXT1: text;
begin
  (*  Initialisierung  *)
  for I := 0 to 9 do WORTZAHL [I] := 0;
  WORTLAENGE := 0; WORT := false;
  (*  Textverarbeitung  *)
  while not eof (TEXT1) do
  begin
    read (TEXT1, ZEICHEN);
    case ZEICHEN of
      ' ': if WORT then
            begin
                WORTZAHL [0] := WORTZAHL [0] + 1;
                if WORTLAENGE > 8 then WORTLAENGE := 9;
                WORTZAHL [WORTLAENGE] := WORTZAHL [WORTLAENGE] + 1;
```

```
                WORT := false;
                WORTLAENGE := 0;
            end;
        otherwise begin
                WORTLAENGE := WORTLAENGE + 1;
                WORT := true;
            end;
      end;
    end;
    writeln ('DER TEXT ENTHIELT ', WORTZAHL [0] :10,' WORTE');
    for I := 1 to 9 do
      writeln ('IM TEXT KOMMEN', WORTZAHL [I] :10,
            'WORTE DER LAENGE ',I:2,' BUCHSTABEN VOR');
end.
```

11.13

```
program ZIRKULARPUFFER (input, output);
const   N = 8;  (*  Puffergroesse  *)
var     PUFFER: array [0 .. N-1] of integer;
        LZ, SZ: integer;
        VOLL, LEER: boolean;
        I: integer;


procedure FUELLEN (EINTRAG: integer);
begin
  LEER := false;
  PUFFER [SZ] := EINTRAG;
  SZ := (SZ + 1) mod N;
  if SZ = LZ then VOLL := true;
end;


procedure LEEREN (var EINTRAG: integer);
begin
  VOLL := false;
  EINTRAG := PUFFER [LZ];
  LZ := (LZ + 1) mod N;
  if LZ = SZ then LEER := true;
end;


(*  Testprozeduren  *)
```

```pascal
procedure EIN (EINTRAG: integer);
begin
  if VOLL then writeln ('PUFFER VOLL, KEIN WEITERER EINTRAG MOEGLICH')
         else FUELLEN (EINTRAG);
end;


procedure AUS;
var       EINTRAG: integer;
begin
  if LEER then writeln ('PUFFER LEER, WEITERES LESEN SINNLOS')
         else
         begin
           LEEREN (EINTRAG);
           writeln ('LETZTER AUS DEM PUFFER GELESENER EINTRAG:', EINTRAG);
         end;
end;


(*  Hauptprogramm  *)
begin
  for I := 1 to 5 do  EIN (I);
  for I := 1 to 2 do  AUS;
  for I := 6 to 12 do EIN (I);
  for I := 1 to 10 do AUS;
end.
```

12. FORTRAN 77

Dieter Pflügel

Fachbereich Allgemeine Informatik

FORTRAN-Grundelemente: Zeichenmenge, Namen, Konstanten, Anweisungen, Kommentare. Datentypen: Festpunkt, Gleitpunkt, Zeichen, logische, komplexer, doppelt genau. Datenstrukturen: skalare, Felder. Programmstrukturen: Zuweisungen (Ausdrücke), Sprunganweisungen, arithmetische und logische IF-Anweisung, Block-IF-Strukturen, Do-Schleifen, Hauptprogramm, Subroutinen, Funktionen. Unterprogrammtechnik: Aufruf, Definition, Übergabe der Parameter, lokale und globale Variablen (COMMON). Ein/Ausgabe: Formatgebundene und formatfreie Ein/Ausgabe, Formate. Dateien: sequentiller und direkter Zugriff, Eröffnen, Schließen von Dateien, Dateipositionierungen. Vorbesetzung von Variablen (DATA, BLOCK DATA). Mehrfachbenennung von Variablen (EQUIVALENCE), Benennung von Konstanten (PARAMETER).

Zugelassene Hilfsmittel für die Prüfungsaufgaben 12.1 bis 12.10: Syntaxgraph

Aufgaben

12.1

Gegeben sei ein Text. Der Text ist so umzucodieren, daß die Zeichen des Textes durch ihre Ordnung im Alphabet ersetzt werden. Es gilt: A hat die Ordnung 1 und Z die Ordnung 26. Für alle Zeichen, die nicht im Alphabet enthalten sind, ist 0 zu codieren. Der Text wird mit $ abgeschlossen, welches nicht umzucodieren ist. Die Anzahl der umcodierten Zeichen ist festzuhalten. Der Aufruf lautet:
CALL umcode (text,n,code).

12.2

Gegeben ist eine Zeichenfolge mit 80 Zeichen, bestehend aus Buchstaben und Ziffern. Die Zeichenfolge soll umcodiert werden, dabei soll den umcodierten Buchstaben das Zeichen $, den umcodierten Ziffern das Zeichen # jeweils vorausgehen. Folgen mehrere Buchstaben bzw. Ziffern aufeinander, so soll das Zeichen $ bzw. # nur jeweils einmal zu Beginn ausgegeben werden. Aus z.B. A123BCD4E... wird dann $$C_A$$ #$C_1 C_2 C_3$$ $C_B C_C C_D$ #$C_4$$ C_E... mit C_X = Code für das jeweilige Zeichen. Das Programm zur Umcodierung der Zeichen nach C_X existiert bereits. Es wird aufgerufen mit CALL codieren (zeichfolge(i),cx,$10,$20), mit zeichfolge(i) = i-tes Zeichen, welches umcodiert werden soll, cx = zugehöriger Code, $10 = Anweisungsnummer, wenn das Zeichen ein Buchstabe war, $20 = Anweisungsnummer, wenn das Zeichen eine Ziffer war. Man schreibe ein Hauptprogramm zur Erzeugung der umcodierten Zeichenfolge.

12.3

Man schreibe eine Prozedur, mit welcher die Häufigkeit aller in einem vorgegebenem
Text enthaltenen Zeichen bestimmt werden kann. Der Text besteht nur aus Buchstaben
und dem Leerzeichen. Die Zeichen und ihre Häufigkeit trage man in je eine Tabelle
ein. Aufruf: CALL haeufigkeit(text,n), mit n = Textlänge.

12.4

Gegeben ist ein Text der Länge m. Die Elemente des Textes seien Zeichen (Format A1).
Der gesamte Text ist unterteilt in Textzeilen unterschiedlicher Länge. Der Zugriff
zu einer Textzeile erfolgt über einen Vektor, dessen Elemente aus einem Zeiger und
einer Längenangabe bestehen. Der Zeiger gibt die Stelle im Text an, ab wo eine Textzeile beginnt. Die Längenangabe gibt die Anzahl der Zeichen in dieser Textzeile an,
maximal 80 Zeichen. Man schreibe eine Prozedur, mit welcher eine bestimmte Textzeile
in einen Pufferbereich übertragen wird. Der Text und der Vektor sind bereits erstellt. Der Aufruf lautet: CALL move(i,puffer), mit i = i-tes Vektorelement.

12.5

Gegeben ist ein Text, bestehend aus alphanumerischen Zeichenketten, die durch Leerzeichen getrennt sind. Man erstelle eine Prozedur, welche in einem Positionsvektor
die Position der jeweiligen Leerzeichenketten abspeichert. Das erste Element des
Positionsvektors enthält die Anzahl der Positionen. Aufruf: CALL leerpos(text,n).

12.6

Man berechne die Quersumme einer Hexadezimalzahl mit maximal 80 Ziffern. Bei falscher Ziffer ist ein Kommentar auszugeben und die nächste Ziffer zu verarbeiten.
Die Hexazahl wird bei weniger als 80 Ziffern mit dem Zeichen ⧣ abgeschlossen.

12.7

Um eine Menge darzustellen, benutze man einen Mengenvektor. Der Mengenvektor ist
jeweils an der Stelle i gleich true, wenn das Element der Menge dem Element der
Grundmenge an der Stelle i entspricht. Sonst ist er auf false zu setzen. Zum Beispiel: Grundmenge = {A,BB,CCC,\$,XYZ}, Menge A = {A,\$,BB}. Dann ist der Mengenvektor
von A = (true,true,false,true,false).

1. Man schreibe eine Prozedur, mit welcher der Mengenvektor einer Menge A erstellt
   wird. Aufruf: CALL vektorerst(mengenvektor). Die Elemente der Menge sollen eingelesen werden, Abschluß mit EOF. Die Elemente der Grundmenge sind bereits an
   einer anderen Stelle definiert worden.

2. Wie lauten die Prozeduren zur Bildung von
   a) der Vereinigungsmenge: $C = A \cup B$,
   b) der Durchschnittsmenge: $C = A \cap B$,

c) der Komplementärmenge: C = A',
d) der Differenzmenge: C = A\B,
   ausgedrückt durch die Prozeduren aus b) und c),
wenn man davon ausgeht, daß die Mengenvektoren für A und B bereits existieren.

12.8

Gegeben ist eine Tabelle, für deren Elemente gilt: Tabelle(i,2) = Tabelle(j,1), d.h.
ein Element der zweiten Spalte stimmt mit einem Element der ersten Spalte, aber
unterschiedlicher Zeile, überein (Dominosteine). Es ist eine Prozedur zu schreiben,
die das Element Tabelle(i,2) durch den Index j des Elementes Tabelle(j,1) ersetzt.
Das Ende der Ersetzung wird durch das Element Tabelle(k,2)=0 signalisiert, welches
keinen Nachfolger mehr hat.

12.9

Gegeben sei eine geschlossene Liste (Ringliste), deren Elemente aus einer ganzen
Zahl (Priorität) und einem Zeiger zum nächsten Listenelement bestehen. Eine Zelle
Anker enthält jeweils die Position zum aktuellen Listenelement. Man schreibe eine
Prozedur, mit welcher man, ausgehend vom aktuellen Listenelement, das Listenele-
ment mit der höchsten Priorität = größte Zahl sucht. Der Anker soll dann die Posi-
tion zu diesem Listenelement enthalten.

12.10

Gegeben sei ein Arbeitsspeicher, der in 100 Speicherblöcke unterteilt ist. Ein
Programm, welches einen Block dieses Arbeitsspeichers belegen will, benutzt dazu
eine Prozedur: nimm(blockzeiger), bzw. wenn ein Programm einen Block freigeben
will, benutzt es die Prozedur: gibfrei(blockzeiger). Die Verwaltung dieser Blöcke
erfolgt über einen Keller, der die Zeiger zu den freien Blöcken enthält. Wie müssen die Prozeduren nimm und gibfrei aussehen? Sind alle Blöcke aufgebraucht, so
soll dies durch blockzeiger=0 signalisiert werden.

Literatur

[1] Wehnes H (1981) FORTRAN 77. Hanser, München Wien
[2] DEC: VAX-11 FORTRAN Language Reference Manual
[3] DIN 66027 (1980) Programmiersprache FORTRAN. Beuth, Berlin Köln

Lösungen

12.1

```fortran
      SUBROUTINE umcode(text,n,code)
        INTEGER n,code(1),ord
        CHARACTER*1 text(1)

        n=0
1       IF(text(n+1).EQ.'$') RETURN
          n=n+1
          code(n)=ord(text(n))
        GOTO 1
      END

      INTEGER FUNCTION ord(zeichen)
        INTEGER i
        CHARACTER*1 alphabet(26),zeichen
        DATA alphabet/'A','B','C', ... ,'X','Y','Z'/

        DO 1 i=1,26
          IF(zeichen.EQ.alphabet(i)) THEN
            ord=i
            RETURN
          END IF
1       CONTINUE
        ord=0
        RETURN
      END
```

12.2

```fortran
      PROGRAM umcodieren
        INTEGER i,j
        LOGICAL warbuchst,warziffer
        CHARACTER*1 zeichfolge(80),zeichcod(160),cx

        READ(5,'(80A1)') zeichfolge
        warbuchst=.FALSE.
        warziffer=.FALSE.
        j=1
        DO 1 i=1,80
          CALL codieren(zeichfolge(i),cx,$10,$20)
10        IF(warbuchst) THEN
            zeichcod(j)=cx
          ELSE
            warbuchst=.TRUE.
            zeichcod(j)='$'
            zeichcod(j+1)=cx
            j=j+2
            warziffer=.FALSE.
          END IF
          GOTO 1
20        IF(warziffer) THEN
            zeichcod(j)=cx
          ELSE
            warziffer=.TRUE.
            zeichcod(j)= '#'
            zeichcod(j+1)=cx
            j=j+2
            warbuchst=.FALSE.
          END IF
1       CONTINUE
      END
```

12.3

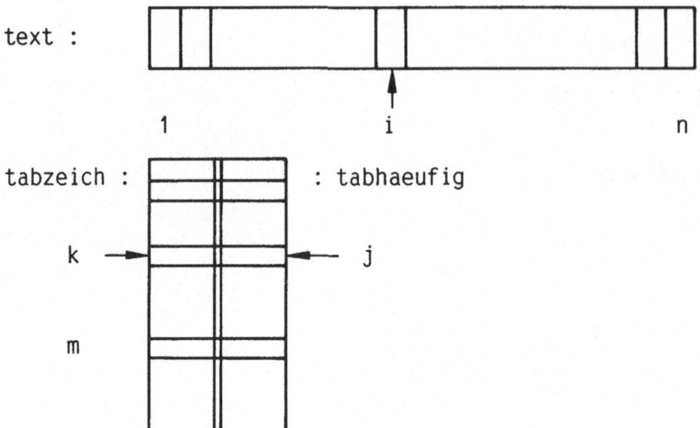

Abb. L12.3.1

```
      SUBROUTINE haeufigkeit(text,n)
        INTEGER tabhaeufig,i,j,m,n
        LOGICAL schonintab
        CHARACTER*1 tabzeich,text(n)
        COMMON tabzeich(27),m,tabhaeufig(27),j

        m=0
        DO 1 i=1,n
          IF(schonintab(text(i))) THEN
            tabhaeufig(j)=tabhaeufig(j)+1
          ELSE
            m=m+1
            tabzeich(m)=text(i)
            tabhaeufig(m)=1
          END IF
1       CONTINUE
        RETURN
      END

      LOGICAL FUNCTION schonintab(zeichen)
        INTEGER j,k,m,tabhaeufig
        CHARACTER*1 zeichen,tabzeich
        COMMON tabzeich(27),m,tabhaeufig(27),j

        DO 1 k=1,m
          j=k
          IF(zeichen.EQ.tabzeich(k)) THEN
            schonintab=.TRUE.
            RETURN
          END IF
1       CONTINUE
        schonintab=.FALSE.
        RETURN
      END
```

12.4

```
      SUBROUTINE move(i,puffer)
        CHARACTER*1 puffer(80),text(1)
        INTEGER vektor(100,2),i,j,k,n
        COMMON vektor,text

        n=vektor(i,1)
        k=vektor(i,2)
        DO 1 j=1,n
          puffer(j)=text(k+j-1)
1       CONTINUE
        RETURN
      END
```

12.5

Struktogramm:

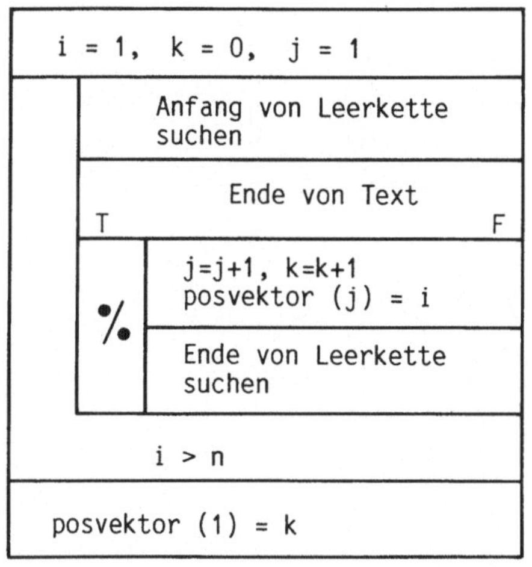

Abb. L12.5.1

```
      SUBROUTINE leerpos(text,n)
        INTEGER posvektor,n,i,j,k
        CHARACTER text*1(n)
        COMMON posvektor(100)

        i=1
        j=1
        k=0
1       CONTINUE
2         IF(text(i).NE.' '.AND.i.LE.n) THEN
            i=i+1
          GOTO 2
          END IF
          IF(i.LE.n) THEN
            j=j+1
            posvektor(j)=i
            k=k+1
```

```
3           IF(text(i).EQ.' '.AND.i.LE.n) THEN
              i=i+1
            GOTO 3
            END IF
          END IF
        IF(i.LE.n) GOTO 1
        posvektor(1)=k
        RETURN
      END
```

12.6

```
      PROGRAM quersumme
        INTEGER i,quersum,wert
        CHARACTER*1 hexziffer(80)

        READ(5,'(80A1)') hexziffer
        i=1
        quersum=0
1       IF(i.LE.80.AND.hexziffer(i).NE. '#') THEN
          quersum=quersum+wert(hexziffer(i))
           i=i+1
        GOTO 1
        END IF
        STOP
      END

      INTEGER FUNCTION wert(hexziffer)
        INTEGER i
        CHARACTER*1 hexziffer,tabhex(0:15)
        DATA tabhex/'0','1','3', ... ,'E','F'/
        DO 1 i=0,15
          IF(hexziffer.EQ.tabhex(i)) THEN
            wert=i
            RETURN
          END IF
1       CONTINUE
        WRITE(5,'(''keine Hexziffer'')')
        wert=0
        RETURN
      END
```

12.7.1

```
      SUBROUTINE vektorerst(mengenvektor)
        INTEGER i,maechtig
        LOGICAL mengenvektor(1)
        CHARACTER*5 element,grundmenge
        COMMON maechtig,grundmenge(100)

        DO 3 i=1,maechtig
          mengenvektor (i)=.FALSE.
3       CONTINUE
1       READ(5,'(A5)',END=10) element
          DO 2 i=1,maechtig
            IF(element.EQ.grundmenge(i)) THEN
              mengenvektor(i)=.TRUE.
              GOTO 1
            END IF
2         CONTINUE
10      RETURN
      END
```

12.7.2

```
        SUBROUTINE vereinig(mvc,mva,mvb)
          INTEGER i,maechtig
          LOGICAL mvc(1),mva(1),mvb(1)
          COMMON maechtig

          DO 1 i=1,maechtig
1         mvc(i)=mva(i).OR.mvb(i)
          RETURN
        END
```
bzw. für Durchschnitt:
```
1         mvc(i)=mva(i).AND.mvb(i)
```
bzw. für Komplement:
```
1         mvc(i)=.NOT.mva(i)
```
bzw. für Differenz:
```
          CALL komplement(mvt,mvb)
          CALL durchschnitt(mvc,mva,mvt)
```

12.8

Struktogramm:

<table>
<tr><td colspan="3">i = 1,   j = 1</td></tr>
<tr><td></td><td colspan="2">tabelle (i,2) ≠ 0</td></tr>
<tr><td></td><td></td><td>tabelle (i,2) ≠ tabelle (j,1)</td></tr>
<tr><td></td><td></td><td>j=j+1</td></tr>
<tr><td></td><td colspan="2">tabelle (i,2) = j
i = j,   j = 1</td></tr>
</table>

```
        SUBROUTINE domino(tabelle,n)
          INTEGER tabelle(n,2),i,j,n

          j=1
          i=1
1         IF(tabelle(i,2).NE.0) THEN
 2          IF(tabelle(i,2).NE.tabelle(j,1)) THEN
              j=j+1
            GOTO 2
            END IF
            tabelle(i,2)=j
            i=j
            j=1
          GOTO 1
          END IF
          RETURN
        END
```

<u>12.9</u>

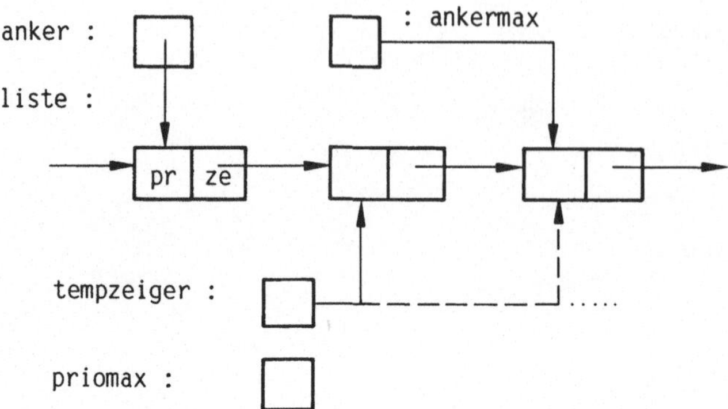

Abb. L12.9.1

```
        INTEGER FUNCTION priosearch
          INTEGER liste,priomax,tempzeiger,anker
          INTEGER ankermax,zeiger,prio
          COMMON anker,liste(100,2)
          PARAMETER (prio=1,zeiger=2)

          tempzeiger=liste(anker,zeiger)
          priomax=liste(anker,prio)
1         IF(tempzeiger.NE.anker) THEN
            IF(priomax.LT.liste(tempzeiger,prio)) THEN
              priomax=liste(tempzeiger,prio)
              ankermax=tempzeiger
            END IF
            tempzeiger=liste(tempzeiger,zeiger)
          GOTO 1
          END IF
          priosearch=priomax
          anker=ankermax
          RETURN
        END
```

12.10

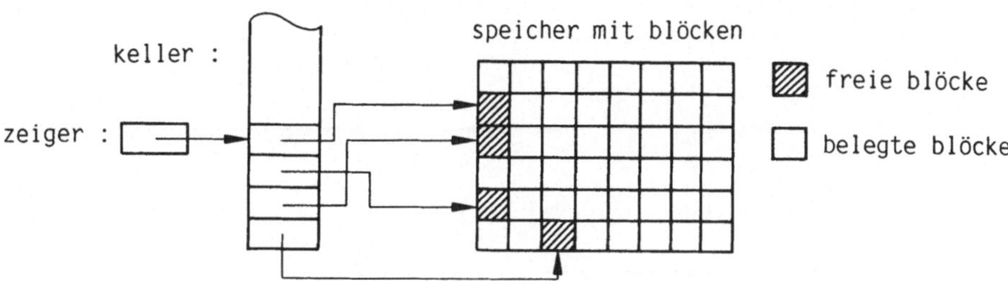

Abb. L12.10.1

```
SUBROUTINE nimm(blockzeiger)
  INTEGER keller,zeiger,blockzeiger
  COMMON keller(100),zeiger

  IF(zeiger.EQ.0) THEN
    blockzeiger=0
  ELSE
    blockzeiger=keller(zeiger)
    zeiger=zeiger-1
  END IF
  RETURN
END

SUBROUTINE gibfrei(blockzeiger)
  INTEGER keller,zeiger,blockzeiger
  COMMON keller(100),zeiger

  zeiger=zeiger+1
  keller(zeiger)=blockzeiger
  RETURN
END
```

13. COBOL

Manfred Bues

Fachbereich Wirtschaftsinformatik

COBOL gemäß USA Standard ANSI 74; Bearbeitung sequentieller Dateien; Bearbeitung relativer Dateien; Bearbeitung indexsequentieller Dateien; Unterprogrammtechnik: interne und externe Unterprogramme; strukturierte Programmierung unter COBOL; Tabellenverarbeitung; Sortierung; Bibliotheksfunktionen; Interprogramm-Kommunikation.

Zugelassene Hilfsmittel für die Prüfungsaufgaben 13.1 bis 13.6: Skriptum/Umdrucke, beliebige Fachliteratur

Aufgaben

13.1

Gegeben ist eine sequentielle Plattendatei mit folgender Satzstruktur:

```
01 STUDENTENSATZ.
   10 ST-NUMMER       PIC 9(5).
   10 ST-NAME         PIC X(20).
   10 ST-FACHBEREICH  PIC XX.
   10 ST-JAHR         PIC 99.
```

Das Datenfeld ST-FACHBEREICH kann die Ausprägungen AI, ER, FA, IK und WI haben. - ST-JAHR ist das Jahr der Erst-Immatrikulation. Der kleinste Wert für ST-JAHR, der in der Datei vorkommen kann, ist "78".

Schreiben Sie ein Programm unter Verwendung der Technik der Subskribierung oder Indizierung, das die Datei bis EOF liest und dann über ein Terminal folgende Tabelle ausgibt:

	AI	ER	FA	IK	WI
1978	nnn	nnn	nnn	nnn	nnn
1979	nnn	nnn	nnn	nnn	nnn
1980	nnn	nnn	nnn	nnn	nnn
1981	nnn	nnn	nnn	nnn	nnn
1982	nnn	nnn	nnn	nnn	nnn

"nnn" bedeutet dabei die Anzahl der Studenten, die sich im jeweiligen Fachbereich im betreffenden Jahr erstmalig immatrikuliert haben.

Zum Lösungsumfang gehören:

1.1 die erforderlichen Datendefinitionen für die Tabelle,

1.2 die Einleseroutine, die gleichzeitig die Tabelle füllt,

1.3 die Ausgaberoutine, die aus der internen Tabelle die oben beschriebene Terminalausgabe erzeugt. Sie dürfen (aus Gründen der Vereinfachung) annehmen, daß mit DISPLAY indizierte bzw. subskribierte Felder ausgegeben werden können.

13.2

Gegeben ist eine index-sequentiell organisierte Kundendatei folgender Satzstruktur:

```
01 KUNDENSATZ
   10 KU-NUMMER          PIC 9(5).
   10 KU-ADRESSE.
      20 KU-FIRMA         PIC X(20).
      20 KU-STRASSE       PIC X(20).
      20 KU-PLZ           PIC 9(5).
      20 KU-ORT           PIC X(20).
   10 KU-UMSATZ.
      20 KU-SOLL-UMS      PIC S9(5)V99 COMP-3.
      20 KU-HABEN-UMS     PIC S9(5)V99 COMP-3.
      "
      "
      (weiterer Satzinhalt ohne Belang)
```

Schreiben Sie ein Programm, das aufsteigend nach dem Firmennamen die Umsätze (wohl editiert!) über Terminal ausgibt. Die Sortierfolge nach Firmennamen wird durch einen ALTERNATE KEY erzeugt.

Zum Lösungsumfang gehören:

1. die komplette SELECT-Anweisung,

2. die komplette FD-Deklaration,

3. die PROCEDURE DIVISION.

13.3

Gegeben ist eine Lagerstamm-Datei (sequentielle Organisation) folgender Satzstruktur:

```
01 LAGERSATZ.
   10 L-ORT            PIC 999.
   10 L-ARTIKELNUMMER  PIC 9(5).
   10 L-ARTIKELBEZEICH PIC X(20).
   10 L-MENGE          PIC S9(3).
   10 L-PREIS          PIC S99V99.
   10 L-DATUM-LBEW     PIC 9(6).
```

Die Datei ist aufsteigend nach Lagerorten (L-ORT) und innerhalb des Lagerortes aufsteigend nach Artikelnummer sortiert.

L-DATUM-LBEW ist das Datum der letzten Bewegung des betreffenden Artikels. Das Darstellungsformat ist TTMMJJ. Also: 31.12.80 ist gespeichert als 311280.

Es ist ein Programm zu schreiben, das die Bestandswerte (Preis * Menge) je Lagerort
ermittelt. Bei der Bestandswertermittlung sind je Lagerort zwei Werte zu errechnen:
Bestandswerte jener Artikel, deren letzte Bewegung vor dem 31.12.80 (WERT 1) lag,
und Wert aller Artikel, die nach diesem Datum noch Bewegungen (WERT 2) zu verzeich-
nen hatten. Die Ergebnisse werden über Terminal in folgender Form ausgegeben:

```
              vor Datum:   nach Datum:
    L-ORT       WERT 1       WERT 2

    XXX       XXXXXX,XX     XXXXX,XX
    XXX       XXXXXX,XX     XXXXX,XX
     "           "            "
     "           "            "
```

Zum Lösungsumfang gehört die PROCEDURE DIVISION sowie eventuell erforderliche Datendefinitionen in der WORKING-STORAGE SECTION.

13.4

Gegeben ist eine speicherinterne Tabelle folgender Struktur:

ARTIKEL 1			ARTIKEL 2			...
Preis Farbe 1	Preis F2	Preis F3	Preis F1	Preis F2	Preis F3	...

Die Anzahl der Artikel in der Tabelle beträgt 100.

Über TTY wird eine Artikelnummer eingelesen und der zugehörige Farbcode (1, 2 oder 3).
Wenn die eingelesene Artikelnummer = 999 ist, ist das Programm zu beenden. - Für
Artikelnummern < 999 wird durch lineares Suchen in der Tabelle versucht, die kor-
respondierende Artikelnummer in der Tabelle zu finden. Ist die gesuchte Nummer in
der Tabelle vorhanden, wird der Preis der gewünschten Farbe ausgegeben (TTY). Ist
die Artikelnummer in der Tabelle nicht vorhanden, so wird über TTY eine geeignete
Fehlermeldung ausgegeben. Struktur der Tabelle:

```
    01 FILLER
       10 DATENBEREICH OCCURS 100.
          20 T-ARTIKEL  PIC 999.
          20 T-FARBE PIC S999V99 OCCURS 3.
```

Der einzelne Preis ist, wie die vorherige Definition zeigt, in dem Feld T-FARBE
gespeichert. Die Besetzung der Tabellenfelder (Speichern der Artikelnummer und
Preise) ist bereits erfolgt.

Schreiben Sie den COBOL-Code für das nachfolgende Struktogramm. Achten Sie darauf,
daß der von Ihnen geschriebene Code den Regeln strukturierter Programmierung entspricht.

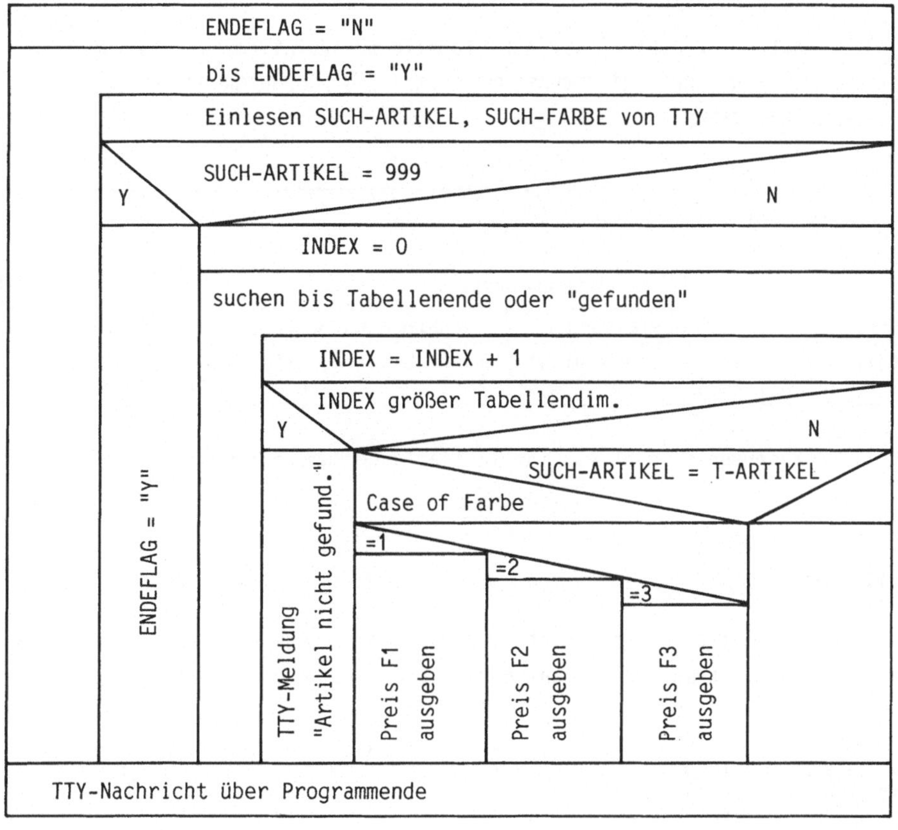

ENDEFLAG = "N"
bis ENDEFLAG = "Y"
Einlesen SUCH-ARTIKEL, SUCH-FARBE von TTY
SUCH-ARTIKEL = 999
Y
N
INDEX = 0
suchen bis Tabellenende oder "gefunden"
INDEX = INDEX + 1
INDEX größer Tabellendim.
Y
N
ENDEFLAG = "Y"
TTY-Meldung "Artikel nicht gefund."
SUCH-ARTIKEL = T-ARTIKEL
Case of Farbe
=1
=2
=3
Preis F1 ausgeben
Preis F2 ausgeben
Preis F3 ausgeben
TTY-Nachricht über Programmende

<u>13.5</u>

Im Rahmen einer Verkaufsabrechnung ist eine Tabelle zur Aufgliederung der Umsätze nach GESCHÄFTSBEREICHEN (GBR), NIEDERLASSUNGEN (NL) und PRODUKTGRUPPEN (PG) aufzubauen. Hierarchie der Tabelle:

```
    1. GBR         n=10
       2. NL       n=4
          3. PG    n=3
```

GESCHÄFTSBEREICH 1												
Niederlassung 1			Niederlassung 2			Niederlassung 3			Niederlassung 4			
Umsatz PG 1	Umsatz PG 2	Umsatz PG 3	Umsatz PG 1	Umsatz PG 2	Umsatz PG 3	Umsatz PG 1	Umsatz PG 2	Umsatz PG 3	Umsatz PG 1	Umsatz PG 2	Umsatz PG 3	

Um die Tabelle anzusprechen, gibt es eine fortlaufende Numerierung der Ordnungsbegriffe:

```
    GBR (01,02,...,10)
    NL  (1...4)
    PG  (1...3)
```

Gegeben ist eine sequentielle Plattendatei, die die einzelnen Umsätze (Transaktionen) enthält. Die Datei trägt den Namen UMSATZ. Der Data Record hat folgende Struktur:

```
    01 UMSATZ-SATZ.
       10 U-GBR     PIC 99.
       10 U-NL      PIC 9.
       10 U-PG      PIC 9.
       10 U-DM      PIC S9(5)V99.   (Umsatzbetrag)
```

Aufgaben:

1. Definieren Sie die Struktur der obigen Tabelle.

2. Schreiben Sie eine Routine, die die UMSATZ-File liest und die Werte in der mit 2.1. definierten Tabelle speichert.

3. Schreiben Sie eine Routine, die nach abgeschlossenem Tabellenaufbau (2.2.) die Umsatzsummen nach den Produktgruppen ermittelt und abschließend über TTY ausgibt. Es werden die Umsatzsummen von PG 1, PG 2 und PG 3 insgesamt (also ohne Differenzierung nach GBR und NL) ermittelt. Die TTY-Ausgabe besteht folglich aus nur 3 Werten:

```
    Gesamtsumme PG 1
    Gesamtsumme PG 2
    Gesamtsumme PG 3
```

Verwenden Sie für die Summenfelder folgende Variablen:

```
    SU-PG 1    PIC S9(8)V99.
    SU-PG 2    PIC S9(8)V99.
    SU-PG 3    PIC S9(8)V99.
```

Die Datenfelder sind bereits definiert, so daß Sie sich auf die Procedure Division beschränken können.

<u>13.6</u>

Gegeben ist eine RELATIVE-FILE "KUNDEN" folgender Satzstruktur:

```
01 KUNDENSATZ.
   10 K-SATZART       PIC 99.
   10 K-KUNDENNR      PIC 9(4).
   10 K-ADRESSE.
      20 ...
      20 ...
          :
   10 K-MONATSUMSATZ  PIC S9(6)V99.
   10 K-JAHRESUMSATZ  PIC S9(8)V99.
```

Fernerhin ist eine Umsatzbewegungsdatei (sequentiell) "UMSATZ" folgender Satzstruktur gegeben:

```
01 BEWEGSATZ.
   10 B-SATZART       PIC 99.
   10 B-KUNDENNR      PIC 9(4).
   10 B-UMSATZ-MONAT  PIC S9(5)V99.
```

Aufgaben:

1. Schreiben Sie die SELECT- und FD-Klauseln für KUNDEN. Gehen Sie von dem COBOL ANSI-74 Sprachumfang aus. Das FILESTATUS-Feld ist nicht zu benutzen.

2. Schreiben Sie eine Routine, die UMSATZ bis EOF liest und die Umsätze in KUNDEN verbucht (Addition auf K-MONATSUMSATZ). Die KUNDEN-Sätze sind mit den relativen Satzadressen 1...999 anzusprechen; die Kundennummern laufen von 1000...1999.

Es kann vorkommen, daß in UMSATZ eine Kundennummer angesprochen wird, die nicht existent ist. Das Nicht-Existieren ist dadurch angezeigt, daß in dem gelesenen KUNDENSATZ im Feld K-KUNDENNR ein anderer Inhalt steht als in B-KUNDENNR. Die Umsätze, die wegen eines solchen Fehlers nicht verbuchbar sind, werden in einem Feld FEHLERSUMME PIC S9(8)V99 addiert und zum Schluß ausgegeben. Eine Fehlermeldung über TTY erfolgt *nicht*!

Die Fehlerbehandlung aus READ/WRITE der Kundendatei erfolgt durch eine einfache Fehlermeldung "IRGENDEIN FEHLER BEI I/O VON KUNDENSATZ MIT KUNDENNR", Kunden-Nr. - Das Programm fährt nach einem solchen Fehler mit der Verarbeitung des nächsten Bewegungssatzes UMSATZ fort.

Literatur

[1] McCracken D (1981) COBOL. München
[2] Murach M (1978) Standard COBOL. Wien
[3] Hansen, Göpfroch (1982) Wirtschaftsinformatik II 'COBOL'. Stuttgart

Lösungen

<u>13.1</u>

```
1.    01  TABELLE
          05  TAB-JAHR                                     OCCURS 5.
              10  TAB-FACHBEREICH        PIC 9(3)          OCCURS 5.


2.    WORKING-STORAGE SECTION.
      77  JAHR                           PIC 9.
      77  FB                             PIC 9.
      77  JAHRESZAHL                     PIC 9(4).


      EINLESEN SECTION.
      *******************************************
      *
      *  Fuellen der Tabelle
      *
       EI-1.
           OPEN INPUT STUDENT
       EI-2.
           READ STUDENT AT END GO TO EI-CL.
           PERFORM INDEX-BESETZEN.
           ADD 1 TO TAB-FACHBEREICH (JAHR, FB).
           GO TO EI-2.
       EI-CL.
           CLOSE STUDENT.
       EI-EX.
           EXIT.


      INDEX-BESETZEN SECTION
      *******************************************
      *
      *  Indices nach Jahr und Fachbereich besetzen
      *
       IN-1.
           COMPUTE JAHR = ST-JAHR - 77.
       IN-2.
           IF ST-FACHBEREICH = "AI"
              MOVE 1 TO FB.
           IF ST-FACHBEREICH = "ER"
              MOVE 2 TO FB.
           IF ST-FACHBEREICH = "FA"
              MOVE 3 TO FB.
           IF ST-FACHBEREICH = "IK"
              MOVE 4 TO FB.
           IF ST-FACHBEREICH = "WI"
              MOVE 5 TO FB.
       IN-EX.
           EXIT.
```

```
3.     AUSGABE SECTION.
       *****************************************
       *
       *   Ausgabe Ueberschrift
       *
       AU-1.
          DISPLAY "        AI    ER    FA    IK    WI  ".
          DISPLAY "                                    ".
          PERFORM ZEILE-AUSGEBEN VARYING JAHR FROM 1 BY 1 UNTIL
                                        JAHR > 5.
       AU-EX.
          EXIT.


       ZEILE-AUSGEBEN SECTION.
       *****************************************
       *  Ausgabe Jahreszeile
       *
       ZE-1.
          COMPUTE JAHRESZAHL = 1977 + JAHR.
       ZE-2.
          DISPLAY JAHRESZAHL.
          PERFORM EINZELWERT-AUSGEBEN VARYING FB FROM 1 BY 1
                                   UNTIL FB > 5.
       ZE-EX.
          EXIT.


       EINZELWERT-AUSGEBEN SECTION.
       *****************************************
       *
       *  Ausgabe Einzelwert
       *
       EN-1.
          DISPLAY " "  , TAB-FACHBEREICH (JAHR, FB) WITH NO ADVANCING.
       EN-EX.
          EXIT.
```

13.2

```
1.        SELECT KUNDEN
              ASSIGN TO "KUNDEN.DAT"
              ORGANIZATION        IS INDEXED
              ACCESS MODE         IS DYNAMIC
              RECORD KEY          IS KU-NUMMER
              ALTERNATE RECORD KEY IS KU-FIRMA WITH DUPLICATES
              FILE STATUS         IS KU-STATUS.


2.    FD KUNDEN
          LABEL RECORD IS STANDARD
          VALUE OF ID  IS "KUNDEN.DAT"
          DATA RECORD  IS KUNDENSATZ.

      01  KUNDENSATZ
          10  KU-NUMMER       PIC 9(5).
          10  KU-ADRESSE.
              20  KU-FIRMA     PIC X(20).
              20  KU-STRASSE   PIC X(20).
              20  KU-PLZ       PIC 9(5).
              20  KU-ORT       PIC X(20).
```

```
       10  KU-UMSATZ.
           20   KU-SOLL-UMS     PIC S9(5)V99    COMP-3.
           20   KU-HABEN-UMS    PIC S9(5)V99    COMP-3.
              .
              .
              .
              .


3.     WORKING-STORAGE SECTION

       77  SOLL-UMSATZ                PIC S9(5)V99.
       77  HABEN-UMSATZ               PIC S9(5)V99.
       77  D-SOLL-UMSATZ              PIC-(5)9,99.
       77  D-HABEN-UMSATZ            PIC-(5)9,99.
       *
       PROCEDURE DIVISION.

       STEUERUNG SECTION.
        ST-1.
           OPEN INPUT KUNDEN.
       *
       * ´START´, damit die File nach dem alternate key gelesen wird
       *
           MOVE SPACES TO KU-FIRMA.
           START KUNDEN KEY > KU-FIRMA INVALID KEY GO TO ST-IK.
        ST-2.
           DISPLAY "FIRMA                 SOLL-UMSATZ      HABEN-UMSATZ".
        ST-3.
           READ KUNDEN NEXT AT END GO TO ST-CL.
           PERFORM ANZEIGEN.
           GO TO ST-3.
        ST-CL.
           CLOSE KUNDEN.
           DISPLAY "PROGRAMMENDE".
           GO TO ST-EX.
        ST-IK.
           DISPLAY "FEHLER BEI ´START´ --> PROGRAMMABBRUCH !".
        ST-EX.
           STOP RUN.


       ANZEIGEN SECTION.
       *******************************************
       *
       *  Anzeigen der druckeditierten Felder
       *
        AN-1.
           MOVE 0 TO SOLL-UMSATZ   , HABEN-UMSATZ
                     D-SOLL-UMSATZ, D-HABEN-UMSATZ.
        AN-2.
           MOVE KU-SOLL-UMS  TO SOLL-UMSATZ.
           MOVE SOLL-UMSATZ  TO D-SOLL-UMSATZ.
           MOVE KU-HABEN-UMS TO HABEN-UMSATZ.
           MOVE HABEN-UMSATZ TO D-HABEN-UMSATZ.
        AN-3.
           DISPLAY KU-FIRMA, "  " , D-SOLL-UMSATZ, "        " ,
                   D-HABEN-UMSATZ.
        AN-EX.
           EXIT.
```

<u>13.3</u>

```cobol
    WORKING-STORAGE SECTION.

    01  DATUM-VERGLEICH.
        05  JJ                      PIC 99.
        05  MM                      PIC 99.
        05  TT                      PIC 99.
*
*   "Hilfsdatum" (Darstellung entspricht der Abspeicherung im Stammsatz)
*
    01  DATUM-EIN.
        05  TT                      PIC 99.
        05  MM                      PIC 99.
        05  JJ                      PIC 99.

*
*   festes Datum, das mit jeweiligem Bewegungsdatum verglichen wird
*
*   31.12.80
*
    01  DATUM-FEST.
        05  JJ                      PIC 99          VALUE 80.
        05  MM                      PIC 99          VALUE 12.
        05  TT                      PIC 99          VALUE 31.

    77  MERK-ORT                    PIC 9(3).
    77  WERT                        PIC S9(5)V99    VALUE 0.
    77  WERT-1                      PIC S9(6)V99    VALUE 0.
    77  WERT-2                      PIC S9(5)V99    VALUE 0.
    77  D-WERT-1                    PIC -(6)9,99    VALUE 0.
    77  D-WERT-2                    PIC -(5)9,99    VALUE 0.

    77  DURCHLAUF                   PIC X.
        88  ERSTES-MAL              VALUE "J".


    PROCEDURE DIVISION.

    BESTANDSERMITTLUNG SECTION.
    ******************************************
    *
    *   Steuerung des gesamten Ablaufes
    *
    BE-1.
        OPEN INPUT LAGER.
        MOVE "J" TO DURCHLAUF.
        DISPLAY "L-ORT       WERT 1       WERT-2".
    BE-2.
        READ LAGER AT END GO TO BE-CL.
        IF ERSTES-MAL
            MOVE L-ORT TO MERK-ORT
            MOVE "N" TO DURCHLAUF.
    BE-3.
        IF L-ORT NOT = MERK-ORT
            PERFORM AUSGABE
            MOVE L-ORT TO MERK-ORT.
        PERFORM WERTBERECHNUNG.
        GO TO BE-2.
    BE-CL.
        PERFORM AUSGABE.
        CLOSE LAGER.
    BE-EX.
        STOP RUN.
```

```cobol
    AUSGABE SECTION.
    ****************************************
    *
    *  Ausgabe der druckeditierten Werte
    *
     AU-1.
        MOVE WERT-1 TO D-WERT-1.
        MOVE WERT-2 TO D-WERT-2.
        DISPLAY " ", MERK-ORT, "     " , D-WERT-1, "  ", D-WERT-2.
     AU-2.
        MOVE O TO WERT-1 , D-WERT-1
                  WERT-2 , D-WERT-2.
     AU-EX.
        EXIT.


    WERTBERECHNUNG SECTION.
    ************|***************************
    *
    *  Berechnung der einzelnen Werte und
    *  Entscheidung der zeitlichen Zuordnung
    *
     WE-1.
        COMPUTE WERT ROUNDED = L-MENGE * L-PREIS
     WE-2.
        MOVE L-DATUM-LBEW    TO DATUM-EIN.
        MOVE CORR DATUM-EIN TO DATUM-VERGLEICH.
        IF DATUM-VERGLEICH < DATUM-FEST
           ADD WERT TO WERT-1
        ELSE
           ADD WERT TO WERT-2.
     WE-EX.
        EXIT.
```

13.4

```cobol
    STEUERUNG SECTION.
    ****************************************
    *
    *  Hauptsteuerung
    *
     ST-1.
        MOVE "N" TO ENDEFLAG.
        PERFORM VERARBEITUNG UNTIL ENDEFLAG = "Y"
        DISPLAY "PROGRAMMENDE".
     ST-EX.
        STOP RUN.


    VERARBEITUNG SECTION.
    ****************************************
    *
    *  Anfordern Artikelnummer und Farbcode
    *
     VE-1.
        DISPLAY "ARTIKELNUMMER :".
        ACCEPT SUCH-ARTIKEL.
        DISPLAY "FARBCODE :".
        ACCEPT SUCH-FARBE.
```

```
    VE-2.
        IF SUCH-ARTIKEL = 999
            MOVE "Y" TO ENDEFLAG
            GO TO VE-EX.
    VE-3.
        IF SUCH-ARTIKEL > 999
            GO TO VE-1.
    VE-4.
        MOVE O TO INDEX.
        PERFORM SUCHEN.
    VE-EX.
        EXIT.


    SUCHEN SECTION.
    *****************************************
    *
    *  Durchsuchen der Tabelle
    *  Verzweigen entsprechend Farbcodeeingabe
    *
    SU-1.
        COMPUTE INDEX = INDEX + 1.
    SU-2.
        IF INDEX > 100
            DISPLAY "ARTIKEL NICHT GEFUNDEN"
            GO TO SU-EX.
    SU-3.
        IF T-ARTIKEL (INDEX) NOT = SUCH-ARTIKEL
            GO TO SU-1.
    SU-4.
        GO TO SU-5 , SU-6 , SU-) DEPENDING ON SUCH-FARBE.
    SU-5.
        DISPLAY "PREIS DER GEWUENSCHTEN FARBE :",
                T-FARBE (SUCH-ARTIKEL, 1).
        GO TO SU-EX.
    SU-6.
        DISPLAY "PREIS DER GEWUENSCHTEN FARBE :",
                T-FARBE (SUCH-ARTIKEL, 2).
        GO TO SU-EX.
    SU-7.
        DISPLAY "PREIS DER GEWUENSCHTEN FARBE :",
                T-FARBE (SUCH-ARTIKEL, 3).
    SU-EX.
        EXIT.
```

<u>13.5</u>

```
1.     01  TABELLE
           05  T-GBR                           OCCURS 10.
               10  T-NL                         OCCURS 4.
                   15  T-PG-UMS    PIC S9(6)V99  OCCURS 3.


2.     UMSATZ-EINLESEN SECTION.
       UM-1.
           OPEN INPUT UMSATZ.
       UM-2.
           READ UMSATZ AT END GO TO UM-CL.
           ADD U-DM TO T-PG-UMS (U-GBR, U-NL, U-PG)
               ON SIZE ERROR DISPLAY "UEBERLAUF".
           GO TO UM-2.
```

```
        UM-CL.
            CLOSE UMSATZ.
        UM-EX.
            EXIT.


3.      GESAMT-SUMME SECTION.
        GE-1.
            MOVE 0 TO SU-PG1, SU-PG2, SU-PG3.
        GE-2.
            PERFORM ADDIEREN VARYING GBR FROM 1 BY 1 UNTIL GBR > 10
                             AFTER   NL  FROM 1 BY 1 UNTIL NL  > 4.
        GE-3.
            DISPLAY "GESAMTSUMME PG1 :", SU-PG1.
            DISPLAY "GESAMTSUMME PG2 :", SU-PG2.
            DISPLAY "GESAMTSUMME PG3 :", SU-PG3.
        GE-EX.
            EXIT.


        ADDIEREN SECTION.
        AD-1.
            ADD T-PG-UMS (GBR, NL, 1) TO SU-PG1.
            ADD T-PG-UMS (GBR, NL, 2) TO SU-PG2.
            ADD T-PG-UMS (GBR, NL, 3) TO SU-PG3.
        AD-EX.
            EXIT.
```


zusaetzliche Definitionen in der WORKING-STORAGE SECTION:

```
        77  GBR                 PIC 99.
        77  NL                  PIC 9.
```


<u>13.6</u>

```
1.      SELECT KUNDEN
                ASSIGN TO DSK
                ORGANIZATION    IS RELATIVE
                ACCESS MODE     IS RANDOM
                RELATIVE KEY    IS KUNDEN-RSA.
```

Anmerkung: "Kunden-RSA" muss zusaetzlich in der WORKING-STORAGE
           definiert werden.


```
        FD KUNDEN
                LABEL RECORD IS STANDARD
                VALUE OF ID IS "KUNDEN.DAT"
                DATA RECORD IS KUNDENSATZ.

        01  KUNDENSATZ.
            10  K-SATZART           PIC 99.
            10  K-KUNDENNR          PIC 9(4).
            10  K-ADRESSE.
                20 ...
                20 ...
                     .
                     .
                     .
            10  K-MONATSUMSATZ      PIC S9(6)V99.
            10  K-JAHRESUMSATZ      PIC S9(8)V99.
```

```
2.      STEUERUNG SECTION.
        ST-1.
            OPEN INPUT UMSATZ.
            OPEN I-O   KUNDEN.
            MOVE 0 TO FEHLERSUMME.
        ST-2.
            READ UMSATZ AT END GO TO ST-ENDE.
            COMPUTE SATZADRESSE = B-KUNDENNR - 999.
            MOVE SATZADRESSE TO KUNDEN-RSA.
        ST-3.
            READ KUNDEN INVALID KEY GO TO ST-IK.
            IF K-KUNDENNR NOT = B-KUNDENNR
               ADD B-UMSATZ-MONAT TO FEHLERSUMME
            ELSE
               ADD B-UMSATZ-MONAT TO K-MONATSUMSATZ
               REWRITE KUNDENSATZ INVALID KEY GO TO ST-IK.
            GO TO ST-2.
        ST-ENDE.
            DISPLAY "FEHLERSUMME :", FEHLERSUMME.
            CLOSE KUNDEN
                  UMSATZ.
            GO TO ST-EX.
        ST-IK.
            DISPLAY "IRGENDEIN FEHLER BEI I/O VON KUNDENSATZ MIT KUNDENNUMMER :",
                    B-KUNDENNR.
            GO TO ST-2.
        ST-EX.
            STOP RUN.


zusaetzliche Definitionen in der WORKING-STORAGE SECTION:

        01  SATZADRESSE             PIC 9(3).
        01  KUNDEN-RSA              PIC 9(3).
```

14. Assembler

Kurt H. Schmidt

Fachbereich Ingenieur-Informatik

VAX-11 MACRO Assembler. Maschinenorganisation: Register, Status-Langwort, Speicher, Befehlsstruktur, Adressierungsarten, Datenarten, Zahlendarstellung. Macro-Assemblersprache: Befehlsgruppen, Programmerstellung und Testen, List-Datei. Zahlenverarbeitung: Integerrechnung, Felder, Gleitkommarechnung, Gepackte Dezimalzahlen. Ablaufsteuerung: Bedingungsschlüssel, Schleifenverwaltung, Zeichenverarbeitung: Deklaration, Codierung, Ein- und Ausgabe von Strings, Stringverarbeitung. Unterprogrammtechnik: Verknüpfungskonventionen, Stapeltechnik, Subroutinen, Prozeduren, Parameterübergabe, MACRO FORTRAN Übergang, Rekursivität. Verarbeitung variabler Bitfelder: Deklaration, Verschieben, BOOLEsche Operationen, Bit-Testen und Verzweigen, Extrahieren, Einsetzen, Suchen, Vergleichen. Makros: Definition, Argumente, Sprungmarken, Aufruf von Makros. Algorithmen an Beispielen und in Praktikumsthemen: Reihen, Tabellen- und Iterationsalgorithmen, Suchen, Ordnen, Zufallsgenerator, Logiksimulation, Spiele, Zeilen- und Zeichenorientierte Editoren, Struktur von Assemblern, Crossassembler, Systemprogramme.

Zugelassene Hilfsmittel für die Prüfungsaufgaben 14.1 bis 14.16: Programming Card und Architecture Handbook

Aufgaben

14.1

a) Geben Sie den Inhalt eines Registers hexadezimal an, das die Gleitkommazahl -3,25 enthält.

b) Gegeben ^X80003EC1, berechnen Sie die dezimale Gleitkommazahl.

c) Gegeben sind die Registerinhalte hexadezimal:

```
R1/00000014
R2/000001C5
R3/00000000
R4/00000016
```

Bestimmen Sie das Ergebnis des Befehls EDIV R1,R2,R3,R4. Geben Sie geänderte Registerinhalte hexadezimal an.

14.2

Kommentieren Sie die Programmbefehle des Programms, Abb. 14.2.1, und geben Sie den Inhalt von Y dezimal an vor der Schleifenmarke L1 (mehrfach!) und vor den Marken M1, M2 und M3.

```
            .TITLE KL.AUFG.2
X:          .WORD   168,172,-96,87,-93,1Ø2,55,-212
Y:          .WORD   Ø
            .ENTRY  ST,^M<>
            MOVL    #2,R4
            MOVAL   X,R3
            MOVW    (R3)+,Y
L1:         SUBW2   (R3)[R4],Y
            ADDL2   #4,R3
            SOBGTR  R4,L1
M1:         SUBW2   -(R3),Y
M2:         ADDW2   Y-2,Y
M3:         $EXIT_S
            .END ST
```

Abb. 14.2.1

14.3

Gesucht MACRO-11-Programm zum Addieren von 8 nebeneinander im Langwort Z stehenden
BCD-Werten in ein Ergebnislangwort ERG. Nehmen Sie diesen Algorithmus: In einer
Schleife je ein Byte aus Z entnehmen und in MS-BCD- und LS-BCD-Wert trennen.

14.4

Ein Block B zu 20 Langwortkonstanten enthalte ungeordnet voneinander verschiedene,
beliebige Integerzahlen. Struktogramm und MACRO-11-Programm zur Bestimmung des
zweitgrößten Werts, der im Speicherlangwort Y abgelegt werden soll.

14.5

Programm kommentieren, Abb. 14.5.1 und Ergebnis angeben, Inhalt RO?

```
            .TITLE KL.AUFG.5
C:          .LONG   2Ø,7,-9,-6
            .ENTRY  ST,^M<>
            MOVAL   C,R2
            MOVL    #3,R7
            MOVL    (R2),RØ
            SUBL2   8(R2),RØ
            ADDL2   C+4,RØ
            SUBL2   C[R7],RØ
E:          $EXIT_S
            .END ST
```

Abb. 14.5.1

14.6

Ein Block A mit m Worten - der Wert m stehe in Byte M - enthalte beliebige Integer-
zahlen. Dabei können auch gleiche Einträge mehrfach vorkommen und in beliebigen
Worten des Blocks stehen. Gesucht ist das Programm zur Bestimmung der Anzahl z nach
Byte Z, wie oft ein am häufigsten im Block stehender Wert vorkommt. Für m gelte:
$20 \leq m \leq 127$.

Beispiel: A: .WORD 2,-17,9,5,-4,9,38,9,2,5,-2,-3,-16,-17,9,18,16,11,-4,-7.
Hier ist z=4 festzustellen, weil ein Wert am häufigsten viermal vorkommt.

14.7
Ein MACRO-11-Programm soll für das Tauschen der im Block B liegenden Worte geschrieben werden: erstes mit zweitem, drittes mit viertem, usw. B ist von gerad-
zahliger Länge n. n stehe im Wort N.

14.8
Gegeben ist das Langwort X beliebigen Inhalts. Gesucht ist ein Ausgabeprogramm.
Jeder dritte Bitwert von X von Bit-Nr. 31 links beginnend soll jeweils in die
erste Spalte einer Zeile ausgegeben werden, so daß die Werte dann untereinander
stehen.

14.9
Die Dateneinheit sei Langwort. Einem Block B beliebiger Länge, der mit unterschiedlichen positiven und negativen Integerwerten ungeordnet belegt ist, folge im
Datenteil ein Integerwert S. Ein Programm ersetze denjenigen Blockeintrag durch S,
der den größten Unterschied zu S aufweist.

14.10
Gesucht ist ein Programm für die Ausgabe eines Quadrats mit n Zeilen zu je n mal
dem Zeichenduo '* ' (Stern, Blank), wobei $1 \leq n \leq 20$ und der Wert von n einzulesen
ist. Bei Eingabefehler soll erneut eingelesen werden.

Beispiel: ?4<CR>
```
               * * * *
               * * * *
               * * * *
               * * * *
```


14.11
Gegeben seien zwei Vektoren A und B mit ihren Elementen a_1 bis a_n und b_1 bis b_n.
Die Elemente werden einfach-genau als Gleitkommawerte auf der VAX-11 wiedergegeben.
Eine mit CALLS zu rufende Prozedur bilde die Vektoraddition A+B nach C mit c_1 bis
c_n. Es soll angenommen werden, daß die Elementwerte von A und B erst vor dem Auf-
ruf im Programm generiert werden. Es gelte $n \leq 127$. Gesucht sind

a) der Datenteil,
b) der vollständige Aufruf,
c) die vollständige Prozedur VEKADD.

14.12

Gegeben sei ein Hauptprogramm. Die Daten sind ein Quadwort X und ein Byte M. M enthalte den Integerwert m, $0 \leq m \leq 32$. Vor und nach einem Unterprogrammaufruf

        CALLG   X,BTGR10

liege eine Verarbeitung mit Registernutzung. Gesucht ist die Prozedur BTGR10, die
in X m rechtsbündig aufgefüllte Bitgruppen '10' anlegt. Die anderen Bits in X sollen '0' gesetzt werden. Es ist mittels Variabelbitfeld-Instruktion vorzugehen.
Beispiel: m=3, es wird X/0...   ...0101010

14.13

Gegeben ist ein Block B zu 32 Langworten beliebigen Bitmusters. Es ist zu testen,
ob die Bit-Diagonale des Blocks von Bit-Nr. 31 des ersten bis Nr. 0 des letzten
Langworts mit Einsen besetzt ist. Falls das zutrifft, setze man ein Byte ERROR auf
Null, andernfalls jedoch auf Eins.

14.14

Ein Hauptprogramm enthalte in einem Block A sechs Langworte, im Wort N die Block-
länge und habe ein Ergebniswort reserviert unter T. Der Blockinhalt ist beliebig.
Ein Unterprogramm bestimme die Anzahl T der in A aufeinanderfolgenden Vierbitfelder
gerader Bit-Quersumme verschieden von Null. Gesucht sind

a) das vollständige Hauptprogramm,
b) das vollständige Unterprogramm.

14.15

Im Langwort A liege ein Bitmuster. Gesucht ist ein Makro zur Bestimmung der maximalen Länge einer durchgehenden Einserbitfolge in einem Langwort X. Das Ergebnis
gelange im Makro in ein Byte Y. Außerdem ist anzugeben ein Aufruf des Makros, wobei A auszuwerten und das Ergebnis in ein Byte B zu geben ist. Geben Sie ein lauffähiges Programm an.

14.16

Man berechne

$$\text{SUM} = \frac{2}{3} + \frac{4}{5} + \frac{6}{7} + \ldots + \frac{Q-1}{Q}$$

einfach-genau in einer Schleife mittels eines Makros Zwischensumme

$$\text{ZWSUM} \quad X,Y \quad \text{für} \quad Y = Y + \frac{X-1}{X},$$

wobei dann Y aktuell SUM wird. Der Wert Q sollte größer 3 sein. Beachten Sie die
Gleitkommarechnung! Geben Sie ein lauffähiges Programm an.

Literatur

[1] VAX Architecture Handbook (1981) Digital Equipment Corp., Maynard, Mass.

[2] VAX-11 MACRO Language Reference Manual (1980) Digital Equipment Corp., Maynard, Mass.

[3] Levy H, Eckhouse RH (1980) Computer Programming and Architecture, The VAX-11. Digital Press, Maynard, Mass.

Lösungen

14.1

a) $-3.25 = -0.1101 \times 2^2$ normiert dual.

Vorzeichenbit, Exzeßexponent- und Mantissenfeld sind daher 1/10000010/10100...0, somit lautet das Ergebnis 0000C150.

b) Zahl = $0.110000011 \times 2^{-3}$ normiert dual, auf 7 Dezimalen genau ist das die Zahl 0.09448242.

c) Wegen 453/20 = 22 Rest 13 folgt

```
R3/00000016
R4/0000000D
```

Beachtet muß Inhalt R3 vor der Operation werden! Wegen des 2. Operands R2 ist Dividend das Doppelregister R3,R2!

14.2

```
            .TITLE  KL.AUFG.2, KOMMENTIERT
    X:      .WORD   168,172,-96,87,-93,1Ø2,55,-212
    Y:      .WORD   Ø
            .ENTRY  ST,^M<>
            MOVL    #2,R4               ;ZAEHLER U.INDEX R4 =2
            MOVAL   X,R3                ;R3 ADR.X1
            MOVW    (R3)+,Y             ;Y=X1=168, R3 ADR.X2
    L1:     SUBW2   (R3)[R4],Y          ;1. X<2+2>, 168-87=81,
                                        ;2. X<4+1>, 81-(-93)=174
            ADDL2   #4,R3               ;R3 ADR.: 1. X4, 2. X6
            SOBGTR  R4,L1               ;ZLR.U.INDEX R4 1, Ø
    M1:     SUBW2   -(R3),Y             ;X<6-1>. 174-(-93)=267
    M2:     ADDW2   Y-2,Y               ;X8, Y=267-212=55
    M3:     $EXIT_S
            .END ST
```

Abb. L14.2.1

14.3

```
            .TITLE  KL.AUFG.3
    Z:      .LONG   ^X3679Ø215
    ERG:    .LONG   Ø
            .ENTRY  ST,^M<>
            MOVL    #4,R3               ;ZAEHLER
            MOVAL   Z,R2                ;ADR.Z IN R2
    L1:     MOVZBL  (R2)+,RØ            ;HOLE BYTE
            ASHL    #-4,RØ,R5           ;MS-BCD-WERT IN R5
            ASHL    #4,R5,R6            ;  *1Ø IN R6
            SUBL2   R6,RØ               ;LS-BCD-WERT IN RØ
            ADDL2   RØ,R5
            ADDL2   R5,ERG
            SOBGTR  R3,L1
    E:      $EXIT_S
            .END ST
```

Abb. L14.3.1

14.4

Das Struktogramm wird in Abb. L14.4.1 und das Programm in Abb. L14.4.2 angegeben.

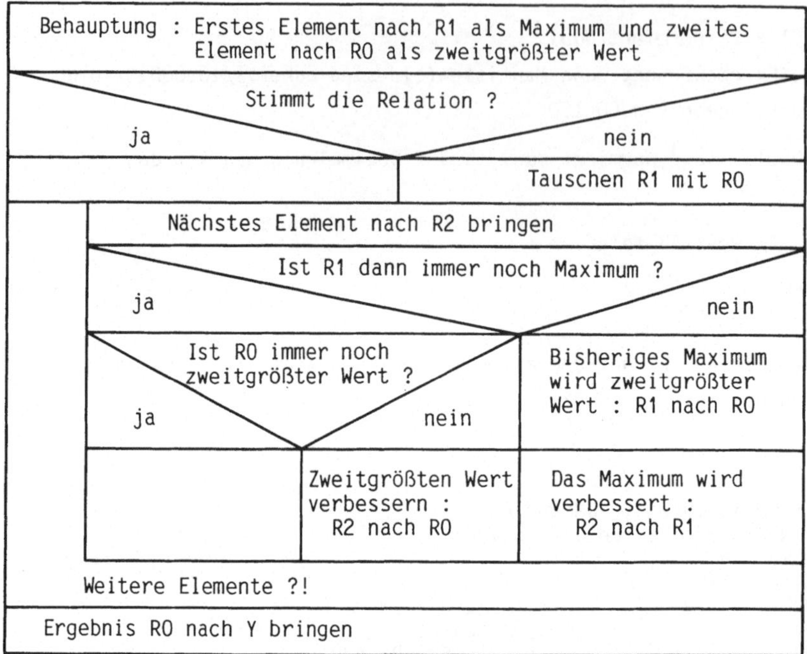

Abb. L14.4.1

```
          .TITLE   KL.AUFG.4
     ;DATEN
     B:       .LONG    7,5,9,-3,-8,12,19,-16,4,-2
              .LONG    8,-1,6,-7,-9,-4,-5,10,13,-11
     Y:       .LONG
     ;PROGRAMM
              .ENTRY   ST,^M<>
              CLRL     R4
              MOVAL    B,R3                ;BASISADRESSE
              MOVL     (R3)+,R1            ;MAX.
              MOVL     (R3)+,R0            ;NAECHST <
              CMPL     R1,R0               ;RELATION ...
              BGTR     L1                  ;   STIMMT
              MOVL     R1,R0               ;NEIN,
              MOVL     B+4,R1              ;   TAUSCHEN
     L1:      MOVL     (R3)+,R2            ;ELEMENT
              CMPL     R2,R1               ;BLEIBT MAX.?
              BLEQ     L2                  ;JA
              MOVL     R1,R0               ;NEIN, NAECHST
              MOVL     R2,R1               ;   AUCH NICHT
              BRB      W1
     L2:      CMPL     R2,R0               ;BLEIBT NAECHST?
              BLEQ     W1                  ;JA
              MOVL     R2,R0               ;NEIN, BESSER
     W1:      AOBLSS   #19,R4,L1           ;NOCH ELEMENTE?
              MOVL     R0,Y                ;ERGEBNIS
              $EXIT_S
              .END ST
```

Abb. L14.4.2

14.5

Ergebnis: RO enthält den Wert 42.

14.6

```
            .TITLE  KL.AUFG.6
    A:      .WORD   2,-17,9,5,-4,9,38,9,2,-
            5,2,-3,-16,-17,9,18,16,11,-4,-7
    M:      .BYTE   2Ø
    Z:      .BYTE                       ;ERGEBNIS
            .ENTRY  ST,^M<>
            CLRB    Z
            MOVZBL  M,R5                ;GRENZE
            CLRL    R4                  ;INDEX1
    L1:     CLRQ    R2                  ;ZAEHLER,INDEX2
    L2:     CMPW    A[R3],A[R4]         ;GLEICHER WERT?
            BNEQ    M2                  ;NEIN, SKIP
            INCL    R2                  ;ZAEHLEN
    M2:     AOBLSS  R5,R3,L2            ;ALLE WERTE!
            CMPB    R2,Z
            BLEQ    M1
            MOVB    R2,Z                ;Z VERBESSERN
    M1:     AOBLSS  R5,R4,L1            ;NAECHSTER WERT!
    E:      $EXIT_S
            .END ST
```

Abb. L14.6.1

14.7

```
            .TITLE KL.AUFG.7
    B:      .WORD   11,1,21Ø,21,31ØØ,31Ø
    N:      .WORD   6
            .ENTRY  ST,^M<>
            MOVAL   B,R2
            CLRL    R3
            CVTWL   N,R4
            ASHL    #-1,R4,R4           ;N/2
    ;ANZAHL DER VORZUNEHMENDEN TAUSCHVORGAENGE = LIMIT
    L1:     MOVW    (R2)+,RØ
            MOVW    (R2),-2(R2)
            MOVW    RØ,(R2)+
            AOBLSS  R4,R3,L1
    ;TAUSCHEN BEENDET
    E:      $EXIT_S
            .END ST
```

Abb. L14.7.1

__14.8__

```
            .TITLE  KL.AUFG.8
LINE_0: .ASCID  /Ø/
A:      .LONG   ^Q7Ø7Ø7Ø7Ø7Ø
            .ENTRY  ST,^M<>
            CLRL    R7
            MOVL    A,R3
L1:     MOVL    #^X3Ø,R2          ;BEHAUPTUNG NULL!
            TSTL    R3
            BGEQ    L2
            INCL    R2               ;NEIN, EINS!
L2:     MOVB    R2,LINE_0+8      ;IN AUSGABEZEILE
            PUSHAQ  LINE_0
            CALLS   #1,G^LIB$PUT_OUTPUT
            ROTL    #3,R3,R3         ;NEUES MSB
            AOBLSS  #11,R7,L1        ;ALLE AUSG.BITS
E:      $EXIT_S
            .END ST
```

Abb. L14.8.1

__14.9__

```
            .TITLE  KL.AUFG.9
B:      .LONG   -4,3,7,-9,-2,1,4,5,9,-6
S:      .LONG   2
            .ENTRY  ST,^M<>
            CLRL    R3               ;Ø, MAX!DIFF IN R3
            MOVAL   B,R1             ;ADR.DES 1.WERTS VON B
L:      SUBL3   S,(R1)+,RØ       ;DIFFERENZ ZU S IN RØ
            BGEQ    M1               ;POSITIV?, JA
            MNEGL   RØ,RØ            ;NEIN, BETRAG BILDEN
M1:     CMPL    RØ,R3            ;BISHERIGE MAX.DIFF BLEIBT?
            BLEQ    M2               ;JA
            MOVL    RØ,R3            ;NEIN, VERBESSERN UND MER-
            MOVL    R1,R4            ;   KEN ADR.DES WERTS +4
M2:     CMPL    R1,#S            ;WEITERE WERTE?
            BLSS    L                ;JA
            MOVL    S,-(R4)          ;NEIN, S ERSETZT DEN WERT,
E:      $EXIT_S                  ;DER ZU MAX.DIFF FUEHRTE
            .END ST
```

Abb. L14.9.1

14.10

```
            .TITLE   KL.AUFG.1Ø
PRT:        .ASCID   /?/                  ;PROMPT
WRT:        .ASCID   / /                  ;EINGABE
ZLE:        .ASCID   /* /                 ;AUSGABE-
            .WORD    ^A/* /[19]           ;  ZEILE
            .ENTRY   ST,^M<>
L1:         PUSHAQ   PRT
            PUSHAQ   WRT
            CALLS    #2,G^LIB$GET_INPUT
            CLRQ     R5                   ;INDEX,ZLR SCHL.L5
L2:         SUBB2    #^X2Ø,WRT+8[R5]      ;BLANK...
            BEQL     L3                   ;  WIRD NULL
            CMPB     WRT+8[R5],#^X19      ;ENTSPRECHENDER
            BGTR     L1                   ;  CODE
            SUBB2    #^X1Ø,WRT+8[R5]      ;  WIRD
            BLSS     L1                   ;  ZIFFER
            CMPB     R5,#1                ;  DIE ZWEITE?
            BNEQ     L3                   ;  NEIN!
            MULB2    #1Ø,WRT+8            ;  JA, ERSTE*1Ø
L3:         AOBLEQ   #1,R5,L2             ;NOCH ZEICHEN?
            ACBB     #Ø,WRT+8,WRT+9,L1    ;WERT N, ...
            ACBB     #2Ø,WRT+9,R6,L4      ;  BEREICHS-
            BRB      L1                   ;  PRUEFUNG
L4:         MULB3    #2,WRT+9,ZLE         ;2N ZEICHEN
L5:         PUSHAQ   ZLE
            CALLS    #1,G^LIB$PUT_OUTPUT
            SOBGTR   R6,L5                ;QUADRAT
            $EXIT_S
            .END ST
```

Abb. L14.10.1

Eine nicht vollständig eingegebene Zeichenkette wird von der benutzten System-
routine GET_INPUT mit nachfolgenden Blanks aufgefüllt. Eingaben Ziffer oder
Blank/Ziffer sind genauso möglich wie zwei Ziffern.

<u>14.11</u>

a) Datenteil siehe Abb. L14.11.1.

b) Aufruf siehe Abb. L14.11.1.

c) Die Prozedur ist in Abb. L14.11.2 dargestellt.

```
                .TITLE  KL.AUFG.11_HP
        ;DATENTEIL
        NW=3
        A:      .BLKF   NW
        B:      .BLKF   NW
        C:      .BLKF   NW
        N:      .BYTE   NW
        ;KURZES PRUEFPROGRAMM
                .ENTRY  ST,^M<>
                MOVF    #3.25,A
                MOVF    A,B
                MOVF    A,A+8
                MOVF    #2.5,A+4
                MOVF    A+4,B+4
                MOVF    A+4,B+8
        ;               VOLLSTAENDIGER AUFRUF:
                PUSHAB  N
                PUSHAF  C
                PUSHAF  B
                PUSHAF  A
                CALLS   #4,VEKADD
        E:      $EXIT_S
                .END ST
```

Abb. L14.11.1

```
                .TITLE  KL.AUFG.11_UP
                .ENTRY  VEKADD,^M<R2,R3>
                CLRL    R2              ;INDEX
                MOVZBL  @16(AP),R3      ;GRENZE N
        ;
        L1:     ADDF3   @4(AP)[R2],@8(AP)[R2],@12(AP)[R2]
                AOBLSS  R3,R2,L1
                RET
                .END
```

Abb. L14.11.2

<u>14.12</u>

Das als gegeben zu betrachtende Hauptprogramm ist in Abb. L14.12.1 dargestellt.
Eine Prozedur BTGR10 ist in Abb. L14.12.2 angegeben.

```
              .TITLE  KL.AUFG.12_HP
      X:      .QUAD
      M:      .BYTE   19
              .ENTRY  ST,^M<>
              MOVL    #3,R5
              MOVL    R5,R7
              CALLG   X,BTGR1Ø
              MOVL    R5,R6
              MOVL    R7,R8
      E:      $EXIT_S
              .END    ST
```

Abb. L14.12.1

```
              .TITLE  KL.AUFG.12_UP
              .ENTRY  BTGR1Ø,^M<R5,R7>
              CLRQ    (AP)                ;X NULLEN
              MOVZBL  8(AP),R5
              BLEQ    L2                  ;BEREICHSTEST M
              CMPB    #33,R5
              BLEQ    L2
              CLRL    R7                  ;POSITION
      L1:     INSV    #^B1Ø,R7,#2,(AP)
              ADDL2   #2,R7
              SOBGTR  R5,L1               ;ALLE BITGRUPPEN!
      L2:     RET
              .END
```

Abb. L14.12.2

<u>14.13</u>

```
              .TITLE  KL.AUFG.13
      B:      .LONG   ^XFFFFFFFF[32]
      ERROR:  .BYTE
      ;
              .ENTRY  ST,^M<>
              MOVL    #31,R2              ;POSITION
              MOVAL   B,R1                ;BASISREGISTER
              CLRB    ERROR
      L1:     CMPZV   R2,#1,(R1),#Ø
              BEQL    L2
              ADDL2   #4,R1
              SOBGEQ  R2,L1
              BRB     E
      L2:     INCB    ERROR
      E:      $EXIT_S
              .END    ST
```

Abb. L14.13.1

<u>14.14</u>

a)
```
              .TITLE  KL.AUFG.14_HP
      A:      .LONG   ^X45454545,^X56565656,^XØ9Ø9Ø9Ø9
              .LONG   ^X67676767,^X23232323,^XAFAFAFAF
      N:      .WORD   6
      T:      .WORD
      AA:     .ADDRESS          A,N,T
              .ENTRY  ST,^M<>
              CALLG   AA,QSG
      E:      $EXIT_S
              .END ST
```

Abb. L14.14.1

b)
```
              .TITLE  KL.AUFG.14_UP
              .ENTRY  QSG,^M<>
              MOVZWL  @4(AP),R7
              DECL    R7
              CLRW    @8(AP)              ;T AUF NULL
      M1:     CLRL    R6                  ;ZAEHLER AUF 8
              MOVL    @(AP)[R7],RØ        ;HOLE EIN A-LANGWORT
              MOVL    #28,R1
      M2:     EXTZV   R1,#4,RØ,R2         ;ENTNEHME TETRADE
              SUBL2   #4,R1              ;NEUE POS.
              TSTL    R2
              BEQL    M4                  ;Ø-TETRADE ?
      ;QUERSUMME
              CLRL    R3                  ;QUERSUMME
              MOVL    #3,R4              ;BITZAEHLER
      M3:     EXTZV   R4,#1,R2,R5         ;ENTNEHME BIT
              ADDL2   R5,R3
              SOBGEQ  R4,M3
      ;
              BLBS    R3,M4              ;QUERSUMME UNGERADE ?
              INCW    @8(AP)             ;NEIN, ZAEHLEN
      M4:     AOBLSS  #8,R6,M2           ;WEITERE TETRADE ?
              SOBGEQ  R7,M1              ;WEITERE A-LANGWORTE ?
              RET
              .END
```

Abb. L14.14.2

<u>14.15</u>

```
                .TITLE  KL.AUFG.15
                .SHOW EXPANSIONS
        A:      .LONG   ^XE0001003
        B:      .BYTE   0
        C:      .LONG   ^X70FF05A0
        D:      .BYTE   0
        ;
                .MACRO  MEBS     X,Y,?M1,?M2,?M3
                CLRQ    R0                  ;MAX.,POS. INIT.
                BRB     M2                  ;SIZE INIT.!
        M1:     FFS     R1,R2,X,R1          ;SUCHE ERSTE "1"
                BEQL    M3                  ;ALLES "0"?
                SUBL3   R1,#32,R2           ;NEIN, KLEINERE SIZE
                MNEGL   R1,R3               ;POS. DER "1"
                FFC     R1,R2,X,R1          ;SUCHE ERSTE "0"
                ADDL2   R1,R3               ;"1"-BYTELAENGE
                CMPL    R3,R0               ;MAXIMUM...
                BLEQ    M2                  ;...WIE BISHER?
                MOVL    R3,R0               ;NEIN, VERBESSERN
        M2:     SUBL3   R1,#32,R2           ;KLEINERE SIZE
                BGTR    M1                  ;WEITERE BITS?
        M3:     MOVB    R0,Y                ;ERGEBNIS
                .ENDM   MEBS
        ;
                .ENTRY  ST,^M<>
                MEBS    A,B
                MEBS    C,D
        E:      $EXIT_S
                .END    ST
```

Abb. L14.15.1

<u>14.16</u>

Ein Programm mit einer sehr knappen Schleifenprogrammierung ist in Abb. L14.16.1
angegeben. Es wird vom Befehl ACBF Gebrauch gemacht, der die Mikroprogramme Addieren, Vergleichen, Verzweigen, also von drei Instruktionen, umfaßt. Gäbe es ACBF
nicht, so müßte man die Schleife wie in Abb. L14.16.2 dargestellt programmieren.

```
        .TITLE  KL.AUFG.16
Q:      .FLOAT  13.0
SUM:    .FLOAT
;
        .MACRO  ZWSUM   X,Y
        SUBF3   #1.0,X,R0
        DIVF2   X,R0
        ADDF2   R0,Y
        .ENDM
;
        .ENTRY  ST,^M<>
        CLRF    SUM
        MOVF    #3.0,R1         ;INIT.TERMNENNER
L1:     ZWSUM   R1,SUM          ;MACRO AUFRUF
        ACBF    Q,#2.0,R1,L1    ;TERMNENNER, WEITER?
E:      $EXIT_S
        .END ST
```

Abb. L14.16.1

```
        .TITLE  ZU_KL.AUFG.16_SCHLEIFE_L1_VERSION2
L1:     ZWSUM   R1,SUM          ;MACRO AUFRUF
        ADDF2   #2.0,R1         ;NEUER TERMNENNER
        CMPF    R1,Q
        BLEQ    L1
```

Abb. L14.16.2

Bemerkung: Bei allen zu programmierenden Aufgaben ist natürlich bis auf wenige
Ausnahmen jeweils ein anderer Weg möglich. Die oben angegebenen Lösungen stellen
nur eine Möglichkeit dar von vielen. Auf eine weitgehende Optimierung, kein weit-
schweifiges Programmieren, ist natürlich immer zu achten.

15. Automatentheorie

Dieter Pflügel

Fachbereich Allgemeine Informatik

> Automatenarten: Automat, Maschine, Kellerautomat, Turingmaschine, Arbeitsweise
> der Automaten. Automat: Endlichkeit, Determinismus, Vollständigkeit, Darstellung
> (algebraische, tabellarische, graphische, mittels Gleichungssystem), akzeptierte
> Wortmenge (Sprache), Äquivalenzklassen zur Minimierung, Zusammenschaltung (Serien-,
> parallel, rückgekoppelt), Entwurfsprinzipien. Maschine: minimale Maschine, Reali-
> sierung von Schaltnetzwerken. Kellerautomat: Darstellung deterministischer, nicht-
> deterministischer Sprachen.

Zugelassene Hilfsmittel für die Prüfungsaufgaben 15.1 bis 15.15: keine

Aufgaben

15.1

Gegeben ist der folgende Automat: $A = (Q, \Sigma, \delta, q_0, F)$ mit: $(q_0, o) \longmapsto \{q_1\}$,
$(q_0, 1) \longmapsto \{q_0, q_2\}$, $(q_1, o) \longmapsto \emptyset$, $(q_1, 1) \longmapsto \{q_2\}$, $(q_2, o) \longmapsto \{q_1\}$, $(q_2, 1) \longmapsto \{q_1\}$,
und $F = \{q_2\}$. Gesucht ist der minimale, vollständige, deterministische Automat.
Wie lauten die einzelnen Äquivalenzklassen, die während der Minimierung entstehen?

15.2

Gegeben ist die Grammatik: $G_3 = (A_N, A_T, P, A_0)$ mit $P = \{A_0 \longrightarrow aA_0 | A_1,\ A_1 \longrightarrow bA_1 | A_2,$
$A_2 \longrightarrow aA_0 | \varepsilon\}$. Wie lautet der zugehörige Automat und die von ihm akzeptierte Wortmenge?

15.3

Gegeben ist folgende Grammatik: $G_3 = (A_N, A_T, P, A_0)$ mit $P = \{A_0 \longrightarrow aA_1,\ A_1 \longrightarrow bA_0 | A_2,$
$A_2 \longrightarrow aA_1 | A_0 | \varepsilon\}$. Wie lautet der zugehörige ε-freie Automat und seine Wortmenge?

15.4

Man zeige, daß die beiden Wortmengen $(aa(ba)^*)^*$ und $a(a(a+b))^*a + \varepsilon$ äquivalent sind,
indem man für beide Wortmengen die zugehörigen Automaten bestimmt und diese dann
vergleicht.

15.5

Gegeben ist der folgende Automat: $A = (Q, \Sigma, \delta, q_0, F)$ mit $q_0 = aq_1 + aq_2 + aq_3$, $q_1 = bq_4$, $q_2 = aq_2 + bq_4$, $q_3 = bq_3 + bq_4$, $q_4 = bq_4 + \varepsilon$. Gesucht ist der minimale, deterministische Automat.

15.6

Gegeben ist der reguläre Ausdruck: $X = a^+b^* + b^+a^*$. Man stelle das entsprechende Gleichungssystem auf und bestimme den minimalen, ε-freien Automaten.

15.7

Gegeben ist die folgende Automatenschaltung:

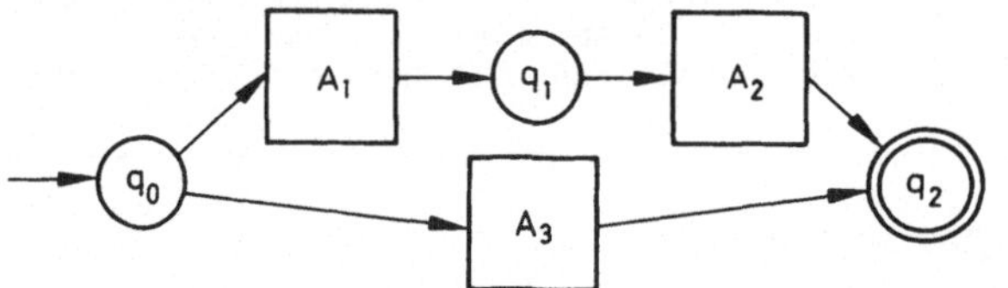

Abb. 15.7.1

mit $L(A_1) = a^+$, $L(A_2) = b^+$, $L(A_3) = (ab)^+$. Gesucht ist der ε-freie Automat für $L(A) = a^+b^+ + (ab)^+$.

15.8

Man entwerfe eine Maschine, mit der ein arithmetischer Rechtsschiftbefehl simuliert wird. Die Maschine ist zu minimieren. Man gebe die logischen Schaltfunktionen an.

15.9

Man entwerfe eine minimale Maschine, die nach drei vorkommenden Einsen einer Eingabekette eine Eins ausgibt. Sonst werden Nullen ausgegeben. Man gebe die zugehörigen Schaltfunktionen an.

15.10

Gegeben ist die Ein/Ausgabe einer Maschine nach folgendem Muster:

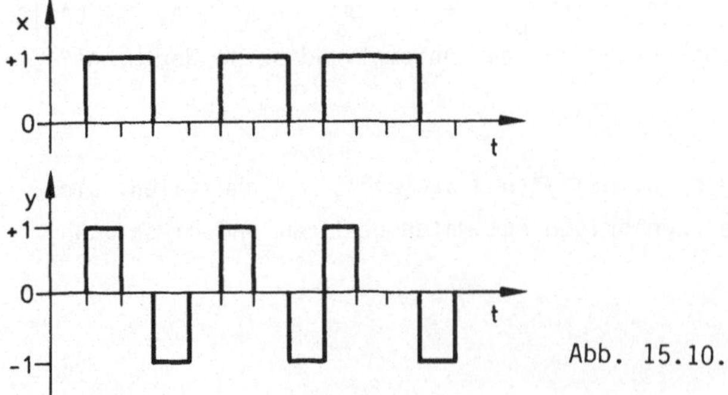

Abb. 15.10.1

Gesucht sind die Übergangsfunktion μ und die Schaltfunktionen.

15.11

Die folgende Maschine ist zu minimieren: M = ({1,2,3,4,5,6,7,8}, {a,b,c},δ,1) mit
der Übergangsfunktion der Abb. 15.11.1. Zu jedem Minimierungsschritt gebe man die
Äquivalenzklassen an.

μ	a	b	c
1	1,1	1,0	6,1
2	5,0	2,1	4,1
3	5,1	7,0	4,1
4	4,0	4,1	8,1
5	1,1	5,0	2,1
6	1,0	2,1	8,1
7	7,1	2,0	8,1
8	8,0	4,1	8,1

Abb. 15.11.1

15.12

Gegeben ist der Graph einer Maschine nach Abb. 15.12.1:

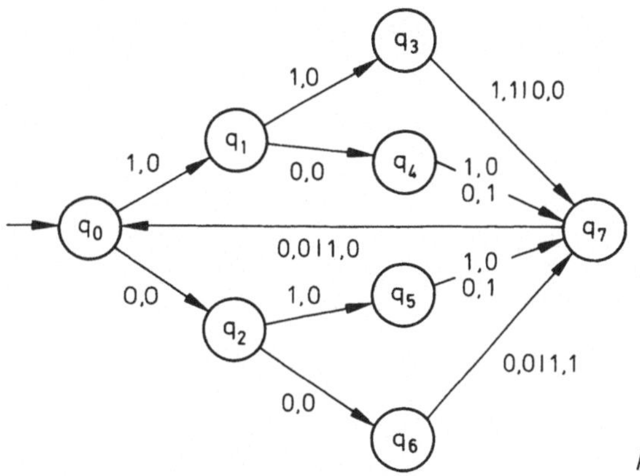

Abb. 15.12.1

Man gebe die minimale Maschine an. Was bewirkt die Maschine, wenn sie im Zustand
q_0 startet und die Eingabe aus jeweils drei signifikanten Zeichen besteht? Das
Zeichen, welches die Maschine in den Startzustand zurückführt, kann als Rückstell-
signal aufgefaßt werden.

15.13

Gegeben ist die folgende Sprache: L = $\{a^n b^m a^m b^n \mid n,m = 1,2,3,\ldots\}$.
1. Man bestimme den zugehörigen deterministischen Kellerautomaten.
2. Wie lautet der nichtdeterministische Kellerautomat mit nur einem Zustand, der
   L akzeptiert?
3. Man analysiere die Zeichenkette x = abab nach 1. und 2.

15.14

Man entwerfe den Graphen eines Kellerautomaten, der die folgende Sprache akzeptiert: L(K) = $\{xy\tilde{x} \mid x \in \{0,1\}^*, y \in \{a,b\}^+\}$.

15.15

Gesucht ist der Kellerautomat für die folgenden Produktionsregeln:

$P = \{E \longrightarrow T + E \mid T, \ T \longrightarrow i \mid (E)\}$. Man analysiere den Satz $x = i + i$.

Literatur

[1] Böhme G (1977) Anwendungsorientierte Mathematik, Bd 4. Springer, Berlin Heidelberg New York

[2] Herschel R (1974) Einführung in die Theorie der Automaten, Sprachen und Algorithmen. Oldenbourg, München

[3] Hackl C (1972/73) Schaltnetzwerke und Automatentheorie I u. II. De Gruyter, Berlin New York

Lösungen

15.1

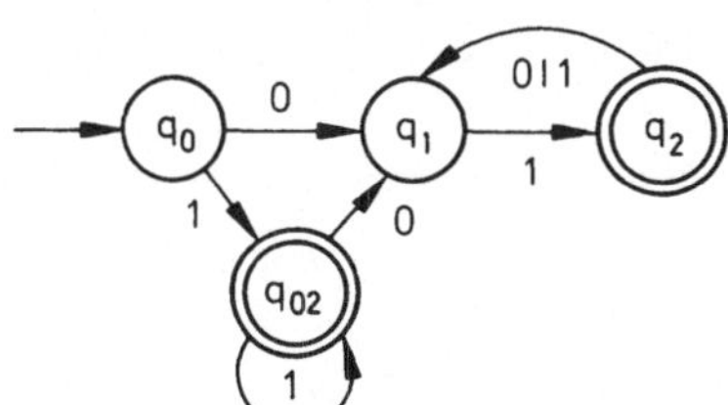

σ, 0, 1 tables (three tables with arrows $\Rightarrow$ between them):

σ	0	1
q_0	q_1	q_{02}
q_1	$\emptyset$	q_2
q_2	q_1	q_1
q_{02}	q_1	q_{012}
q_{012}	q_1	q_{012}
$\emptyset$	$\emptyset$	$\emptyset$

$\Rightarrow$

σ	0	1
q_0	q_1	$\boxed{q_{02}}$
q_1	$\emptyset$	q_2
$\emptyset$	$\emptyset$	$\emptyset$
q_2	q_1	q_1
q_{02}	q_1	$\boxed{q_{012}}$
q_{012}	q_1	$\boxed{q_{012}}$

$\underset{\sim}{0}$

$\Rightarrow$

σ	0	1
q_0	q_1	$\boxed{q_{02}}$
q_1	$\emptyset$	q_2
$\emptyset$	$\emptyset$	$\emptyset$
q_2	q_1	q_1
q_{02}	q_1	q_{012}
q_{012}	q_1	q_{012}

$\underset{\sim}{1}$

deterministisch

$F = \{q_2, q_{02}, q_{012}\}$

Äquivalenzklassen sind :

$\underset{\sim}{0} = \{q_0, q_1, \emptyset\}, \{q_2, q_{02}, q_{012}\}$

$\underset{\sim}{1} = \{q_0, q_1\}, \{\emptyset\}, \{q_2\}, \{q_{02}, q_{012}\}$

$\underset{\sim}{2}, \sim = \{q_0\}, \{q_1\}, \{\emptyset\}, \{q_2\}, \{q_{02}, q_{012}\}$ Abb. L15.1.1

Minimaler Automat dann:

Abb. L15.1.2

15.2

$q_0 = aq_0 + q_1 \Rightarrow aq_0 + bq_1 + q_2 \Rightarrow aq_0 + bq_1 + aq_0 + \varepsilon$

$q_1 = bq_1 + q_2 \Rightarrow bq_1 + aq_0 + \varepsilon$ d.h. $q_0 \equiv q_1$ und q_2 ist

$q_2 = aq_0 + \varepsilon$ nicht erreichbar

Damit $q_0 = (a+b)q_0 + \varepsilon$ und $F = \{q_0\}$

und $L(A) = (a+b)^*$.

15.3

$q_0 = aq_1$

$q_1 = bq_0 + q_2 \Rightarrow bq_0 + aq_1 + q_0 + \varepsilon \Rightarrow bq_0 + aq_1 + aq_1 + \varepsilon = bq_0 + aq_1 + \varepsilon$

$q_2 = aq_1 + q_0 + \varepsilon \Rightarrow aq_1 + aq_1 + \varepsilon = aq_1 + \varepsilon$

q_2 ist nicht erreichbar. Damit dann: $\delta(q_0, a) = q_1$, $\delta(q_1, a) = q_1$, $\delta(q_1, b) = q_0$,

$F = \{q_1\}$. Die Wortmenge ergibt sich durch Lösen des Gleichungssystems zu

$L(A) = (a^+b)^*a^+$.

<u>15.4</u>

$X_0 = (aa(ba)^*)^* = aa(ba)^*X_0 + \varepsilon = aX_1 + \varepsilon$

$X_1 = a(ba)^*X_0 = aX_2$

$X_2 = (ba)^*X_0 = baX_2 + X_0 = bX_3 + X_0 \Rightarrow bX_3 + aX_1 + \varepsilon$

$X_3 = aX_2$

Die Zustände, die den Größen X_1 und X_3 entsprechen, sind $\sim$. Damit ergibt sich
der folgende Automat:

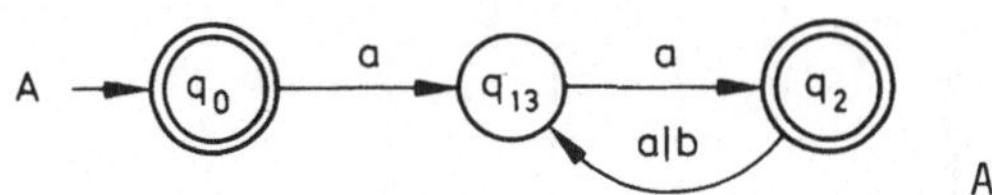

Abb. L15.4.1

Nach dem gleichen Schema wie oben erhält man für den zweiten Ausdruck einen Automaten, der dem ersten in Anzahl der Zustände und in der Übergangsfunktion gleicht,
d.h. $A_1 \equiv A_2$.

<u>15.5</u>

σ	a	b
q_0	q_{123}	$\emptyset$
q_1	$\emptyset$	q_4
q_2	q_2	q_4
q_3	$\emptyset$	q_{34}
q_4	$\emptyset$	q_4

σ	a	b
q_0	q_{123}	$\emptyset$
q_{123}	q_2	q_{34}, q_4
q_2	q_2	
q_{34}	$\emptyset$	q_{34}
q_4	$\emptyset$	q_4

$\underset{\sim}{0}$

σ	a	b
q_0	q_{123}	$\emptyset$
q_{123}	q_2	q_{34}
q_2	q_2	q_4
q_{34}	$\emptyset$	q_{34}
q_4	$\emptyset$	q_4

$\underset{\sim,\sim}{1}$ Abb. L15.5.1

Damit ergibt sich der folgende Automat: $\delta(q_0,a) = q_{123}$, $\delta(q_{123},a) = q_{123}$,
$\delta(q_{123},b) = q_{34}$, $\delta(q_{34},b) = q_{34}$.

<u>15.6</u>

$X_0 = X_1 + X_2 \Rightarrow aX_3 + bX_4$

$X_1 = a^+b^* = aa^*b^* = aX_3$

$X_2 = b^+a^* = bb^*a^* = bX_4$

$X_3 = a^*b^* = aX_3 + b^* = aX_3 + X_5 \Rightarrow aX_3 + bX_5 + \varepsilon$

$X_4 = b^*a^* = bX_4 + a^* = bX_4 + X_6 \Rightarrow bX_4 + aX_6 + \varepsilon$

$X_5 = b^* = bX_5 + \varepsilon$

$X_6 = a^* = aX_6 + \varepsilon$

X_1 und X_2 sind nicht erreichbar.

Damit dann: $q_0 = aq_3 + bq_4$ und $A = (Q, \{a,b\}, \delta, q_0, \{q_3, q_4, q_5, q_6\})$

$q_3 = aq_3 + bq_5 + \varepsilon$

$q_4 = bq_4 + aq_6 + \varepsilon$

$q_5 = bq_5 + \varepsilon$

$q_6 = aq_6 + \varepsilon$

15.7

Es gilt für Automat

A_1: $q_{o1} = aq_{11}$ A_2: $q_{o2} = bq_{12}$ A_3: $q_{o3} = aq_{13}$

$\quad$ $q_{11} = aq_{11} + q_1$ $q_{12} = bq_{12} + q_2$ $q_{13} = bq_{23}$

$\qquad\qquad\qquad\qquad\qquad\qquad\qquad\qquad\qquad$ $q_{23} = aq_{13} + q_2$

Durch die Zusammenschaltung gilt dann: $q_o = q_{o1} + q_{o3}$

$\qquad\qquad\qquad\qquad\qquad\qquad\qquad\quad$ $q_1 = q_{o2}$

$\qquad\qquad\qquad\qquad\qquad\qquad\qquad\quad$ $q_2 = \varepsilon$

Daraus dann:

$q_o \ = aq_{11} + aq_{13}$ $q_{o1} = aq_{11}$ und $q_{o3} = aq_{13}$ sind in q_o enthalten.

$q_{11} = aq_{11} + bq_{12}$

$q_{13} = bq_{23}$

$q_{23} = aq_{13} + \varepsilon$

$q_{12} = bq_{12} + \varepsilon$

15.8

Entwurf Abb. L15.8.1:

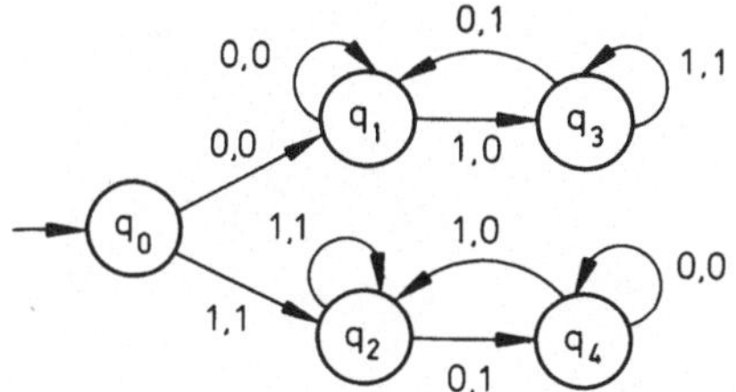

Abb. L15.8.1

Wie man sich leicht überzeugt, ist $q_3 \sim q_2$ und $q_1 \sim q_4$. Codiert man q_0 mit oo, q_1 mit ol und q_2 mit lo, so ergibt sich die Funktion μ zu (Abb. L15.8.2):

μ	0	1
00	01,0	10,1
01	01,0	10,0
10	01,1	10,1

$z_1' z_2' \qquad\quad z_1 z_2 \qquad\quad y$ Abb. L15.8.2

Damit ergeben sich die folgenden Schaltfunktionen:

$$z_1 = \bar{z}_1' \bar{z}_2' x + \bar{z}_1' z_2' x + z_1' \bar{z}_2' x$$

$$z_2 = \bar{z}_1' \bar{z}_2' \bar{x} + \bar{z}_1' z_2' \bar{x} + z_1' \bar{z}_2' \bar{x}$$

$$y \ = \bar{z}_1' \bar{z}_2' x + z_1' \bar{z}_2' x + z_1' \bar{z}_2' \bar{x}$$

15.9

Graph der Maschine (Abb. L15.9.1):

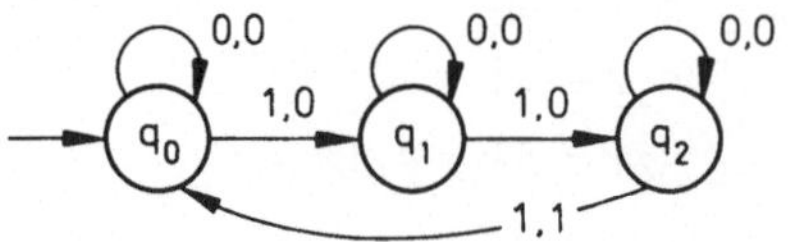

Abb. L15.9.1

Mit $q = z_1 z_2$ bzw. $z_1' z_2'$ als Folgezustand ergibt sich die Wahrheitstabelle aus Abb. L15.9.2:

$z_1' z_2'$	x	$z_1 z_2$	y
00	0	00	0
00	1	01	0
01	0	01	0
01	1	1o	0
1o	0	1o	0
1o	1	00	1

Abb. L15.9.2

und daraus die disjunktiven Normalformen:

$$z_1 = \bar{z}_1' z_2' x + z_1' \bar{z}_2' \bar{x}$$

$$z_2 = \bar{z}_1' \bar{z}_2' x + \bar{z}_1' z_2' x$$

$$y = z_1' \bar{z}_2' x$$

15.10

Bei o1-Wechsel wird eine 1, bei 1o-Wechsel wird eine −1 ausgegeben. Sonst werden o ausgegeben. Damit ergibt sich für die Übergangsfunktion μ die Tabelle aus Abb. L15.10.1:

μ	0	1
0	0,00	1,01
1	0,10	1,00

Abb. L15.10.1

mit $y = y_1 y_2$, wobei o durch oo, 1 durch o1 und −1 durch 1o codiert wurde.
Als Schaltfunktionen ergeben sich dann: $z = x$, $y_1 = \bar{x} z'$, $y_2 = x \bar{z}'$.

15.11

Die Zustände 3 und 7 sind nicht erreichbar. Den Minimierungsablauf zeigt Abb. L15.11.1:

λ	a	b	c
1	1	0	1
5	1	0	1
2	0	1	1
4	0	1	1
6	0	1	1
8	0	1	1

$\underset{\sim}{1}$

σ	a	b	c
1	1	1	6
5	1	5	2
2	5	2	4
4	4	4	8
6	1	2	8
8	8	4	8

$\underset{\sim}{1}$

σ	a	b	c
1	1	1	6
5	1	5	2
2	5	2	4
6	1	2	8
4	4	4	8
8	8	4	8

$\underset{\sim,\sim}{2}$

Abb. L15.11.1

15.12

Start des Minimierungsvorganges, nachdem vorher nach gleicher Ausgabe sortiert
wurde (Abb. L15.12.1):

σ	0	1
q_0	q_2	q_1
q_1	q_4	q_3
q_2	q_6	q_5
q_7	q_0	q_0
q_3	q_7	q_7
q_6	q_7	q_7
q_4	q_7	q_7
q_5	q_7	q_7

Abb. L15.12.1

Damit ist $q_3 \sim q_6$ und $q_4 \sim q_5$.
Somit ergibt sich die folgende Maschine:

$M = (Q, \{0,1\}, \{0,1\}, \delta, q_0)$

mit $Q = \{q_0, q_1, q_2, q_{36}, q_{45}, q_7\}$

und Abkürzungen:

q_{36} für q_3 und q_6

q_{45} für q_4 und q_5

Die Maschine testet, ob die Eingabe aus einer ungeraden oder geraden Anzahl von 1
besteht. Im ersten Fall wird eine 1, sonst eine o ausgegeben.

15.13

1. Abb. L15.13.1:

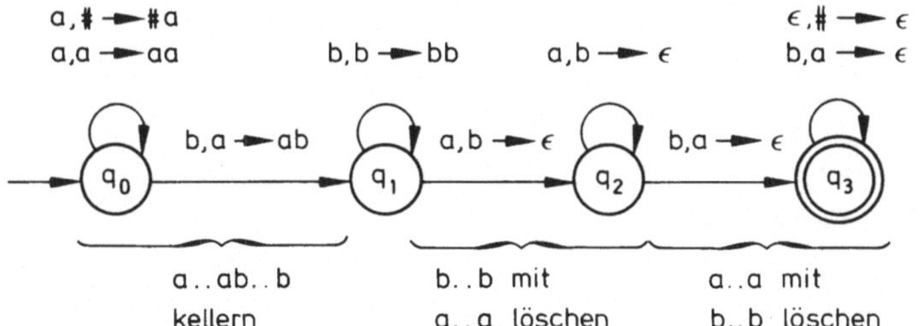

Abb. L15.13.1

2. Die Grammatik für die kontextfreie Sprache lautet:

$G_2 = (\{S_0, S_1\}, \{a,b\}, P, S_0)$, mit $P = \{S_0 \longrightarrow aS_0b \mid aS_1b,\ S_1 \longrightarrow bS_1a \mid ba\}$.

Die Übergangstabelle für den Kellerautomaten zeigt Abb. L15.13.2.

	a	b	ϵ
S_0			$bS_0a \mid bS_1a$
S_1			$aS_1b \mid ab$
a	ϵ		
b		ϵ	

Abb. L15.13.2

3. Analyse mit 1.

$(q_0, \#, abab) \vdash (q_0, \#a, bab) \vdash (q_1, \#ab, ab) \vdash (q_2, \#a, b) \vdash$

$(q_3, \#, \varepsilon) \vdash (q_3, \varepsilon, \varepsilon)$ gleich Endkonfiguration.

Analyse mit 2.

$(S_0, abab) \vdash (bS_1a, abab) \vdash (bS_1, bab) \vdash (bab, bab) \vdash (ba, ab) \vdash$

$(b, b) \vdash (\varepsilon, \varepsilon)$

15.14

Den Graphen zeigt Abb. L15.14.1:

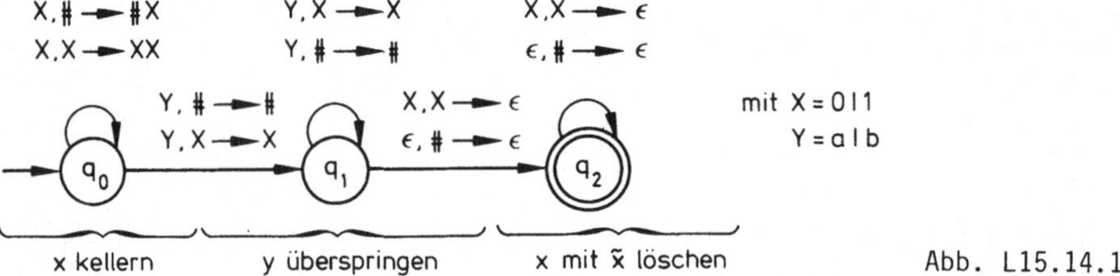

Abb. L15.14.1

15.15

Übergangstabelle siehe Abb. L15.15.1:

	i	+	
E			E+T|T
T			)E(|i
i	ε		
+		ε	

Abb. L15.15.1

Analyse von i+i:

$(E, i{+}i) \vdash (E{+}T, i{+}i) \vdash (E{+})E(, i{+}i)$ Sackgasse

$\qquad \vdash (E{+}i, i{+}i) \vdash (E, i) \vdash (E{+}T, i) \vdash (E{+})E(, i)$ Sackgasse

$\qquad\qquad \vdash (E{+}i, i) \vdash (E{+}, i)$ Sackgasse

$\qquad\quad \vdash (T, i) \vdash ()E(, i)$ Sackgasse

$\qquad\qquad \vdash (i, i) \vdash (\varepsilon, \varepsilon)$ Endkonfiguration

16. Sprachübersetzer

Dieter Pflügel

Fachbereich Allgemeine Informatik

Aufbau von Sprachübersetzern: Assembler, Compiler. Methoden der Analysen: Bottom-up, Top-down. Praktische Methoden der Syntaxanalyse: Automaten, Präzedenzrelationen, Präzedenzfunktionen, rekursiver Abstieg, LL- und LR-Grammatiken. Interne Darstellungen: Polnische Notation, Tripel, Quadrupel, Bäume. Codegenerierung: arithmetische Ausdrücke, Programmstrukturen. Codeoptimierung: lokale Optimierung, globale Optimierung. Interpreter: Virtuelle Maschinen. Darstellung von Datenstrukturen. Laufzeitspeicherorganisation. Praxis der Compilerentwicklungen. Anforderungen an Übersetzer: Fehlerbehandlungen bei der Übersetzung.

Zugelassene Hilfsmittel für die Prüfungsaufgaben 16.1 bis 16.14: keine

Aufgaben

16.1

Der Satz: x = REAL i(k) ist

1. nach dem allgemeinen Bottom-up-Verfahren zu reduzieren, mit

   A $\longrightarrow$ SL   L $\longrightarrow$ L,i|i|L,F|F   F $\longrightarrow$ i(X)   X $\longrightarrow$ X,k|k   S $\longrightarrow$ REAL|INTEGER

2. nach dem allgemeinen Top-down-Verfahren abzuleiten, mit

   A $\longrightarrow$ SL   L $\longrightarrow$ i,L|i|F,L|F   F $\longrightarrow$ i(X)   X $\longrightarrow$ k,X|k   S $\longrightarrow$ REAL|INTEGER

16.2

Man bestimme die Präzedenzrelationen für folgende EOPG:

$$P = \{L \longrightarrow LvT|T, \ T \longrightarrow T\&(L)|T\&i|(L)|i\}, \ \text{mit } \Phi = \{L,T,i\} \ \text{und } \Sigma = \{\&,v,(,)\}.$$

Man analysiere den Satz: i&(ivi).

16.3

Man bestimme die Präzedenzfunktion für folgende Präzedenzmatrix:

```
+ <•*, (, i    * <• (,i   ( <• +, *, (, i
+•> +, )       *•> +,*,)
)•> +, *, )    i•> *,+,)      (≐)
```

Man analysiere den Satz: i*(i+i).

<u>16.4</u>

Man entwerfe den Graphen eines Steuerautomaten, der mit indirekter Analyse feststellt, um welche Art von FORTRAN-Anweisung es sich handelt.

1. READ($\left\{\begin{matrix} i \\ d \end{matrix}\right\}$,d,[END=d]) Liste;

2. i[(expr[,expr,...])]=expr;

3. DO d i=$\left\{\begin{matrix} i \\ d \end{matrix}\right\}$,$\left\{\begin{matrix} i \\ d \end{matrix}\right\}$[,$\left\{\begin{matrix} i \\ d \end{matrix}\right\}$];

mit Liste = Liste von einfachen oder indizierten Variablen oder implizite
          DO-Schleife
   expr = arithmetische Ausdrücke
   d   = integer Zahl
   i   = Bezeichner
und {} = Alternativklammer, [] = Wahlklammer (= Metazeichen)

<u>16.5</u>

Man entwerfe einen Automaten, der die folgenden Zahlen erkennt und abspeichert:

$$d^+, \quad d^+.d^*[Ed^+], \quad d^*.d^+[Ed^+], \quad d^+Ed^+$$

z.B.: 123, 123., 12.3, 12.E3, .123, .12E3, 12.3E3, 123E4.
Die Arbeitsweise der Semantikroutinen beschreibe man verbal.

<u>16.6</u>

Eine Assemblerzeile sei wie folgt aufgebaut:

    Label Befehl Adresse ;

mit Label = Bezeichner:, Befehl = Bezeichner,
Adresse = [@] Ausdruck [(Indexausdruck)], Indexausdruck und Ausdruck
nicht geklammerte arithmetische Ausdrücke mit den Operatoren + und - ,

z.B. LAB1: MOVE @ ADR-1(X);
       ADD   WERT(10);

1. Man entwerfe einen Automaten, der die Grundeinheiten Label, Befehl, Bezeichner, Konstante, @, (,), + und - bildet. Zwischen den Grundeinheiten können beliebig viele Leerzeichen vorkommen.
   Die Aufgaben der Semantikroutinen beschreibe man verbal.

2. Man entwerfe einen Automaten, der mit den unter 1. gefundenen Grundeinheiten eine Syntaxanalyse einer Assemblerzeile durchführt. Der Automat soll ein Maschinenwort mit folgendem Aufbau erzeugen:

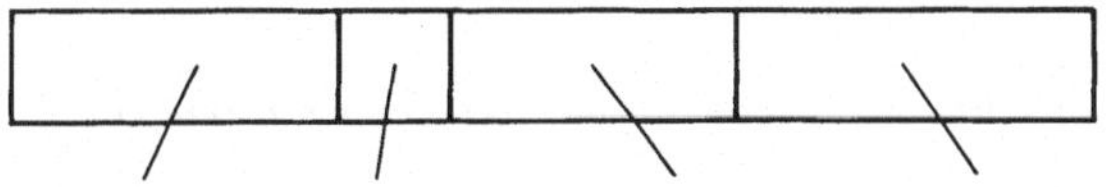

Befehlscode   I-Bit für Indexregister   Adresse
              indirekte
              Adressierung   Abb. 16.6.1

Wie lauten die dafür notwendigen Semantikroutinen?

16.7

Gegeben ist eine REPEAT-Anweisung:

        REPEAT statementliste UNTIL logexpr ;

1. Wie lauten die Produktionsregeln für die REPEAT-Anweisung?
2. Wie lautet die Polnische Notation?
3. Wie lauten die semantischen Routinen zur Erzeugung der polnischen Kette?

16.8

Gegeben ist die COBOL-Anweisung:

        PERFORM prozedurname UNTIL bedingung ;

Gesucht ist die interne Darstellung als polnische Kette. Erläutern Sie die Bedeutung der einzelnen Operatoren und Operanden.

16.9

Geben Sie die polnische Kette für folgende Anweisungen an:

1. A:=(A-B*(C/D-A)/B**2+A/B)/X;
2. IF A<B THEN IF A≠B THEN X:=o ELSE X:=1 ELSE X:=-1;
3. D:=B/A[C[1-K],J-3*K]*X;
4. REPEAT IF A+B>C THEN X:=o ELSE X:=1; C:=C+1 UNTIL X=1;

16.10

Wie lauten die Quadrupel- und Tripelfolgen für folgendes Programm:

```
    REPEAT
      IF a+b>c THEN x:=o
              ELSE x:=1;
      c:=c+1
    UNTIL x=1;
```


16.11

Man gebe einen Algorithmus (entsprechend wie bei Quadrupeln) an, mit dem aus gegebenen Tripeln der entsprechende Maschinencode erzeugt wird. Die Erzeugung soll nicht mit rekursivem Aufrufen erfolgen.

1. Welche Situationen können auftreten?
2. Wie werden einstellige Operatoren wie Minus und Negation behandelt?
3. Man demonstriere das Verfahren an folgendem Beispiel: X:=D/(-(A-B*C))

16.12

Gegeben ist der Automat zur Erzeugung des Maschinencodes für logische Ausdrücke:

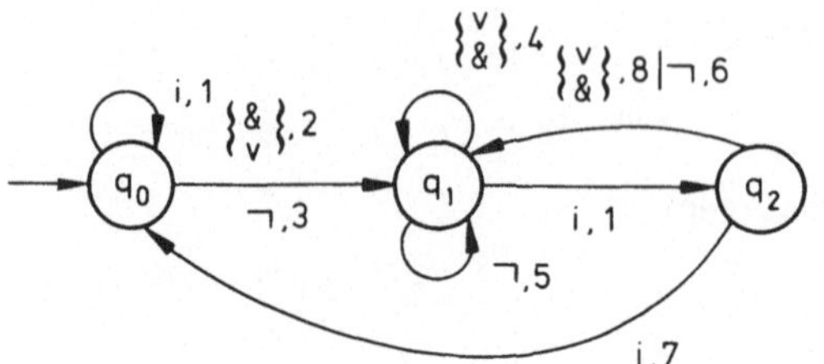

Abb. 16.12.1

1. Man gebe die entsprechenden Semantikroutinen an. Die Eingabezeichen für den
   Automaten sind jeweils das nächste zu verarbeitende Zeichen der polnischen Kette.
2. Wie lautet der Code für folgenden logischen Ausdruck:

$$\neg\,(A\&(B v C))\&\,\neg\,D\&(E v F)$$

16.13

Man optimiere die folgenden Anweisungen:

```
I:=7;
C:=3;
A:=B*(2+C);
D:=I+A-C;
B:=5+C;
A:=B*(10-C);
```

16.14

Um eine optimale Verwaltung der temporären Speicherplätze T_k bei der Codegenerierung von arithmetischen Ausdrücken durchführen zu können, überlege man sich, wann
jeweils ein T_k aufgegeben werden kann. Dazu betrachte man den Automaten der Abb.
16.12.1 für logische Ausdrücke. Man ergänze den Automaten für die Operatoren:
- und / . Wie lauten bei diesem Automaten dann die Semantikroutinen zur Erzeugung
des Maschinencodes für arithmetische Ausdrücke? Man teste das Verfahren an folgendem Beispiel:

$$X:=(A+B)*(A-B)/(C-D)$$

Literatur

[1] Gries D (1971) Compiler Construction for Digital Computers. Wiley, New York
    London Sydney Toronto

[2] Aho A, Ullman JD (1972/73) The Theory of Parsing, Translation and Compiling,
    Vol I,II. Prentice-Hall, London Sydney Toronto New Delhi Tokyo

[3] Lewis PM II, Rosenkrantz DJ, Stearns RE (1976) Compiler Design Theory. 2. Aufl.
    Addison-Wesley, Massachusetts London Sydney

Lösungen

16.1

1. REAL i(k) ← Si(k) ⊢ SL(k) ⊢ A(k) ← A(X)   Sackgasse
                      │   ⊢ SL(X) ← A(X)   "
                      ⊢ Si(X) ⊢ SL(X) ← A(X)   "
                              ⊢ SF ← SL ← A   Startsymbol erreicht

  Abb. L16.1.1

2. A ⇒ SL ⇒ REAL L ⊢ REAL L,i
                    ⊢ REAL i
                    ⊢ REAL F,L ⇒ REAL i(X),L ⊢ REAL i(k,X),L
                    │   ⊢ REAL i(k),L
                    ⊢ REAL F ⇒ REAL i(X) ⊢ REAL i(k,X)
                                         ⊢ REAL i(k)

  Abb. L16.1.2

16.2

Bestimmung der Präzedenzrelationen:

	L	T	i	&	v	(	)
L	F	F	F	F	F≐	F	≐
T	L'	F	F	F≐		F	
i	L'	L'					
&	L'	L'	≐	⋗	⋗	≐	⋗
v	L'	≐		⋖	⋗	⋖	⋗
(	≐			⋖	⋖	⋖	≐
)	L'	L'		⋗	⋗		⋗

mit F = FIRST
     L = LAST
     L' = LAST^{-1}

Abb. L16.2.1

Analyse des Satzes x:

1 Stack-1	i Stack-2	R	x
1 #	1 #		i&(ivi) #
2 #i	1 #	⋖	&(ivi) #
2 #i	2 #&	≐	(ivi) #
2 #i	3 #&(		ivi) #
3 #ii	3 #&(	⋖	vi) #
3 #ii	4 #&(v		i) #
4 #iii	4 #&(v	⋗	) #
3 #iN	3 #&(	≐	) #
3 #iN	4 #&()	⋗	#
2 #N	1 #	stop	#

Abb. L16.2.2

16.3

Bestimmung der Präzedenzfunktionen:

	g(y)					
				5		5
			3	4		4
		1	2	2		2
		-1	1	1	0	1
f(x)		+	*	(	)	i
2,1,0	+	·>	<·	<·	·>	<·
4,3,0	*	·>	·>	<·	·>	<·
0	(	<·	<·	<·	≐	<·
4,3	)	·>	·>			·>
4,3	i	·>	·>			·>

und damit dann :

	+	*	(	)	i
f(x)	2	4	0	4	4
g(y)	1	3	5	0	5

Abb. L16.3.1

Analyse des Satzes x:

1	Stack-1	i	Stack-2	f(x)	R	g(y)	x
1	#	1	#	f (#)	<	5	i*(i+i) #
1	#	2	#i	4	>	3	*(i+i) #
2	#i	1	#	f (#)	<	3	*(i+i) #
2	#i	2	#*	4	<	5	(i+i) #
2	#i	3	#*(	0	<	5	i+i) #
2	#i	4	#*(i	4	>	1	+i) #
3	#ii	3	#*(	0	<	1	+i) #
3	#ii	4	#*(+	2	<	5	i) #
3	#ii	5	#*(+i	4	>	0	) #
4	#iii	4	#*(+	2	>	0	) #
3	#iN	3	#*(	0	=	0	) #
3	#iN	4	#*()	0	>	g (#)	#
3	#iN	2	#*	4	>	g (#)	#
2	#N	1	#		stop		#

Abb. L16.3.2

16.4

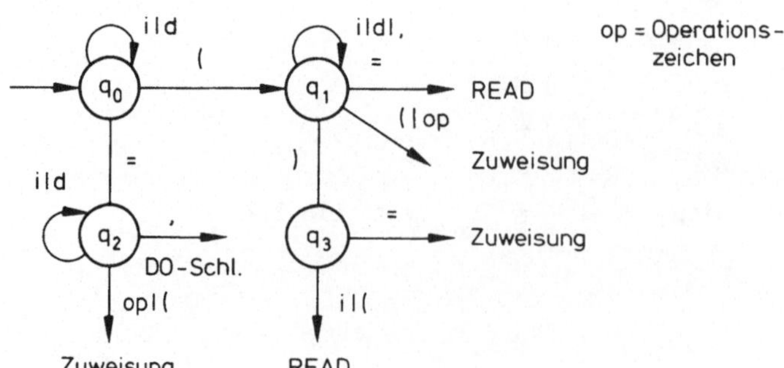

Abb. L16.4.1

16.5

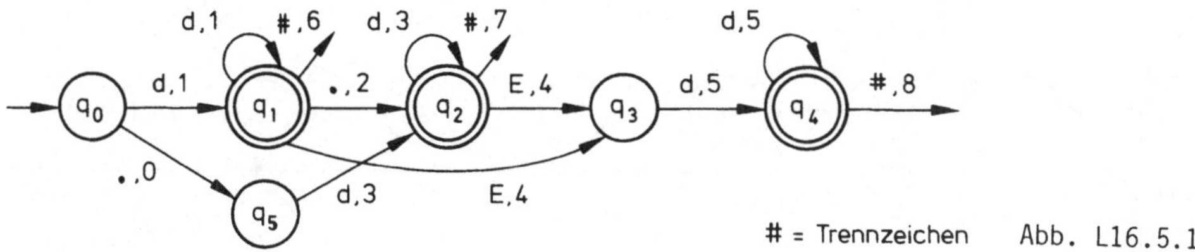

= Trennzeichen   Abb. L16.5.1

Semantikroutinen:

0: ganzer Teil = 0

1: ganzen Teil bilden

2: ganzen Teil gefunden

3: gebrochenen Teil bilden

4: gebrochenen Teil gefunden

5: Exponent bilden

6: ganze Zahl gefunden

7: Gleitpunktzahl berechnen

8: Gleitpunktzahl berechnen

16.6

1. Bestimmung der Grundeinheiten:

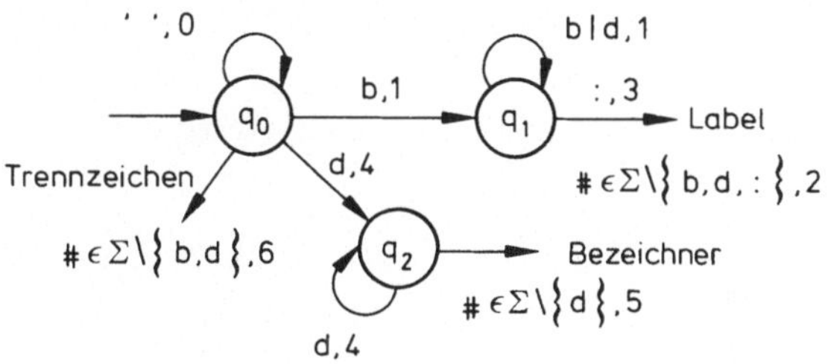

Abb. L16.6.1

Semantikroutinen:

0: keine Wirkung

1: Bezeichner bilden

2: Bezeichner überprüfen, ob Befehl

3: Bezeichner ist ein Label

4: Konstante bilden

5: Konstante gefunden

6: Trennzeichen wie +|-|(|)|@ gefunden

2. Analyse der Assemblerzeile:

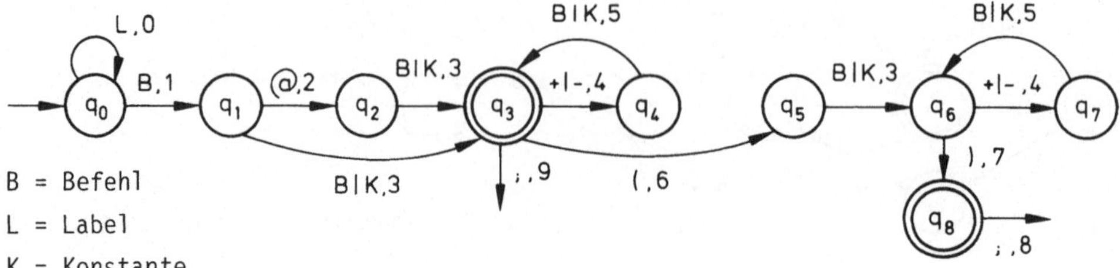

B = Befehl
L = Label
K = Konstante

Abb. L16.6.2

Semantikroutinen:

0: Label einsetzen

1: Befehlscode generieren

2: I-Bit = 1 setzen

3,4,5: Ausdruck berechnen

6: Adresse einsetzen

7: Indexregister einsetzen

8: Ende Assemblerzeile

9: Adresse einsetzen, Ende Assemblerzeile

16.7

1. Grammatische Regeln:

$$S \longrightarrow R\ L\ \text{UNTIL}\ E$$
$$L \longrightarrow L\ ;\ S\ |\ S$$
$$R \longrightarrow \text{REPEAT}$$

2. Polnische Kette:

        SSS...S E p BRF   mit: S = Statement
        ↑p
                               E = logexpr.

                               BRF = branch if false nach p

3. Semantische Routinen:

        R ⟶ REPEAT   k:=k+1; Jump(k):=p;
        S ⟶ R L UNTIL E   P(p):=Jump(k); k:=k-1; p:=p+1; P(p):='BRF'; p:=p+1;

    mit: Jump = Stack zur Speicherung der Sprungziele in poln. Kette
         p   = Zeiger in poln. Kette
         P   = polnische Kette

Syntaxbaum:

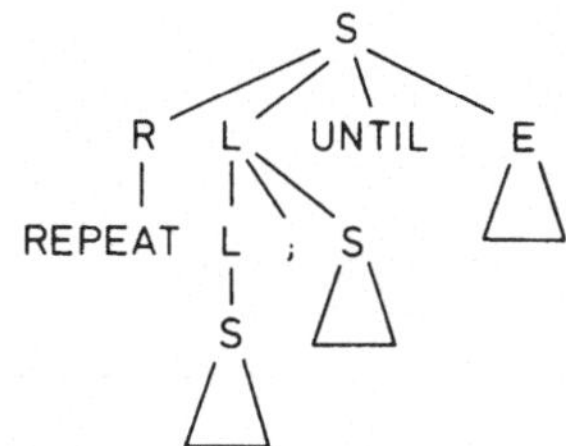

Abb. L16.7.3

16.8

Polnische Kette:

... bedingung p_1 BRT prozedurname BRS p_2 BR ...
  ↑p_2 ↑p_1

mit: BRT = branch if true nach p_1

       BRS = Unterprogrammsprung zu prozedurname

       BR = branch nach p_2

       p_i = Zeiger in polnischer Kette

16.9

1. AABCD/A-*B2↑/-AB/+X/:=

2. AB < 21 BRF
```
            AB ≠ 16 BRF                 mit: ↑p = Zeiger in poln. Kette
                  Xo:= 19 BR
                  X1:=
                  ↑16   25 BR
            X18:=             ↑19
            ↑21   ↑25
```

3. DB1K-C[]J3K*-A[]/X*:=   mit: [] = Indizierungsoperator

4. AB+C > 13 BRF
```
   ↑1            Xo:= 16 BR
   ↓16           X1:=
   CC1:=         ↑13
   X1= 1 BRF...
```


16.10

Quadrupel	Tripel	
q_3: (+,a,b,T_1)	(1) t_3:	(+,a,b)
(>,T_1,c,T_2)	(2)	(>,(1),c)
(BRF,T_2,q_1)	(3)	(BRF,(2),(t_1))
(:=,o,x)	(4)	(:=,o,x)
(BR,q_2)	(5)	(BR,(t_2))
q_1: (:=,1,x)	(6) t_1:	(:=,1,x)
q_2: (+,c,1,T_3)	(7) t_2:	(+,c,1)
(:=,T_3,c)	(8)	(:=,(7),c)
(=,x,1,T_4)	(9)	(=,x,1)
(BRF,T_4,q_3)	(10)	(BRF,(9),(t_3))

mit q_i = Quadrupelnummer, (z),(t_i) = Tripelnummer

<u>16.11</u>

1. Der Pseudoakkumulator @ enthält die jeweilige Tripelnummer t_j als Zwischen-
   ergebnis einer Operation. Folgende Situationen können unterschieden werden:

Situation	erzeugter Maschinencode		Inhalt von @
1. $t_j:(op,i_1,i_2)$ @ = ' '	LDA i_1 op i_2		t_j
2. $t_j:(op,i_1,i_2)$ @ = t_k	STA T_{t_k} LDA i_1 op i_2		t_j
3. $t_j:(op,(t_i),i)$ @ = t_i	op i		t_j
4. $t_j:(op,(t_i),i)$ @ = t_k	STA T_{t_k} LDA T_{t_i} op i		t_j
5. $t_j:(op,i,(t_i))$ @ = t_i	op i STA T_{t_i} LDA i op T_{t_i}	wenn op kommutativ wenn op nicht komm.	t_j
6. $t_j:(op,i,(t_i))$ @ = t_k	STA T_{t_k} LDA i op T_{t_i}		t_j
7. $t_j:(op,(t_i),(t_k))$ @ = t_i	op T_{t_k} .		t_j
8. $t_j:(op,(t_i),(t_k))$ @ = t_k	op T_{t_k} STA T_{t_k} LDA T_{t_k} op T_{t_k}	wenn op kommutativ wenn op nicht komm.	t_j
9. $t_j:(op,(t_i),(t_l))$ @ = t_k	STA T_{t_k} LDA T_{t_i} op T_{t_l}		t_j

2. Behandlung der einstelligen Operatoren

   1. $(\theta,i,)$　　　　　　　　LDA i
     @ = ' '　　　　　　　　NEG

   2. $(\theta,i,)$　　　　　　　　STA T_{t_k}
     @ = t_k　　　　　　　　LDA i
                    NEG

   3. $(\theta,(t_k),)$　　　　　　NEG
     @ = t_k

   4. $(\theta,(t_k),)$　　　　　　STA T_{t_i}
     @ = t_i　　　　　　　　LDA T_{t_k}
                    NEG

3. Beispieltest:

Tripel	Maschinencode	Inhalt von @
(1) $(*,B,C)$	LDA B; MULT C;	(1)
(2) $(-,A,(1))$	STA T_1; LDA A; SUB T_1	(2)
(3) $(\theta,(2),)$	NEG;	(3)
(4) $(/,D,(3))$	STA T_3; LDA D; DIV T_3;	(4)
(5) $(:=,(4),X)$	STA X;	' '

16.12

1. Semantikroutinen:

   1: i $\longrightarrow$ Stack

   2: LOAD i_1　　@ $\longrightarrow$ Stack
     $\left\{\begin{matrix}\text{AND}\\\text{OR}\end{matrix}\right\}$ i_2

   3: LOAD i　　@ $\longrightarrow$ Stack
     NOT

   4: $\left\{\begin{matrix}\text{AND}\\\text{OR}\end{matrix}\right\}$ i_1

   5: NOT

   6: STOR T　　T $\longrightarrow$ Stack　(@ ersetzen durch T)
     LOAD i
     NOT　　　　@ $\longrightarrow$ Stack

   7: STOR T　　T $\longrightarrow$ Stack　(@ ersetzen durch T)
              i $\longrightarrow$ Stack

   8: $\left\{\begin{matrix}\text{AND}\\\text{OR}\end{matrix}\right\}$ i　　@ $\longrightarrow$ Stack

2. Maschinencodegenerierung

Stack	poln. Kette	Sem.Rout.	Masch.Code
#	ABCv&¬D¬&EFv& #		
#ABC	v&¬D¬&EFv& #	1,1,1	
#A@	&¬D¬&EFv& #	2	LOAD B; OR C;
#@	¬D¬&EFv& #	4	AND A;
#@	D¬&EFv& #	5	NOT;
#@D	¬&EFv& #	1	
#T@	&EFv& #	6	STOR T; LOAD D; NOT;
#@	EFv& #	4	AND T;
#@E	Fv& #	1	
#TEF	v& #	7	STOR T;
#T@	& #	2	LOAD E; OR F;
#@	#	4	AND T;

16.13

Polnische Darstellung	Optimiert	Wertetabelle
I7:=	I7:=	I,7
C3:=	C3:=	C,3
AB2C+*:=	AB5*:=	
DIA+C-:=	D7A+3-:=	
B5C+:=	B8:=	B,8
AB1oC-*	A56:=	A,56

16.14

1. Ergänzter Automat:

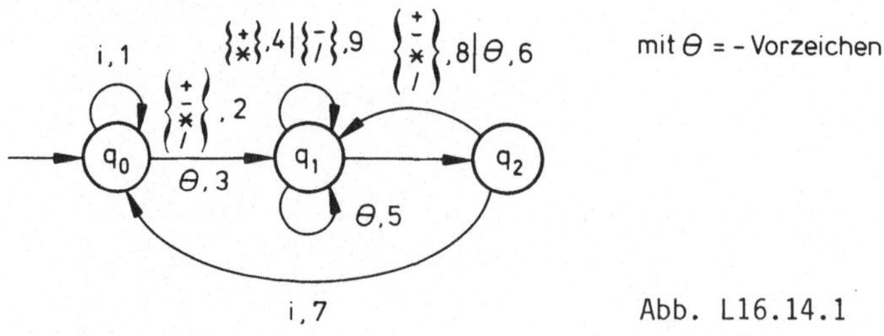

mit Θ = – Vorzeichen

Abb. L16.14.1

Semantikroutinen:

1: $i \longrightarrow$ Stack	7: STOR T_k $T_k \longrightarrow$ Stack; $k:=k+1$;
2: LOAD i_1 @ $\longrightarrow$ Stack	$i \longrightarrow$ Stack
op i_2	8: op i_2
3: LOAD i @ $\longrightarrow$ Stack	9: STOR T_k
NEG	LOAD i_1
4: op i_1 @ $\longrightarrow$ Stack	op T_k $k:=k-1$;
5: NEG	
6: STOR T_k $T_k \longrightarrow$ Stack	Bei allen Operationen gilt:
LOAD i @ $\longrightarrow$ Stack	Ist der Operand i ein T_{k-1}, dann wird
NEG	$k:=k-1$ gemacht.

2. Testbeispiel:

Polnische Kette: XAB+AB-*CD-/:= #

Stack	Eingabekette	Masch.Code	k	Sem.Rout.
#	XAB+AB-*CD-/:= #			
#XAB	+AB-*CD-/:= #			1,1,1
#X@	AB-*CD-/:= #	LOAD A		2
		ADD B		
#X@A	B-*CD-/:= #			1
#XT$_1$AB	-*CD-/:= #	STOR T_k	1	7
#XT$_1$@	*CD-/:= #	LOAD A	2	2
		SUB B		
#X@	CD-/:= #	MULT T_1		4
#X@C	D-/:= #		1	1
#XT$_1$CD	-/:= #	STOR T_k	1	7
#XT$_1$@	/:= #	LOAD C	2	2
		SUB D		
#X@	:= #	STOR T_k	2	9
		LOAD T_1		
		DIV T_k		
#	#	STOR X	1	

17. Formale Sprachen

Gert Böhme

Fachbereich Allgemeine Informatik

Zeichenketten: mathematisches Modell, Typisierung, LJAPUNOW-Wörter, Wortrelationen, Wortoperationen, Wortalgebren. Worthalbgruppen: Halbgruppen, LIGHT-Algorithmus, Freie Halbgruppen, Transformations-Halbgruppen, Darstellungssatz, Homomorphiesatz. Wortveränderungen: Semi-THUE-Systeme, THUE-Systeme, MARKOV-Algorithmen, Wortprobleme in Halbgruppen. Formale Sprachen: Erklärung und Verknüpfungen formaler Sprachen, Regelgrammatiken, Regelsprachen, CHOMSKY-Hierarchie, Zusammenhang mit Automatentypen. Kontextfreie Sprachen: Syntaxbäume, Eindeutigkeit und Mehrdeutigkeit, Strukturgrammatik, reduzierte Form, CHOMSKY-Normalform, GREIBACH-Normalform, Systemdarstellungen, Potenzreihen-Entwicklung. Reguläre Sprachen: reguläre Ausdrücke, Äquivalenz, Ableitungsoperator, Entscheidbarkeit, Darstellungssatz, Typ-3-Sprachen, Abschlußeigenschaften, Halbautomaten.

Zugelassene Hilfsmittel für die Prüfungsaufgaben 17.1 bis 17.17: Skriptum/Umdrucke

Aufgaben

17.1

Die Instruktionen der Befehlsliste eines DV-Systems seien Zweiadreßbefehle der festen Länge von 12 Dezimalziffern. Ein Befehl besteht aus drei Teilwörtern (von links nach rechts): einem zweistelligen Operationsschlüssel r, einer fünfstelligen Adresse p und einer fünfstelligen Adresse q.

a) Definition (mengentheoretisch) des Befehlswortes und seiner Teilworte

b) Typisierung des Befehlswortes und seiner Teilworte

c) Darstellung der p-Adresse (d.h. des Teilwortes p)
   1. als Extraktion
   2. als Kontraktion des Befehlswortes t

d) Verknüpfung der Teilworte zum Gesamtbefehl

17.2

Eine Zeichenkette $t = t_0 t_1 \ldots t_{n-1}$ werde an einer Stelle k aufgebrochen, um von dieser Nummer ab eine Zeichenkette $p = p_0 p_1 \ldots p_{m-1}$ einzufügen. Das Ergebnis dieser zweistelligen Wortoperation ist eine Zeichenkette s, deren Länge $|s| = |t| + |p|$ ist. t, p und s seien Wörter über dem Alphabet A.

a) Typisierung von t, p und s?

b) Darstellung der Zeichen s_i der Kette s durch Zeichen der Ketten t bzw. p, und
   zwar
   (1) für $i \in [0, k-1]$
   (2) für $i \in [k, k+m-1]$
   (3) für $i \in [k+m, m+n-1]$
   Welche Bedingung muß die Nummer k erfüllen?

c) Intervall-Darstellung in der NEUMANNschen Terminologie.

d) Mengentheoretische Darstellung dieser Einfügungs-Operation φ_k mit der Zuord-
   nungsvorschrift $(t,p) \longmapsto s = \varphi_k(t,p)$.

17.3

Das bekannte Fünfzehnerspiel (Felder 1 bis 15 und das Leerfeld x) soll als THUE-
System beschrieben werden. Um den Aufwand zu beschränken, reduzieren wir das Spiel
auf 4 Felder, arbeiten also mit dem Alphabet A = {1,2,3,x}.

Jede Spielposition werde als Wort der Länge 4 über dem Alphabet A verstanden und
beispielsweise gemäß

$$\begin{array}{|c|c|} \hline 3 & 1 \\ \hline x & 2 \\ \hline \end{array} = 31x2,$$

also zeilenweise als Kette geschrieben. Die Überführungsrelation R zwischen zwei
Wörtern (Spielpositionen) ist durch die Mechanik des Spiels festgelegt.

a) Wie lautet die Menge L aller Wörter (Darstellung mit Mengenbildungsoperator und
   a, b, c als Platzhalter)?

b) Anzahl aller Wörter von L? Begründung mit der Kombinatorik!

c) Klassenzerlegung von L aufgrund der Überführungsrelation R, die eine Äquivalenzrelation ist, und konkrete Beschreibung der Klassen.
   Hinweis: Hier empfiehlt sich aus Gründen der Anschauung die Kästchenschreibweise!

d) Welche spieltechnischen Konsequenzen folgen aus der Klassenzerlegung der Sprache L
   gemäß c)?

e) Aufstellung der Produktionsregeln des THUE-Systems. Dabei empfiehlt sich die Einführung von Platzhaltern.

17.4

Man löse das Wortproblem für ein THUE-System (A,P) mit dem Alphabet A = {a,b} und
dem Produktionssystem P = {ba $\longleftrightarrow$ ab, $a^3 \longleftrightarrow b^2$, $b^4 \longleftrightarrow \varepsilon$}.

Anleitung: Es existiert ein MARKOV-Algorithmus, der jedes Wort aus A* auf genau eines von endlich vielen "reduzierten Wörtern" zurückführt. Die Äquivalenz zweier Wörter s,t ∈ A* erkennt man daran, daß sie auf das gleiche reduzierte Wort umwandelbar sind.

a) Aufstellung des MARKOV-Algorithmus in Anlehnung an die obigen P-Regeln.

b) Ermittlung der reduzierten Wörter (eine Beweisführung ihrer paarweisen Nicht-Äquivalenz ist nicht erforderlich).

c) Exemplarische Erläuterung an wenigstens zwei Wortpaaren!

d) Angabe eines geometrischen Modells, das im Bereich der regelmäßigen Vielecke zu suchen ist. Dabei ist a und b jeweils eine bestimmte Deckbewegung zuzuordnen, so daß die Produktionsregeln anschaulich interpretierbar werden. Jedem reduzierten Wort entspricht eine Deckbewegung des Vielecks.
Ausführliche Beschreibung und Erläuterung des Modells!

<u>17.5</u>
Vorgelegt sei der MARKOV-Algorithmus (A,P,M) mit A = {/,*,a,b,c} als Alphabet, dem geordneten Produktionssystem

$$P = (/a \longrightarrow a/, \ /*/ \longrightarrow a*, \ /* \longrightarrow *b, \ b \longrightarrow /, \ a \longrightarrow c, \ c \longrightarrow /, \ * \longrightarrow \varepsilon)$$

und der MARKOV-Vorschrift M.

Zur Bestimmung der Semantik wende man den Algorithmus nacheinander auf die Zahlenpaare (2;1), (2;2), (2;3), (2;4), (2;5) an. Dabei lassen sich gewisse Wiederholungen vorteilhaft ausnutzen. Die Eingabe eines Zahlenpaares (m,n) erfolge durch m Striche /, * als Trennzeichen und n Striche /. a,b,c sind Hilfszeichen. Welche Aufgabe löst (A,P,M)?

<u>17.6</u>
Es ist ein MARKOV-Algorithmus für die Berechnung der Differenz m - n zweier natürlicher Zahlen m,n aufzustellen. Die Eingabe (das am Anfang der Überführungskette stehende Wort) besteht aus m Strichen / für die Zahl m, dem Minuszeichen und n Strichen / für die Zahl n. Die Ausgabe (das Endwort der Überführungskette) soll wie folgt aussehen:

- bei m > n: dem Pluszeichen +, gefolgt von m - n Strichen /,
- bei m < n: dem Minuszeichen -, gefolgt von n - m Strichen /,
- bei m = n: dem Zeichen 0 (Null)

Man teste die aufgestellten Produktionsregeln an drei entsprechenden Beispielen!

17.7

Vorgelegt sei eine algebraische Struktur $(\{a,b,c,d\},*)$ mit der Verknüpfungstafel

*	a	b	c	d
a	a	a	a	a
b	a	b	c	d
c	d	c	b	a
d	d	d	d	d

a) Zeigen Sie die Halbgruppen-Eigenschaft dieser Struktur mit dem LIGHT-Algorithmus!

b) Schreiben Sie die Tafel so um, daß ausschließlich Erzeugende auftreten, und geben Sie drei Relationen zwischen den Erzeugenden an!

c) Konstruieren Sie eine Worthalbgruppe $(A^+,\cdot)$, welche die gegebene Halbgruppe als homomorphes Bild hat. Exemplarische Erläuterung!

17.8

Das in Abb. 17.8.1 gezeigte Syntaxdiagramm für den Begriff "Typ" der PASCAL-Sprache ist

a) durch Produktionsregeln einer kontextfreien Grammatik und

b) in der BACKUS-NAUR-Notation

darzustellen. Die angegebenen Bezeichnungen sind beizubehalten.

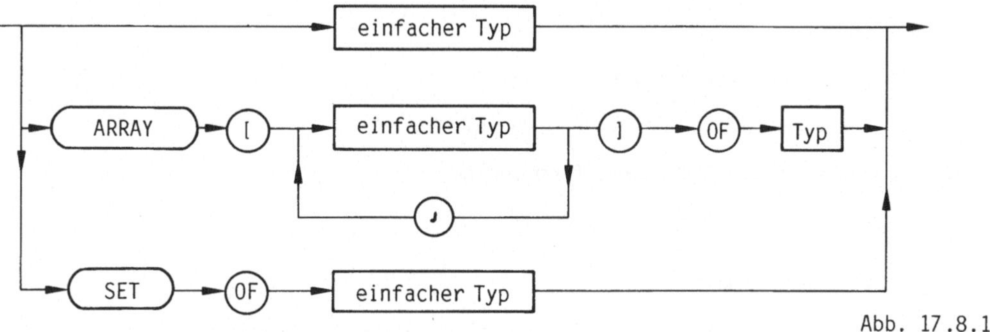

Abb. 17.8.1

17.9

Vorgelegt sei eine Regelgrammatik $G = (A_T, A_N, P, S)$ mit folgenden Spezifikationen:

$$A_T = \{a,b\},$$
$$A_N = \{S,X,Y\},$$
$$P = \{S \longrightarrow aSXY,\ S \longrightarrow abY,\ YX \longrightarrow XY,\ bX \longrightarrow bb,\ bY \longrightarrow b\}.$$

a) Welcher Typ von Grammatik im Sinne der CHOMSKY-Hierarchie liegt vor? Begründung!

b) Erzeugen Sie die drei Wörter kleinster Länge!

c) Wie lautet aufgrund von b) die Sprache $L(G)$?

d) Konstruieren Sie eine Grammatik $G' = (A_T, A_N', P', S)$ mit $A_N' = \{S\}$, welche die gleiche Sprache erzeugt!

17.10

Gegeben sei die kontextfreie Grammatik $G = (A_T, A_N, P, S)$ mit

$$A_T = \{0, 1\},$$
$$A_N = \{A, B, S\},$$
$$P = \{S \longrightarrow 0S1, \; S \longrightarrow 0SB, \; S \longrightarrow 0, \; S \longrightarrow 1A0, \; A \longrightarrow 1B0, \; A \longrightarrow SB,$$
$$B \longrightarrow 1BA, \; B \longrightarrow SA\}.$$

a) Wie lautet die zu G äquivalente reduzierte Grammatik $G' = (A_T, A_N', P', S)$?

b) Bestimmen Sie die Sprache $L(G)$.

c) Aufstellung der CHOMSKYschen Normalform $G'' = (A_T, A_N'', P'', S)$ mit $L(G'') = L(G')$.

d) Stellen Sie von sich aus eine Grammatik $\bar{G}$ auf, welche die gleiche Sprache erzeugt: $L(\bar{G}) = L(G') = L(G)$. Kontrollieren Sie die Korrektheit der Produktionsregeln durch Ableitung der ersten drei Wörter!

e) Wie lautet die CHOMSKYsche Normalform $\hat{G}$ der Grammatik $\bar{G}$? Was ist demnach zur
   Eindeutigkeit dieser Normalform zu sagen?

17.11

Vorgelegt sei die Wortmenge

$$L = \{0, 001, 00011, 0000111, \ldots\}.$$

a) Stellen Sie eine L generierende kontextfreie Grammatik

$$G = (A_T, A_N, P, S)$$

   mit $|A_N| = 1$ und $|P| = 2$ auf.

b) Wie lautet eine CHOMSKY-Normalform von G?

c) Wie lautet eine GREIBACH-Normalform von G?

17.12

Die kontextfreie Grammatik

$$G = (\{a, b\}, \{S, A\}, \{S \longrightarrow aAA, \; A \longrightarrow bS, \; A \longrightarrow aS, \; A \longrightarrow a\}, S)$$

ist mehrdeutig.

a) Zeigen Sie die Mehrdeutigkeit anhand der formalen Potenzreihen-Entwicklung der
   Grammatik!

b) Zeichnen Sie für ein geeignetes Wort der Sprache die unterschiedlichen Syntaxbäume auf!

c) Geben Sie zu den Syntaxbäumen von b) die zugehörigen Struktur-Beschreibungen an!

17.13

Eine Sprache L bestehe aus den und nur den Wörtern über dem Alphabet A = {a, b}, die mindestens die Länge 3 haben und bei denen die Anzahl der a-Zeichen doppelt so groß ist wie die Anzahl der b-Zeichen. Es ist z.B. aabaab $\in$ L, ababa $\notin$ L.

Entwerfen Sie *wahlweise* 1) eine kontextfreie Grammatik; 2) eine kontextsensitive Grammatik, die diese Sprache L generiert[1]. Die Korrektheit der Produktionsmenge ist an wenigstens zwei Wörtern zu prüfen.

17.14

Vorgelegt sei die kontextfreie Grammatik

$$G = (A_T, A_N, P, S)$$

mit folgenden Spezifikationen:

$$A_T = \{a, b, c\},$$
$$A_N = \{S, A\},$$
$$P = \{S \longrightarrow aAc, \quad A \longrightarrow Abb, \quad A \longrightarrow b\}.$$

a) Bestimmen Sie die Sprache L(G)!

b) Entwerfen Sie das Syntaxdiagramm für das Produktionssystem!

c) Konstruieren Sie eine zu G äquivalente rechtslineare Grammatik G' und zeigen Sie L(G') = L(G) über den regulären Ausdruck!

d) Konstruieren Sie eine zu G äquivalente linkslineare Grammatik G" und zeigen Sie L(G") = L(G) über den regulären Ausdruck!

17.15

Untersuchen Sie mit Hilfe des Darstellungssatzes die regulären Ausdrücke

$$u = (b*a)*bb*, \quad v = a*(bb*aa*)*bb*$$

auf Äquivalenz!

17.16

Zeigen Sie: Jede Typ-3-Grammatik, deren Produktionsregeln bekanntlich entweder einseitig linear

$$A \longrightarrow sB \quad bzw. \quad A \longrightarrow Bs \quad mit \ s \in A_T^*$$

oder abschließend

$$A \longrightarrow t \quad mit \ t \in A_T^*$$

sind, läßt sich so äquivalent umwandeln, daß alle Produktionsregeln die Form

---

[1] Die Lösung 1) wird höher bewertet als 2)

$$A \longrightarrow aB \quad \text{oder} \quad A \longrightarrow a$$
bzw. $\quad A \longrightarrow Ba \quad \text{oder} \quad A \longrightarrow a$

$$\text{mit } A, B \in A_N, \quad a \in A_T \cup \{\varepsilon\}$$

besitzen.

Anleitung: Unterscheiden Sie die drei Fälle rechtslinear/linkslinear/abschließend.

17.17

Vorgelegt sei die kontextfreie Grammatik

$$G = (\{a, b\}, \{A, B, C\}, \{A \longrightarrow AaB, A \longrightarrow B, B \longrightarrow BaC, B \longrightarrow C, C \longrightarrow b\}, A).$$

a) Wie lautet die Sprache $L(G)$?

b) Mit welchem regulären Ausdruck ist $L(G)$ beschreibbar?

c) Wie lautet eine zu G äquivalente reguläre Grammatik G'? Geben Sie den $L(G')$ beschreibenden regulären Ausdruck an (Herleitung über das Gleichungssystem).

d) Zeichnen Sie den Zustandsgraph des die Sprache $L(G)$ akzeptierenden Halbautomaten (Akzeptors)!

Literatur

[1] Böhme G (Hrsg) (1977) Anwendungsorientierte Mathematik, Bd 4 (Aktuelle Anwendungen der Mathematik). Springer, Berlin Heidelberg New York

[2] Maurer H (1969) Theoretische Grundlagen der Programmiersprachen. Theorie des Syntax. BI-Hochschultaschenbücher Bd 404/404a*. Bibliographisches Institut, Mannheim Wien Zürich

[3] Salomaa AK (1978) Formale Sprachen. Springer, Berlin Heidelberg New York

Lösungen

17.1

a) $t = \bigcup_{i \in 12} (i, t_i)$, $r = \bigcup_{i \in 2} (i, t_i)$, $p = \bigcup_{i \in 5} (i, t_{i+2})$, $q = \bigcup_{i \in 5} (i, t_{i+7})$

b) $t \in 10^*_{12}$, $r \in 10^*_2$, $p \in 10^*_5$, $q \in 10^*_5$

c) $p = E_{2,5}(t)$, $p = K_{5,5}(K_{0,2}(t)) = K_{0,2}(K_{7,5}(t))$

d) $t = rpq$

17.2

a) $t \in A^*_n$, $p \in A^*_m$, $s \in A^*_{m+n}$

b) Gemäß Abb. L17.2.1 ist

   (1) $s_i = t_i$ für $i \in [0, k-1]$
   (2) $s_i = p_{i-k}$ für $i \in [k, k+m-1]$
   (3) $s_i = t_{i-m}$ für $i \in [k+m, m+n-1]$

   Bedingung für k: $0 \le k \le n$. Für $k = 0$ $(k = n)$ liegt Linkskonkatenation
   (Rechtskonkatenation) vor.

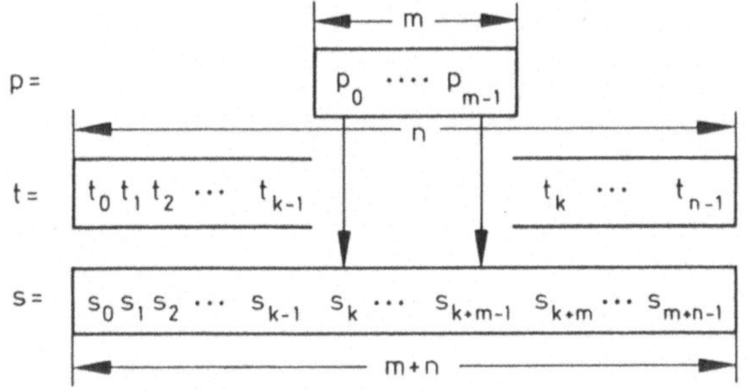

Abb. L17.2.1

c) $[0, k-1]$ $= k$
   $[k, k+m-1]$ $= (k+m) \backslash k$
   $[k+m, m+n-1] = (m+n) \backslash (k+m)$

d) $\varphi_k: \; A^*_n \times A^*_m \longrightarrow A^*_{m+n}$

   mit $\varphi_k(t, p) = s = \bigcup_{i \in k} (i, t_i) \cup \bigcup_{i \in (k+m) \backslash k} (i, p_{i-k}) \cup \bigcup_{i \in (m+n) \backslash (k+m)} (i, t_{i-m})$

17.3

a) $L = \{t \mid t = abcx$ oder $t = abxc$ oder $t = axbc$ oder $t = xabc$

      mit $a, b, c \in \{1, 2, 3\}$ und $a \ne b$, $b \ne c$, $a \ne c\}$

   $= \{t \mid t$ ist Permutation (ohne Wiederholung) der Elemente aus A$\}$

b) $|L| = 4! = 24$: Anzahl aller Permutationen von 4 Elementen ohne Wiederholung.

c) Es entstehen zwei Klassen von je 12 Elementen (Spielpositionen):

$$[12x3] \ = \ [^{1\,2}_{x\,3}] = \{^{1\,2}_{x\,3}, \ ^{1\,2}_{3\,x}, \ ^{1\,x}_{3\,2}, \ ^{x\,1}_{3\,2}, \ ^{3\,1}_{x\,2}, \ ^{3\,1}_{2\,x},$$

$$^{3\,x}_{2\,1}, \ ^{x\,3}_{2\,1}, \ ^{2\,3}_{x\,1}, \ ^{2\,3}_{1\,x}, \ ^{2\,x}_{1\,3}, \ ^{x\,2}_{1\,3}\}$$

$$[21x3] \ = \ [^{2\,1}_{x\,3}] = \{^{2\,1}_{x\,3}, \ ^{2\,1}_{3\,x}, \ ^{2\,x}_{3\,1}, \ ^{x\,2}_{3\,1}, \ ^{3\,2}_{x\,1}, \ ^{3\,2}_{1\,x},$$

$$^{3\,x}_{1\,2}, \ ^{x\,3}_{1\,2}, \ ^{1\,3}_{x\,2}, \ ^{1\,3}_{2\,x}, \ ^{1\,x}_{2\,3}, \ ^{x\,1}_{2\,3}\}$$

Klasseneigenschaften sind erfüllt:

    (1) $[12x3] \neq \emptyset$, $[21x3] \neq \emptyset$

    (2) $[12x3] \cap [21x3] = \emptyset$

    (3) $[12x3] \cup [21x3] = L$

d) Nicht jede Spielposition ist bei einem (bestimmten) Spiel herstellbar: Es gibt
   zwei Dreierspiele!

e) xabc $\leftrightarrow$ axbc (Verschiebung in der oberen Zeile)

  axbc $\leftrightarrow$ acbx (Verschiebung in der rechten Spalte)

  abxc $\leftrightarrow$ abcx (Verschiebung in der unteren Zeile)

  xabc $\leftrightarrow$ baxc (Verschiebung in der linken Spalte)

17.4

a) $P = (ba \longrightarrow ab, \ a^3 \longrightarrow b^2, \ b^4 \longrightarrow \varepsilon)$

b) ε, a, b, ab, ab^2, ab^3, a^2, a^2b, a^2b^2, a^2b^3, b^2, b^3

c) Untersuchung des Wortpaares $(bab^2a^5, \ ab^3a^2b^5a^7)$:

$$bab^2a^5 \Longrightarrow ab^3a^5 \overset{*}{\Longrightarrow} a^6b^3 \Longrightarrow b^2a^3b^3 \overset{*}{\Longrightarrow} a^3b^5 \Longrightarrow b^7 \Longrightarrow b^3$$

$$ab^3a^2b^5a^7 \overset{*}{\Longrightarrow} a^{10}b^8 \overset{*}{\Longrightarrow} ab^{14} \Longrightarrow ab^{10} \Longrightarrow ab^6 \Longrightarrow ab^2$$

d.h. die Wörter bab^2a^5 und $ab^3a^2b^5a^7$ sind nicht ineinander überführbar (nicht-
äquivalent).

Untersuchung des Wortpaares $(a^{13}b^{11}, \ a^{28}b^{41})$:

$$a^{13}b^{11} \Longrightarrow a^{10}b^{13} \Longrightarrow a^7b^{15} \Longrightarrow a^4b^{17} \Longrightarrow ab^{19} \overset{*}{\Longrightarrow} ab^3$$

$$a^{28}b^{41} \overset{*}{\Longrightarrow} ab^{59} \overset{*}{\Longrightarrow} ab^3,$$

d.h. die Wörter $a^{13}b^{11}$ und $a^{28}b^{41}$ sind ineinander überführbar (äquivalent), da
sie in das gleiche reduzierte Wort ab^3 umgewandelt werden.

d) Regelmäßiges Zwölfeck! a $\longmapsto$ 60° Drehung, b $\longmapsto$ 90° Drehung. Äquivalente Wörter
   bewirken die gleiche Drehung des Zwölfecks (vgl. Abb. L17.4.1).

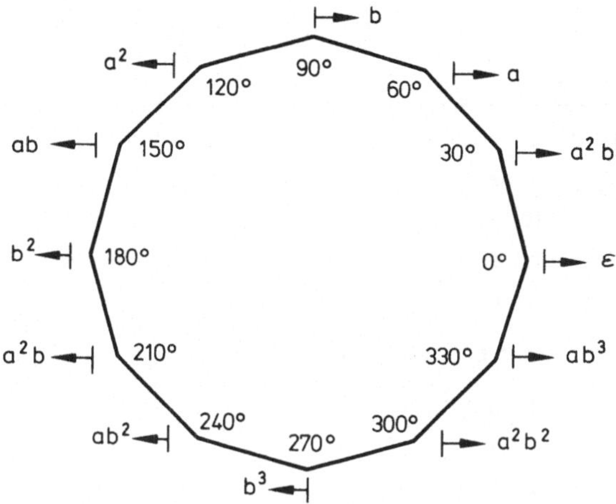

Abb. L17.4.1

17.5

Die Anwendung des gegebenen MARKOV-Algorithmus

> auf (2;1) liefert /,
> auf (2;2) liefert //,
> auf (2;3) liefert /,
> auf (2;4) liefert //,
> auf (2;5) liefert /,

allgemein bestimmt der Algorithmus bei Anwendung auf $(m,n) \in \mathbb{N}^2$ den größten gemeinsamen Teiler von m und n.

17.6

Alphabet A = {/, +, -, 0}.

Produktionssystem P = (/ - / $\longrightarrow$ -, - / $\longrightarrow$. - /, / - $\longrightarrow$ /, / $\longrightarrow$. + /, - $\longrightarrow$ 0);
es gibt aber auch noch andere Lösungen!

Berechnung von 5 - 2:

> ///// - // $\Longrightarrow$ //// - / $\Longrightarrow$ /// - $\Longrightarrow$ /// $\Longrightarrow$ + ///

Berechnung von 3 - 7:

> /// - /////// $\Longrightarrow$ // - ////// $\Longrightarrow$ / - ///// $\Longrightarrow$ - //// $\Longrightarrow$ - ////

Berechnung von 4 - 4:

> //// - //// $\Longrightarrow$ /// - /// $\Longrightarrow$ // - // $\Longrightarrow$ / - / $\Longrightarrow$ - $\Longrightarrow$ 0

<u>17.7</u>

a) Ein Erzeugendensystem minimaler Mächtigkeit ist E = {c,d}, denn c∗d = a und
c∗c = b. Nach LIGHT genügt es, die Assoziativität für die Erzeugenden nachzu-
weisen:

(1) Nachweis (x∗c)∗y = x∗(c∗y) für alle x,y ∈ {a,b,c,d}

∗	a	b	c	d		∗	d	c	b	a
a	a	a	a	a		a	a	a	a	a
c	d	c	b	a	=	b	d	c	b	a
b	a	b	c	d		c	a	b	c	d
d	d	d	d	d		d	d	d	d	d

(2) Nachweis (x∗d)∗y = x∗(d∗y) für alle x,y ∈ {a,b,c,d}

∗	a	b	c	d		∗	d	d	d	d
a	a	a	a	a		a	a	a	a	a
d	d	d	d	d	=	b	d	d	d	d
a	a	a	a	a		c	a	a	a	a
d	d	d	d	d		d	d	d	d	d

b)

∗	c∗d	c∗c	c	d
c∗d	(c∗d)∗(c∗d)	(c∗d)∗(c∗c)	(c∗d)∗c	(c∗d)∗d
c∗c	(c∗c)∗(c∗d)	(c∗c)∗(c∗c)	(c∗c)∗c	(c∗c)∗d
c	c∗(c∗d)	c∗(c∗c)	c∗c	c∗d
d	d∗(c∗d)	d∗(c∗c)	d∗c	d∗d

Beziehungen zwischen den Erzeugenden ergeben sich aus dieser und der gegebenen
Verknüpfungstafel, z.B.

    c∗d   = (c∗d)∗(c∗c)
    c∗(c∗d) = d∗(c∗d)
    c∗c   = (c∗c)∗(c∗c)

c) Die Worthalbgruppe $(A^+, \cdot)$ mit der Konkatenation "·" als Operation werde mit dem
Alphabet A = {c',d'} gebildet. Der Homomorphismus h: A ⟶ E mit h(c') = c und
h(d') = d wird fortgesetzt gemäß h: A^+ ⟶ {a,b,c,d} mit

    h(st) = h(s) ∗ h(t) für alle Wörter s,t ∈ A^+.

Exemplarische Erläuterung:

    h(c'd'c'd'd'c') = h(c')∗h(d')∗h(c')∗h(d')∗h(d')∗h(c')
                    = c∗d∗c∗d∗d∗c
                    = a

17.8

a) Typ $\longrightarrow$ einfacher Typ

   Typ $\longrightarrow$ ARRAY [X] OF Typ

   Typ $\longrightarrow$ SET OF einfacher Typ

   X $\longrightarrow$ einfacher Typ

   X $\longrightarrow$ X, X

b) $<$Typ$>$ :: = $<$einfacher Typ$>$ | ARRAY [$<$X$>$] OF $<$Typ$>$ | SET OF $<$einfacher Typ$>$

   $<$X$>$ :: = $<$einfacher Typ$>$ | $<$X$>$, $<$X$>$

17.9

a) Typ-0-Grammatik: Wegen der Regel bY $\longrightarrow$ b (Verletzung der Längenbedingung!) ist die Grammatik nicht vom Typ 1 (kontext-sensitiv).

b) ab, a^2b^2, a^3b^3

c) $L(G) = \{a^n b^n \mid n \in \mathbb{N}\}$

d) $P' = \{S \longrightarrow aSb, S \longrightarrow ab\}$: $L(G') = L(G)$

17.10

a) $A_N' = \{S\}$, $P' = \{S \longrightarrow 0, S \longrightarrow 0S1\}$

b) $L(G) = L(G') = \{0^{n+1}1^n \mid n \in \mathbb{N}_0\}$

c) $A_N'' = \{S, N_1, N_2, M\}$, $P'' = \{S \longrightarrow N_1M, M \longrightarrow SN_2, N_1 \longrightarrow 0, N_2 \longrightarrow 1, S \longrightarrow 0\}$

d) $\bar{G} = (A_T, \bar{A}_N, \bar{P}, S)$ mit

   $\bar{A}_N = \{S, A, B\}$

   $\bar{P} = \{S \longrightarrow 00A, A \longrightarrow SBB, A \longrightarrow 1, B \longrightarrow 1, S \longrightarrow 0\}$

   (Auf diese Grammatik bezieht sich die CHOMSKY-Normalform in e).) Alternativlösungen sind beispielsweise (alles Typ-2-Grammatiken!):

   $\bar{P} = \{S \longrightarrow 0A1, A \longrightarrow 0A1, S \longrightarrow 0, A \longrightarrow 1\}$

   $\bar{P} = \{S \longrightarrow 0, S \longrightarrow 0SA, A \longrightarrow 1\}$

   $\bar{P} = \{S \longrightarrow 0, S \longrightarrow ASB, A \longrightarrow 0, B \longrightarrow 1\}$

   $\bar{P} = \{S \longrightarrow 0, S \longrightarrow A1, A \longrightarrow 0S\}$

e) $\hat{G} = (A_T, \hat{A}_N, \hat{P}, S)$ mit

   $\hat{A}_N = \{S, A, B, N_1, N_2, M\}$

   $\hat{P} = \{S \longrightarrow N_1M, M \longrightarrow N_1A, A \longrightarrow SM, M \longrightarrow BB, N_1 \longrightarrow 0, S \longrightarrow 0, A \longrightarrow 1,$
   $\qquad B \longrightarrow 1\}$

   Die CHOMSKY-Normalform ist nicht eindeutig.

17.11

a) $G = (\{0,1\}, \{S\}, \{S \longrightarrow 0S1, S \longrightarrow 0\}, S)$

b) $G' = (\{0,1\}, \{S, A, B, C\}, \{S \longrightarrow AB, B \longrightarrow SC, S \longrightarrow 0, A \longrightarrow 0, C \longrightarrow 1\}, S)$

c) $G'' = (\{0,1\}, \{S, A, B\}, \{S \longrightarrow 0A, A \longrightarrow 0B, A \longrightarrow 0AB, S \longrightarrow 0, B \longrightarrow 1\}, S)$

17.12

a) In der formalen Potenzreihe erhält a^6 den Koeffizienten 2, d.h. dieses Wort besitzt zwei Syntaxbäume und damit zwei verschiedene Strukturbeschreibungen: Die Grammatik ist damit mehrdeutig.

b) Ableitungen für das Wort a^6:

   (1) $S \Longrightarrow aAA \Longrightarrow aAaS \Longrightarrow aAaaAA \overset{*}{\Longrightarrow} a^6$

   (2) $S \Longrightarrow aAA \Longrightarrow aaSA \Longrightarrow aaaAAA \overset{*}{\Longrightarrow} a^6$

Daß es sich tatsächlich um zwei verschiedene Ableitungen handelt, erkennt man an den zugehörigen Syntaxbäumen (Abb. L17.12.1 und L17.12.2):

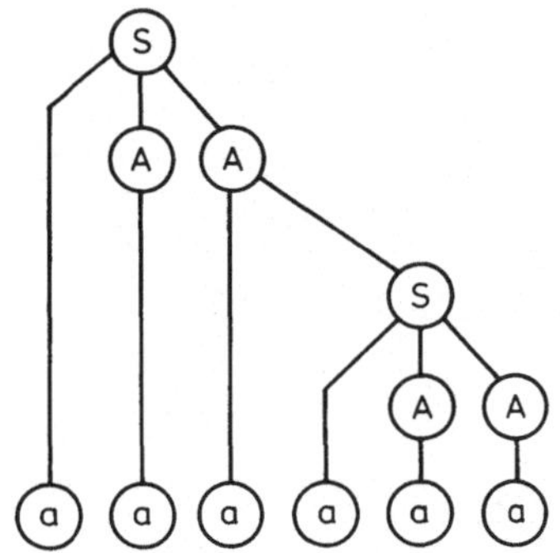

Abb. L17.12.1

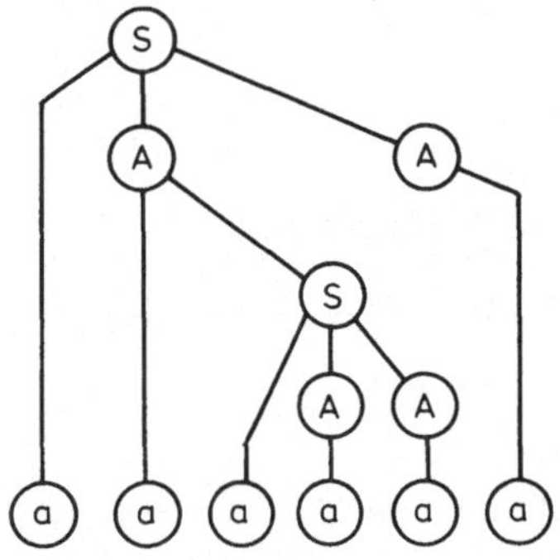

Abb. L17.12.2

c) S A   A S A   A
   [a [a] [a [a [a] [a]]]]

   S A S A   A   A
   [a [a [a [a] [a]]] [a]]

17.13

1) Eine kontextfreie Grammatik für L ist z.B.

   $(\{a,b\}, \{S,A,B\}, \{S \longrightarrow aaB, S \longrightarrow aBa, S \longrightarrow Baa, S \longrightarrow AAb, S \longrightarrow AbA,$
   $S \longrightarrow bAA, A \longrightarrow aS, A \longrightarrow Sa, B \longrightarrow bS, B \longrightarrow Sb, A \longrightarrow a, B \longrightarrow b\}, S)$

2) Eine kontextsensitive Grammatik für L ist z.B.

   $(\{a,b\}, \{S,A,B\}, \{S \longrightarrow AASB, S \longrightarrow AAB, AB \longrightarrow BA, A \longrightarrow a, B \longrightarrow b\}, S)$

17.14

a) $L(G) = \{ab^{2n+1}c \mid n \in \mathbb{N}_0\}$

b) Siehe Abb. L17.14.1.

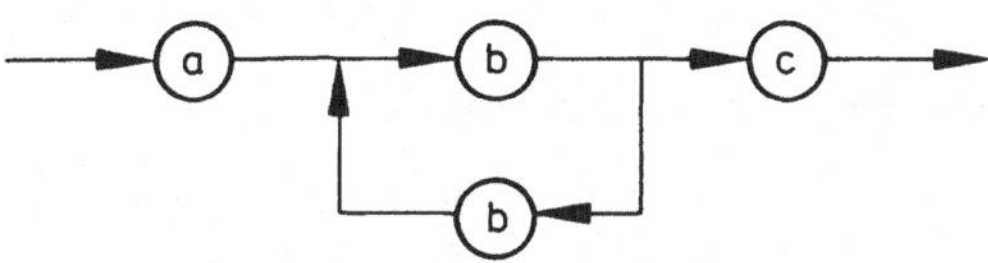

Abb. L17.14.1

c) $G' = (\{a, b, c\}, \{S, A\}, \{S \longrightarrow aA, A \longrightarrow bbA, A \longrightarrow bc\}, S)$

   Äquivalenznachweis:

   $\left.\begin{array}{l} S = aA \\ A = bbA \cup bc \end{array}\right\}$ Gleichungssystem für die Produktionsregeln

   $A = (bb)^*bc$, $S = a(bb)^*bc$, $L(G') = \{ab^{2n+1}c \mid n \in \mathbb{N}_0\}$

d) $G'' = (\{a, b, c\}, \{S, A\}, \{S \longrightarrow Ac, A \longrightarrow Abb, A \longrightarrow ab\}, S)$

   Äquivalenznachweis:

   $\left.\begin{array}{l} S = Ac \\ A = Abb \cup ab \end{array}\right\}$ Gleichungssystem für die Produktionsregeln

   $A = ab(bb)^*$, $S = ab(bb)^*c$, $L(G'') = \{ab^{2n+1}c \mid n \in \mathbb{N}_0\}$

17.15

$\delta u = \delta v$

$D_a u = u$, $D_a v = v \Longrightarrow \delta D_a u = \delta D_a v$

$D_b u = b^*(au \cup \phi^*)$, $D_b v = b^*(av \cup \phi^*) \Longrightarrow \delta D_b u = \delta D_b v$

$D_{aa} u = D_a u$, $D_{aa} v = D_a v \Longrightarrow \delta D_{aa} u = \delta D_{aa} v$

$D_{ab} u = D_b u$, $D_{ab} v = D_b v \Longrightarrow \delta D_{ab} u = \delta D_{ab} v$

$D_{ba} u = u$, $D_{ba} v = v \Longrightarrow \delta D_{ba} u = \delta D_{ba} v$

$D_{bb} u = D_b u$, $D_{bb} v = D_b v \Longrightarrow \delta D_{bb} u = \delta D_{bb} v$

Abbruchkriterium (es treten keine neuen Ableitungen auf) ist erfüllt, also sind die regulären Ausdrücke u und v äquivalent.

17.16

1. Fall: rechtslineare Regeln $A \longrightarrow sB$ mit $s \in A_T^*$.

Sei $A \longrightarrow s_0 s_1 \ldots s_k B$ mit $s_i \in A_T$ ($|s| > 1$). Dann ersetze man jede solche Regel durch die k Regeln

$$A \longrightarrow s_0 A_0, \quad A_0 \longrightarrow s_1 A_1, \quad \ldots, A_{k-1} \longrightarrow s_k B$$

unter Hinzunahme neuer Nonterminals $A_0, A_1, \ldots, A_{k-1}$.

2. Fall: linkslineare Regeln $A \longrightarrow Bs$ mit $s \in A_T^*$.

Sei $A \longrightarrow Bs_0 s_1 \ldots s_k$ mit $s_i \in A_T$ ($|s| > 1$). Dann verfahre man entsprechend Fall 1 und ersetze diese durch

$$A \longrightarrow A_0 s_k, \quad A_0 \longrightarrow A_1 s_{k-1}, \quad \ldots, A_{k-1} \longrightarrow B s_0.$$

3. Fall: abschließende Regeln $A \longrightarrow t$ mit $t \in A_T^*$.

Sei $A \longrightarrow t_0 t_1 \ldots t_n$ mit $t_i \in A_T$ ($|t| > 1$). Dann ersetze man jede solche Regel durch die Regeln

$$A \longrightarrow t_0 A_0, \quad A_0 \longrightarrow t_1 A_1, \quad \ldots, A_{n-2} \longrightarrow t_{n-1} A_{n-1}, \quad A_{n-1} \longrightarrow t_n.$$

In jedem der drei Fälle entstehen Produktionsregeln der geforderten Form.

17.17

a) $L(G) = \{b(ab)^n \mid n \in \mathbb{N}_0\} = \{(ba)^n b \mid n \in \mathbb{N}_0\}$

b) $b(ab)^*$ bzw. $(ba)^* b$

c) $G' = (\{a, b\}, \{A\}, \{A \longrightarrow b, A \longrightarrow bB, B \longrightarrow aA\}, A)$

$$\left.\begin{array}{l} A = bB \cup b \\ B = aA \end{array}\right\} \quad \begin{array}{l} \text{Gleichungssystem} \\ \text{für die Produktionsregeln} \end{array}$$

$A = baA \cup b \Longrightarrow (ba)^* b$ als regulärer Ausdruck

Setzt man die reguläre Grammatik linkslinear an:

$G'' = (\{a, b\}, \{A\}, \{A \longrightarrow b, A \longrightarrow Bb, B \longrightarrow Aa\}, A)$,

so erhält man $b(ab)^*$ als regulären Ausdruck.

d) Zustand q_0 (Anfangszustand) für A, Endzustand q_1 für B. Zustandsgraph siehe Abb. L17.17.1.

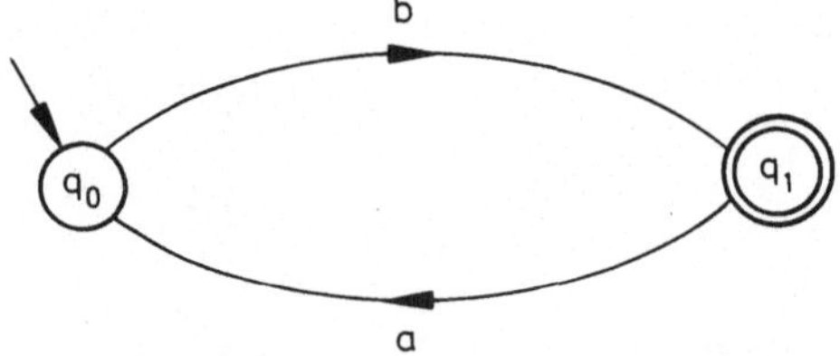

Abb. L17.17.1

18. Algorithmentheorie

Gert Böhme

Fachbereich Allgemeine Informatik

Historische Entwicklung. Intuitiver Algorithmusbegriff und moderne Explikationen. These von CHURCH. Berechenbarkeit. Aufzählbarkeit. Entscheidbarkeit. Entscheidbare und nicht entscheidbare Prädikate. Ungelöste Entscheidungsprobleme. Primitivrekursive Funktionen: Grundfunktionen, generalisierte Komposition (Einsetzungsschema), Rekursionsschema. Untersuchung arithmetischer Funktionen auf primitive Rekursivität. Primitiv-rekursive Prädikate: Charakteristische Funktion eines Prädikats, BOOLEsche Verknüpfungen, beschränkter Generalisator und beschränkter Partikularisator, beschränkter μ-Operator, Anwendungen. μ-rekursive Funktionen: die ACKERMANN-Funktion, geschlossene Darstellungen für ACKERMANN-Funktionswerte, die Schritt-Anzahl-Funktion, Abschätzungen und Grenzen physikalischer Realisierbarkeit, unbeschränkter μ-Operator, unbeschränkte Quantoren, GÖDELisierungen, das Programm von GÖDEL, die μ-Rekursivität der ACKERMANN-Funktion. Ausblick auf andere Berechenbarkeitsmodelle.

Zugelassene Hilfsmittel für die Prüfungsaufgaben 18.1 bis 18.15: keine

Aufgaben

18.1

Es ist die Aufzählbarkeit der von der Regelgrammatik

$$G = (\{0,1,2\}, \{S\}, \{S \longrightarrow 0S0, \ S \longrightarrow 1S1, \ S \longrightarrow 2\}, S)$$

erzeugten kontextfreien Sprache

$$L = L(G) = \{t2t^R \mid t \in \{0,1\}^*\}$$

zu zeigen ($t^R = t_n \ldots t_1 t_0$ bezeichnet das Spiegelwort von $t = t_0 t_1 \ldots t_n$). Dabei gehe man in folgenden Schritten vor:

a) Gewinnen Sie zunächst einen Ausdruck für die Anzahl der Wörter, die mit jeweils $k \in \mathbb{N}$ Ableitungsschritten produzierbar sind. Verschaffen Sie sich einen Überblick über den Aufbau dieser Ketten bis $k = 4$. Induktionsbeweise brauchen nicht geführt zu werden.

b) Bei Einführung eines Konvertierungsoperators K, der eine Kette aus Nullen und Einsen als Dualzahl interpretiert und in die ihr äquivalente Dezimalzahl umwandelt, lassen sich die Wörter $t2t^R \in L$ leicht durchnumerieren. Die Umkehrung dieser Vorschrift liefert einen abbrechenden Algorithmus, der jeder Zahl $x \in \mathbb{N}$

ein Wort w $\in$ L zuordnet. Beschreiben Sie diesen Algorithmus unter Verwendung
des inversen Konvertierungsoperators K^{-1}!

18.2

Es soll gezeigt werden, daß das Entscheidungsproblem (Wortproblem) für das THUE-
System (A,P) mit

$$A = \{a,b,c\}$$
$$P = \{b \leftrightarrow acc,\ ca \leftrightarrow accc,\ aa \leftrightarrow \varepsilon,\ bb \leftrightarrow \varepsilon,\ ccccc \leftrightarrow \varepsilon\}$$

lösbar ist. Zu diesem Zwecke stelle man einen MARKOV-Algorithmus auf, der die Äquivalenz bzw. Nicht-Äquivalenz zweier Wörter über dem Alphabet A dadurch nachweist,
daß diese auf das gleiche Wort bzw. auf verschiedene Wörter zurückgeführt werden.

Anleitung: Man konstruiere die Produktionsregeln des MARKOV-Algorithmus in Anlehnung an die Regeln des THUE-Systems!

a) Wie lautet der MARKOV-Algorithmus?

b) Geben Sie die Menge der nicht weiter reduzierbaren Wörter an, die als Repräsen-
   tanten für die Äquivalenzklassen bezüglich $\overset{*}{\leftrightarrow}$ verstanden werden können.

c) Erläutern Sie die Wirkungsweise des Algorithmus an zwei Beispielen von Wortpaaren!

18.3

Die n-stellige Maximum-Funktion

$$\text{MAX: } \mathbb{N}_0^n \longrightarrow \mathbb{N}_0 \text{ mit } (x_1, \ldots, x_n) \longmapsto \text{MAX } (x_1, \ldots, x_n)$$

ordnet jedem n-tupel nicht-negativer ganzer Zahlen deren größte zu. Beweisen Sie:
MAX ist primitiv-rekursiv, und zwar

a) mit generalisierter Komposition (Einsetzungsschema) und
b) mit Hilfe des beschränkten μ-Operators.

18.4

Zum Nachweis der primitiven Rekursivität der arithmetischen Funktion f gemäß

$$f: \mathbb{N}_0 \longrightarrow \mathbb{N}_0 \text{ mit } x \longmapsto [e \cdot x],$$

worin $[e \cdot x]$ die größte ganze Zahl höchstens gleich $e \cdot x$ und e die EULERsche Zahl
bezeichnet, werde e zunächst wie folgt zerlegt:

$$e = \frac{1}{x!}\left(x! + \frac{x!}{1!} + \frac{x!}{2!} + \ldots + \frac{x!}{x!}\right) + \frac{1}{x!}\left(\frac{1}{x+1} + \frac{1}{(x+1)\cdot(x+2)} + \ldots\right)$$

$$=: \frac{1}{x!}\ P(x) + R(x)$$

a) Zeigen Sie, daß die Funktion P mit $x \longmapsto P(x)$ primitiv-rekursiv ist.

b) Zeigen Sie, daß unter Beachtung der Ungleichungen

$$x + 1 \geq 2, \ x + k > 2 \ \text{für} \ k \in \mathbb{N}\setminus\{1\} \ \text{und} \ x \in \mathbb{N}$$

die Restglied-Funktion R mit $x \longmapsto R(x)$ gemäß

$$R(x) < \frac{1}{x!}$$

abgeschätzt werden kann.

c) Zeigen Sie unter Verwendung von a) und b) die primitive Rekursivität von f.

18.5

Eine n-stellige arithmetische Funktion f sei durch Fallunterscheidung wie folgt erklärt $(x := (x_1,\ldots,x_n))$:

$$f(x) = \begin{cases} g_1(x), & \text{falls } P_1 x \\ g_2(x), & \text{falls } P_2 x \\ g_3(x), & \text{falls } P_3 x \\ g_4(x), & \text{falls } P_4 x \end{cases}$$

Dabei mögen folgende Voraussetzungen gelten:

- g_1, g_2, g_3, g_4 sind n-stellige primitiv-rekursive Funktionen;

- P_1, P_2, P_3, P_4 sind n-stellige primitiv-rekursive Prädikate;

- für jedes $x \in \mathbb{N}_0^n$ sei f durch genau eine der Funktionen g_1, g_2, g_3, g_4 erklärt;

- für jedes $x \in \mathbb{N}_0^n$ soll höchstens eines der Prädikate P_1, P_2, P_3 zutreffen.

Zeigen Sie, daß f eine primitiv-rekursive Funktion ist!

Anleitung: Führen Sie die Charakteristischen Funktionen der vier Prädikate ein und beachten Sie deren "Ein- und Ausschaltwirkung". Wie kann man P_4 ausdrücken durch die P_1, P_2, P_3?

18.6

Es sei P ein n-stelliges, Q ein m-stelliges arithmetisches Prädikat. Beweisen Sie: Sind P und Q primitiv-rekursiv, so ist deren Bijungat ("dann und nur dann")

$$\begin{aligned} R\,x\,y &: \iff Px \iff Qy \\ x &= (x_1,\ldots,x_n) \\ y &= (y_1,\ldots,y_m) \end{aligned}$$

ein primitiv-rekursives (n +m)stelliges Prädikat.

<u>18.7</u>

Bezeichnet $T(x)$ die Anzahl der (positiven) Teiler einer Zahl $x \in \mathbb{N}$, so gilt bekanntlich (McCARTHY-Notation):

$$\overline{sg}\,(|T(x) - 2|) = (x \text{ ist Primzahl} \bullet\!\!\longrightarrow 1,0).$$

Damit ergibt sich für die Anzahl φ aller Primzahlen, die nicht größer als $y \in \mathbb{N}$ sind:

$$\varphi(y) = \sum_{x=2}^{y} \overline{sg}\,(|T(x) - 2|).$$

a) Berechnen Sie zunächst $\varphi(y)$ für $y = 2$ bis $y = 12$.

b) Bezeichnet man 2 als die nullte Primzahl p_0, 3 als die erste Primzahl p_1, 5 als die zweite Primzahl p_2 usw., so gilt nach einem Satz der Zahlentheorie für die n-te Primzahl p_n die Schranke

$$p_n \leq 2^{\left(2^{n+1}\right)}.$$

Andererseits gewinnt man aus der in a) aufgestellten Übersicht eine Darstellung von p_n mit Hilfe des beschränkten μ-Operators. Wie lautet diese für p_3, p_4 und allgemein für p_n? Was folgt daraus für die Primzahl-Numerierungsfunktion $n \longmapsto p_n$?

<u>18.8</u>

Eine einstellige arithmetische Funktion f werde durch die Vorschrift

$$f(x) = \underset{k \in \mathbb{N}}{\mathrm{Max}}\,(0 + 1 + 2 + \ldots + k \leq x)$$

erklärt. Es soll die primitive Rekursivität von f durch Anwendung des beschränkten μ-Operators gezeigt werden. Zu diesem Zweck gehe man wie folgt vor:

a) Bestimmung der Funktionswerte $f(1)$ bis $f(6)$.

b) Aufsuchen einer Minimalbedingung für $f(x)$ in k, so daß der beschränkte μ-Operator zum Zuge kommt, zunächst exemplarisch für $f(5)$, dann allgemein für $f(x)$.

c) Begründung für die primitive Rekursivität von f.

<u>18.9</u>

Für die ACKERMANN-Funktion $\alpha: \mathbb{N}_0^2 \longrightarrow \mathbb{N}_0$ mit

$$
\begin{aligned}
\alpha(0,y) &= y + 1 \\
\alpha(x + 1, 0) &= \alpha(x, 1) \\
\alpha(x + 1, y + 1) &= \alpha(x, \alpha(x+1, y))
\end{aligned}
$$

wurde in der Vorlesung die Termdarstellung

$$\alpha(3,y) = 2^{y+3} \dot{-} 3$$

hergeleitet.

a) Entwickeln Sie eine entsprechende Darstellung für den Funktionsterm $\alpha(4,y)$ unter Verwendung der arithmetischen Hyperpotenz-Funktion.

b) Nehmen Sie eine Abschätzung für den Funktionswert $\alpha(4,2)$ durch eine Zehnerpotenz vor.

18.10

Es sind geschlossene Ausdrücke für die Werte

$$\alpha(5,y), \quad \alpha(6,1), \quad \alpha(6,2)$$

der ACKERMANN-Funktion $\alpha: \mathbb{N}_0^2 \longrightarrow \mathbb{N}_0$ gemäß

$$\alpha(0,y) = S(y)$$
$$\alpha(S(x),0) = \alpha(x,1)$$
$$\alpha(S(x), S(y)) = \alpha(x, (S(x),y))$$

herzuleiten. Dabei empfiehlt sich die Verwendung einer Hilfsfunktion f gemäß

$$f(y) := \alpha(4,y) = HYP(2,y+2) \doteq 3.$$

Für die mehrfache Komposition von f mit sich selbst verwende man zweckmäßigerweise die Exponentenschreibweise

$$f^2(y) := f(f(y)) \quad \text{etc.}$$

Man achte auf korrekte Schreibweise und saubere Klammerung!

18.11

Für die nicht-leeren Wörter über einem Alphabet A möge die Primzahl-GÖDELisierung vorliegen.

a) Auf welche Beziehung zwischen den GÖDELzahlen bildet sich die Präfix-Relation zwischen zwei Wörtern der Worthalbgruppe $(A^+, \cdot)$ ab (Verknüpfung "$\cdot$" bezeichnet die Konkatenation)? Erläuterung an einem Beispiel für $A = \{a,b,c\}$ als Alphabet!

b) Zeigen Sie, daß die in a) gefundene Beziehung zwischen GÖDELzahlen ein zwei-stelliges primitiv-rekursives Prädikat ist.

18.12

Jede Zahl $z \in \mathbb{N}_0$ läßt sich in der Form

$$z = 2^x \cdot (2y + 1) \doteq 1$$

mit eindeutig bestimmten $x,y \in \mathbb{N}_0$ darstellen. Diese Tatsache ermöglicht eine GÖDELisierung von Zahlenpaaren in der folgenden Weise: Man ordnet jedem Paar

$$(x,y) \in \mathbb{N}_0 \times \mathbb{N}_0$$

als GÖDELzahl den Wert einer zweistelligen Funktion σ gemäß

$$\sigma(x,y) = 2^x \cdot (2y + 1) \doteq 1 = z$$

zu.

a) Bestimmen Sie die GÖDELzahlen der Paare

$\quad$ (0,0), (7,0), (0,7), (4,5) !

b) Welche Paare haben die GÖDELzahlen

$\quad$ 50, 1, 63, 111 ?

c) Ausgehend von der Primzahl-Numerierungsfunktion

$\quad$ $p(0) = 2$, $p(1) = 3$, $p(2) = 5$, $p(3) = 7$, ...

gelangt man zu einer Funktion $(n,x) \longmapsto \varphi(n,x)$, die angibt, mit welchem Exponenten die Primzahl $p(n)$ in der Primfaktorenzerlegung der Zahl x vorkommt. Für $x = 0$ setzt man $\varphi(n,0) = 0$ fest.
Bestimmen Sie

$\quad$ $\varphi(0, 1008)$, $\varphi(1, 1008)$, $\varphi(2, 1008)$, $\varphi(3, 1008)$!

d) Mittels φ erklären wir zwei weitere primitiv-rekursive Funktionen σ_1 und σ_2 wie folgt:

$$\sigma_1(z) = \varphi(0, z+1)$$

$$\sigma_2(z) = \frac{1}{2}\left(\frac{z+1}{2^{\varphi(0,\,z+1)}} \div 1\right)$$

Bestimmen Sie damit $\sigma_1(11)$ und $\sigma_2(11)$!

e) Welcher allgemeine Zusammenhang besteht demnach zwischen den Funktionen σ_1, σ_2 und σ? Stellen Sie drei Formeln auf und verbalisieren Sie diese im Hinblick auf die obige GÖDELzahl-Erklärung!

<u>18.13</u>
Für die ACKERMANN-Funktion $\alpha: \mathbb{N}_0^2 \longrightarrow \mathbb{N}_0$ mit

$$\alpha(0,y) = y'$$
$$\alpha(x',0) = \alpha(x,1)$$
$$\alpha(x',y') = \alpha(x,\alpha(x',y)$$

werde die Funktion $n: \mathbb{N}_0 \longmapsto \mathbb{N}_0$ mit

$$\alpha(x,y) \longmapsto n(\alpha(x,y))$$

erklärt. Diese ordnet jedem Funktionswert $\alpha(x,y)$ der ACKERMANN-Funktion die Anzahl $n(\alpha(x,y))$ der zu seiner Berechnung erforderlichen Rekursionsschritte gemäß obiger Definition von α zu. Unter Kenntnis der in der Vorlesung hergeleiteten Ausdrücke

$$n(\alpha(1,y)) = 2(y+1)$$
$$n(\alpha(2,y)) = 2y^2 + 7y + 5$$

ist ein entsprechender Ausdruck für

$$n(\alpha(3,y))$$

aufzustellen.

Anleitung: Gehen Sie in folgenden Schritten vor:

a) Bestimmen Sie zunächst die Werte für $n(\alpha(3,0))$, $n(\alpha(3,1))$, $n(\alpha(3,2))$, $n(\alpha(3,3))$.

b) Stellen Sie nun als heuristische Grundlage für das weitere Vorgehen den Wert von $n(\alpha(3,3))$ als Summe von Funktionswerten $f(y) := n(\alpha(2,y))$ und Einsen dar!

c) Unter Beachtung des Terms

$$\alpha(3,y) = 2^{y+3} \dot{-} 3$$

schreibe man die Argumente von f in der in b) gewonnenen Darstellung für $n(\alpha(3,3))$ um.

d) Gewinnen Sie (ohne Induktionsnachweis) daraus eine entsprechende Darstellung für $n(\alpha(3,y))$ bei allgemeinem $y \in \mathbb{N}$.

e) Schreiben Sie nun die Vorschrift f aus und berechnen Sie die dabei entstehenden Summen. Es handelt sich um endliche geometrische Reihen, deren Summen nach der Formel

$$\sum_{i=0}^{n} aq^i = a \frac{q^{n+1} - 1}{q - 1} \quad (q \neq 1)$$

berechnet werden können. Die einzelnen Teilsummen können noch zusammengefaßt werden.

18.14

Zur Berechnung von Fernsprechgebühren gibt die Deutsche Bundespost für jedes Ortsnetz einen "Zonen- und Gebührenweiser für den Selbstwählferndienst (ZuG)" heraus. Danach beträgt zur Zeit (1983) der Preis für eine Gebühreneinheit 23 Pfennige. Die Kosten für ein Telefonat sind bestimmt durch die vom Teilnehmer zu messende Gesprächsdauer x und die Sprechdauer y für eine Gebühreneinheit. x und y werden in Sekunden angegeben. Die Größe y hängt unter anderem von der Entfernung des angewählten Teilnehmers sowie von Tageszeit und Wochentag ab. Sie kann anhand von Tabellen aus dem Gebührenweiser abgelesen werden.

Zeigen Sie, daß die Funktion f, deren Term $f(x,y)$ die Fernsprechgebühren in Pfennigen berechnet, eine primitiv-rekursive Funktion ist. Dazu ist $f(x,y)$ als geschlossener einzeiliger Term aufzustellen. Beachten Sie hierbei, daß die Deutsche Bundespost jede begonnene Gebühreneinheit voll bezahlen läßt. Der Einfachheit halber werde davon ausgegangen, daß der Beginn für die erste Gebühreneinheit mit der Herstellung der Gesprächsverbindung zeitlich zusammenfällt.

<u>18.15</u>

Eine dreistellige arithmetische Funktion φ sei wie folgt rekursiv definiert:

$$\varphi(0,y',z) = 1$$
$$\varphi(x',0,z) = 2$$
$$\varphi(0,0,z) = 3$$
$$\varphi(x',y',z) = z^2 + z + 4 + \varphi(x,y,z)$$

a) Berechnen Sie die Funktionswerte

$$\varphi(2,3,7)$$
$$\varphi(4,3,9)$$
$$\varphi(5,5,4)$$

und verschaffen Sie sich dabei eine Vorstellung über die Gesetzmäßigkeit der Berechnung.

b) Stellen Sie den Funktionsterm $\varphi(x,y,z)$ allgemein auf und beachten Sie dabei die Fallunterscheidung $x < y$, $x > y$, $x = y$.

c) Entwickeln Sie die charakteristischen Funktionen der fallunterscheidenden Prädikate und schreiben Sie damit $\varphi(x,y,z)$ als einzeiligen, geschlossenen Ausdruck an.

d) Ist φ primitiv-rekursiv? Beweis bzw. Widerlegung!

Literatur

[1] Hermes H (1971) Aufzählbarkeit, Entscheidbarkeit, Berechenbarkeit. 2. Aufl. Springer, Berlin Heidelberg New York

Lösungen

18.1

a) k = 1: 2

   k = 2: 020, 121

   k = 3: 00200, 01210, 10201, 11211

   k = 4: 0002000, 0012100, 0102010, 0112110, 1002001, 1012101, 1102011, 1112111

   etc. Das heißt, mit k Ableitungsschritten lassen sich jeweils 2^{k-1} Wörter produzieren und diese haben alle die Länge 2 k-1.

b) Jedes Wort $t2t^R \in L$ ist durch das Präfix $t \in \{0,1\}^*$ bereits vollständig bestimmt. Bildet der Konvertierungsoperator K eine Dualzahl auf die ihr äquivalente Dezimalzahl aus $\mathbb{N}$ ab, so lassen sich alle Wörter aus L mit

$$t2t^R \longmapsto 2^{|t|} + K(t) =: x$$

durchnumerieren. Folgender abbrechender Algorithmus bestimmt demnach bei Eingabe einer Dezimalzahl $x \in \mathbb{N}$ eine berechenbare Funktion, die die Wörter von L aufzählt:

(1) $K^{-1}(x) =: t_0 t_1 \ldots t_n$: Umwandlung der Dezimalzahl $x \in \mathbb{N}$ in die ihr äquivalente Dualzahl[1] mit $t_i \in \{0,1\}$ durch den inversen K-Operator K^{-1};

(2) Unterdrückung von t_0 liefert das Präfix $t = t_1 \ldots t_n$;[2]

(3) $t_1 \ldots t_n 2 t_n \ldots t_1 = t2t^R = w$ ist das x zugeordnete Wort von L.

18.2

a) Produktionssystem für den MARKOV-Algorithmus ist das (geordnete) Quadrupel

$$P = (b \longrightarrow acc,\ ca \longrightarrow accc,\ aa \longrightarrow \varepsilon,\ cccc \longrightarrow \varepsilon).$$

Die Regel $bb \longrightarrow \varepsilon$ braucht nicht aufgenommen zu werden, da sie bei $b \longrightarrow acc$ als erster Regel niemals zur Anwendung käme.

b) ε, a, c, ac, acc, cc, ccc, accc

c) Sind die Wörter s = abcb und t = ccbccc äquivalent? Die Anwendung des MARKOV-Algorithmus liefert bei s die Überführungskette $abcb \Longrightarrow aacccb \Longrightarrow aacccacc$ $\Longrightarrow aaccac^5 \Longrightarrow aacac^8 \Longrightarrow a^3 c^{11} \Longrightarrow ac^{11} \Longrightarrow ac^7 \Longrightarrow ac^3$. Die Anwendung auf das Wort t liefert die Kette $ccbc^3 \Longrightarrow ccac^5 \Longrightarrow cac^8 \Longrightarrow ac^{11} \Longrightarrow ac^7 \Longrightarrow ac^3$.
Also ist $s \overset{*}{\longleftrightarrow} t$.

Hingegen sind die beiden Wörter s = aab und t = baac nicht äquivalent: die Anwendung des Algorithmus führt s in das Wort acc über, während t in accc überführt wird.

---

[1] Einen numerischen Algorithmus für diese Aufgabe findet man etwa bei: Böhme G (1983) Analysis, 1. Teil, 4. Aufl. Springer, Berlin Heidelberg New York

[2] Formal kann dies durch Anwendung des "Extraktionsoperators $E_{1,n}$" erfolgen; dieser zieht ab Index 1 die folgenden n Zeichen aus der Kette heraus:
$E_{1,n}(K^{-1}(x)) = t_1 \ldots t_n$ (vgl. die bei Kapitel 17 angegebene Literatur [1])

__18.3__

a) $\text{MAX}(x_1,\ldots,x_n) = (\ldots((((x_1 \dot- x_2) + x_2) \dot- x_3) + x_3) \dot- \ldots \dot- x_n) + x_n$.

b) $\text{MAX}(x_1,\ldots,x_n) = \overset{z}{\underset{k=0}{\mu}} \{(x_1 \dot- k) + (x_2 \dot- k) + \ldots + (x_n \dot- k) = 0\}$

$\qquad\qquad\qquad$ mit $z = x_1 + x_2 + \ldots + x_n$.

__18.4__

a) $P(0) \;\; = 1 = C_1^0$

$\quad P(x+1) \;\; = (x+1)! + \dfrac{(x+1)!}{1!} + \dfrac{(x+1)!}{2!} + \ldots + \dfrac{(x+1)!}{x!} + \dfrac{(x+1)!}{(x+1)!}$

$\qquad\qquad\quad = (x+1)\, P(x) + 1$

$\qquad\qquad\quad = S\,(\text{MULT}\,(S\,(P_1^2(x,P(x)), P_2^2(x,P(x))))))$

$\quad C_1^0$, P_1^2, P_2^2, MULT, S sind primitiv-rekursiv, also auch P.

b) $R(x) < \dfrac{1}{x!}\left(\dfrac{1}{2^1} + \dfrac{1}{2^2} + \dfrac{1}{2^3} + \ldots\right) = \dfrac{1}{x!}$ (geometrische Reihe!).

c) $[e \cdot x] = \left[\dfrac{P(x)}{(x-1)!} + x \cdot R(x)\right] = \left[\dfrac{P(x)}{(x-1)!}\right]$,

$\qquad\qquad$ denn $x \cdot R(x) < \dfrac{1}{(x-1)!}$.

$\quad$ Rekursionsschema: $[e \cdot 0] = 0$, $[e \cdot (x+1)] = \left[\dfrac{P(x+1)}{x!}\right]$.

__18.5__

$P_4 x \iff \neg P_1 x \wedge \neg P_2 x \wedge \neg P_3 x \iff \neg (P_1 x \vee P_2 x \vee P_3 x)$.

$f(x) = g_1(x) \cdot \overline{sg}\,(\chi_{P_1}(x)) + g_2(x) \cdot \overline{sg}\,(\chi_{P_2}(x))$

$\qquad\quad + g_3(x) \cdot \overline{sg}\,(\chi_{P_3}(x)) + g_4(x) \cdot \overline{sg}\,(\chi_{P_4}(x))$.

g_1, g_2, g_3, g_4, χ_{P_1}, χ_{P_2}, χ_{P_3}, χ_{P_4}, $\overline{sg}$, "+", "$\cdot$" sind primitiv-rekursiv; verwendet wird das Einsetzungsschema, also ist auch f primitiv-rekursiv.

__18.6__

Es seien χ_P, χ_Q und χ_R die Charakteristischen Funktionen der Prädikate P, Q und R.

$\qquad Rxy \iff (Px \wedge Qy) \vee (\neg Px \wedge \neg Qy)$.

$\qquad \chi_R(x,y) = (\chi_P(x) \dot- \chi_Q(y)) + (\chi_Q(y) \dot- \chi_P(x))$

$\qquad$ (es gibt noch andere Darstellungen für $\chi_R(x,y)$) .

χ_P, χ_Q, "+", "$\dot-$" primitiv-rekursiv, also χ_R primitiv-rekursiv, also R primitiv-rekursiv!

18.7

a) $\varphi(2) = 1$, $\varphi(3) = \varphi(4) = 2$, $\varphi(5) = \varphi(6) = 3$, $\varphi(7) = \varphi(8) = \varphi(9) = \varphi(10) = 4$,

$\varphi(11) = \varphi(12) = 5$

b) $p_3 = 7 = \overset{2^{16}}{\underset{y=2}{\mu}} \{\varphi(y) = 4\}$, $p_4 = 11 = \overset{2^{32}}{\underset{y=2}{\mu}} \{\varphi(y) = 5\}$,

$$p_n = \overset{2^{(2^{n+1})}}{\underset{y=2}{\mu}} \{\varphi(y) = n + 1\} \quad (*)$$

Die durch $n \longmapsto p_n$ bestimmte Primzahl-Numerierungs-Funktion ist aufgrund der Darstellung (*) primitiv-rekursiv, denn innerhalb der geschweiften Klammern steht ein primitiv-rekursives Prädikat, auf das der beschränkte μ-Operator angewandt wird.

18.8

a) $f(1) = 1$, $f(2) = 1$, $f(3) = 2$, $f(4) = 2$, $f(5) = 2$, $f(6) = 3$.

b) $f(5) = 2 = \overset{5}{\underset{k=0}{\mu}} \left(\sum_{i=0}^{k+1} i > 5 \right)$, $\quad f(x) = \overset{x}{\underset{k=0}{\mu}} \left(\sum_{i=0}^{k+1} i > x \right)$

c) ">" ist ein primitiv-rekursives Prädikat, auf das der beschränkte μ-Operator angewandt wird.

18.9

a) $\alpha(4,y) = \text{HYP}\,(2, y+2) \doteq 3$, $\quad$ b) $\alpha(4,2) \approx 10^{19728}$

18.10

$$\alpha(5, y) = f^{y+1}(1), \quad \alpha(6, 1) = f^{f^2(1)+1}(1), \quad \alpha(6, 2) = f^{(f^{f^2(1)+1}(1)+1)}(1)$$

18.11

a) Sind $s,t \in A^+$ nicht-leere Wörter über dem Alphabet A und ist s Präfix von t, so gibt es ein Wort $q \in A^+$ mit $t = sq$ (s konkateniert mit q):

$$t =: t_0 t_1 \ldots t_n, \quad q =: q_0 q_1 \ldots q_m, \quad s =: s_0 s_1 \ldots s_k .$$

$t_0 t_1 \ldots t_n = s_0 s_1 \ldots s_k\, q_0 q_1 \ldots q_m$ $(t_i, s_i, q_i \in A)$. Für die zugehörigen GÖDEL-Nummern $\gamma(t)$, $\gamma(s)$ und $\gamma(q)$ gilt dann, wenn $p_0 \,(=2)$, $p_1 \,(=3)$, $p_2 \,(=5)$, $p_3 \,(=7)$ etc. die Folge der Primzahlen bezeichnet:

$$\gamma(t) = p_0^{\gamma(t_0)} \cdot p_1^{\gamma(t_1)} \cdot \ldots \cdot p_n^{\gamma(p_n)}$$

$$= p_0^{\gamma(s_0)} \cdot p_1^{\gamma(s_1)} \cdot \ldots \cdot p_k^{\gamma(s_k)} \cdot p_{k+1}^{\gamma(q_0)} \cdot p_{k+2}^{\gamma(q_1)} \cdot \ldots \cdot p_{k+m+1}^{\gamma(q_m)} ,$$

d.h. $\gamma(s)$ ist Teiler von $\gamma(t)$ in der Menge $\mathbb{N}$.

Exemplarisch mit $A = \{a,b,c\}$ als Alphabet und etwa $\gamma(a) = 1$, $\gamma(b) = 2$, $\gamma(c) = 3$ für die Wörter $s = $ bac, $t = $ bacca (also $q = $ ca):

$$\gamma(s) = \gamma(bac) = 2^2 \cdot 3^1 \cdot 5^3 = 1\,500$$

$$\gamma(t) = \gamma(bacca) = 2^2 \cdot 3^1 \cdot 5^3 \cdot 7^3 \cdot 11^1 = 5\,659\,500$$

bac ist Präfix von bacca, $1\,500$ ist Teiler von $5\,659\,500$.

b) Ist $x \in \mathbb{N}$ Teiler von $y \in \mathbb{N}_0$, so gibt es eine Zahl $z \in \mathbb{N}_0$ mit $y = z \cdot x$. Dabei läßt sich z zwischen 0 und y beschränken:

$$\bigvee_{z=0}^{y} (y = z \cdot x) \; .$$

Das Gleichheitsprädikat ist primitiv-rekursiv, beschränkte Partikularisierung eines primitiv-rekursiven Prädikats liefert wieder ein primitiv-rekursives Prädikat.

18.12

a) 0;   127;   14;   175

b) (0;25),   (1;0),   (6;0),   (4;3)

c) $\varphi(0;1008) = 4$, $\varphi(1;1008) = 2$, $\varphi(2;1008) = 0$, $\varphi(3;1008) = 1$

d) $\sigma_1(11) = 2$, $\sigma_2(11) = 1$

e) $\sigma_1(\sigma(x,y)) = x$, $\sigma_2(\sigma(x,y)) = y$

$\sigma(\sigma_1(z), \sigma_2(z)) = \sigma(x,y) = z$

$\sigma_1(z)$ und $\sigma_2(z)$ sind die erste bzw. zweite Komponente des Zahlenpaars (x,y), dessen GÖDELzahl z ist.

18.13

a) $n(\alpha(3, 0)) = 15$, $n(\alpha(3, 1)) = 106$, $n(\alpha(3, 2)) = 541$, $n(\alpha(3, 3)) = 2432$

b) $n(\alpha(3, 3)) = f(29) + f(13) + f(5) + f(1) + 1 + 1 + 1 + 1$

c) $n(\alpha(3, 3)) = f(2^5 - 3) + f(2^4 - 3) + f(2^3 - 3) + f(2^2 - 3) + 1 + 1 + 1 + 1$

d) $n(\alpha(3, y)) = (y + 1) + f(2^2 - 3) + f(2^3 - 3) + \ldots + f(2^{y+2} - 3)$

e) $n(\alpha(3, y)) = 2[(2^2 - 3)^2 + (2^3 - 3)^2 + \ldots + (2^{y+2} - 3)^2]$

$$+ \; 7[(2^2 - 3) + (2^3 - 3) + \ldots + (2^{y+2} - 3)] + 5(y + 1)$$

$$= \frac{1}{3}(2^{2y+7} + 37) - 5 \cdot 2^{y+3} + 3y$$

18.14

Die Gebühren (in Pfennigen verstanden) sind stets ganze Vielfache von 23. Hat man
das Gespräch mit Ablauf einer Gebühreneinheit abgeschlossen, ist also x ein ganzes
Vielfaches von y, so bekommt 23 den Faktor $\left[\frac{x}{y}\right]$, wobei mit diesem Ausdruck die größte
ganze Zahl kleiner oder gleich $\frac{x}{y}$ verstanden wird. In jedem anderen Fall muß dieser
Faktor noch um 1 erhöht werden, da eine weitere Gebühreneinheit angebrochen wurde.
Also ergibt sich für den Funktionsterm f(x,y)

$$f(x,y) \;=\; \begin{cases} 23\left[\dfrac{x}{y}\right] & \text{falls } y \text{ Teiler von } x \\[2ex] 23\left(\left[\dfrac{x}{y}\right] + 1\right) & \text{sonst} \end{cases}$$

Um den Term einzeilig anzuschreiben, müssen die charakteristischen Funktionen der
Unterscheidungsprädikate bestimmt werden. Dazu kann die EUKLIDische Restfunktion
REST herangezogen werden:

$$y \text{ ist Teiler von } \; x \;\Longleftrightarrow\; \text{REST}\,(x,y) \;=\; 0$$

$$\text{REST}\,(x,y) \;=\; x \;\dot-\; \left[\frac{x}{y}\right]y; \quad \left[\frac{x}{y}\right] \;=\; \overset{x}{\underset{k=0}{\mu}}\left\{(x+1) \;\dot-\; (k+1)\,y \;=\; 0\right\}$$

Damit ergibt sich mit der gewöhnlichen und komplementären Signumfunktion für f(x,y)
der geschlossene Ausdruck

$$f(x,y) \;=\; 23 \cdot \left\{\left[\frac{x}{y}\right] \cdot \overline{sg}\left(x \;\dot-\; \left[\frac{x}{y}\right]y\right) + \left(\left[\frac{x}{y}\right] + 1\right) \cdot sg\left(x \;\dot-\; \left[\frac{x}{y}\right]y\right)\right\}$$

Sämtliche hier auftretende Funktionen sind als primitiv-rekursiv bekannt; das Einsetzungsschema überträgt diese Eigenschaft auf die Funktion f.

18.15

a) $\varphi(2,3,7) \;=\; 121$

$\qquad\qquad\;\; =\; 2 \cdot 60 + 1$

$\qquad\qquad\;\; =\; \text{MIN}(2,3) \cdot (7^2 + 7 + 4) + 1$

$\quad\varphi(4,3,9) \;=\; 284$

$\qquad\qquad\;\; =\; 3 \cdot 94 + 2$

$\qquad\qquad\;\; =\; \text{MIN}(4,3) \cdot (9^2 + 9 + 4) + 2$

$\quad\varphi(5,5,4) \;=\; 123$

$\qquad\qquad\;\; =\; 5 \cdot 24 + 3$

$\qquad\qquad\;\; =\; \text{MIN}(5,5) \cdot (4^2 + 4 + 4) + 3$

b) $\varphi(x,y,z) \;=\; \text{MIN}(x,y) \cdot (z^2 + z + 4) + \begin{cases} 1 & \text{für } x < y \\ 2 & \text{für } x > y \\ 3 & \text{sonst} \end{cases}$

c) $\varphi(x,y,z) = \text{MIN}(x,y) \cdot (z^2 + z + 4) + \overline{sg}\,((x+1) \dot{-} y)$

$\qquad\qquad + 2 \cdot \overline{sg}\,((y+1) \dot{-} x) + 3 \cdot \overline{sg}\,((x \dot{-} y) + (y \dot{-} x))$

d) φ ist primitiv-rekursiv gemäß c): MIN, "+", "$\dot{-}$", "$\cdot$", $\overline{sg}$ sowie die Konstanten sind primitiv-rekursiv; verwendet wird das Einsetzungsschema, welches diese Eigenschaft auf φ überträgt.

19. Betriebssysteme

Wolfgang Bauer

Fachbereich Allgemeine Informatik

BS1: Einführung: Schichtenmodell, Virtuelle Maschine. Hardware: PDP 11 Familie, PC, Statusregister, Stack, Interruptmechanismus. Unterbrechungen: Busy Wait, vektorisierte Unterbrechungen, Unterbrechungsroutinen, geschachtelte Unterbrechungsbearbeitung, Traps. Software-Schnittstelle: Autonome Tasks, Taskzustandsmodell, SVC's, Parameterlisten. BS-Kern: Maschine MO: Treiber der Zeichen- und Blocktransfergeräte (Initialisierungsteil, Blockendeteil). Maschine M1: Prozessorverwaltung, Verwaltung E/A-Geräte, Speicherverwaltung, Tasksteuerung, Taskkommunikation. Urladeroutine. BS2: Grundbegriffe: Multiprogramming, Teilnehmer-Teilhaber-Betrieb, Zeitscheibensteuerung, Job, Task, Prozeß, Warteschlangenorganisation, Umschaltstrategien. Wechselwirkung zwischen Prozessen: kurzer kritischer Abschnitt, langer kritischer Abschnitt, Synchronisationsmechanismen, synchrone Abhängigkeit, Reader-Writer-Problem, Unteraufträge, Pipelining, Concurrent PASCAL. Betriebsmittel: Belegungsstrategien, Verklemmungen. Virtueller Speicher: Namensraum, Adreßraum, Verschiebbarkeit, relative Adressierung, Basisregister, mehrstufige Adreßumsetzung, Assoziativspeicher, Seitenwechselstrategien, Working Set, Thrashing. E/A: Physikalische E/A, Logische E/A, Kanäle, Steuereinheit, Geräte.

Zugelassene Hilfsmittel für die Prüfungsaufgaben 19.1 bis 19.11: keine

Aufgaben

19.1

Wann und aus welchen Gründen wurden Betriebssysteme zum ersten Mal entwickelt?

Welchen Leistungsumfang hatten diese ersten Betriebssysteme?

Schildern Sie kurz die weitere Entwicklung sowohl der Rechnerhardware wie der Betriebssysteme bis heute sowie die Wechselwirkung zwischen diesen beiden Entwicklungen.

19.2

Was versteht man unter einer Unterbrechung (Interrupt)?

Wozu wird diese benutzt?

Beschreiben Sie mögliche Alternativen zum unterbrechungsgesteuerten Rechner.

Schildern Sie die Vor- und Nachteile des unterbrechungsgesteuerten Rechners im Vergleich zu mindestens einer der Alternativen.

Kann ein Maschinenbefehl unterbrochen werden? Begründung!

<u>19.3</u>
Zeichnen Sie ein Struktogramm für eine Unterbrechungsbehandlungsroutine. Dabei
interessiert vor allem eine möglichst exakte Beschreibung der Befehle bzw. Leistungen, die Hard- und Software beim Umschalten vom unterbrochenen Programm in die
Unterbrechungsbehandlungsroutine und wieder zurück erbringen müssen.
Geben Sie an, welche Teile bei einem Ihnen bekannten Rechner von der Hardware,
welche von der Software erbracht werden, weiterhin, welche Teile niemals von der
Software erbracht werden können, und warum diese nicht von der Software erbracht
werden können.

<u>19.4</u>
In dem zu Beginn der Vorlesung vorgestellten Betriebssystemkern unterschied man
zwischen den wesentlichen und den unwesentlichen Unterbrechungen.
Worin liegt dieser Unterschied?
Welcher Teil des BS trifft diese Unterscheidung (Struktogramm)?
Welche Vor- und Nachteile hat die Eintragung der wesentlichen Unterbrechungen in
eine Warteschlange?
Welcher Teil des BS arbeitet diese Warteschlange ab (Struktogramm)?
Geben Sie bei der Beantwortung der Fragen insbesondere an, ob im betrachteten
Teil des BS weitere Unterbrechungen erlaubt oder gesperrt sind, und geben Sie
dafür die Begründung.

<u>19.5</u>
Was ist ein Super-Visor-Call (SVC)?
Wozu wird er benutzt?
Weswegen implementiert man in einem Betriebssystem den Mechanismus des SVC's?
Was wird durch die Menge aller SVC's definiert?

<u>19.6</u>
Vergleichen Sie die beiden Verarbeitungsweisen "Multiprogramming" und "Timesharing"
miteinander. Beschreiben Sie die typischen Charakteristika beider Verarbeitungsweisen, insbesondere das Ereignis, das zum Entzug des Prozessors führt, und geben
Sie Vor- und Nachteile sowie typische Einsatzgebiete beider Verarbeitungsweisen an.

<u>19.7</u>
Was versteht man unter einer Verklemmung (Deadlock)?
Geben Sie mindestens zwei Beispiele dazu an.
Warum besteht die Gefahr, daß in zyklischen Auftragsstrukturen ein Deadlock auf-
treten kann (Beispiel)?

19.8

Sind Programme, deren ablauffähiger Code vom Übersetzer erzeugt wird, verschiebbar?
Welche Funktionen hat das Systemhilfsprogramm LADER bzw. LOADER?
Kann man mit ihm das Problem der Speicherzerstückelung durch Garbage Collection
(d.h. Zusammenfassen nicht belegter Speicherbereiche) lösen?
Oder sind dazu spezielle Hardware-Einrichtungen notwendig? Wenn ja, welche?

19.9

Was versteht man unter einem in Segmente und Seiten aufgeteilten virtuellen Spei-
cher? Wodurch ist seine Größe bestimmt?
Erläutern Sie die Adreßumsetzung im virtuellen Speicher!
Wieviele Speicherzugriffe sind im ungünstigsten Fall notwendig, um einen im Haupt-
speicher liegenden Operanden zu adressieren?
Durch welche Einrichtung versucht man den Mittelwert dieser Speicherzugriffe zu
verringern? Wirkungsweise?
Was passiert, wenn der Operand nicht im Hauptspeicher liegt und wenn keine freie
Kachel zur Verfügung steht?
Welche Tabellen werden dann vom BS benötigt?
Diskutieren Sie einen realisierten Austauschalgorithmus!

19.10

Die Verarbeitung eines Maschinenbefehls läßt sich zerlegen in die einzelnen
Schritte

- Hole Operationscode,
- Decodiere Operationscode,
- Hole Operanden,
- Führe Operation aus,
- Speichere Ergebnis ab.

Nahezu alle Rechenwerke führen diese einzelnen Schritte quasiparallel im "Pipelining" aus. Was versteht man darunter? Jeder einzelne der Schritte sei durch
einen unabhängigen Prozeß verwirklicht. Geben Sie die Synchronisation dieser fünf
Prozesse unter der Pipelining-Verarbeitung an und skizzieren Sie in einem Zeitdiagramm die Verarbeitung eines Maschinenbefehls mit Pipelining und ohne Pipelining. Welchen Vorteil erhofft man sich vom Pipelining? Unter welchen Bedingungen wird dieser maximal?

19.11

In einem BS sei für eine Platte D ein Plattenverwalter DV installiert, sowie zwei
Dateiverwalter, AV und BV, für die Dateien A und B, die physisch beide auf der
Platte D abgespeichert sind. Zeichnen Sie grobe Struktogramme bzw. Flußdiagramme
für die Prozesse DV, AV und BV, sowie für die beiden Leseprozesse auf der Datei A,

die Prozesse LA1 und LA2, für die beiden Schreibprozesse auf der Datei A, SA1 und
SA2, sowie für die analogen Prozesse auf der Datei B, LB1, LB2, SB1 und SB2.
Dokumentieren Sie in den Struktogrammen bzw. Flußplänen genau die Synchronisations-
operationen zwischen den verschiedenen Prozessen, wenn

a) nur sequentielles Lesen und Schreiben auf den Dateien erlaubt ist, d.h. nur jeweils ein Prozeß Zugriff auf die Datei hat,
b) paralleles Lesen erlaubt ist, Leser und Schreiber und Schreiber untereinander
   jedoch nur sequentiell.

Literatur

[1] Wettstein H (1978) Aufbau und Struktur von Betriebssystemen. Hanser, München
    Wien
[2] Habermann AN (1981) Entwurf von Betriebssystemen. Springer, Berlin Heidelberg
    New York
[3] Spruth WG (1977) Interaktive Systeme - Strukturen, Methoden, Stand der Technik.
    Science Research Associates, Stuttgart
[4] Weck G (1982) Prinzipien und Realisierung von Betriebssystemen. Teubner, Stutt-
    gart

Lösungen

19.1

Erste BS: Einsatz der ersten BS zur Bedien- und Ablaufunterstützung. Closed-Shop-
Betrieb.

Grund: War bei den ersten Rechnern das Verhältnis von Rüst- zu Rechenzeit 1 : 10
oder kleiner, da die Rechner so langsam waren und vorwiegend bei wissenschaftlichen
Aufgaben eingesetzt waren, so führte die Leistungssteigerung zu einem Verhältnis
1 : 1 bzw. noch größer 10 : 1, so daß die Maschine nicht mehr optimal ausgenutzt war:
daher Automatisierung der Job-Eingabe, um den Rechner besser auszunutzen.

Leistungsumfang der ersten BS: Job Control Language und Ablaufsteuerung, Assembler,
Bibliotheken mit math. und E/A-Routinen.

Entwicklung:	Hardware		BS
1960 - 1965	Kanäle Speicherschutz	} ⟷	Multiprogramming
1965 - 1970	Virtueller Speicher Plattenstapel	⟶	Time-Sharing
1970 - 1975	Massenspeicher	⟶	Datenbanken
1975 - 1980	Mikroelektronik	⟶	Netze, Distributed Systems, Dedicated Systems
	Mikroprogrammierung	⟶	Verlagerung von BS-Teilen ins Mikroprogramm

19.2

Ein Interrupt ist ein Hardwaresignal, mit dem Module des Rechners, z.B. Geräte-
kontroller, Uhren, Schalter, den Prozessor in seiner normalen Befehlsabarbeitung
unterbrechen und auf eine andere Routine zwingen können. Der Prozessor seinerseits
kann sich durch Setzen eines internen Flags gegen die Unterbrechungen sperren.
Erst dann, wenn von der Software dieses Sperrflag zurückgesetzt wird, werden an-
stehende, d.h. in der Zwischenzeit aufgetretene und gespeicherte Interrupts wieder
wirksam.

Interrupts werden benutzt

- zur Synchronisation parallel ablaufender Aktivitäten, z.B. Blockendeinterrupts,
- zur Anmeldung kritischer Ereignisse (Zeitgeber), z.B. Stromausfallinterrupt,
- zur Meldung von Fehlerbedingungen von Hardware bzw. Software,
- zum Aufruf des Betriebssystems, SVC-Interrupt.

Alternative:

Der Prozessor wartet in einer Schleife, in der er eine kritische Variable testet,
auf den Eintritt des Ereignisses: BUSY WAIT Programmierung.

Vor- und Nachteile:

BUSY WAIT: V: Schnellere Reaktion.

             N: Abgestuftes Warten auf mehrere Ereignisse schwierig. Keine Parallel-
                arbeit bzw. nur ein vorher festgelegtes Maß an Parallelarbeit zwi-
                schen Kanal und Prozessor.

Interrupt: V: Maximale Parallelarbeit möglich. Warten auf mehrere Ereignisse
                gleichzeitig möglich, sogar Priorisierung beim Vectored Interrupt.
                Response des Rechners paßt sich dem tatsächlichen Ablauf der Ereig-
                nisse an.

             N: Overhead durch Interruptbehandlung.

Unterbrechbarkeit von Maschinenbefehlen:

Im allgemeinen können Maschinenbefehle nicht unterbrochen werden, da dann die vom
Mikroprogramm verwendeten Register durch spezielle Mikroprogrammbefehle intern ab-
gespeichert werden müßten; deswegen erlauben die meisten Prozessoren den Sprung in
die Unterbrechungsroutine des Mikroprogramms nur dann, wenn der Inhalt der internen
Register bedeutungslos ist: nach Abarbeitung eines Befehls und vor dem Beginn der
Abarbeitung des nächsten Befehls. Komplexbefehle allerdings können bei einigen
Rechnern, z.B. VAX/11, unterbrochen werden. Diese Komplexbefehle benutzen aller-
dings bei ihrer Abarbeitung die gewöhnlichen Rechnerregister.

19.3

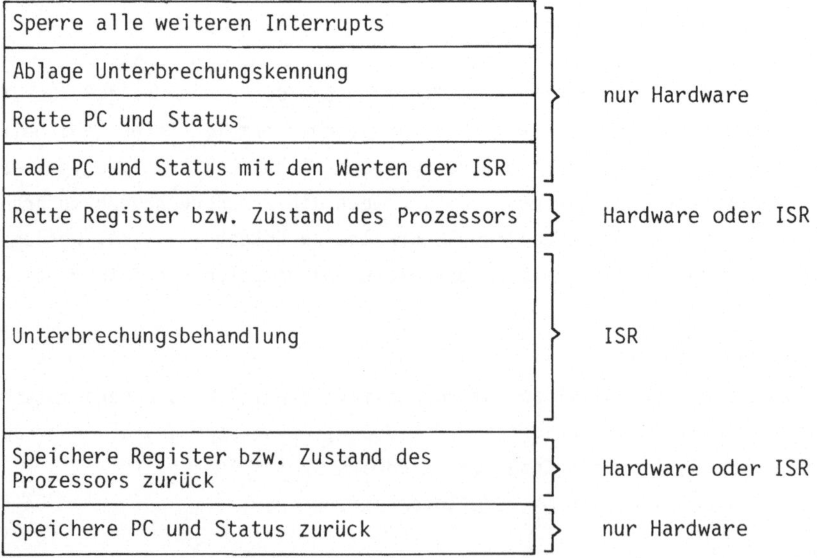

Abb. L19.3.1

Unterbrechungskennung, PC und Status können nicht von der ISR abgelegt bzw. zurück-
gespeichert werden, da dazu mehrere Maschinenbefehle notwendig wären,

* die den Inhalt von PC und Status verändern würden,
* zwischen denen weitere Unterbrechungen möglich wären, so daß damit die kritische
  Sektion PC, Status, Unterbrechungskennung aufgebrochen würde.

19.4

Unterschied:

Wesentliche Unterbrechungen führen zu Änderungen in der Zustandsmenge der Tasks
(z.B. Entblocken des Auftraggebers bei Blockende).

Nicht wesentliche Unterbrechungen werden vollständig von den Gerätetreibern abgehandelt (z.B. Druckerinterrupt bei der Ausgabe des neunten Zeichens in einer Zeile
von 30 Zeichen).

Die Gerätetreiber entdecken den Unterschied zwischen einer wesentlichen und einer
nicht wesentlichen Unterbrechung:

Blocktransfergeräte: jede Unterbrechung wesentlich.

Zeichengeräte: nur die Unterbrechung nach dem letzten Zeichen einer Zeile wesentlich, alle anderen unwesentlich.

Warteschlange der wesentlichen Unterbrechungen:

Vorteile:
* kein konkurrierender Zugriff auf die Systemlisten,
* jede wesentliche Unterbrechung wird vollständig abgehandelt, ehe mit der Behandlung der nächsten begonnen wird,
* einfache Struktur des BS-Kerns,
* nur ein kleiner Teil des BS-Kerns (Maschine M0) läuft unter Unterbrechungssperre,
* wesentliche Unterbrechungsbehandlung ohne Unterbrechungssperre (Maschine M1).

Nachteile:
* keine schnelle Reaktion auf Unterbrechungen,
* Prioritätsordnung der Warteschlange zwar möglich, jedoch keine Unterbrechung
  einer einmal angefangenen UB-Behandlung einer wesentlichen Unterbrechung durch
  M1 möglich,
* Überlauf der Warteschlange bei externen Unterbrechungsgebern möglich (nicht
  triviales Problem).

Maschine M1 (läuft ohne Unterbrechungssperre ab):

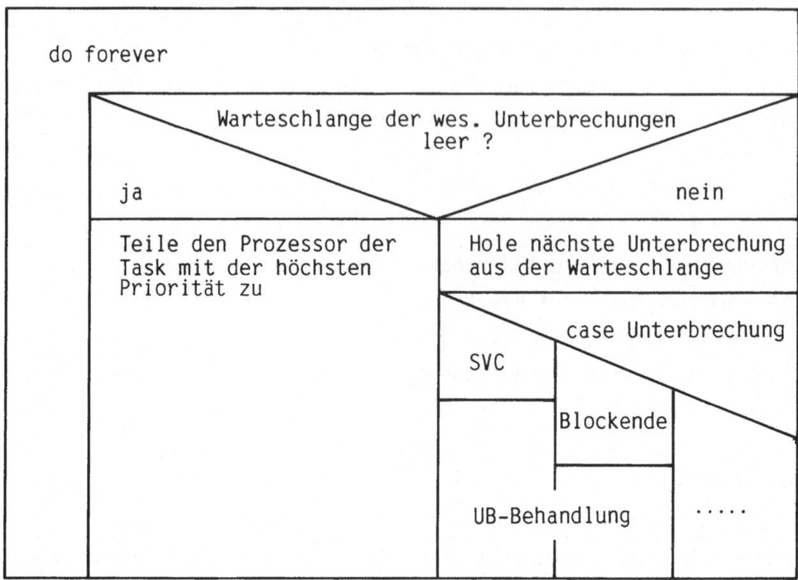

Abb. L19.4.1

<u>19.5</u>

SVC: Super-Visor-Call, d.h. Aufruf des Supervisors oder des Betriebssystems. Mit einem SVC fordert also eine Task eine Leistung an, die vom BS angeboten wird und nicht durch einfache Maschinenbefehle erbracht werden kann.
Welche Leistungen sind das?
Im wesentlichen der Zugriff auf Betriebsmittel, auf die ein nicht koordinierter paralleler Zugriff nicht erlaubt ist; z.B. paralleler Zugriff auf ein sequentielles Betriebsmittel, z.B. den Drucker.
Daneben Standardleistungen, deren Programmierung dem Benutzer nicht zugemutet werden kann, da
• sie zu aufwendig ist,
• Fehler bei der Programmierung sich auch auf andere Benutzer auswirken, z.B. E/A-Programme.

Die Menge aller SVC's definiert die virtuelle Maschine, die der Benutzer zur Verfügung hat, also die Benutzerschnittstelle des jeweiligen BS.

19.6

Sowohl Multiprogramming wie Timesharing verwirklichen die "quasi-parallele" Verarbeitung mehrerer Prozesse, mit folgendem typischen Unterschied:

Beim reinen Multiprogramming wird einem Prozeß nach irgendeinem Scheduling-Algo-
rithmus der Prozessor zugeteilt, sobald dieser frei ist. Dann kann dem Prozeß der
Prozessor nicht mehr entzogen werden! Der Prozeß selbst muß ihn freigeben, entweder
durch Beendigung oder durch Warten auf ein Ereignis, z.B. Blockendeinterrupt.

Dagegen Timesharing: Nach Ablauf der Zeitscheibe wird dem Prozeß der Prozessor entzogen. Meistens ist Timesharing mit Multiprogramming überlagert: Freiwillig kann
der Prozeß den Prozessor innerhalb seiner Zeitscheibe zurückgeben, aus denselben
Gründen wie oben.

Vor- und Nachteile:

Multiprogramming:

- weniger Systemoverhead,
- schlechte Reaktionszeit,
- Langläufer können Betrieb blockieren.

Timesharing:

- Systemoverhead,
- virtueller Speicher notwendig,
- automatische Bevorzugung von Kurzläufern,
- Langläufer werden völlig vernachlässigt (Systemoverhead!).

Anwendungsgebiete:

Multiprogramming

- Typisches Batchsystem
- Informationssysteme (nur Abfragen, keine Programmentwicklung)

Timesharing:

- Interaktives System für viele Benutzer (Rechenzentrum an Hochschulen)

<u>19.7</u>

Verklemmung:

Wechselseitige Blockade der Prozesse eines Systems.

Beispiel: Zwei parallel laufende Tasks A und B fordern nacheinander die beiden
Betriebsmittel BM1 und BM2 an: A zuerst BM1, dann BM2; B zuerst BM2, dann BM1.
A erhält BM1, B erhält BM2. Zur Erfüllung ihrer Aufgaben benötigen sowohl A wie B
jedoch beide Betriebsmittel BM1 und BM2: Wechselseitige Blockade von A und B, wenn
nicht einer auf sein zugeteiltes Betriebsmittel verzichtet.

Zyklische Auftragsstruktur:

Die Tasks A_i eines Systems von Tasks vergeben zur Erfüllung ihrer Aufgabe Unteraufträge an andere Mitglieder A_j des Systems. Ist nun an irgendeiner Stelle der
Auftragskette ein Unterauftragsnehmer identisch mit einem früheren Auftraggeber,
liegt die zyklische Auftragssituation vor, die zum Deadlock führt.

<u>19.8</u>

Ablauffähige Programme, die vom Übersetzer erzeugt werden, sind absolut adressiert,
also nicht verschieblich:

Basisadresse zur Übersetzungszeit.

Der Lader erzeugt aus dem verschieblichen Modul eine absolut adressierte Phase.
Die Basisadresse dieser Phase kann dem Lader als Parameter übergeben werden:

Basisadresse zur Ladezeit.

Während des Ablaufs der Phase kann die Basisadresse jedoch nicht geändert werden:
also keine Lösung der Speicherzerstückelung.

Garbage Collection nur möglich mit Hilfe eines Basisregisters, dessen Inhalt während des Ablaufs der Phase umgeladen werden kann:

Basisadresse zur Laufzeit.

Der Lader erzeugt dann eine absolut auf Null gebundene Phase, bei der in jedem
Maschinenbefehl zwischen Relativ- und Absolutadressen unterschieden wird. Auf die
Absolutadressen wird bei der Befehlsausführung der Inhalt des Basisregisters
addiert.

<u>19.9</u>

Die Größe des virtuellen Speichers wird bestimmt durch die Anzahl der Bits des Operandenadreßfeldes eines Maschinenbefehls. (VAX/11: 32 Bit, also 4GByte virtueller Adreßraum.)

Virtueller Speicher:

Aufteilung jeder virtuellen Adresse in

| Segment | Seite | Distanz | .

Jeder Adreßteil der virtuellen Adresse wird nach einem getrennten Algorithmus übersetzt.

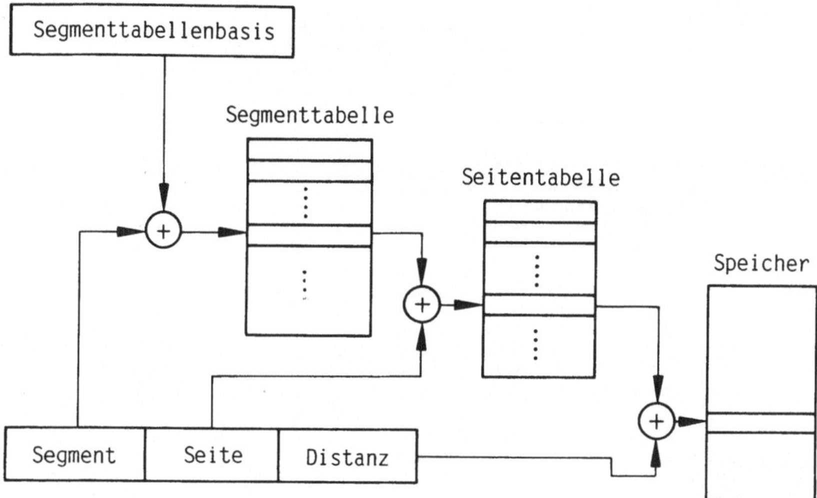

Abb. L19.9.1

Worst Case: 3 Speicherzugriffe pro Operand.

Verbesserung:

Assoziativer Adreßumsetzpuffer (BLAUUW-Box) enthält zu den Segment-Seiten-Adressen die dazugehörigen Rahmenadressen. Paralleler Vergleich aller Einträge im Assoziativspeicher hardwaretechnisch möglich. Hersteller geben 90- bis 95%ige Trefferwahrscheinlichkeit an.

Fehlseitenunterbrechung :

Bearbeitung :

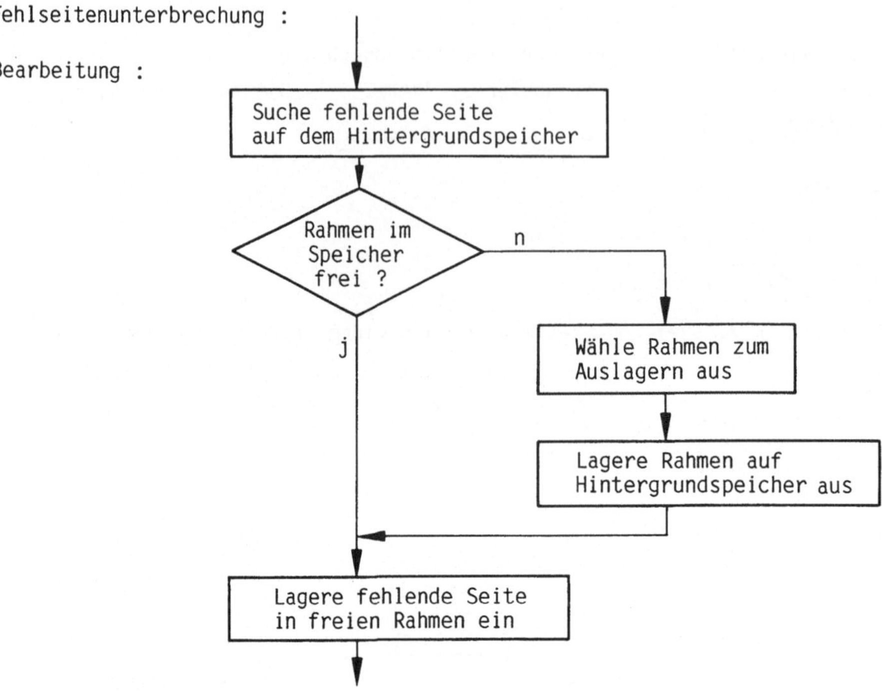

Abb. L19.9.2

Benutzte Tabellen des BS:
   Segmenttafel
   Seitentafeln
   Erweiterte Segmenttafel
   Erweiterte Seitentafeln
   Rahmentafel

Realisierte Strategie: Recently Not Used, z.B. Q-Class-Algorithmus.

Für jeden Rahmen werden zwei Bits definiert und in der Rahmentafel abgespeichert:
   Referenzbit R: kein Zugriff/Zugriff in jüngster Zeit,
   Änderungsbit A: kein schreibender/schreibender Zugriff seit dem letzten Ein-
                   lagern.

Damit kann man alle Rahmen in vier Klassen einteilen:

$$Q(R,A) \;=\; \begin{pmatrix} Q(0,0) & Q(0,1) \\ Q(1,0) & Q(1,1) \end{pmatrix}$$

Algorithmus:

Wenn Rahmen zum Einlagern benötigt wird, zuerst

> Leeren der Klasse Q(0,0), dann ⎱   dabei Eintragen der neu zugeteilten
> Leeren der Klasse Q(0,1)   ⎰   Rahmen in die Halteklasse HQ

Wenn $Q(0,0) \cup Q(0,1) = \emptyset$, dann

> $Q(0,0) := Q(1,0)$
> $Q(0,1) := Q(1,1)$
> $Q(1,0) := HQ$

Zurück zum Anfang des Algorithmus.

19.10

P_1:   Operationscode holen

P_2:   Befehl decodieren

P_3:   Operanden holen

P_4:   Operation ausführen

P_5:   Ergebnis abspeichern

Hilfsprozesse:

P_0:   Prozeß, der das Befehlswerk aufruft

P_6:   Prozeß, der abgearbeiteten Befehl übernimmt

Damit generelle Struktur aller P_i für $i = 1 \ldots 5$:

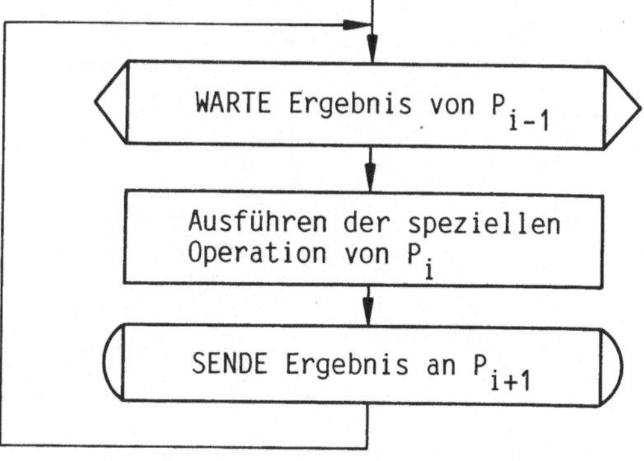

Abb. L19.10.1

Zeitdiagramme:

Ohne Pipeline

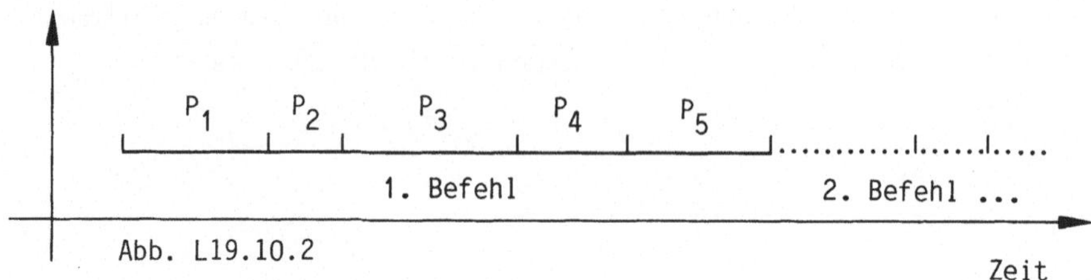

Abb. L19.10.2

Mit Pipeline

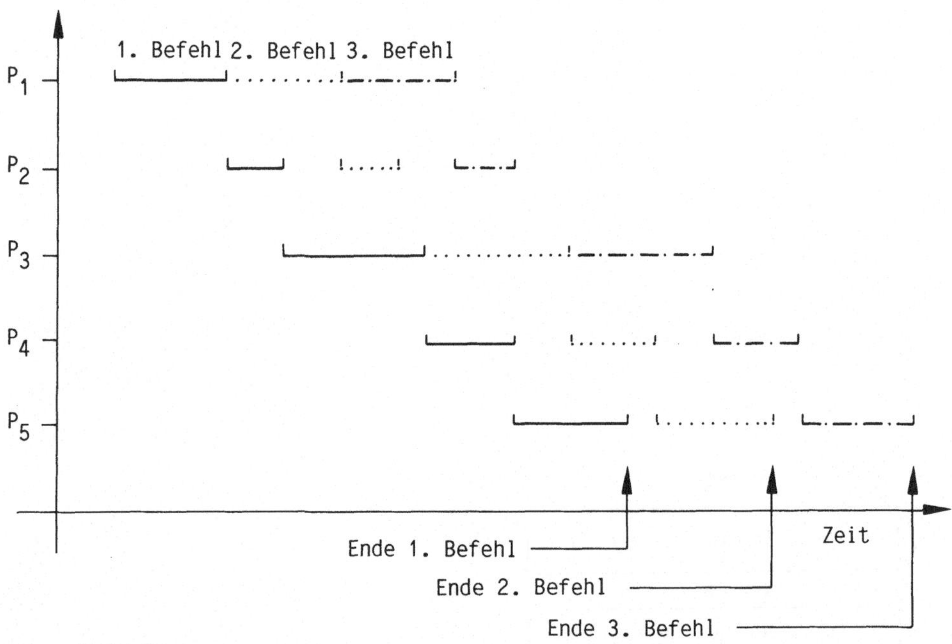

Abb. L19.10.3

Der Takt wird von der längsten Stufe der Pipeline bestimmt!

Pipelining:

Aufteilung eines Auftrags in Teilaufträge, die alle zyklische Prozesse darstellen.
Jeder Teilauftrag übernimmt die Ergebnisse seines Vorgängers und gibt seine Ergebnisse an seinen Nachfolger ab. Dadurch wird u.U. die Bearbeitung eines Gesamtauf-
trags, d.h. die Zeitdauer von Beginn bis zum Ende eines Auftrags, verlängert; da
jedoch alle Teilschritte mehrerer Aufträge echt parallel bearbeitet werden, kommt
es insgesamt zu einer Leistungssteigerung.
Die maximale Leistungssteigerung erhält man, wenn alle Teilaufträge dieselbe Zeit-
spanne dauern. Sie beträgt dann im eingeschwungenen Zustand genau N, mit N gleich
Anzahl der Teilaufträge.

<u>19.11</u>

Vereinfachende Annahme:

Jeder Lese/Schreibauftrag hat genau einen Auftrag an den Plattenverwalter zur Folge.

1. Exklusiver Zugriff für Schreiber wie Leser:

Prozesse LA1, LA2, LB1, LB2, SA1, SA2, SB1, SB2

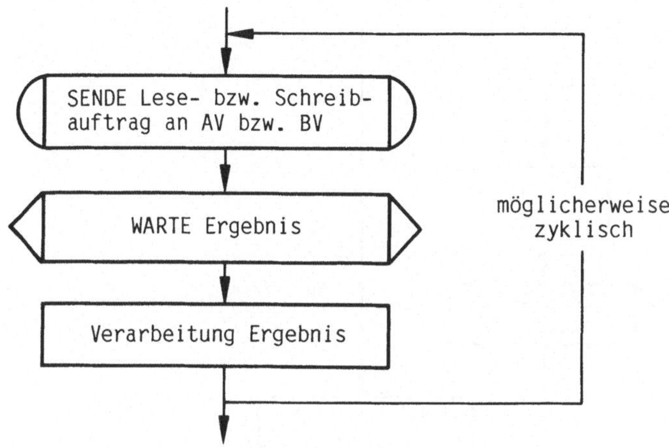

Abb. L19.11.1

Plattenverwalter DV

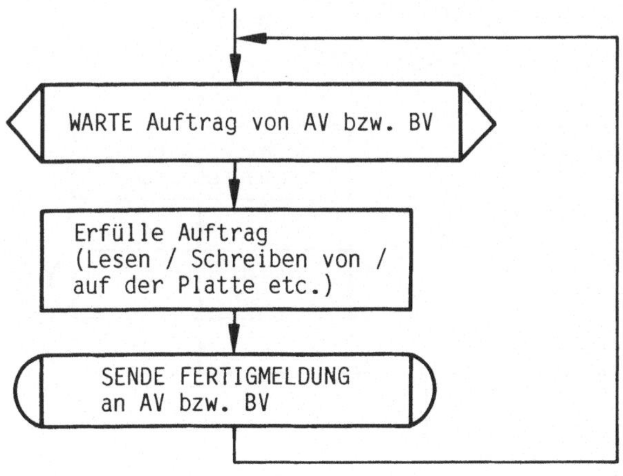

Abb. L19.11.2

Dateiverwalter AV bzw. BV

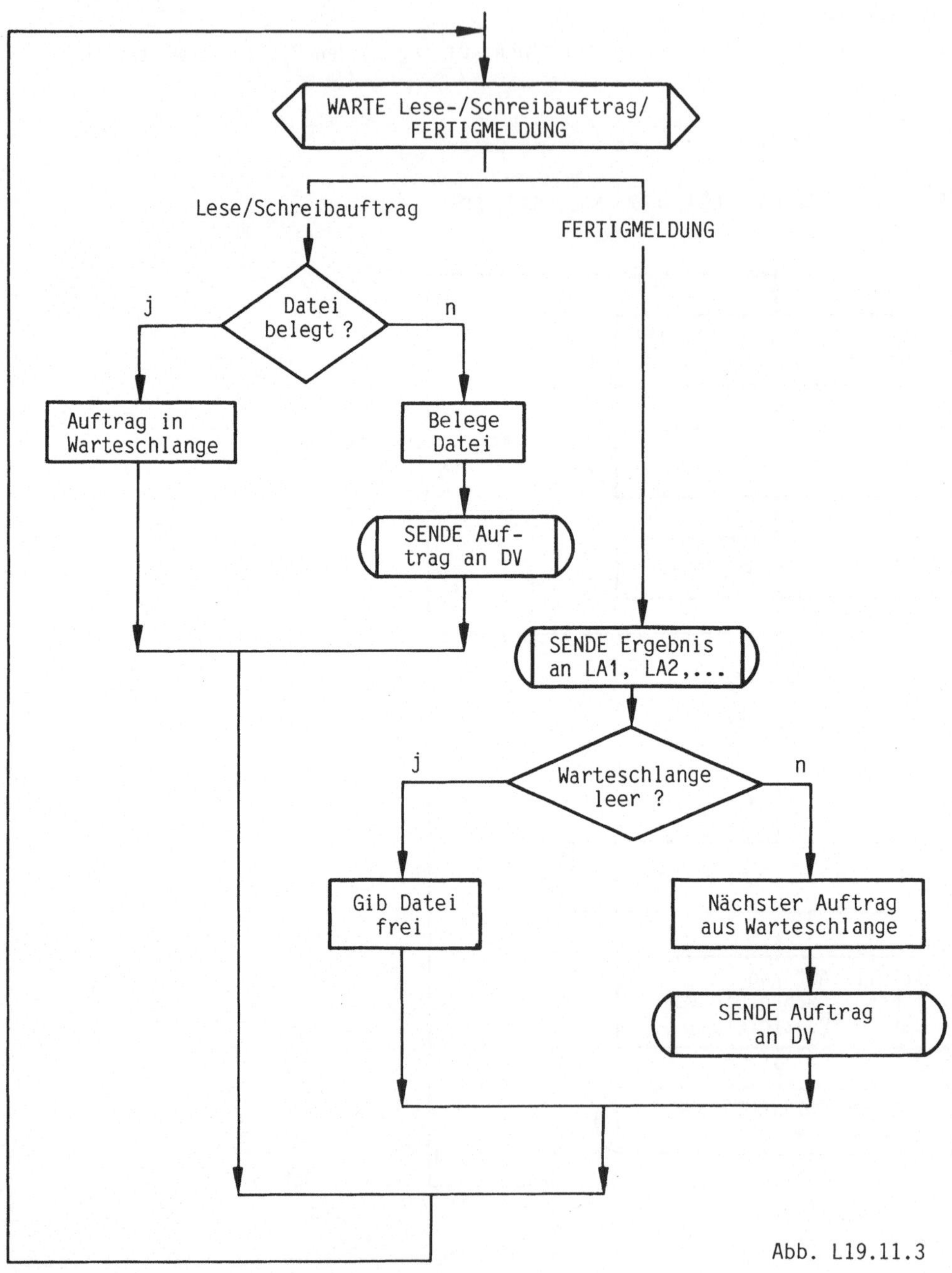

Abb. L19.11.3

2. Zugriffe von Lesern können parallel erfolgen, von Schreibern jedoch nur exklusiv. Nur Änderungen in den Dateiverwaltern AV bzw. BV notwendig!

Definition: BE sei die Anzahl der ausstehenden Fertigmeldungen (Blockenden) des Plattenverwalters DV.

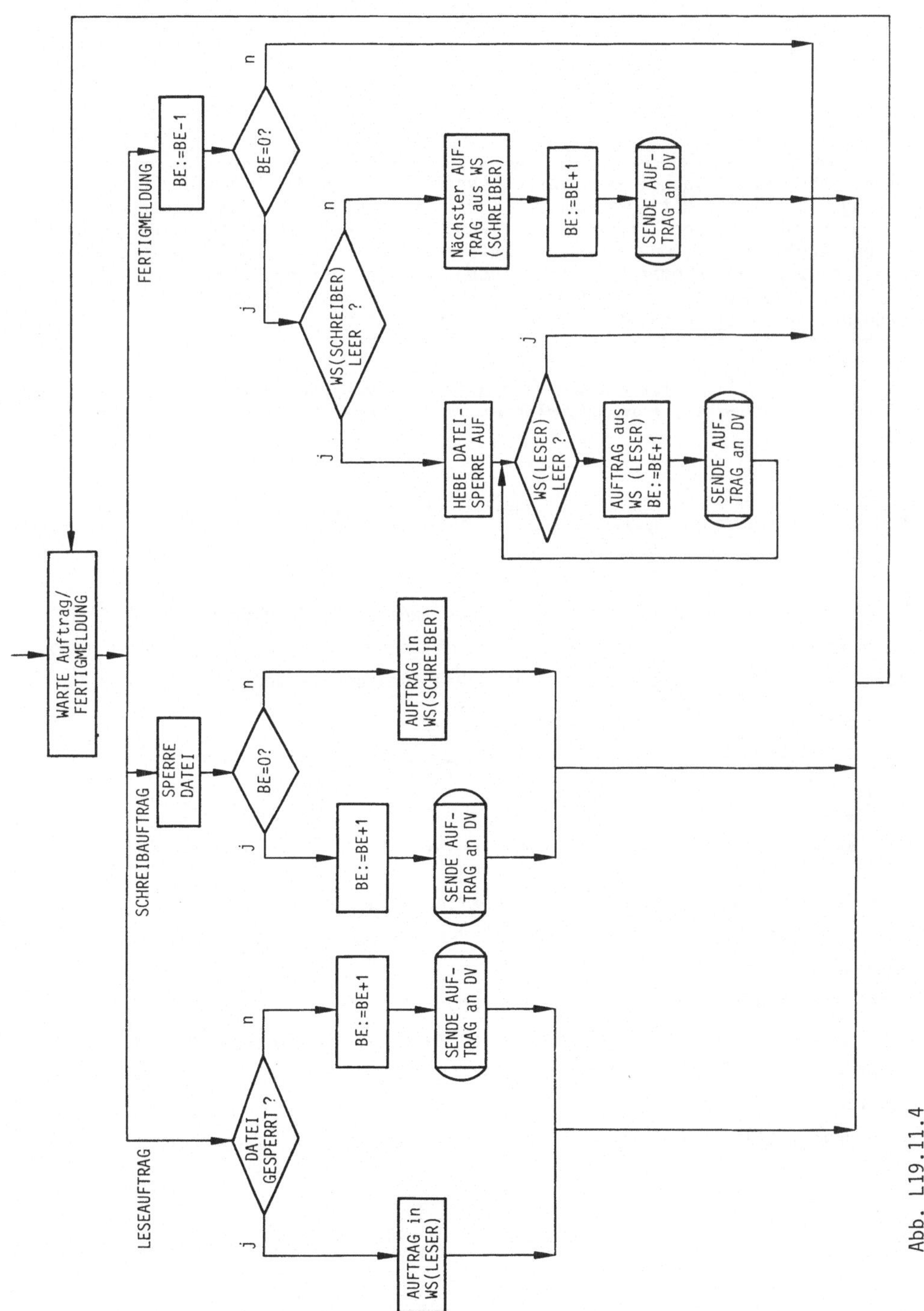

20. Elektrotechnik I

Friedrich Kemmler

Fachbereich Ingenieur-Informatik

Elektrisches Feld: Ladung, Feldstärke, Gesetz von COULOMB, Energie, Potential, Spannung, Kapazität. Netzwerkanalyse: Strom, Leistung, OHMsches Gesetz, Widerstand, Stromverzweigung, Stromkreis, KIRCHHOFFsche Gesetze, Strom- und Spannungsquellen, Anpassung, Stern-Dreieck-Transformation, Meßtechnik, Zweipol, Überlagerungsprinzip, Ersatzquellen, graphisches Analyseverfahren, Maschenanalyse (Maschenstromverfahren), Knotenanalyse (Knotenpotentialverfahren). Vierpole: Vierpolbeschreibung, Parameter, Vierpoleigenschaften.

Zugelassene Hilfsmittel für die Prüfungsaufgaben 20.1 bis 20.16: Skriptum/Umdrucke, beliebige Fachliteratur, Formelsammlungen, Taschenrechner

Aufgaben

20.1

Ein Plattenkondensator mit C = 1 nF ist über zwei Kupferdrähte, von denen jeder 200 m lang ist und 0,5 mm Durchmesser hat, mit einer Stromquelle verbunden (Abb. 20.1.1). Dieser Kondensator soll auf 1000 V aufgeladen werden.

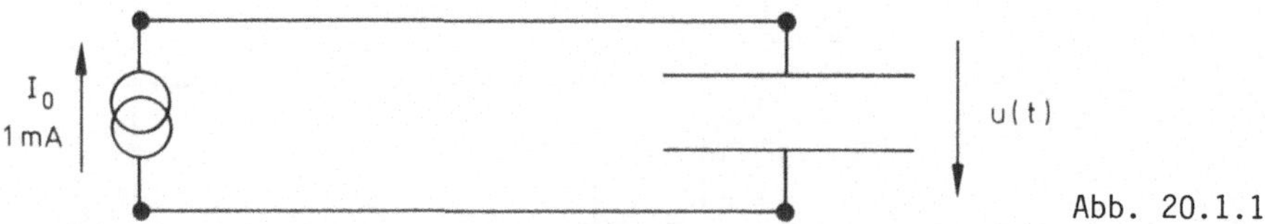

Abb. 20.1.1

(1) Wie lange muß die Stromquelle angeschaltet sein?

(2) Wie groß ist die Energie, die während des Ladevorgangs in den Drähten in Wärme umgesetzt wird?

(3) Stellen Sie u(t) für den Ladevorgang graphisch dar.

(4) Auf eine Ladung von q = 1 mAs, die sich zwischen den Platten befindet, wirkt eine Kraft von 1000 N. Wie groß ist der Betrag der Feldstärke und der Plattenabstand?

(5) Wie groß ist die für eine Aufladung von der Stromquelle abgegebene Energie?

20.2

Gegeben ist eine Anordnung nach Abb. 20.2.1 in Luft, bestehend aus einer geladenen Platte in der X-Z-Ebene mit $\sigma = 10^{-5}$ As/m^2 und einer Punktladung $Q = 10^{-7}$ As auf der Y-Achse.

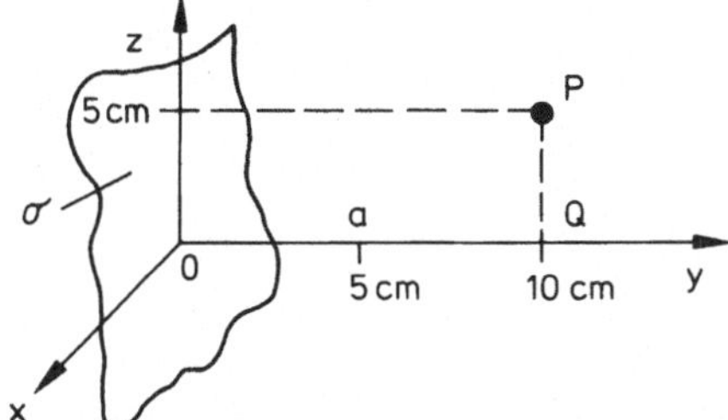

Abb. 20.2.1

(1) Bestimmen Sie den Feldstärkevektor im Punkt P!

(2) Welche Kraft (Vektor) greift an Q an?

(3) Welche Spannung herrscht zwischen dem O-Punkt und der Stelle a auf der Y-Achse?

(4) Welche Energie tritt auf, wenn die Ladung Q in den O-Punkt geschoben wird?

20.3

Eine große Kunststoffplatte ($\varepsilon_r = 20$) mit 10 mm Dicke trägt auf beiden Seiten je eine gleichmäßig verteilte Flächenladung, $\sigma_1 = 10^{-6}$ As/m^2 und $\sigma_2 = 2$ µAs/m^2. Auf einer Seite der Platte ist zusätzlich noch eine Punktladung $Q = 100$ pAs, die später nach Punkt P gebracht wird. (Abb. 20.3.1)

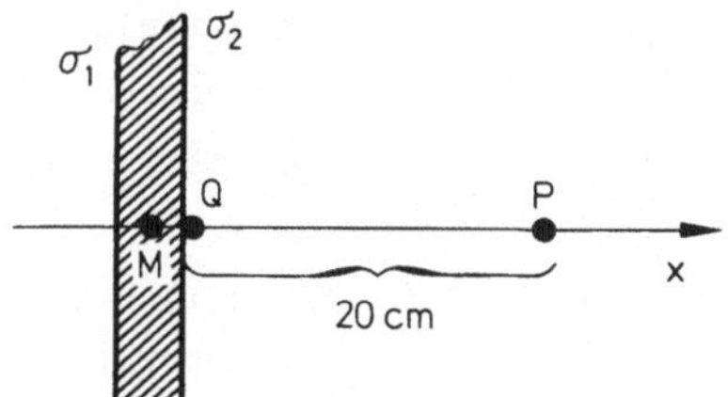

Abb. 20.3.1

(1) Bestimmen Sie den el. Feldstärkevektor im Punkt P!

(2) Bestimmen Sie den el. Feldstärkevektor mitten in der Platte (Punkt M)!

(3) Welche Energie muß aufgebracht werden, um die Ladung Q nach Punkt P zu verschieben?

(4) Wenn die Kunststoffplatte auf beiden Seiten einen leitenden Belag hat, gibt das einen Kondensator mit $C = 100$ nF. Welche Breite hat die Platte, wenn sie 2 m lang ist?

20.4

Gegeben sind zwei Punktladungen nach Abb. 20.4.1 in Luft. Q_1 befindet sich im Nullpunkt des Koordinatensystems, Q_2 befindet sich zunächst im Punkt A und wird später
nach B verschoben.

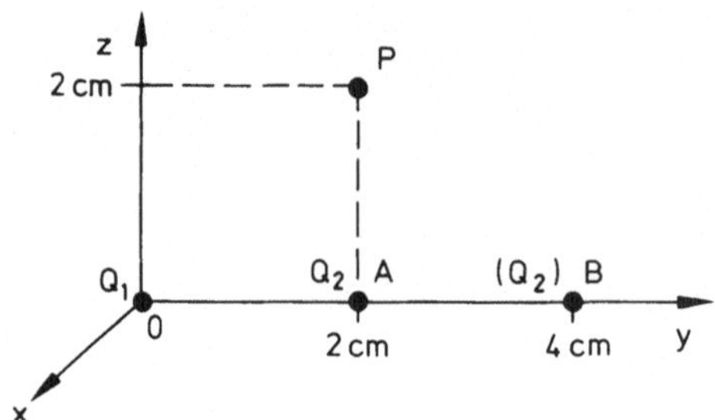

Abb. 20.4.1

(1) Bestimmen Sie den Feldstärkevektor $\vec{E}$ im Punkt P, wenn

    a) $Q_1 = 0$; $Q_2 = 1\ \mu As$ b) $Q_1 = 10^{-6}\ As$; $Q_2 = 0$

    c) $Q_1 = 10^{-6}\ As$; $Q_2 = 1\ \mu As$ d) $Q_1 = 10^{-6}\ As$; $Q_2 = -1\ \mu As$

(2) Bestimmen Sie den Kraftvektor, der an Q_2 angreift ($Q_1 = Q_2 = 10^{-6}\ As$).

(3) Nun wird Q_2 von A nach B verschoben. Bestimmen Sie die Energie, die dabei auf-
    tritt ($Q_1 = Q_2 = 10^{-6}\ As$).

20.5

Ein elektronisch geregeltes Netzgerät soll mit Hilfe eines Drehspulmeßinstruments,
das im 6V-Meßbereich einen Widerstand von 16 kΩ hat, untersucht werden.

(1) Geben Sie die Schaltung für diese reale Spannungsquelle an, und bestimmen Sie
    R_i und U_0, wenn beim Anschließen des Meßinstruments allein eine Spannung von
    4,8 V angezeigt wird, und wenn bei einer Stromentnahme von +9,975 mA das ange-
    schlossene Meßinstrument 5,2 V anzeigt (genaue Rechnung).

(2) Zeichnen Sie den Strom-Spannungszusammenhang für $0 < I < 10$ mA maßstäblich auf.

(3) Das gegebene Meßinstrument hat einen Vorwiderstand von 13 kΩ. Welcher Parallel-
    widerstand ist erforderlich, wenn aus dem Meßwerk (ohne Vorwiderstand) ein
    Strommesser mit 10 mA Vollausschlag gemacht werden soll?

20.6

Das in Abb. 20.6.1 gezeigte Netzwerk soll analysiert werden.

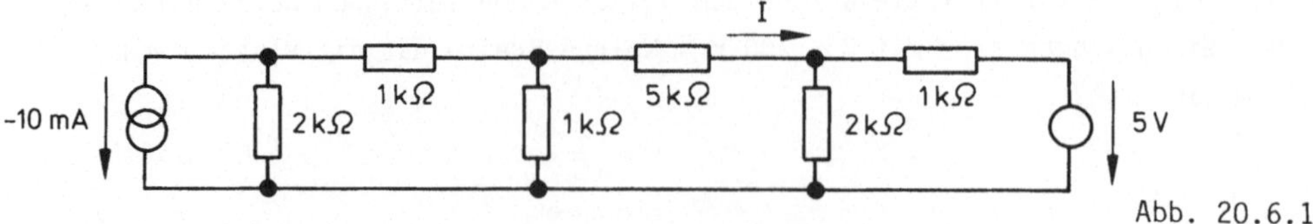

Abb. 20.6.1

(1) Bestimmen Sie den Strom I vorzeichenrichtig!

(2) Welche el. Energie in kWh gibt die 5V-Spannungsquelle an einem Tag ab?

20.7

Eine Batterie versorgt über eine Kupferleitung mit 0,7 mm^2 Querschnitt einen Verbraucher in 100 m Entfernung. Die Batterie hat einen Innenwiderstand von 10 Ω und eine Klemmenspannung von 12 V bei einem Laststrom von 300 mA. (Abb. 20.7.1)

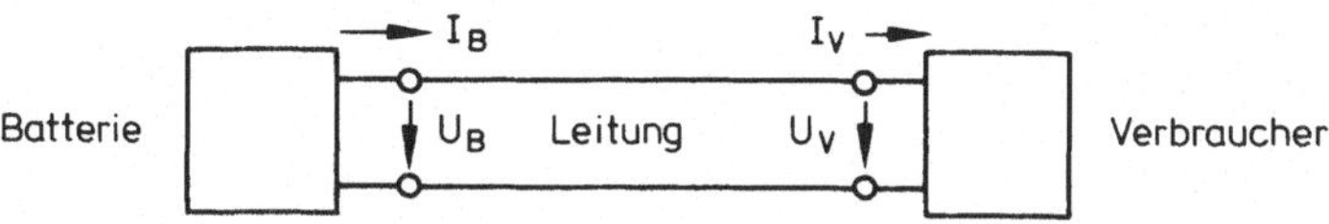

Abb. 20.7.1

(1) Bestimmen Sie die Urspannung U_0 der Batterie!

(2) Zeichnen Sie maßstäblich die Funktion $I_B = I_B(U_B)$ für die Batterie!

(3) Die Batterie soll als reale Stromquelle betrachtet werden. Bestimmen Sie den Urstrom I_0 und den Innenleitwert G_i!

(4) Der Verbraucher sei ein Ohmscher Widerstand. Welchen Wert muß dieser haben, damit an ihm die maximal mögliche Leistung auftritt?

(5) Der Verbraucher sei nun ein nichtlinearer Widerstand mit der nachfolgenden I-U-Charakteristik:

I/mA	500	100	1	0	-0,01	-0,1	-10	-100	-500
U/V	15	10	8	0	-0,3	-0,4	-0,5	-0,6	-0,7

Bestimmen Sie Strom und Spannung an diesem nichtlinearen Widerstand.

20.8

Ein lineares Netzwerk ist an den Klemmen A und B mit einem nichtlinearen Halbleiterbauelement Hb abgeschlossen (Abb. 20.8.1). Für das Halbleiterbauelement Hb sind folgende Punkte gegeben:

U/V	-3	-2	-1	+1	+1,1
I/mA	-11	-6	-3	+1	+10

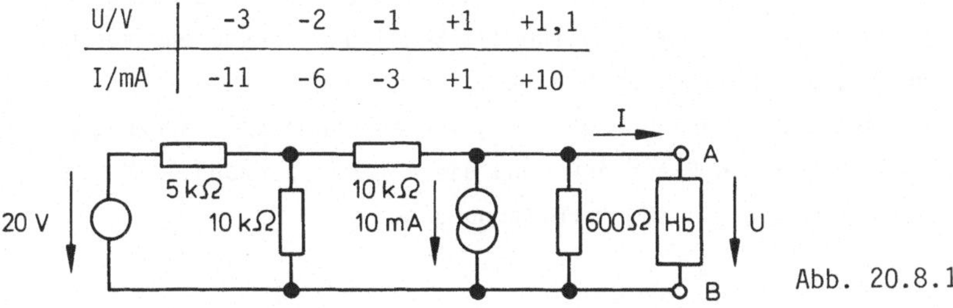

Abb. 20.8.1

(1) Zeichnen Sie die Funktion $I = I(U)$ von dem Halbleiterbauelement Hb.

(2) Bestimmen Sie den Kurzschlußstrom von A nach B (Halbleiterbauelement Hb kurzgeschlossen).

(3) Bestimmen Sie die Leerlaufspannung von A nach B (Halbleiterbauelement Hb herausgenommen).

(4) Ermitteln Sie die Leistung (vorzeichenrichtig), die an dem Halbleiterbauelement Hb auftritt.

20.9

Eine Batterie mit einer Leerlaufspannung von 10 V und einer Klemmenspannung von 9 V
bei einem Laststrom von 2 mA sei an die + und - Klemmen des gezeigten Widerstandsnetzwerks angeschlossen (Abb. 20.9.1).

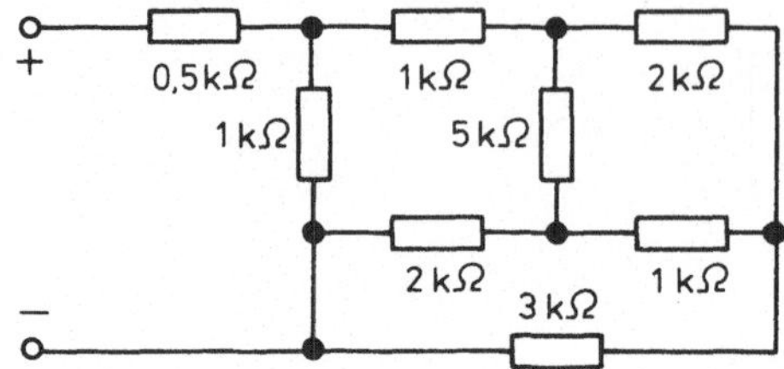

Abb. 20.9.1

(1) Stellen Sie die Batterie als eine reale Spannungsquelle dar, und tragen Sie die
    Werte der Elemente ein!
(2) Wandeln Sie die in (1) gefundene reale Spannungsquelle in eine äquivalente
    reale Stromquelle um.
(3) Berechnen Sie den Gesamtwiderstand des gegebenen Widerstandsnetzwerks.
(4) Welche Leistung muß die Batterie abgeben?

20.10

Ein Generator mit einem Kurzschlußstrom von I_K = 60 A gibt bei einer Klemmenspannung von 12 V einen Strom von 5 A ab. Dieser Generator versorgt ein Fahrzeug über
einen Fahrdraht aus Kupfer mit einem Querschnitt von 2,5 mm^2 und eine Eisenschiene
mit 10 mm^2 Querschnitt.

(1) Bestimmen Sie die Leerlaufspannung und den Innenwiderstand des Generators.
(2) Stellen Sie den Generator mit den Zahlenwerten der Parameter dar als
    a) reale Spannungsquelle, b) reale Stromquelle.
(3) Welche maximale Leistung kann der Generator abgeben? Geben Sie das Netzwerk
    mit allen Widerständen (nicht die Werte) für die Schaltung, bestehend aus Gene-
    rator und Fahrzeug in 100 m Entfernung vom Generator, an.
(4) Bestimmen Sie den Ersatzwiderstand und die Leistungsaufnahme des Fahrzeugmotors,
    wenn am Generator ein Strom von 5 A fließt und die Klemmenspannung 12 V ist.
    Dabei soll das Fahrzeug wieder in 100 m Entfernung sein.

20.11

Gegeben ist das Netzwerk in Abb. 20.11.1, welches eine spannungsgesteuerte Stromquelle mit S = 2 mA/V enthält.

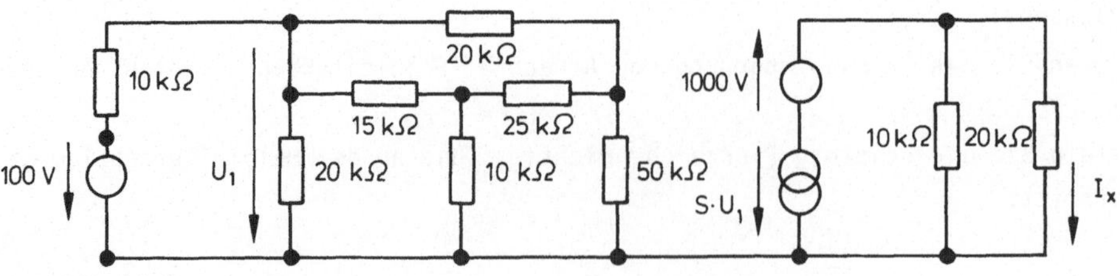

Abb. 20.11.1

(1) Bestimmen Sie die abgegebene Leistung der idealen 100V-Spannungsquelle.

(2) Bestimmen Sie die Spannung U_1.

(3) Bestimmen Sie den Strom I_X.

(4) Welche Leistung muß die gesteuerte Stromquelle abgeben?

20.12

Das Netzwerk in Abb. 20.12.1 soll analysiert werden.

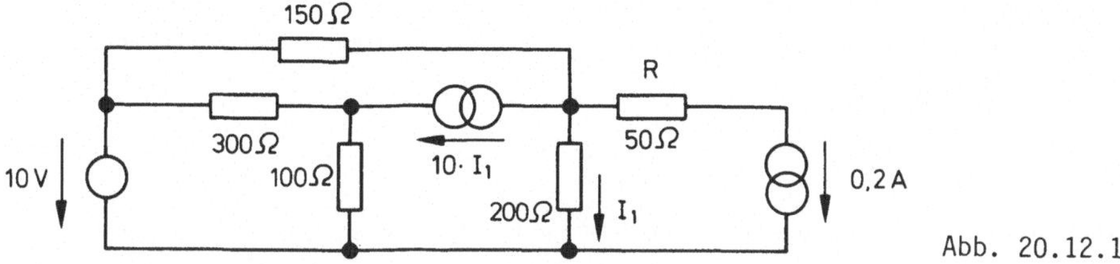

Abb. 20.12.1

(1) Bestimmen Sie die Leistung im Widerstand R!

(2) Wandeln Sie das Netzwerk so um, daß nur noch Stromquellen vorkommen.

(3) Wandeln Sie das Netzwerk so um, daß nur noch Spannungsquellen vorkommen.

(4) Berechnen Sie I_1.

20.13

Das in Abb. 20.13.1 gezeigte Netzwerk soll analysiert werden. Der Parameter der gesteuerten Spannungsquelle ist K = 10.

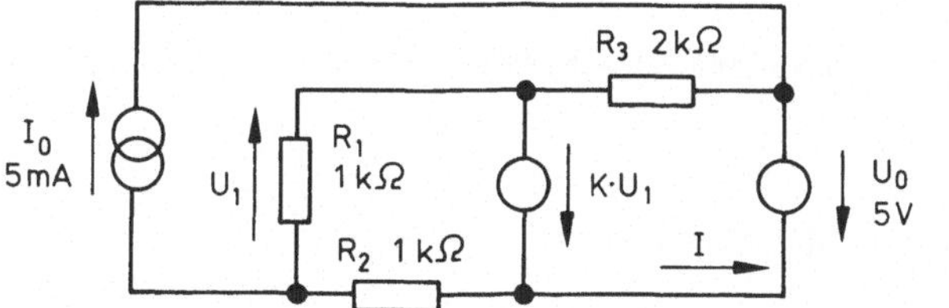

Abb. 20.13.1

(1) Wieviel Knoten und Zweige hat das Netzwerk?

(2) Bereiten Sie das Netzwerk so auf, daß die Knotenanalyse durchgeführt werden kann.

(3) Machen Sie den Ansatz für die Maschenanalyse (Gleichungssystem).

(4) Bestimmen Sie den Strom I.

20.14

Ein Vierpol wird in der in Abb. 20.14.1 gezeigten Schaltung betrieben. An den Ausgang kann ein Meßinstrument angeschlossen werden, dessen Meßwert bei Vollausschlag einen Eigenverbrauch von 5 µW und eine Spannung von 100 mV hat. Die Vierpolparameter sind y_{11} = 1 mS, y_{12} = -10 µS, y_{21} = 10 mS und y_{22} = 50 µS.

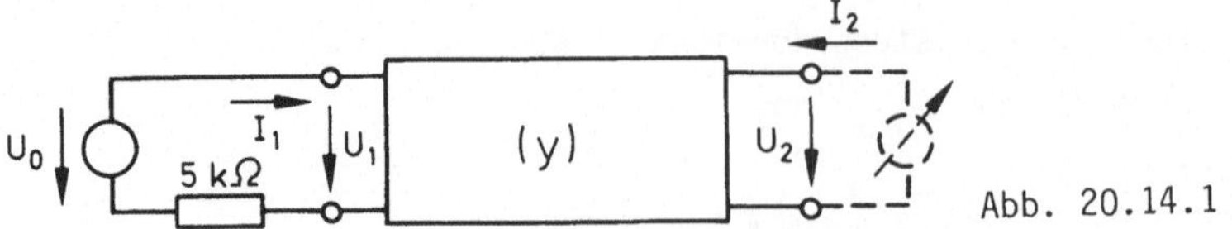

Abb. 20.14.1

(1) Geben Sie I_1 und I_2 in Abhängigkeit von U_1 und U_2 mit Zahlenwerten an.

(2) Bestimmen Sie U_2 für U_0 = 6 mV (ohne Meßinstrument).

(3) Bestimmen Sie den Ausgangsleitwert des Vierpols.

(4) Das Meßinstrument soll 1 V Vollausschlag haben. Welchen Widerstand muß man vor
das Meßwerk schalten? Welche Spannung zeigt das Meßinstrument am Ausgang des
Vierpols an, wenn U_0 = 6 mV ist?

20.15

Gegeben ist ein Vierpol, der aus einem Widerstandsnetzwerk besteht (Abb. 20.15.1).
Der Vierpol soll folgende y-Parameter haben: y_{11} = 5 mS, y_{12} = -1 mS, y_{21} = -1 mS,
y_{22} = 10 mS.

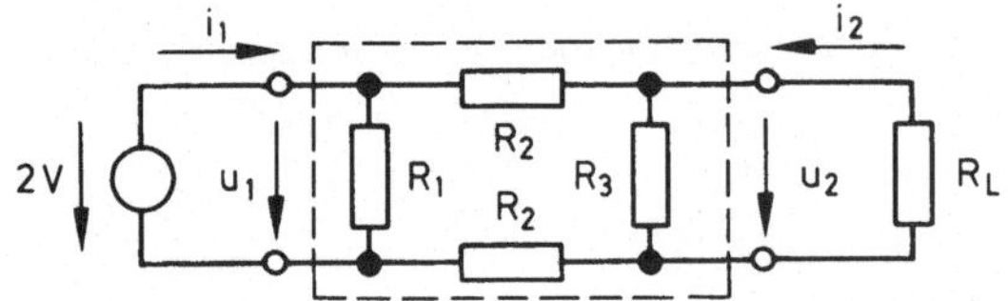

Abb. 20.15.1

(1) Zeichnen Sie das Y-Ersatzschaltbild des Vierpols und tragen Sie die Werte der
Parameter ein.

(2) Bestimmen Sie mit Hilfe der Vierpolparameter die maximal mögliche Leistung,
die der Vierpol abgeben kann.

(3) Bestimmen Sie R_1, R_2 und R_3.

(4) Welche Leistung wird vom Vierpol aufgenommen, wenn $R_L \to \infty$?

20.16

Für die in Abb. 20.16.1 gegebene Schaltung sollen die Vierpolparameter (Y) ermittelt werden.

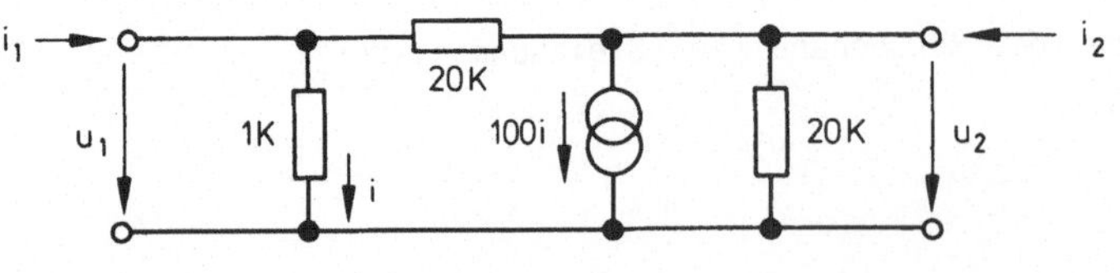

Abb. 20.16.1

(1) Bestimmen Sie y_{11},
y_{12}, y_{21} und y_{22}.

(2) Wie groß ist der
Ausgangswiderstand
$R_a = u_2/i_2$ bei
Leerlauf am Eingang?

Literatur

[1] Haug A (1967) Grundzüge der Elektrotechnik. Hanser, München

[2] Ameling W (1974) Grundlagen der Elektrotechnik. Bertelsmann Universitätsverlag

[3] Küpfmüller K (1973) Einführung in die theoretische Elektrotechnik. Springer,
Berlin Heidelberg New York

Lösungen

20.1

(1) $\quad t = \dfrac{C \cdot U}{I_0} = \dfrac{10^{-9}\,\text{As} \cdot 1000\,\text{V}}{\text{V} \cdot 10^{-3}\,\text{A}} = 1\,\text{ms}$

(2) $\quad R = 2 \cdot \dfrac{\rho \cdot l}{\pi\,r^2} = 2 \cdot \dfrac{0{,}0175\,\Omega\,\text{mm}^2 \cdot 200\,\text{m}}{\text{m} \cdot \pi \cdot (0{,}25\,\text{mm})^2} = 35{,}65\,\Omega$

$\quad W = I_0^2 \cdot R \cdot t = (10^{-3}\,\text{A})^2 \cdot 35{,}65\,\Omega \cdot 1\,\text{ms} = 3{,}565 \cdot 10^{-8}\,\text{Ws}$

(3) Siehe Abb. L20.1.1.

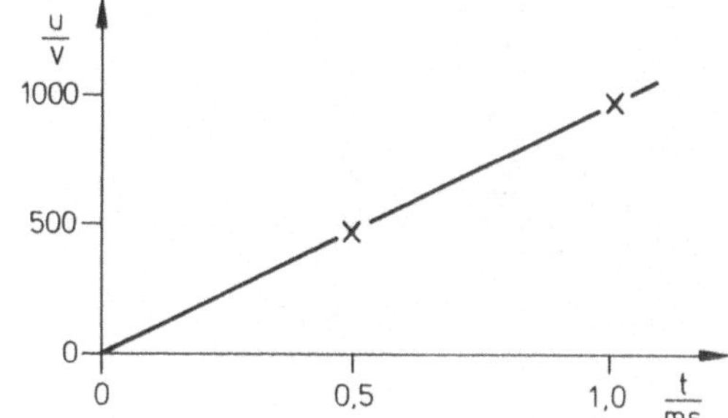

Abb. L20.1.1

(4) $\quad E = \dfrac{F}{q} = \dfrac{1000\,\text{N}}{10^{-3}\,\text{As}} = 10^6\,\dfrac{\text{V}}{\text{m}}$

$\quad d = \dfrac{U}{E} = \dfrac{1000\,\text{V}}{10^6\,\text{V}} \cdot \text{m} = 1\,\text{mm}$

(5) $\quad W = W_R + W_C$

$\quad W_R = 3{,}565 \cdot 10^{-8}\,\text{Ws}$

$\quad W_C = \dfrac{1}{2}\,CU^2 = 0{,}5 \cdot 10^{-9}\,\dfrac{\text{As}}{\text{V}} \cdot (1000\,\text{V})^2 = 5 \cdot 10^{-4}\,\text{Ws}$

$\quad W = 3{,}565 \cdot 10^{-8}\,\text{Ws} + 5 \cdot 10^{-4}\,\text{Ws} = 500{,}03565 \cdot 10^{-6}\,\text{Ws}$

20.2

(1) $\quad \vec{E} = \vec{E}_\sigma + \vec{E}_Q$

$\quad \vec{E}_\sigma = \dfrac{\sigma}{2\varepsilon_0} \cdot \vec{e}_y = \dfrac{10^{-5}\,\text{As} \cdot \text{Vm} \cdot \vec{e}_y}{\text{m}^2 \cdot 2 \cdot 8{,}854 \cdot 10^{-12}\,\text{As}} = 5{,}65 \cdot 10^5\,\dfrac{\text{V}}{\text{m}}\,\vec{e}_y$

$\quad \vec{E}_Q = \dfrac{Q}{4\pi\varepsilon_0 r^2} \cdot \vec{e}_z = \dfrac{10^{-7}\,\text{As} \cdot \text{Vm} \cdot \vec{e}_z}{4\pi \cdot 8{,}854 \cdot 10^{-12}\,\text{As}\,(5\,\text{cm})^2} = 3{,}60 \cdot 10^5\,\dfrac{\text{V}}{\text{m}}\,\vec{e}_z$

$\quad \vec{E} = 5{,}65 \cdot 10^5\,\dfrac{\text{V}}{\text{m}} \cdot \vec{e}_y + 3{,}60 \cdot 10^5\,\dfrac{\text{V}}{\text{m}} \cdot \vec{e}_z$

(2) $\quad \vec{F} = Q \cdot \vec{E}_\sigma = 10^{-7}\,\text{As} \cdot 5{,}65 \cdot 10^5\,\dfrac{\text{V}}{\text{m}} \cdot \vec{e}_y = 5{,}65 \cdot 10^{-2}\,\text{N} \cdot \vec{e}_y$

(3) $U_{0a} = \int_0^a \vec{E} \cdot \vec{ds} = \int_0^a \vec{E}_y \cdot dy \cdot \vec{e}_y$

$$\vec{E}_y = \left(\frac{\sigma}{2\varepsilon_0} - \frac{Q}{4\pi\varepsilon_0 (2a - y)^2} \right) \cdot \vec{e}_y$$

$$U_{0a} = \int_0^a \left(\frac{\sigma}{2\varepsilon_0} - \frac{Q}{4\pi\varepsilon_0 (2a - y)^2} \right) dy$$

$$= \frac{\sigma y}{2\varepsilon_0} - \frac{Q}{4\pi\varepsilon_0} \cdot \frac{1}{2a - y} \Big|_0^a$$

$$= \frac{\sigma a}{2\varepsilon_0} - \frac{Q}{4\pi\varepsilon_0} \left(\frac{1}{2a} - \frac{1}{a} \right)$$

$$= \frac{10^{-5}\,As \cdot 5\,cm \cdot Vm}{m^2 \cdot 2 \cdot 8{,}854 \cdot 10^{-12}\,As} - \frac{10^{-7}\,As \cdot Vm}{4\pi \cdot 8{,}854 \cdot 10^{-12}\,As} \cdot \left(\frac{1}{10\,cm} - \frac{1}{5\,cm} \right)$$

$$U_{0a} = 2{,}824 \cdot 10^4\,V + 0{,}8988 \cdot 10^4\,V = 3{,}7228 \cdot 10^4\,V$$

(4) $W = Q \cdot |\vec{E}_\sigma| \cdot 2a = 10^{-7}\,As \cdot 5{,}65 \cdot 10^5\,\frac{V}{m} \cdot 10\,cm = 5{,}65 \cdot 10^{-3}\,Ws$

20.3

(1) $\vec{E}_P = \vec{E}_{\sigma_1} + \vec{E}_{\sigma_2} + \vec{E}_Q$

$$\vec{E}_{\sigma_1} = \frac{\sigma_1}{2\varepsilon_0} \cdot \vec{e}_x = \frac{10^{-6}\,As \cdot Vm}{m^2 \cdot 2 \cdot 8{,}854 \cdot 10^{-12}\,As} \cdot \vec{e}_x = 56472\,\frac{V}{m} \cdot \vec{e}_x$$

$$\vec{E}_{\sigma_2} = \frac{\sigma_2}{2\varepsilon_0} \cdot \vec{e}_x = \frac{2 \cdot 10^{-6}\,As \cdot Vm}{m^2 \cdot 2 \cdot 8{,}854 \cdot 10^{-12}\,As} \cdot \vec{e}_x = 112943\,\frac{V}{m} \cdot \vec{e}_x$$

$$\vec{E}_Q = \frac{Q}{4\pi\varepsilon_0 \cdot r^2} \cdot \vec{e}_x = \frac{10^{-10}\,As \cdot Vm \cdot \vec{e}_x}{4\pi \cdot 8{,}854 \cdot 10^{-12}\,As \cdot (0{,}2\,m)^2} = 22{,}5\,\frac{V}{m} \cdot \vec{e}_x$$

$$\vec{E}_P = 169437{,}5\,\frac{V}{m} \cdot \vec{e}_x$$

(2) $\vec{E}_M = \vec{E}'_{\sigma_1} + \vec{E}'_{\sigma_2} + \vec{E}'_Q$

$$\vec{E}'_{\sigma_1} = \frac{\sigma_1}{2\varepsilon_r\varepsilon_0} \cdot \vec{e}_x = \frac{10^{-6}\,As \cdot Vm}{m^2 \cdot 2 \cdot 20 \cdot 8{,}854 \cdot 10^{-12}\,As} \cdot \vec{e}_x = 2824\,\frac{V}{m} \cdot \vec{e}_x$$

$$\vec{E}'_{\sigma_2} = \frac{\sigma_2}{2\varepsilon_r\varepsilon_0} \cdot (-\vec{e}_x) = \frac{-2 \cdot 10^{-6}\,As \cdot Vm}{m^2 \cdot 2 \cdot 20 \cdot 8{,}854 \cdot 10^{-12}\,As} \cdot \vec{e}_x = -5647\,\frac{V}{m} \cdot \vec{e}_x$$

$$\vec{E}_Q' \;=\; \frac{Q}{4\pi\varepsilon_0\varepsilon_r \cdot r^2}\cdot(-\vec{e}_x) \;=\; \frac{-10^{-10}\,\text{As}\cdot\text{Vm}}{4\pi\cdot 20\cdot 8{,}854\cdot 10^{-12}\,\text{As}\,(5\,\text{mm})^2}\cdot\vec{e}_x \;=\; -1798\,\frac{\text{V}}{\text{m}}\,\vec{e}_x$$

$$\vec{E}_M \;=\; -4621\,\frac{\text{V}}{\text{m}}\,\vec{e}_x$$

(3) $\;W \;=\; |\vec{E}_{\sigma_1} + \vec{E}_{\sigma_2}|\cdot Q\cdot d$

$$\hspace{1cm}=\; (56472 + 112943)\,\frac{\text{V}}{\text{m}}\cdot 10^{-10}\,\text{As}\cdot 0{,}2\,\text{m} \;=\; 3{,}388\cdot 10^{-6}\,\text{Ws}$$

(4) $\;b \;=\; \dfrac{C\cdot d}{\varepsilon_r\varepsilon_0\cdot 1} \;=\; \dfrac{10^{-7}\,\text{As}\cdot 0{,}01\,\text{m}\cdot\text{Vm}}{\text{V}\cdot 20\cdot 8{,}854\cdot 10^{-12}\,\text{As}\cdot 2\,\text{m}} \;=\; 2{,}82\,\text{m}$

20.4

(1) a) $\;\vec{E}_a \;=\; \dfrac{Q_2}{4\pi\varepsilon_0\,r^2}\,\vec{e}_z \;=\; \dfrac{10^{-6}\,\text{As}\cdot\text{Vm}\cdot\vec{e}_z}{4\pi\cdot 8{,}854\cdot 10^{-12}\,\text{As}\cdot(2\,\text{cm})^2} \;=\; 22{,}47\cdot 10^6\,\dfrac{\text{V}}{\text{m}}\cdot\vec{e}_z$

b) $\;\vec{E}_b \;=\; \dfrac{Q_1}{4\pi\varepsilon_0\,r^2}\,(\vec{e}_y + \vec{e}_z)\cdot\dfrac{1}{\sqrt{2}} \;=\; \dfrac{10^{-6}\,\text{As}\cdot\text{Vm}\cdot(\vec{e}_y + \vec{e}_z)}{4\pi\cdot 8{,}854\cdot 10^{-12}\,\text{As}\cdot(\sqrt{2}\cdot 2\,\text{cm})^2\cdot\sqrt{2}}$

$$\hspace{3cm}=\; 7{,}944\cdot 10^6\,\frac{\text{V}}{\text{m}}\cdot\vec{e}_y \;+\; 7{,}944\cdot 10^6\,\frac{\text{V}}{\text{m}}\cdot\vec{e}_z$$

c) $\;\vec{E}_c \;=\; \vec{E}_a + \vec{E}_b \;=\; 7{,}944\cdot 10^6\,\dfrac{\text{V}}{\text{m}}\cdot\vec{e}_y \;+\; 30{,}414\cdot 10^6\,\dfrac{\text{V}}{\text{m}}\cdot\vec{e}_z$

d) $\;\vec{E}_d \;=\; \vec{E}_a + (-\vec{E}_b) \;=\; 7{,}944\cdot 10^6\,\dfrac{\text{V}}{\text{m}}\cdot\vec{e}_y \;-\; 14{,}526\cdot 10^6\,\dfrac{\text{V}}{\text{m}}\cdot\vec{e}_z$

(2) $\;\vec{F} \;=\; \dfrac{Q_1\cdot Q_2}{4\pi\varepsilon_0\cdot r^2}\cdot\vec{e}_y \;=\; \dfrac{(10^{-6}\,\text{As})^2\cdot\text{Vm}\cdot\vec{e}_y}{4\pi\cdot 8{,}854\cdot 10^{-12}\,\text{As}\cdot(2\,\text{cm})^2} \;=\; 22{,}47\,\text{N}\cdot\vec{e}_y$

(3) $\;W_{AB} \;=\; \displaystyle\int_A^B \vec{F}\cdot\overrightarrow{ds} \;=\; Q_2\int_A^B \vec{E}_b\cdot\overrightarrow{ds} \;=\; \dfrac{Q_2\cdot Q_1}{4\pi\varepsilon_0}\cdot\int_{2\,\text{cm}}^{4\,\text{cm}}\dfrac{dy}{y^2}$

$$\hspace{0.8cm}=\; \frac{Q_2\cdot Q_1}{4\pi\varepsilon_0}\cdot\left(-\frac{1}{y}\right)\bigg|_{2\,\text{cm}}^{4\,\text{cm}} \;=\; \frac{(10^{-6}\,\text{As})^2\,\text{Vm}}{4\pi\cdot 8{,}854\cdot 10^{-12}\,\text{As}}\cdot\left(\frac{1}{2\,\text{cm}} - \frac{1}{4\,\text{cm}}\right) \;=\; 0{,}225\,\text{Ws}$$

<u>20.5</u>

(1) Siehe Abb. L20.5.1:

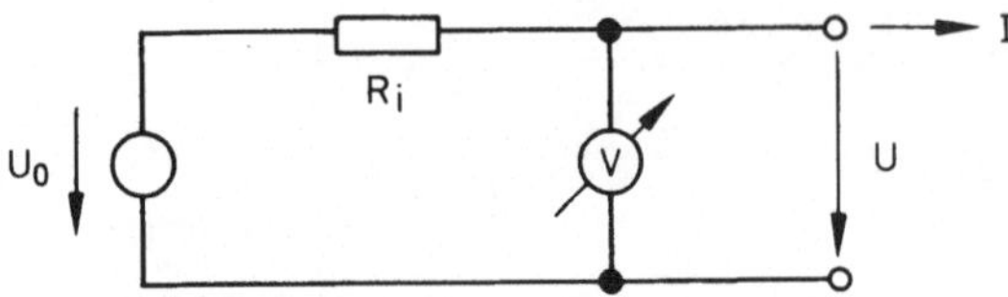

Abb. L20.5.1

Die Werte von Strom und Spannung in die Gleichung $U = U_0 - IR_i$ eingesetzt
ergibt:

$$4,8 \text{ V} = U_0 - \frac{4,8 \text{ V}}{16 \text{ k}\Omega} \cdot R_i$$

$$5,2 \text{ V} = U_0 - \left(9,975 + \frac{5,2 \text{ V}}{16 \text{ k}\Omega}\right) R_i$$

Daraus folgt: $R_i = -40 \ \Omega, \quad U_0 = 4,788 \text{ V}$

(2) Siehe Abb. L20.5.2:

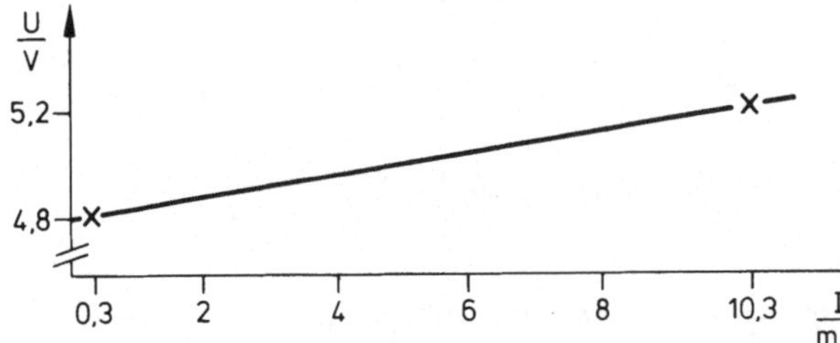

Abb. L20.5.2

(3) $R_0 = R_M - R_V = 16 \text{ k}\Omega - 13 \text{ k}\Omega = 3 \text{ k}\Omega$

$$I_0 = \frac{U_{max}}{R_M} = \frac{6 \text{ V}}{16 \text{ k}\Omega} = 0,375 \text{ mA}$$

$$n = \frac{10 \text{ mA}}{0,375 \text{ mA}} = 26,6\overline{6}$$

$$R_p = R_0 \cdot \frac{1}{n-1} = 3 \text{ k}\Omega \cdot \frac{1}{25,6\overline{6}} = 116,9 \ \Omega$$

<u>20.6</u>

(1) Die Teilnetzwerke links und rechts des 5kΩ-Widerstandes werden in Ersatzspan-
nungsquellen umgewandelt (Abb. L20.6.1).

Linkes Teilnetzwerk:

$$R_i = \frac{1 \text{ k}\Omega \cdot 3 \text{ k}\Omega}{1 \text{ k}\Omega + 3 \text{ k}\Omega} = 0,75 \text{ k}\Omega; \quad U_L = +\frac{1}{2} \cdot 10 \text{ mA} \cdot 1 \text{ k}\Omega = +5 \text{ V}$$

Rechtes Teilnetzwerk:

$$R_i = \frac{2 \text{ k}\Omega \cdot 1 \text{ k}\Omega}{2 \text{ k}\Omega + 1 \text{ k}\Omega} = 0,6\overline{6} \text{ k}\Omega; \quad U_L = \frac{2}{3} \cdot 5 \text{ V} = 3,3\overline{3} \text{ V}$$

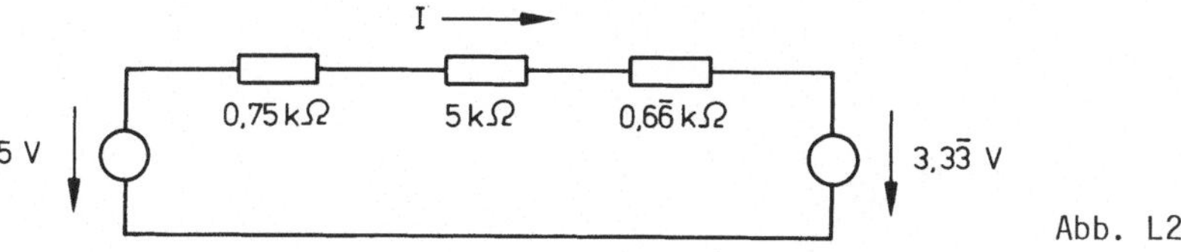

$I \, (0{,}75 + 5 + 0{,}6\bar{6}) \, \text{k}\Omega + 3{,}3\bar{3} \, \text{V} - 5 \, \text{V} = 0$

Daraus folgt: $I = 0{,}26$ mA

(2) Nach Abb. L20.6.2 ist

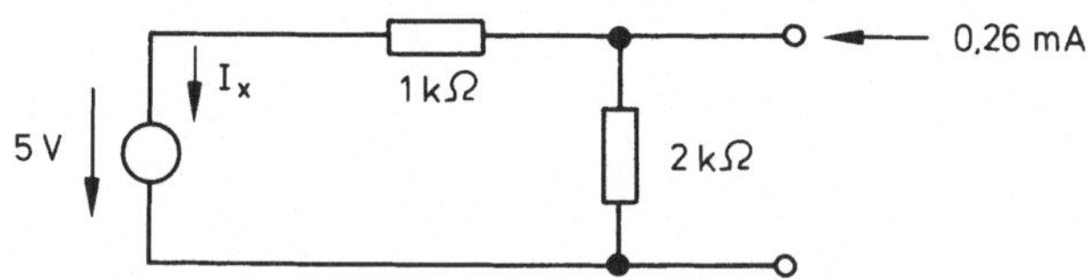

$I_x \cdot 1 \, \text{k}\Omega + 5 \, \text{V} + (I_x - 0{,}26 \, \text{mA}) \cdot 2 \, \text{k}\Omega = 0$

Daraus folgt: $I_x = -1{,}50$ mA

$W \cdot = U \cdot I_x \cdot t = 5 \, \text{V} \cdot (-1{,}5 \, \text{mA}) \cdot 24 \, \text{h} = -180 \, \text{mWh}$

$W_{ab} = +0{,}18 \cdot 10^{-3}$ kWh

20.7

(1) $U_0 = U + I \cdot R_i = 12 \, \text{V} + 0{,}3 \, \text{A} \cdot 10 \, \Omega = 15 \, \text{V}$

(2) Siehe Abb. L20.7.1:

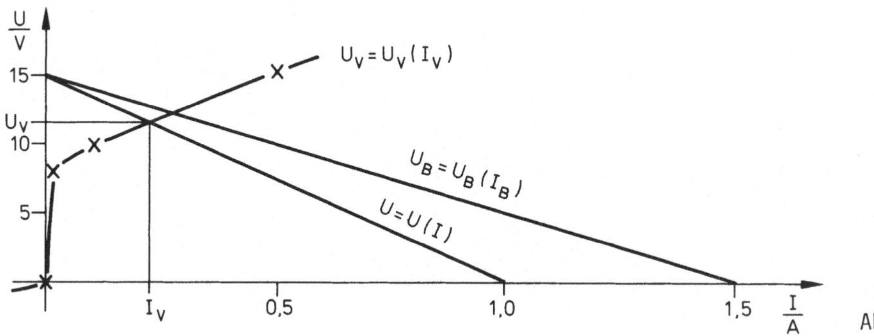

(3) $I_0 = \dfrac{U_0}{R_i} = \dfrac{15 \, \text{V}}{10 \, \Omega} = 1{,}5 \, \text{A}; \qquad G_i = \dfrac{1}{R_i} = \dfrac{1}{10 \, \Omega} = 0{,}1 \, \text{S}$

(4) $R_a = R_i + 2 \cdot \dfrac{\rho \cdot l}{A} = 10 \, \Omega + 2 \cdot \dfrac{0{,}0175 \, \Omega\,\text{mm}^2 \cdot 100 \, \text{m}}{\text{m} \cdot 0{,}7 \, \text{mm}^2} = 15 \, \Omega$

(5) $U_V = U_V(I_V)$ und $U = U(I)$ für die Batterie mit der Leitung in Abb. L20.7.1 eingezeichnet. Aus Abb. L20.7.1:

$I_V = 0{,}23 \, \text{A}; \qquad U_V = 11{,}5 \, \text{V}$

<u>20.8</u>

(1) Siehe Abb. L20.8.1:

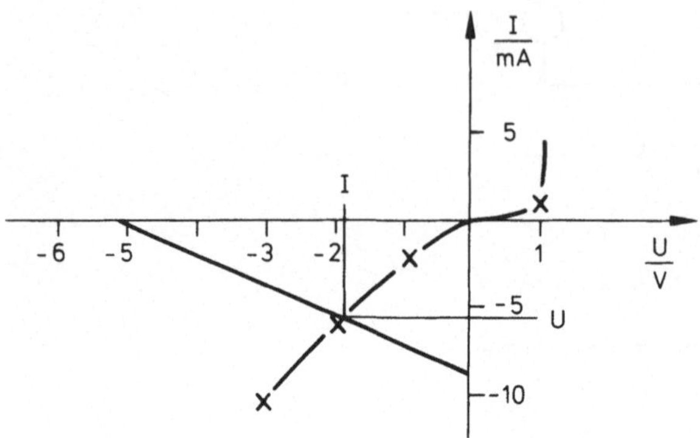

Abb. L20.8.1

(2) Nach Abb. L20.8.2 ist

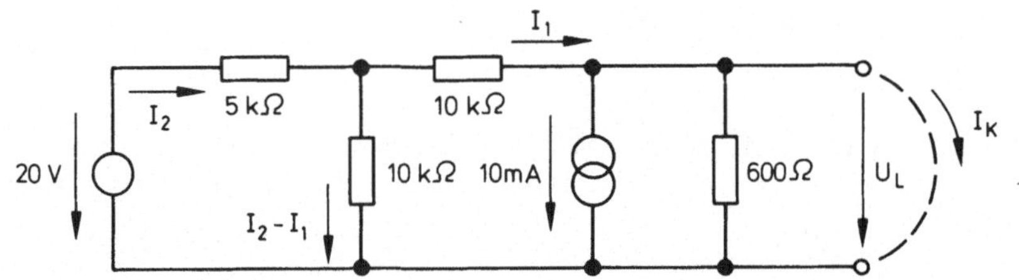

Abb. L20.8.2

$$I_K = I_1 - 10 \text{ mA}; \qquad I_1 = \frac{1}{2} \cdot \frac{20 \text{ V}}{10 \text{ k}\Omega} = 1 \text{ mA}$$

$$I_K = 1 \text{ mA} - 10 \text{ mA} = -9 \text{ mA}$$

(3) Nach Abb. L20.8.2 ist

$$U_L = (I_1 - 10 \text{ mA}) \cdot 600 \ \Omega$$

$$20 \text{ V} = I_2 \cdot 5 \text{ k}\Omega + I_1 \cdot 10 \text{ k}\Omega + U_L$$

$$20 \text{ V} = I_2 \cdot 5 \text{ k}\Omega + (I_2 - I_1) \cdot 10 \text{ k}\Omega$$

Daraus folgt: $U_L = -5{,}167$ V

(4) $I = I(U)$ für den Zweipol in Abb. L20.8.2 in Abb. 20.8.1 eingezeichnet.

Aus Abb. L20.8.1: $I \approx -5{,}7$ mA; $U = -1{,}9$ V

$P = U \cdot I = (-1{,}9 \text{ V}) \cdot (-5{,}7 \text{ mA}) = +10{,}83$ mW

20.9

(1) Siehe Abb. L20.9.1:

$$U_0 = U_L = 10\ \text{V}$$

$$R_i = \frac{\Delta U}{\Delta I} = \frac{1\ \text{V}}{2\ \text{mA}} = 500\ \Omega$$

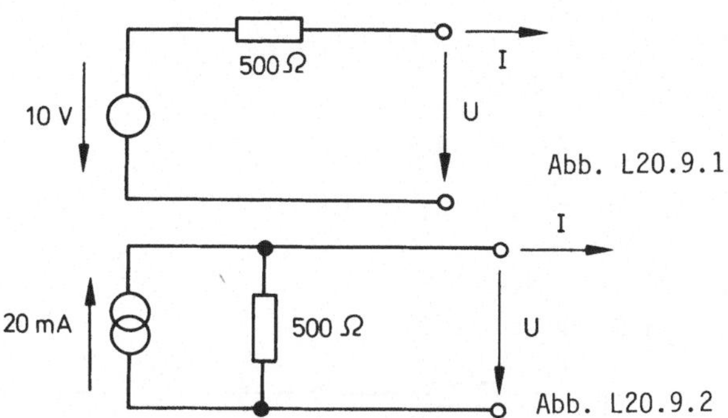

(2) $I_0 = \dfrac{U_0}{R_i} = \dfrac{10\ \text{V}}{500\ \Omega} = 20\ \text{mA}$

Siehe Abb. L20.9.2.

(3) Mit Δ-λ-Transformation:

$$R_1 = \frac{2\ \text{k}\Omega \cdot 3\ \text{k}\Omega}{6\ \text{k}\Omega} = 1\ \text{k}\Omega$$

$$R_2 = \frac{2\ \text{k}\Omega \cdot 1\ \text{k}\Omega}{6\ \text{k}\Omega} = 0{,}3\bar{3}\ \text{k}\Omega$$

$$R_3 = \frac{1\ \text{k}\Omega \cdot 3\ \text{k}\Omega}{6\ \text{k}\Omega} = 0{,}5\ \text{k}\Omega$$

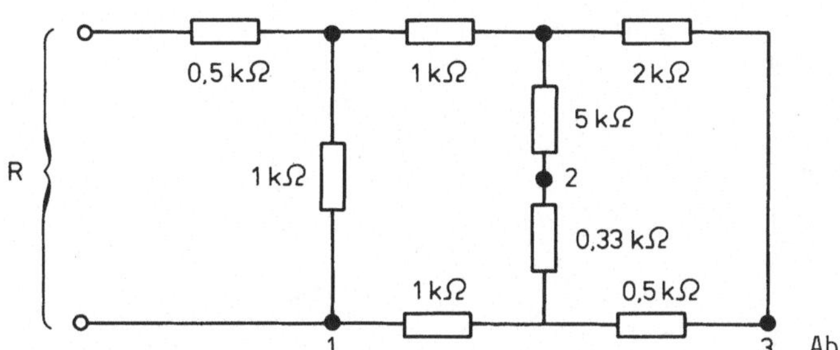

Aus Abb. L20.9.3: $R = 1{,}29\ \text{k}\Omega$

(4) $I = \dfrac{U_0}{R_i + R} = \dfrac{10\ \text{V}}{0{,}5\ \text{k}\Omega + 1{,}29\ \text{k}\Omega} = 5{,}6\ \text{mA}$

$P = I^2 \cdot R = (5{,}6\ \text{mA})^2 \cdot 1{,}29\ \text{k}\Omega = 40{,}45\ \text{mW}$

20.10

(1) $U_L = 60\ A \cdot R_i$

$U_L = 12\ V + 5\ A \cdot R_i$

Daraus folgt: $R_i = 0,22\ \Omega;\quad U_L = 13,1\ V$

(2) a) Siehe Abb. L20.10.1.
    b) Siehe Abb. L20.10.2.

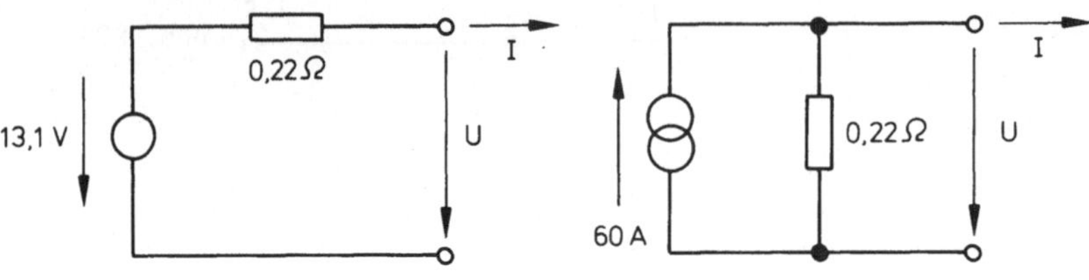

Abb. L20.10.1   Abb. L20.10.2

(3) $P_{max} = \dfrac{1}{4} \cdot U_L \cdot I_K = \dfrac{1}{4} \cdot 13,1\ V \cdot 60\ A = 196,5\ W$

(4) $R_{Cu} = \dfrac{\rho \cdot l}{A} = \dfrac{0,0175\ \Omega mm^2 \cdot 100\ m}{m \cdot 2,5\ mm^2} = 0,7\ \Omega$

$R_{Fe} = \dfrac{\rho \cdot l}{A} = \dfrac{0,1\ \Omega mm^2 \cdot 100\ m}{m \cdot 10\ mm^2} = 1\ \Omega$

$R_M = \dfrac{U}{I} - R_{Cu} - R_{Fe} = \dfrac{12\ V}{5\ A} - 0,7\ \Omega - 1\ \Omega = 0,7\ \Omega$

$P_M = I^2 \cdot R_M = (5\ A)^2 \cdot 0,7\ \Omega = 17,5\ W$

20.11

Bestimmung des Widerstandes des Teilnetzwerkes nach Abb. L20.11.1 mit λ-Δ-Transformation:

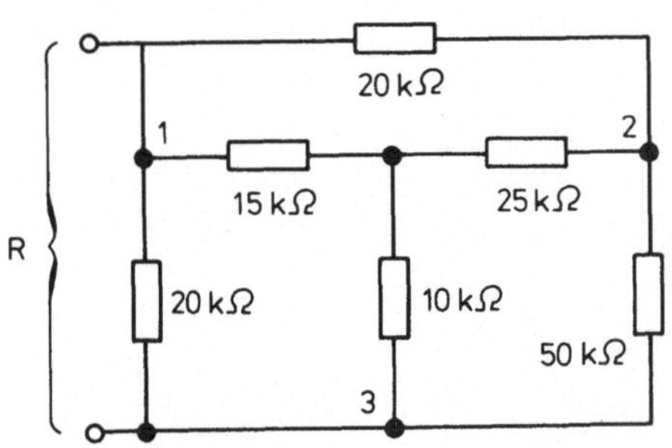 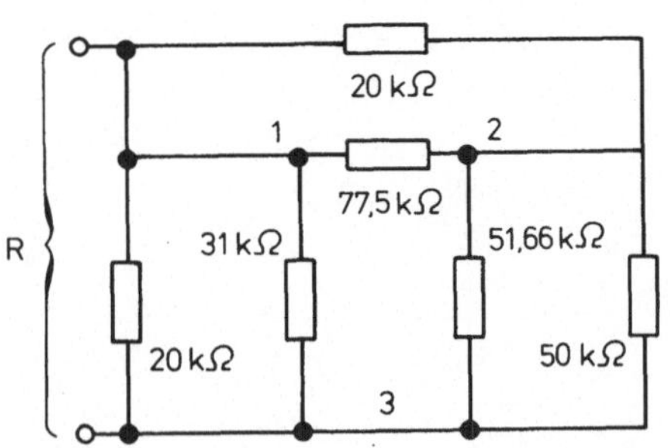

Abb. L20.11.1   Abb. L20.11.2

$$R_{12} = 15 \text{ k}\Omega + 25 \text{ k}\Omega + \frac{15 \cdot 25}{10} \text{ k}\Omega = 77,5 \text{ k}\Omega$$

$$R_{23} = 25 \text{ k}\Omega + 10 \text{ k}\Omega + \frac{25 \cdot 10}{15} \text{ k}\Omega = 51,6\bar{6} \text{ k}\Omega$$

$$R_{13} = 15 \text{ k}\Omega + 10 \text{ k}\Omega + \frac{15 \cdot 10}{25} \text{ k}\Omega = 31 \text{ k}\Omega$$

Aus Abb. L20.11.2: $R = 9,4 \text{ k}\Omega$

(1) $P = \dfrac{U^2}{R_{ges}} = \dfrac{(100 \text{ V})^2}{10 \text{ k}\Omega + 9,4 \text{ k}\Omega} = 515 \text{ mW}$

(2) $U_1 = U \cdot \dfrac{R}{R_{ges}} = 100 \text{ V} \cdot \dfrac{9,4 \text{ k}\Omega}{19,4 \text{ k}\Omega} = 48,45 \text{ V}$

(3) $I_x = -S \cdot U_1 \cdot \dfrac{10}{30} = -\dfrac{2 \text{ mA} \cdot 48,45 \text{ V}}{V \cdot 3} = -32,3 \text{ mA}$

(4) $P = I \cdot U = \dfrac{2 \text{ mA} \cdot 48,45 \text{ V}}{V} \left(1000 \text{ V} - \dfrac{2 \text{ mA} \cdot 48,45 \text{ V}}{V} \cdot \dfrac{10 \text{ k}\Omega \cdot 20 \text{ k}\Omega}{10 \text{ k}\Omega + 20 \text{ k}\Omega}\right)$

$\qquad P = +34,3 \text{ W (aufgenommene Leistung)}$

20.12

(1) $P = I^2 \cdot R = (0,2 \text{ A})^2 \cdot 50 \ \Omega = 2 \text{ W}$

(2) Transformation der 10V-Spannungsquelle (Abb. L20.12.1):

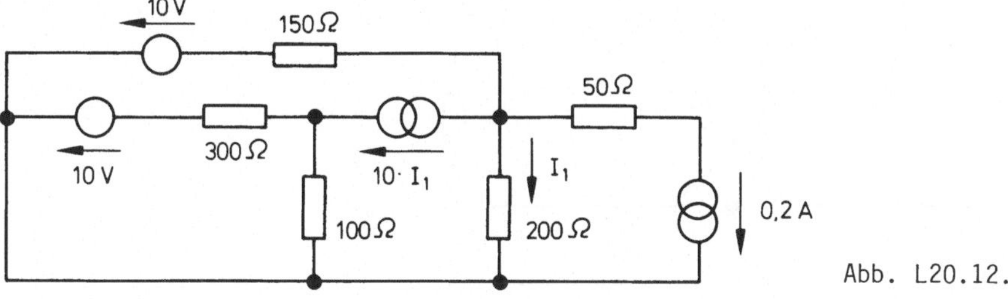

Abb. L20.12.1

Umwandlung der Spannungsquellen (Abb. L20.12.2):

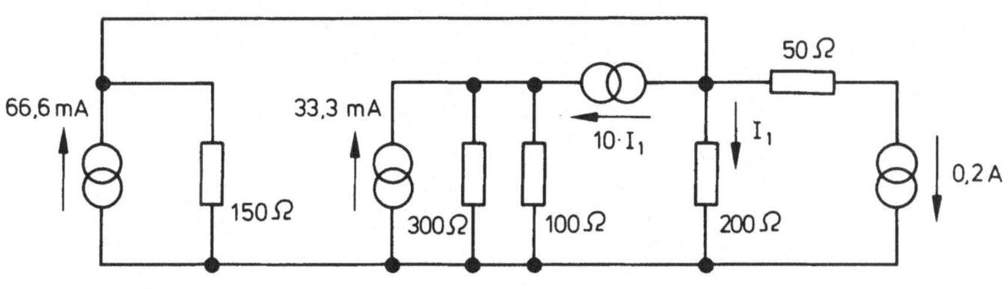

Abb. L20.12.2

(3) Transformation der gesteuerten Stromquelle (Abb. L20.12.3). Der 50Ω-Widerstand hat keinen Einfluß auf die Stromverteilung, er kann deshalb kurzgeschlossen werden.

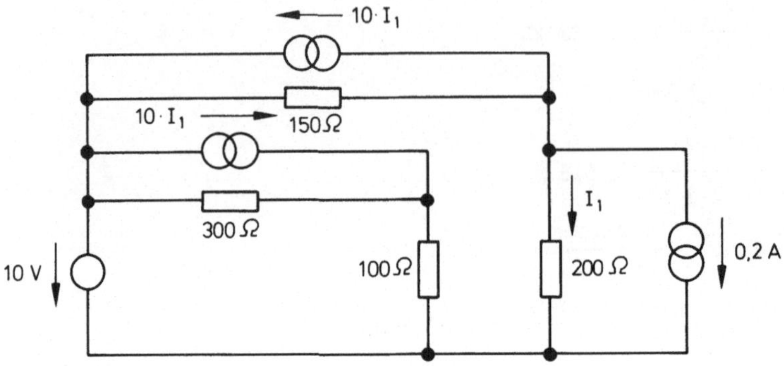

Abb. L20.12.3

Umwandlung der Stromquellen (Abb. L20.12.4):

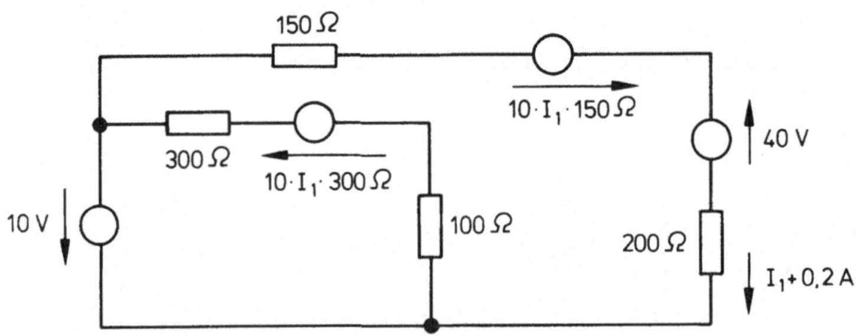

Abb. L20.12.4

(4) Aus Abb. L20.12.4:

$$-10\ \text{V} + 150\ \Omega\ (I_1 + 0{,}2\ \text{A}) + 10\ I_1 \cdot 150\ \Omega - 40\ \text{V} + (I_1 + 0{,}2\ \text{A})\ 200\ \Omega = 0$$

Daraus folgt: $I_1 = -10{,}8\ \text{mA}$

<u>20.13</u>

(1) 4 Knoten, 6 Zweige

(2) Transformation (Abb. L20.13.1) und Umwandlung (Abb. L20.13.2) der Spannungsquellen:

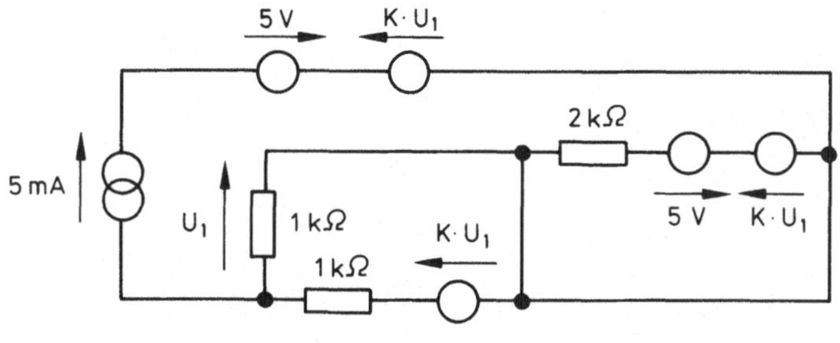

Abb. L20.13.1

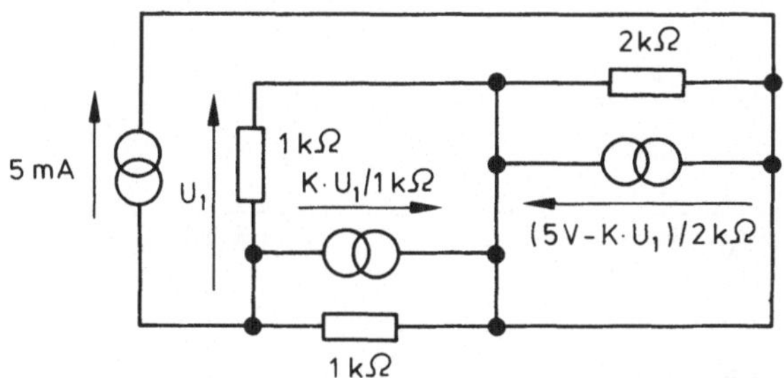

Abb. L20.13.2

(3) Transformation (Abb. L20.13.3) und Umwandlung (Abb. L20.13.4) der 5mA-Strom-
quelle:

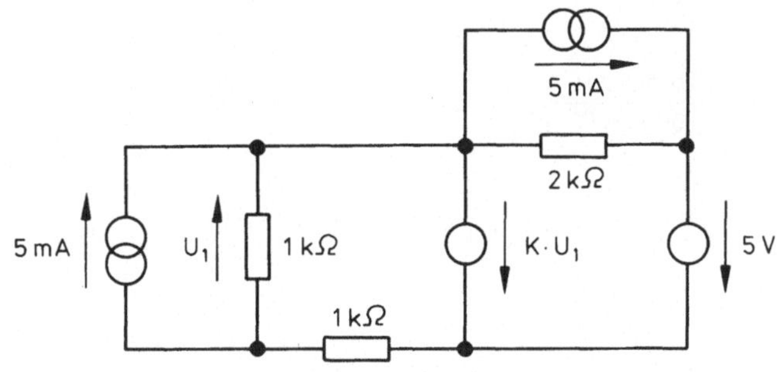

Abb. L20.13.3

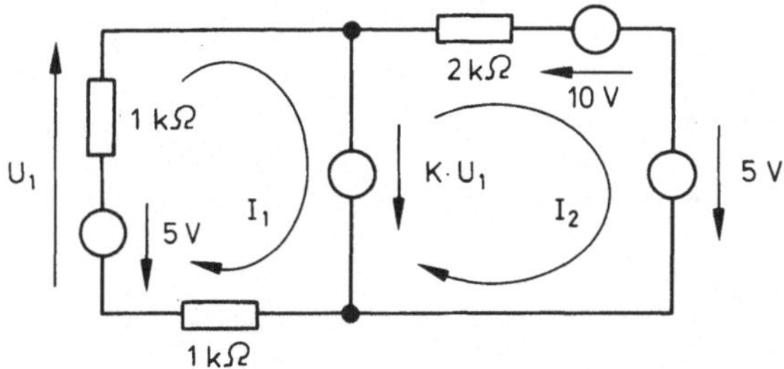

Abb. L20.13.4

Nach Abb. L20.13.4 ist

I_1	I_2	
2 kΩ	0	$5\ V - K \cdot U_1$
0	2 kΩ	$10\ V - 5\ V + K \cdot U_1$

$$K \cdot U_1 = 10 \cdot (I_1 \cdot 1\ k\Omega - 5\ V)$$

Daraus folgt: $I_2 = 0{,}416\bar{6}\ mA$

$$I = -I_2 = -0{,}416\bar{6}\ mA$$

20.14

(1) $I_1 = 1\ mS \cdot U_1 - 10\ \mu S \cdot U_2$

$I_2 = 10\ mS \cdot U_1 + 50\ \mu S \cdot U_2$

(2) $Y_e = y_{11} - \dfrac{y_{21} \cdot y_{12}}{y_{22}} = 1\ mS - \dfrac{-10\ mS \cdot 10\ \mu S}{50\ \mu S} = 3\ mS$

$U_2 = v_{uL} \cdot U_1 = -\dfrac{y_{21}}{y_{22}} \cdot U_0 \cdot \dfrac{1}{1 + Y_e \cdot R_1} = -\dfrac{10\ mS}{50\ \mu S} \cdot 6\ mV \cdot \dfrac{1}{1 + 3\ mS \cdot 5\ k\Omega}$

$ = -75\ mV$

(3) $Y_a = y_{22} - \dfrac{y_{21} \cdot y_{12}}{G_1 + y_{11}} = 50\ \mu S - \dfrac{10\ mS \cdot (-10\ \mu S)}{\dfrac{1}{5\ k\Omega} + 1\ mS} = 133{,}3\bar{3}\ \mu S$

(4) $R_V = (m-1)\ R_e = (m-1)\ \dfrac{U_e^2}{P_e} = (10-1)\ \dfrac{(0{,}1\ V)^2}{5\ \mu W} = 18\ k\Omega$

$Y_e = y_{11} - \dfrac{y_{21} \cdot y_{12}}{G_2 + y_{22}} = 1\ mS - \dfrac{-10\ mS \cdot 10\ \mu S}{50\ \mu S + 50\ \mu S} = 2\ mS$

$U_2 = v_u \cdot U_1 = \dfrac{-y_{21}}{G_2 + y_{22}} \cdot U_0 \cdot \dfrac{1}{1 + Y_e R_1} = \dfrac{-10\ mS}{50\ \mu S + 50\ \mu S} \cdot 6\ mV \cdot \dfrac{1}{1 + 2\ mS \cdot 5\ k\Omega}$

$ = -54{,}\overline{54}\ mV$

20.15

(1) Siehe Abb. L20.15.1:

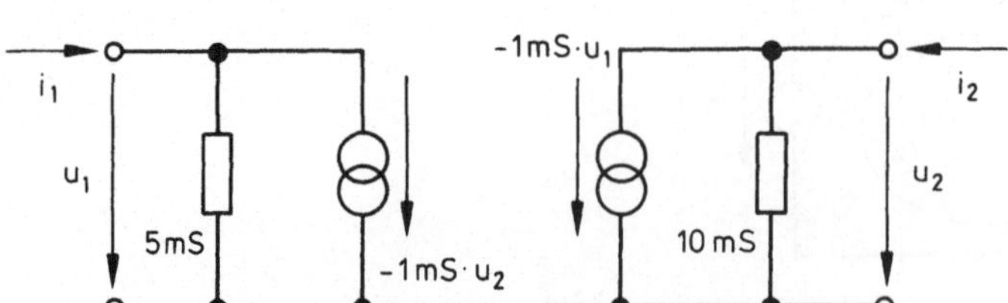

Abb. L20.15.1

(2) $P_{max} = \left(\frac{1}{2}\, u_{2L}\right)^2 \cdot Y_a = \left(\frac{1}{2}\, u_{2L}\right)^2 \cdot y_{22}$

$u_{2L} = u_1 \cdot \left(-\frac{y_{21}}{y_{22}}\right) = 2\ V \cdot \left(-\frac{-1\ mS}{10\ mS}\right) = 0{,}2\ V$

$P_{max} = \left(\frac{1}{2} \cdot 0{,}2\ V\right)^2 \cdot 10\ mS = 0{,}1\ mW$

(3) Bei Kurzschluß am Ausgang ist:

$\dfrac{i_1}{u_1} = y_{11} = 5\ mS = \dfrac{1}{R_1} + \dfrac{1}{2\,R_2}$

$\dfrac{i_2}{u_1} = y_{21} = -1\ mS = -\dfrac{1}{2\,R_2}$

Daraus folgt: $R_1 = 250\ \Omega$, $R_2 = 500\ \Omega$

Bei Kurzschluß am Eingang ist:

$\dfrac{i_2}{u_2} = y_{22} = 10\ mS = \dfrac{1}{R_3} + \dfrac{1}{2\,R_2}$

Daraus folgt: $R_3 = 111{,}1\bar{1}\ \Omega$

(4) $P_{auf} = u_1^2 \cdot Y_e = u_1^2 \left(y_{11} - \dfrac{y_{21} \cdot y_{12}}{y_{22}}\right) = (2\ V)^2 \cdot \left(5\,mS - \dfrac{(1\ mS)^2}{10\ mS}\right) = 19{,}6\ mW$

20.16

(1) Bei Kurzschluß am Ausgang ist:

$y_{11} = \dfrac{i_1}{u_1} = \dfrac{1}{1\ k\Omega} + \dfrac{1}{20\ k\Omega} = 1{,}05\ mS$

$y_{21} = \dfrac{i_2}{u_1} = \dfrac{100\,\dfrac{u_1}{1\ k\Omega} - \dfrac{u_1}{20\ k\Omega}}{u_1} = 99{,}95\ mS$

Bei Kurzschluß am Eingang ist:

$y_{12} = \dfrac{i_1}{u_2} = \dfrac{1}{u_2} \cdot \dfrac{-u_2}{20\ k\Omega} = -0{,}05\ mS$

$y_{22} = \dfrac{i_2}{u_2} = \dfrac{1}{20\ k\Omega} + \dfrac{1}{20\ k\Omega} = 0{,}1\ mS$

(2) $R_a = \dfrac{1}{Y_a} = \dfrac{1}{y_{22} - \dfrac{y_{21} \cdot y_{12}}{y_{11}}} = \dfrac{1}{0{,}1\ mS - \dfrac{-99{,}95 \cdot 0{,}05\ (mS)^2}{1{,}05\ mS}} = 0{,}206\ k\Omega$

21. Elektrotechnik II

Eberhard Hoefer

Fachbereich Ingenieur-Informatik

Theorie der Halbleiter-Bauelemente: PN-Diode, Z-Diode, Bipolarer Transistor. Groß-signal- und Kleinsignal-Theorie. Temperaturverhalten und Wärmewiderstand. Ersatz-schaltbilder. Verstärker-Grundschaltungen. - Zeitverhalten konzentrierter linearer und nichtlinearer Schaltungen: Mittelwert und Effektivwert. Induktivität und magne-tisches Feld, Übertrager. Kapazität. Einschwinganalyse und Differentialgleichungen: Null-Anregungs-, Null-Zustands-, vollständige Analyse. Überlagerungssatz. Natür-liche Frequenzen. Komplexe Berechnung linearer Schaltungen bei Wechselstrom im ein-geschwungenen Zustand: Zeigerdiagramm, Ortskurve, BODE-Diagramm. Güte. Computer-Simulation der Schaltungen mit SPICE.

Zugelassene Hilfsmittel für die Prüfungsaufgaben 21.1 bis 21.16: Skriptum/Umdrucke, beliebige Fachliteratur, Formelsammlungen, Taschenrechner

Aufgaben

21.1

Der Transistor in der Schaltung Abb. 21.1.1 soll bei ϑ_j = 27°C im Arbeitspunkt

$$I_B = 10 \ \mu A \qquad I_C = 1 \ mA$$

$$U_{BE} = 0,7 \ V \qquad U_{CE} = 5 \ V$$

betrieben werden.

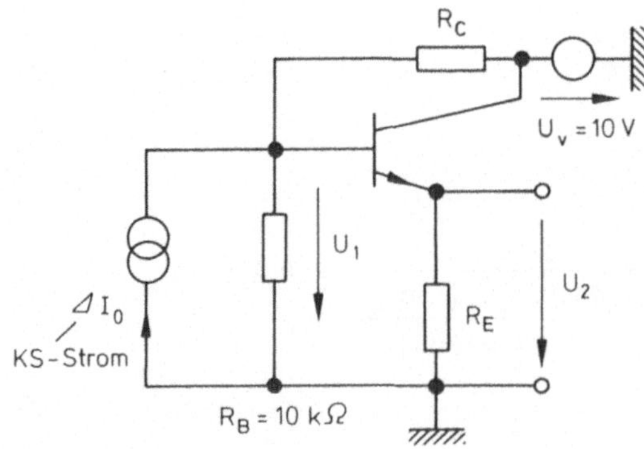

Abb. 21.1.1

1. Man berechne die dazu nötigen Werte von R_C und R_E allgemein und numerisch.

2. Man berechne die Kleinsignal-Ausgangs-spannung ΔU_2 allgemein und numerisch. (ΔI_0 = 1 µA)

3. Man gebe *ein* SPICE-Programm zur Berech-nung des Arbeitspunktes, der Übertra-gungskennlinie $U_2(\Delta I_0)$, der Eingangs-kennlinie $U_1(\Delta I_0)$ und der Gleichstrom-KS-Vierpolparameter zwischen Eingang und Ausgang an.

21.2

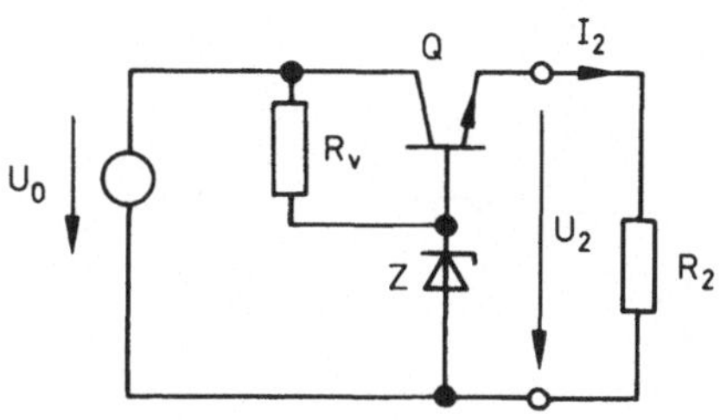

Abb. 21.2.1

Die Schaltung Abb. 21.2.1 soll bei
$I_2 = 0 \ldots 2\,A$ und bei $U_0 = 8 \ldots 12\,V$
die Ausgangsspannung U_2 stabilisieren.
Die Z-Diode soll hierbei mindestens $10\,mA$
erhalten. Gegeben sind

Q: Si-NPN-Tr., $B_F = 80$

$\quad U_{BE} = 0,7\,V$ im normalen Betrieb

Z: $U_Z = 5,7\,V$ bei $I_Z \geq 0$

$R_{thjU} = 0,2\,K/mW$ $\vartheta_{jmax} = 150^{\circ}C$

1. Man berechne R_V und die maximale in R_V umgesetzte Leistung P_V.

2. Man berechne die maximal zulässige Umgebungstemperatur ϑ_{Umax}, damit die Z-Diode
   nicht überlastet wird.

3. Man berechne und zeichne maßstäblich $U_2(U_0)$ bei $I_2 = 1\,A$ und $0 < U_0/V \leq 12$.

4. Man berechne und zeichne maßstäblich $U_2(I_2)$ bei $U_0 = 10\,V$ im Bereich $U_2 \geq 0$.

5. Man bestimme die maximale Verlustleistung des Transistors bei ausgangsseitigem
   Kurzschluß.

21.3

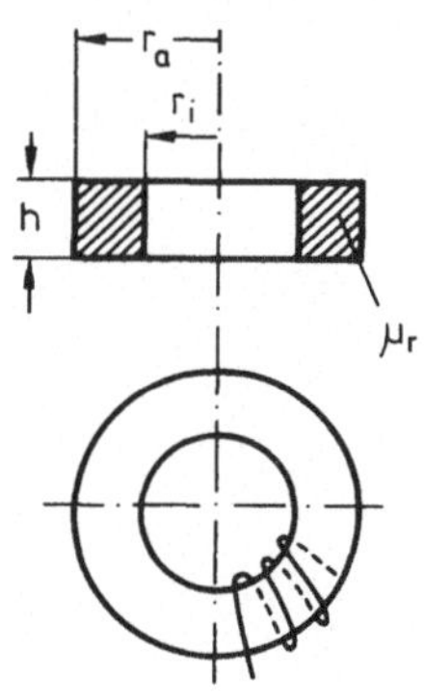

Abb. 21.3.1

Bei einer vom Strom I durchflossenen Ringkernspule
(Toroid-Spule) mit n Windungen verlaufen die magnetischen Kraftlinien kreisförmig koaxial im Kernmate-
rial. Kraftlinien im Luftraum sind vernachlässigbar
(Abb. 21.3.1). Man berechne

1. mit dem Durchflutungsgesetz die magnetische Feldstärke H in Abhängigkeit vom Radius r,

2. durch Integration den magnetischen Kraftfluß Φ,
   der den Kernquerschnitt durchsetzt,

3. die Induktivität L und den A_L-Wert $A_L = L/n^2$ der
   Ringkernspule.

4. Die Ringkernspule sei mit n = 400 Windungen aus Cu-Lackdraht ($d_{Cu} = 0,1\,mm$) ein-
   lagig bewickelt. Für die Zahlenwerte

   $\quad r_i = h = 7\,mm, \quad r_a = 11,5\,mm, \quad \mu_r = 2200$ und $I = 10\,mA$

   berechne man $H(r_i)$, $H(r_a)$, die Kraftflußdichten $B(r_i)$ und $B(r_a)$, Φ, L, A_L, den
   Gleichstromwiderstand R_{Cu}, die Gleichstromleistung P und die gespeicherte Energie
   W_L.

21.4

Gegeben ist die Schaltung Abb. 21.4.1.

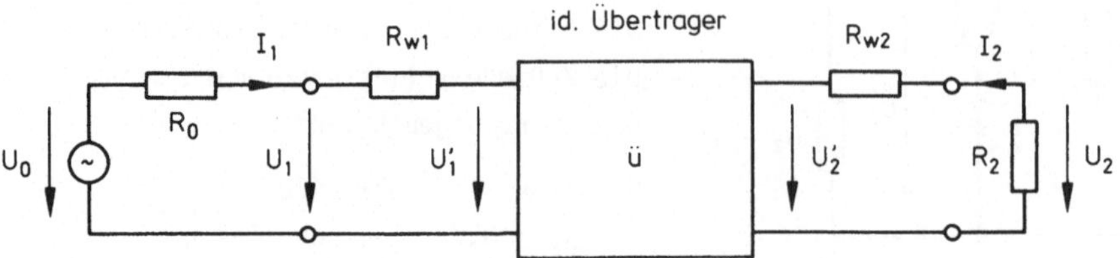

$U_0 = 10\,\text{V}$, $R_0 = 600\,\Omega$, $R_{w1} = 68\,\Omega$, $R_{w2} = 12\,\Omega$, $\ddot{u} = 3$

Abb. 21.4.1

1. Wie groß muß R_2 sein, damit er die größtmögliche Leistung P_{2max} erhält?

2. Wie groß sind dann U_1, U_1', U_2', U_2, I_1, I_2, $P_1 = U_1 \cdot I_1$, P_{2max} und der Wirkungsgrad $\eta = P_{2max}/P_1$?

21.5

Die Diode werde durch ihre Schleusenspannung $U_S = 0{,}5\,\text{V}$ beschrieben (Abb. 21.5.1).

1. Man zeichne $u_2(t)$ und $u_d(t)$ für $0_- \leq t \leq 7\,\text{ms}$.

2. Man berechne U_{2eff} und $\overline{u_2}$,

3. den Mittelwert der Diodenleistung.

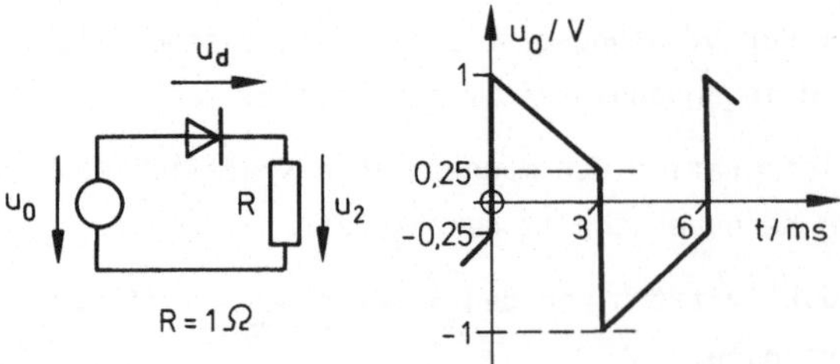

Abb. 21.5.1

21.6

Man berechne und skizziere die 4 Ströme von 0 bis 2 ms (Abb. 21.6.1).

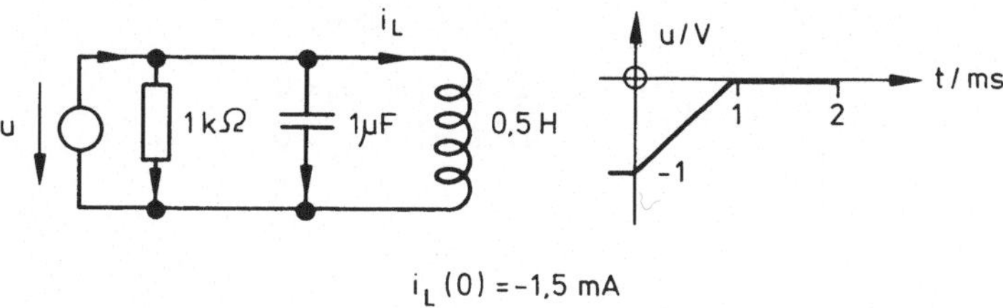

Abb. 21.6.1

21.7

Gegeben sei die Schaltung der Abb. 21.7.1.

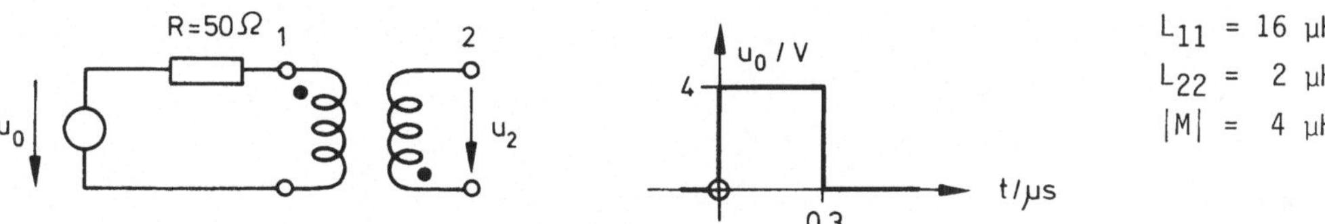

Abb. 21.7.1

1. Man berechne und zeichne $u_2(t)$ für $0_- \leq t \leq 1$ µs.

2. Man gebe ein SPICE-Programm zur Berechnung von $u_2(t)$ an.

21.8

Gegeben sei die Schaltung der Abb. 21.8.1.

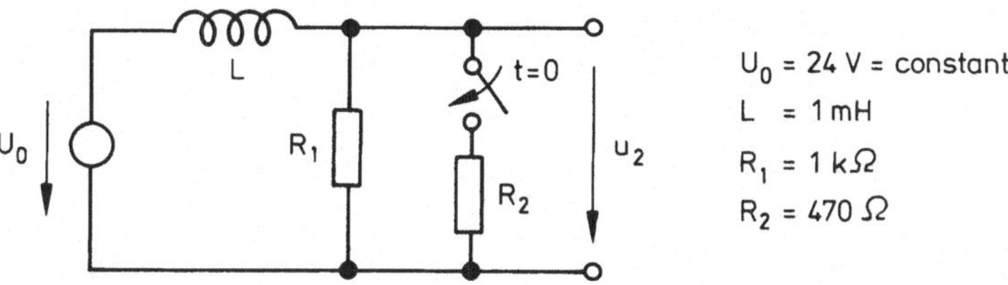

Abb. 21.8.1

Man berechne und skizziere $u_2(t)$ für $t \geq 0_-$.

21.9

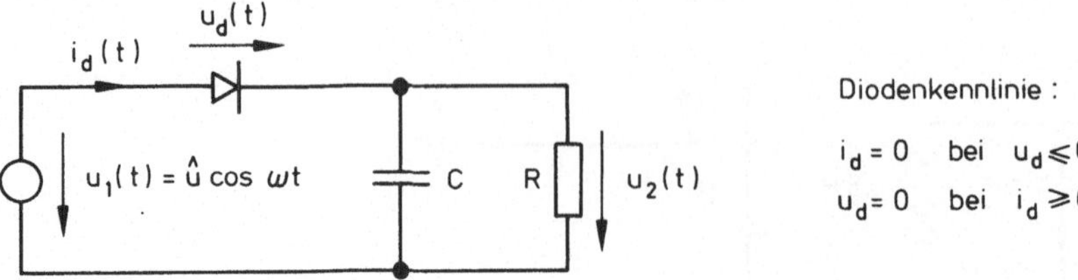

Abb. 21.9.1

Die in Abb. 21.9.1 dargestellte Gleichrichterschaltung befindet sich im eingeschwungenen Zustand und soll für $t \geq 0$ analysiert werden.

1. Man zeichne qualitativ als Funktion der Zeit $u_1(t)$, $u_2(t)$ und $i_d(t)$ und markiere folgende Größen:

   t_1 = Zeitpunkt, in dem die Diode das 1. Mal abschaltet $(t_1 > 0)$,
   t_2 = Zeitpunkt, in dem die Diode das 1. Mal einschaltet $(t_2 > t_1)$,
   $U_h = u_2(t_1)$ = Spannung im Abschaltmoment,
   $U_n = u_2(t_2)$ = Spannung im Einschaltmoment $(U_n < U_h)$.

2. Man berechne t_1 als Funktion von ω, R und C.

3. Man berechne U_h als Funktion von $\hat{u}$, ω, R und C.

4. Man berechne $u_2(t)$ im abgeschalteten Zustand $(t_1 \leq t \leq t_2 \leq T = 1/f)$.

5. Man stelle die Bestimmungsgleichung für den Einschaltmoment t_2 auf.

6. Für die Zahlenwerte $\omega = 2\pi\ 50$ Hz, $\hat{u} = \sqrt{2} \cdot 220$ V, R = 1 kΩ, C = 10 μF berechne man t_1, t_2, U_h und U_n sowie zeichne man $u_1(t)$, $u_2(t)$ und $i_d(t)$ im Bereich $0 \leq t \leq 20$ ms.

7. Man simuliere die Schaltung mit SPICE mit den in 6. gegebenen Zahlenwerten sowie mit einer Si-pn-Diode, deren Bahnwiderstand $r_s = 10$ Ω beträgt. Man berechne im Bereich $0 \leq t \leq 60$ ms: $u_2(t)$ und $i_d(t)$.

21.10

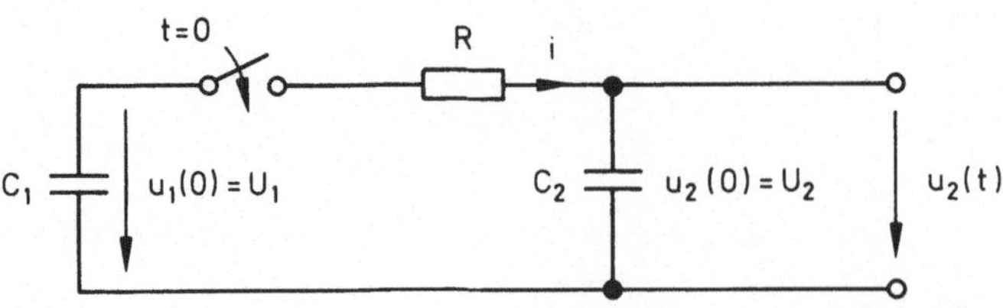

Abb. 21.10.1

1. Man berechne $u_2(t)$ für $t \geq 0$ allgemein.

2. Man skizziere $u_2(t)$ für die Zahlenwerte $C_1 = 100$ pF, $C_2 = 200$ pF, $R = 100\ \Omega$, $U_1 = 10$ V, $U_2 = -2$ V.

21.11

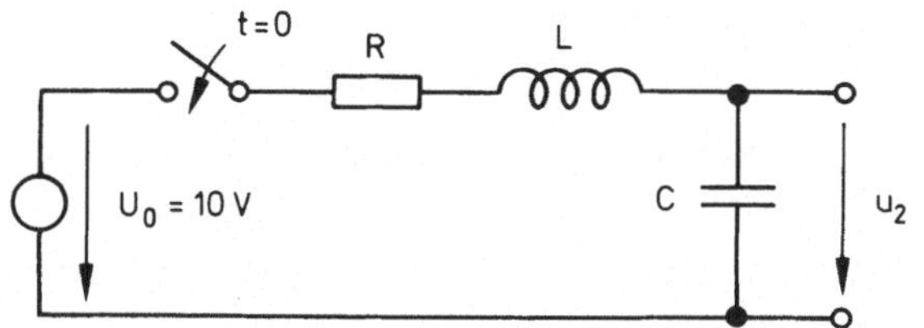

Abb. 21.11.1

1. Man berechne $u_2(t)$ für $t \geq 0$ allgemein (Abb. 21.11.1).

2. Für die Werte $R = 220\ \Omega$, $L = 1$ mH, $C = 1$ nF, $u_2(0) = 0$ berechne und skizziere man

2.1 die natürlichen Frequenzen in der komplexen Ebene und

2.2 $u_2(t)$ von 0 bis 20 µs.

2.3 Man simuliere die Schaltung mit SPICE.

21.12

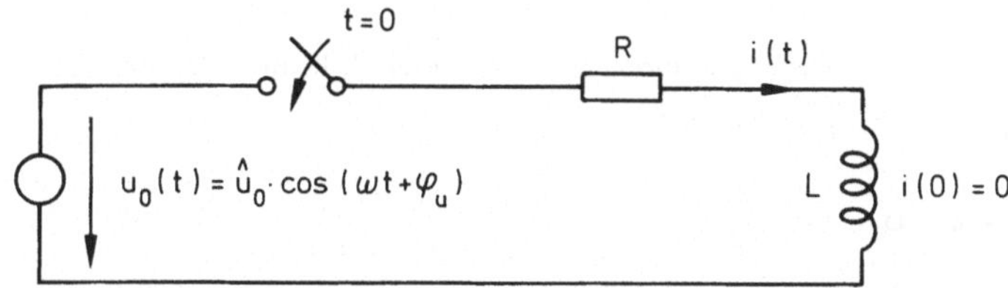

Abb. 21.12.1

1. Man berechne $i(t)$ für $t \geq 0$ (Abb. 21.12.1).

2. Für $\hat{u}_0 = 314$ V, $f = 50$ Hz, $R = 10\ \Omega$, $L = 1$ H und $\varphi_u = -90°$ skizziere man $i(t)$.

21.13

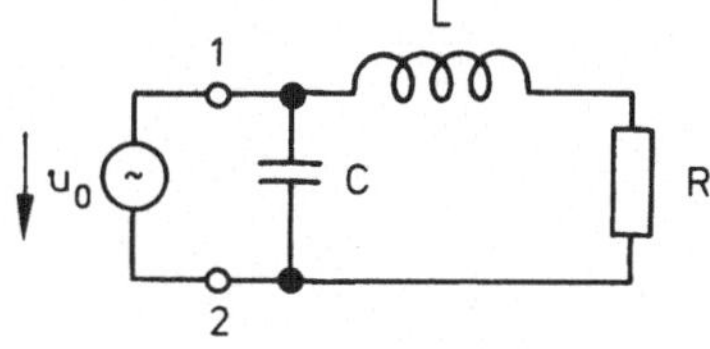

Abb. 21.13.1

$u_0 = 50$ V cos ωt

$C = 303,2$ pF

$L = 0,1516$ µH

$R = 10$ Ohm

1. Vom Zweipol 1,2 in Abb. 21.13.1 berechne und zeichne man maßstäblich mit Frequenzbezifferung die Ortskurve des Scheinleitwertes.

2. Bei f = 21 MHz berechne und zeichne man das Zeigerdiagramm aller Ströme und Spannungen.

<u>21.14</u>

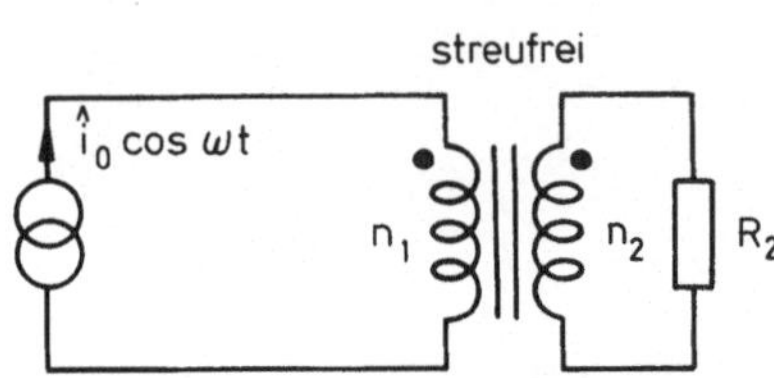

Abb. 21.14.1

1. Man zeichne das Wechselstrom-Ersatzschaltbild (Abb. 21.14.1).

2. Mit welchem Windungszahlenverhältnis n_1/n_2 wird bei hohen Frequenzen dem Lastwiderstand R_2 = 50 Ω die mittlere Leistung P_2 = 100 W zugeführt? ($\hat{\imath}_0$ = 1 A)

3. Man berechne allgemein P_2 als Funktion der Generatorkreisfrequenz ω und skizziere den prinzipiellen Verlauf $P_2(\omega)$.

4. Mit welcher primären Windungszahl n_1 liegt die 3dB-Grenzfrequenz von P_2 bei f_g = 3 MHz? (Induktiv.beiwert des Kerns A_L = 0,4244 µH)

5. Wie groß ist im Kern die Amplitude $\hat{B}$ der Kraftfluß-Dichte bei f = 3 MHz? (Kernquerschnitt A = 150 mm^2)

<u>21.15</u>

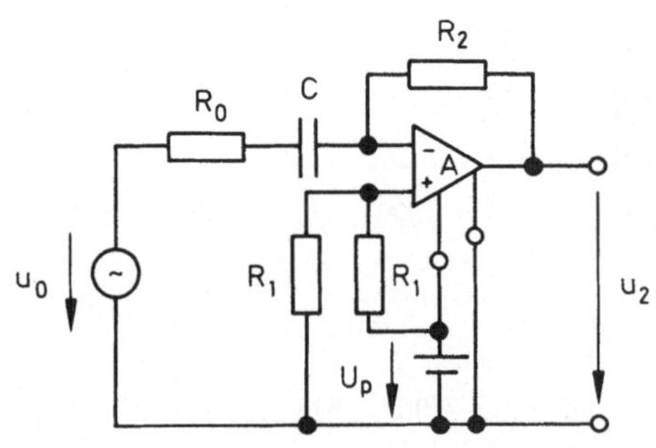

Abb. 21.15.1

In Abb. 21.15.1 sind folgende Größen bekannt:

R_0 = 1 kΩ, U_p = 5 V,   A = ∞
R_1 = 1 kΩ, $u_0 = \hat{u}_0 \cos \omega t$.

1. Man bestimme die Ausgangsspannung u_{2A} im Arbeitspunkt. ($\hat{u}_0$ = 0)

2. Man zeichne das Kleinsignal-Wechselstrom-Ersatzschaltbild und berechne die Wechselspannungsverstärkung V_u.

3. Welchen Wert haben R_2 und C, wenn bei hohen Frequenzen $|V_u|$ = 100 und die Eckfrequenz von V_u f_g = 10,61 Hz beträgt?

4. Man zeichne das BODE-Diagramm von V_u.

5. Wie groß darf $\hat{u}_0$ bei verzerrungsfreier Verstärkung höchstens werden?

21.16

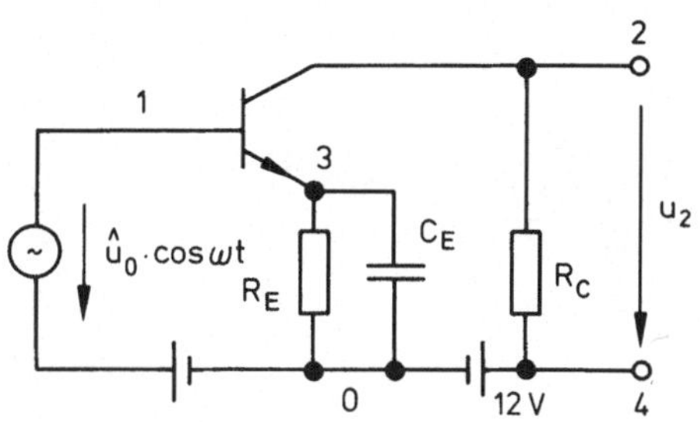

In Abb. 21.16.1 sind folgende Größen bekannt:

B_F = 350, T_j = 300 K,
U_{CE_A} = 5 V, I_{C_A} = 5 mA,
R_E = 470 Ω,
C_E = 1,5 mF.

Abb. 21.16.1

1. Man berechne R_C und die Elemente g_m und g_π des Transistor-Kleinsignalersatz-
   schaltbildes bei $\hat{u}_0$ = 0.

2. Man berechne die Kleinsignal-Spannungsverstärkung $H = U_2/U_0$.

3. Man berechne die Asymptoten von $|H|$ für sehr tiefe und sehr hohe Frequenzen.

4. Eine weitere Asymptote für den Übergangsbereich von $|H|$ gewinne man bei tiefen
   Frequenzen und $R_E = \infty$.

5. Man berechne die beiden Eckfrequenzen von $|H|$, indem man die Asymptote nach 4.
   mit den Asymptoten nach 3. zum Schnitt bringt.

6. Man zeichne $|H|(f)$ doppeltlogarithmisch.

7. Man berechne $|H|(f)$ mit SPICE.

Literatur

[1] Desoer CA, Kuh ES (1969) Basic Circuit Theory. International Student Edition.
    McGraw-Hill, New York
[2] Fricke H, Vaske P (1982) Elektrische Netzwerke. 17. Aufl. Teubner, Stuttgart

Lösungen

21.1

1. $R_E = \dfrac{U_V - U_{CE}}{I_C + I_B} = 4{,}95\ k\Omega, \qquad R_C = \dfrac{U_{CE} - U_{BE}}{I_B + \dfrac{U_{BE} + U_V - U_{CE}}{R_B}} = 7{,}41\ k\Omega$

2. Für das KS-Ersatzschaltbild Abb. L21.1.1 gilt:

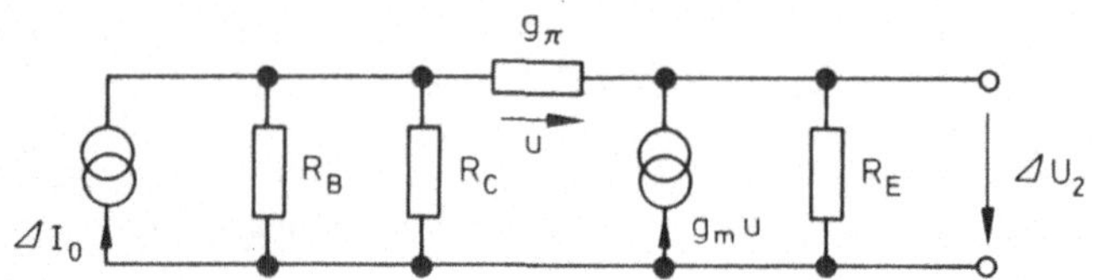

$U_T = kT_j/q = 25{,}9\ mV$

$g_m = I_C/U_T = 39\ mS$

$B_F = I_C/I_B = 100$

$g_\pi = g_m/B_F = 0{,}39\ mS$

Abb. L21.1.1

ΔU_2 errechnet sich mittels Knotenanalyse (KA) zu:

$$\Delta U_2 = \frac{g_m + g_\pi}{\left(\dfrac{1}{R_B} + \dfrac{1}{R_C}\right)\left(g_m + g_\pi + \dfrac{1}{R_E}\right) + \dfrac{g_\pi}{R_E}}\ \Delta I_0 = 4{,}2\ mV$$

3. KOLLEKTOR-GRUNDSCHALTUNG
```
   RB   1   Ø   1ØKOHM
   RC   1   3   7.41KOHM
   RE   2   Ø   4.95KOHM
   IO   Ø   1
   VV   3   Ø   DC   1ØVOLT
   Q    3   1   2   NPN
   •MODEL   NPN   NPN   BF = 1ØØ   IS = 2.Ø2E-15
   •OP
   •TF   V(2)   IO
   •PLOT   DC   V(2)   V(1)
   *IS = IC[EXP(-UBE/UT)] = 2.Ø2E-15A
   •END
```

21.2

1. $R_V = \dfrac{U_{omin} - U_Z}{I_{Zmin} + I_{Bmax}} = 66{,}3\ \Omega, \qquad P_V = (U_{omax} - U_Z)^2/R_V = 0{,}60\ W$

2. $P_{Zmax} = U_Z(U_{omax} - U_Z)/R_V = 542\ mW, \qquad \vartheta_{Umax} = \vartheta_{jmax} - P_{Zmax}\,R_{thjU} = 42\,^\circ C$

3. $U_2(U_0)$ siehe Abb. L21.2.1 mit

   oberer Knick bei $U_0 = U_Z + \dfrac{R_V I_2}{B_F + 1} = 6{,}52$ V

   unterer Knick bei $U_0 = U_{BE} + \dfrac{R_V I_2}{B_F + 1} = 1{,}52$ V

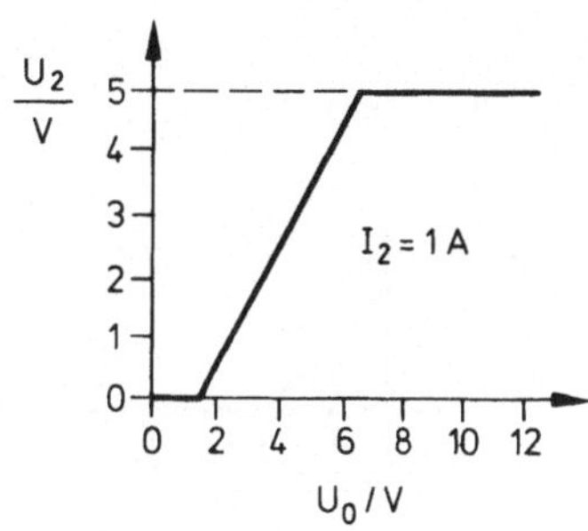

Abb. L21.2.1

4. $U_2(I_2)$ siehe Abb. L21.2.2 mit

   oberer Knick bei $I_2 = (B_F + 1)\dfrac{U_0 - U_Z}{R_V} = 5{,}25$ A

   unterer Knick bei $I_2 = (B_F + 1)\dfrac{U_0 - U_{BE}}{R_V} = 11{,}4$ A

5. $P_{Tmax} = U_{omax} \cdot B_F \cdot \dfrac{U_{omax} - U_{BE}}{R_V} = 164$ W

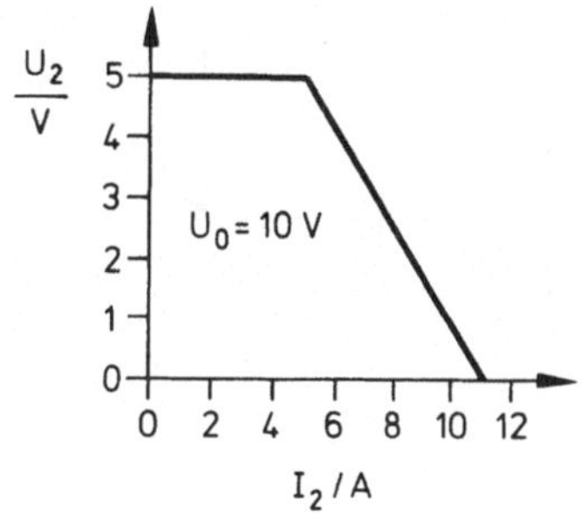

Abb. L21.2.2

21.3

1. $H = \dfrac{nI}{2\pi r}$

2. $B = \mu_0 \mu_r H, \quad d\Phi = B(r)dA, \quad dA = h\,dr$

$$\Phi = \int_{r_i}^{r_a} d\Phi = \mu_0 \mu_r \frac{nIh}{2\pi} \int_{r_i}^{r_a} \frac{dr}{r} = n \frac{\mu_0 \mu_r}{2\pi} h \ln \frac{r_a}{r_i} \cdot I$$

3. $L = \dfrac{n\Phi}{I} = n^2 \dfrac{\mu_0 \mu_r}{2\pi} h \ln \dfrac{r_a}{r_i} \longrightarrow A_L = \dfrac{\mu_0 \mu_r}{2\pi} h \ln \dfrac{r_a}{r_i}$

4. $H_i = 91$ A/m $B_i = 0{,}25$ T $\Phi = 6{,}1$ µWb $L = 245$ mH

   $H_a = 55$ A/m $B_a = 0{,}15$ T $A_L = 1{,}53$ µH

   $R_{Cu} = 20$ Ω $P = 2{,}0$ mW $W_L = 12$ µWs

21.4

1. $R_2 = R_{w2} + (R_0 + R_{w1})/\ddot{u}^2 = 86{,}2$ Ω

2. $U_1 = 6{,}15$ V $U_2 = 1{,}67$ V $I_1 = 6{,}47$ mA $P_1 = 39{,}8$ mW

   $U_1' = 5{,}71$ V $U_2' = 1{,}90$ V $I_2 = -19{,}4$ mA $P_{2max} = 32{,}4$ mW $\eta = 77{,}7$ %

21.5

1. Abb. L21.5.1:

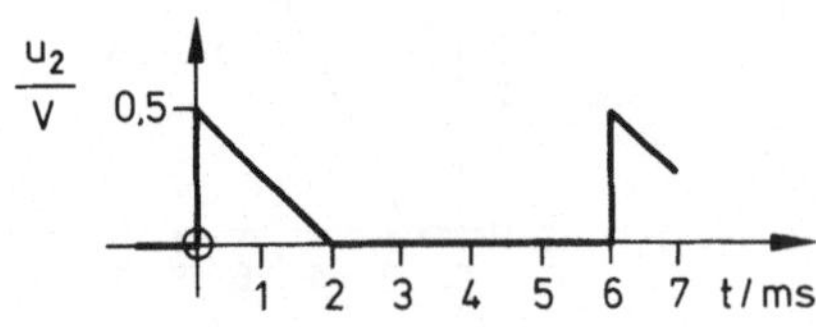

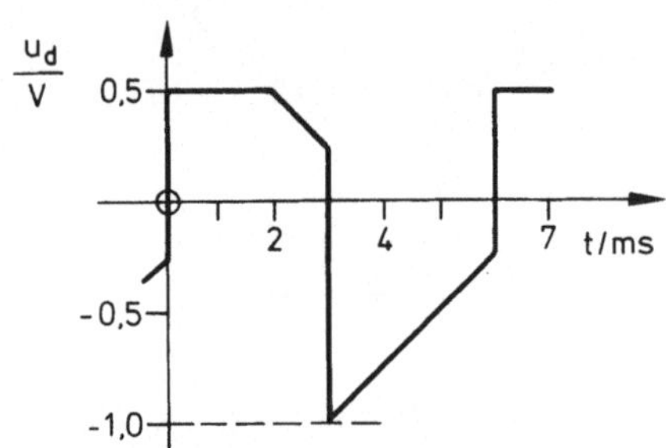

Abb. L21.5.1

2. $U_{2eff} = \sqrt{\dfrac{1}{T} \displaystyle\int_0^T u_2(t)^2 \, dt} \quad = \dfrac{1}{6} \text{ V}$

$\overline{u_2} \quad = \dfrac{1}{T} \displaystyle\int_0^T u_2(t) \, dt \quad = \dfrac{1}{12} \text{ V}$

3. $\overline{P_d} \quad = \dfrac{1}{T} \displaystyle\int_0^T i_d(t)\, u_d(t)\, dt \quad = \dfrac{1}{24} \text{ W}$

21.6

$\underline{0_+ \le t/\mathrm{ms} \le 1_- :}$

$i_R = \dfrac{u}{R} = (-1 + \dfrac{t}{\mathrm{ms}}) \text{ mA}$

$i_C = C \dfrac{du}{dt} = 1 \text{ mA}$

$i_L = i_L(o) + \dfrac{1}{L} \displaystyle\int_0^t u \, dt' = \left[-1{,}5 - 2\dfrac{t}{\mathrm{ms}} + \left(\dfrac{t}{\mathrm{ms}}\right)^2\right] \text{ mA}$

$i \ = i_R + i_C + i_L = \left[-1{,}5 - \dfrac{t}{\mathrm{ms}} + \left(\dfrac{t}{\mathrm{ms}}\right)^2\right] \text{ mA}$

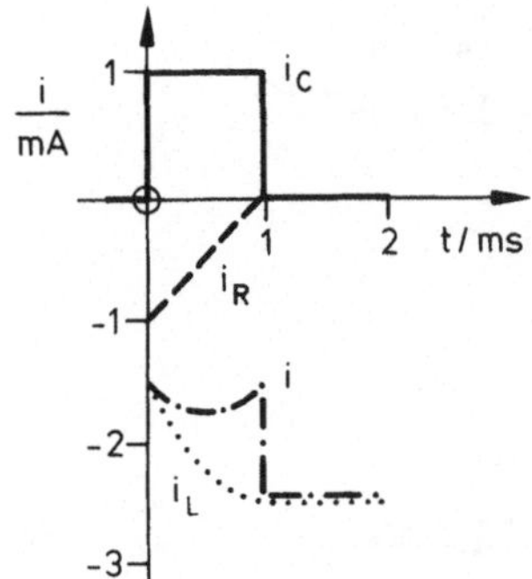

Abb. L21.6.1

<u>21.7</u>

1. Vgl. Abb. L21.7.1:

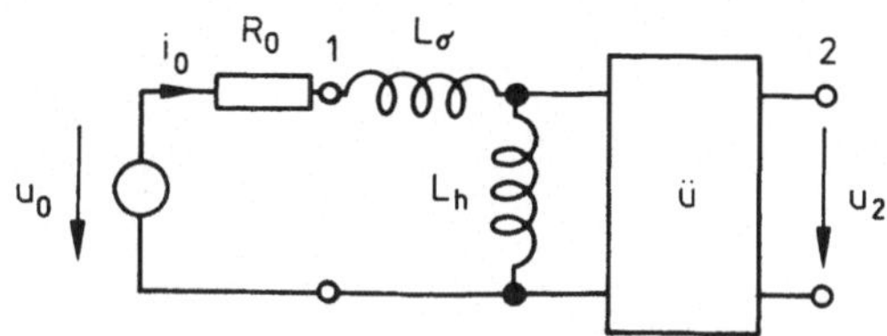

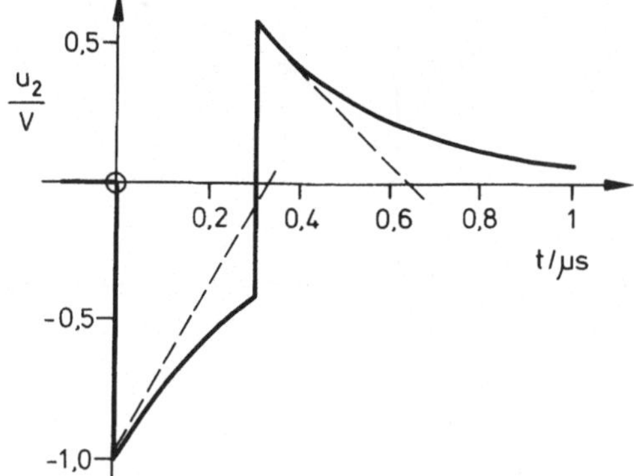

Abb. L21.7.1

$$\ddot{u} = \frac{M}{L_{22}} = -2 \qquad L_h = \frac{M^2}{L_{22}} = 8 \ \mu H$$

$$L_\sigma = L_{11} - \frac{M^2}{L_{22}} = 8 \ \mu H$$

$$\tau = \frac{L_\sigma + L_h}{R_0} = 0,32 \ \mu s$$

$$\underline{0_+ \le t < 0,3 \ \mu s = t_0 :}$$

$$u_2 = \frac{\hat{u}_0}{\ddot{u}} \cdot \frac{L_h}{L_\sigma + L_h} \ e^{-\frac{t}{\tau}} = -1 \ V \cdot e^{-t/0,32 \ \mu s}$$

$$i_0 = \frac{\hat{u}_0}{R_0} \left(1 - e^{-\frac{t}{\tau}}\right) = 80 \ mA \left(1 - e^{-t/0,32 \ \mu s}\right)$$

$$i_0(t_0) = 49 \ mA$$

$$\underline{t \ge t_{0_+} :}$$

$$u_2 = -\frac{L_h}{\ddot{u}\tau} \ i_0(t_0) \ e^{-\frac{t-t_0}{\tau}} = 0,61 \ V \cdot e^{-\frac{t-0,3 \mu s}{0,32 \mu s}}$$

```
2. IMPULSUEBERTRAGER
   VO   3   Ø   PULSE(Ø  4  Ø  Ø  Ø  Ø.3U)
   R    3   1   5Ø
   L11  1   Ø   16U
   L22  Ø   2   2U
   K12  L11  L22  Ø.7Ø71Ø7
   •TRAN  1ØN  1U
   •PLOT  TRAN  V(2)
   •END
```

21.8

Abb. L21.8.1:

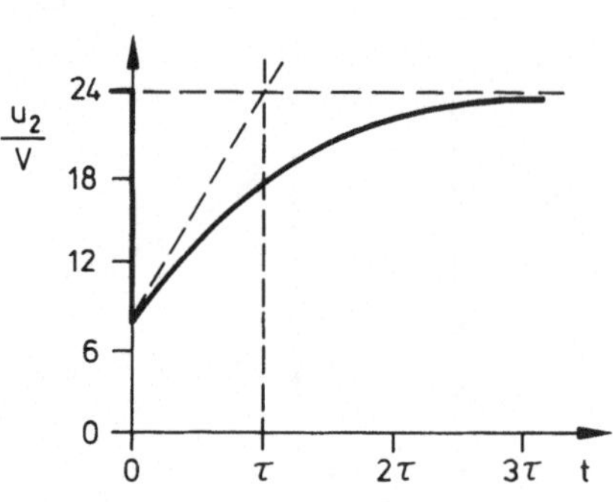

Abb. L21.8.1

$$I_0 = U_0/R_1$$

$$\tau = L/R_p = 3{,}1 \ \mu s \qquad R_p = \frac{R_1 R_2}{R_1 + R_2}$$

Überlagerungssatz: $u_2(t) = u_i(t) + u_0(t)$

$$u_i(t) = R_p \, I_0 \, e^{-\frac{t}{\tau}}$$

$$u_0(t) = U_0 \left(1 - e^{-\frac{t}{\tau}}\right)$$

$$u_2(t) = U_0 - \frac{R_1}{R_1 + R_2} U_0 \, e^{-\frac{t}{\tau}} = 24\,V - 16{,}3\,V \; e^{-t/3{,}1\mu s}$$

21.9

1. Abb. L21.9.1:

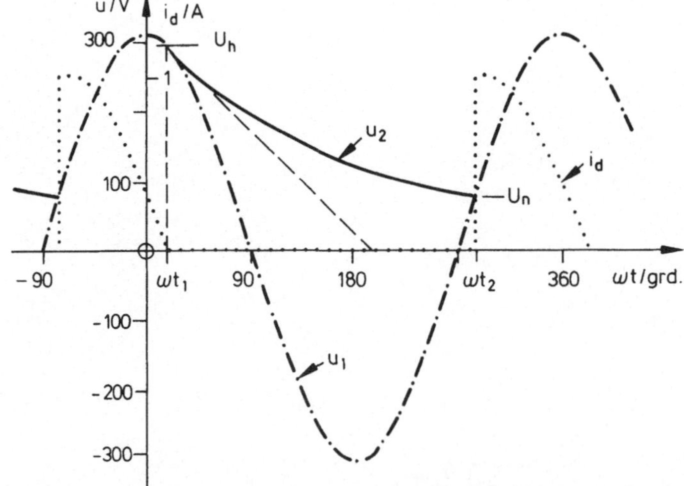

Abb. L21.9.1

2. $i_d(t_1) = i_C(t_1) + i_R(t_1) \stackrel{!}{=} 0$

$\quad u_2(t_1) = u_1(t_1) = \hat{u} \cos \omega t_1$

$\quad i_C(t_1) = C \dfrac{du_2}{dt} = -\omega C \, \hat{u} \sin \omega t_1$

$\quad i_R(t_1) = \dfrac{1}{R} u_2(t_1) = \dfrac{\hat{u}}{R} \cos \omega t_1$

$\quad \longrightarrow \underline{\omega t_1 = \text{arc tan } 1/\omega CR}$

3. $U_h = u_1(t_1) = \hat{u} \cos \omega t_1 = \hat{u} \cos(\text{arc tan } 1/\omega CR)$

4. $\underline{t_1 \leq t \leq t_2 :}$ $\qquad u_2(t) = U_h \cdot e^{-\frac{t-t_1}{\tau}}$ $\qquad \tau = RC$

5. $u_2(t_2) = u_1(t_2)$ $\qquad U_h \cdot e^{-\frac{t_2-t_1}{\tau}} = \hat{u} \cos \omega t_2,$ $\quad$ transzendente Gl.

6. $\omega t_1 = 17{,}6^0$ $\qquad \omega t_2 = 283^0$ $\qquad U_h = 296$ V $\qquad$ Zeichnung

$\quad\; t_1 = 0{,}98$ ms $\qquad\; t_2 = 16$ ms $\qquad\; U_n = 68$ V $\qquad$ s. Abb. L21.9.1

$\qquad\qquad\qquad\qquad$ graphische Lösung

7. EINWEGGLEICHRICHTER

```
V1  1  Ø  SIN(Ø 311.13 5Ø)
VD  1  2
D   2  3  SID
•MODEL  SID  D  RS=1Ø
C   3  Ø  1ØU
R   3  Ø  1K
•TRAN  Ø.6M  6ØM
•PLOT  TRAN  V(3)  I(VD)
•END
```

<u>21.10</u>

1. $\underline{t \geq 0_+ :}$ $\qquad i = \dfrac{U_1 - U_2}{R} \, e^{-\frac{t}{\tau}}$ $\qquad\qquad\qquad \tau = R \, \dfrac{C_1 C_2}{C_1 + C_2}$

$\quad u_2(t) = U_2 + \dfrac{1}{C_2} \displaystyle\int_0^t i \, dt'$

$\quad u_2(t) = \dfrac{C_1 U_1 + C_2 U_2}{C_1 + C_2} + \dfrac{C_1}{C_1 + C_2} (U_2 - U_1) \, e^{-\frac{t}{\tau}}$

2. $\underline{u_2(t) = 2\,V - 4\,V \cdot e^{-\dfrac{t}{6,7\,ns}}}$ (Abb. L21.10.1)

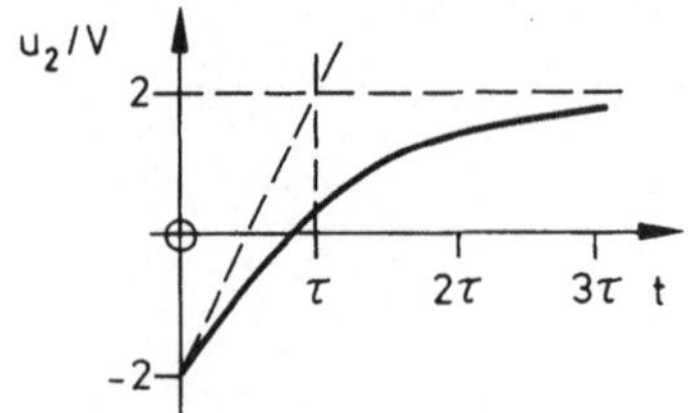

Abb. L21.10.1

21.11

1. $\underline{t \geq 0_+}$

2.1 DGL: $LC\,\dfrac{d^2 u_2}{dt^2} + RC\,\dfrac{du_2}{dt} + u_2 = U_0$

AB: $u_2(0) = 0$ $\left.\dfrac{du_2}{dt}\right|_0 = 0$

$u_2(t) = u_{2h} + u_{2p}$

$u_{2h} = k_1\,e^{s_1 t} + k_2\,e^{s_2 t} = \hat{u}_2 \cdot e^{-\alpha t} \cdot \cos(\omega_r t + \varphi)$

$u_{2p} = U_0$

$\underline{s_{1;2} = -\alpha \pm j\omega_r}$

mit $\alpha = \dfrac{R}{2L} = 0{,}11\,\dfrac{M}{sec}$

$\omega_r = \omega_0 \sqrt{1 - \dfrac{\alpha^2}{\omega_0^2}} = 2\pi \cdot 158\ k/sec$

$\omega_0 = \dfrac{1}{\sqrt{LC}} = 2\pi \cdot 159\ k/sec$

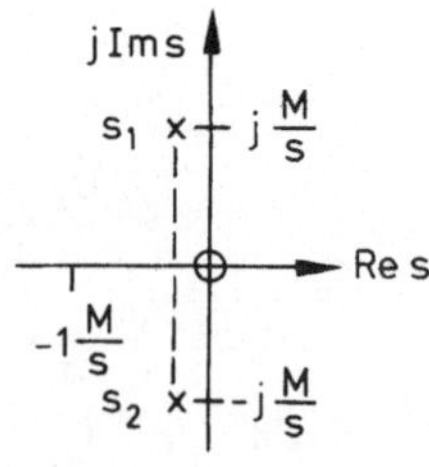

Abb. L21.11.1

$\underline{u_2(t) = U_0 + \hat{u}_2 \cdot e^{-\alpha t} \cdot \cos(\omega_r t + \varphi)}$

mit $\varphi = -\arctan\dfrac{\alpha}{\omega_r} = -6{,}3^0$

$\hat{u} = -\dfrac{U_0}{\cos\varphi} = -10{,}1\ V$

2.2 Abb. L21.11.2:

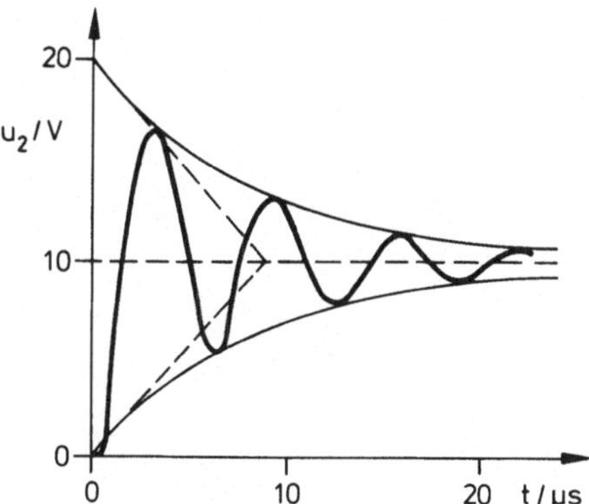

Abb. L21.11.2

2.3 SPRUNGANTWORT RLC
```
    VO   1   Ø   PULSE(Ø  1Ø)
    R    1   2   22Ø
    L    2   3   1M
    C    3   Ø   1N
    •TRAN   Ø.2U   2ØU
    •PLOT   TRAN   V(3)
    •END
```

21.12

1. $i(t) = i_h + i_p \qquad i(0) = 0$

$$i_h = k \cdot e^{-\frac{t}{\tau}} \qquad \text{mit} \quad \tau = L/R = 0,1 \text{ s}$$

$$i_p = \text{Re}(I_p \, e^{i\omega t}) = \hat{i}_p \cos(\omega t + \varphi_p)$$

mit

$$I_p = \frac{U_0}{R + j\omega L} \qquad U_0 = \hat{u}_0 \, e^{i\varphi_u}$$

$$\hat{i}_p = |I_p| = \frac{\hat{u}_0}{\sqrt{R^2 + \omega^2 L^2}} = 1 \text{ A}$$

$$\varphi_p = \varphi_u - \arctan \frac{\omega L}{R} = -178^o$$

$$i(t) = \hat{i}_p \left[\cos(\omega t + \varphi_p) - e^{-\frac{t}{\tau}} \cdot \cos \varphi_p \right]$$

$$i(t) = 1 \text{ A} \left[\cos\left(2\pi \frac{t}{20 \text{ ms}} - 178^o\right) + e^{-\frac{t}{0,1 \text{ s}}} \right]$$

2. Vgl. Abb. L21.12.1.

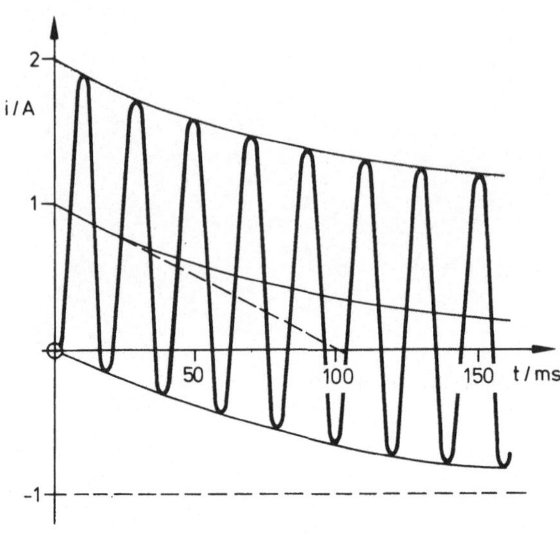

Abb. L21.12.1

21.13

1. Vgl. Abb. L21.13.1.

$$Y = j\omega C + \frac{1}{R + j\omega L}$$

$$\frac{Y}{ms} = j\,1{,}9\,\frac{f}{MHz} + \frac{100}{1 + j\,0{,}095\,f/MHz}$$

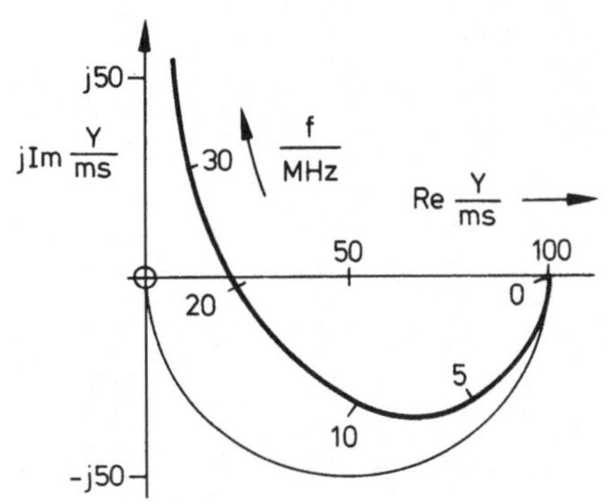

Abb. L21.13.1

2. Vgl. Abb. L21.13.2.

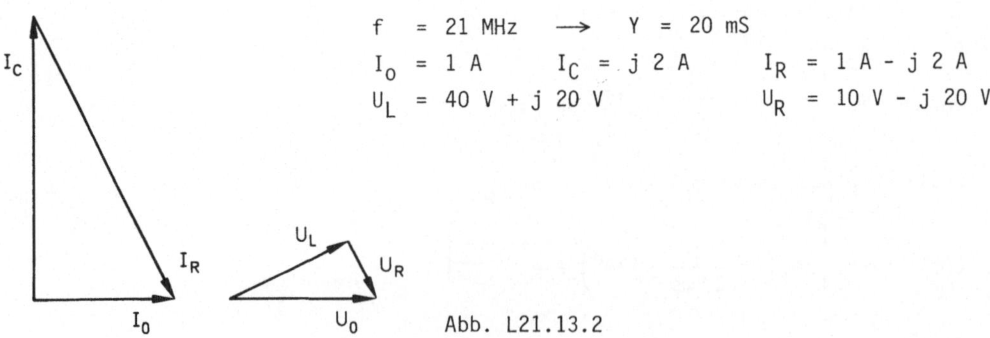

$f = 21\ \text{MHz} \longrightarrow Y = 20\ \text{mS}$

$I_0 = 1\ \text{A} \qquad I_C = j\,2\ \text{A} \qquad I_R = 1\ \text{A} - j\,2\ \text{A}$

$U_L = 40\ \text{V} + j\,20\ \text{V} \qquad\qquad U_R = 10\ \text{V} - j\,20\ \text{V}$

Abb. L21.13.2

<u>21.14</u>

1. Vgl. Abb. L21.14.1.

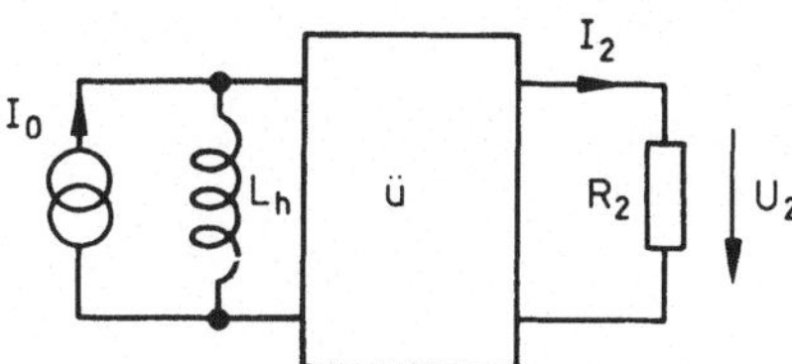

Abb. L21.14.1

2. Hohe Frequenzen: L_h vernachlässigbar.

$$I_2 = ü\, I_0 = ü \cdot \hat{\imath}_0$$

$$P_2 = \frac{1}{2}\,|I_2|^2\,R_2 = \frac{1}{2}\,ü^2\,\hat{\imath}_0^2\,R_2$$

$$ü = \frac{n_1}{n_2} = \sqrt{\frac{2\,P_2}{\hat{\imath}_0^2\,R_2}} = 2$$

3. $$P_2 = \frac{1}{2}\,\frac{|U_2|^2}{R_2} \qquad U_1 = ü\,U_2 = \frac{I_0}{\dfrac{1}{j\omega L_h} + \dfrac{1}{ü^2 R_2}}$$

$$P_2 = \frac{\hat{\imath}_0^2}{2ü^2 R_2} \cdot \frac{1}{\left(\dfrac{1}{ü^2 R_2}\right)^2 + \dfrac{1}{\omega^2 L_h^2}}, \quad \text{vgl. Abb. L21.14.2.}$$

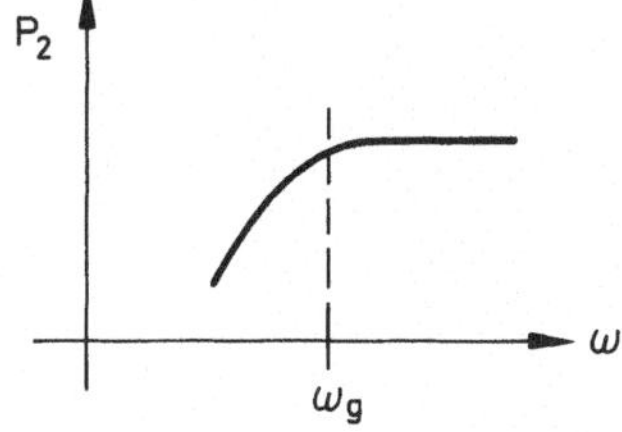

Abb. L21.14.2

4. $$\omega_g L_h = ü^2 R_2$$
$$L_h = A_L\,n_1^2 \qquad \rightarrow \qquad n_1 = \sqrt{\frac{ü^2 R_2}{\omega_g A_L}} = 5$$

5. $$u_1 = n_1\,\frac{d\Phi_1}{dt} \qquad \hat{u}_1 = n_1\,\omega\hat{\Phi}_1 = n_1\,\omega A\,\hat{B}_1$$

$$\hat{u}_1 = ü\,\hat{u}_2 = ü\,\sqrt{2\,P_2 R_2} = 141\ \text{V} \qquad \rightarrow \qquad \hat{B}_1 = \frac{\hat{u}_1}{n_1\omega A} = 10\ \text{mT}$$

21.15

1. Virtueller Nullpunkt $\longrightarrow$ $U_{2A} = \dfrac{U_p}{2} = 2{,}5$ V

2. Vgl. Abb. L21.15.1.

$$V_U = \frac{U_2}{U_0} = \frac{-R_2/R_0}{1 - j/R_0\omega C}$$

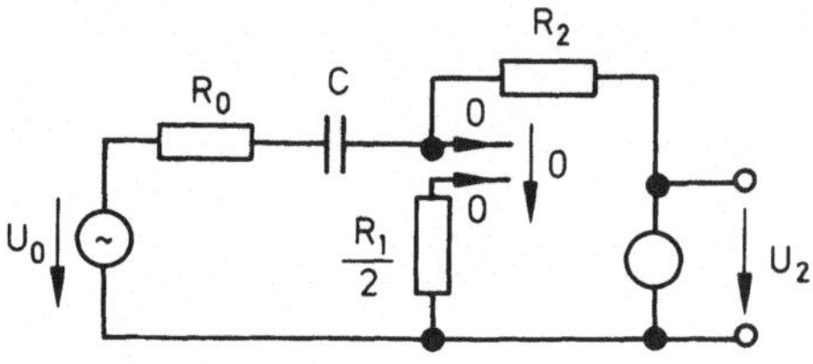

Abb. L21.15.1

3. $R_2 = 100\,R_0 = 100$ kΩ $C = 1/R_0\omega_g = 15$ µF

4. Vgl. Abb. L21.15.2:

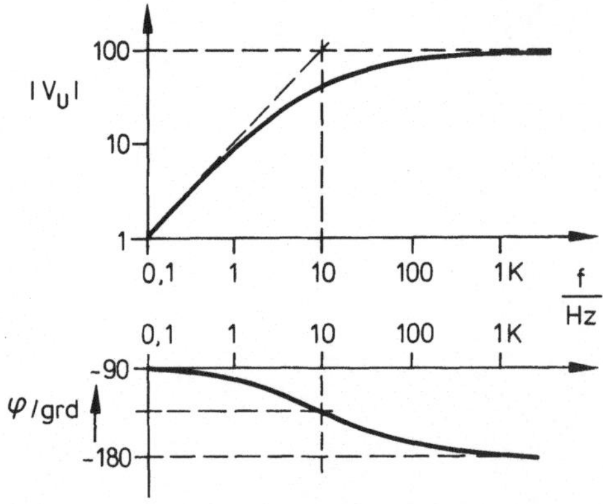

Abb. L21.15.2

5. $\hat{u}_2 = 100\,\hat{u}_0 \lesssim U_{2A} = 2{,}5$ V $\longrightarrow$ $\underline{\hat{u}_0 \lesssim 25$ mV$}$

21.16

1. $R_C = \dfrac{12\text{ V} - U_{CE_A} - R_E\,I_{C_A}}{I_{C_A}} = 930\ \Omega$ $U_T = \dfrac{kT_j}{q} = 25{,}9$ mV

$g_m = \dfrac{I_{C_A}}{U_T} = 193$ mS $g_\pi = \dfrac{g_m}{B_F} = 0{,}55$ mS

2. Vgl. Abb. L21.16.1:

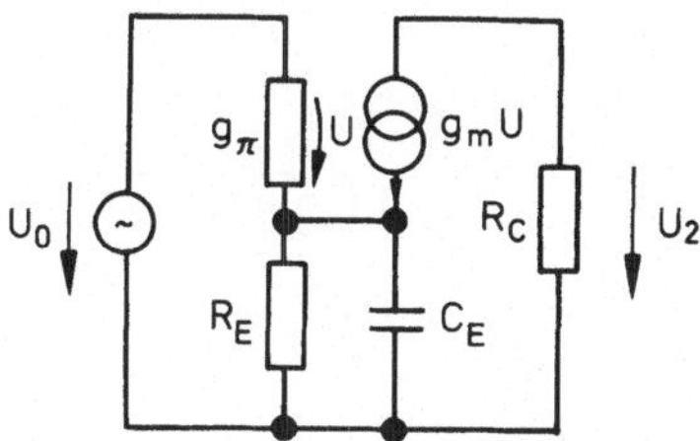

Abb. L21.16.1

$$H = \frac{U_2}{U_0} = - R_C g_m \cdot \frac{G_E + j\omega C_E}{g_m + G_E + g_\pi + j\omega C_E} = |H| \cdot e^{i\varphi_H}$$

3. $|H|_0 = \dfrac{g_m R_C G_E}{g_m + G_E + g_\pi} \approx \dfrac{R_C}{R_E} = 2$

   $|H|_\infty = R_C g_m = 180$

4. $|H|_\ddot{u} = \dfrac{R_C g_m}{g_m + G_E + g_\pi} \; \omega C_E$

5. $f_t = \dfrac{1}{2_\pi R_E C_E} = 0{,}23$ Hz

   $f_h = \dfrac{g_m + G_E + g_\pi}{2\pi C_E} = 21$ Hz

6. Vgl. Abb. L21.16.2:

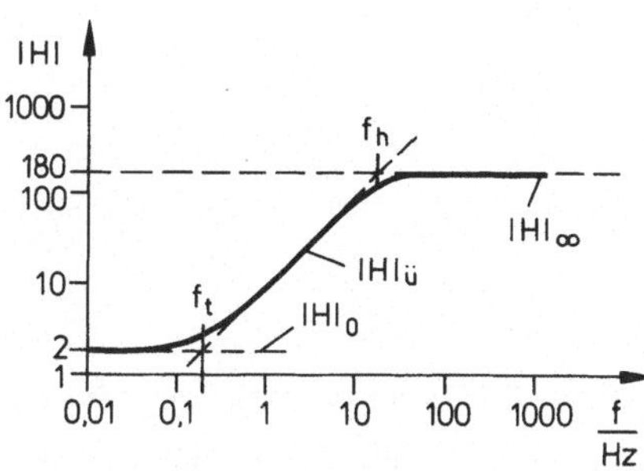

Abb. L21.16.2

7. EMITTER-GRUNDSCHALTUNG
```
   VO  1  Ø  DC  3  AC  1
   Q   2  1  3  SIT
   •MODEL  SIT  NPN  BF = 35Ø
   RE  3  Ø  47Ø
   CE  3  Ø  1.5M
   RC  2  4  93Ø
   VC  4  Ø  DC  12
   •AC  DEC  2Ø  Ø.Ø1  1K
   •PLOT  AC  VM(2,4)
   •END
```

22. Elektronische Schaltungen

Achim Bopp

Fachbereich Ingenieur-Informatik

> Operationsverstärker, Eigenschaften: Differenzspannungsverstärkung, Gleichtakt-
> spannungsverstärkung, Gleichtaktunterdrückung, Offsetspannung, Offsetstrom, Off-
> setkompensation, Gleichtakt-Eingangsspannungsbereich, Ausgangsspannungshub, Dif-
> ferenz-Eingangswiderstand, Gleichtakt-Eingangswiderstand, Frequenzabhängigkeit
> der Übertragungskennwerte.
> Anwendungen des Operationsverstärkers: Komparator, Fensterdiskriminator, Parallel-
> Analog-Digital-Wandler, invertierender/nichtinvertierender SCHMITT-Trigger, Recht-
> eckspannungsoszillator, Monoflop; Operationsverstärker mit verstärkungsreduzieren-
> der Signalrückführung (Feedback) als Analogsignalverstärker, Grenzen der Gegen-
> kopplung, Schwingbedingung, Amplitudenspielraum, Phasenspielraum, Differenzver-
> stärker mit Rückführung, Instrumentationsverstärker.
> Leistungsverstärker: Gegentakt-B-Verstärker, Speisespannung, Speisestrom, Puffer-
> kondensator, Verlustleistung, Kühlkörper, Linearisierung der Übertragungskennlinie,
> Reduktion der toten Zone, Bootstrap, Komplementär-Darlingtongruppe, einstellbare
> Z-Diode, Kombination mit spannungsverstärkender Vorstufe und Gesamtgegenkopplung,
> Strombegrenzung, Überspannungsschutz bei induktiver Last.
> Gleichspannungsspeisegeräte: Rohgleichspannung, Stromflußwinkel, effektive Trans-
> formatorbelastung, Transformator-Typenleistung, Wirkungsgrad, Transformator-Dimen-
> sionierung, Windungszahlen, Drahtdurchmesser, Wickelraumkontrolle, Zusatzwider-
> stand, Gleichrichter, Ladekondensator, Siebschaltungen, Stabilisierungsschaltungen,
> Strombegrenzung, integrierte Spannungsreglerbausteine, Kühlmaßnahmen, Schutzbe-
> schaltungen.

Zugelassene Hilfsmittel für die Prüfungsaufgaben 22.1 bis 22.10:
beliebige materielle Hilfsmittel

Aufgaben

22.1

Ein mit einem Operationsverstärker LM 324 aufzubauender Differenzverstärker (Speisung
mit ± 15 V) soll die Differenz zweier Spannungen $U_{e1} \approx 400$ V und $U_{e2} \approx 400$ V $-$ ΔU
bei möglichst hoher Gleichtaktunterdrückung weiterverarbeiten.

Entwerfen Sie eine hierfür geeignete Beschaltung des OpV; wählen Sie Ihr Widerstandsniveau so, daß kein Widerstand mit mehr als 0,33 Watt belastet wird.

Erweitern Sie dann Ihre Schaltung für eine gesamte Differenzspannungsverstärkung
von $|v_{ud}^{*}| = 2$.

Mit welchem (Gleichtakt-)Strom wird eine am Eingang angeschlossene Signalquelle
mit $U_e = + 300$ V belastet?

Welchen Widerstandswert sieht eine an den Eingang angeschlossene Differenzspan-
nungsquelle?
Zeichnen Sie abschließend ein vollständiges Schaltbild.

22.2

Entwerfen Sie einen Umkehrverstärker mit $v_u^* = -3$ (möglichst genau, ohne Potentiometer), dessen Ausgangs-Ruhepotential auf +6 V angehoben ist, einstellbar im Bereich
± 20 %.
Der Eingangswiderstand des Verstärkers soll mindestens 5 kOhm betragen. Zu verwen-
dender OpV: LF 356; Speisung mit ± 15 V.
Zeichnen Sie abschließend ein vollständiges Schaltbild.
Wie groß ist der tatsächliche Einstellbereich des Ausgangs-Ruhepotentials?

22.3

Welche Spannung U_z besitzt die in Abb. 22.3.1
gezeigte Schaltung "einstellbare Z-Diode"?
Wie groß ist der Temperaturkoeffizient von U_z?
Bis zu welchem kleinsten Strom I_z arbeitet die
Schaltung bezeichnungsgemäß?

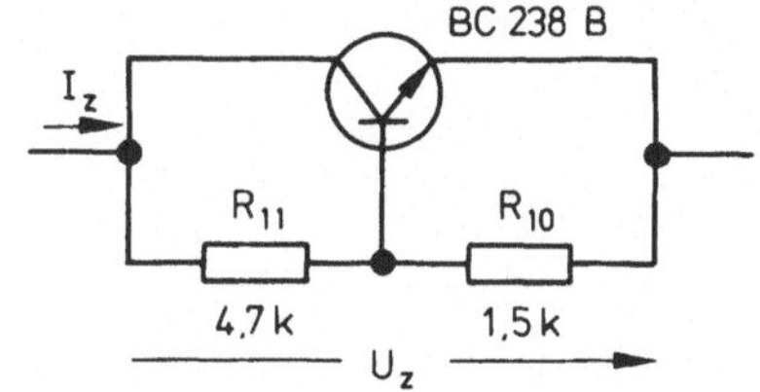

Abb. 22.3.1

22.4

Zur Speisung eines Leistungsverstärkers (BD 243, BD 244, R_a = 3 Ohm) stehen ± 20 V
zur Verfügung, dauerbelastbar mit $I_{h+} = |I_{h-}| = 2,5$ A.
Welche maximale Ausgangsleistung P_a (Sinus) ist erzielbar bei einer angenommenen
Sättigungsspannung von 2,5 V?
Wie groß ist $\hat{\imath}_{a\,max}$?
Schlagen Sie einen geeigneten Kühlkörper mit Größtmaß 80 mm für jeden der beiden
Endtransistoren vor (bei isolierter Montage).
Bestimmen Sie den Kapazitätswert der Pufferkondensatoren (wenn notwendig) für eine
Welligkeitsspannung von < 1,5 V bei $\check{f}$ = 15 Hz; wählen Sie dann geeignete Kondensa-
toren.
Welchen Wert hat $\hat{\imath}_e$ bei Vollaussteuerung?

22.5

Legen Sie den der Direktsteuerung des
Lastwiderstandes dienenden Widerstand R9
der Schaltung in Abb. 22.5.1 so fest,
daß der Übertragungsfaktor im passiven
Bereich bei etwa 20 % des Übertragungs-
faktors des aktiven Bereichs liegt.
Welchen Widerstand sieht dann eine am
Eingang angeschlossene Signalquelle im
passiven Teil des Übertragungsbereichs?
Von welchem Wert U_e an sind die Transistoren aktiv an der Signalübertragung
beteiligt?
Welchen Strom muß die Eingangssignal-
quelle aufbringen bei U_e = +15 V?

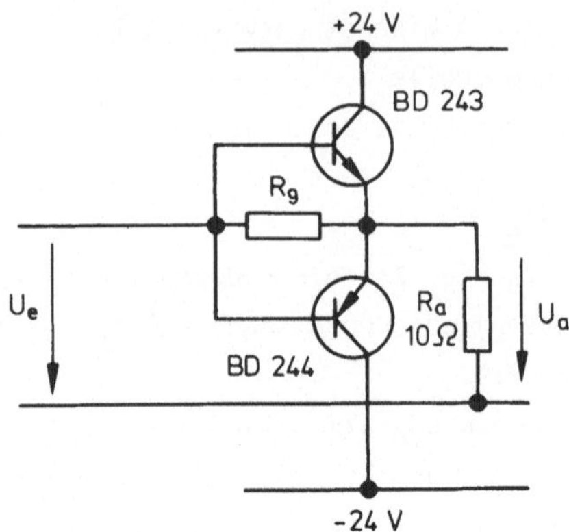

Abb. 22.5.1

22.6

Welchen Wert muß R_1 in der in Abb. 22.6.1
gezeigten Schaltung besitzen, damit (bei
ausreichend großem Ca) die Ausgangsspannung U_a sich auf 240 V einstellt?
Wie groß ist dann $\hat{\imath}_N$?
Ist hiermit die Annahme $\varepsilon \ll 1$ gerecht-
fertigt?

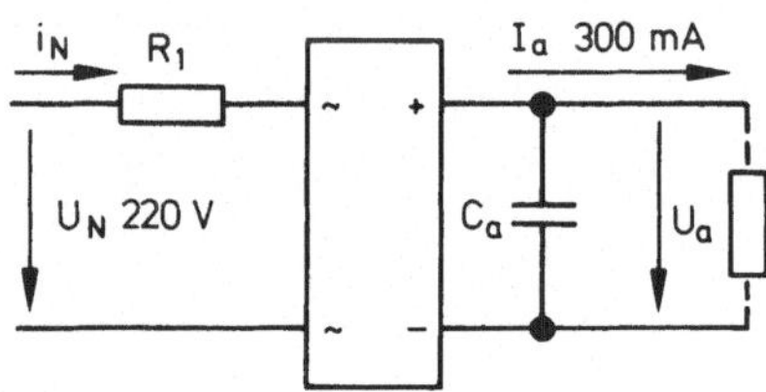

Abb. 22.6.1

22.7

Wählen Sie in der in Abb. 22.7.1 gezeigten Schaltung die beiden Widerstände R_1
und R_2 so (einen davon als Potentiometer),
daß die resultierende Verstärkung v_u^* bei
f = 0 einstellbar ist im Bereich 1 bis 5.
Ermitteln Sie den mit Ihren Werten tatsächlich erzielbaren Einstellbereich.
Wählen Sie R_3 so, daß bei abgetrennter
Signalquelle die Ausgangsspannung im ungünstigsten Fall im Bereich ± 1 V bleibt.
Zeichnen Sie abschließend ein endgültiges
Schaltbild mit Eintragung der errechneten
Werte.

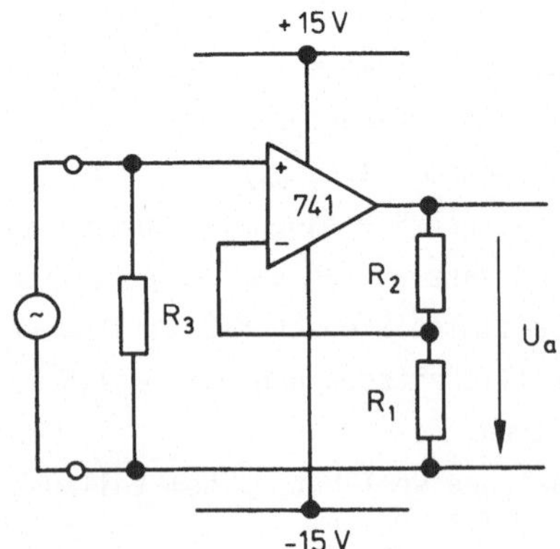

Abb. 22.7.1

22.8

Welche Spannungswerte U_{eein} und U_{eaus}
lösen in der in Abb. 22.8.1 gezeigten
Schaltung den Kippvorgang aus? (Ausgangs-
spannungshub: typischer Wert.)
Dimensionieren Sie R_{20} für einen Ladestrom
im oberen Kipp-Punkt mit dem 10fachen Wert
des Kondensator-Leckstromes bei Verwendung
eines Elektrolytkondensators für erhöhte
Anforderungen.
Welche Rechteckfrequenz ergibt sich dann?

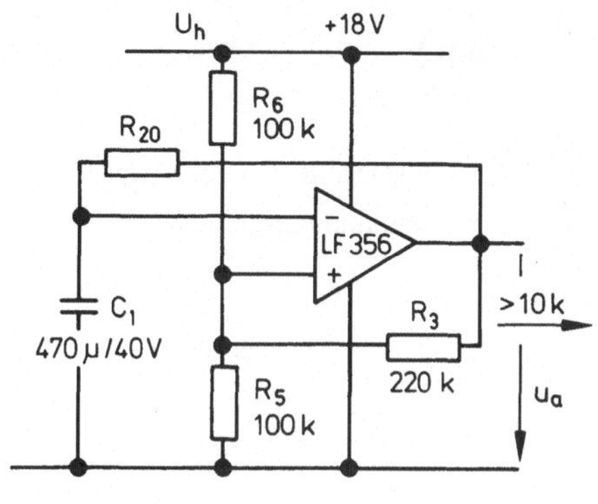

Abb. 22.8.1

22.9

Mit welcher Roh-Gleichspannung (Nennwert) muß ein Spannungsregler (U_{out} = 10 V;
I_{Lmax} = 3 A; min. input output voltage differential = 2,5 V) gespeist werden, wenn
mit Netzspannungsschwankungen von +10 % / -15 % und einer Welligkeit von 10 % gerechnet wird?
Für welche (maximale) Verlustleistung muß die Kühlung des Spannungsreglers ausge-
legt werden (bei Nennbelastung am Ausgang)?
Welche maximale Verlustleistung nimmt der Spannungsregler bei ausgangsseitigem
Kurzschluß auf unter der Annahme einer Strombegrenzung auf I_{Lmax}?
Dimensionieren Sie den Ladekondensator C_1 (am Eingang des Spannungsreglers) für
die angegebene Welligkeit bei einem angenommenen Stromflußwinkel Θ = 0,65.

22.10

Dimensionieren Sie den Transformator für ein Gleichspannungsspeisegerät (Rohgleich-
spannung) 40 V / 3 A: Trafotype, Wicklungen, innerer Widerstand R_{T80}.
Geben Sie die benötigten Drahtmengen (Durchmesser, Länge) für die Primär- und die
Sekundärwicklung an.
Welchen Wert muß der Zusatzwiderstand bekommen zur Erzielung des optimalen Strom-
flußwinkels bei Nennbelastung?

Literatur

[1] Tietze U, Schenk C (1969 - 1980) Halbleiter-Schaltungstechnik. 1. bis 5. Aufl.
    Springer, Berlin Heidelberg New York
[2] Millman J, Halkias C (1972) Integrated Electronics. McGraw-Hill, New York
[3] Stout D, Kaufman M (1976) Handbook of Operational Amplifier Circuit Design.
    McGraw-Hill, New York
[4] Millman J (1979) Microelectronics. McGraw-Hill, New York
[5] Bopp A (1979) Grundschaltungen der Analog-Elektronik. Berliner Union, Kohl-
    hammer, Stuttgart

Lösungen

<u>22.1</u>

Strukturschaltbild für einen Differenzverstärker mit großem symmetrischen Gleich-
takt-Eingangsspannungsbereich (Abb. L22.1.1):

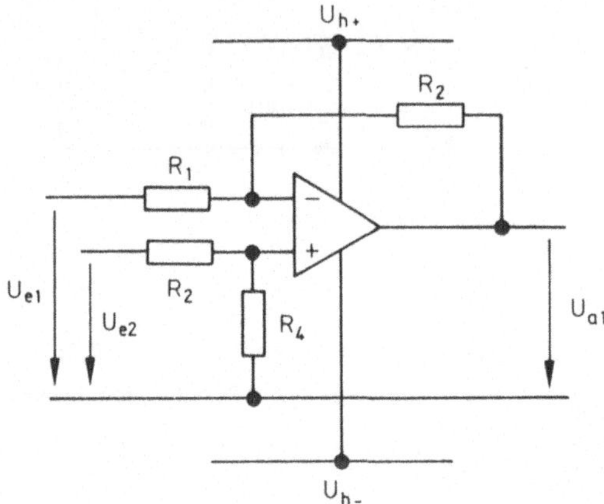

Abb. L22.1.1

Der verstärkereigene Gleichtakt-Eingangswiderstand des vorgeschriebenen Operationsverstärkers (OpV) LM 324 beträgt bei symmetrischer Speisung mit $\pm$ 15 V:
U_{eg} = -15 ... +13 V.

Notwendige Vergrößerung: $m = \dfrac{400 \text{ V}}{13 \text{ V}} = 30,8$

$\longrightarrow \dfrac{R_2}{R_4} = m - 1 \quad \longrightarrow \quad \dfrac{R_2}{R_4} = 29,8$

für $P_{R2} < 0,33$ W: $R_2 > \dfrac{U_{R2max}^2}{P_{R2max}} = \dfrac{(400 \text{ V} - 13 \text{ V})^2}{0,33 \text{ W}} = 454$ kΩ; gewählt: $R_2 = 470$ kΩ

wegen der für Differenzverstärker geforderten Widerstandssymmetrie:
$R_1 = R_2 = 470$ kΩ

$\longrightarrow R_4 = \dfrac{R_2}{29,8} = \dfrac{470 \text{ k}}{29,8} = 15,8$ kΩ; gewählt: $R_4 = 15$ kΩ, $R_3 = 15$ kΩ

Die resultierende Differenzspannungsverstärkung ist dann:

$$v_{Ud1}^* = \dfrac{R_3}{R_1} = \dfrac{15 \text{ k}}{470 \text{ k}} = 0,032$$

Zur Erzielung einer gesamten Differenzspannungsverstärkung von $v_{Ud}^* = 2$ muß ein
zusätzlicher Verstärker nachgeschaltet werden

mit $|v_{U2}| = \dfrac{|v_{Ud}^*|}{|v_{Ud1}^*|} = \dfrac{2}{0,032} = 62,5.$

Gewählt wird, da Polaritätslage hier nicht vorgeschrieben, ein Umkehrverstärker
(Abb. L22.1.2):

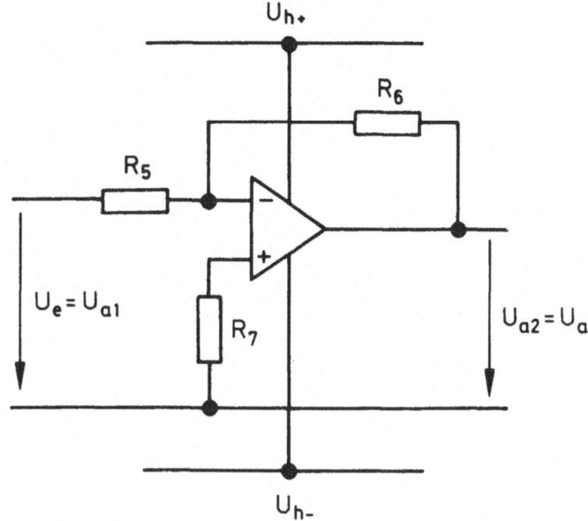

Abb. L22.1.2

Mit den Bedingungen

R_5 > empfohlener Lastwiderstand des vorgeschalteten Operationsverstärkers, gemäß
   Datenblatt R_L = 2 kΩ

und $\quad |v_{U2}^*| = \dfrac{R_6}{R_5}$

kann z.B. gewählt werden: R_5 = 2,4 kΩ; R_6 = 150 kΩ

Zur Erfüllung der Forderung "Widerstands-Symmetrie am Eingang des Operationsverstärkers" (Vermeidung von zusätzlichem Spannungs-Offset):

$\quad R_7 \approx R_5 || R_6 \approx 2,35$ kΩ; gewählt: R_7 = 2,2 kΩ

Endgültiges Schaltbild (Abb. L22.1.3):

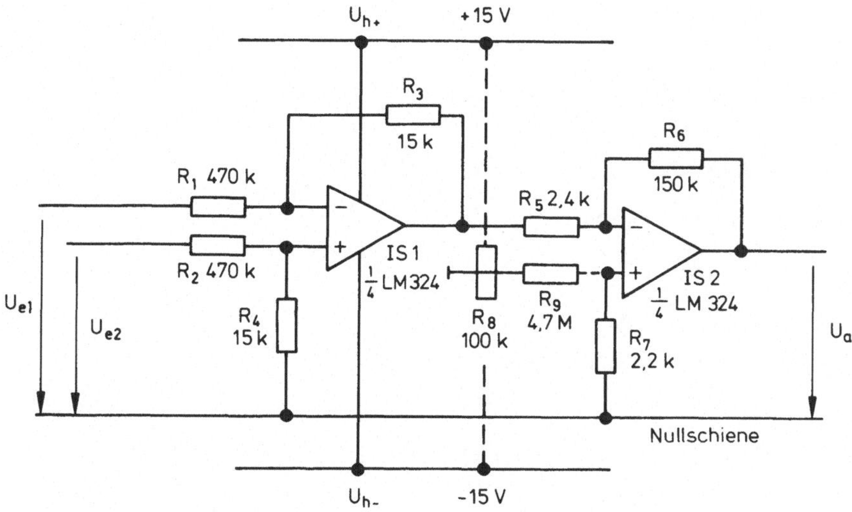

Abb. L22.1.3

Zum individuellen Ausgleich der verstärkereigenen Eingangs-Offsetspannung (maximal $\pm$ 7 mV), die zum Ausgang hin auf $\dfrac{R_6}{R_5} \cdot$ 7 mV = 438 mV verstärkt werden würde, kann eine Schaltung zur Offsetkompensation vorgesehen werden (R_8; R_9; gestrichelt gezeichnet).

Eingangsstrom bei U_e = +300 V: $I_e = \dfrac{U_e}{R_2 + R_4} = 0{,}62$ mA

Differenzeingangswiderstand: $r_{ed} = R_1 + R_2 = 940$ kΩ

<u>22.2</u>
Strukturschaltbild (Abb. L22.2.1):

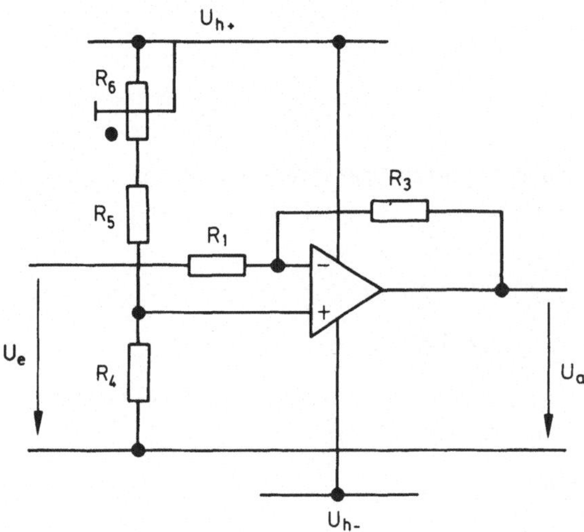

Abb. L22.2.1

Auf Grund der Forderungen $v_U^* = -\dfrac{R_3}{R_1} = -3$ und $r_e^* \approx R_1 > 5$ kΩ

kann z.B. gewählt werden: R_1 = 10 kΩ und R_3 = 30 kΩ.

Für Widerstandssymmetrie am Eingang gilt:

$\quad R_4 || (R_5 + R_6) = R_1 || R_3$

mit $R_5 + R_6$ voraussichtlich $\gg R_4$:

$\quad R_4 \approx R_1 || R_3 = 7{,}5$ kΩ (Größenordnung) .

Mit der Spannungsverstärkung vom Pluseingang des OpV zum Ausgang $v_{U+} = 1 + \dfrac{R_3}{R_1} = 4$

und dem geforderten Gleichspannungsversatz am Ausgang von 6 V ± 20 % muß an den

Pluseingang eine einstellbare Gleichspannung von $\dfrac{+6\ V\ \pm\ 20\%}{v_{U+}} = +1,2\ V\ \dots\ +1,8\ V$

aufgebracht werden:

bei $R_6 = 0$: $\quad U_{+max} = \dfrac{R_4}{R_4 + R_5} \cdot U_h \quad\longrightarrow\quad R_5 = (\dfrac{15\ V}{1,8\ V} - 1)\ R_4 = 7,33\ R_4$

bei $R_6 = R_{6max}$: $U_{+min} = \dfrac{R_4}{R_4 + R_5 + R_6} \cdot U_h \quad\longrightarrow\quad R_6 + R_5 = (\dfrac{15\ V}{1,2\ V} - 1)\ R_4 = 11,5\ \ R_4$

$$\overline{\qquad\qquad\qquad\qquad R_6 = \ 4.17\ R_4\qquad}$$

mit $R_4 = 7,5$ kΩ: $R_6 = 31$ kΩ; gewählter Potentiometer-Normwert: $R_6 = 47$ kΩ (E3).

Dann müssen bei Einhaltung des geforderten Einstellbereichs die anderen Widerstände

dieses Zweiges gewählt werden zu:

$\qquad R_4 = 11$ kΩ und $R_5 = 82$ kΩ.

Der tatsächlich mit diesen Werten erzielbare Einstellbereich ergibt sich dann zu

$$U_{aomax} = \frac{R_4}{R_4 + R_5} \cdot v_{U+} \cdot U_{h+} = \dots = +7,1\ V$$

$$U_{aomin} = \frac{R_4}{R_4 + R_5 + R_6} \cdot v_{U+} \cdot U_{h+} = \dots = +4,7\ V$$

Endgültiges Schaltbild (Abb. L22.2.2):

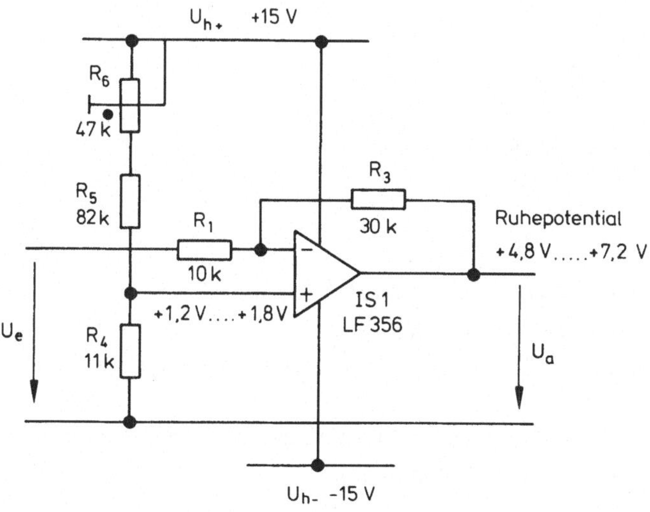

Abb. L22.2.2

<u>22.3</u>

$$U_z = (1 + \frac{R_{11}}{R_{10}}) \cdot U_{bea}$$

mit $U_{bea} \approx 0{,}65$ V (bei Strömen I_z im Bereich 1 ... 10 mA):

$$U_z = ... = 2{,}7 \text{ V}$$

Temperaturkoeffizient $c_\vartheta = (1 + \frac{R_{11}}{R_{10}})$ · Temperaturkoeffizient der Basis-Emitter-Spannung

$$\approx 4{,}13 \ (- 2 \ \frac{mV}{K}) = -8{,}3 \ \frac{mV}{K} \ .$$

Der Kollektorstrom I_C setzt aus, wenn $U_{R10} < U_{bea}$ wird

$$\longrightarrow I_{R10min} \approx \frac{0{,}6 \text{ V}}{1{,}5 \text{ k}\Omega} = 0{,}4 \text{ mA}$$

Dies ist, bei vernachlässigbarem Basisstrom, die untere Grenze von I_z:
$I_{zmin} \approx 0{,}4$ mA.

<u>22.4</u>

$$P_{amax} = \frac{(U_{h+} - U_{sat})^2}{2 \, R_a} = \frac{(20 \text{ V} - 2{,}5 \text{ V})^2}{2 \cdot 3 \ \Omega} = 51 \text{ W}$$

$$\hat{i}_{amax} = \frac{U_{h+} - U_{sat}}{R_a} = \frac{17{,}5 \text{ V}}{3 \ \Omega} = 5{,}8 \text{ A}$$

Maximale Verlustleistung (in jedem der beiden die Leistungsverstärkerendstufe bildenden Transistoren):

$$P_{cmax} = \frac{U_{h+}^2}{\pi^2 \, R_a} = ... = 13{,}5 \text{ W}$$

Wärmewiderstand des zu verwendenden Kühlkörpers:

$$R_{thK} < \frac{T_{jmax} - T_U}{P_{cmax}} - R_{thG} - R_{thI}$$

mit T_{jmax} = maximale Sperrschichttemperatur = 150°C (Datenblatt)

 T_U = Umgebungstemperatur im Gerät $\approx$ 50°C

 R_{thG} = Wärmewiderstand des Transistors von der Sperrschicht zum Gehäuse
$\phantom{mit R_{thG} = }$ $\approx 1{,}9 \ \frac{K}{W}$ (Datenblatt)

 R_{thI} = Wärmewiderstand der gefetteten Isolierscheibe zwischen Transistor-
$\phantom{mit R_{thI} = }$ boden und Kühlkörper $\approx 2 \ \frac{K}{W}$ (Datenblatt)

$$\longrightarrow R_{thK} < 3{,}5 \ \frac{K}{W}$$

Gewählter Kühlkörper: z.B. SK 63/50 mm   mit $R_{thK} = 3,2 \frac{K}{W}$

oder SK 48/37,5 mm mit $R_{thK} = 3,3 \frac{K}{W}$

Pufferkondensatoren:

$$\text{mit } \omega t_2 = \arccos \frac{I_{hmax}}{\hat{\imath}_a} = \arccos \frac{2,5 \text{ A}}{5,8 \text{ A}} = 64,5^o$$

$$\longrightarrow C_{h+} = C_{h-} \geq \frac{2(1 - \frac{U_{sat}}{U_{h+}})\ (\sin \omega t_2 - \omega t_2 \cos \omega t_2)}{\omega\ R_a \cdot \frac{\Delta U_{h+}}{U_{h+}}}$$

t_2 ist hierin die Zeit ohne Nachladung, d.h. die Zeit zwischen den Nachladezeiten innerhalb einer Periode.

$C_{h+} = C_{h-} \geq \dots \approx 34,5$ mF;   gewählt: $C_{h+} = C_{h-} = 47\,000$ µF / 25 V

$$\hat{\imath}_{emax} = \frac{\hat{\imath}_{amax}}{B} \text{ mit } B \approx 18 \text{ (Datenblatt)} \text{ bei } \hat{\imath}_{amax} \approx 5,8 \text{ A}$$

$$= \dots \approx 0,32 \text{ A}$$

22.5

Übertragungsfaktor im aktiven Bereich: $v_u^* \approx 1$

Übertragungsfaktor im passiven Bereich: $v_u^* \approx 0,2$

$$\longrightarrow \frac{R_a}{R_9 + R_a} = 0,2 \longrightarrow R_9 = 4\,R_a = 40\ \Omega; \quad \text{gewählt: } R_9 = 39\ \Omega \text{ (E12)}$$

Eingangswiderstand im passiven Bereich: $r_e = R_9 + R_a \approx 50\ \Omega$

Grenzwert für den Übergang vom passiven zum aktiven Bereich: $U_{R9} = U_{bea}\ (\approx 0,65 \text{ V})$

$$\longrightarrow U_e = (1 + \frac{R_a}{R_9})\cdot U_{bea} = \dots \approx 0,82 \text{ V}$$

bei $U_e = +15$ V; $\hat{\imath}_a = \frac{U_e - U_{bea}}{R_a} \approx 1,4 \text{ A} \longrightarrow B \approx 60$ (Datenblatt)

$$r_e = \frac{(B+1)\ R_a}{(1 - \frac{U_{bea}}{U_e}) + B \cdot \frac{R_a}{R_9} \cdot \frac{U_{bea}}{U_e}} = \dots \approx 365\ \Omega$$

$$\hat{\imath}_e = \frac{U_e}{r_e} = \dots \approx 41 \text{ mA}$$

22.6

$$R_L = \frac{U_a}{I_a} = \ldots = 800 \ \Omega$$

$$\cos \Theta = \frac{1+\varepsilon}{\sqrt{2}} \cdot \frac{U_a}{U_N} \qquad \text{mit } \Theta = \text{Stromflußwinkel}$$

$$\varepsilon = \frac{2\,U_D}{U_a}$$

U_D = Ersatzdurchlaßspannung einer der die Gleichrichter-brückenschaltung bildenden Dioden

U_N = Effektivwert der Netzwechselspannung

Bei $\varepsilon \ll 1$:　　$\cos \Theta = 0{,}7714 \quad \longrightarrow \quad \Theta \approx 39{,}5^0$

Zur Erzielung dieses Stromflußwinkels muß das Verhältnis $\dfrac{R_1}{R_L}$ einen durch die Funktion $\dfrac{R_1}{R_L} = \dfrac{2}{\pi}\,(1+\varepsilon) \cdot (\tan \Theta - \Theta)$ beschriebenen Wert besitzen

mit $\varepsilon \ll 1$:　$\dfrac{R_1}{R_L} = \ldots \approx 0{,}086 \longrightarrow R_1 = \ldots \approx 69 \ \Omega$;　　gewählt: $R_1 = 68 \ \Omega$

$$\hat{\imath}_N = \frac{\hat{u}_N}{R_1}\,(1 - \cos \Theta) = \ldots \approx 1{,}05 \ \text{A}$$

Bei diesem Strom besitzt eine Diode der Familie 1 N 4000 eine Ersatzdurchlaßspannung von $U_D \approx 0{,}85 \ \text{V}$

$$\longrightarrow \varepsilon = \frac{2\,U_D}{U_a} = \ldots \approx 0{,}007 \longrightarrow \text{Annahme } \varepsilon \ll 1 \text{ gerechtfertigt.}$$

22.7

R_2 wird als Potentiometer gewählt;

$$\text{mit}\quad v_U^* = \frac{1}{\dfrac{1}{v_U} + \dfrac{R_1}{R_1 + R_2}}\quad\text{und}\quad \frac{1}{v_U} \ll \frac{R_1}{R_1 + R_2}:\quad v_U^* = 1 + \frac{R_2}{R_1}$$

für $v_U^* = 1$: $R_2 = 0$

für $v_U^* = 5$: $R_2 = 4\,R_1$

Mit $R_1 + R_2 \gg$ empfohlener OpV-Lastwiderstand (2 kΩ gemäß Datenblatt) kann z.B.
gewählt werden:

$$R_2 = 100\ \text{k}\Omega\quad \text{(Potentiometer, E 3)}$$
$$R_1 = 24\ \text{k}\Omega$$

Tatsächlich erzielbarer Einstellbereich:

$$v_{U max}^* = 1 + \frac{R_2}{R_1} = \ldots = 5{,}17$$

Bei einem maximalen Eingangsstrom $I_{emax} = 500$ nA (Datenblatt) ergibt sich bei abgetrennter Signalquelle eine Ausgangsoffsetspannung von

$$|U_a| = v_{U max}^* \cdot I_{emax} \cdot R_3$$

$$\longrightarrow R_{3max} = \frac{|U_a|}{v_{U max}^* \cdot I_e} = \ldots \approx 387\ \text{k}\Omega;\quad \text{gewählt } R_3 = 330\ \text{k}\Omega$$

Endgültiges Schaltbild (Abb. L22.7.1):

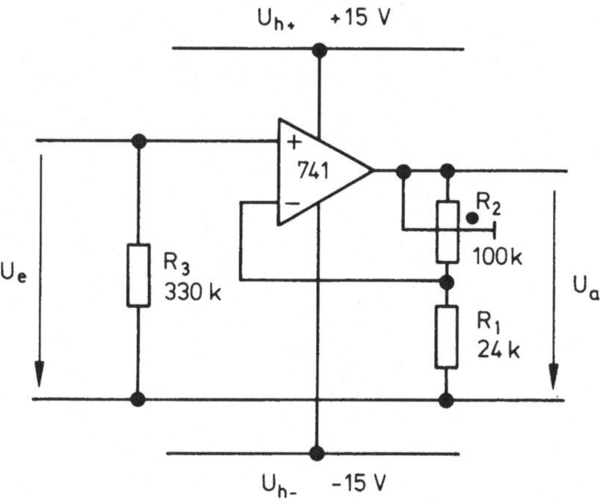

Abb. L22.7.1

22.8

$$U_V = \frac{R_5}{R_5 + R_6} \cdot U_h = \ldots = 9 \text{ V}$$

Äquivalentes R_1: $R_1 = R_5 || R_6 = \ldots = 50 \text{ k}\Omega$

Aus dem Datenblatt für den OpV LF 356: $U_{amax} \approx U_h - 2 \text{ V} = 16 \text{ V}$; $U_{amin} \approx 2 \text{ V}$

$$U_{eein} = \frac{R_3}{R_1 + R_3} \cdot U_V + \frac{R_1}{R_1 + R_3} \cdot U_{amax} = \ldots = 10,3 \text{ V}$$

$$U_{eaus} = \frac{R_3}{R_1 + R_3} \cdot U_V + \frac{R_1}{R_1 + R_3} \cdot U_{amin} = \ldots = 7,7 \text{ V}$$

Leckstrom-Nennwert eines Elektrolytkondensators für erhöhte Anforderungen:

$$I_{rb} = \frac{0,005 \ \mu A}{\mu F \cdot V} \cdot C_N \cdot U_N = \ldots = 94 \ \mu A \qquad \text{mit } C_N = \text{Nennkapazität}$$
$$U_N = \text{Nennspannung}$$

Korrekturfaktor für eine Betriebsspannung < Nennspannung:

$$c_U(\frac{10,3 \text{ V}}{40 \text{ V}}) = c_U(0,26) = 0,085 \quad \text{(Datenblatt)}$$

Korrekturfaktor für eine Betriebstemperatur > 20°C: $c_\vartheta(50^{\circ}C) \approx 3,5$

$$\longrightarrow I_{rb}^* \approx c_U \cdot c_\vartheta \cdot I_{rb} \approx 28 \ \mu A$$

$$\longrightarrow I_{R20} = 10 \cdot I_{rb}^* = 280 \ \mu A$$

$$\longrightarrow R_{20} = \frac{U_{amax} - U_{eein}}{I_{R20}} = \ldots = 20,4 \text{ k}\Omega; \quad \text{gewählt: } R_{20} = 18 \text{ k}\Omega$$

Aufladezeit von C_1 (von U_{eaus} nach U_{eein}):

$$t_1 = R_{20} \cdot C_1 \cdot \ln \frac{U_{amax} - U_{eaus}}{U_{amax} - U_{eein}} = (8,46 \text{ s}) \cdot \ln 1,456 \approx 3,2 \text{ s}$$

Entladezeit von C_1 (von U_{eein} nach U_{eaus}):

$$t_2 = R_{20} \cdot C_1 \cdot \ln \frac{U_{eein} - U_{amin}}{U_{eaus} - U_{amin}} = (8,46 \text{ s}) \cdot \ln 1,456 \approx 3,2 \text{ s}$$

$$f = \frac{1}{t_1 + t_2} = \ldots = 0,156 \text{ Hz}; \quad \text{Tastgrad } \delta = \frac{t_1}{t_1 + t_2} = 0,5$$

22.9

$U_{in} = (U_{out} + \Delta U)(1 + p)(1 + w)$ mit p = relative Netzspannungsschwankung, hier = 15 %

mit w = Welligkeit, hier = 10 %

$\longrightarrow U_{in} = \ldots = 15,8$ V

Verlustleistung bei Nennlast und Netzüberspannung:

$$P_{cmax} = (U_{inmax} - U_{out}) \cdot I_{Lmax} = (1,1 \cdot 15,8 \text{ V} - 10 \text{ V}) \cdot 3 \text{ A} = 22,2 \text{ W}$$

Verlustleistung bei ausgangsseitigem Kurzschluß und Netzüberspannung:

$$P_{cmax} = U_{inmax} \cdot I_{Lmax} = \ldots \approx 52 \text{ W}$$

Bei Nenn-Eingangsspannung $U_{in} = 15,8$ V sieht der Ladekondensator C_1 einen kleinsten Lastwiderstand:

$$R_{Lmin} = \frac{U_{in}}{I_{Lmax}} = \ldots \approx 5,3 \ \Omega$$

$\longrightarrow$ notwendige Kapazität des Ladekondensators (bei 50 Hz Netzfrequenz und Zweiweg-gleichrichtung):

$$C_1 > \frac{1}{w} \cdot \frac{\frac{\pi}{2} - \Theta}{2\pi f \cdot R_L} = \frac{1}{0,1} \cdot \frac{\frac{\pi}{2} - 0,65}{2\pi \, 50 \cdot \frac{1}{s} \cdot 5,3\,\Omega} \approx 5,5 \cdot 10^{-3} \text{ F}$$

gewählt: $C_1 = 10\,000$ µF / 25 V

22.10

Gleichleistung am Ladekondensator nach Zweiweggleichrichtung:

$$P_0 = U_a \cdot I_L = \ldots = 120 \text{ W}$$

Transformator-Typenleistung beim optimalen Stromflußwinkel von $\Theta = 0,65$ ($\hat{=} 37^0$) :

$$P_T \approx 1,5 \cdot P_0 = 180 \text{ W}$$

Gewählte Transformatortype: M 102b mit $P_T = 193$ W

Sekundäre Transformatorspannung:

$$U_S = \frac{(1 + \varepsilon)\, U_a}{\sqrt{2} \cdot \cos \Theta} = \frac{U_a}{\sqrt{2} \cdot \cos \Theta} + \underbrace{\frac{\varepsilon U_a}{\sqrt{2} \cdot \cos \Theta}} \approx 37,5 \text{ V}$$

Zuschlag für Gleichrichter
geschätzt: 1,5 V ... 2 V

Sekundärer Transformatorstrom:

$$I_S = I_L \cdot \frac{\sqrt{\pi}}{2} \cdot \frac{\sqrt{2\Theta + \Theta \cos 2\Theta - 1,5 \sin 2\Theta}}{\sin \Theta - \Theta \cos \Theta} \approx 3 \text{ A} \cdot 1,7 = 5,1 \text{ A}$$

Windungszahl sekundär:

$$N_S = a_N \cdot U_S = 78{,}75 \text{ Wdg} \qquad \text{mit } a_N = \text{Windungszahlkonstante,}$$
$$\text{hier } 2{,}1 \text{ Wdg/V (Datenblatt)}$$

aufgerundet wegen nicht vollkommener magnetischer Kopplung zwischen Primär- und Sekundärwicklung um etwa 1 %;

gewählt: $N_S = 79$ Wdg

Drahtquerschnitt sekundär:

$$A_S = \frac{I_S}{S_Z} = 1{,}82 \text{ mm}^2 \qquad \text{mit } S_Z = \text{zulässige Stromdichte,}$$
$$\text{hier } 2{,}8 \text{ A/mm}^2 \text{ (Datenblatt)}$$

Drahtdurchmesser sekundär:

$$D_S = \sqrt{\frac{4\,A_S}{\pi}} = \ldots = 1{,}52 \text{ mm;} \qquad \text{gewählt: } D_S = 1{,}5 \text{ mm CuL}$$

Windungszahl primär:

$$N_p = a_N \cdot U_p = \ldots = 462 \text{ Wdg} \quad (\text{bei } U_p = 220 \text{ V})$$

abgerundet um etwa 1 % (Begründung wie oben);

gewählt: $N_p = 458$ Wdg

Strom primär (bei Vernachlässigung des Magnetisierungsanteils):

$$I_p = \frac{N_S}{N_p} \cdot I_S = \ldots = 0{,}88 \text{ A}$$

Drahtquerschnitt primär:

$$A_p = \frac{I_p}{S_Z} = \ldots = 0{,}314 \text{ mm}^2$$

Drahtdurchmesser primär:

$$D_p = \sqrt{\frac{4\,A_p}{\pi}} = \ldots = 0{,}63 \text{ mm;} \qquad \text{gewählt: } D_p = 0{,}63 \text{ mm CuL}$$

Wickelraumkontrolle

primär $\qquad\qquad\qquad A_{pges} = \dfrac{N_p}{n_p} = \dfrac{458 \text{ Wdg}}{214 \text{ Wdg/cm}^2} = 2{,}14 \text{ cm}^2$

sekundär $\qquad\qquad\quad A_{sges} = \dfrac{N_S}{n_s} = \dfrac{79 \text{ Wdg}}{40 \text{ Wdg/cm}^2} = 1{,}98 \text{ cm}^2$

---

belegter Wickelquerschnitt, theoretisch: $A_{ges} = 4{,}12 \text{ cm}^2$

bei Berücksichtigung von Lagenisolation, Isolierschlauch, teilbewickelte Lagen usw.:

$$A_{ges}^{*} \approx 1,5 \cdot A_{ges} \approx 6,2 \text{ cm}^2$$

vorhandener Wickelquerschnitt: 7,9 cm²

$\longrightarrow$ Drahtdurchmesservergrößerung mit $\sqrt{\dfrac{7,9}{6,2}} = 1,13$

endgültig gewählt: $D_p = 0,71$ mm CuL

$\qquad\qquad\qquad\quad D_s = 1,6$ mm CuL

Innenwiderstand des Transformators bei 20°C:

$$R_{T20} = N_s \cdot lm \cdot r_s + (\frac{N_s}{N_p})^2 \cdot N_p \cdot lm \cdot r_p$$

mit lm = mittlere Windungslänge

hier 0,232 m (Datenblatt)

r_s = Widerstand je Meter Sekundärdraht

hier 0,00858 Ω/m

r_p = Widerstand je Meter Primärdraht

hier 0,0436 Ω/m

$\longrightarrow R_{T20} = \ldots = 0,295\ \Omega \approx 0,3\ \Omega$

bei 80°C: $R_{T80} = R_{T20} \cdot (1 + 428 \cdot 10^{-5} \cdot \frac{1}{K} \cdot \Delta\vartheta)$

$\qquad\qquad\qquad\qquad\qquad$ mit $\Delta\vartheta = 80°C - 20°C = 60$ K

$\qquad\qquad = R_{T20} \cdot 1,257 \approx 0,37\ \Omega$

Benötigte Drahtmengen:

primär: $N_p \cdot lm = \ldots \approx 106$ m   (0,71 mm CuL-Draht)

sekundär: $N_s \cdot lm = \ldots \approx$ 19 m   (1,6 mm CuL-Draht)

Schaltbild (Abb. L22.10.1):

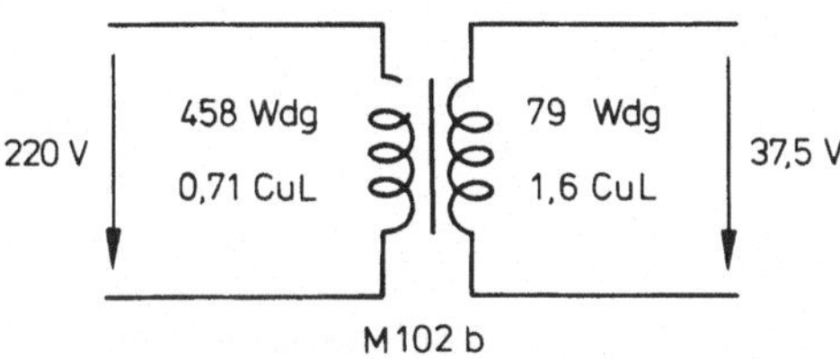

Abb. L22.10.1

$$R_z = r_i - R_{T80} = \frac{U_C}{U_L} \cdot \frac{2}{\pi} \cdot (1 + \varepsilon) \cdot (\tan\Theta - \Theta) - R_{T80}$$

bei $\varepsilon \ll 1$ und $\Theta = 0,65$ $(\hat{=} 37°)$

$R_z = 0,88\ \Omega - 0,37\ \Omega \approx 0,5\ \Omega$; $P_z = R_z \cdot I_s^2 = \ldots \approx 13$ W

gewählt: $R_z = 0,47\ \Omega\ /\ 15$ W

23. Rechnertechnik

Walter Kuntz

Fachbereich Ingenieur-Informatik

Codierung: Einschrittige Codes, Tetradisch-dekadische Codes, Codes zur Fehler-
erkennung, -korrektur und Geheimhaltung. Codewandlung, Codierung in Kommunikationssystemen. Arithmetische Operationsabläufe, Rundung. Grundschaltungen von
Prozessoren: Serien- und Parallelrechenwerke in verschiedenen Codes, Register,
Hochintegrierte Rechenbausteine. Bussysteme, technische Realisierung. Mikroprogrammierung: Adressierungsarten, horizontale und vertikale Mikroprogrammierung, Realisierung von Mikroprogrammsteuerwerken.

*Zugelassene Hilfsmittel für die Prüfungsaufgaben 23.1 bis 23.13: beliebige Hilfs-
mittel*

Aufgaben

23.1

Codeprüfung: Gesucht wird eine rein kombinatorische Schaltung eines Codeprüfers
für den $\binom{8}{4}$-Code. Geben Sie wenigstens eine alternative Lösungsmöglichkeit zusätzlich an.

23.2

Dezimalarithmetik: Die folgenden Subtraktionen sind auszuführen

a) im BCD-Dualcode über das Zweierkomplement (!),

b) über das Zehnerkomplement:

    3497 - 1890
    1890 - 3497

23.3

Arithmetik-Schiebebefehle: Stellen Sie möglichst einfach mit 8085-Befehlen den
8-Bit arithmetischen Schiebebefehl nach rechts und links dar, d.h. das MSB bleibt
erhalten. Bedingte Sprünge und Immediate-Befehle sind nicht zugelassen. Der Operand
wird im Akkumulator übergeben.

23.4

JOHNSON-Zähler: Zeigen Sie durch Angabe des Zustandsdiagramms, daß der JOHNSON-
Zähler Abb. 23.4.1 selbststartend ist, d.h. er findet aus jedem beliebigen Anfangszustand heraus in einen erlaubten Zustand.

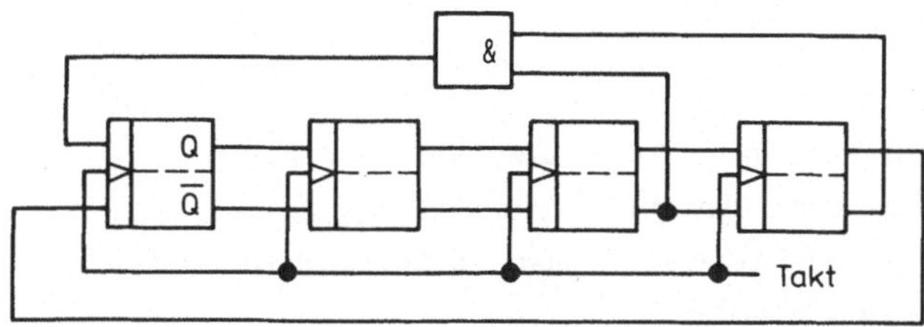

Abb. 23.4.1

23.5

Interrupt-Controller: Der Prioritätscoder 74148 mit 8 Eingängen ist zu einem Inter-
rupt-Baustein zu erweitern. Folgende Funktionen sind zusätzlich notwendig:

a) Speicherung einer Interrupt-Anforderung INTR mit der positiven Flanke, individuelle Rücksetzmöglichkeit eines jeden INTR-Flipflops über den Datenbus, gemeinsame Reset-Leitung für alle Flipflops.
   Zum Rücksetzen wird $\overline{WR}$ mit $\overline{CS}$ verknüpft. H-Potential einer Datenbus-Leitung soll
   das entsprechende Flipflop zurücksetzen (OUT-Befehl).

b) INT-Ausgang zum Prozessor 8085.

c) Mit $\overline{INTA}$ = 0 wird der Maschinencode für RST n auf den Datenbus gelegt. n ist die
   Nummer des Eingangs höchster Priorität (n = 0...7).

Geben Sie als Beispiel das Rücksetzen des INTR-Flipflops Nr. 5 an.

23.6

Rechnerkopplung: Zwei 8085-Rechner (1 Master, 1 Slave) werden unidirektional vom
Master zum Slave über einen FIFO-Speicher (MM 67401, 64x8) gekoppelt. Der Master
schreibt programmgesteuert über Polling in den FIFO, sofern dieser nicht voll ist.
Der Slave wird durch Interrupt unterbrochen, falls der FIFO nicht leer ist. D_{in}
bzw. D_{out} sind mit ihren zugehörigen Datenbussen verbunden. Die Ein-Ausgabe erfolgt
als isolierte Ein-Ausgabe (IO-mapping).

a) Geben Sie für beide Rechner das Blockschaltbild mit allen wichtigen Verbindungen
   an.

b) Geben Sie für die Polling-Routine des Masters (A) $\longrightarrow$ (FIFO) das Flußdiagramm an
   (Klammer bedeutet Inhalt).

<u>23.7</u>

Anschluß Arithmetik-Prozessor 9511: Der Arithmetik-Prozessor Am 9511 (2-MHz-Version) ist an den Prozessor 8085 (Quarzfrequenz 6,144 MHz) anzuschließen. Geben Sie die wichtigsten Verbindungen an. $\overline{\text{END}}$ erzeugt einen RST 7.5. SVREQ und SVACK bleiben unberücksichtigt.

<u>23.8</u>

Mikroprogrammierung: Geben Sie für das Zustandsdiagramm Abb. 23.8.1 an:

a) Übergangstabelle in disjunktiver Form ohne Minimisierung,

b) Matrix-Steuerwerk für Ausgangs- und Folgematrix sowie Decodierung. S und S' sind in codierter Darstellung zu verwenden.

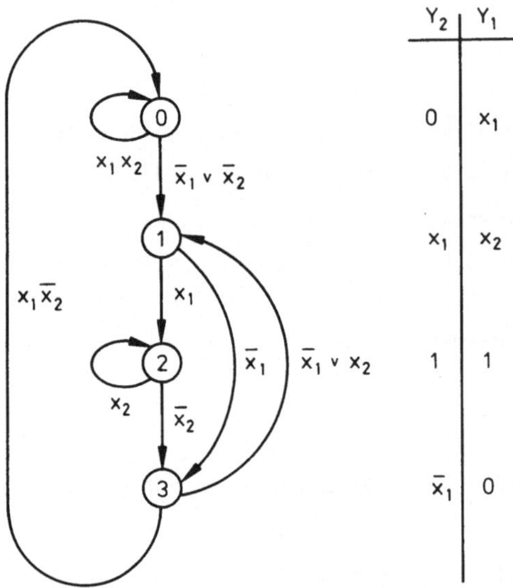

Abb. 23.8.1

<u>23.9</u>

HAMMING-Codierung: Für vier Informationsstellen x_1, x_2, x_3 und x_4 sind die Prüfstellen y_n für das Verfahren "single correct, single detect", also HAMMING-Distanz HD = 3, zu bestimmen.

a) Wieviele Prüfstellen sind mindestens erforderlich?

b) Wie werden diese Prüfstellen bestimmt?

c) Geben Sie ein Wort mit genau einem Fehler an und bestimmen Sie den Fehlerort.

23.10

Anwendung Arithmetik-Prozessor 9511: Berechnen Sie möglichst einfach

$$W = \sqrt{\sin (U + V)}\,.$$

Geben Sie das Flußdiagramm an, dabei ist hardwaremäßig von Aufgabe 23.7 auszugehen. U und V sind 32-Bit-Festpunktzahlen im Zweierkomplement in der Darstellung des APU und sind im RAM-Speicher abgelegt. U soll durch das Ergebnis W im Gleitkomma-Format überschrieben werden.

23.11

Signaturanalyse:
a) Geben Sie für das Generatorpolynom $G(x) = x^8 + x^7 + x^5 + x^4 + x + 1$ das entsprechende Schieberegister mit Rückkopplung (Signaturregister) an.
b) Zeigen Sie, daß dieses Signaturregister durch $G(x)$ dividiert, indem Sie als Nachricht G einspeisen und den Rest R = 0 erhalten. Der Anfangswert sei Null. Stellen Sie eine Tabelle auf, höchste Wertigkeit links.
c) Für die Nachricht mit der Folge 1101011001 ist der Rest R zu berechnen, so daß dieser angehängt werden kann.
d) Zeigen Sie, daß das Ergebnis von c) (Nachricht mit angehängtem Rest) bei Division durch G den Rest Null ergibt.

23.12

Codewandlung: Eine 2-Byte-Gray-Zahl ist softwaremäßig in den Dualcode umzusetzen. Umwandlungsprinzip: nach rechts schieben und mod-2 verknüpfen. Geben Sie Flußdiagramm und Assembler-Unterprogramm (8085-Mnemonics) an. Berechnen Sie die Laufzeit für T = 0,25 µs und die Gray-Zahl ØØØ6H. Übergaberegister ist jeweils das Paar HL.

23.13

Dualarithmetik/Überlauferkennung: Es existiere ein Programm zur Mehrbyte-Addition im Dualcode ohne Überlauferkennung. Ergänzen Sie das Programm so, daß eine Überlauferkennung möglich ist. Machen Sie geeignete vereinfachende Annahmen über den Zahlenbereich.

Literatur

[1] Schecher H (1973) Funktioneller Aufbau digitaler Rechenanlagen. Springer, Berlin Heidelberg New York
[2] Klar R (1983) Digitale Rechenautomaten. Sammlung Göschen, Berlin
[3] Schmid H (1978) Elektronische Dezimalrechner. Oldenbourg, München
[4] Hoffmann R (1977) Rechenwerke und Mikroprogrammierung. Oldenbourg, München
[5] Liebig H (1976) Rechnerorganisation. Springer, Berlin Heidelberg New York

Lösungen

23.1

Die Abb. L23.1.1 zeigt eine mögliche Lösung mit Volladdierern und einem Komparator. Das Prinzip beruht darauf, Stellen gleicher Wertigkeit zu addieren.

Eine andere Lösung würde das Aufstellen einer Tabelle und deren Realisierung als PROM darstellen.

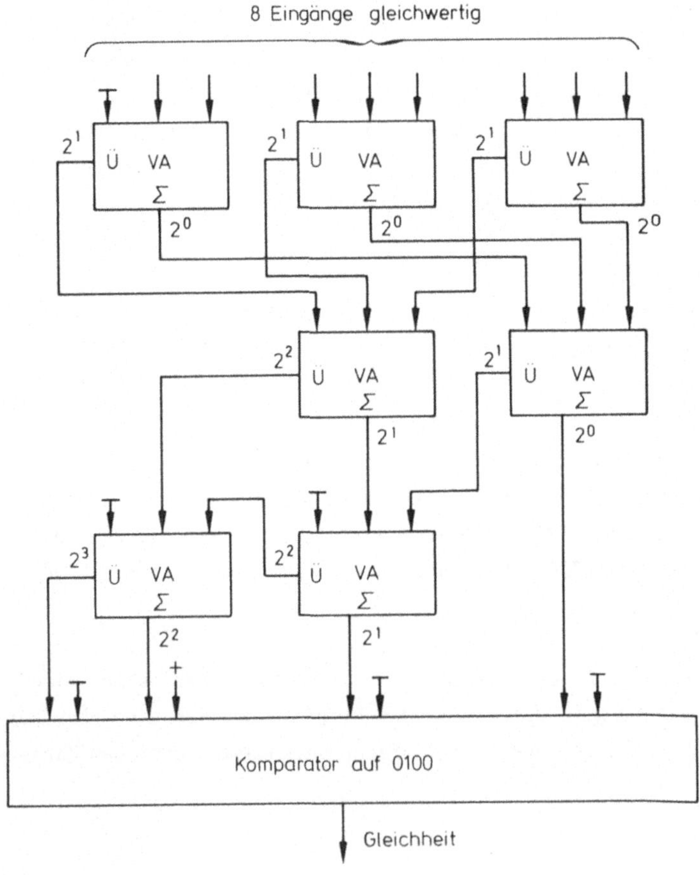

VA : Volladdierer
Σ : Summe
Ü : Übertrag

Abb. L23.1.1

<u>23.2</u>

a) Die Operanden liegen im BCD-Dualcode vor. Die Subtraktion wird durch Addition
   des Zweierkomplementes durchgeführt. Es müssen ziemlich komplizierte Korrektur-
   regeln beachtet werden. Einige Prozessoren, z.B. 8086 und Z8000, besitzen entsprechende Befehle. MSB = Vorzeichen.

```
0 0011 0100 1001 0111     Minuend 3497
1 1110 0111 0111 0000     Zweierkomplement des Subtrahenden 1890
0 0001 1100 0000 0111
        0110              Korrektur -6
0 0001 0110 0000 0111
+   1     6     0     7
```

```
0 0001 1000 1001 0000     Minuend 1890
1 1100 1011 0110 1001     Zweierkomplement des Subtrahenden 3497
1 1110 0011 1111 1001
   0110      0110 0110    Korrektur -6
1 1000 0011 1001 0011     Ergebnis -1607 im Zehnerkomplement
```

b) Es wird das Zehnerkomplement des Subtrahenden addiert. Korrektur: BCD-Korrektur,
   falls Summe in einer Dekade ≥ 10.

```
0 0011 0100 1001 0111     Minuend 3497
1 1000 0001 0001 0000     Zehnerkomplement des Subtrahenden 1890
1 1011 0101 1010 0111
   0110      0110         Korrektur +6
0 0001 0110 0000 0111
+   1     6     0     7
```

```
0 0001 1000 1001 0000     Minuend 1890
1 0110 0101 0000 0011     Zehnerkomplement des Subtrahenden 3497
1 0111 1101 1001 0011
        0110              Korrektur +6
1 1000 0011 1001 0011     Ergebnis -1607 im Zehnerkomplement
```

23.3

Bei arithmetischen Schiebebefehlen bleibt das Vorzeichen (Bit 7) erhalten. Solche
Befehle kommen im 8085-Befehlssatz nicht vor.

a) Arithmetisch nach rechts (Abb. L23.3.1):

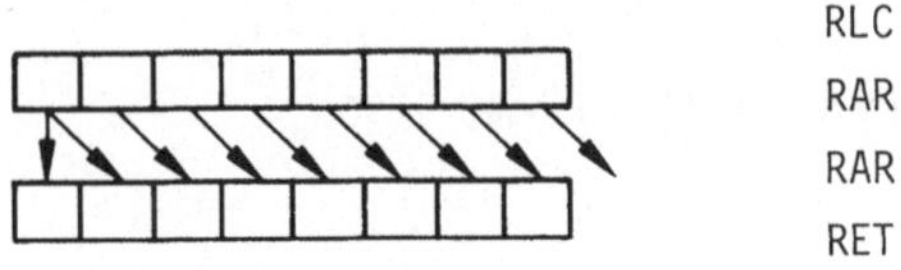

```
RLC
RAR
RAR
RET
```

Abb. L23.3.1

b) Arithmetisch nach links (Abb. L23.3.2):

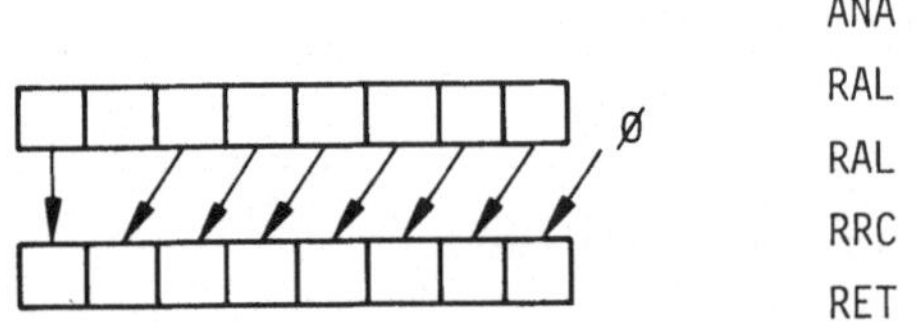

```
ANA A
RAL
RAL
RRC
RET
```

Abb. L23.3.2

Der arithmetische Rechtsschiebebefehl kann eine Rundung erforderlich machen, der
arithmetische Linksschiebebefehl kann zu einem Überlauf führen. Der arithmetische
Linksschiebebefehl kann als logischer Linksschiebebefehl ausgeführt werden, der
bei Änderung des Vorzeichens das Überlauf-Flag (oft als V-Flag bezeichnet) setzt.

23.4

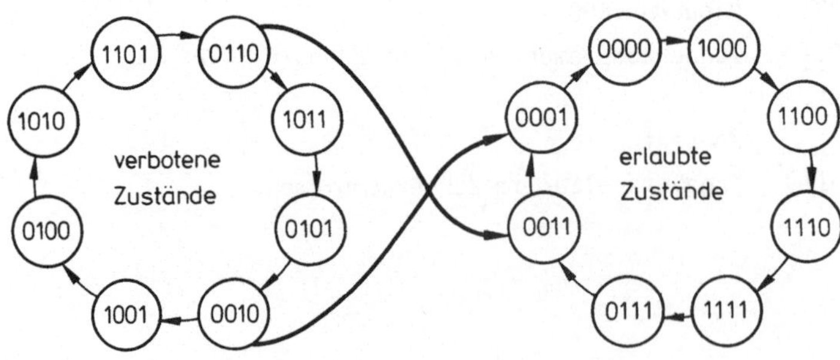

Abb. L23.4.1

23.5

Die Speicherung der Interrupt-Anforderungen geschieht mit 8 D-Flipflops mit der
positiven Flanke (Abb. L23.5.1). Der Rücksetzeingang R ist high-aktiv. $\overline{\text{CSINT}}$ ist
im Decoder mit $\text{IO}/\overline{\text{M}}$ verknüpft (IO-mapped). Das Rücksetzen geschieht individuell
über den Datenbus mittels eines OUT-Befehls. Beispiel: Rücksetzen von IR5:

```
MVI  A, 0010 0000 B   ; BIT 5 = 1
OUT INTR              ; INTR = SYMBOLISCHE ADRESSE
                      ; AKTIVIERT CSINT
```

Der Prioritäts-Encoder 74148 liefert an den Ausgängen A_0 bis A_2 die negierte
Adresse des Eingangs mit der höchsten Priorität (Priorität wächst von 0 bis 7).
Ist wenigstens ein Eingang I_0 bis I_7 auf tiefem Potential, ist GS = 0, was am
Prozessor 8085 zu einer Interrupt-Anforderung INT = 1 führt.

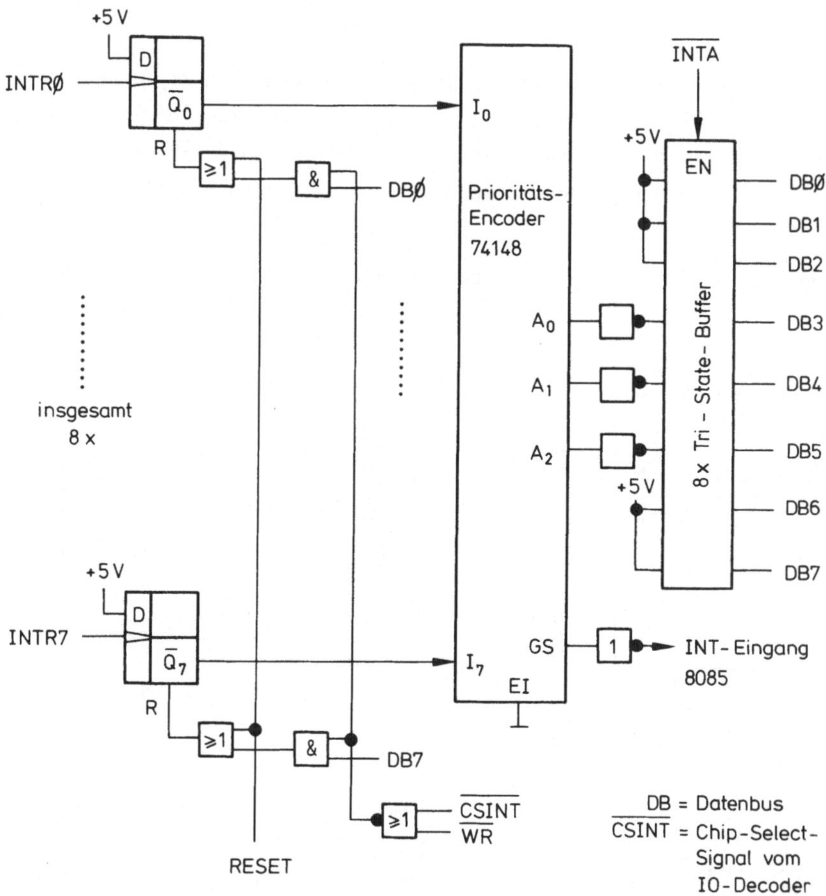

Abb. L23.5.1

Der RST-Befehl (Restart) hat die Maschinencodierung

    11XXX111.

XXX ist die 3-Bit-RST-Adresse n = 0 bis 7. Der RST-Befehl wirkt wie ein CALL-Befehl
nur mit dem Unterschied, daß er ein 1-Byte-Befehl ist. Mit $\overline{\text{INTA}}$ = 0 ($\overline{\text{INTA}}$ hat dasselbe Timing wie das $\overline{\text{RD}}$-Signal) wird der Befehl RST n vom Prozessor eingelesen. Es
ist zu beachten, daß nur ein $\overline{\text{INTA}}$-Impuls vom Prozessor erzeugt wird, da der RST-
Befehl ein 1-Byte-Befehl ist.

23.6

Der FIFO-Speicher MM 67401 ist 64x4 organisiert. Es werden also zwei Bausteine zur
Organisation 64x8 benötigt, s. Abb. L23.6.1. Ist der FIFO nicht voll, ist IR = 1
(Input Ready). Für beide Bausteine zusammen ist folglich IR = IR1 $\wedge$ IR2.

Ist ein Datum am Ausgang verfügbar, der FIFO also nicht leer, ist OR = 1 (Output
Ready). Entsprechend gilt OR = OR1 $\wedge$ OR2.

'Shift in' ist der Schreibeingang, wobei das Datum vom Datenbus in die erste FIFO-
Stufe geschrieben wird, während der interne Transport im FIFO ohne äußere Maßnahmen
erfolgt! Mit 'Shift out' wird ein Datum gelesen, das Nachrücken eventuell vorhandener Daten geschieht dann wieder intern. Lesen und Schreiben können völlig asynchron
zueinander erfolgen.

Da die FIFO-Ausgänge kein Tri-State-Verhalten aufweisen, wird ein geeigneter Buffer
verwendet.

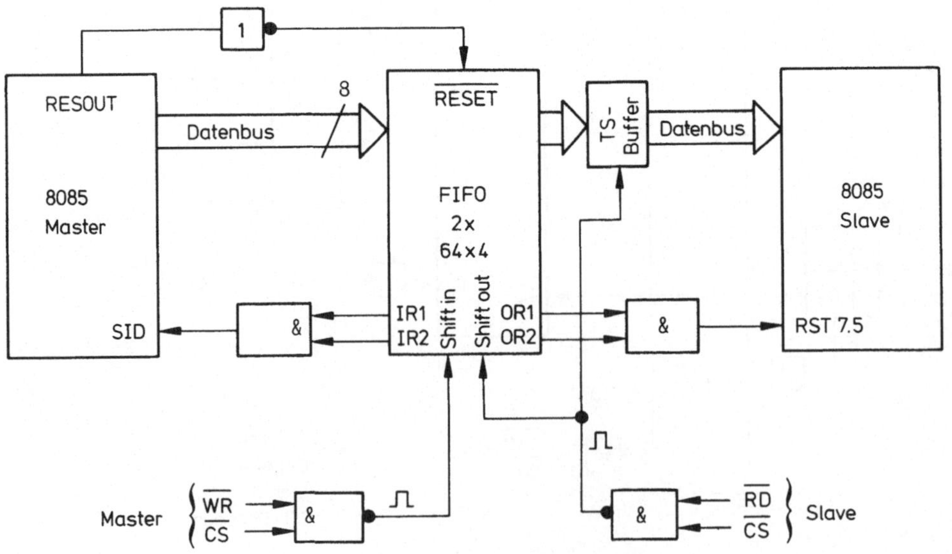

Abb. L23.6.1

Abb. L23.6.2 zeigt das Flußdiagramm der Polling-Routine des Masters. Statt des
Prozessor-Eingangs SID hätte auch ein Eingang eines Parallel-Interface-Bausteins,
z.B. 8255A, verwendet werden können.

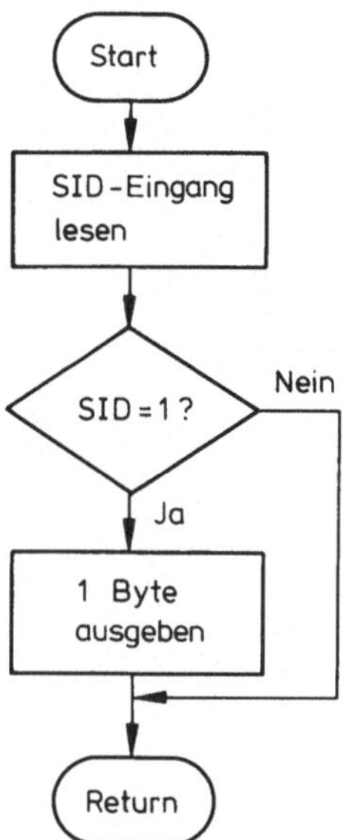

Abb. L23.6.2

23.7

Der Arithmetikprozessor Am 9511 wird an den Mikroprozessor 8085 nach dem Verfahren
des IO-Mapping (Befehle IN PORT und OUT PORT wirksam) angeschlossen. Der Arithmetik-
prozessor unterscheidet über den Eingang $C/\overline{D}$ (Control/$\overline{Data}$) mit der Adressleitung
A_0, ob die Informationen am Datenbus als Befehle oder Daten zu interpretieren sind.

Nach Beendigung eines jeden Befehls bringt der Arithmetikprozessor seinen Ausgang
$\overline{END}$ (Open Drain) eine Taktperiode lang auf Low-Potential, was einen Restart 7.5
erzeugt. Der Eingang RST 7.5 ist speichernd.

Wichtig ist die Betrachtung des Zeitverhaltens. Der Ausgang $\overline{PAUSE}$ zeigt durch tie-
fes Potential an, daß die CPU einen Lese- bzw. Schreibvorgang nicht von sich aus
beenden darf, es müssen Wait-States eingefügt werden, bis $\overline{PAUSE}$ wieder auf hohem
Potential ist. $\overline{PAUSE}$ geht jedoch so spät auf Low-Potential ($\overline{READY}$ = 0), daß die CPU
keinen Wait-State mehr einfügen kann. Bei jedem Zugriff auf den Arithmetikprozessor
wird daher vorsorglich, s. Abb. L23.7.1, ein Wait-State eingefügt, danach übernimmt
$\overline{PAUSE}$ die Steuerung des READY-Eingangs.

Der Arithmetik-Prozessor wird etwas unterhalb seiner maximal zulässigen Taktfre-
quenz betrieben.

3.072 MHz
1.532 MHz
2
1
CLKOUT
Datenbus
CLK
RESET
EACK
A₀
C / D
8085 A
RD
9511
WR
(2 MHz)
+5V
6.144
MHz
RST 7.5
1
END
READY
ALE
CS
PAUSE
A₁ ...... A₇
Dec.
IO / M

+5V
D
Q₁
D
ALE
R
CLK
OUT
Q₂
CS
9511
≥ 1
≥ 1
READY
8085
Wait – State – Generator
Pause
9511

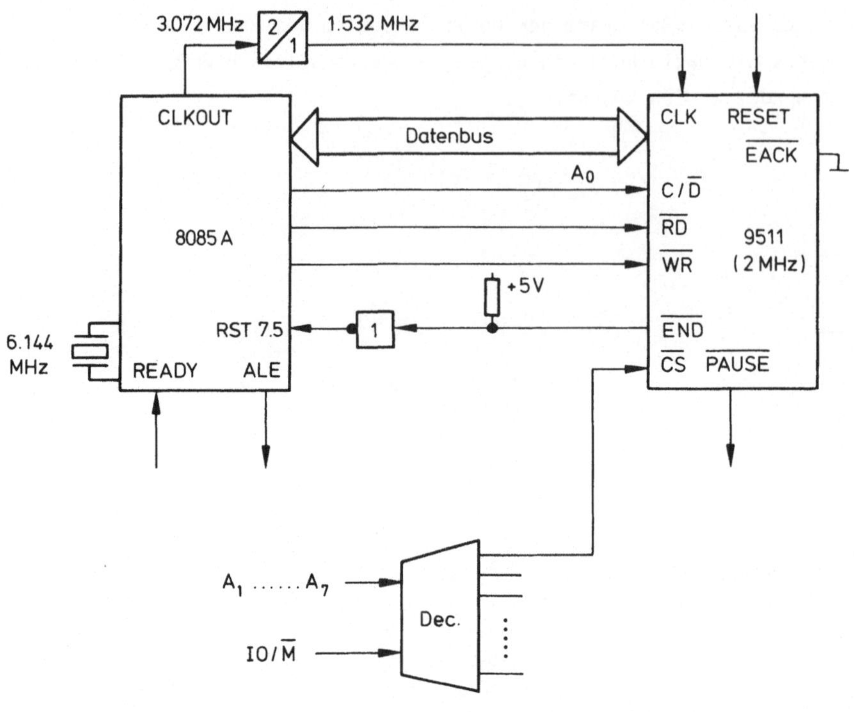

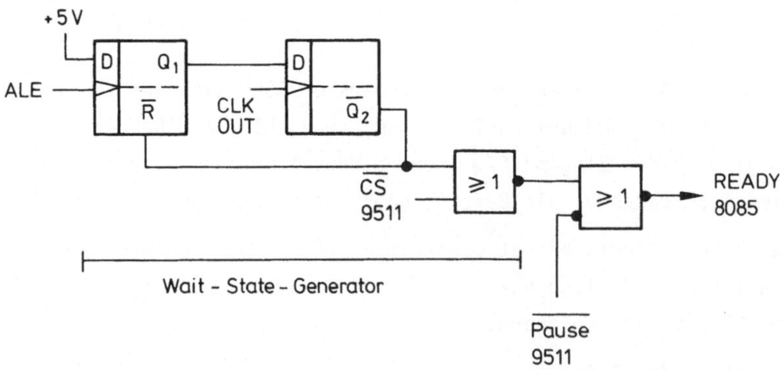

Abb. L23.7.1

23.8

Das Blockschaltbild des Matrix-Steuerwerkes zeigt Abb. L23.8.1. Die nicht minimisierte Tabelle zeigt Abb. L23.8.2.' Die Bezeichnungen stimmen mit denen in Abb. L23.8.1 überein. Die 4 Eingänge des Decoders ergeben 16 Zeilen der Tabelle. Die zugehörige Realisierung mit UND- und ODER-Gattern zeigt Abb. L23.8.3.

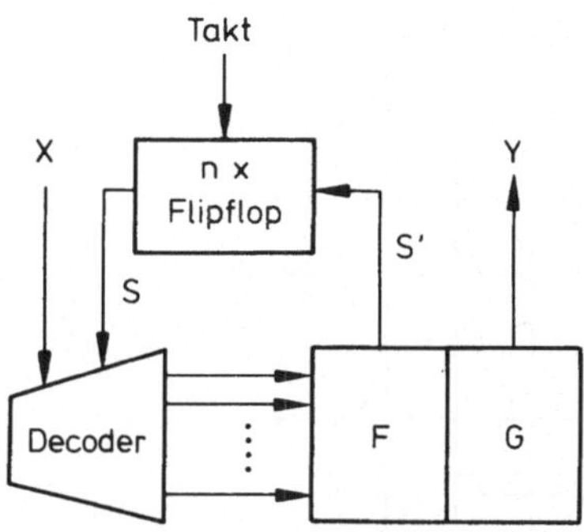

F : Folgeadressen - Matrix
G : Ausgangs - Matrix

Abb. L23.8.1

Nummer	Bedingung		Adresse		Folgeadresse		Ausgänge	
	X_2	X_1	S_1	S_0	S_1'	S_0'	Y_2	Y_1
0	0	0	0	0	0	1	0	0
1	0	1	0	0	0	1	0	1
2	1	0	0	0	0	1	0	0
3	1	1	0	0	0	0	0	1
4	0	0	0	1	1	1	0	0
5	0	1	0	1	1	0	1	0
6	1	0	0	1	1	1	0	1
7	1	1	0	1	1	0	1	1
8	0	0	1	0	1	1	1	1
9	0	1	1	0	1	1	1	1
10	1	0	1	0	1	0	1	1
11	1	1	1	0	1	0	1	1
12	0	0	1	1	0	1	1	0
13	0	1	1	1	0	0	0	0
14	1	0	1	1	0	1	1	0
15	1	1	1	1	0	1	0	0

Abb. L23.8.2

$\bar{X}_2$
X_2
$\bar{X}_1$
X_1
$\bar{S}_1$
S_1
$\bar{S}_0$
S_0
Takt
S'_1
S'_0
Y_2
Y_1
FF
FF
0
1
2
3
4
5
6
7
8
9
10
11
12
13
14
15
UND
ODER

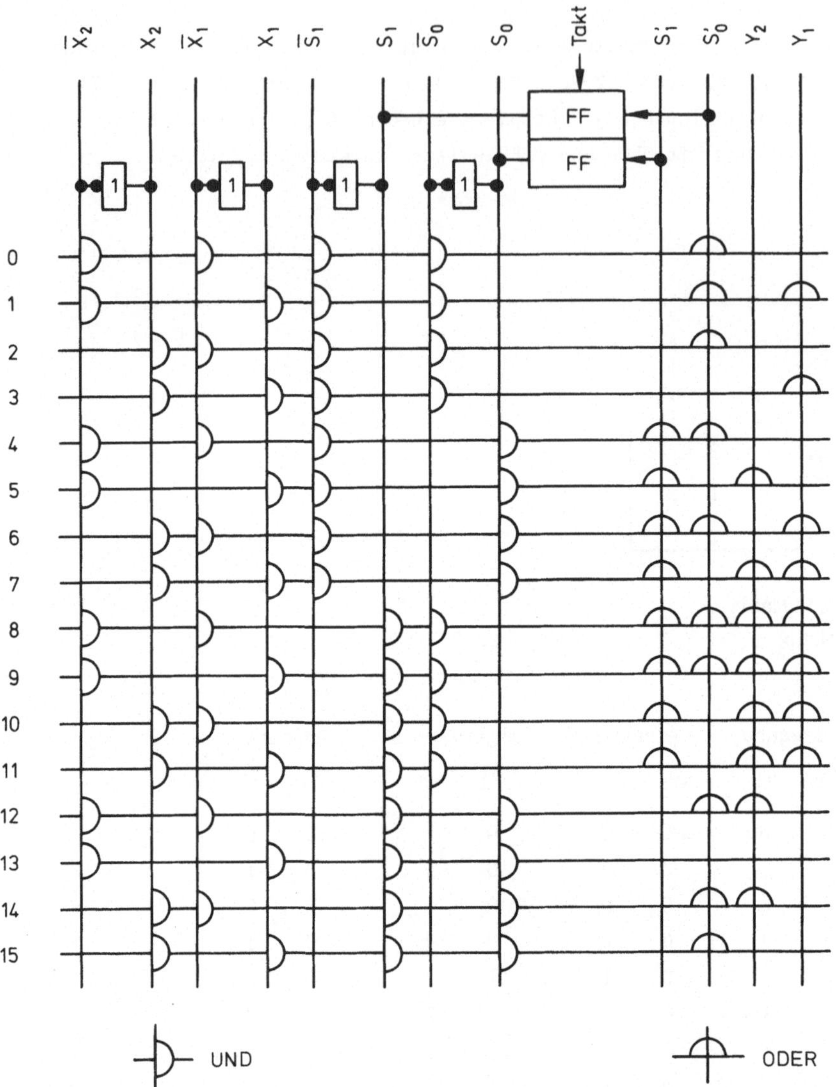

Abb. L23.8.3

23.9

a) Für die HAMMING-Distanz HD = 3 gilt: $m \leq 2^k - k - 1$. m: Anzahl Informationsstellen, k: Anzahl Prüfstellen.
   Für m = 4 muß k = 3 sein.

b) Zum Beispiel graphisch, s. Abb. L23.9.1:

$$y_1 = x_1 \oplus x_2 \oplus x_4$$

$$y_2 = x_1 \oplus x_3 \oplus x_4$$

$$y_3 = x_2 \oplus x_3 \oplus x_4$$

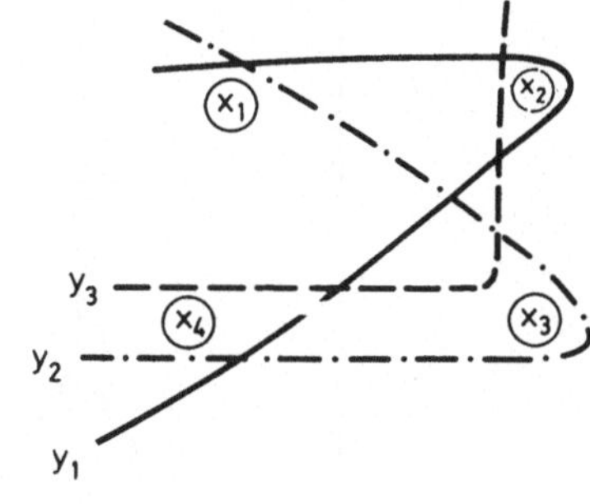

Abb. L23.9.1

c) Prüf- und Informationsstellen werden wie folgt angeordnet:

$$y_3 \quad y_2 \quad x_1 \quad y_1 \quad x_2 \quad x_3 \quad x_4$$

Der Ortsvektor des Fehlers errechnet sich aus den Quersummen:

$$q_0 = y_1 \oplus x_1 \oplus x_2 \oplus x_4$$

$$q_1 = y_2 \oplus x_1 \oplus x_3 \oplus x_4$$

$$q_2 = y_3 \oplus x_2 \oplus x_3 \oplus x_4$$

Für $q_0 = q_1 = q_2 = 0$ liegt kein (erkennbarer) Fehler vor.

```
1  2  3  4  5  6  7   ⟵   Fehlerort
0  0  1  0  0  0  0   ⟵   zu prüfende Information
      ⇑ Fehler
```

Man erhält: $q_0 = 1$, $q_1 = 1$, $q_2 = 0$. Fehlerort: $0 \cdot 2^2 + 1 \cdot 2^1 + 1 \cdot 2^0 = 3$.
Fehler also an der Stelle 3.

23.10

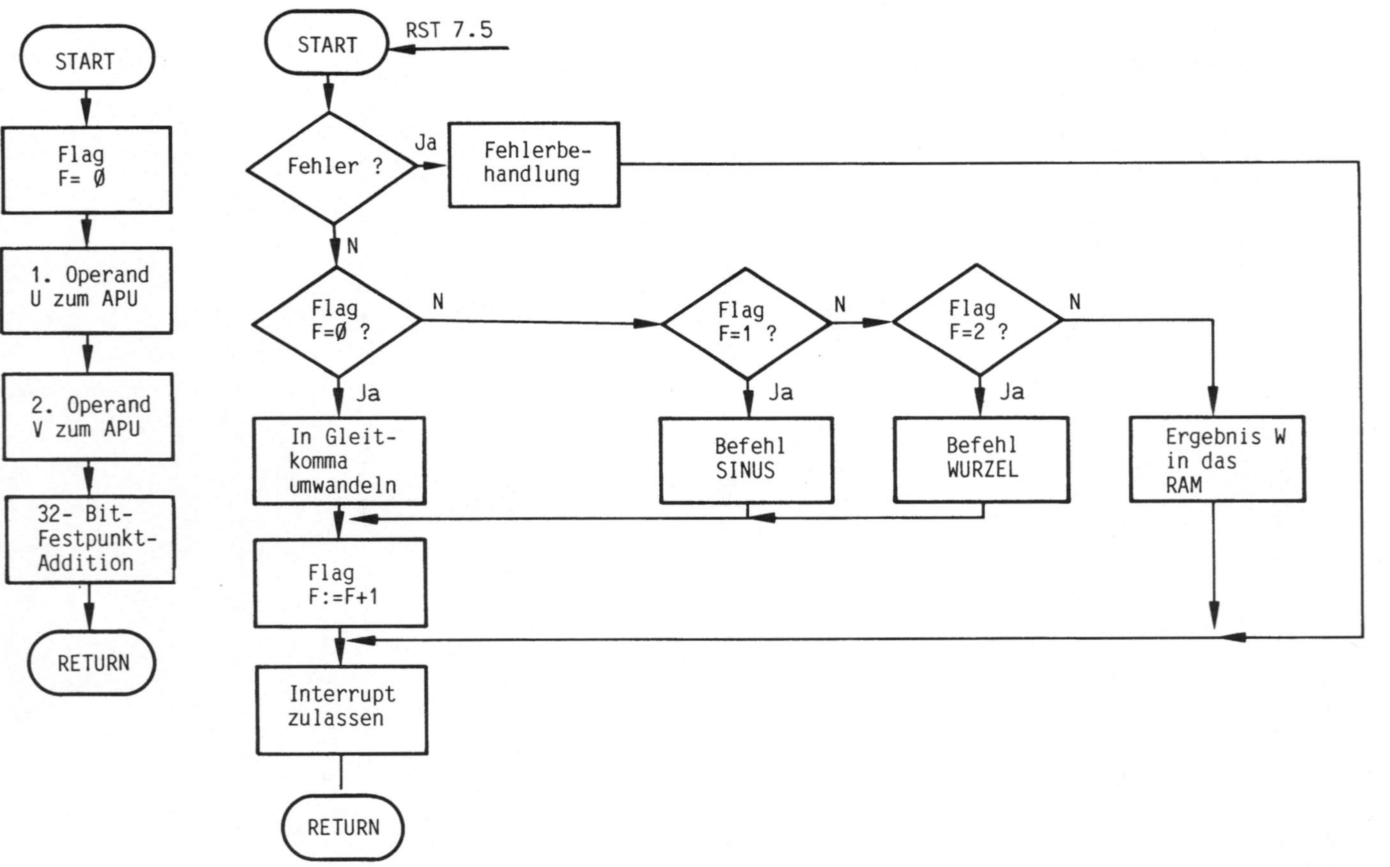

Abb. L23.10.1

23.11

a)

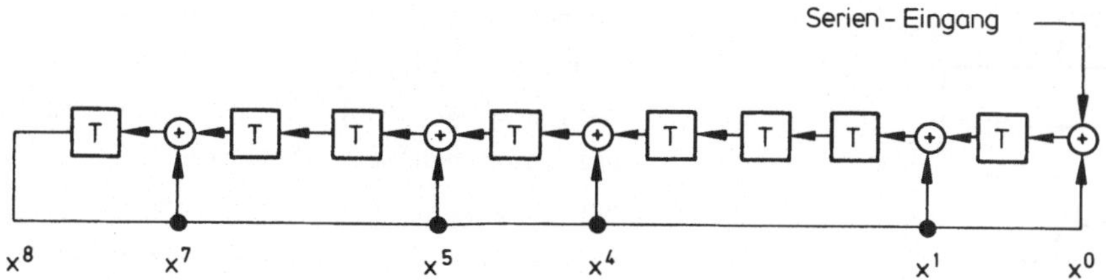

T : Verzögerungsglied, getaktetes D-Flipflop

⊕ : mod-2-Addierer (EXOR)

Abb. L23.11.1

b)

0000 0000	⌐ Serieneingang
0000 0001	1
0000 0011	1 (MSB zuerst)
0000 0110	0
0000 1101	1
0001 1011	1
0011 0110	0
0110 1100	0
1101 1001	1
0000 0000	1

Rest Null nach
9 Schiebetakten

Abb. L23.11.2

Abb. L23.11.2 zeigt den Divisions-
vorgang Schritt für Schritt, beginnend
mit dem Anfangswert Null im Signaturregister. Nach 9 Taktimpulsen ist die
Division beendet. Die MSB-Stelle ist
links.

c) Vor der Division ist die Nachricht mit x^8 zu multiplizieren. Dividiert wird
   also 110101100100000000. Der Rest ist 11100001.

d) Die prüfbare Nachricht lautet 110101100111100001. Die Division durch 110110011
   ergibt den Rest Null.

23.12

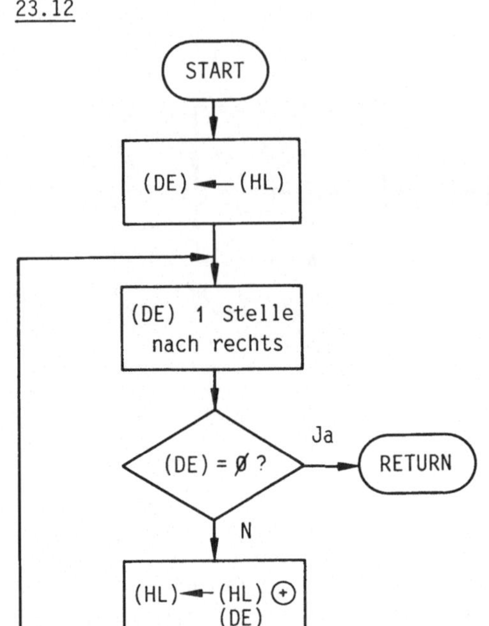

Abb. L23.12.1

Programmlaufzeit: Einschließlich des
Aufrufs (CALL GRDUAL) werden 194 States
benötigt, Laufzeit also 48,5 μs. Sie
ist, wie man sofort sieht, stark vom
umzusetzenden Wert abhängig.
Abb. L23.12.1 zeigt das Flußdiagramm,
Abb. L23.12.2 das Assembler-Programm.
Eingangscodewort und Ergebnis werden
im HL-Registerpaar übergeben.

```
;*****************************************
;* 2-BYTE UMWANDLUNG VON GRAY IN DUALCODE *
;*****************************************


        ORG  ØØØØH
GRDUAL: MOV  D,H        ;EINGANGSWORT IN REGISTERPAAR HL
        MOV  E,L

        ANA  A          ;CY=Ø FUER FOLGENDE SCHIEBEOPERATION

LOOP:   MOV  A,D        ;HOHES BYTE NACH RECHTS, CY RETTEN
        RAR
        MOV  D,A
        MOV  A,E        ;NIEDERES BYTE NACH RECHTS
        RAR
        MOV  E,A

        ORA  D          ;NULL?
        RZ              ;ERGEBNIS=Ø DANN FERTIG

        MOV  A,E        ;NIEDERES BYTE EXOR
        XRA  L
        MOV  L,A
        MOV  A,D        ;HOHES BYTE EXOR
        XRA  H          ;CY=Ø
        MOV  H,A        ;ERGEBNISWERT IM REGISTERPAAR HL
        JMP  LOOP

        END
```

Abb. L23.12.2

<u>23.13</u>

Abb. L23.13.1 zeigt das Programm zur Mehrbyte-Addition im Zweierkomplement ohne Überlauferkennung.

Zur Überlauferkennung werden zwei Vorzeichen S_1, S_2 verwendet. Die beiden Vorzeichen eines jeden Operanden sind vor der Operation gleich. Ist nach der Addition $S_1 \neq S_2$, liegt ein Überlauf vor. Das Verfahren ist besonders einfach, hat jedoch den Nachteil, daß bei gegebener Wortlänge der Zahlenbereich halbiert wird. Anmerkung: Einige Prozessoren besitzen ein V-Flag, das eine Bereichsverletzung bei Operationen im Zweierkomplement anzeigt.

Der Befehl RZ in Abb. L23.13.1 wird ersetzt durch: JZ COMP.

```
COMP: ANI 1100 0000B
      RPE               ; Beide gleich:Return  mit CY = 0
      STC               ; Ungleich:CY = 1, Überlauf
      RET
```

```
      ;*******************************************
      ;* PROGRAMM ZUR MEHRBYTE-ADDITION IM DUALCODE *
      ;*******************************************

        ORG 0000H
MADD:   LXI B,FIRST      ;ANFANGSADRESSE 1.OPERAND
        LXI H,SECOND     ;ANFANGSADRESSE 2.OPERAND
        MVI E,ANZ        ;ANZAHL DER BYTES LADEN
        ANA A            ;CY = 0
LOOP:   LDAX B           ;1.OPERANDENBYTE IN AKKU
        ADC M            ;2.OPERANDENBYTE ADDIEREN
        STAX B           ;SUMME ABSPEICHERN
        DCR E            ;CY WIRD NICHT BEEINFLUSST
        RZ               ;FERTIG?
        INX B            ;NAECHSTE OPERANDENADRESSE
        INX H            ;NAECHSTE OPERANDENADRESSE
        JMP LOOP

        END
```

Abb. L23.13.1

Kurt H. Schmidt

24. Struktur von DV-Anlagen

Fachbereich Ingenieur-Informatik

Stufen der Rechnerstruktur: Prozessoren/Speicher/Interkommunikation, Programmierung und Betriebssystem, Registerverarbeitung, Schaltkreise. Beschreibende Sprachen: Modelle, Vergleiche, Funktionsspezifikation, Aufbau, Instruktionssatz, Syntax und Semantik, Datenstrukturen. Daten: Darstellung, Darstellungsraum, Formate. Instruktionen und Adressierung: Operationssatz, Häufigkeit, Anzahl der Operanden, Adressraum, Adressierungsarten, Adressrechnung, Specifiers, variable Befehlslängen, implizite Adressen. Ausführung und Steuerung: Mikroprogramm, Makroprogramm, Steuerungsstrukturen, Emulation. Speicherhierarchie: Zugriffssequenz, Primär- und Sekundärspeicher, Cachespeicher, virtueller Adressraum, Adressenabbildungs- und Umrechnungsstrukturen. Sicherungsmechanismen, Überwachungshardware im Multiprogramming-Einsatz: Interprozesskommunikation, Interruptstrukturen, privilegierte Betriebsarten. Spezialprozessoren: Ein- und Ausgabe, Display, Mikroprozessoren, Taschenrechner, Gleitkomma, Matrizen, FFT, Sprachen, Konzentrator. Multiprozessorstrukturen und Rechnernetze. Leistungsbeschreibung. Zuverlässigkeit, Wartbarkeit. Systemstrukturbewertung mit Beispielen: Großrechner, mittlere Rechner, Minicomputer und Mikrocomputersysteme.

Zugelassene Hilfsmittel für die Prüfungsaufgaben 24.1 bis 24.32: keine

Aufgaben

24.1

Benennen Sie die Funktionen der Register in einer Allgemein-Register-Struktur eines Rechners.

24.2

Welche Aufgaben hat ein Konzentrator, in welcher Struktur setzt man ihn ein?

24.3

Beschreiben Sie Bedeutung und Zweck von Benchmarktests.

24.4

Geben Sie eine Struktur der Mikroprogrammtechnik an, die es erlaubt, bedingte Mikroinstruktionen auszuführen.

24.5
Beschreiben Sie Struktur und Arbeitsweise des assoziativen Speichers. Wo und wie
setzt man ihn ein?

24.6
Beschreiben Sie die Verfahren der Speichersicherung mittels Strukturhardware beim
Multiprogramming.

24.7
Erläutern Sie Struktur und Arbeitsweise eines Stapelprozessors.

24.8
Strukturmerkmale der Interkommunikation in Rechnern sind anzugeben und zu erklären.

24.9
Erklären Sie Resource-Allocation an einem Beispiel und geben Sie die Verwendung an.

24.10
Geben Sie das allgemeine Zustandsdiagramm der Befehlsverarbeitung an.

24.11
Erklären Sie Struktur und Wirkungsweise der Sicherungs- und Relocation-Hardware.

24.12
Beschreiben Sie die vorkommenden Systemzeiten einer DV-Anlage.

24.13
Beschreiben Sie die Aufgabe und Wirkungsweise der Sklavenbufferstruktur.

24.14
Welche Aufgabe hat ein Environment-Pointer beim Stapelprozessor?

24.15
Beschreiben Sie die Funktion und den Nutzen eines Cachespeichers.

24.16
Erläutern Sie die Begriffe Simplex-, Halbduplex- und Vollduplexverbindung.

24.17
Beschreiben Sie die Datenstruktur der Gleitkommadarstellung in den Rechnern und
stellen Sie Ihre Ausführung an einem Beispiel dar.

24.18
Welche Strukturmaßnahmen werden ergriffen, um die Zuverlässigkeit von Rechenanlagen
zu erhöhen?

24.19
Was ist Emulation von Rechnern, wie wird sie durchgeführt?

24.20
Welche ausgeprägten Unterschiede bestehen in der Befehlshäufigkeit der Anwender-
programme bei wissenschaftlich-mathematischer gegenüber kommerzieller DV?

24.21
Erläutern Sie den Einsatz und Nutzen einer Pipelineverarbeitung.

24.22
Erläutern Sie die Begriffe Multiprogramming und Multiprocessing.

24.23
Geben Sie die Operatorensprache bei der Registerverarbeitungsstufe an.

24.24
Wie und wozu verwendet man den n-Befehlsbuffer?

24.25
Stellen Sie die Wortlänge bei Prozessrechnern wissenschaftlich-mathematischen
Rechnern gegenüber und erläutern Sie die Unterschiede.

24.26
Durch welche Vorgänge werden die Statusbits eines Prozessors verändert?

24.27
Beschreiben Sie die Befehlsfelderstruktur eines Rechners mit variabler Befehlslänge.

24.28
Erläutern Sie eine Banyan-Struktur beim Parallel-Processing und geben Sie den
Zusammenhang für die Blockierwahrscheinlichkeit an.

24.29
Beschreiben Sie solche Rechnerentwurfsparameter, die deutlichen Unterschieden bei
einer Funktionsspezialisierung unterliegen, und erhärten Sie Ihre Ausführungen
anhand von Beispielen.

24.30

Erläutern Sie Micromainframes und vergleichen Sie mit der RISC-Struktur (Reduced Instruction Set Computer).

24.31

Diskutieren Sie Vor- und Nachteile der Verzweigungen in der Flag-Struktur. Geben Sie dazu Beispiele an.

24.32

Geben Sie die jeweiligen Strukturen der Adressrechnungshardware an, die zu den verschiedenen Adressierungsarten gehören.

Literatur

[1] Bell CG, Newell A (1971) Computer Structures Readings and Examples. McGraw-Hill, New York

[2] Rossmann GE, Flynn MJ, Fuller SH, Bell CG, Brooks FP, Hellerman H (1975) A Course of Study in Computer Hardware Architecture. Computer 12:44-63; (umfangreiche Bibliographie enthalten)

[3] Bulman DM (1977) Stack Computers. Computer 5:18-28

[4] Alexandridis NA (1978) Bit-Sliced Microprocessor Architecture. Computer 6: 56-80

[5] Hoffmann R (1977) Rechenwerke und Mikroprogrammierung. Oldenbourg, München

[6] Special Issue on Interconnection Networks for Parallel and Distributed Processing. IEEE Transactions on Computers 4/1981

[7] Patterson DA, Séquin CH (1982) Reduced Instruction Set Computer. Computer 9: 8-20

Lösungen

Die in den Aufgaben 24.1 bis 24.32 gestellten Themen werden frei in Text und Prin-
zipskizze ohne Hilfsmittel auszuführen sein. Die Ausführungen folgen der Vorlesung
und der bearbeiteten Strukturliteratur. Wichtigste Fachliteratur ist in [1] bis [7]
angegeben. Das Erkennen von Strukturzusammenhängen und die analytische Bewertung
sind wesentliche Anforderungen. Die Angabe von "Lösungen" würde den hier gegebenen
Platz übersteigen, zumal die Themen auf vielfältige Art dargestellt werden können.
Dafür werden aber Stichworte und Hinweise angegeben.

24.1
Für Rechnen, Adressieren, Unterprogrammtechnik usw.

24.2
Multi-Remote Terminal-System, Codeanpassung, Hochgeschwindigkeitsverbindung.

24.3
Leistungsbeschreibung mittels Ausführung von Anwenderprogrammen. Standards. Mit-
bewertung Betriebssystem.

24.4
Mikroinstruktion mit Bedingungsfeld und Sprungadressenfeld und entsprechender
Steuerung.

24.5
Gesuchter Dateninhalt wird nicht mit Adresse, sondern über Descriptor gefunden.
Äquivalenzlogik etc. Einsatz zum Beispiel Cache oder dynamische Adreßumsetzung.

24.6
Wort- oder Seitensicherung, Sicherungs- und Relocation-Register, Seitenabbildung,
Segmentierung.

24.7
Operationsausführung an der Spitze des Stapels, keine Operandenadressen erforderlich. Umgekehrt polnische Notation. Codekompaktierung.

24.8
Kreuzschalterstrukturen, Kreuzschienen, Bus; Gleichzeitigkeit. Zeitmultiplex.

24.9
Gerätenutzungsplan über der Zeit für echte Prozesse usw.

<u>24.10</u>
Alle Phasen der Befehlsverarbeitung usw.

<u>24.11</u>
Benutzer auseinanderhalten, deren Speicherbereich sichern.

<u>24.12</u>
Bei Betrieb, Wartung, Reparatur usw.

<u>24.13</u>
Häufigste Speicherworte in der CPU usw.

<u>24.14</u>
Relative Adressierung lokaler Bereiche usw.

<u>24.15</u>
Hochgeschwindigkeitsverarbeitung, Speicherteile bei der CPU.

<u>24.16</u>
Übertragung nach Richtung und Gleichzeitigkeit usw.

<u>24.17</u>
Exponentialdarstellung, Normierung, Mantisse, Exzeßexponentfeld, Basis, Vorzeichen.

<u>24.18</u>
Redundanz, mehrfache Hardware, Fault tolerant computing. Self testing and repairing STAR.

<u>24.19</u>
Nachbildung auf Mikroprogrammebene usw.

<u>24.20</u>
Nutzung der Operationen der Rechnungsarten und Logik usw.

<u>24.21</u>
Befehlsbearbeitung, Teilgleichzeitigkeit usw.

<u>24.22</u>
Gleichzeitigkeit Residenz, Ausführung von Nutzerprogrammen usw.

24.23
Inhaltszuweisung, Operatoren, Bitkennung usw.

24.24
Befehlsvorausschau usw.

24.25
Genauigkeit, logische Entscheidungen usw.

24.26
Befehlsphasen usw.

24.27
Beispiel wählen, Mainframe oder Mikro, ausführen!

24.28
Gleichzeitigkeit von Verbindungen zwischen Einheiten wie Prozessoren mit Speichern
gemäß Banyan.

24.29
Wortgröße, Befehlssatz, Interruptstruktur usw.

24.30
Zyklus/Befehl, Befehlslänge, Speicherzugriffsbefehle, mehrfache Registerbanken
usw.

24.31
Direkte Nutzung von Registerinhalten oder Nutzen von Flagbits bei Programmverzweigungen usw.

24.32
Index, Indirekt, Displacement, In- und Dekrement, Relativ usw.

25. Digitaltechnik

Achim Bopp, Kurt H. Schmidt

Fachbereich Ingenieur-Informatik

Logische Schaltverknüpfungen: Digitale Signale, logische Werte, Pegel, UND-Gatter, ODER, NOR, NAND, Exklusiv-ODER. Binäre Zahlen-Codes und Umrechnungen, arithmetische Operationen im Dualzahlensystem. Schaltungstechnik: Verknüpfungen mit Dioden, Schaltmatrix, Codieren, Decodieren, Integrierte Dioden-Schaltkreise als ROM, als PLA, Speicherstruktur; Verknüpfungen mit Transistoren, RTL-, DTL-, HTL-(LSL-), TTL-, ECL-, MOS-, CMOS-Technik und neuere Schaltungstechniken. Integrierte Schaltkreise: Belastbarkeit, Fanout, Schaltzeiten, Laufzeitproblem, Verdrahtet-UND-Schaltung, Offener Kollektorausgang. Kombinatorische Schaltungen: Schaltalgebra, Normalformen der Schaltfunktion, Minimierung mit KARNAUGH-Tafel, Faktorisierung, bausteinbezogene Minimierung. Sequentielle Schaltkreise: Latch- und RS-Flipflop, JK-Flipflop, D-Flipflop, Zustandsdarstellung, Funktionstabellen. Entwurf sequentieller Schaltkreise: Zähler asynchron und synchron, vorwärts/rückwärts, Modulo-n Sequenzen, Entwurfsverfahren, Pseudofolgen; Register rechts/links schiebend, seriell/parallel und parallel/seriell Umsetzen, Registerverarbeitung. Weitere Schaltungen zum Aufbau digitaler Systeme: Oszillator, Monoflop, Synchronisation, Eingabe, Prioritätscodierung, Ausgabe, Leistungsausgänge, Zeichengenerator für Displayausgabe, A/D- und D/A-Wandlung, serielle Übertragung, Multiplexer, Demultiplexer. Interfaceschaltungen in der Digitaltechnik: LED-Treiber, Transistorsteuerung durch Signalquellen mit nichtlinearem Innenwiderstand, mehrstufige Schaltverstärkeranordnungen mit gleichtypiger oder gemischttypiger Stufenfolge, Speed-up-Maßnahmen, Vermeidung von übermäßiger Transistorsättigung, Zusammenhang zwischen Anstiegszeit und Grenzfrequenz, rückgekoppelte Schaltverstärker als Zustandsspeicher und als Übertragungsglieder mit Hysterese, Signalverknüpfung mit Hilfe von Schaltverstärkern, Tristate-Schaltungen, Bus-Driving. Programmierbare Schaltungen, programmierte Steuerung, lineare und verzweigende Steuerwerke.

Zugelassene Hilfsmittel für die Prüfungsaufgaben 25.1 bis 25.16:
beliebige materielle Hilfsmittel

Aufgaben

25.1

Realisieren Sie die Schaltfunktion

$$y = (a + b + \bar{c})\,(\bar{a} + \bar{b})\,(\bar{a} + \bar{c})$$

in bausteinbezogener Minimierung aus den Signalen a, b und c. Es sind nur Widerstände (E-12) und die Bausteine 7403 (4 NAND zu je 2 Eingängen mit OC-Ausgang) gegeben. Es gelte positive Logik.

25.2

Gegeben sind die Signale a, b, c, d und jeweils ihre Negation. Gesucht ist die
minimierte Schaltung für eine NOR-NOR PLA-Struktur für die Größe z = f (a, b, c, d)
gemäß:

d	c	b	a	z
0	0	0	1	1
0	0	1	1	0
0	1	0	1	0
0	1	1	0	1
1	0	0	0	1
1	0	0	1	0
1	0	1	0	0
1	0	1	1	1
1	1	0	1	0
1	1	1	1	1

25.3

Bei Aktivierung von nur einem der 5 Eingänge der in Abb. 25.3.1 gegebenen Schaltung
auf logisch 1 soll an den Ausgängen ein Dualcodewert abgegeben werden, der jeweils
dem Indexwert des betreffenden Eingangs entspricht.

Bei allen Eingängen auf 0 werde an allen Ausgängen 0 ausgegeben. Wenn mehr als ein
Eingang auf 1 liegt, richte sich die Ausgabe nach dem Eingang mit dem höchsten
Index (Prioritätscodierung), der dann auszugeben ist.

a) Geben Sie an die Verknüpfungstabelle, die KARNAUGH-Tafel und die minimierten
   DNF-Gleichungen.

b) Entwerfen Sie dafür mit 74er TTL-ICs eine 'einfachste' Schaltung durch Faktorisierung, geben Sie Art und Menge der Bausteine genau an.

c) Diskutieren Sie mögliche Laufzeitprobleme Ihres Entwurfs.

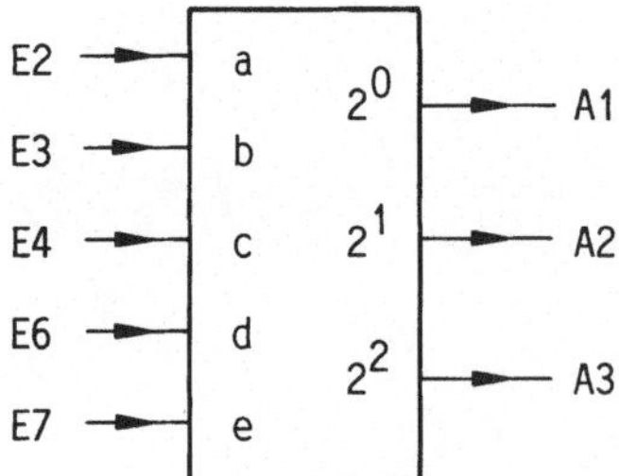

Abb. 25.3.1

25.4

Gegeben ist das Blockschaltbild einer sequentiellen Schaltung, Abb. 25.4.1, Zähler
als Zufallsgenerator.

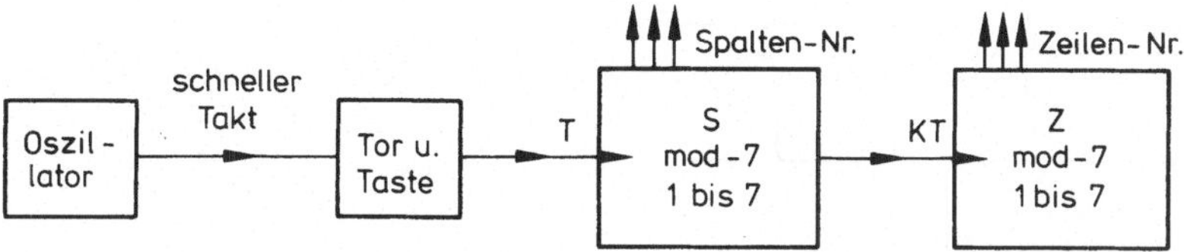

Abb. 25.4.1

a) Entwerfen Sie zwei modulo-7-Synchronzähler für S, Spalten-Nr. dual und Z, Zei-
   len-Nr. dual, einer Markierung im Lottozahlenfeld 7 × 7 = 49. KT ist der Kaskade-
   taktausgang des Zählers S.

b) Pseudozustände der Zähler müssen taktsynchron eliminiert werden. Geben Sie den
   Zielzustand jeweils an.

c) Geben Sie für die Gesamtschaltung, Abb. 25.4.1, eine minimale Bausteinrealisa-
   tion in Standard-TTL an. Bei Betätigen der Taste sollen die Zählerstände abge-
   nommen werden können. Die Taste soll entprellt werden. Vorhanden R in E-12,
   C in E-3.

d) Bestimmen Sie die Belastung interner Signale Ihres Entwurfs und die ungefähre
   Leistungsaufnahme der Schaltung.

25.5

Das fünfstufige, invers rückgeführte Schieberegister ($D1 = \overline{Q5}$) hat im Johnson-
Counter-Schaltkreis betrieben zehn zulässige 'Zählzustände' einschließlich 00000.

Zeigen Sie, daß mit der Zusatzschaltung

$$D3 = (Q1 + Q3)\, Q2$$

alle denkbaren Pseudozustände, die durch Störungen auftreten könnten, durch eine
endliche Taktanzahl wieder in den zulässigen Zyklus überführt werden, indem Sie
ein vollständiges Zustandsdiagramm erstellen.

25.6

Gegeben ist die mit zwei Monoflops und einer NOR-Verknüpfung aufgebaute Schaltung
eines start/stopp-baren Oszillators, Abb. 25.6.1. Das Tastverhältnis und die Frequenz hängen von den Impulsbreiten T1 und T2 ab.

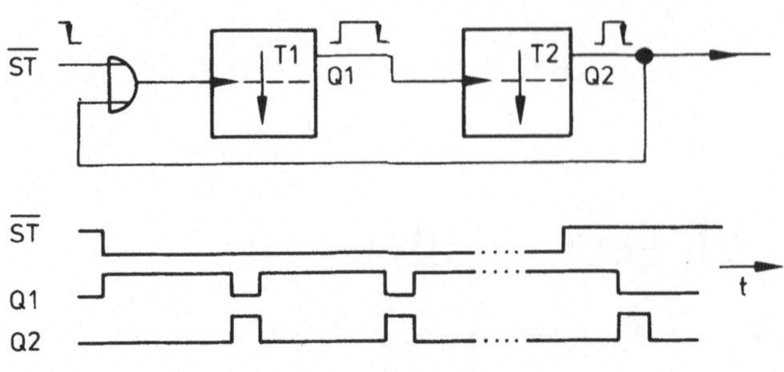

Abb. 25.6.1

Entwickeln Sie die Schaltung mit ausschließlich zwei TTL-Bausteinen 74121 unter
Nutzung der mehrfachen Triggereingänge.

Dimensionieren Sie die R-C-Beschaltung für T1 = 9 ms und T2 = 2 ms. Vorhanden:
R in E-12, C in E-3, Potentiometer in E-1. Der Einstellbereich soll eine Toleranz
von ± 30 % sicher enthalten. Geben Sie das vollständige Schaltungsbild mit Signal-
bezeichnungen und allen Anschlußziffern an.

25.7

Eine regelmäßige Impulsfolge (Abb. 25.7.1)
soll mit einer von Ihnen zu entwerfenden
Schaltung überwacht werden:

Bei ungestörter Impulsfolge soll am Ausgang ein HIGH-Signal anliegen (+15 V); bei
Ausfall von mehr als einem der positiven
Impulse soll am Ausgang ein LOW-Signal anliegen (0 V).

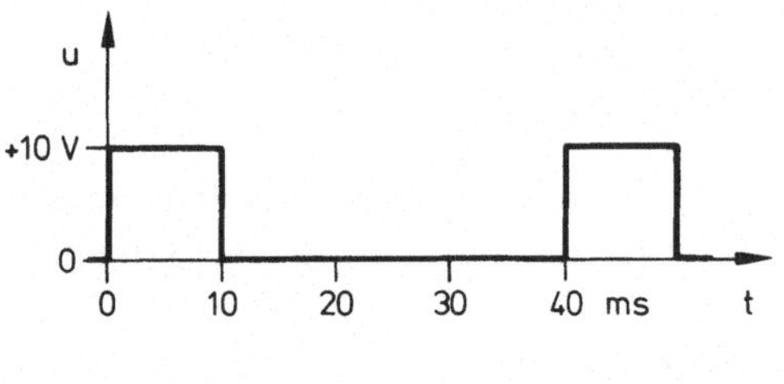

Abb. 25.7.1

Zur Realisierung erlaubte aktive Bauteile: NAND, NOR, Transistor.

25.8

Eine digitale Signalquelle mit U_{OL} = +2,5 V und U_{OH} = +6 V bei r_{OL} < 1 kOhm und
r_{OH} < 100 Ohm soll über einen einstufigen Schaltverstärker einen Laststrom von
30 mA bei 24 V steuern.

Bestimmen Sie überschlägig die hierfür notwendigen Bauteile (bei U_{beL} = 0,3 V).

Überprüfen Sie den mit den von Ihnen gewählten Werten R_1 und R_2 sich tatsächlich
ergebenden Wert U_{beL}.

Zeichnen Sie abschließend ein vollständiges Schaltbild mit Eintragung aller inter-
essierenden Zahlenwerte.

25.9

Welchen Nachrichteninhalt besitzt die Menge aller nach der zur Zeit gültigen
Studien- und Prüfungsordnung erteilbaren Zeugnisnoten für bestandene Leistungs-
nachweise (1,0; 1,1; ... 3,9; 4,0)?

Mit welcher kleinstmöglichen Redundanz könnte diese Nachrichtenmenge übertragen
werden?

25.10

Eine induktivitätsbehaftete Last ($L = 0,2$ H; $r_L = 450$ Ohm) soll über den Transistor
BC 256 B an $U_h = 18$ V geschaltet werden.

Legen Sie eine geeignete Schutzschaltung mit Diode so fest, daß die entstehende
Abschalt-Spannungsspitze den für den Transistor zulässigen Wert gerade (noch nicht)
erreicht.

Wie groß ist dann die Abklingzeit des Laststromes auf 15 % des stationären Wertes?

25.11

Auf dem Bildschirm eines Oszilloskops mit der Eigenanstiegszeit $t_r = 4$ ns, einem
Einschub mit $t_r = 6$ ns, wird ein Rechtecksignal zu $t_r = 12$ ns abgebildet.

Welche tatsächliche Anstiegszeit hat das gemessene Signal?

25.12

Wie muß R_3 in der in Abb. 25.12.1 gezeigten Schaltung zur Ansteuerung eines TTL-
Bausteines dimensioniert werden?

Welcher Strom fließt dann bei $U_{e1} = 0$ durch den Transistor T_1?

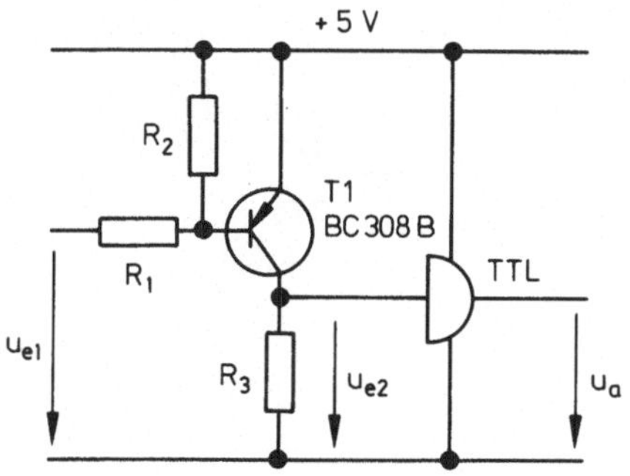

Abb. 25.12.1

25.13

Entwerfen Sie ein Monoflop mit Hilfe des Bausteins 555 C bei U_h = 15 V für eine Eigenzeit von 0,2 Sekunden, einstellbar im Bereich von etwa ± 20 %.

Wählen Sie den Ladewiderstand R_A so, daß der Ladestrom im Rückfallzeitpunkt etwa 10mal so groß ist wie der maximale threshold current I_6, den Kondensator aus der Reihe E-12.

Die Triggerung soll über die ansteigende Flanke eines 15 V hohen Steuerimpulses erfolgen.

Lösungsbestandteile:
- Prinzipschaltung (mit Triggerteil)
- Festlegung der Werte der Einzelkomponenten
- Eintragung der errechneten Werte ins Schaltbild
- Feststellung des tatsächlichen Einstellbereichs

25.14

Welchen Wert (im Dezimalcode) hat die Ziffernfolge 10101, wenn es sich um eine Zahl im

- Dualcode
- BCD-Code
- Sedezimalcode
- Graycode

handelt?

25.15

Welche Eigenschaft hat die Schaltung
Abb. 25.15.1 beim Übergang der Eingangsspannung

- von L nach H,
- von H nach L?

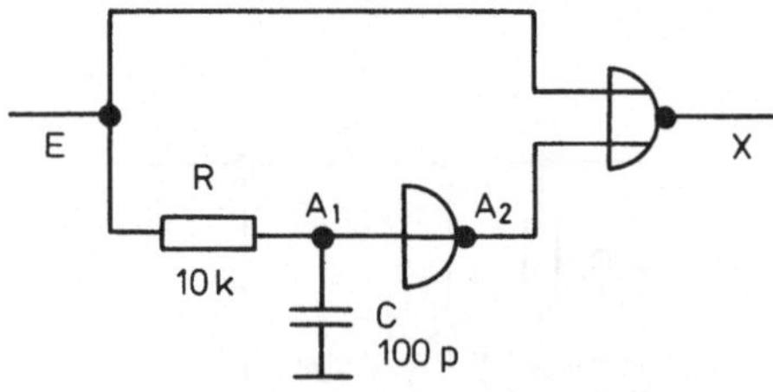

Abb. 25.15.1

25.16

Geben Sie zum Baustein SN 74 LS 353 (Abb. 25.16.1) das Schaltkontakt-Äquivalent.

Beschalten Sie den Baustein als 8-line-into-1-line multiplexer.

**TTL
MSI**

TYPES SN54LS353, SN74LS353
DUAL 4-LINE-TO-1-LINE DATA SELECTORS/MULTIPLEXERS
WITH 3-STATE OUTPUTS
BULLETIN NO. DL-S 7612464, OCTOBER 1976

- Inverting Versions of SN54LS253, SN74LS253
- Schottky-Diode-Clamped Transistors
- Permits Multiplexing from N Lines to 1 Line
- Performs Parallel-to-Serial Conversion
- Typical Average Propagation Delay Times:
    Data Input to Output . . . 12 ns
    Control Input to Output . . . 16 ns
    Select Input to Output . . . 21 ns
- Fully Compatible with Most TTL and DTL Circuits
- Low Power Dissipation . . . 35 mW Typical (Enabled)
- Inverted Data

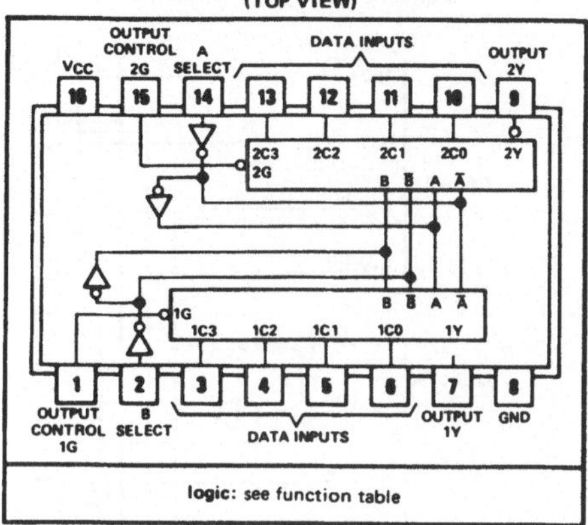

description

Each of these Schottky-clamped data selectors/multiplexers contains inverters and drivers to supply fully complementary, on-chip, binary decoding data selection to the AND-OR-invert gates. Separate output control inputs are provided for each of the two four-line sections.

The three-state outputs can interface with and drive data lines of bus-organized systems. With all but one of the common outputs disabled (at a high-impedance state) the low-impedance of the single enabled output will drive the bus line to a high or low logic level.

logic

FUNCTION TABLE

SELECT INPUTS		DATA INPUTS				OUTPUT CONTROL	OUTPUT
B	A	C0	C1	C2	C3	G	Y
X	X	X	X	X	X	H	Z
L	L	L	X	X	X	L	H
L	L	H	X	X	X	L	L
L	H	X	L	X	X	L	H
L	H	X	H	X	X	L	L
H	L	X	X	L	X	L	H
H	L	X	X	H	X	L	L
H	H	X	X	X	L	L	H
H	H	X	X	X	H	L	L

Select inputs A and B are common to both sections.

H = high level, L = low level, X = irrelevant, Z = high impedance (off)

absolute maximum ratings over operating free-air temperature range (unless otherwise noted)

Supply voltage, V_{CC} (see Note 1) . . . . 7 V
Input voltage . . . . 7 V
Off-state output voltage . . . . 5.5 V
Operating free-air temperature range: SN54LS353 . . . . −55°C to 125°C
                                  SN74LS353 . . . . 0°C to 70°C
Storage temperature range . . . . −65°C to 150°C

NOTE 1: Voltage values are with respect to network ground terminal.

Abb. 25.16.1
(Abdruck mit freundlicher Genehmigung der Texas Instruments Deutschland GmbH)

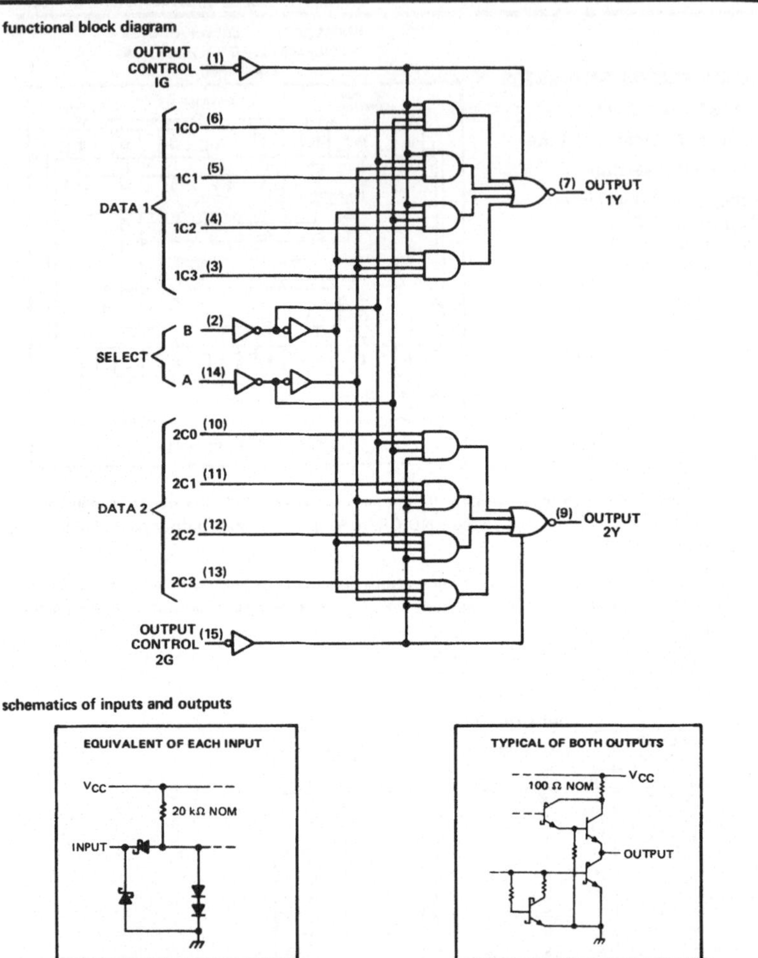

Abb. 25.16.1 (Fortsetzung)

Literatur

[1] Schmidt K (1979) Entwurf digitaler Systeme. Kohlhammer, Stuttgart

[2] Borucki L (1977) Grundlagen der Digitaltechnik. Teubner, Stuttgart

[3] Tietze U, Schenk C (1969–1980) Halbleiter-Schaltungstechnik. 1. bis 5. Aufl.
     Springer, Berlin Heidelberg New York

Lösungen

25.1

y liegt in einer KNF vor. Ist sie minimal? Term $a + b + \bar{c}$ entspricht 0 im K-Tafelfeld $\bar{a},\bar{b},c$ usw., führt zu Abb. L25.1.1. Die minimale KNF bringt

$$y = (\bar{a} + \bar{b})\,(b + \bar{c}) = \overline{a\,b} \;\; \overline{\bar{b}\,c} \,,$$

Abb. L25.1.2; die Schaltung aus minimaler DNF mit NANDs wäre dagegen umfangreicher, zumal sich dort nicht Verdrahtet-UND anbietet.

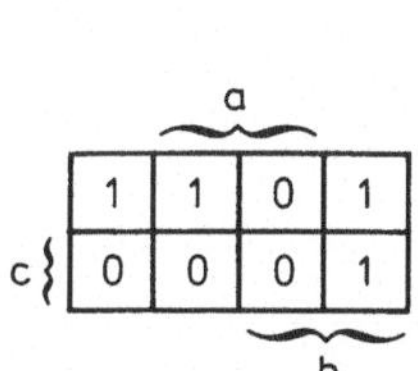

Abb. L25.1.1

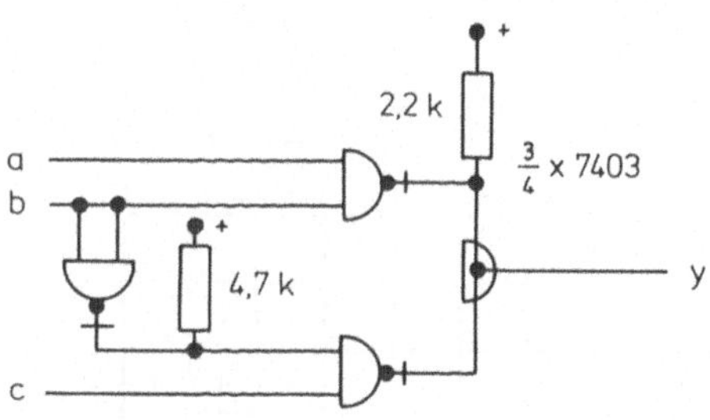

Abb. L25.1.2

25.2

In die KARNAUGH-Tafel wird mittels der k-Zahlen rasch eingetragen [1], Abb. L25.2.1. Freie Felder sind X.

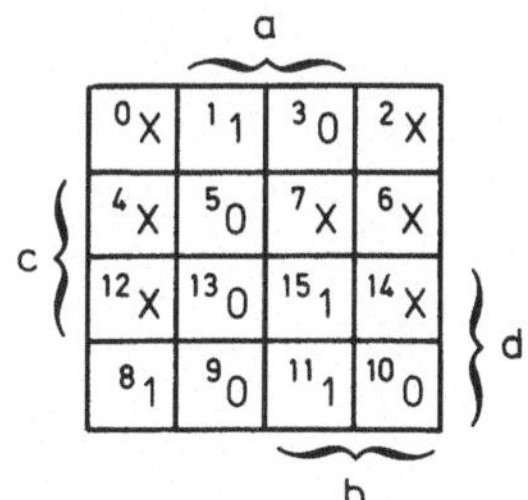

Abb. L25.2.1

Über eine minimale KNF kommt man nach Umformung auf

$$z = \overline{\overline{b + \bar{c}} + \overline{\bar{a} + b + \bar{d}} + \overline{T3} + \overline{T4}},$$
$$T3 = \bar{b} + c + d, \quad \text{oder} \quad \bar{a} + \bar{b} + d,$$
$$T4 = a + \bar{b} + \bar{d}, \quad \text{oder} \quad a + \bar{b} + c.$$

Es gibt vier gleichwertige Lösungen und entsprechende Schaltungen.

25.3

a)

k	e E7	d E6	c E4	b E3	a' E2	2^2 A3	2^1 A2	2^0 A1
0	0	0	0	0	0	0	0	0
1	0	0	0	0	1	0	1	0
2-3	0	0	0	1	X	0	1	1
4-7	0	0	1	X	X	1	0	0
8-15	0	1	X	X	X	1	1	0
16-31	1	X	X	X	X	1	1	1

Aufgrund der Tabelle lassen sich über die k-Zahlen [1] die KARNAUGH-Tafeln für die Ausgangssignale aufstellen, Abb. L25.3.1. Daraus leiten sich die folgenden DNF-Gleichungen ab:

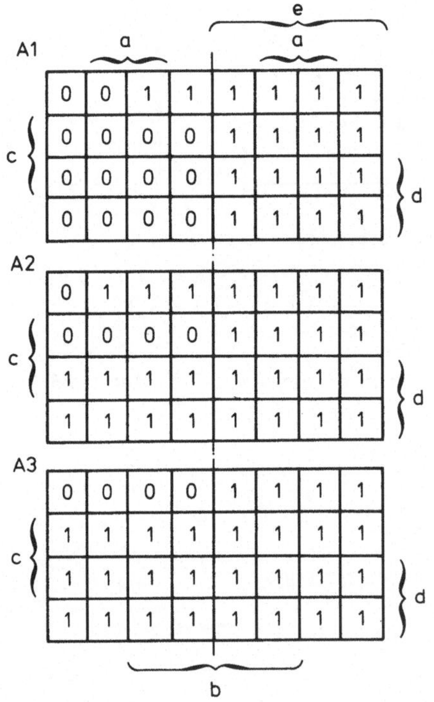

$$A1 = b\,\bar{c}\,\bar{d} + e$$

$$A2 = a\,\bar{c} + b\,\bar{c} + d + e$$

$$A3 = c + d + e$$

Abb. L25.3.1

Bei nur einem Inverter für jeweils c und d werden 18 Eingänge benötigt.

b) $A1 = b\ \overline{c+d} + e$, $A2 = \overline{c}\ (a+b) + d + e = \overline{\overline{a+b} + c} + d + e$

Schaltung Abb. L25.3.2:

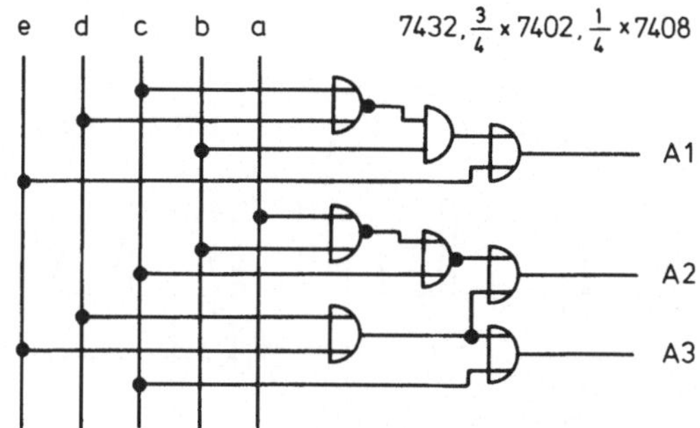

Abb. L25.3.2

Faktorisiert werden 16 Eingänge anstelle von 18 benötigt.

c) Kürzeste Laufzeiten gibt es mit einem Gatter von e nach A1 und von c nach A3.
Längste Laufzeiten gibt es mit drei Gattern seriell c,d nach A1 und a,b nach A2.
Der Unterschied beträgt zwei Gatterlaufzeiten. Es können unerwünschte Zwischen-
zustände auftreten.

25.4

a) Die Zähler werden mit JK-Master-Slave-Flipflops entworfen.

k	Q3	Q2	Q1	E3	E2	E1
1	0	0	1	0	1	1
2	0	1	0	0	0	1
3	0	1	1	1	1	1
4	1	0	0	0	0	1
5	1	0	1	0	1	1
6	1	1	0	0	0	1
7	1	1	1	1	1	0
1	0	0	1	⋮		

Die Tabelle für die Vorbereitungseingänge E1 bis E3 wird aufgestellt [1]. Die
minimierten Entwurfsgleichungen für J_i und K_i der Flipflops werden aus den
K-Tafeln E_i in den $\overline{Q}_i$- und Q_i-Feldern abgelesen, Abb. L25.4.1, und ergeben

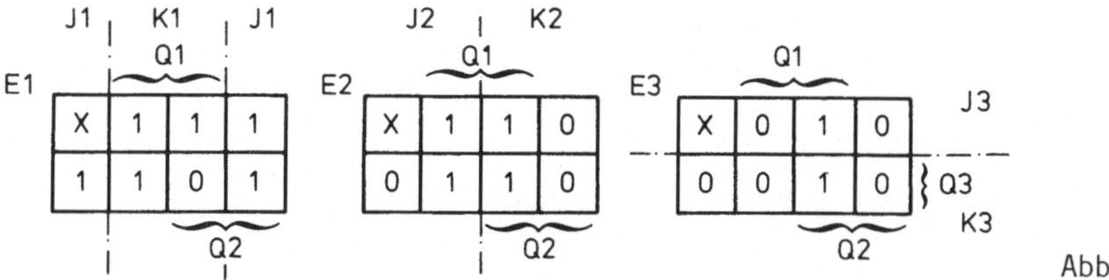

Abb. L25.4.1

$J1 = 1$, $K1 = \overline{Q2} + \overline{Q3}$, $J2 = K2 = Q1$, $J3 = K3 = Q1\ Q2$. Ferner gilt
$KT = Q1\ Q2\ Q3\ T$.

b) Der Zielzustand des einzigen Pseudozustands 000 der Zähler ist wegen E1 bis E3
   zu 100 der Zustand k = 1.

c) 74132, 7408, 3 × 7473; Abb. L25.4.2:

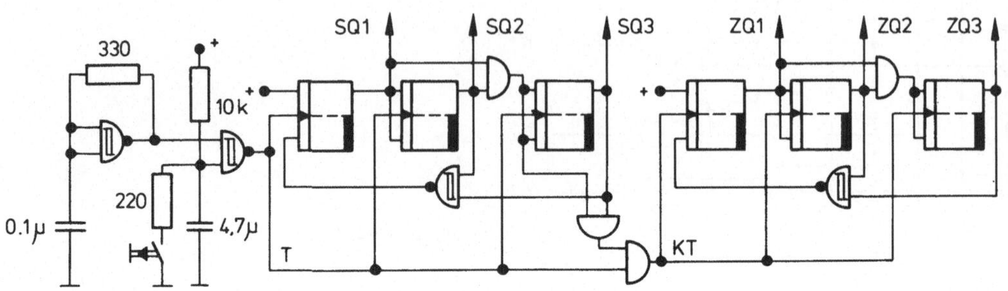

Abb. L25.4.2

d) P = 100 + 75 + 3 × 100 ≈ 475 mW.   T und KT treiben je 6 TTL-Eingänge;
   Q1,Q2,Q3 in S 3,2,2 und in Z 3,2,1.   Max. zul. I_{QL} = -11 mA.   .

25.5

Für Q1,Q2,Q3 ist gleich 0,1,0 gilt D3 = $\overline{Q2}$, sonst aber D3 = Q2. Mit den Wertigkei-
ten 2^0 für Q5 bis 2^4 für Q1 lassen sich k-Zahlen zuordnen, die in einem Zustandsdiagramm, Abb. L25.5.1, eingetragen werden, sobald man eine Übergangstabelle erstellt hat.

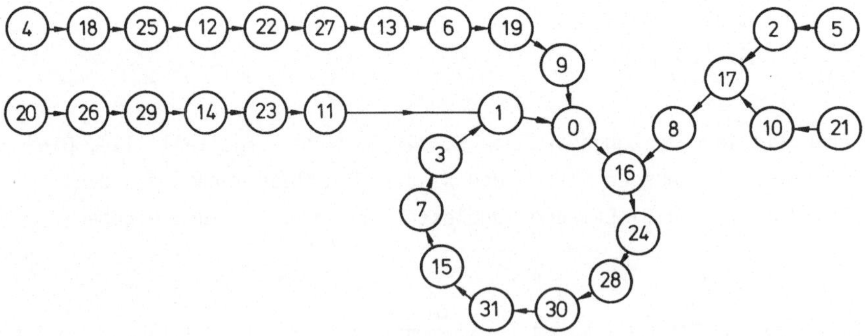

Abb. L25.5.1

25.6
Abb. 25.6.1:

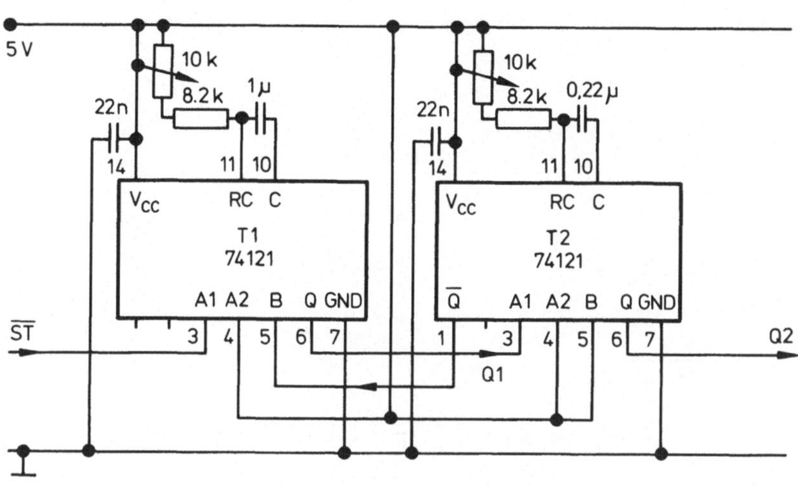

Abb. L25.6.1

25.7
Eine von verschiedenen Lösungsmöglichkeiten zeigt die Abb. L25.7.1:

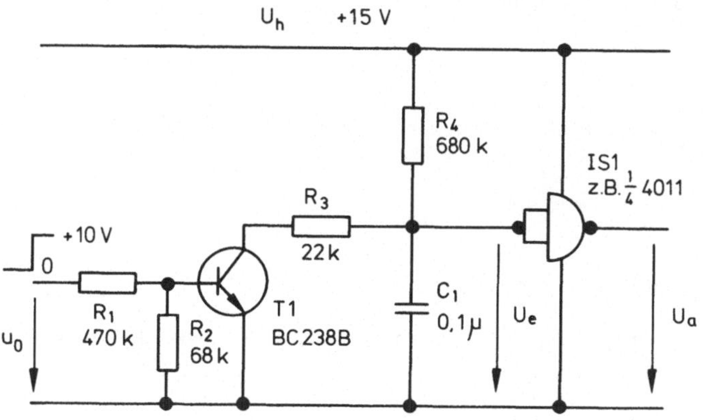

Abb. L25.7.1

Die Aufladezeit für den Kondensator C1 muß so groß sein, daß die Spannung U_e nach 30 ms noch nicht auf den Umschaltwert des nachgeschalteten Bausteins ($\approx \frac{U_h}{2} = 7,5$ V bei CMOS-Gatter) angewachsen ist, nach 70 ms diesen Wert jedoch überschritten hat.

Die Entladezeit muß so klein sein, daß der Kondensator C1 innerhalb von 10 ms vollständig entladen wird.

$$\text{Hochladung:} \quad U_e = U_h (1 - e^{-\frac{t}{\tau}}) \quad \longrightarrow \quad \tau = \frac{t}{\ln \dfrac{1}{1 - \dfrac{U_e}{U_h}}}$$

Bedingung 1: $t_1 = 30$ ms; $U_e < 7,5$ V $\longrightarrow$ $\tau > 43,3$ ms

Bedingung 2: $t_2 = 70$ ms; $U_e > 7,5$ V $\longrightarrow$ $\tau < 101$ ms

Gewählt: $\tau \approx \sqrt{43,3 \cdot 101}$ ms ≈ 66 ms

Realisierung z.B. mit C1 = 100 nF $\longrightarrow$ $R4 = \dfrac{66 \text{ ms}}{100 \text{ nF}} = 6,6 \cdot 10^5$ Ohm

$$\text{gewählt:} \quad R4 = 680 \text{ kOhm}$$

$$\text{Entladung:} \quad U_e = U_h \cdot e^{-\frac{t}{\tau}} \quad \longrightarrow \quad \tau = \frac{t}{\ln \dfrac{U_h}{U_e}}$$

bei "vollständiger" Entladung auf z.B. 2 % des Endwertes nach 10 ms:

$\tau = \dfrac{10 \text{ ms}}{\ln 50} = 2,5$ ms;   bei C1 = 100 nF $\longrightarrow$ $R3 = \dfrac{2,5 \text{ ms}}{100 \text{ nF}} = 2,5 \cdot 10^4$ Ohm

$$\text{gewählt:} \quad R3 = 22 \text{ kOhm}$$

Transistor: $\hat{\imath}_c = \dfrac{U_h}{R3} = \dfrac{15 \text{ V}}{22 \text{ k}} \approx 0,7$ mA $\longrightarrow$ gewählt: z.B. T1 = BC 238 B

mit B $\approx$ 250 $\longrightarrow$ $I_{bmin} = \dfrac{0,7 \text{ mA}}{250} = 3$ µA

bei einem Übersteuerungsfaktor ü $\approx$ 3 $\longrightarrow$ $I_b = 10$ µA

frei gewählt: $I_{R2} \approx 10$ µA $\longrightarrow$ $I_{R1} = 20$ µA $\longrightarrow$ $R1 = \dfrac{9,3 \text{ V}}{20 \text{ µA}} = 4,65 \cdot 10^5$ Ohm

$$\text{gewählt:} \quad R1 = 470 \text{ kOhm}$$
$$\text{(evtl. auch 390 kOhm)}$$

$R2 = \dfrac{0,65 \text{ V}}{10 \text{ µA}} \approx 6,5 \cdot 10^4$ Ohm;   gewählt: R2 = 68 kOhm

25.8

Das Strukturschaltbild der einstufigen
Interface-Anordnung mit Eintrag der
errechneten Zahlenwerte ist in Abb.
L25.8.1 dargestellt.

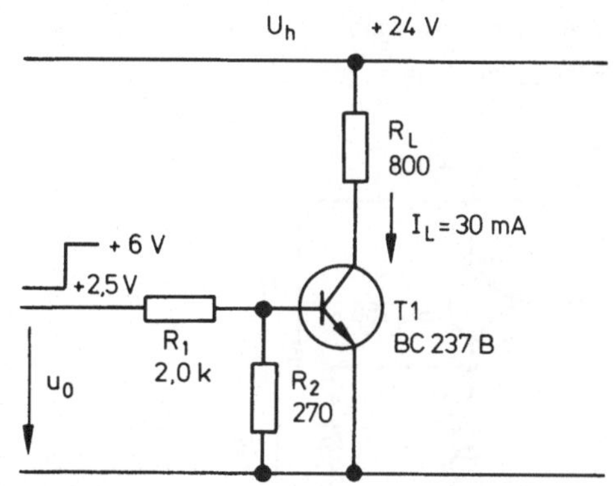

Abb. L25.8.1

Geeigneter Transistor:　BC 237 B (evtl. auch BC 238 B)　mit B = 300

bei　I_C = 30 mA und　I_{cb0} = 0,12 µA　bei 50°C

(aus Datenblatt)

$$R2 = \frac{\dfrac{U_{OH}}{U_{bea}} - \dfrac{U_{OL}}{U_{beL}}}{\dfrac{I_{b1}}{U_{bea}}\left(\dfrac{U_{OL}}{U_{beL}} - 1\right) + \dfrac{I_{cb0}}{U_{beL}}\left(\dfrac{U_{OH}}{U_{bea}} - 1\right)}$$

mit　$I_{b1min} = \dfrac{I_{c1}}{B_1} = 0,1$ mA　und　$I_{b1} = ü \cdot I_{b1min} \approx 0,3$ mA :

R2 = 0,265 kOhm;　gewählt: R2 = 270 Ohm

$$R1 = \frac{U_{OH} - U_{bea}}{I_{b1} + \dfrac{U_{bea}}{R2}} = 1,97 \text{ kOhm;} \quad \text{gewählt: } R1 = 2,0 \text{ kOhm}$$

Überprüfung U_{beL}:　$U_{beL} = \dfrac{R2}{R2 + R1} \cdot U_{OL} = 0,297$ V

25.9

Anzahl N der möglichen Noten zwischen 1,0 und 4,0:　N = 31

Nachrichtenmenge = Informationsgehalt I (in Bit):　$I = \text{ld } 31 = \dfrac{\lg 31}{\lg 2} = 4,954$ Bit

(Mindest-)Anzahl n der zur Beschreibung/Speicherung/Übertragung dieser Nachrichtenmenge notwendigen Stellen im Dualcode:　n = 5.

Die kleinste Redundanz ist　R = n - I = 0,046 Bit.

25.10

Die in der Aufgabenstellung beschriebene Schaltungsanordnung mit einem möglichen
Schutzschaltungszusatz ist in Abb. L25.10.1 dargestellt.

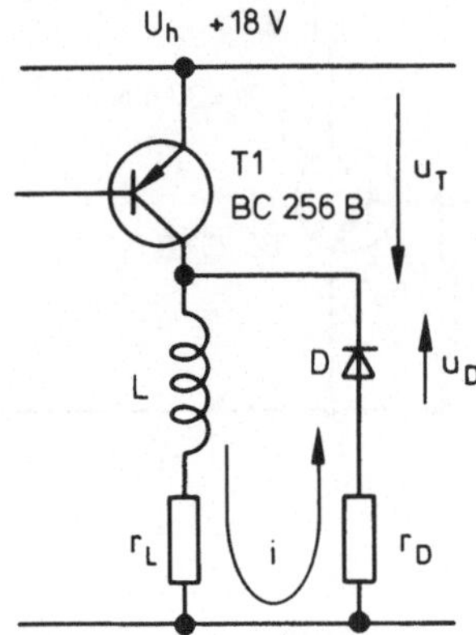

Abb. L25.10.1

Maximale Sperrspannung des Transistors BC 256 B: U_{ceo} = 64 V

Stationärer Laststrom: $I_L \approx \dfrac{U_h}{r_L}$ = ... = 40 mA

Nach dem Abschalten des Transistors gilt (Maschenregel):

$$u_T - I_L \cdot r_D - U_D = U_h \quad\longrightarrow\quad r_{Dmax} = \frac{\hat{u}_T - U_h - U_D}{I_L} = \dots = 1,1 \text{ kOhm};$$

gewählt: r_D = 1 kOhm

$$\text{Abklingzeit auf 15 \%:}\quad i = I_L \cdot e^{-\frac{t}{\tau}} \quad\longrightarrow\quad t = \tau \cdot \ln\frac{I_L}{i}$$

$$= \frac{L}{r_L + r_D} \cdot \ln\frac{1}{0,15} = 0,26 \text{ ms}$$

25.11

Die resultierende Gesamt-Anstiegszeit einer Impulsflanke mit der Anstiegszeit t_{r1}
nach Durchgang durch Übertragungsglieder, die einen Signalsprung mit $t_r = 0$ am
jeweiligen Eingang auf t_{r2}, t_{r3} zum Ausgang hin vergrößern, ist

$$t_{rg} \approx \sqrt{\sum_k t_{rk}^2} = \sqrt{t_{r1}^2 + t_{r2}^2 + t_{r3}^2 + \dots}$$

hier:

$$t_{r1}^2 = t_{rg}^2 - t_{r2}^2 - t_{r3}^2 - \dots = 92 \ (\text{ns})^2$$

$$t_{r1} = 9,6 \text{ ns}$$

25.12

Damit bei nichtleitendem Transistor T1 der Zustand LOW am Eingang des TTL-Gatters
tatsächlich LOW bleibt, darf der (aus dem Eingang des TTL-Gatters herausfließende)
Eingangsstrom I_e an R3 höchstens den Spannungswert U_{eLmax} hervorrufen:

Mit den Werten U_{eLmax} = 0,8 V und I_e = 1,6 mA aus dem Datenblatt "TTL-Bausteine"
ergibt sich:

$$R_{3max} = \frac{U_{eLmax}}{I_e} = \frac{0,8 \text{ V}}{1,6 \text{ mA}} = 0,5 \text{ k}\Omega$$

Gewählt: R_3 = 470 Ω (Normwert E 6)

Mit R_3 = 470 Ω folgt:

$$I_{C1} = \frac{U_h - U_{Sat}}{R_3} \approx \frac{U_h}{R_3} = \frac{5 \text{ V}}{470 \text{ }\Omega} \approx 10,6 \text{ mA}$$

25.13

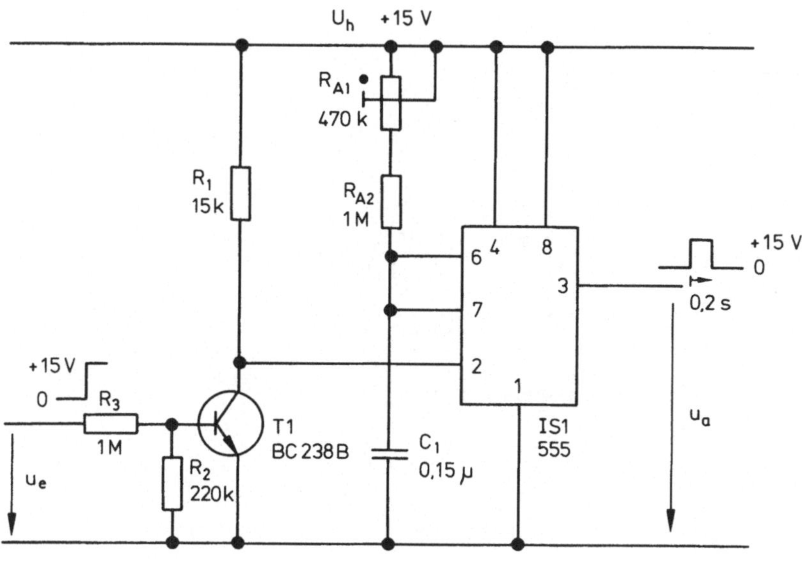

Abb. L25.13.1

Eine Realisierungsmöglichkeit (einschließlich einer geeigneten Triggerschaltung)
zeigt Abb. L25.13.1. Die Ermittlung der Werte im einzelnen:

Mit $I_6 < 0{,}25$ µA (aus Datenblatt zum Baustein 555) folgt:

$$I_{RA} \approx 10 \cdot I_{R6max} = 2{,}5 \text{ µA}$$

$$R_{Amax} \approx \frac{U_h - U_{6k}}{I_{RA}} \qquad \text{mit } U_{6k} = \text{Kippwert der Spannung am Pin 6}$$

$$(= \text{threshold voltage})$$

$$R_{Amax} = \frac{15\,V - \frac{2}{3}\,15\,V}{2{,}5 \text{ µA}} = 2 \text{ M}\Omega$$

Aus $t_e = R_A \cdot C1 \cdot \ln 3$ folgt: $\quad C1 = \dfrac{t_e}{R_A \cdot \ln 3}$

$$\longrightarrow C1_{min} = \frac{t_{emax}}{R_{Amax} \cdot \ln 3} = \frac{1{,}1 \cdot 0{,}2\,s}{2 \text{ M}\Omega \cdot \ln 3} \approx 1 \cdot 10^{-7} \text{ F} = 0{,}1 \text{ µF}$$

Gewählt: C1 zunächst 0,1 µF

$$R_{A1} + R_{A2} = \frac{t_{emax}}{C1 \cdot \ln 3}$$

$$R_{A1} = \frac{t_{emin}}{C1 \cdot \ln 3}$$

$$R_{A2} = \text{Potentiometer} = \frac{t_{emax} - t_{emin}}{C1 \cdot \ln 3} = \frac{0{,}24\,s - 0{,}16\,s}{0{,}1 \text{ µF} \cdot \ln 3}$$

$$= 7{,}28 \cdot 10^5 \ \Omega = 728 \text{ k}\Omega$$

$$R_{A1} = \frac{0{,}16\,s}{0{,}1 \text{ µF} \cdot \ln 3} = 1{,}45 \cdot 10^6 \ \Omega = 1{,}45 \text{ M}\Omega$$

Endgültig gewählt:

$\quad R_{A2} = 470$ kΩ (= nächstniedrigerer Potentiometer-Normwert, E3)

$\quad R_{A1} = \dfrac{470}{728} \cdot 1{,}45$ MΩ = 0,936 MΩ $\longrightarrow$ $R_{A1} = 1$ MΩ

$\quad C1 = \dfrac{728}{470} \cdot 0{,}1$ µF = 0,155 µF $\longrightarrow$ $C1 = 0{,}15$ µF (= nächstliegender Wert
$\qquad\qquad\qquad\qquad\qquad\qquad\qquad\qquad\qquad\qquad\qquad$ der Reihe E12)

Tatsächlich sich ergebender Einstellbereich der Eigenzeit:

$$t_{emin} = R_{A1} \cdot C1 \cdot \ln 3 \qquad\qquad = 0{,}165 \text{ s}$$

$$t_{emax} = (R_{A1} + R_{A2}) \cdot C1 \cdot \ln 3 = 0{,}242 \text{ s}$$

Triggerschaltung:

R_1 frei gewählt zu 15 kΩ ($\longrightarrow$ $I_{C1} = 1$ mA)

$\longrightarrow$ Transistor T1 gewählt: BC 238 B mit B1 $\approx$ 250 bei $I_C = 1$ mA (aus Datenblatt)

beim Übersteuerungsfaktor ü $\approx$ 3

$$\longrightarrow I_{b1} \approx \ddot{u}\,\frac{I_{c1}}{B1} = 3 \cdot \frac{1 \text{ mA}}{250} \approx 12 \text{ µA}$$

$$I_{R2} \text{ frei gewählt: } 3 \text{ µA} \longrightarrow R_2 = \frac{U_{bea}}{I_{R2}} = \frac{0{,}65 \text{ V}}{3 \text{ µA}} \approx 220 \text{ k}\Omega$$

gewählt: $R_2 = 220$ kΩ

$$\longrightarrow I_{R3} = I_{R2} + I_{b1} = 15 \text{ µA} \longrightarrow R_3 = \frac{U_{eH} - U_{bea}}{I_{R3}} = \frac{15 \text{ V} - 0{,}65 \text{ V}}{15 \text{ µA}} \approx 0{,}96 \text{ M}\Omega;$$

gewählt: $R_3 = 1$ MΩ

25.14

Die Ziffernfolge 10101 bedeutet

- im Dualcode: $\qquad Z = 2^4 + 2^2 + 2^0 = 21$

- im BCD-Code: $\qquad Z = 2^0 \cdot 10^1 + (2^2 + 2^0) \cdot 10^0 = 15$

- im Sedezimalcode: $\quad Z = 16^4 + 16^2 + 16^0 = 65\ 793$

- im Graycode (gemäß Graycode-Tabelle bzw. Bildungsgesetz):
$$Z = 25$$

<u>25.15</u>

Spannungsverlauf an den Stellen E; A1; A2; X (Abb. L25.15.1)

a) beim Übergang LOW $\longrightarrow$ HIGH   b) beim Übergang HIGH $\longrightarrow$ LOW

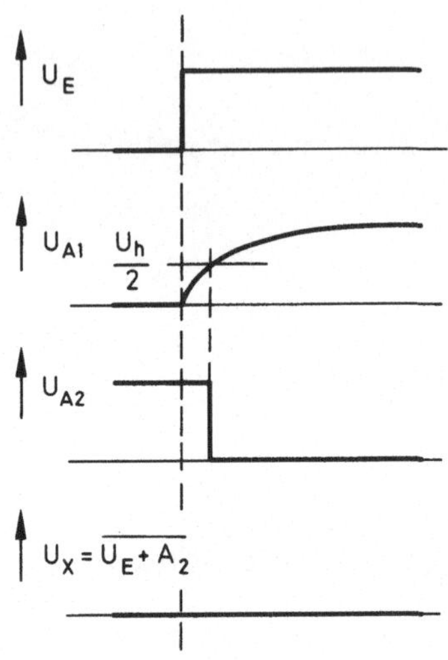
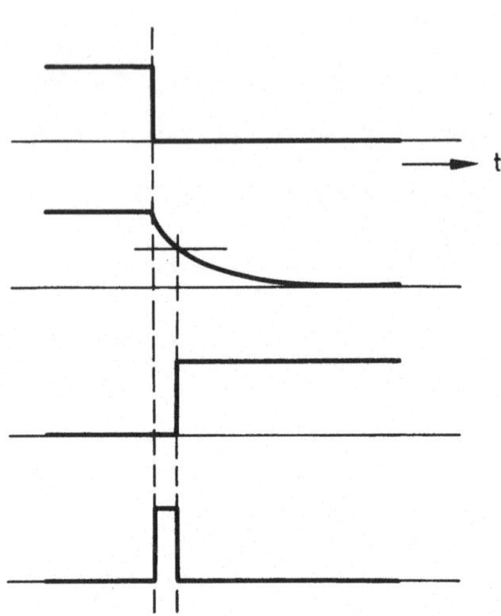

Abb. L25.15.1

Ergebnis in Worten: Die Schaltung erzeugt einen die absteigende Signalflanke reprä-
sentierenden positiven Impuls (die ansteigende Flanke wird unterdrückt). Wird als
Gatter eine CMOS-Schaltung angenommen mit einem Übergangswert von etwa $U_h/2$, so
bekommt der Ausgangsimpuls bei den angegebenen Bauteilewerten etwa die Breite
$t \approx R \cdot C \cdot \ln 2 = 10\,k \cdot 100\,p \cdot \ln 2 \approx 0,7\ \mu s$.

<u>25.16</u>

Der Baustein SN54LS353/SN74LS353 ist als "Dual 4-line-to-1-line Data Selector/Multi-
plexer with 3-state outputs" ausgewiesen, zu deutsch: zweifacher 4×1-Schalter (bzw.
Multiplexer) mit Drei-Status-Ausgang.

Schaltkontakt-Äquivalent: Abb. L25.16.1.

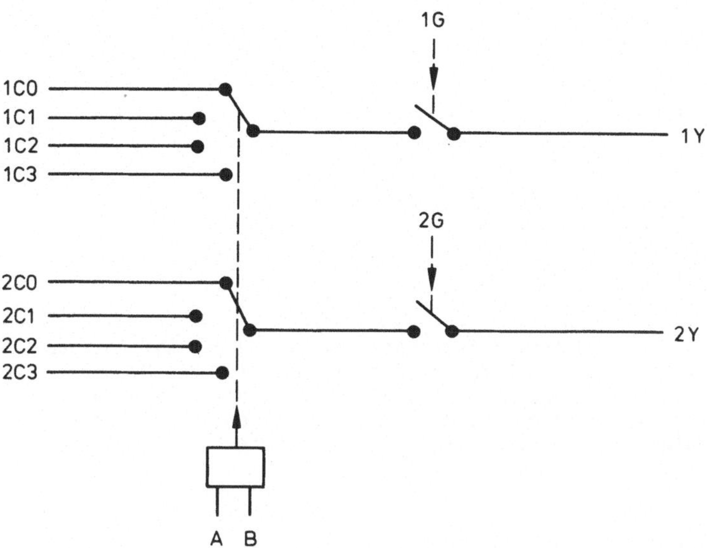

Abb. L25.16.1

Als 8-line-to-1-line-Multiplexer geschaltet: Die Zusammenschaltung der Ausgänge
1Y und 2Y und wahlweise Aktivierung über die Tristate-Steuerung 1G und 2G zeigt
Abb. L25.16.2.

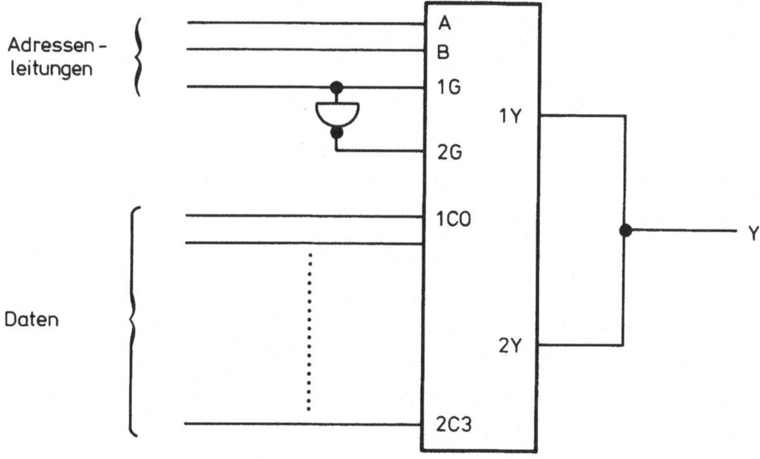

Abb. L25.16.2

26. Mikrocomputer

Walter Kuntz

Fachbereich Ingenieur-Informatik

Strukturen von CPUs und Mikrocomputern, Befehlssatz, Bausteine des Systems 8085, Peripherie-Anschluß, Interfacetechnik. Entwurf: Decodierung, IO- und Memory-Mapping, Zeitverhalten. Einchip-Mikrocomputer. 16-Bit-Prozessoren. Erhöhung von Zuverlässigkeit und Sicherheit: Hardware- und Softwaremaßnahmen, Selbstreparatur, Ferndiagnose. Rechnerkopplung: Bus-Systeme, Multi-Mikrocomputer. Entwicklungs- und Testverfahren.

Zugelassene Hilfsmittel für die Prüfungsaufgaben 26.1 bis 26.8: beliebige Hilfsmittel

Aufgaben

26.1

ROM-Test: Der Inhalt des 8-Bit-ROM-Speichers zwischen den 16-Bit-Adressen ANFAD und ENDAD (beide einschließlich) wird in der Zelle ENDAD+1 durch das Zweierkomplement der Summe modulo 2^8 aller Byte ergänzt. Die Summe modulo 2^8 zwischen ANFAD und ENDAD+1 über alle Byte ergibt im fehlerfreien Fall Null. Das zu entwickelnde Unterprogramm (Prozessor 8085) endet im fehlerfreien Fall mit RETURN, sonst mit HALT.

Geben Sie Flußdiagramm und Assembler-Programm an. Die Adressen ANFAD und ENDAD+1 werden in den Registerpaaren HL bzw. DE übergeben.

26.2

Stackpointer-Kontrolle: Ein Mikrocomputer mit dem Prozessor 8085 hat einen Stack-Speicher (Kellerspeicher) ab der Adresse FFFFH abwärts. Je mehr Daten auf dem Stack gespeichert werden, desto mehr wächst er in Richtung zum eigentlichen RAM-Speicher, so daß die Gefahr besteht, daß sich beide Bereiche in unzulässiger Weise überschneiden.

Geben Sie ein Assembler-Unterprogramm an, das feststellt, ob der Inhalt des Stackpointers eine bestimmte untere Grenze SPMIN erreicht hat: (SP) $\leq$ SPMIN?

Ja: RETURN mit CY = Ø; Nein: RETURN mit CY = 1.

Bestimmen Sie die Programmlaufzeit einschließlich des Aufrufs (T = 0,25 µs).

26.3

Netzausfall-Registerinhaltsrettung: Bei Netzausfall werde beim 8085-Prozessor ein
TRAP-Interrupt erzeugt. Sämtliche CPU-Registerinhalte einschließlich PC (jedoch
ohne Stackpointer und Interrupt-Flipflop) werden in ein CMOS-RAM ab Adresse SAVE
gespeichert. Die Speicherbelegung kann wahlweise aufwärts oder abwärts ab SAVE
erfolgen. Der Zeitbedarf darf 0,1 ms nicht überschreiten (T = 0,25 μs). Nach RESET
bei Spannungswiederkehr wird der unterbrochene Zustand wiederhergestellt. Zum
Schluß soll (SP) = STACKA sein.

Geben Sie beide Assembler-Programme mit Kommentaren an. Ein Speicher-Belegungsplan
für den Stack-Speicher und CMOS-Speicher ist hilfreich.

26.4

USART-Test: Die Serienschnittstelle (USART 8251A, Prozessor 8085) ist dadurch zu
testen, daß der Serienausgang TxD mit dem Serieneingang RxD durch einen Steuer-
ausgang des USARTs verbunden wird.

Es ist eine geeignete Umschaltvorrichtung anzugeben. Sämtliche ASCII-Zeichen von
ØØH bis 7FH einschließlich werden im asynchronen Mode einmal übertragen. Der USART-
Status wird durch Polling geprüft. Anzugeben sind Flußdiagramm und Assembler-Pro-
gramm. Die USART-Initialisierung gilt als bereits erfolgt. Definieren Sie geeignete
Unterprogramme.

26.5

Analog-Digitalumsetzer: Es ist ein 8-Bit-Analog-Digitalumsetzer für eine Eingangsspannung $0\,V \leq U_e \leq 5\,V$ nach dem Verfahren "Bit at a Time" (= sukzessive Approximation) mittels eines Mikrocomputers 8085 sowie eines 8-Bit-Digital-Analogumsetzers
zu entwerfen. Der DAU ist dual codiert und liefert eine Ausgangsspannung $0\,V \leq U_a$
$\leq 5\,V$. Die Verschiebung der Eingangsspannung um 1/2 Quant zur Minimisierung des
Quantisierungsfehlers braucht nicht berücksichtigt zu werden.

Geben Sie Stromlaufplan mit Erläuterung, Flußdiagramm und Assembler-Unterprogramm
an. Der umgesetzte Wert wird in der RAM-Zelle RESULT abgelegt. Das Unterprogramm
darf keine CPU-Registerinhalte zerstören. Geben Sie die Umsetzungszeit für $U_e = 0\,V$
einschließlich des Aufrufs an (T = 0,25 μs).

26.6

Entwurf mit Einchip-Mikrocomputer: Es ist ein Gerät hardwaremäßig zu strukturieren
und zu beschreiben, das folgende Eigenschaften besitzt:

- Zwei Analogeingänge 0 bis 5 V $\left.\right\}$ Zeitkonstante: Sekunden
- Einen Analogausgang 0 bis 5 V $\left.\right\}$ Auflösung: 8 Bit
- Tastatur mit 16 Tasten
- LCD-Anzeige mit 4 Stellen, 7-Segment
- Uhrzeit Stunden/Minuten, softwaremäßig zu bilden
- Sicherheitserhöhende Maßnahmen sind unter Berücksichtigung wirtschaftlicher
  Gesichtspunkte vorzusehen.

26.7

Peripherie-Anschluß: Der Prozessor 8085 übergibt Daten byteweise über Port A des
PPI 8255A an ein Peripheriegerät nach dem Handshake-Verfahren. Geben Sie das Zeitdiagramm mit Erläuterungen an.

Der Mikrocomputer gibt den Inhalt des Speicherbereiches zwischen den Adressen ANFAD
(in Registerpaar HL) und ENDAD (in Registerpaar DE) an das Peripheriegerät aus.
Gesucht sind die Flußdiagramme für die Polling- und Interrupt-Version.

26.8

Ansteuerung eines 5-Phasen-Schrittmotors: Dieser Schrittmotor hat fünf Wicklungen
mit fünf Anschlüssen S_1 bis S_5 (Abb. 26.8.1).

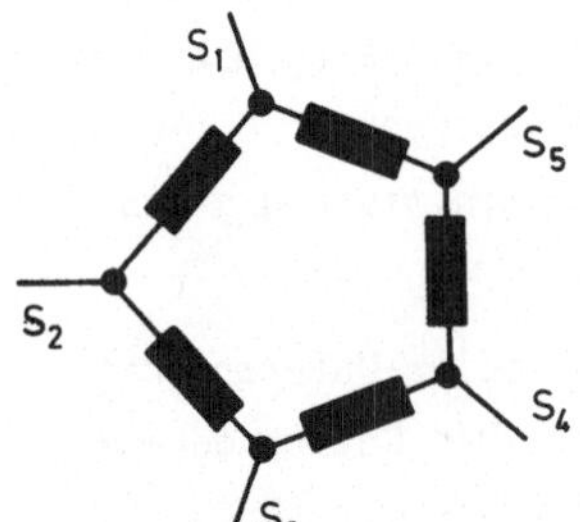

Abb. 26.8.1

Werden die Wicklungen gemäß dem Impulsdiagramm der Abb. 26.8.2 angesteuert, so
macht der Motor einen Schritt in Vorwärtsrichtung, wenn vom Zustand n in den Zustand n+1 übergegangen wird. Nach 10 Zuständen wiederholt sich das Impulsmuster.
Üblicherweise besitzt ein solcher Schrittmotor 500 Stellungen auf 360°.

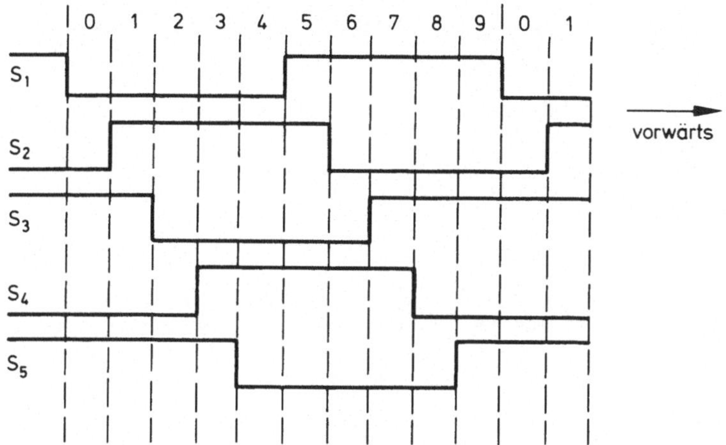

Abb. 26.8.2

Geben Sie ein Assembler-Unterprogramm (Prozessor 8085) an, das bei seinem Aufruf
an den Ausgängen Ø bis 5 eines Parallel-Interface-Bausteins 8255A das genau nachfolgende Impulsmuster für einen Vorwärtsschritt erzeugt. Das Unterprogramm darf
keine Registerinhalte zerstören. Der momentane Zustand Ø bis 9 wird zweckmäßigerweise im RAM gespeichert. Die 10 Impulsmuster werden als Tabelle im ROM abgelegt.
Ausgangsbelegung gemäß Abb. 26.8.3.

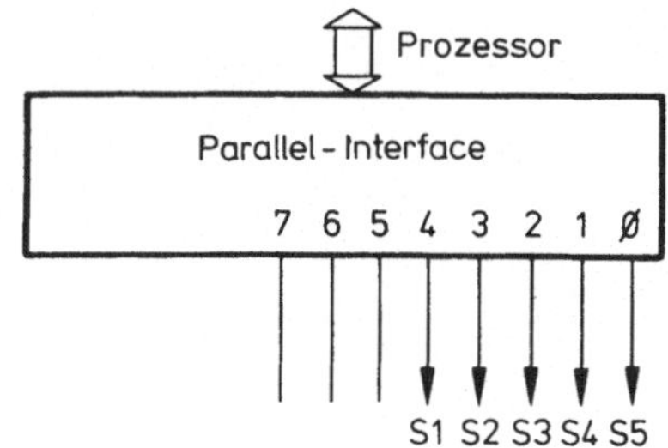

Abb. 26.8.3

Literatur

[1] Schmidt V (1978) Digitalschaltungen mit Mikroprozessoren. Teubner, Stuttgart
[2] Richard B (1980) Datenverarbeitung mit Mikroprozessoren. Teil 1: Hardware.
    Hanser, München
[3] Flik T (1982) 16-Bit-Mikroprozessorsysteme. Springer, Berlin Heidelberg New York

Lösungen

<u>26.1</u>

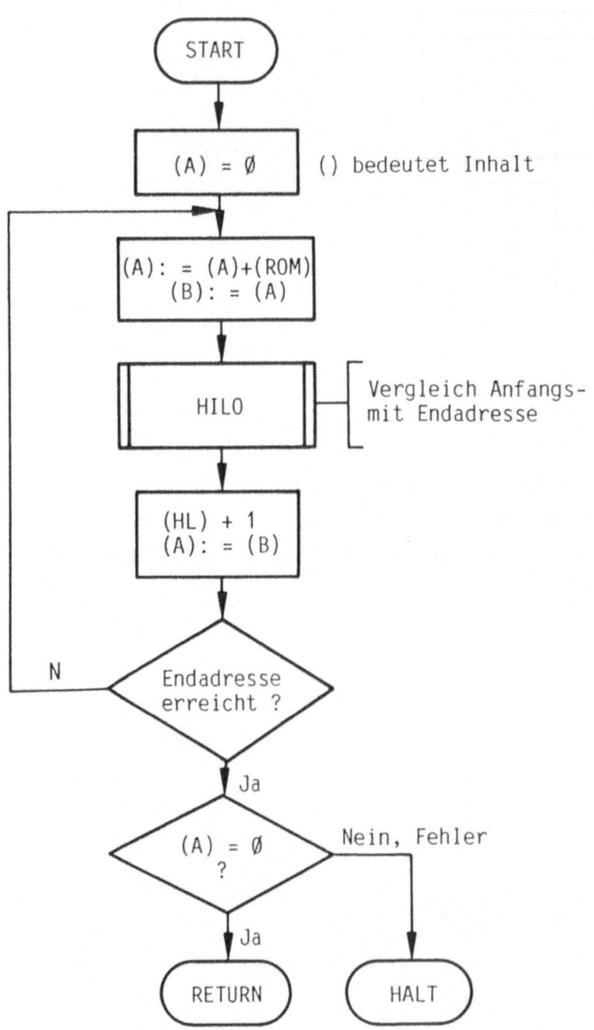

Abb. L26.1.1

```
 1              ;***************************
 2              ;* PROGRAMM FUER ROM - TEST *
 3              ;***************************
 4  ;
 5  ;
 6  ;
 7                              ;ZERSTOERTE REGISTERINHALTE
 8                              ;AKKU, FLAGS, REG B U. C
 9                              ;ANFANGSADRESSE IN H,L - REG.
1Ø                              ;ENDADRESSE      IN D,E - REG.
11  ;
12  ;
13  ROMTST: SUB A               ;(A)=Ø
14  ;
15  SUMME:  ADD M               ;SUMME IN A
16          MOV B,A             ;SPEICHERN
17          CALL HILO           ;(REG.-PAAR H) = (REG.-PAAR D) ?
18          INX H               ;NAECHSTE ADRESSE
19          MOV A,B
2Ø          JNZ SUMME           ;SPRUNG, FALLS ENDADRESSE NICHT ERREICHT
21          ORA A               ;SUMME = Ø ?
22          RZ                  ;KEIN FEHLER
23          HLT                 ;FEHLER
24  ;
25  ;
26                              ;AUFRUFENDES PROGRAMM TESTET ZERO FLAG
27                              ;REGISTERPAARVERGLEICH REG.-PAAR H
28                              ;UND REG.-PAAR D
29                              ;GEAENDERTE REGISTERINHALTE: PSW
3Ø  ;
31  HILO:   MOV A,L             ;
32          CMP E               ;
33          RNZ                 ;UNGLEICH: RETURN MIT ZERO-FLAG GELOESCHT
34          MOV A,H
35          CMP D
36          RET                 ;UNGLEICH: ZERO-FLAG GELOESCHT
37                              ;  GLEICH: ZERO-FLAG GESETZT
38          END
```

Abb. L26.1.2

<u>26.2</u>

Es wird das Einerkomplement von SPMIN gebildet und zum Stackpointer-Inhalt addiert
(Befehl DAD SP). Beispiel: SPMIN = FØØØH.

```
        a) (SP) = FØØØH
           ØØØØ 1111 1111 1111    Einerkompl.
         + 1111 ØØØØ ØØØØ ØØØØ    (SP)
CY = Ø     1111 1111 1111 1111

        b) (SP) = EFFFH
           ØØØØ 1111 1111 1111    Einerkompl.
         + 111Ø 1111 1111 1111    (SP)
CY = Ø     1111 ØØØØ ØØØØ ØØØØ

        c) (SP) = FØØ1H
           ØØØØ 1111 1111 1111    Einerkompl.
         + 1111 ØØØØ ØØØØ ØØØ1    (SP)
CY = 1     ØØØØ ØØØØ ØØØØ ØØØØ
```

Hinweis: Statt SPMIN kann man auch dessen Einerkomplement direkt im Programm verwenden und kann die Programmlaufzeit verkürzen.

Programmlaufzeit: 72 States mal 0,25 μs = 18 μs. Abb. L26.2.1 zeigt das Assembler-
Programm. Aufruf: CALL SPCON.

```
        ;*****************************
        ;* PROGRAMM ZUR KONTROLLE DES *
        ;*       STACKPOINTERS        *
        ;*****************************


                        ;VERAENDERTE REGISTER
                        ;AKKU, FLAGS, H, L

SPCON:  LXI H,SPMIN

        MOV A,L         ;EINERKOMPLEMENT
        CMA             ;BILDUNG
        MOV L,A         ;  "
        MOV A,H         ;  "
        CMA             ;  "
        MOV H,A         ;  "
        DAD SP          ;(HL) < - (HL) + (SP)
        RET

        END
```

Abb. L26.2.1

<u>26.3</u>

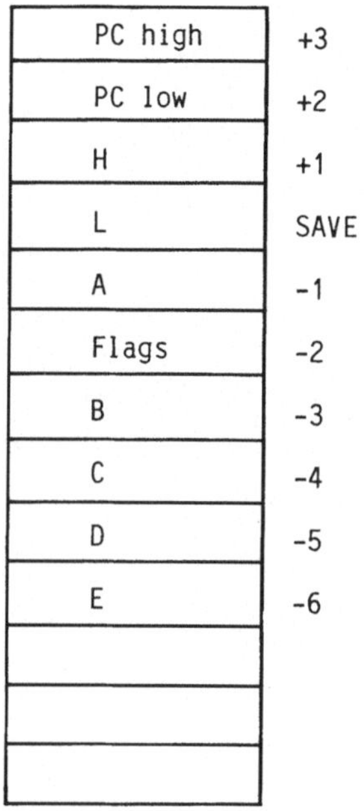

<table>
<tr><td>PC high</td><td>+3</td></tr>
<tr><td>PC low</td><td>+2</td></tr>
<tr><td>H</td><td>+1</td></tr>
<tr><td>L</td><td>SAVE</td></tr>
<tr><td>A</td><td>-1</td></tr>
<tr><td>Flags</td><td>-2</td></tr>
<tr><td>B</td><td>-3</td></tr>
<tr><td>C</td><td>-4</td></tr>
<tr><td>D</td><td>-5</td></tr>
<tr><td>E</td><td>-6</td></tr>
</table>

CMOS-RAM nach
Beendigung
der Interrupt-
Service-Routine

Abb. L26.3.1

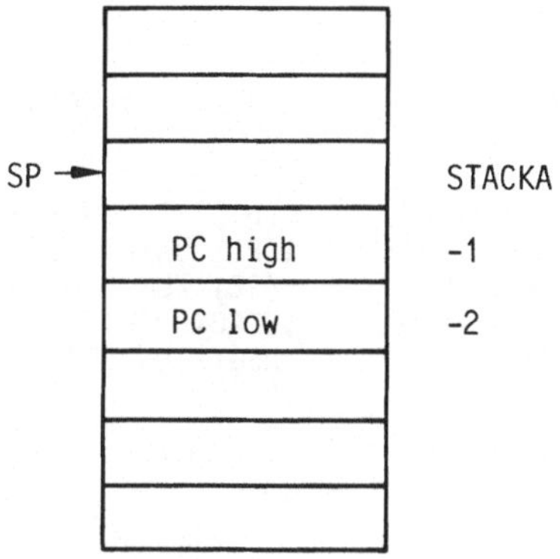

SP →

PC high	-1
PC low	-2

STACKA

Stack-Speicher
nach Beendigung
der Wiederanlauf-
Routine

Abb. L26.3.2

Dem TRAP-Interrupt ist die Adresse 24H zugeordnet. Dort steht der Sprung-Befehl zur Service-Routine Abb. L26.3.3. Aus ihr läßt sich die Speicher-Belegung im CMOS-RAM nach Abb. L26.3.1 ableiten. Die Service-Routine endet mit HLT. Ohne Berücksichtigung der Latenzzeit bis zur Annahme des Interrupts dauert die Registerrettung 33 µs.

Nach Wiederkehr der Spannung wird die Routine Abb. L26.3.4 abgearbeitet. Der Inhalt des Programmzählers wird zum Stack-Speicher gebracht und mit RET in den Programmzähler PC geladen. Den Zustand des Stack-Speichers nach Beendigung der Wiederanlauf-Routine zeigt Abb. L26.3.2.

```
;***********************************
;* PROGRAMM ZUR NETZAUSFALLERKENNUNG *
;*       PER TRAP-INTERRUPT           *
;***********************************


ORG 24H
JMP PWRFL          ;24H = TRAP-ADRESSE

ORG PWRFL
SHLD SAVE          ;(H,L) IN CMOS-RAM SPEICHERN
POP H              ;(PC) UNTERBRECHUNGSADRESSE !
SHLD SAVE+2        ;(PC) ZUM CMOS-RAM
LXI SP,SAVE        ;STACKPOINTER LADEN
PUSH PSW           ;REGISTER RETTEN
PUSH B             ;"          "
PUSH D             ;"          "
HLT

END
```

Abb. L26.3.3


```
;*****************************
;* PROGRAMM FUER WIEDERANLAUF *
;*      NACH NETZAUSFALL       *
;*****************************


ORG ØØØØH

LXI SP,SAVE-6      ;SP LADEN.->LETZTE BELEGTE ZELLE
POP D             ;REGISTERINHALTE AUFSETZEN
POP B             ;"                "
POP PSW           ;"                "
POP H
POP H             ;(PC) VOM CMOS-RAM
SHLD STACKA-2     ;(PC) ZUM STACK
LXI SP,STACKA-2   ;
LHLD SAVE         ;(HL) AUS CMOS-RAM
RET               ;PC AUS STACK LADEN
                  ;(SP) DANN = STACKANFANG

END
```

Abb. L26.3.4

26.4

$\overline{RTS}$ ist ein Parallel-Ausgang des USARTs, der über das Kommando-Wort beeinflußt werden kann. Während des Tests ist der Serienausgang (Abb. L26.4.1) auf High-Potential,
der Serieneingang ist gesperrt. Das Programm (Abb. L26.4.4 und L26.4.5) ist lauf-
zeitüberwacht, damit im Fehlerfalle keine "unendliche Schleife" entsteht.

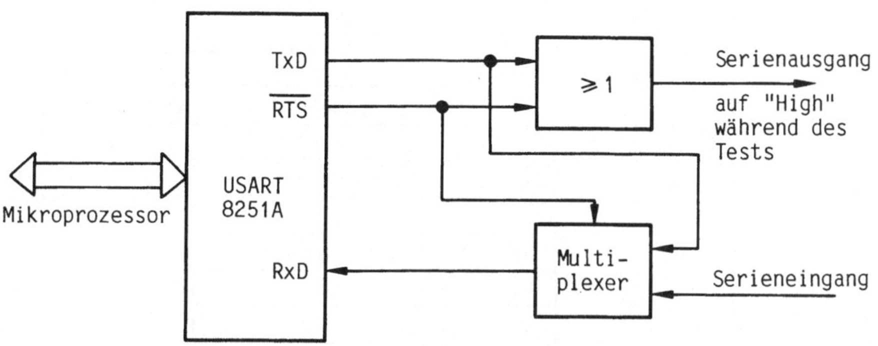

Abb. L26.4.1

Die Abb. L26.4.2 und L26.4.3 zeigen das Kommando-Wort und das Status-Wort.

TxEMPTY = 1 zeigt an, daß weder gesendet wird noch ein Datum zum Senden bereitsteht.
Erst wenn diese Forderung erfüllt ist, darf auf Test umgeschaltet werden.

Ist RxRDY = 1, ist ein Datum zum Lesen für den Prozessor bereit. Das Lesen führt
automatisch zu RxRDY = Ø.

Kommando-Wort

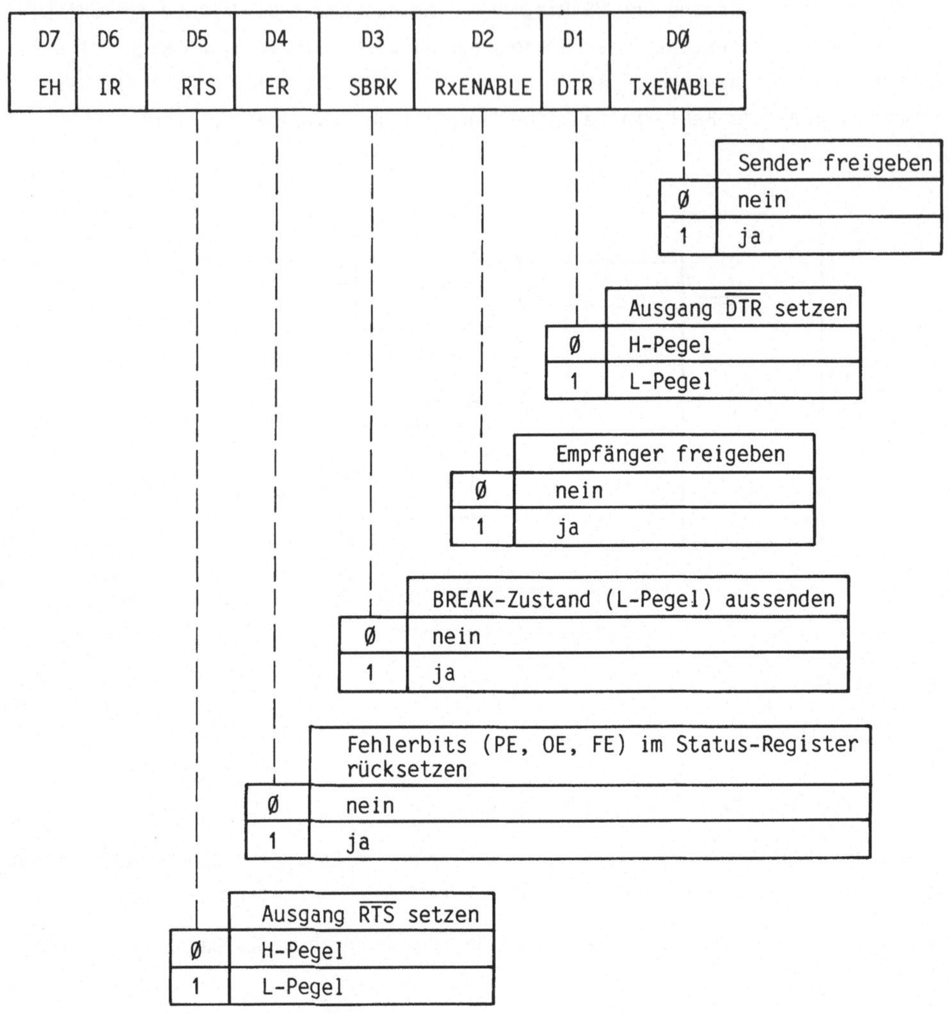

Abb. L26.4.2

Status-Wort

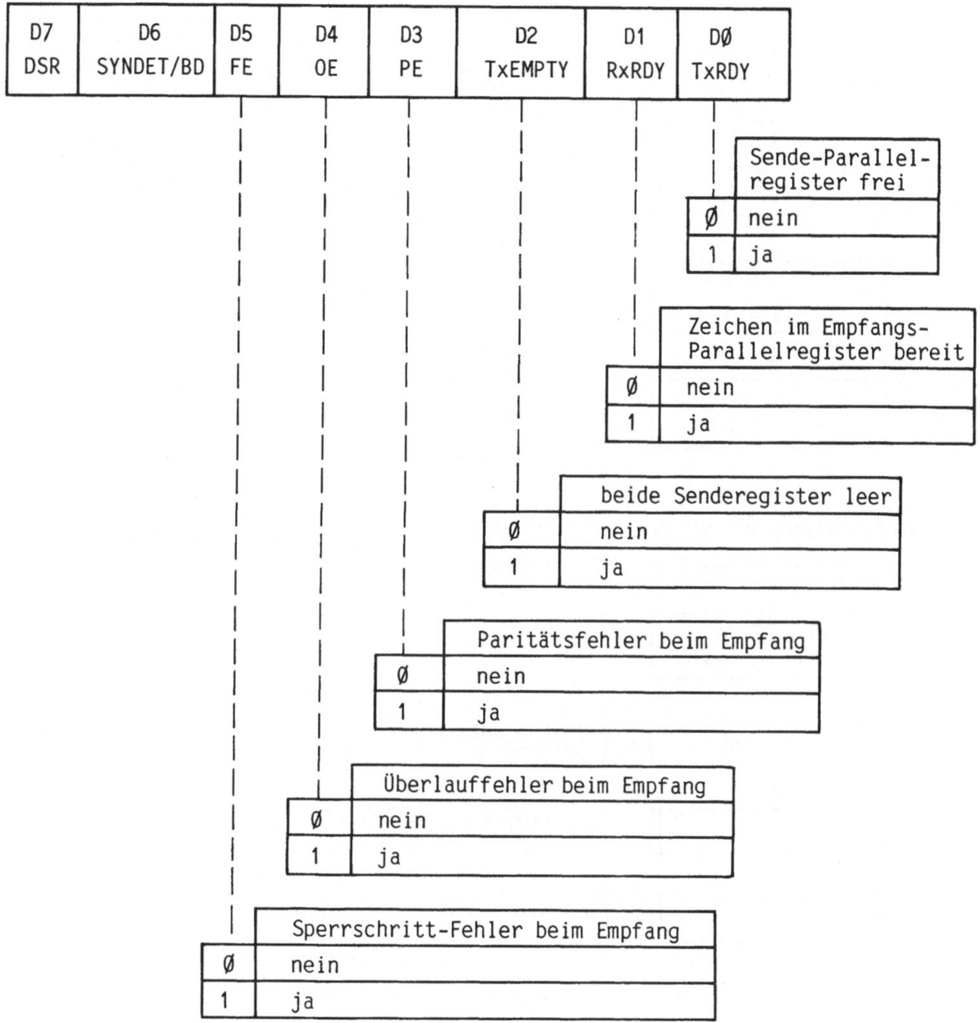

Abb. L26.4.3

CALL USTEST
START
Timer starten
Interrupt zulass.
Überwachung der
Programmlaufzeit
TXEMPTY
warten, bis Sendereg. leer
Testbetrieb
RTS = 1
Zeichen lesen
Status lesen
setzt RxRDY auf Ø
Ja
RxRDY = 1 ?
N
Error-Flags
rücksetzen
(C) = ØØ
erstes auszugebendes
Zeichen
CO
Polling-Ausgabe an USART
über Register C
CI
Polling-Eingabe vom USART
Übereinstimmung
?
N
FEHLER
Ja
Error-Flags
gesetzt ?
Ja
N
B
A

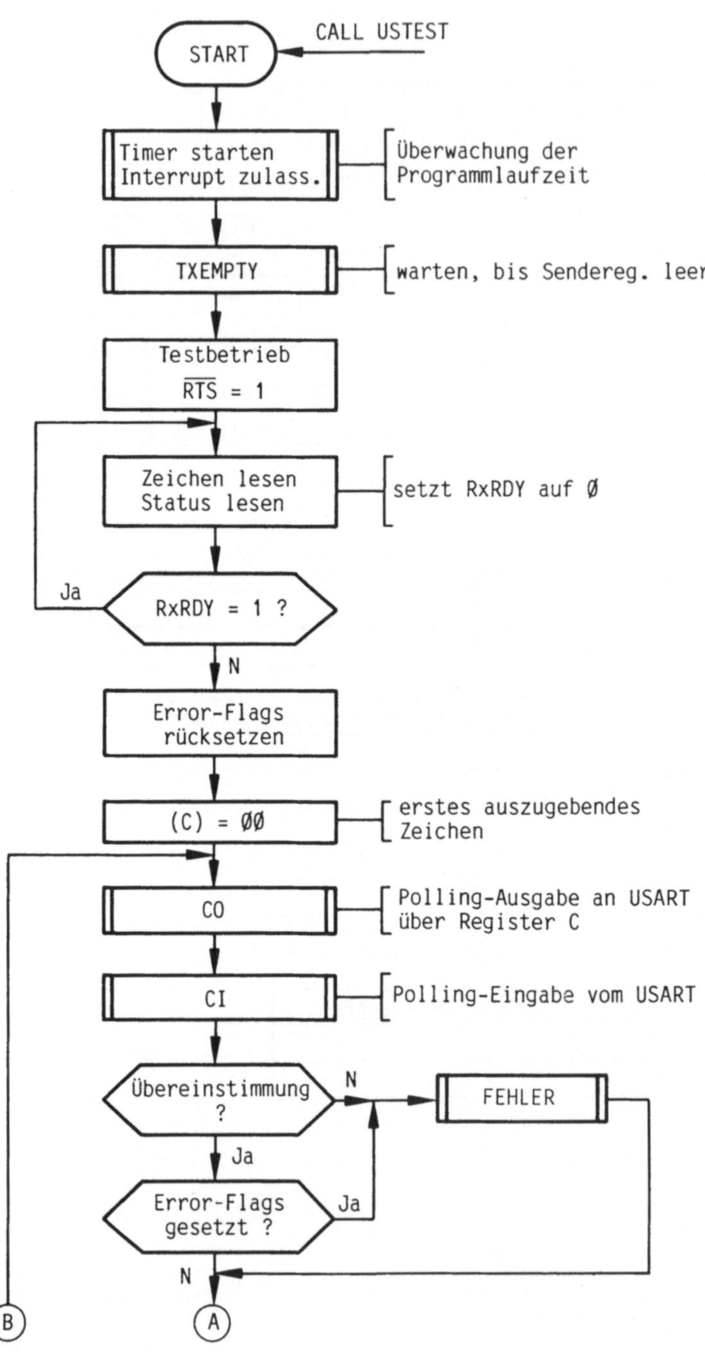

Abb. L26.4.4

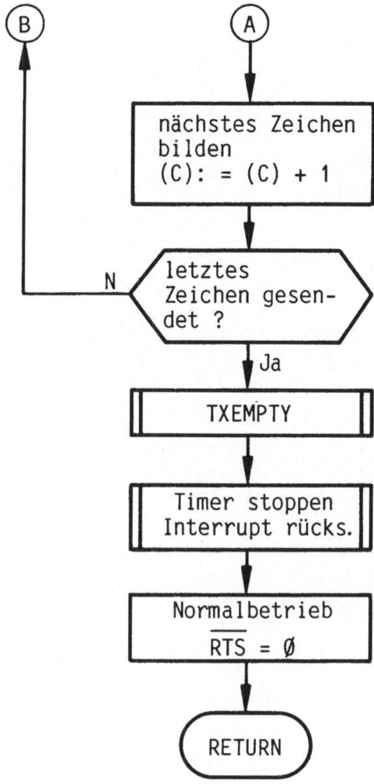

Abb. L26.4.4 (Fortsetzung)

```
;***************************
;* PROGRAMM FUER USART-TEST *
;*            8251 A        *
;***************************


                        ;CONUS = CONTROL PORT USART
                        ;DATUS = DATEN   PORT USART

USTEST: CALL MAXTIM     ;LAUFZEITUEBERWACHUNG
        CALL TXEMPTY    ;WARTEN BIS SENDEREGISTER LEER
        MVI A,Ø5H       ;RTS-NEG. = 1
        OUT CONUS       ;TESTMODUS

LEEREN: IN DATUS        ;ZEICHEN LESEN -> RXRDY = Ø
        IN CONUS        ;STATUS LESEN
        ANI Ø2H         ;
        JNZ LEEREN      ;RXRDY = 1 ?
        MVI A,15H
        OUT CONUS       ;ERROR FLAGS RUECKSETZEN
        MVI C,Ø         ;ERSTES ASCII-ZEICHEN

LOOP:   CALL CO         ;AUSGABE AN USART
        CALL CI         ;ZEICHEN IN AKKU
        CMP C           ;EIN- UND AUSGABE-
        CNZ FEHLER      ;VERGLEICH ?
        IN CONUS        ;STATUS LESEN
        ANI 38H
        CNZ FEHLER      ;ERROR-FLAGS GESETZT ?
        INR C           ;NAECHSTES ZEICHEN
        MVI A,8ØH
        CMP C
        JNZ LOOP        ;LETZTES ZEICHEN ?
        CALL TXEMPTY
        CALL STOPTI     ;TIMER STOPPEN
        MVI A,25H       ;AUF NORMALBETRIEB
        OUT CONUS       ;SCHALTEN RTS-NEG = Ø
        RET


                        ;AUSGABEROUTINE

CO:     IN CONUS        ;STATUS LESEN
        ANI Ø1H         ;TXRDY TESTEN
        JZ CO           ;POLLING: PUFFERREG. LEER ?
        MOV A,C         ;UEBERGABEREGISTER C
        OUT DATUS
        RET


                        ;EINGABEROUTINE

CI:     IN CONUS        ;STATUS LESEN
        ANI Ø2H         ;RXRDY TESTEN
        JZ CI           ;POLLING: ZEICHEN EMPFANGEN ?
        IN DATUS        ;ZEICHEN IM AKKU
        RET
```

Abb. L26.4.5

```
                               ;WARTEN BIS SENDEREGISTER LEER

TXEMPTY:IN CONUS               ;STATUS LESEN
        ANI Ø4H                ;TXEMPTY TESTEN
        JZ TXEMPTY
        RET


        END
```

Abb. L26.4.5 (Fortsetzung)

26.5

Beim Verfahren der sukzessiven Approximation wird die umzusetzende Spannung im ersten Schritt mit der halben maximalen Spannung des Digital-Analog-Umsetzers verglichen (Bitmuster 1ØØØ ØØØØ, DAU arbeitet im Dualcode). Ist die Eingangsspannung größer, wird eine 1, sonst eine Ø registriert. Eine einmal gewonnene Ergebnisstelle kann durch spätere Vergleiche nicht mehr verworfen werden. Register B bildet ein Schieberegister, das nacheinander die Bitmuster 1ØØØ ØØØØ, Ø1ØØ ØØØØ usw. bis ØØØØ ØØØ1 erzeugt. Nach acht Schritten ist die Umsetzung beendet.

Bei U_e = 0 V werden 728 States mal 0,25 µs = 182 µs Umsetzungszeit benötigt. Sie ist geringfügig von der umzusetzenden Spannung abhängig.

Abb. L26.5.1 zeigt das Blockschaltbild, Abb. L26.5.2 das Flußdiagramm und Abb. L26.5.3 das Assembler-Programm.

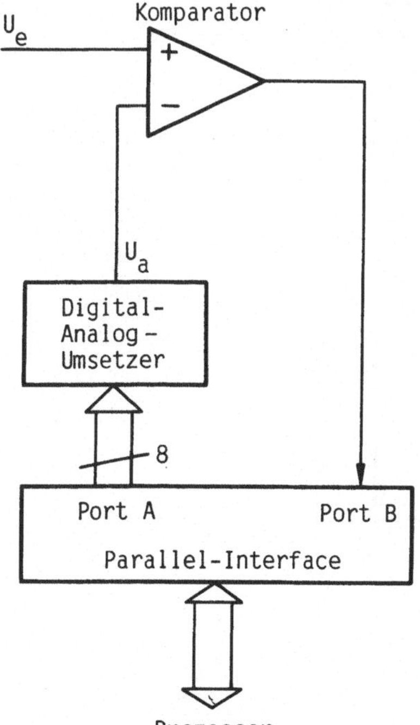

Abb. L26.5.1

CALL ADU
START
Registerinhalte retten
(C) = Ø
(B) = 8ØH
C = Ergebnisreg.
B = Schiebereg.
(D) ←— (C)
(C) ←— (C) v (B)
alten Wert retten
neuen Wert bilden
Ausgabe an PORT A
Lesen PORT B
Komparator ≙ Bit 7
Bit 7 = 1 ?
N
Ja
alten Wert herstellen
(B) rechtsschieb.
neues Bitmuster
CY = 1 ?
Ja
N
Ergebnis ← RESULT
Registerinhalte aufsetzen
RETURN

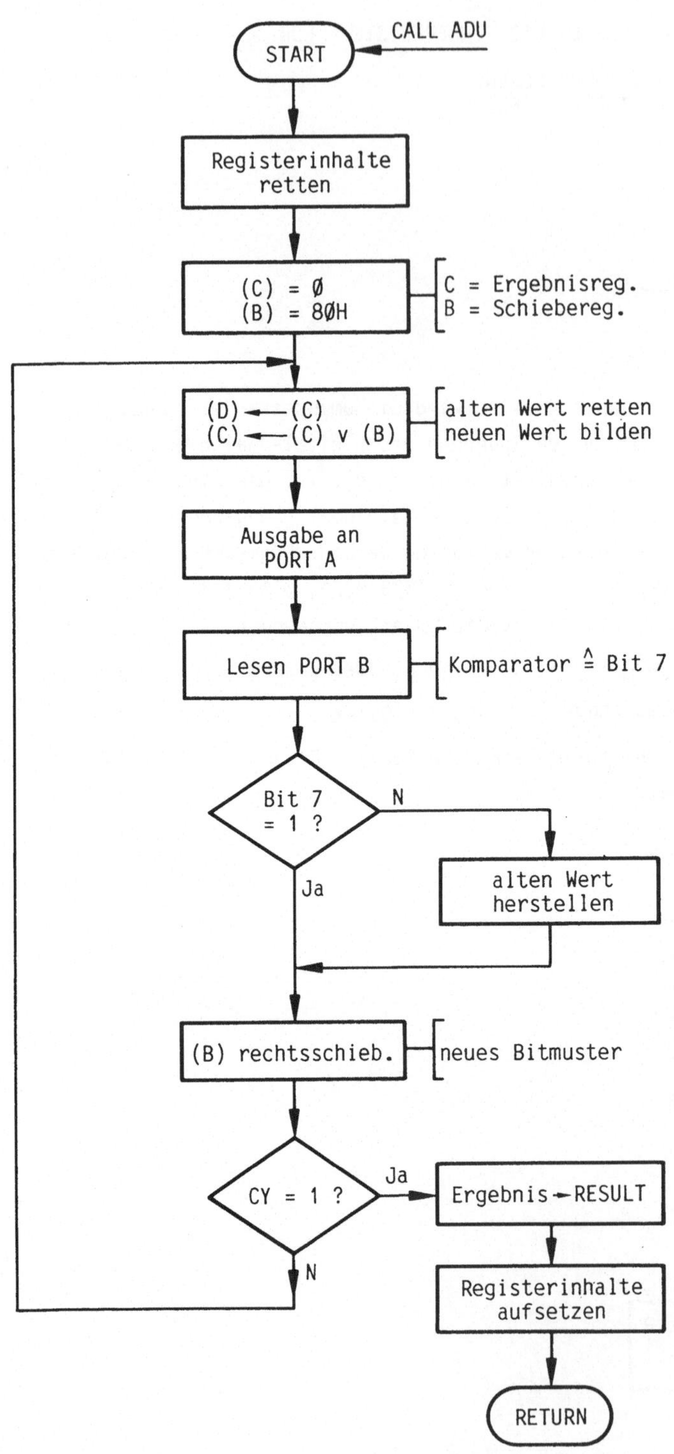

Abb. L26.5.2

```
                ;**************************************
                ;* PROGRAMM ZUR AD-UMSETZUNG MITTELS *
                ;*     DA-UMSETZERS UND PPI 8255      *
                ;**************************************


                            ;ZERSTOERTE REGISTERINHALTE: KEINE

ADU:    PUSH PSW            ;REGISTER
        PUSH B              ;RETTEN
        PUSH D

        MVI C,ØØH           ;ANFANGSWERT Ø
        MVI B,1ØØØØØØØB      ;ANFANGSMUSTER SCHIEBEREGISTER
LOOP:   MOV D,C             ;ALTEN WERT RETTEN
        MOV A,C
        ORA B
        MOV C,A             ;NEUEN WERT
        OUT PORTA           ;AUSGEBEN
        IN PORTB            ;KOMPARATORWERT
        RAL                 ;ERFASSEN UND
        JC OK               ;ABFRAGEN
        MOV C,D             ;ALTER WERT WAR RICHTIG
OK:     MOV A,B
        RRC
        MOV B,A
        JNC LOOP            ;FERTIG ?
        MOV A,C             ;JA
        STA RESULT

        POP D               ;REGISTER
        POP B               ;AUFSETZEN
        POP PSW
        RET

        END
```

Abb. L26.5.3

<u>26.6</u>

Es sind viele Lösungen denkbar, fast jeder Einchip-Mikrocomputer wäre geeignet.
Nicht berücksichtigt wurden RAM- und ROM-Speicherbedarf. Der Einchip-Mikrocomputer
8022 besitzt 2 Analogkanäle mit Multiplexer und 8-Bit-ADU auf dem Chip. Trotzdem
wurde ein externer Analog-Multiplexer vorgesehen. Der ADU kann zu Testzwecken eine
bekannte Spannung, z.B. 2,5 V, und die vom DAU erzeugte Analogspannung umsetzen.
Die Zeit aus Stunden und Minuten wird durch Incrementierung im Sekundentakt über
den Interrupt-Eingang TØ erzeugt. Der LCD-Treiber besitzt einen Serieneingang und
einen dazu synchronen Takteingang. Serialisiert wird softwaremäßig. Einschließlich
der Dezimalpunkte und des Zeit-Doppelpunktes sind 4 Byte auszugeben. Für das Abfragen der Tastatur wird das Multiplexverfahren eingesetzt, die Entprellung erfolgt
softwaremäßig.

Der Computer wird von einem Totmann (Watchdog) zeitmäßig überwacht. Dazu erhält ein
Zähler mit eigenem Oszillator beim Abfragen der Tastatur einen Reset-Impuls. Bleibt

Generator
Sekunden-
Takt
Frequenz-
teiler
Logik
Zähler
Reset
Totmann
Analog-
Eingang 1
Analog-
Eingang 2
2,5V
Analog-
Multi-
plexer
2 x
2 zu 1
SEL
ALE
T1
AN0
AN1
T0
Reset
8022
X1
X2
Daten
Takt
Tastatur-
Matrix
4 x 4
Digital-
Analog-
Umsetzer
Ua
8
LCD-Treiber
32 Segmente
32
87:52
LCD-Anzeige
≥ 1
Relais zur
Abschaltung
des Analog-
Ausgangs
Analog-
Ausgang

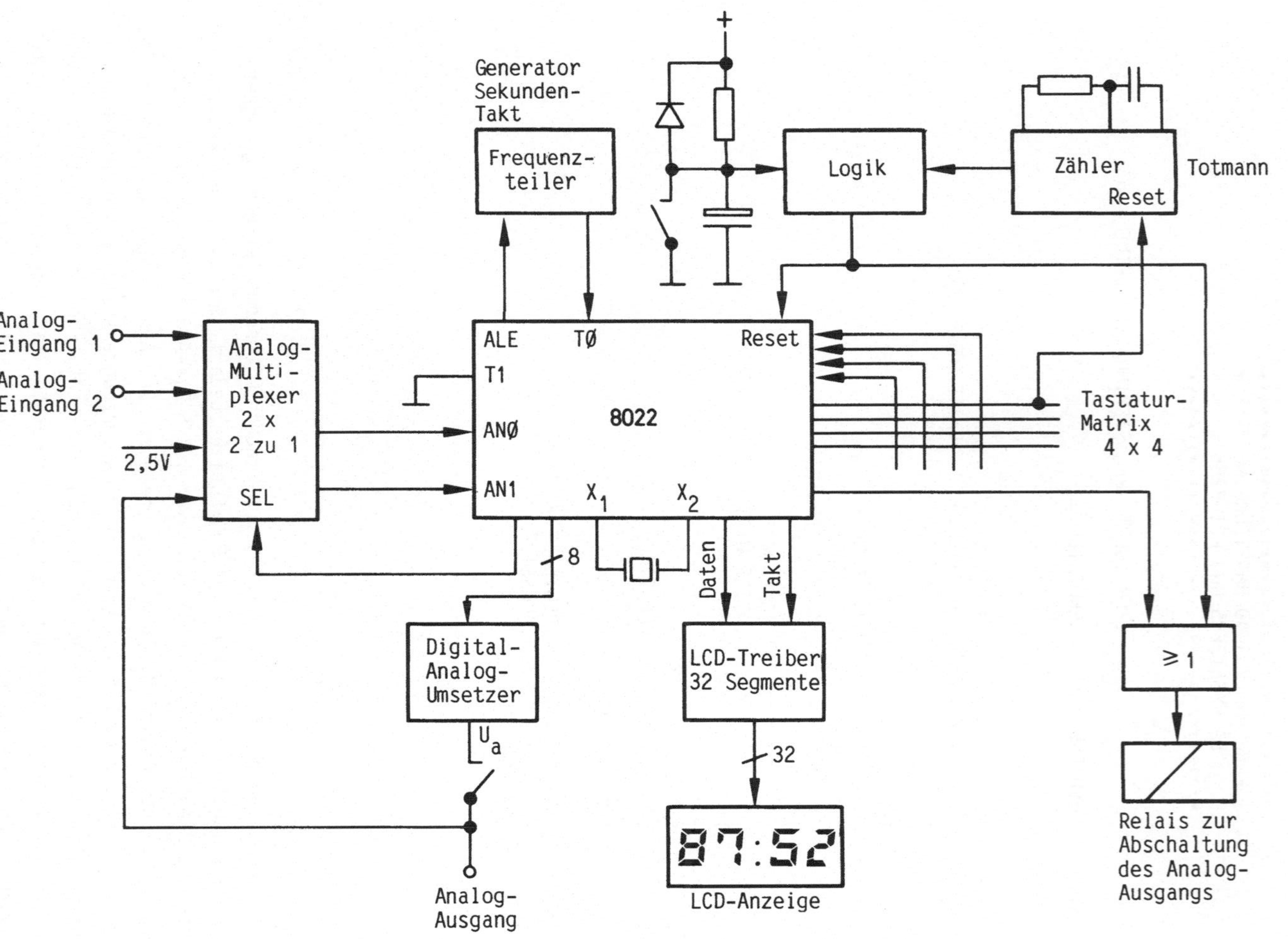

Abb. L26.6.1

dieser aus, erfolgt ein Zählerüberlauf und damit ein Reset beim Computer für eine
bestimmte Zeitdauer. Zur Erhöhung der Sicherheit wird der Analogausgang während der
aktiven Reset-Zeit über ein Relais (z.B. Reed-Relais) abgeschaltet. Dies kann genauso
über einen Parallel-Ausgang softwaregesteuert erfolgen.

Abb. L26.6.1 zeigt die Lösung blockschaltbildartig.

26.7

Beim Handshaking-Verfahren wird die Bereitstellung eines Datums durch $\overline{OBF}$ = Ø (Output Buffer Full) angekündigt. Das Peripheriegerät hat eine beliebig lange Zeit zur
Verfügung, diese Daten anzunehmen und mit $\overline{ACK}$ = Ø (Acknowledge) zu quittieren. Erst
dann kann ein neuer Datenaustauschzyklus beginnen. Die Abb. L26.7.1 zeigt das Prin-
zipschaltbild.

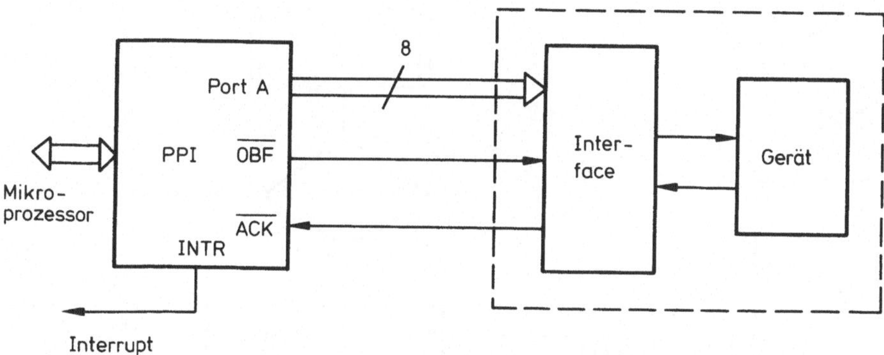

Abb. L26.7.1

Das Zeitdiagramm Abb. L26.7.2 zeigt das Schreiben des Datums in den PPI, was zu
$\overline{OBF}$ = Ø führt und die Interruptanforderung inaktiv macht. Mit $\overline{ACK}$ = Ø wird $\overline{OBF}$ = 1
und danach INTR = 1. $\overline{OBF}$ ist ein testbares Status-Flag im PPI. Zum Verständnis auch
des folgenden Flußdiagrammes ist es wichtig zu wissen, daß INTR = 1 nur dann möglich
ist, wenn im PPI das Interrupt-Enable-Flipflop gesetzt ist.

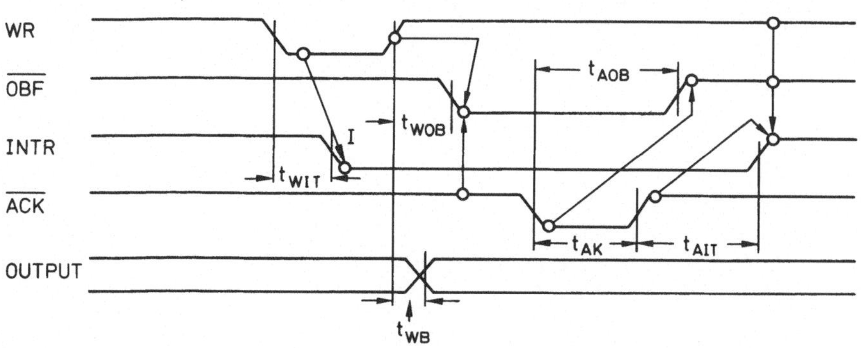

Abb. L26.7.2

Flußdiagramme, Abb. L26.7.3:

a) zeigt die Polling-Version (Test des Status-Flags $\overline{OBF}$);

b) zeigt die Interrupt-Version, wobei der Interrupt anzeigt, daß ein neues Datum
   vom Prozessor an den PPI ausgegeben werden kann.

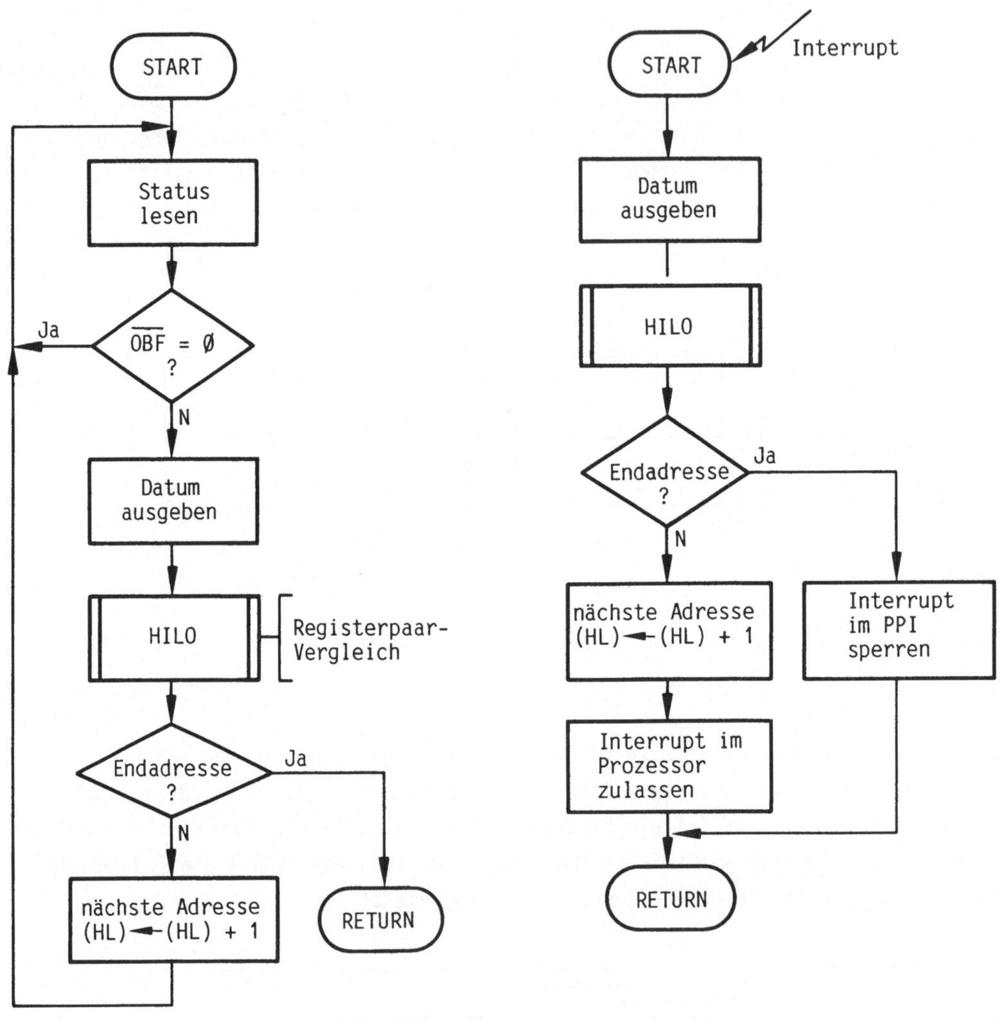

Abb. L26.7.3

26.8

Das Lösungsprogramm zeigt Abb. L26.8.1. ZWSP ist die Adresse einer RAM-Zelle, in
der der aktuelle Zustand 0 bis 9 steht. Bei jedem Aufruf wird dieser Wert incre-
mentiert und mit DAA die Dezimalkorrektur ausgeführt. Das Programm kann an ähnliche
Aufgabenstellungen angepaßt werden, indem die Schrittmotor-Tabelle geändert wird.

```
        ;*****************************************
        ;* PROGRAMM FUER 5-PHASEN SCHRITTMOTOR- *
        ;*              ANSTEUERUNG             *
        ;*****************************************


                        ;ZERSTOERTE REGISTERINHALTE: KEINE

STEPM:  PUSH PSW         ;REGISTERINHALTE
        PUSH H           ;RETTEN

        LDA ZWSP         ;(ZWSP) = Ø ... 9, RAM-ZELLE
        INR A            ;(AKKU) ERHOEHEN
        DAA              ;KORREKTUR FALLS GROESSER GLEICH 1Ø
        ANI ØFH          ;BIT 7 ... 4 = Ø
        STA ZWSP
        MOV L,A          ;LOW ADDRESS BYTE
        MVI H,13H        ;HIGH ADDRESS BYTE
        MOV A,M          ;BITMUSTER LADEN
        OUT PORTA        ;AUSGABE PARALLEL-INTERFACE

        POP H            ;REGISTERINHALTE
        POP PSW          ;AUFSETZEN
        RET

                        ;SCHRITTMOTOR TABELLE
        ORG 13ØØH

        DB ØØØØØ1Ø1B     ;ZUSTAND Ø
        DB ØØØØ11Ø1B     ;"         1
        DB ØØØØ1ØØ1B     ;"         2
        DB ØØØØ1Ø11B     ;"         3
        DB ØØØØ1Ø1ØB     ;"         4
        DB ØØØ11Ø1ØB     ;"         5
        DB ØØØ1ØØ1ØB     ;"         6
        DB ØØØ1Ø11ØB     ;"         7
        DB ØØØ1Ø1ØØB     ;"         8
        DB ØØØ1Ø1Ø1B     ;"         9

        END
```

Abb. L26.8.1

27. Übertragungstechnik

Horst Nielinger

Fachbereich Ingenieur-Informatik

Zweipole: aktive und passive Zweipole, idealer Kondensator, ideale Spule, Zeiger-
bilder, Ortskurven, Schaltungsumwandlung, Kreisdiagramm, technische Bauelemente,
Schwingkreise, Reaktanzzweipole, Resonanztransformation, HF-Tapete, konjugiert-
komplexe Anpassung, komplexe Scheinleistung. SMITH-Diagramm: komplexe Widerstands-
transformation, Anwendung von Hilfskreisen. Vierpoltheorie: VP-Gleichungen, Definition und Umrechnung der Koeffizienten, Reziprozität, Symmetrie, Zusammenschalten
von Vierpolen, Wellenparameter, Betriebsparameter, logarithmische Maße, Dämpfungs-
vierpole. Siebschaltungen: Entwurf nach Betriebsparametertheorie mit Hilfe von
Katalogen, Filtergrad, Reflexionsfaktor, symmetrische und antimetrische Filter,
Frequenztransformation. Übertrager: idealer und realer Übertrager, Anpassungsüber-
trager, Ersatzschaltbilder. Leitungstheorie: Ersatzschaltbild, Beläge, Differentialgleichung, allgemeine Leitungsgleichungen, verlustfreie Leitung, Sonderfälle,
fortschreitende Wellen, stehende Wellen, Reflexion, SMITH-Diagramm, Transformation,
Meßleitung, Leistungsbeziehungen. Impulse auf Leitungen: Reflexionsdiagramm, graphisches Verfahren von BERGERON, lineare und nichtlineare Randbedingungen.

*Zugelassene Hilfsmittel für die Prüfungsaufgaben 27.1 bis 27.8: Skriptum/Umdrucke,
beliebige Fachliteratur, Taschenrechner*

Aufgaben

27.1

Ein Transistorleistungsverstärker hat bei 175 MHz einen Eingangswiderstand von
2,7 Ω. Die Transformation auf den Normwiderstand von 50 Ω soll mit dem in Abb.
27.1.1 gezeigten Netzwerk stattfinden.

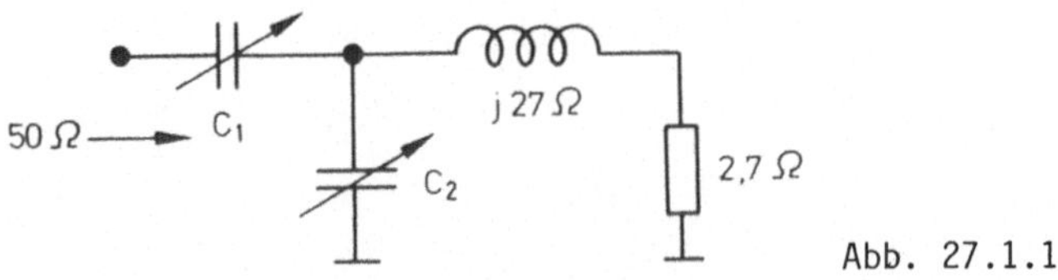

Abb. 27.1.1

a) Wie groß sind C_1 und C_2 zu wählen?

b) Was passiert, wenn die Spule wesentlich kleiner wird?

27.2

Gegeben ist das Netzwerk gemäß Abb. 27.2.1.

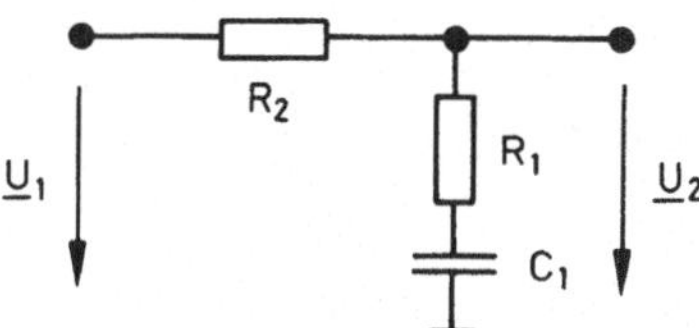

Abb. 27.2.1

a) Bestimmen Sie mit Hilfe der Vierpoltheorie die Übertragungsfunktion $H(\omega) = \underline{U}_2/\underline{U}_1$.
b) Geben Sie für $R_2 = 9\,R_1$ die 3-dB-Bedingung an.
c) Tragen Sie für $R_2 = 9\,R_1$ in doppelt-logarithmischem Maßstab $20\,\lg|H(\omega)|\,$dB über f/f_{3dB} auf (3 Dekaden!).
d) Geben Sie das Pol-Nullstellendiagramm an.

27.3

Gegeben ist das Toleranzschema der Abb. 27.3.1.

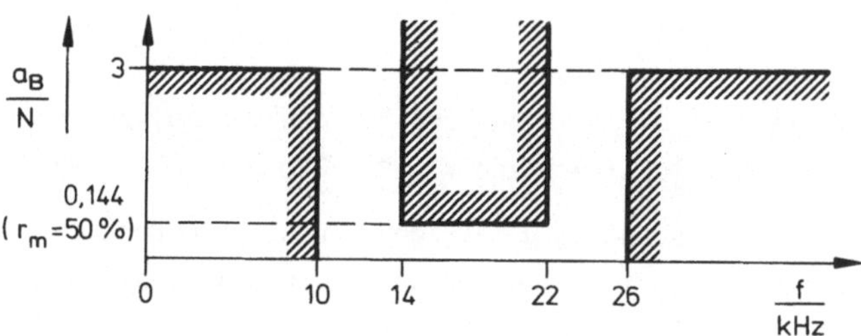

Abb. 27.3.1

Dimensionieren Sie danach für ein Widerstandsniveau von 600 Ω einen Bandpaß.

27.4

Gegeben ist das Ersatzschaltbild (Abb. 27.4.1) eines Anpassungstransformators.

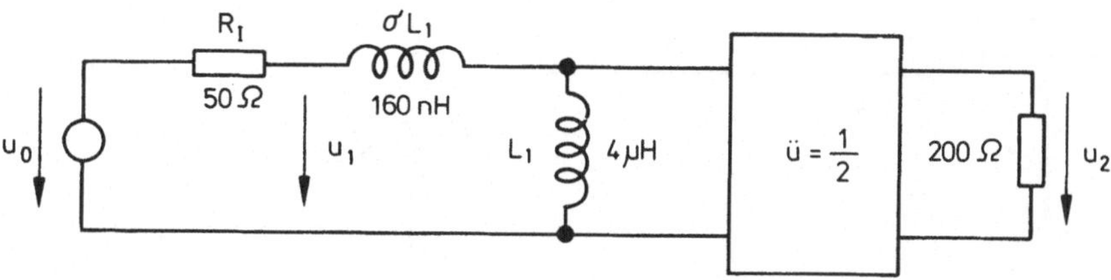

Abb. 27.4.1

1. Skizzieren Sie in einem Diagramm für 10 kHz $\leq$ f $\leq$ 10 GHz

   a) die Betriebsdämpfung a_B,

   b) die Betriebsphase φ_B,

   c) das Leistungsverhältnis P_W/P_{WO}.

2. Wie sind die Primär- und Sekundärwindungszahlen zu wählen bei einem A_L-Wert von
   40 nH/w^2 ?

3. Zum Zeitpunkt t = 0 springe die Spannung u_0 von 0 V auf 10 V. Skizzieren Sie
   den dadurch hervorgerufenen zeitlichen Verlauf von u_1 und u_2.

<u>27.5</u>
Gegeben ist die Schaltung der Abb. 27.5.1:

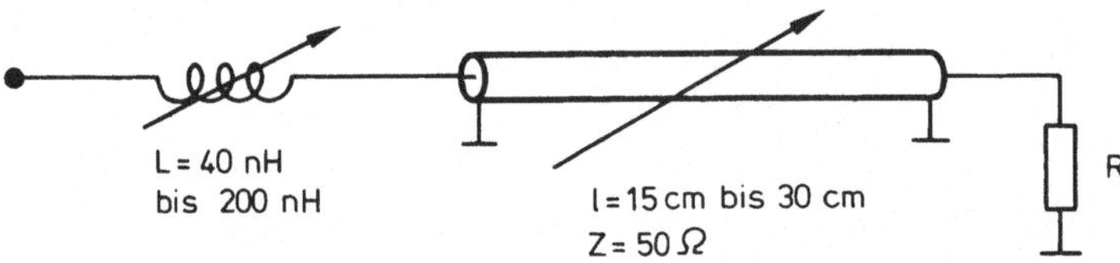

Abb. 27.5.1

a) Wie groß ist der Eingangswiderstand $\underline{R_E}$ dieser Schaltung bei den Maximalwerten
   der variablen Elemente und einem Abschlußwiderstand von R = 200 Ω (f = 100 MHz)?

b) Für f = 100 MHz soll der Eingangswiderstand 50 Ω betragen! In welchem Bereich
   darf der reelle Abschlußwiderstand R variieren, damit durch Variation der Leitungslänge und der Induktivität diese Forderung erfüllt werden kann?

c) In welchem Frequenzbereich kann ein Abschlußwiderstand von R = 200 Ω in einen
   Eingangswiderstand von R_E = 50 Ω mit Hilfe dieser Schaltung transformiert werden?

<u>27.6</u>
Gegeben ist die Schaltung der Abb. 27.6.1, wobei die Frequenz des Generators im
Bereich 0 $\leq$ f $\leq$ 10 MHz variabel ist:

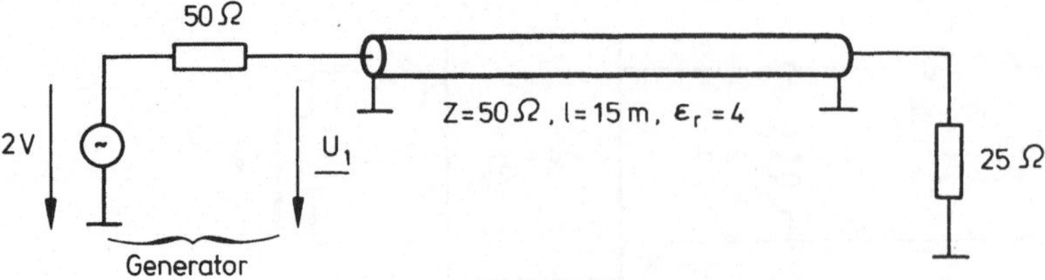

Abb. 27.6.1

1) Skizzieren Sie den Verlauf des Betrages der Spannung $|U_1|$ am Eingang der Leitung
   bei Variation der Frequenz des Generators.

2) Bei welchen Frequenzen können Sie durch Einfügen einer Serieninduktivität zwischen Leitungseingang und Generator Anpassung für den Generator erzwingen? Wie
   groß muß diese Serieninduktivität sein?

3) Bei welchen Frequenzen können Sie durch Parallelschalten einer Kapazität zum
   Leitungseingang Anpassung für den Generator erzwingen? Wie groß muß diese Kapazität sein?

<u>27.7</u>

Ein 100 m langes, am Ende mit 100 Ω abgeschlossenes Koaxialkabel ($Z = 60$ Ω,
$\varepsilon_r = 2{,}25$) wird am Eingang mit einem Transistorverstärker verbunden, der einen
unendlich großen Innenwiderstand hat. Der Verstärker wird so angesteuert, daß am
Ausgang (= Eingang des Kabels!) ein rechteckförmiger Stromimpuls von 100 mA Amplitude und 5 µs Dauer erscheint. Ermitteln Sie die am Eingang und Ausgang des Kabels
auftretenden Spannungsimpulse.

<u>27.8</u>

Gegeben ist die in Abb. 27.8.1 dargestellte Schaltung.

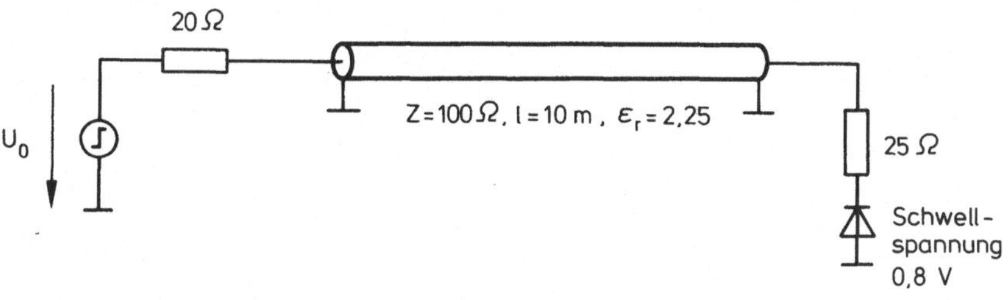

Abb. 27.8.1

a) Bestimmen Sie die Sprungantwort der Spannung am Ausgang der Leitung, wenn U_0
   von 0 V auf 3 V springt.

b) Bestimmen Sie die Sprungantwort der Spannung am Ausgang der Leitung, wenn U_0
   von 3 V auf 0 V springt.

Zur Konstruktion des BERGERON-Diagramms können Sie den SPICE-Ausdruck der Abb.
27.8.2 verwenden, in dem die nichtlineare Randbedingung am Ausgang der Leitung
dargestellt ist.

VIN   I(VL)

Axis scale: $-3.000D-02 \quad -1.500D-02 \quad 0.000D+00 \quad 1.500D-02 \quad 3.000D-02$

VIN	I(VL)
-2.000D+00	-4.975D-02
-1.800D+00	-4.193D-02
-1.600D+00	-3.414D-02
-1.400D+00	-2.641D-02
-1.200D+00	-1.876D-02
-1.000D+00	-1.129D-02
-8.000D-01	-4.290D-03
-6.000D-01	-1.071D-04
-4.000D-01	-5.206D-08
-2.000D-01	-2.288D-11
0.000D+00	1.264D-23
2.000D-01	2.100D-13
4.000D-01	4.100D-13
6.000D-01	6.100D-13
8.000D-01	8.100D-13
1.000D+00	1.010D-12
1.200D+00	1.210D-12
1.400D+00	1.410D-12
1.600D+00	1.610D-12
1.800D+00	1.810D-12
2.000D+00	2.010D-12
2.200D+00	2.210D-12
2.400D+00	2.410D-12
2.600D+00	2.610D-12
2.800D+00	2.810D-12
3.000D+00	3.010D-12
3.200D+00	3.210D-12
3.400D+00	3.410D-12
3.600D+00	3.610D-12
3.800D+00	3.810D-12
4.000D+00	4.010D-12
4.200D+00	4.210D-12
4.400D+00	4.410D-12
4.600D+00	4.610D-12
4.800D+00	4.810D-12
5.000D+00	5.010D-12
5.200D+00	5.210D-12
5.400D+00	5.410D-12
5.600D+00	5.610D-12
5.800D+00	5.810D-12
6.000D+00	6.010D-12

Abb. 27.8.2

Literatur

[1] Stadler E (1973) Hochfrequenztechnik. Vogel, Würzburg Düsseldorf

[2] Katalog normierter Tiefpässe (1955) Telefunken-Zeitung, Jahrgang 28, Heft 107

[3] Herter E, Röcker W (1976) Nachrichtentechnik. Hanser, München

[4] Hilberg W (1981) Impulse auf Leitungen. Oldenbourg, München

[5] Nielinger H (1972) Die graphische Behandlung der Überkopplung von Impulsen zwischen zwei parallelen Leitungen. NTZ 1972(2):79-85

Lösungen

<u>27.1</u>

a) Schaltbild in normierter Form (R_0 = 50 Ω): Abb. L27.1.1.

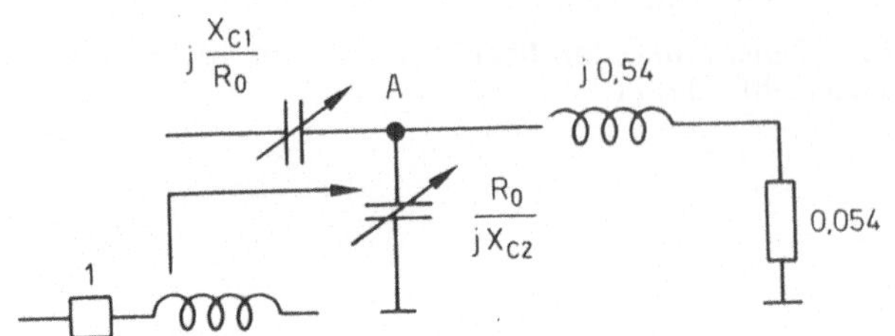

Abb. L27.1.1

Damit die Forderung nach einem normierten Eingangswiderstand von 1 realisiert
werden kann, muß an der Stelle A ein normierter komplexer Widerstand mit dem
Realteil 1 und einer induktiven Komponente erscheinen, so daß mit C_1 diese in-
duktive Komponente kompensiert werden kann. Die Transformation des komplexen
Widerstandes 0,054 + j0,54 durch das parallel liegende C_2 muß also auf dem in
der induktiven Halbebene liegenden Halbkreis durch den Anpassungspunkt 1 liegen.
Deshalb Eintragen dieses Halbkreises durch 1 und des Punktes 0,054 + j0,54 (Abb.
L27.1.2). Drehen um 180°. Aus Widerstand 0,054 + j0,54 ergibt sich der Leitwert
0,2 - j1,82. Durch den C_2 entsprechenden positiven Blindleitwert wird dieser
Leitwert so lange transformiert, bis der eingezeichnete Kreis geschnitten wird
(Abb. L27.1.3). Koordinaten des Schnittpunktes (markieren!): 0,2 - j0,4. Es mußte
also von 0,2 - j1,82 auf 0,2 - j0,4, d.h. um j1,42, gewandert werden. Damit ergibt
sich

$$R_0/jX_{C2} = j1,42 \longrightarrow jX_{C2} = R_0/j1,42 = -j35 \ \Omega \longrightarrow C_2 = 26 \text{ pF (bei } f = 175 \text{ MHz)}$$

Jetzt Rückdrehen des markierten Halbkreises in die Widerstandsebene. Markierter
Punkt steht über 1 + j2 (Abb. L27.1.4). Kompensation des induktiven Blindanteils
durch einen entsprechend großen kapazitiven Blindanteil -j2. Also:

$$j\,\frac{X_{C1}}{R_0} = -j2 \longrightarrow jX_{C1} = -j\,100\,\Omega \longrightarrow C_1 = 8,4 \text{ pF (bei } f = 175 \text{ MHz)}$$

b) Zeichnen Sie den Kreisbogen durch 0,054 (Abb. L27.1.5). Drehen um 180° (Abb.
   L27.1.6). Der gezeichnete Kreisbogen schneidet den Kreis durch den Anpassungs-
   punkt, der den Grenzkreis für die Möglichkeit der Anpassung darstellt. Denn alle
   Kreise weiter rechts schneiden nicht mehr den in a) ermittelten notwendigen Orts-
   kreis für den komplexen Widerstand im Punkt A des Schaltbildes. Markieren des
   Schnittpunktes und Rückdrehen in die Widerstandsebene (Abb. L27.1.7) ergibt für
   den normierten Mindestblindwiderstand der Induktivität j0,23, so daß die ganze
   Schaltung erst von einer Mindestgüte von Q = 0,23/0,054 = 4,25 ab funktioniert.

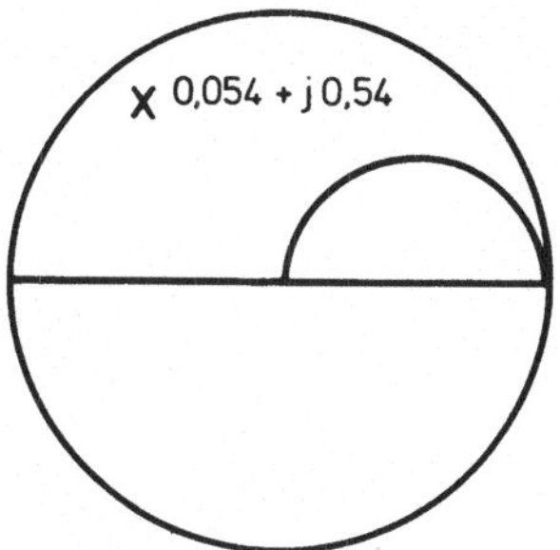

Abb. L27.1.2

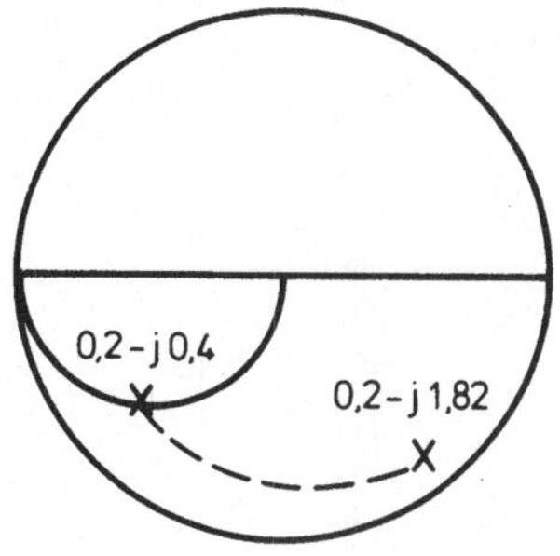

Abb. L27.1.3

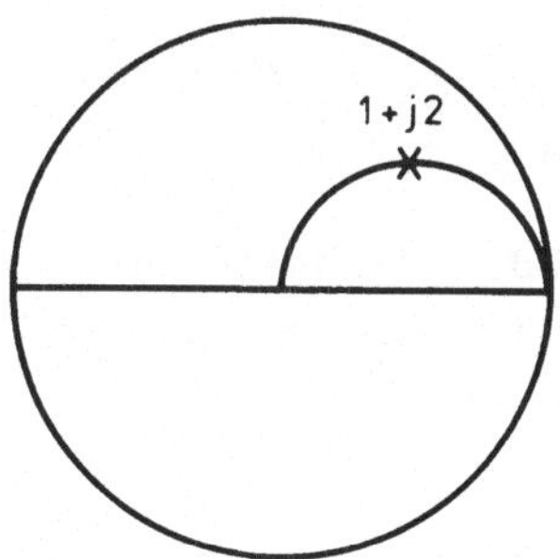

Abb. L27.1.4

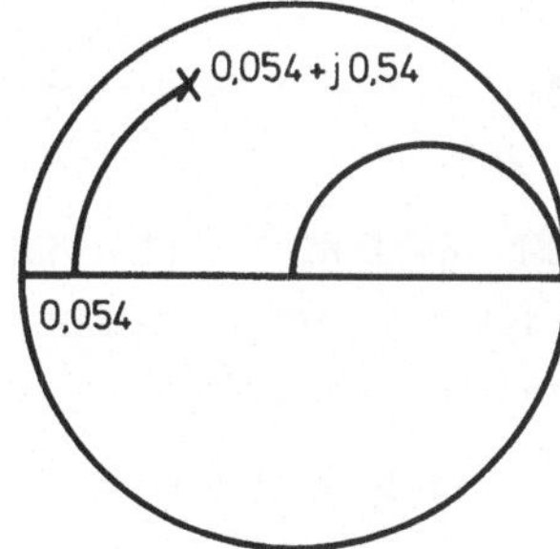

Abb. L27.1.5

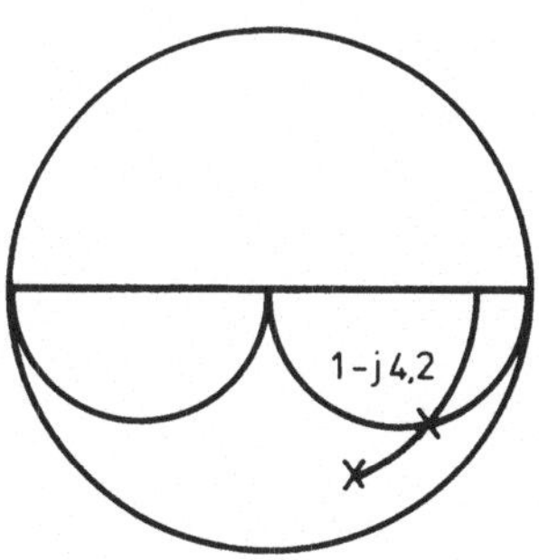

Abb. L27.1.6

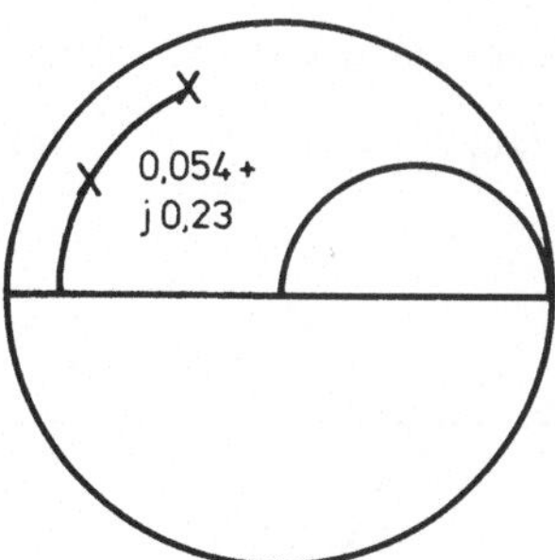

Abb. L27.1.7

<u>27.2</u>

a) Auffassung des Netzwerkes als leerlaufender Vierpol (Abb. L27.2.1)

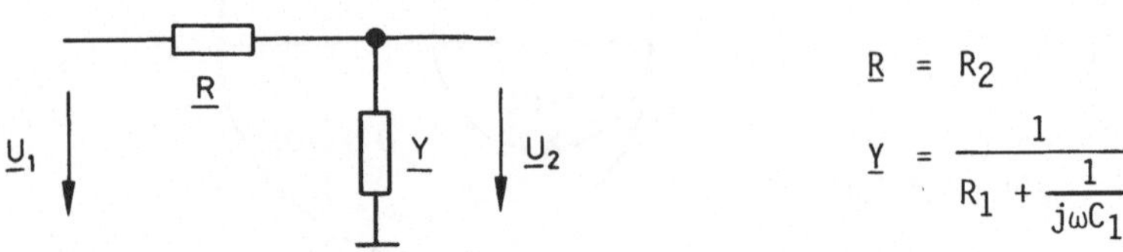

$$\underline{R} = R_2$$

$$\underline{Y} = \cfrac{1}{R_1 + \cfrac{1}{j\omega C_1}}$$

Abb. L27.2.1

Für Leerlauf gilt:

$$\frac{\underline{U}_1}{\underline{U}_2} = A_{11} = 1 + \underline{RY} = \frac{1 + j\omega C_1(R_1 + R_2)}{1 + j\omega C_1 R_1} \longrightarrow H(\omega) = \frac{\underline{U}_2}{\underline{U}_1} = \frac{1 + j\omega C_1 R_1}{1 + j\omega C_1(R_1 + R_2)}$$

b) Für $R_2 = 9\,R_1$ gilt $H(\omega) = (1 + j\omega C_1 R_1)/(1 + j\omega C_1 \cdot 10\,R_1)$, d.h. der Imaginärteil im Nenner ist bei tiefen Frequenzen von viel größerem Gewicht als der Imaginärteil des Zählers. Deshalb gilt in guter Näherung die 3dB-Bedingung

$$\omega_{3dB} \cdot C_1 \cdot 10\,R_1 = 1 \longrightarrow \omega_{3dB} = 1/10\,C_1 R_1$$

c) Für hohe Frequenzen sind die Realteile im Zähler und Nenner zu vernachlässigen, damit gilt

$$\lim_{\omega \to \infty} H(\omega) = \frac{1}{10}$$

Die 3dB-Abweichung von diesem Grenzwert ergibt sich für

$$\omega_2 = 1/C_1 R_1 = 10\,\omega_{3dB} \quad \text{(Abb. L27.2.2)}$$

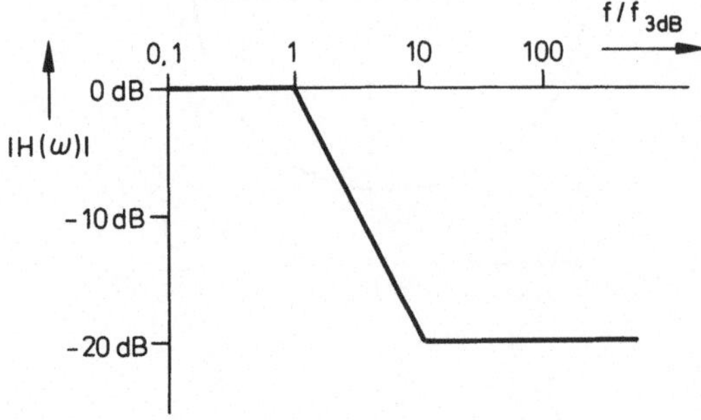

Abb. L27.2.2

d) Es gilt

$$H(s) = \frac{R_1}{R_1 + R_2} \cdot \frac{\dfrac{1}{C_1 R_1} + s}{\dfrac{1}{C_1(R_1 + R_2)} + s}$$

Daraus folgt das Pol-Nullstellendiagramm (Abb. L27.2.3).

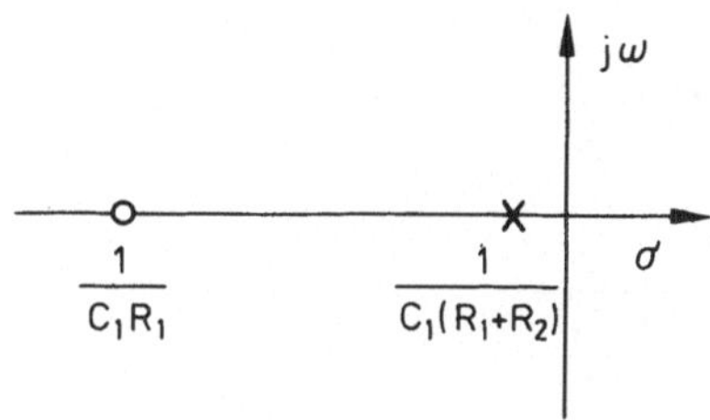

Abb. L27.2.3

27.3

$$v = \hat{f}/\check{f} = 22\ \text{kHz}/14\ \text{kHz} = 1{,}57; \quad f_0 = \sqrt{\hat{f} \cdot \check{f}} = 17{,}5\ \text{kHz}$$

$$f = 10\ \text{kHz} \longrightarrow \Omega = -2{,}6 \longrightarrow \Omega^{-1} = -0{,}385$$

$$f = 26\ \text{kHz} \longrightarrow \Omega = 1{,}8 \longrightarrow \Omega^{-1} = 0{,}555$$

Schärfere Forderung: $\Omega^{-1} = 0{,}555 \longrightarrow 3\,\text{N} \longrightarrow \text{TO450c}$ aus Katalog.
Entnormierung mit Hilfe der Formeln (Abb. L27.3.1):

$$\frac{v-1}{\sqrt{v}} \cdot \frac{R}{X_{qo}} = \text{"C"}, \quad \frac{v-1}{\sqrt{v}} \cdot \frac{X_{lo}}{R} = \text{"L"}$$

$$X_{qo1} = 163\ \Omega \longrightarrow C_1 = 5{,}5\ \text{nF}, \quad L_1 = 1{,}5\ \text{mH (bei 17,5 kHz)}$$
$$X_{lo2} = 2050\ \Omega \longrightarrow C_1 = 4{,}5\ \text{nF}, \quad L_1 = 18\ \text{mH (bei 17,5 kHz)}$$
$$X_{qo3} = 176\ \Omega \longrightarrow C_1 = 50\ \text{nF}, \quad L_1 = 1{,}65\ \text{mH (bei 17,5 kHz)}$$
$$X_{lo4} = 2220\ \Omega \longrightarrow C_1 = 4{,}2\ \text{nF}, \quad L_1 = 20\ \text{mH (bei 17,5 kHz)}$$

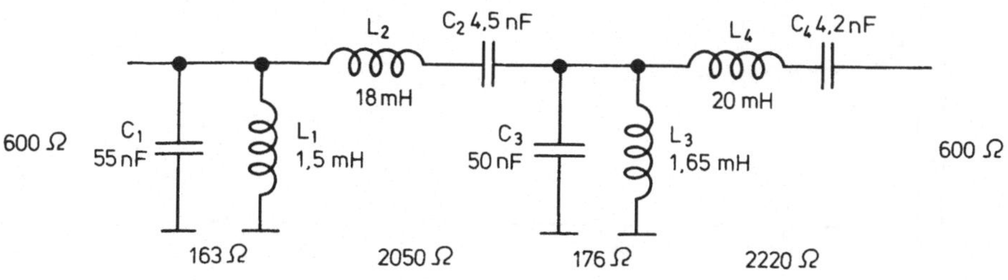

Abb. L27.3.1

<u>27.4</u>

1) $\check{\omega}_{3dB} L_1 = R_i/2 = 25\ \Omega \longrightarrow \check{f}_{3dB} = 1\ \text{MHz}$

   $\hat{\omega}_{3dB}\sigma L_1 = 2\,R_i = 100\ \Omega \longrightarrow \hat{f}_{3dB} = 100\ \text{MHz}$ (Abb. L27.4.1)

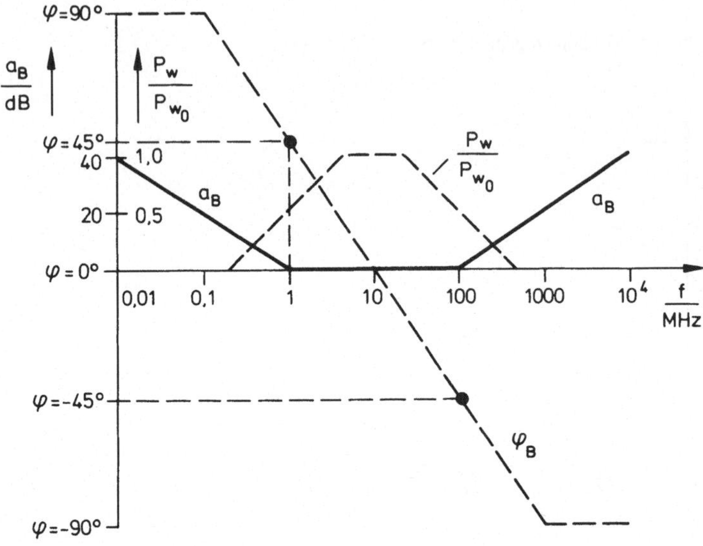

Abb. L27.4.1

2) $w_1 = \sqrt{L_1/A_L} = \sqrt{4000\ \text{nH}/40\ \text{nH}} = 10, \quad w_2 = w_1/\ddot{u} = 2\,w_1 = 20$

3) $\tau_{L1} = L_1/(R_i/2) = 4\ \text{nH}/25\ \Omega = 160\ \text{ns}, \quad \tau_{\sigma L_1} = \sigma L_1/2\,R_i = 1{,}6\ \text{ns}$

  (Abb. L27.4.2)

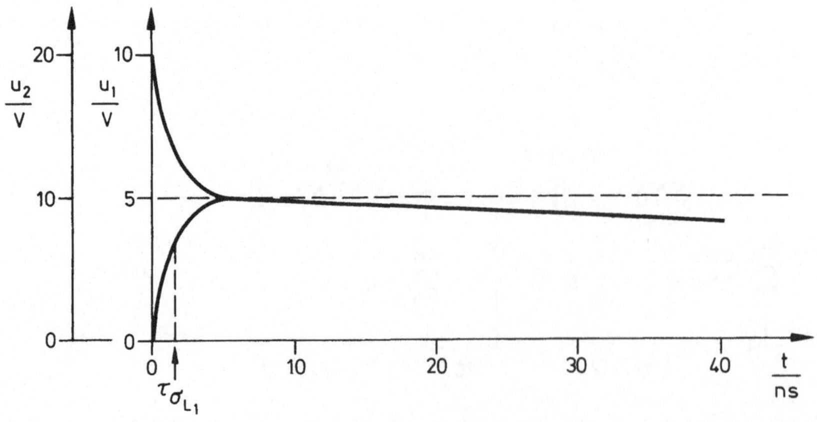

Abb. L27.4.2

27.5

Schaltung in normierter Form bei f = 100 MHz s. Abb. L27.5.1.

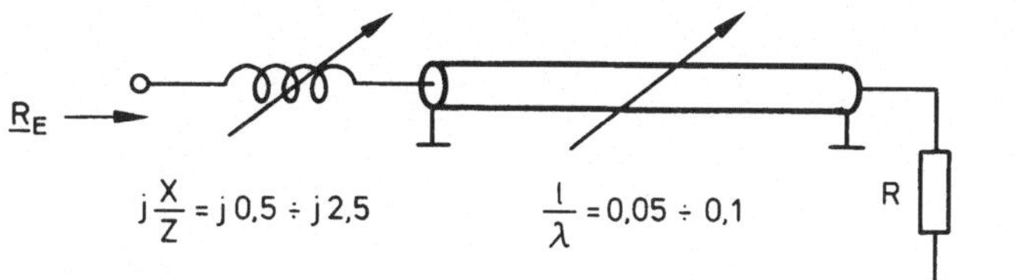

Abb. L27.5.1

a) $\underline{R}_E$ = 33 Ω + j68 Ω

b) Vgl. Abb. L27.5.2.

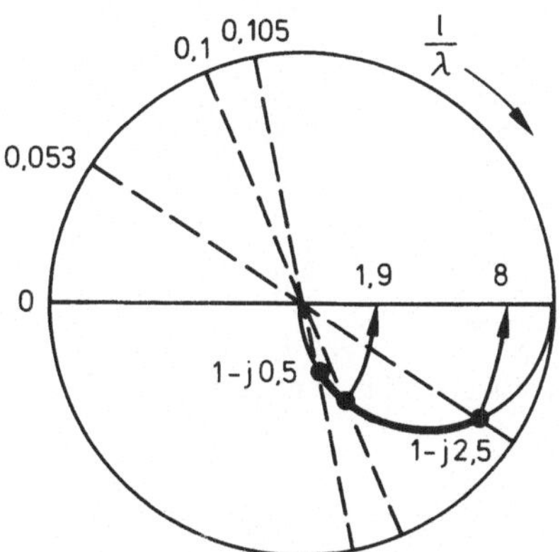

Abb. L27.5.2

Am Eingang der Leitung müssen die transformierten Widerstände in dem dick aus-
gezogenen Bereich des Kreises durch den Anpassungspunkt liegen, damit durch
Variation der Induktivität der normierte Eingangswiderstand 1 werden kann. Die
zu transformierenden Abschlußwiderstände liegen auf der reellen Achse (R/Z > 1,
auf drehbarer Scheibe markieren!). Bei Vergrößerung der Leitungslänge dreht
sich die ganze reelle Achse im Uhrzeigersinn. Bei einer Drehung von l/λ = 0,053
geht die reelle Achse durch den Punkt 1 - j2,5. Der Schnittpunkt auf der reellen
Achse ist zu markieren! Er entspricht dem normierten Widerstand 8 (Abb. L27.5.2).
Bei Drehung von l/λ = 0,105 geht die reelle Achse durch den Punkt 1 - j0,5. Aber
l/λ = 0,105 liegt schon außerhalb des Variationsbereiches der Leitungslängen-
änderung! Also jetzt umgekehrt vorgehen: l/λ = 0,1 ($\hat{=}$ maximale Länge!) einstel-
len und Schnittpunkt Kreis, gedrehte reelle Achse markieren. Dieser Punkt entspricht einem normierten Widerstand von 1,9. Ergebnis: Es lassen sich reelle
Widerstände im Bereich von 95 Ω ÷ 400 Ω in den Widerstand 50 Ω transformieren.

c) Transformationsweg s. Abb. L27.5.3.

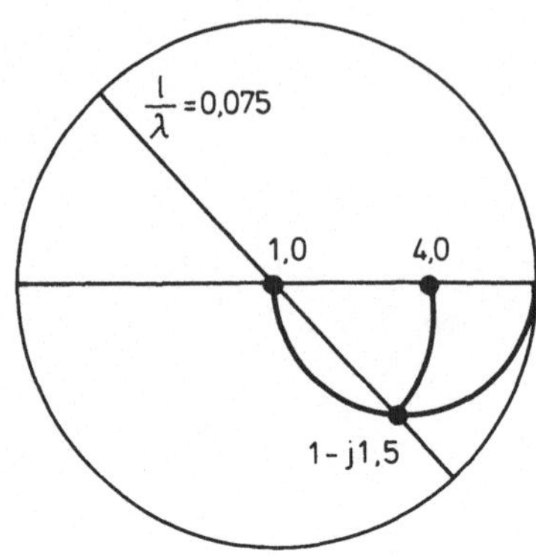

Abb. L27.5.3

$$l_{max}/\lambda_{max} = 0,075 \longrightarrow \lambda_{max} = 4\ m \longrightarrow f_{min} = c/\lambda_{max} = 75\ \text{MHz}$$
$$l_{min}/\lambda_{min} = 0,075 \longrightarrow \lambda_{min} = 2\ m \longrightarrow f_{max} = c/\lambda_{min} = 150\ \text{MHz}$$

Notwendige Kontrolle: Ist in diesem Frequenzbereich ein induktiver Blindwiderstand von $X_L = 1,5 \cdot 50\ \Omega$ einstellbar?

Mit HF-Tapete ergibt sich

   75 Ω bei 75 MHz $\longrightarrow$ 160 nH,   75 Ω bei 150 MHz $\longrightarrow$ 80 nH

Damit ist allein die Leitungslängenvariation bestimmend für den gesuchten Frequenzbereich von 75 MHz $\div$ 150 MHz.

<u>27.6</u>

1) Bestimmung des Frequenzgangs (s. Abb. L27.6.2) mit Hilfe des SMITH-Diagramms: Abb. L27.6.1.

$$f_0 = 1/\tau = c/(1 \cdot \sqrt{\varepsilon_r}) = 1/100\ \text{ns} = 10\ \text{MHz}, \quad |\underline{U}_h| = 1\ V.$$

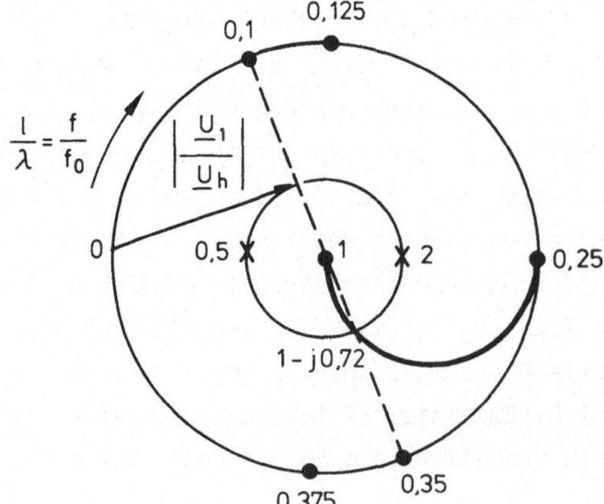

Abb. L27.6.1

2) Für $f/f_0 = 0,35$ ergibt sich für den normierten Eingangswiderstand $1 - j0,72$
   (s. Abb. L27.6.1). Ein normierter Blindwiderstand von $+j0,72$ in Serie erzwingt
   deshalb Anpassung. Entnormiert ergibt sich $jX_L = j36\ \Omega$, d.h.

   - bei 3,5 MHz eine Induktivität von 1,6 µH bzw.
   - bei 8,5 MHz eine Induktivität von 0,67 µH.

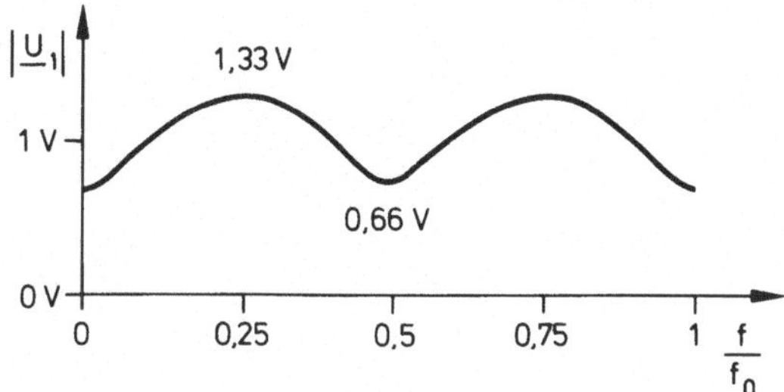

Abb. L27.6.2

3) Für $f/f_0 = 0,1$ ergibt sich für den normierten Eingangsleitwert $1 - j0,72$. Ein
   normierter Blindleitwert von $+j0,72$ parallel erzwingt deshalb Anpassung. Entnormiert ergibt sich $jX_C = -j69,5\ \Omega$, d.h.

   - bei 1 MHz eine Kapazität von 2,3 nF,
   - bei 6 MHz eine Kapazität von 386 pF.

<u>27.7</u>

Lösung mit dem graphischen Verfahren von BERGERON (Abb. L27.7.1, L27.7.2). Es ist

$$\tau = \frac{1}{c}\sqrt{\varepsilon_r} = \frac{100}{3 \cdot 10^8\ \frac{m}{s}} \cdot 1,5 = 0,5\ \mu s$$

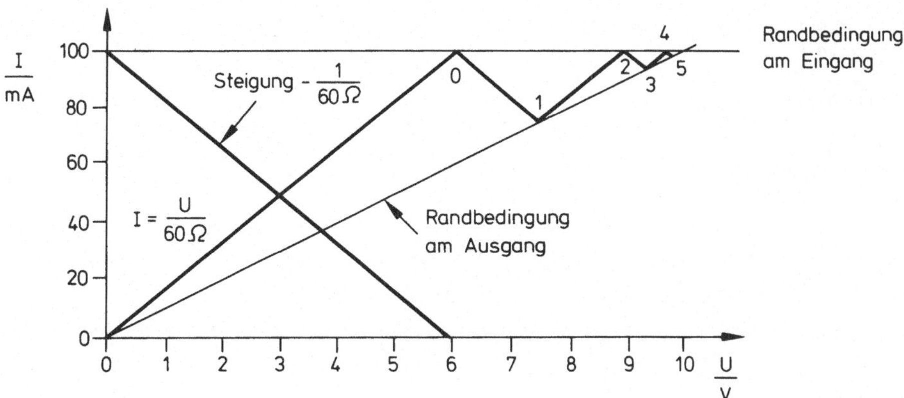

Abb. L27.7.1

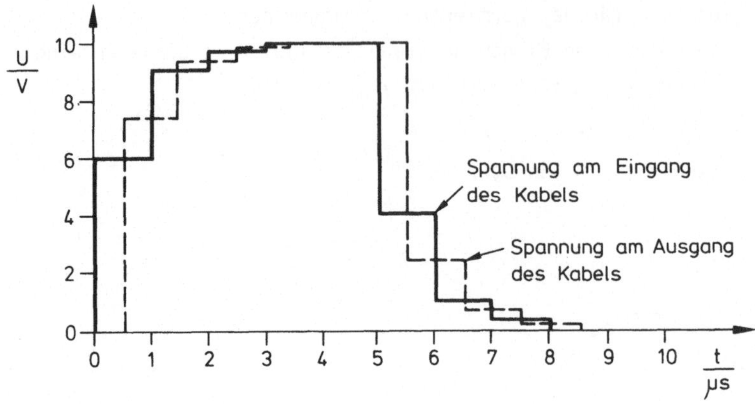

Abb. L27.7.2

27.8

BERGERON-Diagramm s. Abb. L27.8.1. Auswertung des Diagramms für a) s. Abb. L27.8.2
($\tau = \frac{1}{c}\sqrt{\varepsilon_r} = 50$ ns). Auswertung des Diagramms für b) s. Abb. L27.8.3.

Ergänzende Hinweise für den mit dem Simulationsprogramm SPICE vertrauten Leser:

1) Eingabe für die Darstellung der Randbedingung am Ausgang der Leitung:

```
.OPTIONS NOMOD
VIN 1 0
V1 1 2
D1 0 2 DIODE
.MODEL DIODE D RS=25
.DC VIN -2V 6V 0.2V
.PLOT DC I(V1) (-30MA.30MA)
.END
```

2) Eingabe zur Bestimmung des Zeitverhaltens:

```
VIN 1 Ø PULSE(3 Ø 1ØN 1ØN 1ØN 35ØN)
R1 1 2 2Ø
D1 Ø 3 DIODE
.MODEL DIODE D RS=25
T1 2 Ø 3 Ø ZØ=1ØØ TD=5ØNS
.TRAN 1ØN 1U
.PLOT TRAN V(3)
.END
```

Wegen des ausgeprägten Einschwingverhaltens beim Sprung von 0 V auf 3 V wurde zunächst der Sprung von 0 V auf 3 V simuliert und nach 350 ns auf 3 V zurückgeschaltet. Das Ergebnis zeigt Abb. L27.8.4. Der nicht ganz abgeschlossene Ausschwingvorgang stört etwas den Einschwingvorgang!

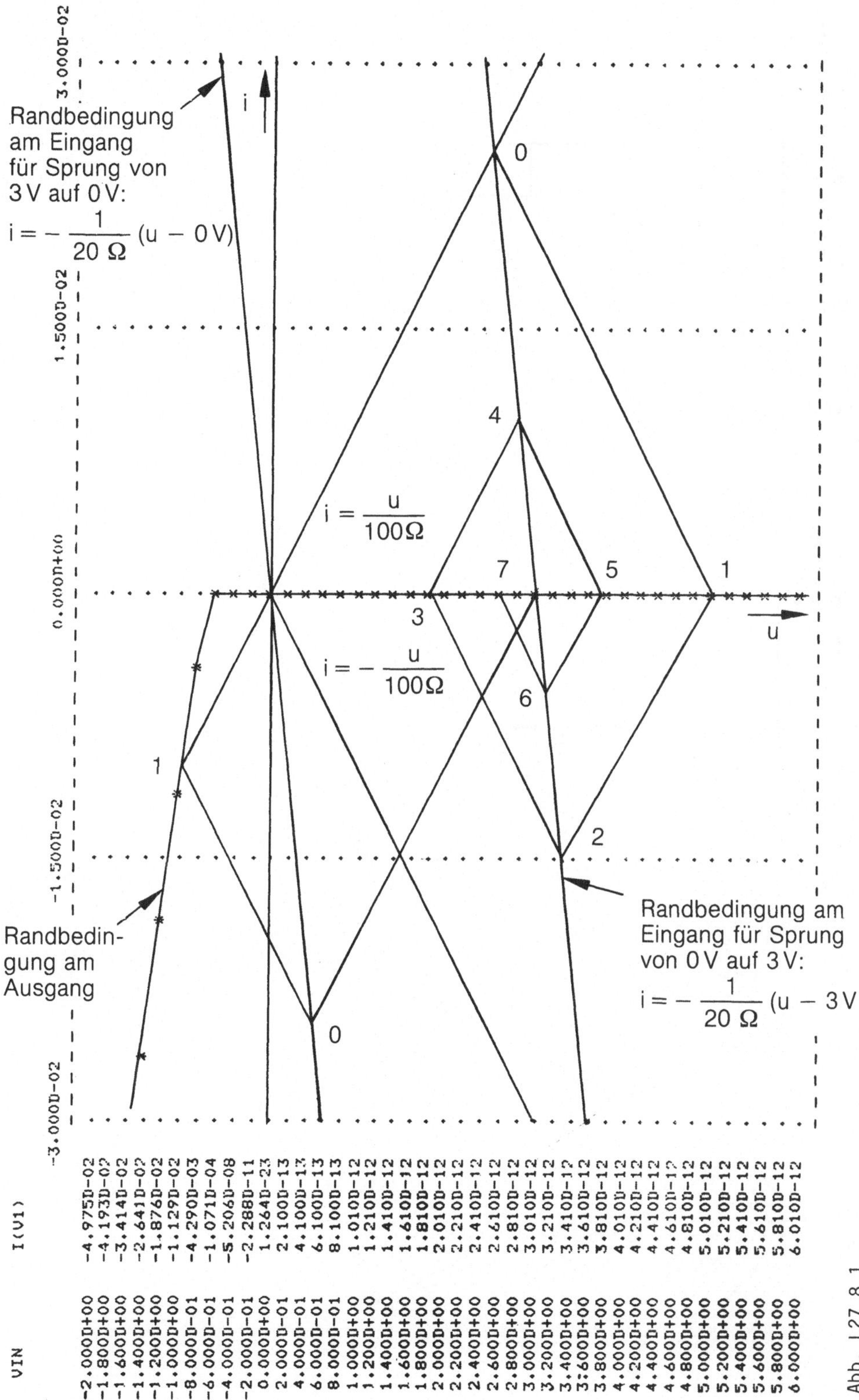

VIN	I(V1)
-2.000D+00	-4.975D-02
-1.800D+00	-4.193D-02
-1.600D+00	-3.414D-02
-1.400D+00	-2.641D-02
-1.200D+00	-1.876D-02
-1.000D+00	-1.129D-02
-8.000D-01	-4.290D-03
-6.000D-01	-1.071D-04
-4.000D-01	-5.206D-08
-2.000D-01	-2.288D-11
0.000D+00	1.264D-23
2.000D-01	2.100D-13
4.000D-01	4.100D-13
6.000D-01	6.100D-13
8.000D-01	8.100D-13
1.000D+00	1.010D-12
1.200D+00	1.210D-12
1.400D+00	1.410D-12
1.600D+00	1.610D-12
1.800D+00	1.810D-12
2.000D+00	2.010D-12
2.200D+00	2.210D-12
2.400D+00	2.410D-12
2.600D+00	2.610D-12
2.800D+00	2.810D-12
3.000D+00	3.010D-12
3.200D+00	3.210D-12
3.400D+00	3.410D-12
3.600D+00	3.610D-12
3.800D+00	3.810D-12
4.000D+00	4.010D-12
4.200D+00	4.210D-12
4.400D+00	4.410D-12
4.600D+00	4.610D-12
4.800D+00	4.810D-12
5.000D+00	5.010D-12
5.200D+00	5.210D-12
5.400D+00	5.410D-12
5.600D+00	5.610D-12
5.800D+00	5.810D-12
6.000D+00	6.010D-12

Abb. L27.8.1

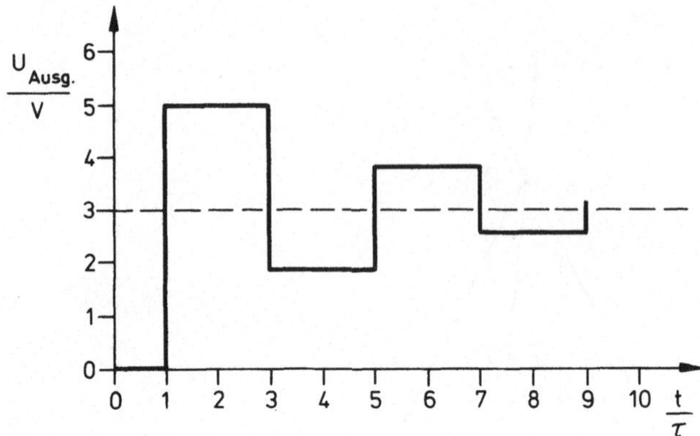

Abb. L27.8.2

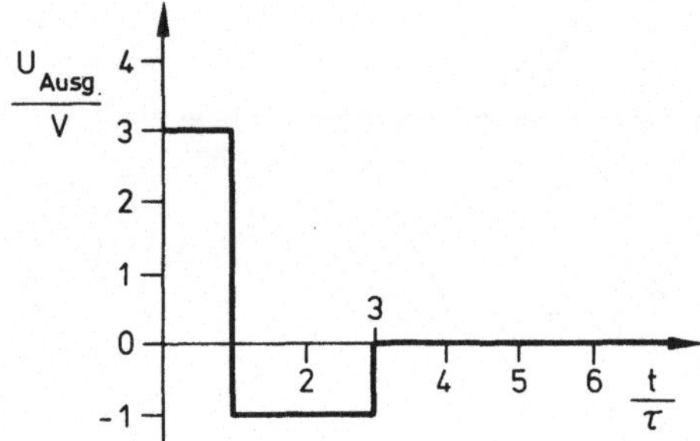

Abb. L27.8.3

```
   TIME       V(3)
                      -2.000D+00        0.000D+00        2.000D+00        4.000D+00        6.000D+00
  0.000D+00   3.000D+00
  1.000D-08   3.000D+00
  2.000D-08   3.000D+00
  3.000D-08   3.000D+00
  4.000D-08   3.000D+00
  5.000D-08   3.000D+00
  6.000D-08   3.000D+00
  7.000D-08  -9.723D-01
  8.000D-08  -9.723D-01
  9.000D-08  -9.723D-01
  1.000D-07  -9.723D-01
  1.100D-07  -9.723D-01
  1.200D-07  -9.723D-01
  1.300D-07  -9.723D-01
  1.400D-07  -9.723D-01
  1.500D-07  -9.723D-01
  1.600D-07  -9.723D-01
  1.700D-07  -3.695D-02
  1.800D-07  -3.695D-02
  1.900D-07  -3.695D-02
  2.000D-07  -3.695D-02
  2.100D-07  -3.695D-02
  2.200D-07  -3.695D-02
  2.300D-07  -3.695D-02
  2.400D-07  -3.695D-02
  2.500D-07  -3.695D-02
  2.600D-07  -3.695D-02
  2.700D-07   2.463D-02
  2.800D-07   2.463D-02
  2.900D-07   2.463D-02
  3.000D-07   2.463D-02
  3.100D-07   2.463D-02
  3.200D-07   2.463D-02
  3.300D-07   2.463D-02
  3.400D-07   2.463D-02
  3.500D-07   2.463D-02
  3.600D-07   2.463D-02
  3.700D-07  -1.642D-02
  3.800D-07  -1.642D-02
  3.900D-07  -1.642D-02
  4.000D-07  -1.642D-02
  4.100D-07  -1.642D-02
  4.200D-07  -1.642D-02
  4.300D-07   4.984D+00
  4.400D-07   4.984D+00
  4.500D-07   4.984D+00
  4.600D-07   4.984D+00
  4.700D-07   5.011D+00
  4.800D-07   5.011D+00
  4.900D-07   5.011D+00
  5.000D-07   5.011D+00
  5.100D-07   5.011D+00
  5.200D-07   5.011D+00
  5.300D-07   1.678D+00
  5.400D-07   1.678D+00

  5.500D-07   1.678D+00
  5.600D-07   1.678D+00
  5.700D-07   1.659D+00
  5.800D-07   1.659D+00
  5.900D-07   1.659D+00
  6.000D-07   1.659D+00
  6.100D-07   1.659D+00
  6.200D-07   1.659D+00
  6.300D-07   3.882D+00
  6.400D-07   3.882D+00
  6.500D-07   3.882D+00
  6.600D-07   3.882D+00
  6.700D-07   3.894D+00
  6.800D-07   3.894D+00
  6.900D-07   3.894D+00
  7.000D-07   3.894D+00
  7.100D-07   3.894D+00
  7.200D-07   3.894D+00
  7.300D-07   2.412D+00
  7.400D-07   2.412D+00
  7.500D-07   2.412D+00
  7.600D-07   2.412D+00
  7.700D-07   2.404D+00
  7.800D-07   2.404D+00
  7.900D-07   2.404D+00
  8.000D-07   2.404D+00
  8.100D-07   2.404D+00
  8.200D-07   2.404D+00
  8.300D-07   3.397D+00
  8.400D-07   3.397D+00
  8.500D-07   3.397D+00
  8.600D-07   3.397D+00
  8.700D-07   3.397D+00
  8.800D-07   3.397D+00
  8.900D-07   3.397D+00
  9.000D-07   3.397D+00
  9.100D-07   3.397D+00
  9.200D-07   3.397D+00
  9.300D-07   2.739D+00
  9.400D-07   2.739D+00
  9.500D-07   2.739D+00
  9.600D-07   2.739D+00
  9.700D-07   2.735D+00
  9.800D-07   2.735D+00
  9.900D-07   2.735D+00
  1.000D-06   2.735D+00
```

Abb. L27.8.4

28. Modulationstechnik und Informationstheorie   Eberhard Hoefer

Fachbereich Ingenieur-Informatik

Zeitfunktionen und Spektren der verschiedenen Amplituden- (AM, AMSC, EM), Winkel-
(FM und PhM) und Puls- (PCM) -Modulationsverfahren zur Übertragung analoger und
digitaler Informationen. Modulator-, Demodulator-, Mischer-, Vervielfacher-Schal-
tungen mit diskreten Halbleitern und integrierten Schaltkreisen. PLL-Schaltungen
zur Winkel-Modulation und -Demodulation sowie zur Frequenzsynthese. Abtasttheorem
und Kanalkapazität bei durch weißes Rauschen gestörtem Kanal, Nachrichtenquader.

---

*Zugelassene Hilfsmittel für die Prüfungsaufgaben 28.1 bis 28.14: Skriptum/Umdrucke,
beliebige Fachliteratur, Formelsammlungen, Taschenrechner*

Aufgaben

28.1

Die Spektralanalyse einer amplitudenmodulierten Schwingung liefert bei

$$f_1 = 9 \text{ kHz} \qquad \hat{u}_1 = 5 \text{ V}$$
$$f_2 = 10 \text{ kHz} \qquad \hat{u}_2 = 12,5 \text{ V}$$
$$f_3 = 11 \text{ kHz} \qquad \hat{u}_3 = 5 \text{ V}$$

1. Wie groß ist die Frequenz f_M der modulierenden Nachricht?

2. Wie groß ist die Amplitude der unmodulierten Trägerfrequenz?

3. Wie groß ist der Modulationsgrad m?

4. Skizzieren Sie $u_{AM}(t)$ maßstabsgerecht.

5. Wie groß ist die Gesamtleistung P_{AM}, die gesamte Leistung P_{SB} in beiden Seitenbändern und der Wirkungsgrad? (R = 50 Ohm)

28.2

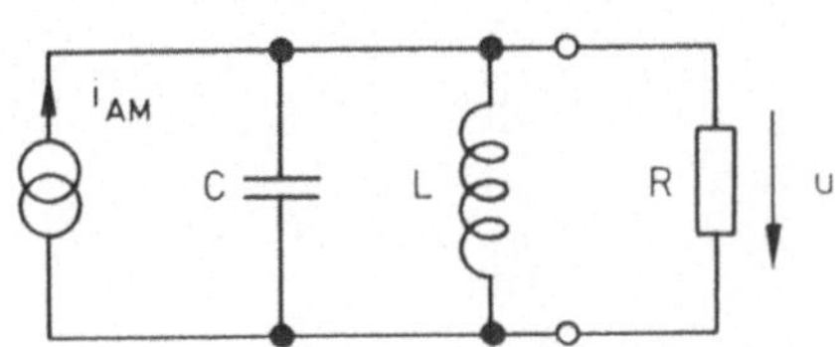

Ton-AM:

f_T	= 1 MHz
m	= 50 %
f_M	= 5 kHz
$|i_{AM}|_{max}$	= 1,5 mA

Schwingkreis:

f_{res}	= f_T
R	= 10 kOhm
Q	= 175

Abb. 28.2.1

1. Man berechne und zeichne das Spektrum von i_{AM} und
2. das Zeigerdiagramm der komplexen Amplitude $I_{AM}(t)$ in $t = 0$.
3. Wie groß sind L und C?
4. Man berechne $u(t)$ und
5. zeichne das Zeigerdiagramm ihrer komplexen Amplitude $U(t)$ in $t = 0$.
6. Um welche Modulationsart handelt es sich bei $u(t)$ und wie groß ist der sie beschreibende Parameter?

28.3

Die Übertragung binär codierter Daten ($0 \,\hat{=}\, -1\,V$; $1 \,\hat{=}\, +1\,V$) soll durch eine 100 %-Amplitudenmodulation (mit Träger und beiden Seitenbändern) erfolgen.

1. Man skizziere die Blockschaltbilder zweier prinzipiell verschiedener hierfür geeigneter Modulatoren.

2. Für eine Trägerfrequenz $f_T = 1$ kHz, eine periodische 100100...-Nachricht und eine Bitdauer $\tau = 10$ ms
2.1 skizziere man die AM-Zeitfunktion $u_{AM}(t)$ und
2.2 berechne und skizziere man alle Spektralkomponenten, die größer als 10 % der unmodulierten Trägeramplitude sind.

3. Wie groß muß die Bandbreite des Übertragungskanals mindestens sein, damit im Empfänger eine Rekonstruktion beliebiger Bitfolgen möglich ist?

28.4

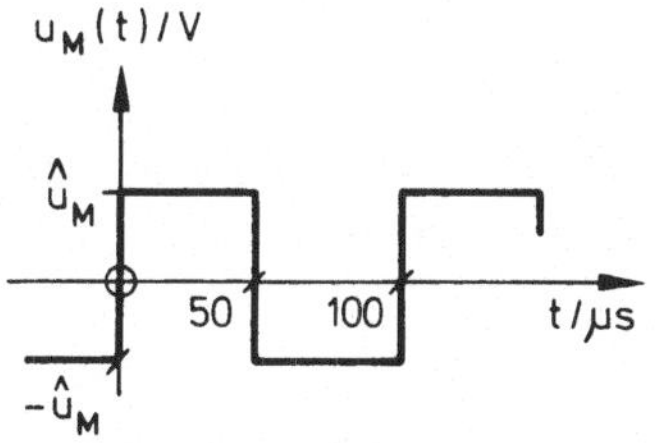

Die Trägerspannung
$u_T(t) = 10\,V \cdot \cos(2\pi\,80\text{ kHz} \cdot t)$
wird mit $u_M(t)$ moduliert.

Abb. 28.4.1

1. Man zeichne die Zeitfunktion des mit unterdrücktem Träger amplitudenmodulierten Signals $u_{AMSC}(t)$ von 0 bis 100 µs.

2. Man berechne und zeichne das Spektrum des Einseitenband-modulierten Signals $u_{EM}(t)$ in Gleichlage.

3. Man gebe eine Schaltung und ein SPICE-Programm zur Berechnung von $u_{EM}(t)$ unter Berücksichtigung der sechs größten Spektralkomponenten an.

28.5

FET-Mischer nach Abb. 28.5.1.

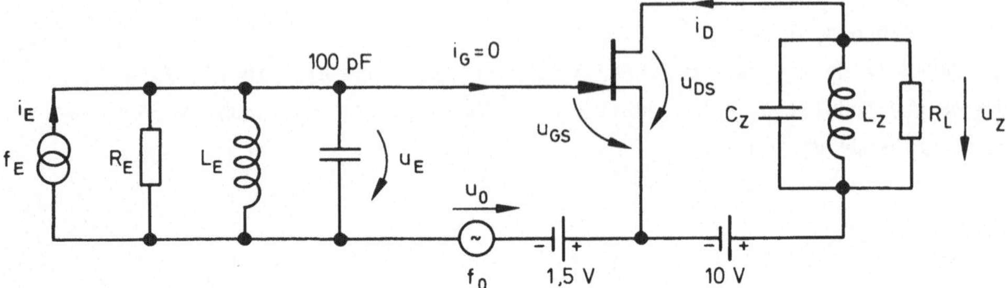

Abb. 28.5.1

$$\frac{i_D}{mA} = 10 \cdot \left(1 + \frac{u_{GS}}{3\,V}\right)^2 \quad \text{bei} \quad \begin{cases} -3\,V \leq u_{GS} \leq 0 \quad \text{und} \\ u_{DS} \geq 3\,V \end{cases}$$

1. Wie groß muß die Eingangsinduktivität L_E sein, damit die Resonanzfrequenz des Eingangsschwingkreises bei f_E = 1 MHz liegt?

2. Der Eingangsstrom i_E sei ein AM-Signal mit f_{Mmax} = 6 kHz. Wie groß muß die Güte Q_E des Eingangsschwingkreises sein, damit durch ihn die Spektralanteile von i_E um höchstens 3 dB gedämpft werden?

3. Mit i_E = 1 μA cos ω_Et und Q_E nach 2. berechne man $u_E(t)$.

4. Wie groß darf die Amplitude $\hat{u}_0$ der Oszillatorspannung höchstens sein, damit u_{GS} stets zwischen 0 und -3 V bleibt?

5. Mit den Ergebnissen von 3. und 4. berechne man das Spektrum von i_D.

6. Man berechne die Oszillatorfrequenz f_0 für den Fall, daß das Eingangssignal f_E auf die Zwischenfrequenz f_Z = 460 kHz umgesetzt wird, und daß f_0 möglichst groß ist.

7. Man zeichne das Spektrum von i_D halblogarithmisch.

8. Wie groß darf R_L höchstens sein, damit stets $u_{DS} \geq 3$ V bleibt (L_Z, C_Z auf f_Z abgestimmt)?

9. Wie groß müssen L_Z und C_Z sein?

10. Wo liegt die Spiegelfrequenz f_S, und wie groß ist die Spiegelfrequenzdämpfung?

28.6

Ein AMSC-Modulator soll mit einem MC1496-Baustein (Abb. 28.6.1) entworfen und dimensioniert werden. Zur Verfügung stehen außerdem eine am Minuspol geerdete 15 V - Gleichspannungsquelle, je eine einseitig geerdete Sprachsignal- und Trägerfrequenz-Spannungsquelle mit 50 Ohm Innenwiderstand, Widerstände und Kondensatoren der E-12-Reihe.

1. Man gebe die Anschlußnummern der Signal- und der Träger-Eingänge an.

2. Man zeichne das vollständige Schaltbild mit den beiden Ausgangswiderständen R_L, dem der Verstärkungseinstellung dienenden Widerstand R_E, den Spannungsteiler- und Vorwiderständen zur Arbeitspunktseinstellung, den beiden Koppel- und den beiden Erdungskondensatoren, den Quellen mit ihren Abschlußwiderständen und den Anschlußnummern.

3. Im Arbeitspunkt sollen alle Kollektor-Emitter-Spannungen und die Spannung an R_L gleich groß sein. Wie groß ist dann $U_{CE,A}$? Wie groß muß R_L sein, damit er vom Gleichstrom I_0 = 2 mA durchflossen wird? Wie groß muß der Widerstand R_B an Klemme 5 gemacht werden, mit dem man I_0 einstellt?

4. Wie groß sind die Arbeitspunkts-Gleichspannungen der Klemmen 1,4 und 7,8 gegen Masse 10? Zu ihrer Erzeugung dimensioniere man einen aus drei Widerständen R_{S1}, R_{S2}, R_{S3} gebildeten Spannungsteiler mit einem Querstrom von 1 mA.

5. Für das Sprachband f_M = 300 Hz bis 3,4 kHz und die Trägerfrequenz f_T = 9 MHz dimensioniere man die Koppel- und Erdungskondensatoren.

6. Wie groß muß der Verstärkungswiderstand R_E zwischen den Klemmen 2,3 sein, damit ein maximales Sprachsignal $\hat{u}_M$ = 3 V verzerrungsfrei moduliert werden kann?

7. Wie groß muß die Trägersignalamplitude $\hat{u}_T$ mindestens sein, damit die von ihr angesteuerten Transistoren als Schalter wirken?

8. Für u_M = 3 V · cos(2π 1 kHz t) und $u_T = \hat{u}_T$ · cos(2π 9 MHz t) berechne und zeichne man das Spektrum der Spannung an R_L.

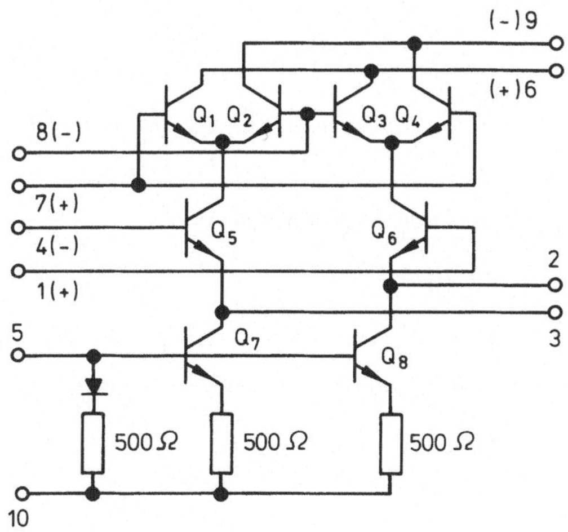

Abb. 28.6.1

28.7

Der Transistor in Abb. 28.7.1 werde im normalen Betrieb im Arbeitspunkt ($\Delta u_1 = 0$) $I_{CA} = 10$ mA betrieben.

1. Man gebe die TAYLOR-Entwicklung für $I_C(U_{BE})$ im Arbeitspunkt I_{CA} bis zur dritten Ableitung an.

2. Man berechne damit und für $\hat{u}_1 \ll U_{BEA}$ die Ausgangsspannung u_3 (Schwingkreis mit sehr hoher Güte auf $3\,\omega$ abgestimmt).

3. Wie groß muß $\hat{u}_1$ gemacht werden, damit u_3 im normalen Betrieb des Transistors maximal wird? Wie groß ist dann $\hat{u}_3$?

4. Beschreiben Sie die Funktion der Schaltung.

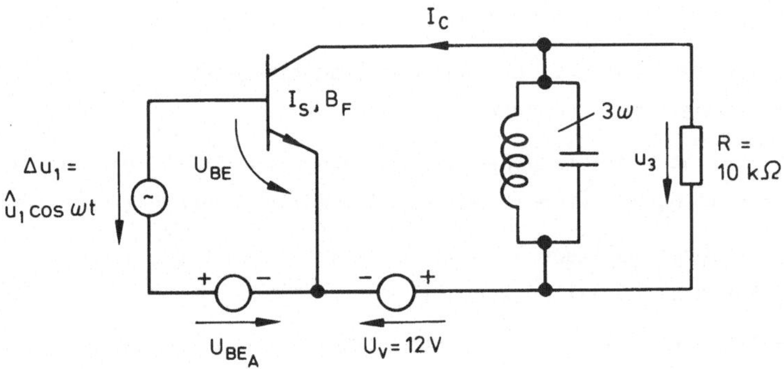

Abb. 28.7.1

28.8

Gegeben ist die FM-Schwingung $s_{FM} = \cos(\omega_T t + \sin \omega_1 t + \sin \omega_2 t)$ mit $f_T = 45$ MHz, $f_1 = 5$ kHz, $f_2 = 3$ kHz.

1. Berechnen Sie die normierte Nachricht $s'_M(t)$ und den Frequenzhub Δf.

2. Berechnen Sie die komplexe Amplitude $\underline{S}_{FM}$ von $s_{FM}(t)$.

3. Geben Sie die FOURIER-Reihe von $\underline{S}_{FM}$ an.

4. Berechnen und zeichnen Sie das Spektrum von $s_{FM}(t)$ unter Berücksichtigung der BESSEL-Funktionen nullter und erster Ordnung.

28.9

1. Man berechne Induktivität L und Kapazität C_p des spannungsgesteuerten Sinus-oszillator-Schwingkreises in Abb. 28.9.1.

2. Man berechne und zeichne mittels Abb. 28.9.2 die Abhängigkeit der Schwingfrequenz f_0 von der Abstimmspannung U_R (4 Kurvenpunkte).

3. Der Abstimmspannung U_R = 1 V sei eine netzfrequente Störspannung $u_S(t)$, $u_S(t)$ = 2,8 mV cos (2π 50 Hz t), überlagert. Man berechne hierfür (Klein-signaltheorie)

3.1 die momentane Schwingfrequenz $f_0(t)$ und

3.2 das Spektrum der Schwingkreisspannung (mit Skizze).

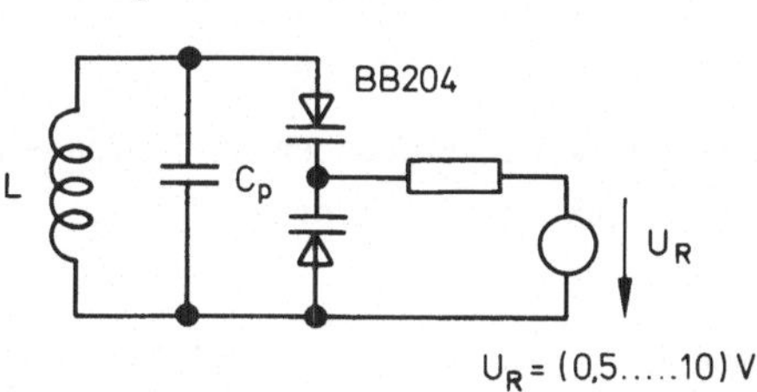

Abb. 28.9.1

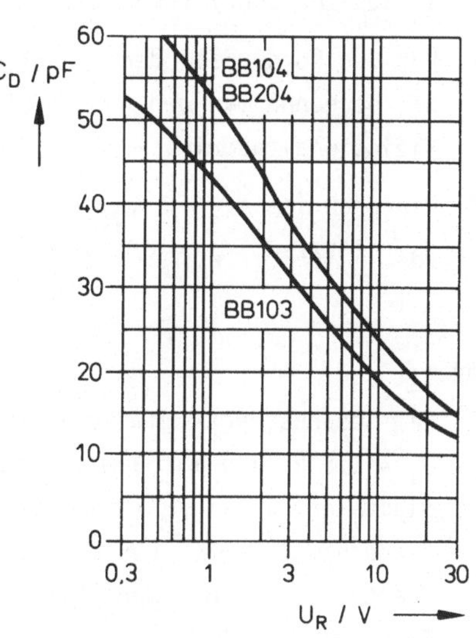

Abb. 28.9.2

28.10

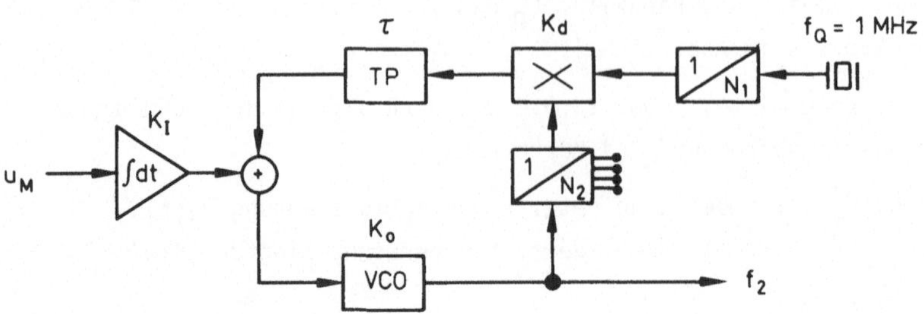

Abb. 28.10.1

1. Wie groß muß der Teilungsfaktor N_1 und in welchem Bereich muß N_2 einstellbar
   sein, damit die Ausgangsträgerfrequenz f_2 der FM-Syntheseschaltung (Abb. 28.10.1)
   in 100-kHz-Schritten von 10 bis 11 MHz eingestellt werden kann ($u_M = 0$)?

2. Für den Sonderfall der Ton-FM ($u_M = \hat{u}_M \cos \omega_M t$) und eines einfachen RC-Tiefpas-
   ses berechne man den Ausgangsfrequenzhub Δf_2 als Funktion der Tonfrequenz ω_M mit
   Kleinsignaltheorie.

3. Wie groß ist Δf_2 für $\omega_M \to 0$ bei $f_2 = 10$ MHz und $K_I = 6$ krad/s, $\hat{u}_M = 0{,}1$ V,
   $K_d = 1$ V/rad, $K_0 = 1$ Mrad/Vs?

28.11

1. Ein Cosinusträger mit $f_T = 1700$ Hz und
   $\hat{u}_1 = 1{,}5$ V wird mit dem periodischen,
   digitalen Signal $s_M'(t)$ in Abb. 28.11.1
   frequenzmoduliert. Der Frequenzhub beträgt $\Delta f = 400$ Hz. Man skizziere das
   FM-Signal $u_1(t)$.

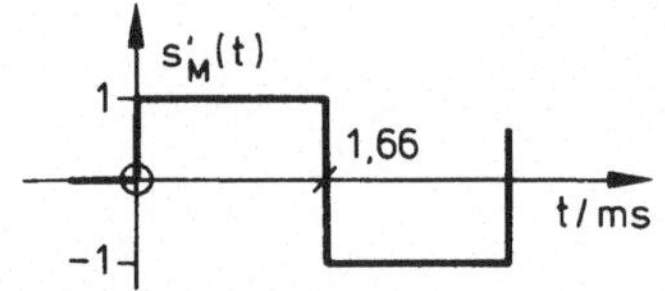

Abb. 28.11.1

2. $u_1(t)$ soll mit einer PLL-Schaltung demoduliert werden. PLL-Daten:
   f_0/Hz = 220 µF/C_0, K_0 = 350 µF·rad/(C_0Vs), K_d = 2 V/rad, Fangbereich = ± 700 Hz.

2.1 Man berechne die VCO-Kapazität C_0, die TP-Kapazität C_{TP} bei einem TP-Wider-
    stand R_{TP} = 6 kOhm, die Güte Q des PLL-Übertragungsfaktors H_{PLL}, den Halte-
    bereich Δf_H sowie die 3dB-TP-Grenzfrequenz.

2.2 Man berechne und zeichne doppeltlogarithmisch $|H_{PLL}|(f)$ mittels seiner beiden
    Asymptoten.

28.12

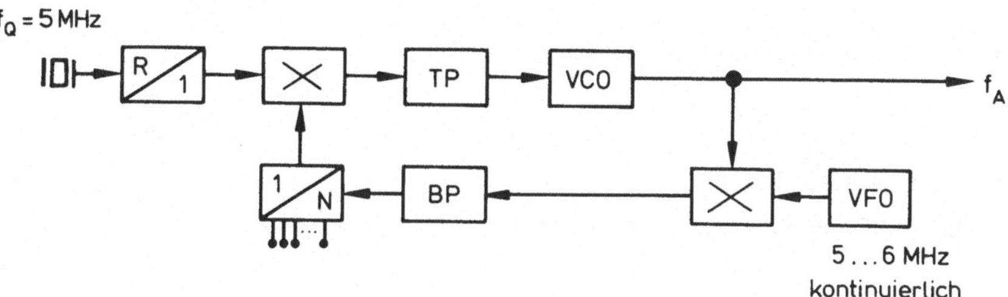

Abb. 28.12.1

In obenstehender Frequenzsynthese-Schaltung läßt der Bandpaß BP nur die Frequenzdifferenz $f_A - f_{VFO}$ durch.

1. Man berechne f_A im eingerasteten Zustand.

2. In welcher Weise kann der Ausgangsfrequenzbereich f_A = 12 ... 16 MHz lückenlos erzeugt werden?

3. In tabellarischer Form gebe man alle zur Erzeugung von f_A nötigen Teilungsverhältnisse R und N an.

4. Auf welchen Durchlaßfrequenzbereich muß der BP abgestimmt sein?

5. Um wieviel Hz weicht f_A im ungünstigsten Fall von ihrem Sollwert ab, wenn der Maximalfehler von f_{VFO} 10 ppm und von f_q 1 ppm beträgt?

28.13

Fernsehübertragung: Ein Schwarz-Weiß-Bild mit dem Format Breite : Höhe = 4 : 3 wird in 40 ms von einer Fernsehkamera mit 1000 Zeilen horizontal abgetastet.

1. Wie groß sind die Bildfrequenz f_v und die Zeilenfrequenz f_h?

2. Wie groß muß die Bandbreite B_h des analogen Videosignals sein, damit die Bildpunktauflösung in horizontaler und vertikaler Richtung gleich groß ist (Synchronlücken vernachlässigt)?

3. Das Videosignal wird mittels PCM digitalisiert. Wie groß ist die Bitrate Φ, wenn das Quantisierungsgeräusch 60 dB kleiner als das Nutzsignal sein soll? Wieviele verschiedene Helligkeitsstufen werden digitalisiert?

4. Obiges Fernsehsignal soll nach optimaler Kanalcodierung von einer Sendestation auf dem Mars mit einer Sendeleistung P_{SS} = 10 W über eine Antenne mit konusartiger Abstrahlcharakteristik (Konusgesamtwinkel φ = 10°) zur Erde übertragen werden. Weitere Daten: Kanalbandbreite B_K = 1 MHz, Kanaltemperatur = Oberflächen-

temperatur des Mars = T = 210 K, Entfernung Erde - Mars = D = 60 Mkm, effektive
Fläche der irdischen Empfangsantenne = A_E = 100 × 100 m^2, Eigenrauschen des ge-
kühlten Empfängers vernachlässigt.
Wie lange dauert die Übertragung eines Fernsehbildes?

28.14

Ein Schwarz-Weiß-Fernsehsignal von 5 MHz Bandbreite soll nach dem Abtasttheorem mit
kleinstmöglicher Abtastfrequenz abgetastet und mit 512 Graustufen binär codiert
werden.

1. Wie groß ist der größtmögliche Informationsfluß H^* des codierten Fernsehsignals?

2. Obiges Fernsehsignal soll über einen Hohlleiter übertragen werden. Wie groß muß
   mindestens die Kanalkapazität des Hohlleiters sein?

3. Der Hohlleiter habe eine Bandbreite B_H = 1 GHz und bei einer Kanaltemperatur von
   300 K eine Übertragungsdämpfung von 30 dB/km; die Sendeleistung sei P_{Ss} = 4 kW
   (BOLTZMANN-Konstante = k = 1,38 · 10^{-23} Ws/K).

3.1 Wie groß sind Empfänger-Rauschleistung P_r und die zur fehlerfreien Übertragung
     bei optimaler Kanalcodierung mindestens nötige Empfänger-Signalleistung P_E?

3.2 Wie groß ist dann der maximale Sender-Empfänger-Abstand D?

3.3 Wie groß wäre D bei unendlich großer Hohlleiter-Bandbreite?

Literatur

[1] Herter E (1981) Nachrichtentechnik. 2. Aufl. ISBN 3-446-12907-3

Lösungen

<u>28.1</u>

1. $f_M = 1$ kHz, $f_T = 10$ kHz

2. $\hat{u}_T = \hat{u}_2 = 12,5$ V

3. $\frac{m}{2} \hat{u}_T = \hat{u}_1 = \hat{u}_3 \longrightarrow m = 0,8$

4.

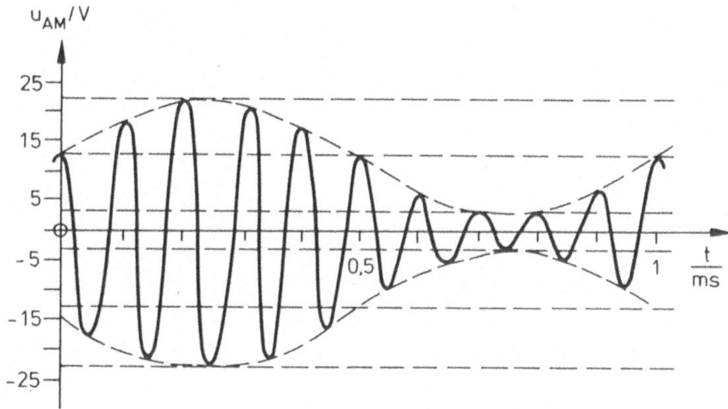

Abb. L28.1.1

5. $P_{AM} = \dfrac{U_{AMeff}^2}{R} = \dfrac{1}{2R}\left(\hat{u}_1^2 + \hat{u}_2^2 + \hat{u}_3^2\right) = 2,0625$ W

$P_{SB} = \dfrac{2\,\hat{u}_1^2}{2R} = 0,5$ W $\longrightarrow \eta = P_{SB}/P_{AM} = 24,24$ %

<u>28.2</u>

1. Vgl. Abb. L28.2.1.

$i_{AM}(t) = \hat{i}_T\,(1 + m\cos\omega_M t)\cos\omega_T t = \hat{i}_T \cos\omega_T t + \dfrac{m}{2}\hat{i}_T \cos(\omega_T - \omega_M)t$
$$+ \frac{m}{2}\hat{i}_T \cos(\omega_T + \omega_M)t$$

$i_{AM_{max}} = (1 + m)\,\hat{i}_T \longrightarrow \hat{i}_T = 1$ mA

Abb. L28.2.1

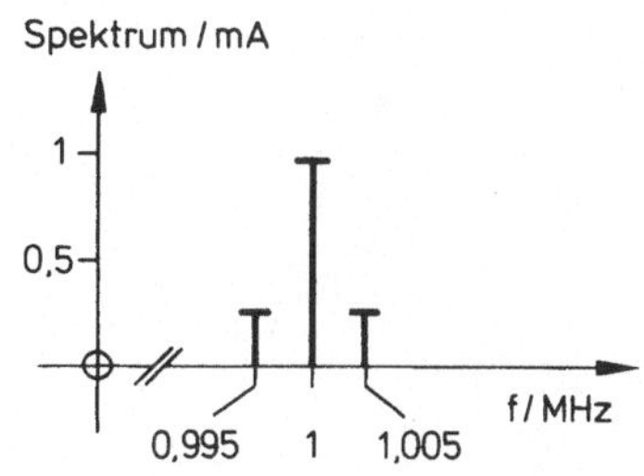

2. Vgl. Abb. L28.2.2.

$$\frac{I_{AM}(t)}{mA} = 1 + \frac{1}{4}\,e^{-j\omega_M t} + \frac{1}{4}\,e^{j\omega_M t}$$

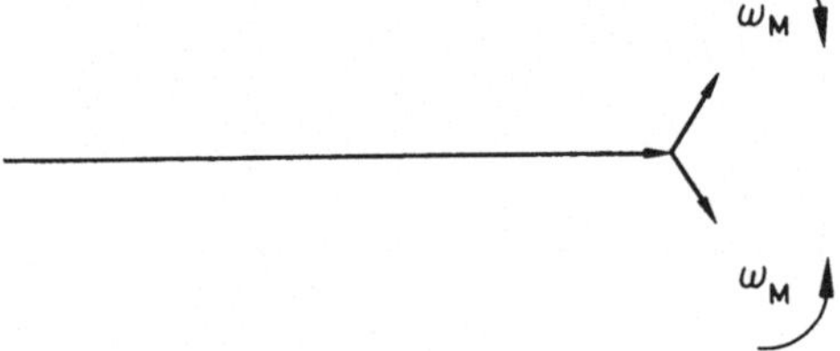

Abb. L28.2.2

3. $Q = R/\omega_{res}\,L \longrightarrow L = 9{,}1\ \mu H$

   $Q = R\,\omega_{res}\,C \longrightarrow C = 2{,}8\ nF$

4. $U = \dfrac{I}{Y} = \dfrac{RI}{1 + jQ(f/f_{res} - f_{res}/f)}$

   Träger $U_T = 10\ V$
   oberes Seitenband $U_h = 1{,}24\ V\ e^{-j60^\circ}$
   unteres Seitenband $U_l = 1{,}24\ V\ e^{j60^\circ}$

$$\frac{u(t)}{V} = 10\cos\omega_T t + 1{,}24\cos[(\omega_T + \omega_M)t - 60^\circ] + 1{,}24\cos[(\omega_T - \omega_M)t + 60^\circ]$$

5. Zeigerdiagramm von U(t) s. Abb. L28.2.3.

6. AM, $\dfrac{m}{2}\,\hat{u}_T = \hat{u}_h = \hat{u}_l \longrightarrow m = 25\ \%$

Abb. L28.2.3

28.3
1. Vgl. Abb. L28.3.1.

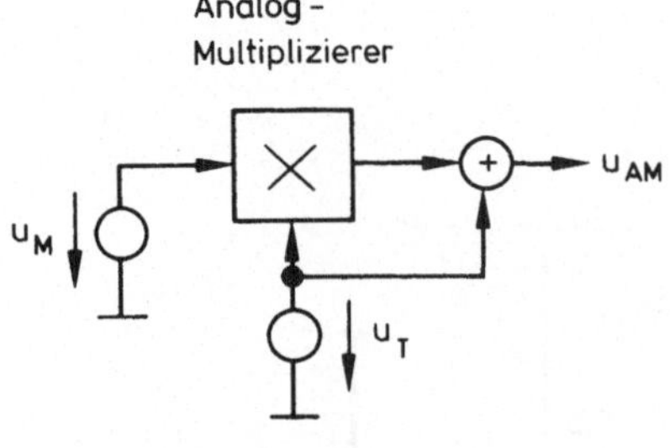

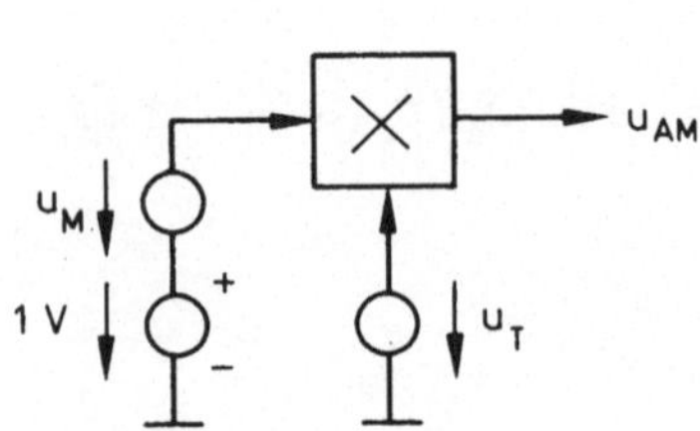

Abb. L28.3.1

2.1 Vgl. Abb. L28.3.2.

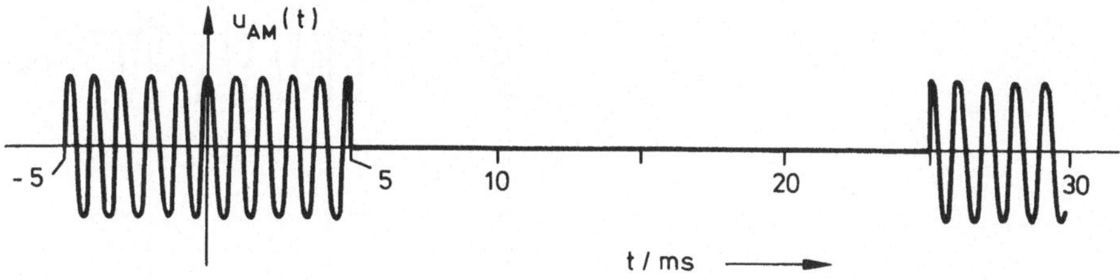

Abb. L28.3.2

2.2 Vgl. Abb. L28.3.3 und L28.3.4.

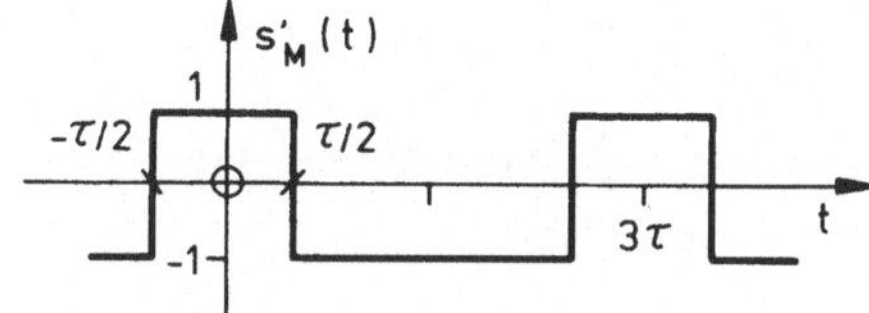

Abb. L28.3.3

$$u_{AM}(t) = \hat{u}_T(1 + m\, s_M')\cos \omega_T t$$

$$\frac{u_{AM}(t)}{\hat{u}_T} = \cos \omega_T t + s_M'(t)\cos \omega_T t$$

FOURIER-Reihe von $s_M'(t)$:

$$s_M'(t) = -\frac{1}{3} + c_1 \cos 2\pi\,\frac{t}{3\tau} + \ldots + c_n \cos 2\pi\,\frac{nt}{3\tau} + \ldots$$

$$\text{mit } c_n = \frac{4}{3} \cdot \frac{\sin n\frac{\pi}{3}}{n\frac{\pi}{3}}$$

$\dfrac{f - f_T}{\text{Hz}}$	$\hat{u}_f/\hat{u}_T$
0	2/3
± 33	0,55
± 67	0,28
± 100	0
± 133	0,14
± 167	0,06
± 200	0,11

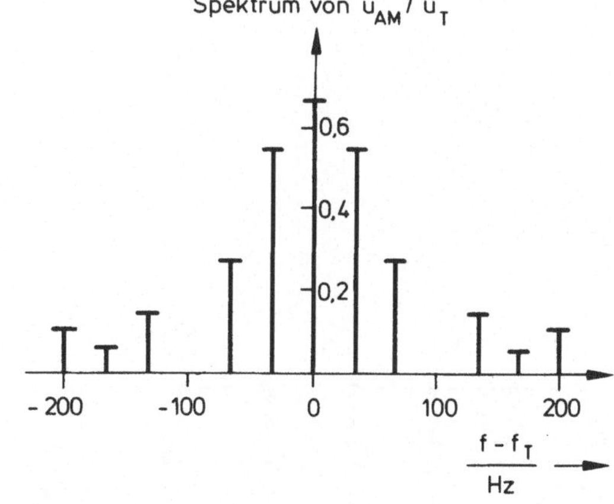

Abb. L28.3.4

3. $B \geq 2/\tau = 200$ Hz

28.4

1. Vgl. Abb. L28.4.1.

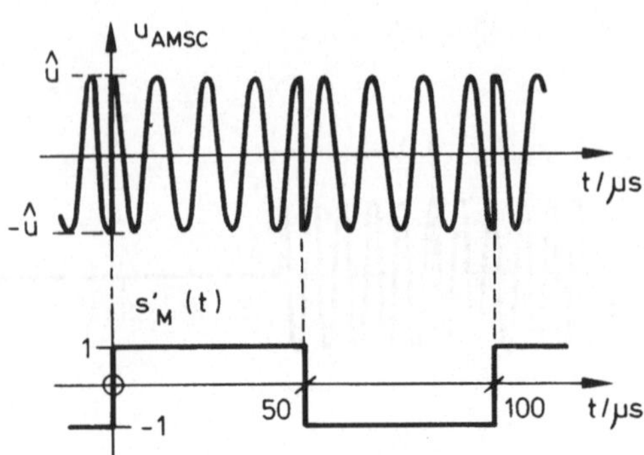

Abb. L28.4.1

2. Vgl. Abb. L28.4.1 und L28.4.2.

$$u_{AMSC} = \hat{u} \cdot s_M'(t) \cdot \cos \omega_T t$$

FOURIER-Reihe von $s_M'(t)$:

$$s_M'(t) = \frac{4}{\pi} \left(\sin \omega_M t + \frac{1}{3} \sin 3\,\omega_M t + \frac{1}{5} \sin 5\,\omega_M t + \ldots \right)$$

f/kHz	$\hat{u}_f/\hat{u}$
80	0
90	0,64
110	0,21
130	0,13
150	0,09
170	0,07
190	0,06

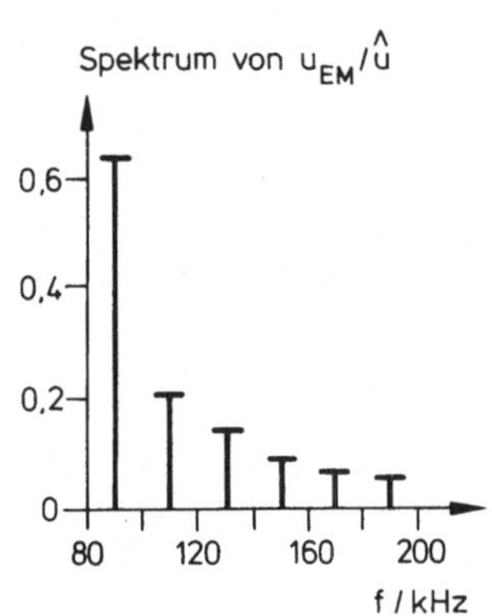

Abb. L28.4.2

3. Vgl. Abb. L28.4.3.

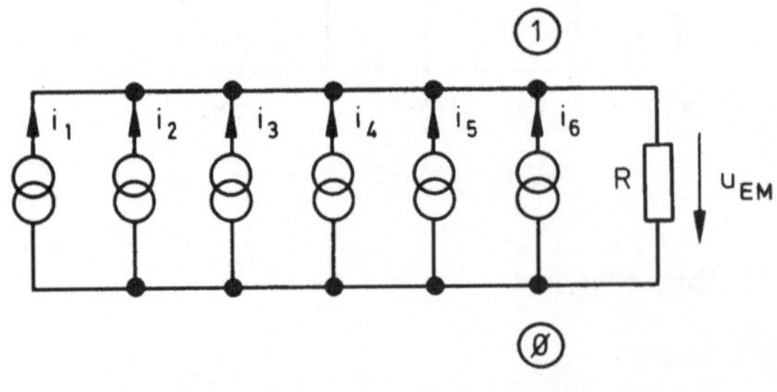

Abb. L28.4.3

```
DIGITAL-EM
I1  Ø  1  SIN(Ø  Ø.6366   9ØK)
I2  Ø  1  SIN(Ø  Ø.2122  11ØK)
I3  Ø  1  SIN(Ø  Ø.1273  13ØK)
I4  Ø  1  SIN(Ø  Ø.Ø9Ø9  15ØK)
I5  Ø  1  SIN(Ø  Ø.Ø7Ø7  17ØK)
I6  Ø  1  SIN(Ø  Ø.Ø579  19ØK)
 R  1  Ø  1
·TRAN   1U   1ØØU
·PLOT   TRAN   V(1)
·END
```

28.5

1. $L_E = \dfrac{1}{\omega_E^2 \, C_E} = 253{,}3 \ \mu H$

2. $Q_E = \dfrac{f_E}{2 \, f_{Mmax}} = 83$

3. $u_E = R_E \, i_E = Q_E \, \omega_E \, L_E \, i_E = 133 \ k\Omega \cdot i_E = 133 \ mV \cos 2\pi \, f_E t$

4. $\hat{u}_0 = 1{,}5 \ V - \hat{u}_E = 1{,}37 \ V$

5. $\dfrac{i_D}{mA} = 10 \left(1 + \dfrac{u_E + u_0 - 1{,}5 \ V}{3 \ V}\right)^2 = 10 \left(0{,}5 + \dfrac{\hat{u}_E}{3 \ V} \cos 2\pi \, f_E t + \dfrac{\hat{u}_0}{3 \ V} \cos 2\pi \, f_0 t\right)^2$

6. $f_0 = f_Z + f_E = 1{,}46 \ MHz$

7. Vgl. Abb. L28.5.1.

f	$\hat{i}_f/mA$	f/MHz
0	$3{,}5$	0
$f_0 - f_E$	$0{,}20$	$0{,}46$
f_E	$0{,}40$	$1{,}0$
f_0	$4{,}6$	$1{,}46$
$2\,f_E$	$0{,}010$	$2{,}0$
$f_0 + f_E$	$0{,}20$	$2{,}46$
$2\,f_0$	$1{,}0$	$2{,}92$

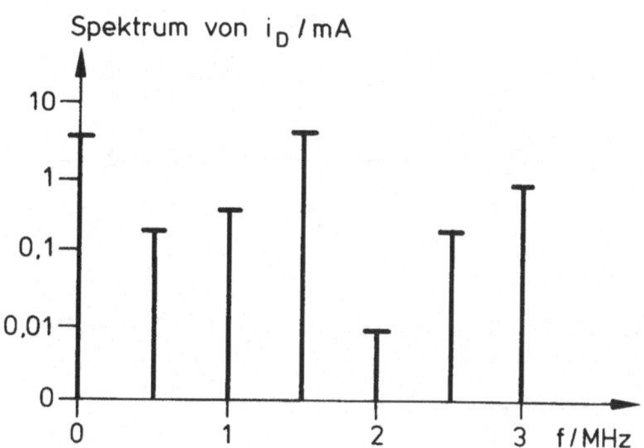

Abb. L28.5.1

8. $\hat{u}_Z = R_L \cdot 0{,}20 \ mA = 10 \ V - 3 \ V = 7 \ V \ \longrightarrow \ R_L = 35 \ k\Omega$

9. $Q_Z = \dfrac{f_Z}{2 \, f_{Mmax}} = \dfrac{R_L}{\omega_Z \, L_Z} \ \longrightarrow \ L_Z = 316 \ \mu H \ \longrightarrow \ C_Z = \dfrac{1}{\omega_Z^2 \, L_Z} = 378 \ pF$

10. $f_S = f_0 + f_Z = 1{,}92 \ MHz$

$\dfrac{a_S}{dB} = 20 \ \lg \dfrac{R_E}{|Z_E(f_S)|} = 41 \ dB$

<u>28.6</u>

1. Signaleingänge 1,4;   Trägereingänge 7,8.

2. Vgl. Abb. L28.6.1.

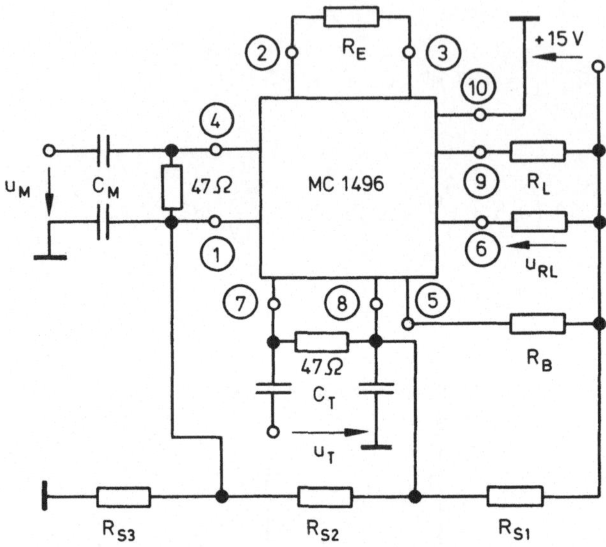

Abb. L28.6.1

3. $15 \text{ V} = U_{RL} + 3\,U_{CE} + I_0\,500\,\Omega = 4\,U_{CE} + 1\text{ V}$

$\longrightarrow U_{CE,A} = 3,5 \text{ V}$

$\longrightarrow R_L = \dfrac{U_{CE,A}}{I_0} = 1,8 \text{ k}\Omega$

$R_B I_0 + \overset{0,7\text{ V}}{U_{BE}} + 500\,\Omega\,I_0 = 15 \text{ V}$

$\longrightarrow R_B = 6,8 \text{ k}\Omega$

4. $U_{1,10} = U_{BE} + U_{CE} + 500\,\Omega\,I_0$

Berechnung des genauen I_0-Wertes:

$15 \text{ V} = 6,8 \text{ k}\Omega\,I_0 + 0,7 \text{ V} + 500\,\Omega\,I_0$

$\longrightarrow I_0 \quad = 1,96 \text{ mA}$

$\longrightarrow U_{1,10} = 5,2 \text{ V}$

$U_{8,10} = U_{BE} + 2\,U_{CE} + 500\,\Omega\,I_0$

$\longrightarrow U_{8,10} = 8,7 \text{ V}$

$$1 \text{ mA} \cdot R_{S3} = U_{1,10} \quad \longrightarrow \quad R_{S3}' = 5,2 \text{ k}\Omega \quad \longrightarrow \quad R_{S3} = 5,6 \text{ k}\Omega$$

$$1 \text{ mA} (R_{S3} + R_{S2}) = 8,7 \text{ V} \longrightarrow R_{S2}' = 3,1 \text{ k}\Omega \longrightarrow R_{S2} = 3,3 \text{ k}\Omega$$

$$\frac{15 \text{ V}}{R_{S1} + R_{S2} + R_{S3}} = 1 \text{ mA} \quad \longrightarrow \quad R_{S1}' = 6,1 \text{ k}\Omega \quad \longrightarrow \quad R_{S1} = 5,6 \text{ k}\Omega$$

5. $2 \cdot \dfrac{1}{\omega_{Mmin} C_M} \leq \dfrac{1}{3} \cdot 47 \ \Omega \quad \longrightarrow \quad C_M' \geq 67,7 \ \mu F \quad \longrightarrow \quad C_M = 68 \ \mu F / 6 \text{ V}$

$2 \cdot \dfrac{1}{\omega_T C_T} \leq \dfrac{1}{3} \cdot 47 \ \Omega \quad \longrightarrow \quad C_T' \geq 2,2 \text{ nF} \quad \longrightarrow \quad C_T = 2,2 \text{ nF}$

6. $R_E = \hat{u}_M / I_0 = 1,5 \text{ k}\Omega$

7. $\hat{u}_T \gtrsim 4 \ U_T \quad \longrightarrow \quad \hat{u}_T \gtrsim 100 \text{ mV}$

8. Vgl. Abb. L28.6.2 und L28.6.3.

$$u_{RL} = R_L \left[I_0 + \frac{3 \text{ V} \cos \omega_M t}{R_E} \, z_A(t) \right]$$

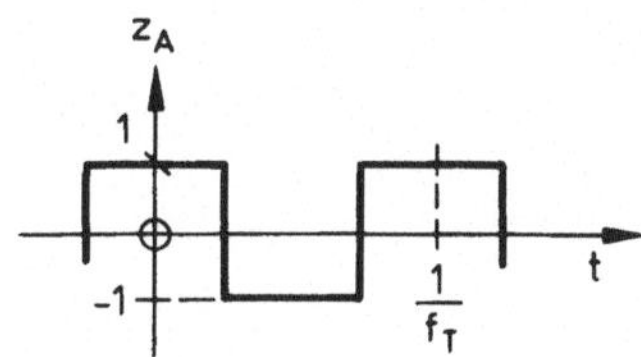

Abb. L28.6.2

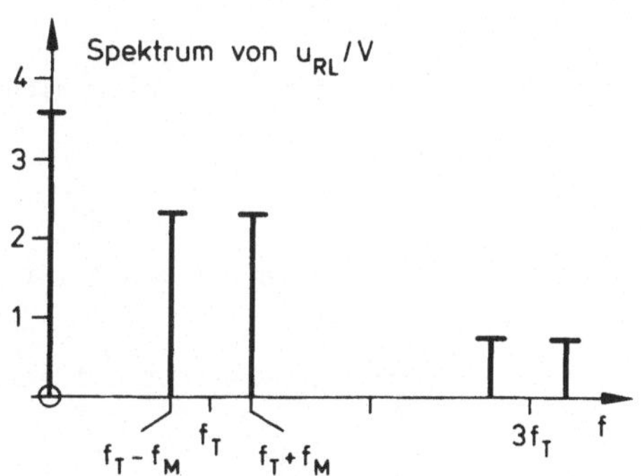

Abb. L28.6.3

$$z_A(t) = \frac{4}{\pi} \left(\cos \omega_T t - \frac{1}{3} \cos 3\omega_T t + - \ldots \right)$$

$$\frac{u_{RL}}{V} = 3,6 + 4,6 \cos \omega_M t \cos \omega_T t - 1,5 \cos \omega_M t \cos 3 \omega_T t + - \ldots$$

28.7

1. $I_C = I_S \, e^{\frac{U_{BE}}{U_T}} = I_S \, e^{\frac{U_{BE_A}}{U_T}} + \frac{I_S}{U_T} \, e^{\frac{U_{BE_A}}{U_T}} \, \Delta U_{BE} + \frac{1}{2} \frac{I_S}{U_T^2} \, e^{\frac{U_{BE_A}}{U_T}} \, \Delta U_{BE}^2 + \frac{1}{6} \frac{I_S}{U_T^3} \, e^{\frac{U_{BE_A}}{U_T}} \, \Delta U_{BE}^3$

$$I_C = I_S \, e^{\frac{U_{BE_A}}{U_T}} \left(1 + \frac{\Delta u_1}{U_T} + \frac{1}{2} \frac{\Delta u_1^2}{U_T^2} + \frac{1}{6} \frac{\Delta u_1^3}{U_T^3} \right)$$

2. $u_3 = R I_{CA} \cdot \frac{1}{6} \frac{\hat{u}_1^3}{U_T^3} \cdot \frac{1}{4} \cos 3\omega t = \frac{1}{24} \, R I_{CA} \left(\frac{\hat{u}_1}{U_T} \right)^3 \cos 3\omega t$

3. $\hat{u}_3 = U_V = \frac{1}{24} \, R I_{CA} \left(\frac{\hat{u}_1}{U_T} \right)^3 \quad \longrightarrow \quad \hat{u}_1 = U_T \sqrt[3]{\frac{24 \, U_V}{R I_{CA}}} = 37 \text{ mV}$

4. Frequenz-Verdreifacher infolge nichtlinearer Steuerkennlinie.

28.8

1. $\Psi(t) \quad = \omega_T t + \sin \omega_1 t + \sin \omega_2 t$

$\omega(t) \quad = \frac{d_\Psi}{dt} = \omega_T + \omega_1 \cos \omega_1 t + \omega_2 \cos \omega_2 t = \omega_T + \Delta\omega \, s_M'(t)$

$\Delta\omega \, s_M'(t) = \Delta\omega \cdot \frac{s_M(t)}{s_{Mmax}} = (\omega_1 + \omega_2) \, \frac{\omega_1 \cos \omega_1 t + \omega_2 \cos \omega_2 t}{\omega_1 + \omega_2}$

$\longrightarrow \quad \Delta f = f_1 + f_2 \qquad s_M'(t) = \frac{5}{8} \cos \omega_1 t + \frac{3}{8} \cos \omega_2 t$

2. $s_{FM}(t) = \text{Re} \, e^{j\Psi(t)} = \cos \Psi(t) = \text{Re} \left[\left(e^{j \sin \omega_1 t} \cdot e^{j \sin \omega_2 t} \right) e^{j\omega_T t} \right] = \text{Re} \left[\underline{S}_{FM} \, e^{j\omega_T t} \right]$

$\longrightarrow \quad \underline{S}_{FM} = e^{j \sin \omega_1 t} \cdot e^{j \sin \omega_2 t}$

3. $\underline{S}_{FM} = \left[\sum_{n=-\infty}^{\infty} \left(J_n(1) \, e^{jn\omega_1 t} \right) \right] \cdot \left[\sum_{m=-\infty}^{\infty} \left(J_m(1) \, e^{jm\omega_2 t} \right) \right]$

4. Vgl. Abb. L28.8.1.

$\underline{S}_{FM} = \left(-J_1 \, e^{-j\omega_1 t} + J_0 + J_1 \, e^{j\omega_1 t} \right) \cdot \left(-J_1 \, e^{-j\omega_2 t} + J_0 + J_1 \, e^{j\omega_2 t} \right)$

$J_0(1) = 0{,}7652 \qquad J_1(1) = 0{,}4401 \qquad J_2(1) = 0{,}11$

f	f_T	$f_T \pm (f_1 + f_2)$	$f_T \pm (f_1 - f_2)$	$f_T \pm f_1$	$f_T \pm f_2$
$\hat{s}_f$	$J_0^{\,2}$	$J_1^{\,2}$	$J_1^{\,2}$	$J_1 \cdot J_0$	$J_1 \, J_0$
$\hat{s}_f$	0,586	0,194	0,194	0,337	0,337

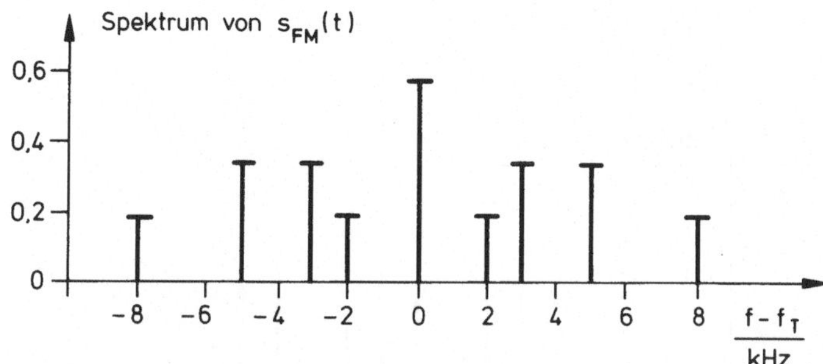

Abb. L28.8.1

28.9

1. $f_0 = \left[2\pi \sqrt{L(C_p + C_D/2)} \right]^{-1} \longrightarrow \left(\dfrac{f_{o1}}{f_{o2}}\right)^2 = \dfrac{C_p + C_{D2}/2}{C_p + C_{D1}/2}$

$$\longrightarrow \quad C_p = \frac{\dfrac{C_{D2}}{2}\left(\dfrac{f_{o2}}{f_{o1}}\right)^2 - \dfrac{C_{D1}}{2}}{1 - \left(\dfrac{f_{o2}}{f_{o1}}\right)^2} = 75 \ \text{pF}$$

$$
\begin{aligned}
f_{o1} &= 3045 \ \text{kHz} & f_{o2} &= 3345 \ \text{kHz} \\
U_{R1} &= 0,5 \ \text{V} & U_{R2} &= 10 \ \text{V} \\
C_{D1} &= 60 \ \text{pF} & C_{D2} &= 24 \ \text{pF}
\end{aligned}
$$

$$L = \frac{1}{4\pi^2 \, f_{o1}^{\,2} \, (C_p + C_{D1}/2)} = 26 \ \mu\text{H}$$

2. Vgl. Abb. L28.9.1.

$$f_{ox} = f_{o2} \sqrt{\frac{C_p + C_{D2}/2}{C_p + C_{Dx}/2}}$$

Aus Abb. 28.9.2:

U_R/V	C_{Dx}/pF	f_{ox}/kHz
0,5	60	3045
2	43	3176
6	29	3298
10	24	3345

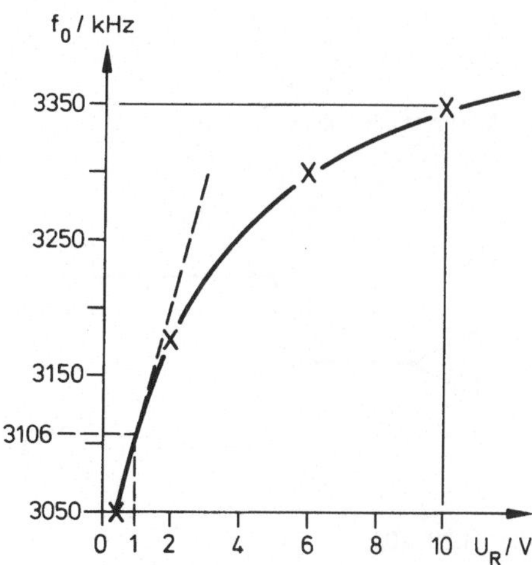

Abb. L28.9.1

3.1 Graphisch: $\dfrac{df_0/kHz}{dU_R/V} = 89$

$$\frac{f_0(t)}{kHz} = 3106 + 89 \cdot 2,8 \ m \ \cos\,(2\pi\,50\ Hz\,t)$$

$$\frac{f_0(t)}{kHz} = 3106 + 0,25 \ \cos\,(2\pi\,50\ Hz\,t)$$

3.2 Vgl. Abb. L28.9.2.

$$\eta = \Delta\varphi = \frac{\Delta f}{f_M} = \frac{250}{50} = 5$$

n	$J_n(5)$
0	-0,18
1	-0,33
2	0,06
3	0,38
4	0,39
5	0,25
6	0,13
7	0,06
8	0,02

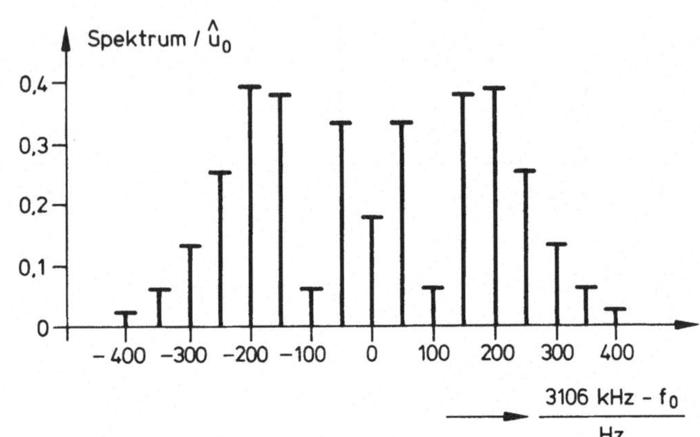

Abb. L28.9.2

28.10

1. $\dfrac{f_2}{N_2} = \dfrac{f_Q}{N_1} \;\longrightarrow\; f_2 = \dfrac{N_2}{N_1}\,f_Q \;\longrightarrow\; \Delta f_2 = \dfrac{f_Q}{N_1}$

$\longrightarrow\; N_1 = \dfrac{f_Q}{\Delta f_2} = 10 \qquad \longrightarrow\; N_2 = \dfrac{N_1}{f_Q}\cdot f_2 = 10\,\dfrac{f_2}{MHz} = 100 \ldots 110$

2. KS-Ersatzschaltbild Abb. L28.10.1.

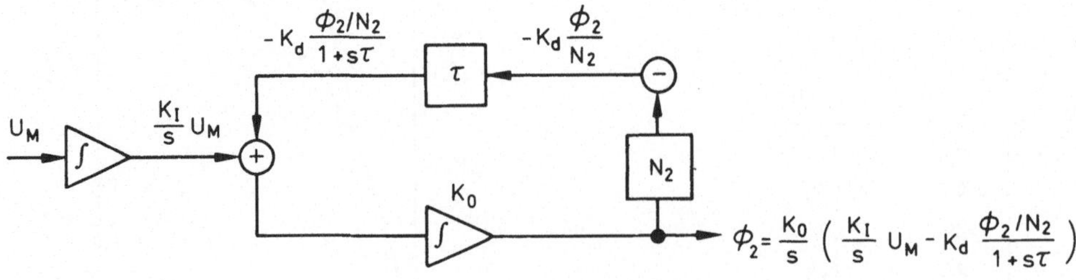

Abb. L28.10.1

$$\longrightarrow \quad \Phi_2 = \frac{K_o K_I}{s^2 \left[1 + \dfrac{K_o K_d/N_2}{s(1+s\tau)}\right]} U_M \qquad\qquad \Omega_2 = 2\pi\,\Delta f_2 = s\,\Phi_2$$

$$\longrightarrow \quad \Delta f_2 = \frac{K_o K_I/2\pi}{s + \dfrac{K_o K_d/N_2}{1+s\tau}} U_M \quad \text{mit } s = j\omega_M \quad \longrightarrow \quad \Delta f_2 = \frac{K_o K_I/2\pi}{j\omega_M + \dfrac{K_o K_d/N_2}{1+j\omega_M\tau}} \hat{u}_M$$

3. $\Delta f_{20} = \dfrac{N_2 K_I}{2\pi\,K_d}\,\hat{u}_M = 9{,}55 \text{ kHz}$

<u>28.11</u>

1. Vgl. Abb. L28.11.1.

$$f_T + \Delta f = f_h = 2100 \text{ Hz} = \frac{1}{0{,}476 \text{ ms}}$$

$$f_T - \Delta f = f_l = 1300 \text{ Hz} = \frac{1}{0{,}769 \text{ ms}}$$

2.1 $C_o = 220\ \mu F/f_T = 129{,}4 \text{ nF}$

$K_o = 2{,}705 \text{ krad/Vs}$

$\Delta\omega_F = 2\pi\,700 \text{ Hz} = 4{,}398 \text{ krad/s}$

$$\tau = \sqrt{\frac{K_o^2 K_d^2}{\Delta\omega_F^2} - 1}\,/\,\Delta\omega_F = 0{,}163 \text{ ms} = R_{TP}\cdot C_{TP}$$

$C_{TP} = 27 \text{ nF} \qquad Q = \sqrt{K_d K_o \tau} = 0{,}94$

$\Delta f_H = K_d K_o/2\pi = 861 \text{ Hz} \qquad f_{TP} = \dfrac{1}{2\pi\tau} = 977 \text{ Hz}$

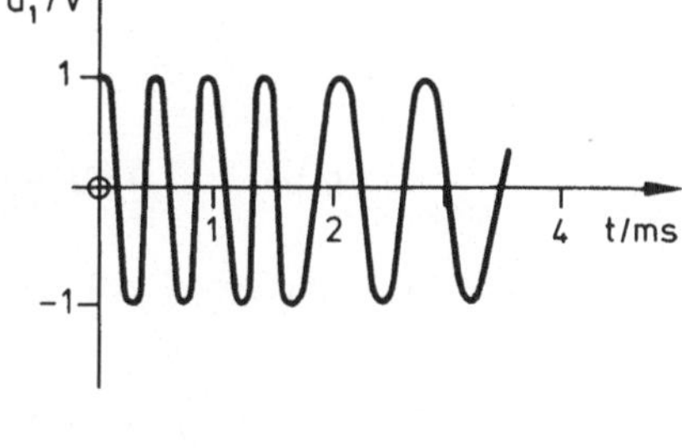

Abb. L28.11.1

2.2 Vgl. Abb. L28.11.2.

$$H_{PLL} = \frac{K_d\,\Delta\omega/\tau}{s^2 + \dfrac{s}{\tau} + \dfrac{K_d K_o}{\tau}}$$

Tiefe Frequenzen:

$$|H_{PLL}|_o = \frac{\Delta\omega}{K_o} = 0{,}93 \text{ V}$$

Hohe Frequenzen:

$$|H_{PLL}|_\infty = \frac{K_d\,\Delta\omega}{\tau\,(2\pi f)^2} = 0{,}78\left(\frac{f}{\text{kHz}}\right)^{-2}$$

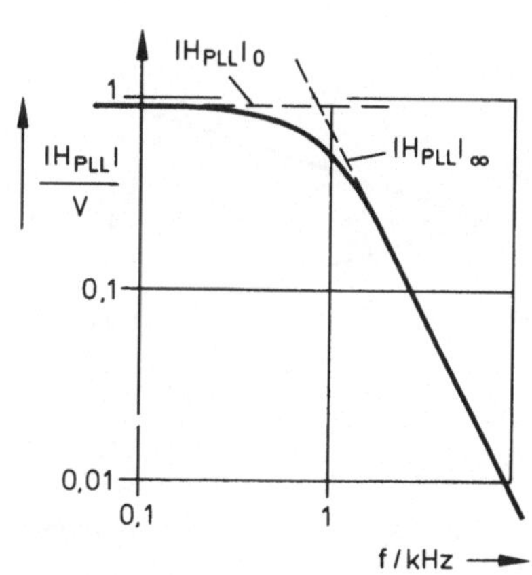

Abb. L28.11.2

28.12

1. $\dfrac{f_A - f_{VFO}}{N} = \dfrac{f_q}{R} \longrightarrow f_A = \dfrac{N}{R} f_q + f_{VFO} \longrightarrow \dfrac{f_A}{MHz} = 5\,\dfrac{N}{R} + (5 \ldots 6)$

2. Mehrere 1 MHz breite Bereiche durch Verändern von N/R.

3.

Bereich/MHz	N/R	N	R
12 – 13	7/5	7	5
13 – 14	8/5	8	5
14 – 15	9/5	9	5
15 – 16	10/5	10	5

4. $f_{BP} = f_A - f_{VFO} = \dfrac{N}{R} f_q = N$

$f_{BP} = (7 \ldots 10)\ \text{MHz}$

5. $\Delta f_{Amax} = \dfrac{N}{R} \Delta f_q + \Delta f_{VFO} = 2 \cdot f_Q \cdot 1\ \text{ppm} + f_{VFO} \cdot 10\ \text{ppm} = 70\ \text{Hz}$

28.13

1. $f_v = \dfrac{1}{40\ \text{ms}} = 25\ \text{Hz}, \qquad f_h = \dfrac{1000}{40\ \text{ms}} = 25\ \text{kHz}$

2. In einer Zeile müssen $\dfrac{4}{3}$ mal so viele Abtastungen sein wie in vertikaler Richtung:

$$2\,B_h = \dfrac{4}{3} \cdot \dfrac{1000}{1/f_h} \longrightarrow B_h = 16{,}7\ \text{MHz}$$

3. $60 = 6\,s \longrightarrow s = 10\ \text{bit/Abtastwert}$

$\Phi = 2\,B_h \cdot s \quad = 333\ \text{Mbit/s}$

4. Vgl. Abb. L28.13.1.

$C = B_K\ \text{lb}\ (1 + P_S/P_r) \qquad P_S = P_{Ss} \cdot A_E/A_D = 1{,}155 \cdot 10^{-15}\ \text{W}$

$P_r = kT\,B_k = 2{,}898 \cdot 10^{-15}\ \text{W} \longrightarrow C = B_K\ \ln\,(1 + P_S/P_r)/\ln 2 = 484\ \text{kbit/s}$

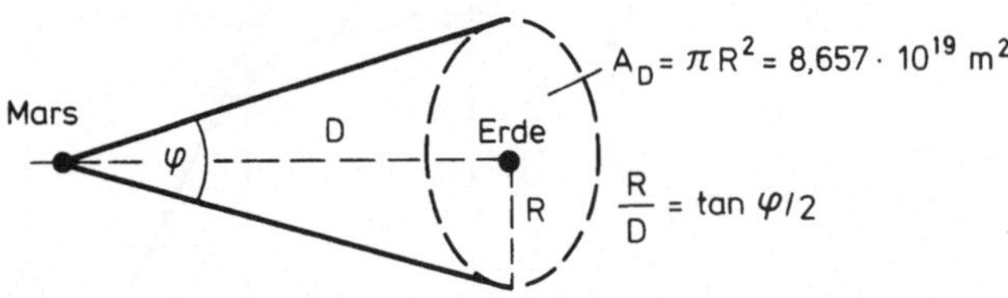

Abb. L28.13.1

Zu übertragende Nachrichtenmenge eines Bildes: $Q = \Phi \cdot t_v = \Phi/f_v = 13{,}3\ \text{Mbit}$

$C = Q/t \longrightarrow t = Q/C = 28\ \text{s}$

28.14

1. $H^* = 2\,B_F\ \text{lb}\ 512 = 90$ Mbit/s

2. $C \geq H^* = 90$ Mbit/s

3.1 $P_r = kT\,B_H = 4{,}14 \cdot 10^{-12}$ W

$C = B_H\ \text{lb}\ (1 + P_E/P_r) \longrightarrow P_E = \left(2^{C/B_H} - 1\right) P_r = 2{,}665 \cdot 10^{-13}$ W

3.2 $D \cdot a'/\text{dB} = 10\ \text{lg}\ (P_{Ss}/P_E) \longrightarrow D = 5{,}392$ km

3.3 $C_\infty = 1{,}443\ P_{E\infty}/kT \longrightarrow P_{E\infty} = H^*\,kT/1{,}443 = 2{,}582 \cdot 10^{-13}$ W

$\longrightarrow D_\infty = 5{,}397$ km

29. Systemanalyse

Heidi Heilmann

Fachbereich Wirtschaftsinformatik

Grundlagen: Systemtheorie; Phasenkonzepte; Systemanalyse und Projektmanagement. Dokumentations- und Darstellungstechniken: Struktur-, EVA- und Flußdiagramme; Daten- und Entscheidungstabellen; mitlaufende Dokumentation. Die Phasen der Systemgestaltung: Istaufnahme und -analyse; Gesamtkonzeption; Vorstudie; Grobkonzeption; Feinkonzeption; Programmvorgabe; Systemeinführung; Wartung. Softwareauswahl. Alternative Methoden der Systemgestaltung. DV-Projektmanagement: Projektteambildung; Techniken des Projektmanagements; DV-Rahmenplanung ausgehend von der Gesamtkonzeption; Projektplanung ausgehend von der Grobkonzeption; Projektsteuerung in den Realisierungsphasen; Projektkontrolle durch übergeordnete Instanzen; Computerunterstützte Projektplanungs- und -steuerungssysteme.

Zugelassene Hilfsmittel für die Prüfungsaufgaben 29.1 bis 29.7: Skriptum/Umdrucke

Aufgaben

29.1

Entscheidungstabellen: Setzen Sie den folgenden Text in eine vollständige Entscheidungstabelle um und erarbeiten Sie anschließend zwei verschiedene Verdichtungen dieser Entscheidungstabelle. Skizzieren Sie Vor- und Nachteile verdichteter Entscheidungstabellen.

Text: Bei einer Bonitätsprüfung werden folgende Einzelprüfungen durchgeführt:

1. Bleiben die Forderungen einschließlich des gerade geprüften Auftrags unter dem Kreditlimit des Kunden?
2. Ist das Zahlungsverhalten des Kunden unverändert einwandfrei?
3. Ist seine durchschnittliche Deckungsbeitragsrate größer als 30 %?
4. Ist er seit mehr als fünf Jahren Kunde?

Der Kunde wird beliefert, wenn die Prüfungen 1 und 2 positiv verlaufen. Verläuft Prüfung 1 positiv, Prüfung 2 aber negativ, so hängt das weitere Vorgehen von Prüfung 3 ab: Verläuft diese positiv, wird Rücksprache mit dem Kunden genommen; verläuft sie dagegen negativ, wird der Kunde nicht beliefert.

Verläuft Prüfung 2 positiv, Prüfung 1 aber negativ, so hängt das weitere Vorgehen wieder von Prüfung 3 ab: Verläuft sie positiv, wird der Kunde beliefert, verläuft sie negativ, wird Rücksprache mit ihm genommen.

Verlaufen die Prüfungen 1 und 2 negativ, wird der Kunde nicht beliefert, es sei
denn, die Prüfungen 3 und 4 haben ein positives Ergebnis; in diesem Fall wird mit
dem Kunden Rücksprache genommen.

<u>29.2</u>

EVA-Diagramm und Entscheidungstabelle als Darstellungsmittel: Ein Bonus ist eine
Vergütung eines Lieferanten an Kunden, der i.a. jährlich bezahlt wird und die Lie-
ferantentreue des Kunden belohnen soll. In einer Unternehmung wird Bonus nach folgenden Grundsätzen berechnet und bezahlt:

1. Der Bonus ist umsatzabhängig: Kunden mit einem Jahresumsatz unter 300 000 DM
   erhalten 1 % vom Umsatz als Bonus; Kunden mit 300 000 bis unter 600 000 DM Umsatz
   erhalten 1,5 %; Kunden mit 600 000 bis unter 1 Million DM Umsatz erhalten 2 %;
   bei Kunden mit einem Umsatz von 1 Million DM und mehr werden 3 % Bonus vom Umsatz berechnet.

2. Für eine Umsatzsteigerung im laufenden Jahr im Vergleich zum Vorjahr wird der
   Bonus wie folgt erhöht: Umsatzsteigerung unter 10 % bringt keine Bonuserhöhung;
   Umsatzsteigerungen von 10 % bis unter 30 % bewirken eine Bonuserhöhung um 0,5 %;
   Umsatzsteigerung in Höhe von 30 % oder mehr erhöht den umsatzabhängigen Bonus
   nach 1. um 1 %.

3. Für die Kunden, die Bonus erhalten, wird eine Aufstellung über die Zusammenset-
   zung der Bonusbeträge gedruckt. Darauf ist auch zu vermerken, ob die Auszahlung
   des Bonus nach 4. oder 5. erfolgt.

4. Der Kunde erhält einen Computerscheck über den Bonusbetrag ausgedruckt, wenn
   seine Gesamtschuld zum Bonusabrechnungstermin weniger als 10 % seines Jahres-
   umsatzes beträgt *und* wenn sein Kreditlimit nicht überschritten ist. Die zum
   Scheckausdruck benötigten Daten werden auf einem Zwischendatenträger gesammelt,
   nach Außendienstbezirken sortiert und erst daran anschließend ausgedruckt.

5. Treffen die Bedingungen laut 4. nicht zu, wird der Bonusbetrag mit der Gesamtschuld saldiert.

6. Der Bonusbetrag je Kunde wird im Kundenstammsatz in einem dafür vorgesehenen
   Datenfeld vermerkt.

7. Die Summe des über Schecks ausbezahlten Bonus, die Summe der verrechneten Bonusbeträge und der Gesamtbonus im laufenden Jahr werden für die Vertriebsleitung
   ausgedruckt.

8. Vorjahresumsatz, Umsatz des laufenden Jahres, Gesamtschuld des Kunden und sein
   Kreditlimit sind in Datenfeldern des Kundenstammsatzes gespeichert.

Setzen Sie diesen verbal geschilderten Ablauf in ein EVA-Diagramm unter Mitverwen-
dung von anderen Darstellungstechniken, z.B. Entscheidungstabellen, um. Führen Sie
neben dem EVA-Diagramm eine ergänzende Darstellung im Detail aus.

29.3
Problem- und Programmstruktur:

a) Auf welche Gründe führen Sie die Tatsache zurück, daß die fachliche Problemstruktur (aus der Feinkonzeption) in der Programmstruktur (d.h. bei der gegen-
   seitigen Abgrenzung der Einzelprogramme in der Programmvorgabe) häufig nicht
   genau abgebildet werden kann?

b) Welche Kriterien verwenden Sie bei der Festlegung der Programmstruktur?

c) Stellen Sie eine Rangfolge der Kriterien nach b) auf und begründen Sie diese
   Rangfolge.

29.4
Arbeiten Sie einen strukturierten *Fragenkatalog* aus, mit dem Sie in einer Ihnen
bisher noch nicht bekannten DV-Abteilung den Istzustand hinsichtlich der *Wartung
computerunterstützter Anwendungssysteme* erheben und beurteilen können.

29.5
Äußern Sie sich bitte zur Frage der *Standardsoftwareauswahl* anhand folgender Teil-
fragen:

a) Welche Unterschiede bestehen hinsichtlich der Übernahme fertiger Software zwischen System- und Anwendungssoftware?

b) Auf welchen Ergebnissen der Systemplanung/-entwicklung muß eine sinnvolle Auswahl von Standard*anwendungs*software aufbauen?

c) Welche Vor- und Nachteile versprechen Sie sich vom Einsatz von Standardsoftware
   (System- und Anwendungssoftware)?

d) Wie gehen Sie bei der Auswahl von Standardsoftware (System- und Anwendungssoftware) vor?

29.6
Beurteilung eines DV-Projekts: Im Hause BETA-GmbH soll ab dem 1. 9. 1983 ein DV-Pro-
jekt realisiert werden, das Anfang 1985 unter allen Umständen laufen muß. Es stehen
also 16 Monate Projektdauer zur Verfügung. Grobkonzeption und Projektplanung liegen
bereits vor. In der Projektplanung wurde ein Personalbedarf von vier Mannjahren
geschätzt; Urlaubszeiten und krankheitsbedingte, durchschnittliche Ausfallzeiten
sind darin berücksichtigt.

Folgende Mitarbeiterzuordnung ist vorgesehen:
- Projektleiter Müller ab 1. 9. 1983 mit 25 % seiner Arbeitszeit; Müller hat Neben-
  aufgaben verschiedener Art, u.a. in schon laufenden Projekten.
- Anfangsprogrammierer Schulz ab 1. 9. 1983 mit 100 %.

- Systemanalytiker Meier voraussichtlich ab Spätherbst zu 50 %; er ist derzeit
  noch in der Endphase eines anderen zeitkritischen Projekts gebunden, das Ende
  Oktober abgeschlossen werden soll, sich aber schon mehrfach verzögert hat.
- Organisationsprogrammierer Neu ist derzeit noch im gleichen Projekt wie Meier
  tätig und soll nach dessen Abschluß voll zur Verfügung stehen.
- Organisationsprogrammierer Alt wird ab 1. 1. 1984 voll für das Projekt freige-
  stellt.
- Von seiten der Fachabteilung ist keine aktive Mitarbeit zu erwarten, Personen
  zur Auskunftserteilung sind aber benannt und informiert worden.
- Es steht noch nicht definitiv fest, welcher Personenkreis als dem Projekt übergeordnete Instanz fungieren soll.

a) Wie beurteilen Sie die Personalsituation dieses Projekts?

b) Welche Maßnahmen schlagen Sie im Interesse einer erfolgreichen Abwicklung dieses
Projekts vor?

29.7

Verfahren zur Projektzeitschätzung:

a) Unterbreiten Sie Ihrem DV-Leiter einen Vorschlag zur Einführung eines Verfahrens
   zur Projektzeitschätzung auf der Basis folgender Annahmen:
   - In Ihrer DV-Abteilung sind rund 40 Mitarbeiter mit Systemanalyse/Programmie-
     rung beschäftigt.
   - Gleichzeitig laufen rund 10 DV-Projekte von 1 - 2 Jahren Dauer.
   - Bislang wurde nur ganz grob nach dem Analogieverfahren gearbeitet.

b) Entwerfen Sie einen Plan zur Einführung des neuen Verfahrens
   - mit allen erforderlichen Einzelschritten,
   - in zweckmäßiger Reihenfolge,
   - mit Angabe zur voraussichtlichen Dauer (nicht zum Kapazitätsbedarf!) jedes
     Einzelschritts.

Literatur

[1] Daenzer WF (Hrsg) (1982) Systems Engineering. 3. Aufl. Zürich

[2] End W, Gotthardt H, Winkelmann R (1979) Softwareentwicklung. Leitfaden für Pla-
    nung, Realisierung und Einführung von DV-Verfahren. 2. Aufl. München

[3] Kimm R, Koch W, Simonsmeier W, Tontsch F (1979) Einführung in Software Engi-
    neering. Berlin New York

Lösungen

<u>29.1</u>

Entscheidungstabellen:

Vollständige Entscheidungstabelle

Bedingungen/ Aktionen Regeln	1	2	3	4	5	6	7	8	9	10	11	12	13	14	15	16
1. Forderungen kleiner Kreditlimit	J	J	J	J	J	J	J	J	N	N	N	N	N	N	N	N
2. Zahlungsverhalten einwandfrei	J	J	J	J	N	N	N	N	J	J	J	J	N	N	N	N
3. durchschn. Deckungsbeitrag >30 %	J	J	N	N	J	J	N	N	J	J	N	N	J	J	N	N
4. mehr als 5 Jahre Kunde	J	N	J	N	J	N	J	N	J	N	J	N	J	N	J	N
a) Kunde beliefern	X	X	X	X					X	X						
b) Rücksprache mit dem Kunden					X	X					X	X	X			
c) Kunde nicht beliefern							X	X						X	X	X

Verdichtete Entscheidungstabellen

(1. - 4. bezeichnen die Bedingungen, a) bis c) die Aktionen entsprechend der vollständigen Entscheidungstabelle)

	1	2	3	4	5	6	7	8
1.	J	J	J	N	N	N	N	N
2.	J	N	N	J	J	N	N	N
3.	-	J	N	J	N	J	J	N
4.	-	-	-	-	-	J	N	-
a)	X			X				
b)		X			X	X		
c)			X				X	X

	1	2	3	4	5	6	7
1.	J	J	N	N	N	N	E
2.	N	N	J	N	N	N	L
3.	J	N	N	J	N	J	S
4.	-	-	-	J	-	N	E
a)							X
b)	X		X	X			
c)		X			X	X	

Vor- und Nachteile verdichteter Entscheidungstabellen:

Vorteile:

- Verdichtete Tabellen benötigen weniger Platz und sind dadurch auch (vordergründig) transparenter.
- Sie sind programmiertechnisch effizienter zu realisieren.
- Sie stellen eine Möglichkeit dar, auch bei sehr vielen Bedingungen mit *einer* Entscheidungstabelle auszukommen.
- Sie sind schneller erstellbar.

Nachteile

- Die Fehlergefahr - Vergessen von Regeln, Redundanzen, Widersprüche - ist viel
  größer als bei vollständigen Entscheidungstabellen.
- Sie sind nicht änderungsfreundlich.
- Durch Darstellung in mehreren, verflochtenen Entscheidungstabellen können auch
  Sachverhalte mit sehr vielen Bedingungen übersichtlich in vollständigen Ent-
  scheidungstabellen dargestellt werden.

29.2
Ergänzende Darstellungen (vollständig ausgeführt):

Entscheidungstabelle 1

	1	2	3	4
Umsatzuntergrenze		300 000	600 000	1 Mio
Umsatzobergrenze	unter 300 000	unter 600 000	unter 1 Mio	
Bonus in Prozent des Umsatzes	0	1	2	3

Tabelle 2

Umsatzsteigerung lfd. Jahr gegen Vorjahr	zusätzlicher Bonus in Prozent vom Umsatz
unter 10 %	-
10 bis unter 30 %	0,5
30 % und mehr	1,0

Entscheidungstabelle 3

	1	2	3	4
Gesamtschuld größer als 10 % vom Jahresumsatz	N	N	J	J
Kreditlimit überschritten	N	J	N	J
Bonusscheck ausstellen	X			
Bonus saldieren		X	X	X

EVA-Diagramm zur Bonusabrechnung

Eingabe	Verarbeitung	Ausgabe
Kundenstamm- datei 1. - 5. ⟶	1. Umsatzabhängigen Bonusprozent- satz nach Entscheidungstabelle 1 ermitteln 2. Zusätzlichen Bonusprozentsatz aus Umsatzsteigerung gegenüber Vorjahr nach Tabelle 2 ermitteln und zum Bonusprozentsatz laut 1. addieren 3. Bonus errechnen und im Kunden- ⟶ stammsatz vermerken 4. Nach den Regeln von Entscheidungs- tabelle 3 feststellen, ob der Bonus saldiert oder mit Scheck ausbezahlt wird. Erstellen von: - Aufstellung über Bonus je Kunde (wenn Bonus anfällt) ⟶ - Zwischendatenträger für Scheck- druck - Statistik für Vertriebsleitung ⟶ über alle Kunden aufsummieren und ausgeben - Transferdaten für die Debitoren- ⟶ buchhaltung für die Verbuchung der Bonusposten 5. Zwischendatenträger für Scheck- ⟶ druck nach Außendienstbezirken sortieren und anschließend aus- drucken	 Kundenstammdatei Aufstellung je Kunde über Bonushöhe und Auszahlungs- modus Statistik für Vertriebs- leitung mit Summe Bonus ausgezahlt, Summe Bonus verrechnet und Gesamtbonus Transferdaten zur Debito- renbuchhaltung Schecks über auszahlbare Bonusbeträge

29.3

a) Die Kriterien, nach denen in der Feinkonzeption strukturiert wird, werden nach
   fachlichen, problembezogenen Gesichtspunkten ausgewählt. DV-technische Aspekte
   stehen - abgesehen von grundsätzlichen Erwägungen wie Batch- oder Dialoglösung
   einer bestimmten Aufgabe - bewußt im Hintergrund.

   Bei der Bestimmung der Programmstruktur, die auf die gegebene Hardware- und
   Systemsoftware-Situation bezogen sein muß, können DV-technische Gesichtspunkte
   abweichende Strukturen, z.B. mit Rücksicht auf Zugriffszeiten, bewirken.

   In jedem Fall muß das Entstehen der Programmstruktur aus der Problemstruktur
   nachvollziehbar sein.

b) Kriterien zur Festlegung der Programmstruktur:
- Hardware-Inanspruchnahme, insbesondere Zugriffs- und Antwortzeiten
- Modularer Programmaufbau mit Schnittstellenminimierung (Modulkopplung, -bindung), auch im Hinblick auf Änderungsfreundlichkeit
- Mehrfachverwendung von Moduln
- verschiedene Frequenzen (Bearbeitungshäufigkeiten) einzelner Funktionen
- einfache Gestaltung und Minimierung von Benutzereingriffen
- Aspekte von Datenschutz und Datensicherung
- personelle und organisatorische Bedingungen (Programmiererqualifikation, Programmierstil, Tools, etc.)
- überschaubare Programmgröße
- Systemsoftwaresituation

c) Es wurde unter b) versucht, eine Reihenfolge - beginnend mit den wichtigsten Kriterien - vorzugeben. Dies ist aber nicht ohne weiteres möglich, weil
- die Kriterien konfliktär sein können, und weil
- die Rangordnung situationsbezogen variieren wird.

29.4

Fragenkatalog zur Untersuchung des Istzustands der Wartung computerunterstützter Anwendungssysteme:

1. *Wartungsumfeld*
- eingesetzte Hardware und Systemsoftware
- Richtlinien zur Entwicklung und Dokumentation computergestützter Anwendungssysteme
- Entwicklungstools, z.B. Dialogprogrammierung, Entwurfshilfen, Data Dictionaries, Testhilfen ...
- Mitarbeiterzahl; Berufsbilder und zahlenmäßige Zuordnung
- Wer ist an Wartung beteiligt? Wartet, wer entwickelt hat? Gibt es eigene Wartungsteams? Wird die personelle Zuordnung von Fall zu Fall geregelt?

2. *Wartung: Definition und Umfang*
- Wie erfolgt die Abgrenzung zwischen Entwicklung und Wartung?
- Welche Wartungsklassen mit welchen Prioritäten werden unterschieden?
- Wie verteilen sich die Wartungsvorfälle auf diese Klassen?
- Wie verteilt sich die Mitarbeiterkapazität auf Entwicklung und Wartung?
- Welche Anwendungssysteme mit welchen Untersystemen sind zu warten (inkl. Automatisierungsgrad der Unternehmung und Integrationsgrad der Anwendungssysteme)?
- Wie viele Programme - in welchen Sprachen, welcher Größe (LOC), welchen Alters - zählen zu den einzelnen Anwendungssystemen?

3. Vorgehensweise bei der Wartung

- Welche der unter 1. aufgeführten Richtlinien gelten auch für die Wartung?
- Welche der unter 1. aufgeführten Tools werden auch im Rahmen der Wartung verwendet?
- Gibt es ein Genehmigungsverfahren für Wartungsvorfälle?
- Wer erteilt Wartungsaufträge?
- Gibt es Wartungsbudgets?
- Gibt es ein Abnahmeverfahren?
- Werden nicht dringliche Wartungsvorfälle gesammelt und geschlossen bearbeitet?
- Werden Testfälle aus der Entwicklung weiterverwendet?
- Wie wird die Dokumentation nachgeführt?
- Wie werden System- und Programmversionen dokumentiert und verfügbar gehalten?
- Gibt es Anweisungen für den Fall fehlerbedingter Programmabbrüche in wichtigen Anwendungssystemen?
- Welche Probleme treten im Zusammenhang mit der Wartung auf?

4. Formalisierung der Wartung

- Sammeln aller wartungsrelevanten Arbeitsanweisungen/Richtlinien parallel zu
  1. bis 3. und Auswertung:
-- Sind alle notwendigen Festlegungen schriftlich getroffen?
-- Sind sie den Mitarbeitern bekannt?
-- Werden sie eingehalten? Wenn nein, warum nicht?
(Die Überprüfung kann unterstützt werden durch die Auswahl konkreter, typischer
Wartungsvorfälle aus jüngster Vergangenheit, die in den Interviews und bei der
Unterlagensammlung nachvollzogen werden.)

29.5

Standardsoftwareauswahl:

a) Systemsoftware ist hardwaregebunden, ansonsten aber nicht unternehmungsindividuell anzupassen. Sie kann von zahlreichen Anwendern benutzt werden; die Kostenvorteile von Standardsoftware sind dadurch beachtlich. Selbst entwickelte oder geänderte Systemsoftware kommt für den normalen DV-Anwender deshalb nicht in Betracht.

Anwendungssoftware muß nicht nur zur vorhandenen Hardware und Systemsoftware, sondern auch zur Branche, Größenordnung und zur Organisation des Anwenders passen. Das macht ihre Übernahme oft kritisch. Kleine Anwender sind aus Kostengründen trotzdem auf Standardsoftware angewiesen, bei großen Anwendern stellt Eigenentwicklung eine Alternative dar.

b) Eine sinnvolle Auswahl von Standardanwendungssoftware setzt voraus, daß Gesamtkonzeption oder Vorstudie sowie eine Grobkonzeption des betroffenen Anwendungs-
systems dokumentiert vorliegen. Teilweise können für die endgültige Auswahl
Erweiterungen in Richtung Feinkonzeption nötig werden (z.B. Funktionen für Sonderfälle definieren, erforderliche Prüfungen detaillieren).
Nur wer weiß, was er braucht, kann eine sinnvolle Auswahl treffen!

c) Standardsoftware ist

- billiger als Eigenentwicklung (solange nicht zu viel angepaßt wird),
- schneller verfügbar,
- häufig von besserer Qualität,
- in der Lage, Personal für andere wichtige Aufgaben freizusetzen (auch in der
  Wartungsphase!),
- weniger risikobehaftet als Eigenentwicklung (Qualität, Kosten, Termine);

  aber:

- nicht immer auf die bestehenden Verhältnisse zugeschnitten,
- oft problematisch hinsichtlich der Schnittstellenabdeckung zu anderen Anwen-
  dungssystemen/Softwaresystemen,
- nicht einfach zu übersehen und zu beurteilen.

d) Vorgehensweise bei der Auswahl von Standardsoftware:

- Festlegen der Anforderungen an die Software in einem Kriterienkatalog mit
  allgemeinem (Hardware, Systemsoftware, Konditionen, Qualität ...) und spezi-
  ellem Teil (auf die Softwareleistung bezogen),
- geeignete Produkte/Anbieter ausfindig machen (Softwarekataloge, Fachpresse,
  Hersteller, Verbände),
- Ausschreibung mit Fristsetzung und Kriterienkatalog,
- Vorauswahl und Verhandlungen mit den Anbietern der engeren Wahl,
- Auswahl nach dem Verfahren der Nutzwertanalyse,
- evtl. Pilotinstallation zur Überprüfung der Entscheidung,
- Vertragsabschluß und Einführung.

29.6

a) Beurteilung der Personalsituation:

Die vorgesehenen Mitarbeiter sind 53 Mannmonate verfügbar; nachdem vier Mannjahre
= 48 Monate als Kapazitätsbedarf geschätzt worden sind, steht nominell eine Mehr-
kapazität von 5 Mannmonaten zur Verfügung. Aber: Diese fünf Monate (und wahrscheinlich mehr) werden dadurch verstreichen,

- daß Anfangsprogrammierer Schulz ab 1. 9. auf sich allein gestellt ist und kaum
  sinnvoll arbeiten kann,
- daß Meier und Neu wahrscheinlich noch länger in ihrem alten Projekt gebunden
  sein werden,

- daß Projektleiter Müller sich mit 25 % seiner Zeit viel zu wenig um das Projekt kümmern kann.

Negativ ist auch,

- daß Meier nicht voll im Projekt arbeiten wird,
- daß die Mitarbeit der Fachabteilung nicht gesichert erscheint, und
- daß noch gar keine übergeordnete Instanz benannt ist. An wen soll sich Projektleiter Müller z.B. wenden, wenn die Personalbereitstellung nicht wie
  geplant funktioniert?

b) Maßnahmen:

- Umgehende Benennung einer übergeordneten Instanz (Projekt-Lenkungsausschuß
  o.ä.).

- Mit dieser Instanz ist zu prüfen,
-- ob die Mitarbeit der Fachabteilung nicht intensiviert werden kann (Benennung
   eines DV-Koordinators),
-- ob Projektleiter Müller nicht von seinen anderen Aufgaben entlastet werden
   kann,
-- ob anstelle von Meier und Neu andere Mitarbeiter ab 1. 9. 1983 voll zur Verfügung stehen können.

- Wenn diese Prüfungen negativ ausfallen:
-- Kann extern Kapazität beschafft werden, oder kann der Auftrag vergeben wer-
   den?
-- Läßt sich der Fertigstellungstermin des Projekts noch verschieben?

29.7

a) Es können verschiedene Verfahren/Verfahrenskombinationen vorgeschlagen werden,
   z.B.:
- eine Verfeinerung des Analogieverfahrens,
- Kombination von Prozentsatz- oder Analogieverfahren mit einem Verfahren für
  die Realisierungsphasen (Aufwand-pro-Einheit-Verfahren oder parametrische
  Gleichungen),
- ein Verfahren mit parametrischen Gleichungen, das die Entwurfsphasen mit
  einbezieht.

Fehlerhaft sind Vorschläge für Verfahren, mit denen sich nur Programmierzeiten,
also nicht sonstige Projektzeiten, schätzen lassen. In der Begründung des vorgeschlagenen Verfahrens soll auch zum Ausdruck kommen, daß die Einführung eines
Verfahrens durch die Größenordnung der DV-Abteilung lohnend erscheint.

b) Plan zur Einführung:

Aktivität	geschätzte Dauer in Monaten
- Personelle Zuständigkeit für die Einführung des Verfahrens klären	1
- Erste Information der betroffenen Mitarbeiter	1
- Überprüfung der Eignung des vorgeschlagenen Verfahrens: Referenzen befragen, probeweise auf abgeschlossene Projekte anwenden, Daten über frühere Projekte sammeln, laufende Projekte auswerten, ...	3 - 6
- Ausarbeiten und Dokumentieren des Verfahrens unter Beachtung von unternehmungsindividueller Terminologie, Phasenkonzept usw. Rückwirkungen auf andere Standards des Hauses sind möglich!	3
- Auswahl geeigneter Pilotprojekte (nicht zu klein/groß, nicht unter Termindruck, typisch hinsichtlich Komplexität und Inhalt)	3
- Anwendung des vorläufigen Verfahrens auf die Pilotprojekte	6 - 12
- Auswertung der Pilotprojekte und Anpassung des Verfahrens und seiner Dokumentation an die Erfahrungen	3
- Information und Schulung aller Mitarbeiter	3
- Einführung des Verfahrens (Beginn laufender Pflege/Wartung und Überprüfung von Zuverlässigkeit und Nutzen)	-

30. Datenschutz und Datensicherung

Rolf Katzsch

Fachbereich Wirtschaftsinformatik

> Anforderungen des Bundesdatenschutzgesetzes (BDSG) an Unternehmen und deren Datenschutzbeauftragte; Angemessenheitsprinzip bei der Datenverarbeitung nicht-öffentlicher Stellen für eigene Zwecke; Aufbau und Funktionen von Datenschutz- und Datensicherungssystemen; DV-Prüfungstechniken für den Datenschutzbeauftragten; Software-Sicherungen; Restart-Verfahren bei transaktionsorientiertem Dialogbetrieb (Inhalt Log-Datei und Backout-Verfahren).

Zugelassene Hilfsmittel für die Prüfungsaufgaben 30.1 bis 30.10: Gesetzestext BDSG und Merkblätter

Aufgaben

30.1

Erläutern Sie bitte, weshalb das Bundesdatenschutzgesetz (BDSG) und die Landesdatenschutzgesetze (LDSGs) nur eine Untermenge des allgemeinen Datenschutzes abdecken.

30.2

Welche Anforderungen muß ein gut funktionierendes Datenschutz- und -sicherungssystem erfüllen? Geben Sie hierzu bitte eine systematische Übersicht.

30.3

Erläutern Sie bitte umfassend und systematisch die Vorgehensweise beim Aufbau eines Datenschutz- und -sicherungssystems. Gliedern Sie die einzelnen Schritte in Aktionsstufen!

30.4

In der Anlage zum § 6 BDSG werden vom Gesetzgeber Kontrollen für verschiedene Vorgänge verlangt, die mit der Verarbeitung personenbezogener Daten zusammenhängen. Nennen Sie bitte für die sog. "10 Datenschutz-Gebote" je zwei Realisierungsbeispiele für geeignete Sicherungsmaßnahmen.

30.5

Vom BDSG sind dem betrieblichen Datenschutzbeauftragten (bDSB) beratende, mitwir-
kende, beschreibende und auch überwachende Aufgaben übertragen worden. Ihm obliegen
somit auch Prüfungs- und Kontrollaufgaben. Er sollte sich deshalb bestimmter DV-Prü-
fungstechniken bedienen. Nennen Sie bitte fünf solcher möglichen Prüfungstechniken!

30.6

a) Welcher Personenkreis ist auf das Datengeheimnis zu verpflichten *und* zu schulen?
   Nennen Sie bitte die beiden entsprechenden Paragraphen des BDSG und interpretieren Sie die Formulierung "... bei der Verarbeitung personenbezogener Daten tätigen Personen ...".

b) Geben Sie zu a) folgende Beispiele:
   - 2 Mitarbeitergruppen *außerhalb der DV-Abteilung*, die zu verpflichten sind;
   - 2 Mitarbeitergruppen *innerhalb der DV-Abteilung*, die zu verpflichten sind;
   - 2 Mitarbeitergruppen *innerhalb der DV-Abteilung*, die ggfs. *nicht* zu verpflich-
     ten sind.

30.7

Erläutern Sie bitte die Aussage des Satzes § 6 Abs. 1 Satz 2 BDSG: "Erforderlich
sind Maßnahmen nur, wenn ihr Aufwand in einem angemessenen Verhältnis zum angestreb-
ten Schutzzweck steht." Geben Sie zur Verdeutlichung Ihrer Erläuterung ein entspre-
chendes Beispiel.

30.8

Zu den wichtigsten verfahrenstechnischen Maßnahmen im Sicherungssystem zählen die
Software-Sicherungen. Skizzieren Sie bitte eine Typologie der benutzerprogrammierten
Kontrollen.

30.9

Der Ablauf von Transaktionen in einem Dialogsystem kann infolge von Störungen an
jeder beliebigen Stelle unterbrochen werden. Dann muß die Verarbeitung an einer
genau bestimmbaren, konsistenten Stelle wieder gestartet werden (Synchronisationspunkt). Nennen Sie bitte die Nachrichten, die auf einer Log-Datei vermerkt werden
müssen, um ein transaktionsorientiertes Dialogsystem auf einen derartigen Synchronisationspunkt zurücksetzen zu können.

30.10

In einem Dialogsystem laufen vier Transaktionen mit demselben Programm ab. Die
erste Transaktion hat den Datenbanksatz 122 gelesen und zurückgeschrieben, die Ausgabenachricht aufbereitet und teilweise ausgegeben; die zweite Transaktion hat den
DB-Satz 512 gelesen und zurückgeschrieben (die Bildschirmausgabe ist noch nicht

erfolgt); die dritte Transaktion will den DB-Satz 122 lesen; die vierte Transaktion liest gerade eine Eingabenachricht vom Terminal ein.

a) Skizzieren Sie den Inhalt der Log-Datei.

b) Erklären Sie, was nach einem Absturz des Dialogsystems im Rahmen des Backout (Rückwärtsverarbeitung der Log-Datei) erfolgen muß.

Literatur

[1] Dialogsysteme, Heft Nr. 106/82 des Handbuchs der modernen Datenverarbeitung (HMD). Forkel, Stuttgart Wiesbaden

[2] Heilmann H, Wolf F (Hrsg) (1980) Handbuch des Datenschutzes 1979/80. Forkel, Stuttgart Wiesbaden

[3] Bayer R, Dierstein R (1979) Rahmenkonzept für die Systematik der Datensicherung, GDD-Dokumentation Nr. 19. DATAKONTEXT-Verlag, Köln

Lösungen

30.1

Schutzbedürftige Objekte
(Daten, Programme, Einrichtungen/Anlagen)

(1) Schutz personenbezogener Daten lt. BDSG und LDSGs

(2) Schutz nicht-personenbezogener Daten, z.B. Daten juristischer Personen, Daten über andere Objekte (wie z.B. Forschungsergebnisse, Produktionsdaten)

Das BDSG und die LDSGs schützen ebenso wie z.B. das Sozialgesetzbuch (SGB) vom 18. 8. 1980, das Melderechtsrahmengesetz (MRRG) vom 16. 8. 1980 und die Meldegesetze der Länder nur personenbezogene Daten. Der betriebliche Datenschutz muß aber auch Daten der Gruppe (2) einbeziehen.

30.2

Anforderungen an ein Datenschutz-/-sicherungssystem:

Systemanforderungen / Risiko-Art	Maßnahmen zur		
	Vorbeugung/ Verhinderung (prevention)	Erkennung (detection)	Behebung (correction/ reconstruction)
Fehler	X	X	X
Mißbrauch	X	X	
Katastrophen	X	X	X

1. Maßnahmen
   - zwecks Verhinderung/Reduzierung von Fehlern,
   - zwecks Verhinderung von Mißbrauch,
   - zwecks Verhinderung von Katastrophen.

2. Maßnahmen
   - zwecks frühzeitiger Erkennung von Fehlern,
   - zwecks frühzeitiger Erkennung von Mißbrauch,
   - zwecks frühzeitiger Erkennung von Katastrophen.

3. Maßnahmen
   - zwecks Korrektur und Rekonstruktion von Programm und Daten,
   - zwecks Wiederherstellung/-beschaffung ausgefallener Hardware.

<u>30.3</u>

Aktionsstufe A:

1. Analyse der Risiken, unterteilt nach
   - Arten (Fehler-, Mißbrauchs-, Katastrophenrisiko)
   - Objekten (Daten, Programme, Einrichtungen)
   - Eintrittswahrscheinlichkeiten
   - möglichen Auswirkungen auf Datenbestände, Betriebsablauf, Unternehmens-
     existenz
2. Klassifizierung und Quantifizierung der schutzbedürftigen Tatbestände (Risiko-
   objekte) nach Grad der Vertraulichkeit und der zu fordernden Sicherheit (Schutz-
   würdigkeit)
3. Aufstellen eines Anforderungskatalogs an das Datenschutz-/-sicherungssystem

Aktionsstufe B:

1. Katalogisieren möglicher Sicherungsmaßnahmen zur Erfüllung der definierten
   Anforderungen
2. Klassifizierung und Quantifizierung der Sicherungsmöglichkeiten nach
   - personenorientierten
   - datenbestandsorientierten
   - ablauforientierten
   Maßnahmen sowie nach deren Wirksamkeit zur Risikoverhinderung/-minderung

Aktionsstufe C:

1. Zuordnung von Anforderungen und Maßnahmen mit Hilfe einer Zuordnungsmatrix
2. Auswahl der geeigneten Verfahrenstechnik, d.h. von
   - Orgware-Sicherungen
   - Hardware-Sicherungen, einschließlich baulicher Sicherungen
   - Software-Sicherungen
   unter Kosten-/Nutzen- bzw. Kosten-/Wirksamkeits-Aspekten
3. Festlegen der Maßnahmen und Regeln

Aktionsstufe D:

Bekanntgabe der Regeln, gegliedert nach Bekanntgabe
- für alle, auch für Unbefugte
- für Befugte im Routinefall
- für Befugte im besonderen Einsatzfall (Wartung, Überwachung, Unfall,
  Katastrophen usw.)
- für die Sicherheitsverantwortlichen

Aktionsstufe E:

Realisierung der Sicherungsmaßnahmen nach dem systemanalytischen Phasenkonzept, d.h.
- Grob- und Feinentwurf
- Implementierung/Installation
- Einsatz in der Praxis

Aktionsstufe F:
Überwachung der Maßnahmen

<u>30.4</u>

Datenschutz-Gebote lt. Anlage zu § 6 BDSG	Mögliche Maßnahmen (zu nennen sind jeweils zwei)
1. Zugangskontrolle	- Closed-Shop-Betrieb - Sicherheitszonen, Sicherheitsschlösser - Ausweis-/Code-Leser - Sprechanlagen - Pförtner
2. Abgangskontrolle	- Datenträgerarchiv als Closed-Shop - Datenträgerbestandsführung - Inventur-/Stichprobenkontrollen - Datenträgerschleuse - Entnahmescheine; extern: Lieferscheine - separate Schränke - Taschenkontrollen - Festplattenspeicher mit festen Regeln für deren Kopieren/Duplizieren
3. Speicherkontrolle	- Autorisation der Benutzer - Identifikation der Benutzer durch USER-ID und Benutzer-Password - Datei-Password mit Zugriffsberechtigung und unterschiedlichen Berechtigungsprofilen (eröffnen, lesen, einfügen, ändern, löschen) - Protokollierung der Zugriffe (Log-Datei)
4. Benutzerkontrolle	- Terminal-Identifikation - Benutzer-Identifikation (LOGON-Prozedur und Password) - Betriebsschloß am Terminal - Ausweisleser am Terminal - Überprüfung eines persönlichen Merkmals (z.B. Stimme, Handabdruck) - Hierarchisches Konzept (Privilegien)
5. Zugriffskontrolle	- Datei-Password - Berechtigungsprofil - Segment-Sensitivisierung bei Datenbanken - Protokollierung unberechtigter Zugriffsversuche

6. Übermittlungskontrolle   - Dokumentation 'der datenübermittelnden Programme
                               und der dafür notwendigen Konfiguration
                             - Benutzer-Autorisation

7. Eingabekontrolle   - Auftragsbegleitzettel
                             - Bearbeitungsrichtlinien
                             - Belegflußgestaltung
                             - Urbelegnachweis
                             - Eingabe-Protokollierung
                             - Protokollierung im Datensatz, Log-Datei
                             - Accounting-Daten als Nachweis

8. Auftragskontrolle   - Vertragsgestaltung
                             - klare schriftliche Weisungen und Richtlinien
                             - Kontrolle der Einhaltung der Richtlinien (Revision)

9. Transportkontrolle   - Sicherheit der Übertragungsleitungen mit entspre-
                               chenden Übertragungsprüfungen
                             - Verschlüsselung/Chiffrierung
                             - Verpackungs- und Versandvorschriften
                             - Prüfung der Abholberechtigung

10. Organisationskontrolle   - Funktionstrennung
                             - Vier-Augen-Prinzip
                             - Richtlinien zu Dokumentation, Testverfahren,
                               Änderungsdiensten
                             - Katastrophenplan
                             - Schulung des Datenschutz-Bewußtseins

<u>30.5</u>

1. Auswerten von Protokollen (Log-Aufzeichnungen) aller Art;

2. Durchführen von Testläufen mittels Prüfdaten;

3. unangemeldete Teilnahme an echten DV-Verarbeitungsläufen;

4. Verfolgen ausgewählter und gekennzeichneter Daten durch den gesamten Ablauf und
   Prüfung auf Einhaltung der Regeln;

5. Penetrationsversuche, d.h. Versuche, die festgelegten Regeln *absichtlich* zu
   umgehen oder zu unterlaufen;

6. Abhalten von geplanten und spontanen Katastrophenübungen;

7. Simulation von DV-Abläufen.

<u>30.6</u>

a) § 5 Abs. 1 BDSG und § 29 Abs. 3 BDSG.

Die Formulierung "... bei der Verarbeitung personenbezogener Daten tätigen Personen ..." bezieht sich nicht auf die Personen, die etwa der Organisationsein-
heit "Datenverarbeitungsabteilung" zugeordnet sind, sondern auf alle Personen,
die im Betrieb Umgang mit personenbezogenen Daten haben, d.h. innerhalb und
außerhalb einer DV-Abteilung. Der Begriff "Datenverarbeitung" beinhaltet lt.
BDSG die Speicherung (Erfassen, Aufnehmen, Aufbewahren von Daten), die Übermitt-
lung, Veränderung und Löschung von personenbezogenen Daten.

b) Mitarbeitergruppen außerhalb der DV-Abteilung, die zu verpflichten sind (zwei
waren zu nennen):
- Personalsachbearbeiter/-innen,
- Lohn- und Gehaltsbuchhalter/-innen,
- Debitoren-/Kreditorenbuchhalter/-innen (sofern es sich bei den Debitoren/
  Kreditoren nicht ausschließlich um juristische Personen handelt),
- Kundensachbearbeiter/-innen in Banken und Versicherungen,
- Mitarbeiter im werksärztlichen Dienst.

Mitarbeitergruppen innerhalb der DV-Abteilung, die zu verpflichten sind:
- Anwendungsprogrammierer, der Programme aus obigen Anwendungsgebieten ent-
  wickelt, pflegt und mit Echtdaten testet,
- Systemprogrammierer, der über Speicherauszüge Zugang zu Dateien mit personen-
  bezogenen Daten hat,
- Operator im Rechenzentrum mit Zugang zu Druckausgaben aus obigen Anwendungen,
- Datentypistinnen, die Daten aus obigen Anwendungen in Datenträger umsetzen.

Mitarbeitergruppen innerhalb der DV-Abteilung, die ggfs. *nicht* zu verpflichten
sind:
- Technisch-wissenschaftliche Programmierer ohne Zugang zu Dateien mit personenbezogenen Daten,
- DV-Organisatoren/Systemanalytiker ohne Zugang zu echten personenbezogenen
  Daten,
- Arbeitsvorbereiter und Archivare, die nur Umgang mit visuell nicht lesbaren
  (≙ magnetischen) Datenträgern haben und keine Speicherauszüge anfertigen
  können.

<u>30.7</u>

Die technischen und organisatorischen Maßnahmen lt. Anlage zu § 6 Abs. 1 BDSG sind
nur erforderlich, wenn ihr Aufwand in einem *angemessenen* Verhältnis zum angestreb-
ten *Schutzzweck* steht. Es geht hier mithin nicht um das Wirtschaftlichkeitsprinzip,
sondern um ein Kosten-/Wirksamkeitsverhältnis, wobei sich die Wirksamkeit am ange-
strebten Schutzzweck zu orientieren hat. Das personenbezogene Datum "Familienstand"

in einem Personalstammsatz hat mit Sicherheit einen niedrigeren Schutzwert als
Daten wie z.B. "Anzahl Lohnpfändungen", "disziplinarische Strafen", "Gesundheits-
daten aus werksärztlicher Untersuchung".

Das Angemessenheitsprinzip besagt, daß der speichernden Stelle die Organisation des
Datensicherungssystems überlassen bleibt. Sie hat festzustellen, welchen Schutzwert
die zu schützenden Tatbestände haben und welche Sicherungsmaßnahmen angemessen,
d.h. geeignet sind. Das setzt aber voraus, daß in den Firmen und Behörden der
Schutzwert der Daten und die Schutzwirkung der Sicherungsmaßnahmen ermittelt werden. Der Sicherungsumfang der zu schützenden Daten läßt sich dann auf die im jeweiligen Fall entstehende Mißbrauchsgefahr und das mögliche Schadensrisiko festlegen. Damit ist die Organisationsfreiheit der speichernden Stelle im vollen Umfang
gegeben.

30.8

Typologie der benutzerprogrammierten Kontrollen:

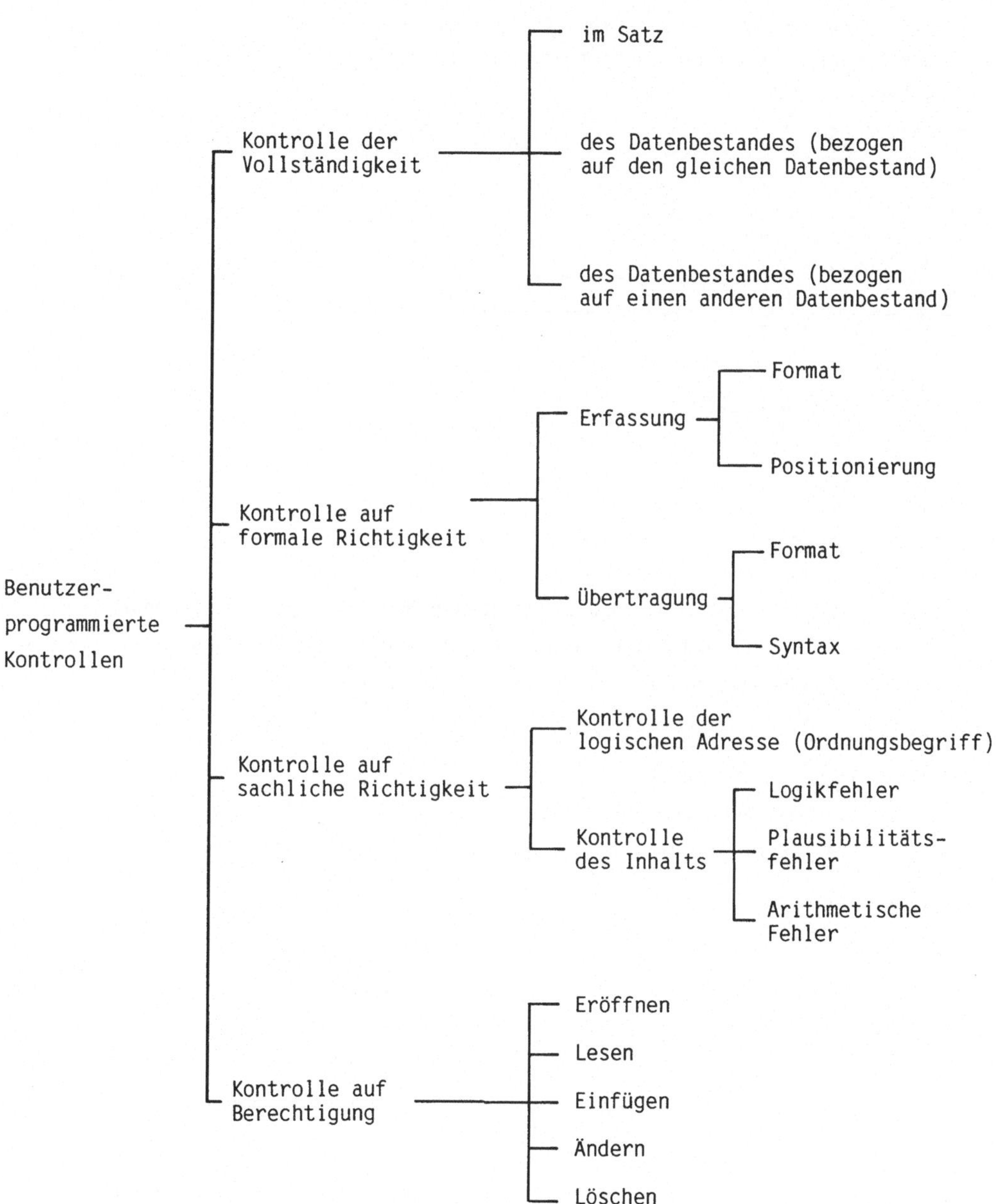

<u>30.9</u>

Für das Zurücksetzen auf einen Synchronisationspunkt muß auf der Log-Datei

- jede Eingabenachricht (I),

- jede Ausgabenachricht (O),

- jeder zu sperrende Datensatz vor der Veränderung (V),

- jeder Datensatz nach der Veränderung (N) und

- das Ende jeder Transaktion (E)

vermerkt werden.[1)]

<u>30.10</u>

a)

T 1	T 2	T 3	T 4
E	E	E	E
I 1	I 2	I 3	
V 1.122	V 2.512		
N 1.122	N 2.512		
O 1			

Legende:

E   = Ende der vorangegangenen Transaktionen

I n   = Eingabenachricht n

V n.xxx = zu sperrender Datensatz und dessen Nummer vor der Veränderung

N n.xxx = Datensatz und dessen Nummer (xxx) nach der Veränderung

O n   = Ausgabenachricht n

b) O 1 $\longrightarrow$ noch einmal ausgeben

   V 2.512 in die Datenbank übertragen

   I 2 und I 3 $\longrightarrow$ Neuaufsetzen der Task

   I 4 mit NAK (negative acknowledgement $\hat{=}$ negative Quittung) holen

---

[1)]Kernler H (1982) Dialogsysteme - Verfahren und Techniken. In: Handbuch der modernen Datenverarbeitung (HMD), Nr. 106/82, S. 25

31. Petri-Netze

Rainer Bischoff

Fachbereich Allgemeine Informatik

Überblick: Zweck von Petri-Netzen, Digraphen und Matrizen, Petri-Netze als spezielle Digraphen. Prozeß- und Systembegriffe in Netzplantechnik (deterministische und stochastische Netzpläne - GAN -), Automatentheorie und bei Petri-Netzen. Einführung in die Petri-Netz-Theorie: Petri-Netz als Quadrupel, Stellen, Transitionen, stellenverzweigte und transitionsverzweigte Netze, Inzidenzmatrix. Markierungen, das Feuern (Schalten). Besonderheiten des Schaltens in stellenverzweigten Petri-Netzen: Konflikt, nebenläufiges Schalten. Analyse von Petri-Netzen: Schaltfähigkeit, Folgemarkierungen, Transitionsvektor, Sicherheit und Lebendigkeit, Erreichbarkeitsbaum, Invarianten. Arten von Petri-Netzen: Automaten, Synchronisationsgraphen, Free-Choice-Petri-Netze, Einfache Petri-Netze. Besonderheiten bei Synchronisationsgraphen. Darstellung von Grundphänomenen von Informations- und Produktionssystemen mit Petri-Netzen: Erzeugung von Forderungen, Vernichtung von Forderungen, Warteschlangen, Mutual-Exclusion-Problem, Deadlock-Problem, Erzeuger-Verbraucher-Problem, Lese-, Schreibe-Probleme. Modellbildung mit Petri-Netzen. Petri-Netz und andere Entwurfshilfsmittel. Erweiterung von Petri-Netzen: Timed Petri-Netze, Auswertungsnetze (A-Netze bzw. E-Netze). Grenzen von Petri-Netzen.

Zugelassene Hilfsmittel für die Prüfungsaufgaben 31.1 bis 31.7: Skriptum/Umdrucke, beliebige Fachliteratur mit Ausnahme von Aufgabensammlungen; Formelsammlungen, Taschenrechner (sofern nicht für die Aufgabenstellungen programmiert), Übungsaufgaben

Aufgaben

31.1

Abb. 31.1.1

In Abb. 31.1.1 handelt es sich um die drei Hasen in einem Glasfenster des Domes von Paderborn: Ein Hase kann nur mit beiden Ohren gleichzeitig wackeln.

a) Interpretieren Sie das Problem.
b) Lösen Sie das Problem in einem Petri-Netz.
c) Wie sieht das Netz aus, wenn jeder Hase nur zweimal wackeln darf?

<u>31.2</u>

Stellen Sie - falls möglich - ein Petri-Netz für drei Prozesse P1, P2, P3 auf, bei
denen die kritischen Sektionen von P1, P2 und P1, P3 nicht parallel ablaufen dürfen.

<u>31.3</u>

Zwei Prozesse P1 und P2 benötigen in Teilabschnitten beide jeweils zwei Geräte (z.B.
Eingabegeräte), die ihnen auf Anforderung hintereinander zugeteilt werden können.
Beide Geräte sind jedoch nur einmal vorhanden.

a) Man beschreibe die jeweiligen Prozeßabläufe.

b) Man diskutiere den "parallelen" Ablauf und löse das sich abzeichnende "Problem"
   mit einem Petri-Netz.

<u>31.4</u>

Das durch die Inzidenzmatrix C gegebene Petri-Netz (PN) ist sicher und lebendig
($liv3(M) \land liv5(M)$) durch MO markierbar.

a) Man bestimme die semipositiven und positiven Invarianten.

b) Man prüfe den Skalarproduktansatz für die Konstanz von Marken.

$$
C = \begin{array}{c} s_1 \\ s_2 \\ s_3 \\ s_4 \\ s_5 \end{array}
\begin{array}{cccc}
t_1 & t_2 & t_3 & t_4 \\
\left(\begin{array}{cccc}
-1 & 0 & 0 & 1 \\
1 & -1 & 0 & 0 \\
1 & 0 & -1 & 0 \\
0 & 1 & 0 & -1 \\
0 & 0 & 1 & -1
\end{array} \right)
\end{array}
, \quad MO = \begin{array}{ccccc} s_1 & s_2 & s_3 & s_4 & s_5 \\ (\ 0, & 0, & 0, & 1, & 1 \ ) \end{array}
$$

   Man prüfe dabei erst die Schaltfähigkeit und berechne danach eine Folgemarkierung.

c) Versuchen Sie, diesen Satz zu interpretieren.

d) Zeichnen Sie das durch C gegebene Petri-Netz mit der vorgegebenen Markierung MO.

<u>31.5</u>

Man analysiere - nicht durch Probieren - für das folgende PN unter MO = M die folgenden Eigenschaften:

a) $dead(t_j,M)$, b) $liv(t_j,M)$, c) $dead(M)$, d) $liv(M)$, e) $liv2(M)$.

f) Können Sie weitere Eigenschaften erkennen?

$$C = \begin{pmatrix} 0 & 0 & 1 & -1 \\ 1 & -1 & 0 & 0 \\ -1 & 1 & 0 & 0 \\ 0 & 0 & -1 & 1 \\ 1 & 0 & 0 & -1 \\ 0 & -1 & 0 & 1 \\ -1 & 0 & 1 & 0 \\ 0 & 1 & -1 & 0 \end{pmatrix} \quad , \quad MO = (1, 0, 1, 0, 0, 0, 1, 0)'$$

31.6

Betrachten Sie Transitionen als Prozeduren (oder nur Rechen-
schritte) eines Programms. Die Inputstellen seien die Inputvariablen, die Outputstellen die Outputvariablen (vgl. Abb.
31.6.1).

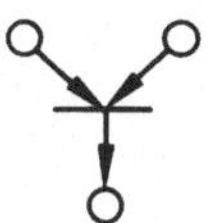

Abb. 31.6.1

Die Markierung heißt dann, daß die Rechnung nur dann durchgeführt werden kann, wenn den Inputvariablen Werte zugewiesen
worden sind. Ein großes Petri-Netz ist dann - vereinfachend - als Programm interpretierbar. Eine Anfangsmarkierung MO stellt eine Inputdatenkonstellation dar.

Versuchen Sie, im Sinne der "Richtigkeit" eines Programms zu interpretieren:

a) verschiedene Anfangsmarkierungen und deren Lebendigkeit,

b) Konflikt und nebenläufiges Schalten,

c) gleichzeitiges Schalten mehrerer Transitionen,

d) Sicherheit bzw. Unsicherheit,

e) Lebendigkeitsbegriffe.

31.7

Beschreiben Sie folgendes System mit Hilfe von Auswertungsnetzen: Zwei Müllwagen
werden auf einer Rampe mit der Kapazität 1 abgeladen. Nach Leerung fahren die Wagen
zu *einer* Beladestation mit FIFO-Warteschlange. Bei dieser Rückfahrt können sich die
Wagen ggfs. überholen.

Literatur

[1] Behr J-P, Isernhagen R, Pernards P, Stewen L (1975) Modellbeschreibung mit Aus-
    wertungsnetzen. Angewandte Informatik 17(9):375-382

[2] Bischoff R (1982) Petri-Netze. Ihr Beitrag zum Entwurf von Systemen. HMD 104:
    45-60

[3] Peterson JL (1981) Petri-Net Theory and the Modelling of Systems. Englewood
    Cliffs, NJ

[4] Scheschonk G (1977) Eine einführende Zusammenfassung der Petri-Netz-Theorie.
    Interner CIS-Bericht 14/77, TU Berlin, Informatik, Berlin

Lösungen

<u>31.1</u>

a) Es handelt sich um eine Variante der Spaghetti essenden Philosophen, bei denen
jeder nur mit zwei Gabeln essen kann und der Griff eines jeden Philosophen zu
seiner linken Gabel zum Deadlock führen würde.

b)

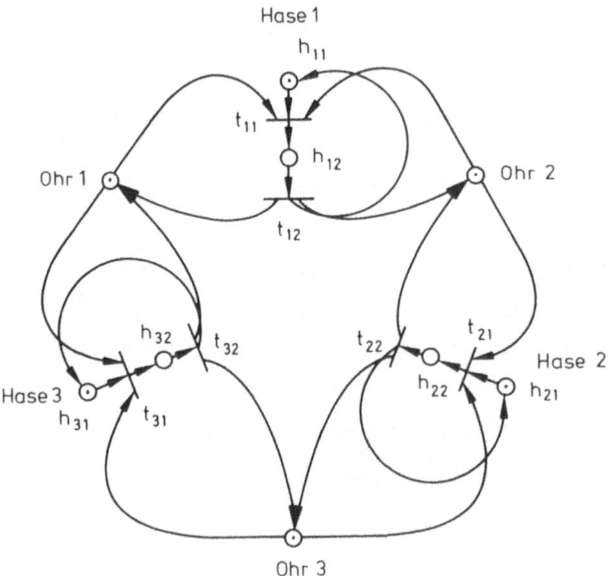

Abb. L31.1.1

Legende (für markierte Stellen): i = 1, 2, 3.

h_{i1}:   Hase i ist bereit zu wackeln.

h_{i2}:   Hase i wackelt.

Ohr i: Ohr i steht zur Verfügung.

t_{i1}:   Hase i beginnt zu wackeln.

t_{i2}:   Hase i hört auf zu wackeln.

c) Die Kanten $t_{i2} \longrightarrow h_{i1}$ werden weggelassen und die Stellen h_{i1} mit jeweils zwei
Marken markiert.

31.2

Es handelt sich um ein Mutual-Exclusion-Problem (wechselseitiger Ausschluß, vgl.
Abb. L31.2.1).

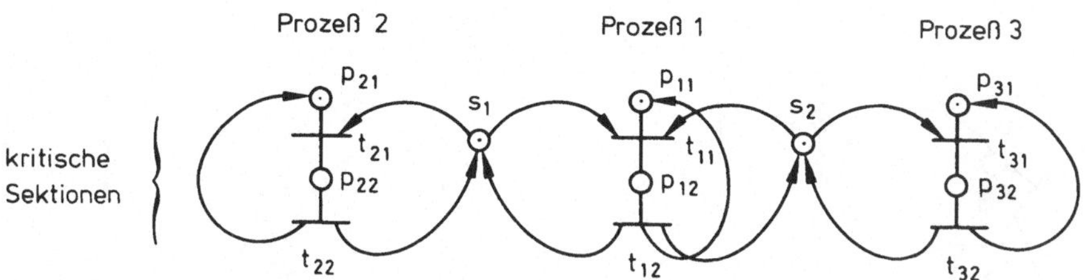

Abb. L31.2.1

Legende (für markierte Stellen): i = 1, 2, 3.

p_{i1}: Prozeß i wartet auf Eintritt in seinen kritischen Abschnitt.

p_{i2}: Prozeß i ist in seinem kritischen Abschnitt.

s_k: Der Synchronisationsparameter ist gesetzt (k = 1, 2).

t_{i1}: Prozeß i tritt in seine kritische Phase.

t_{i2}: Prozeß i beendet seine kritische Phase.

Von den Prozessen ist jeweils nur ein Ausschnitt gezeichnet.

31.3

Prozeß 1

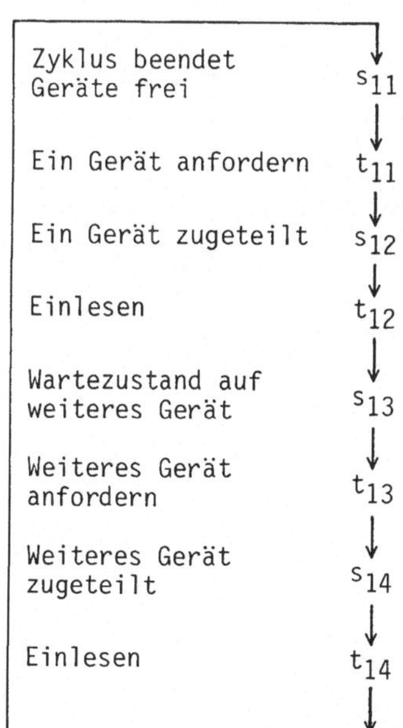

Prozeß 2

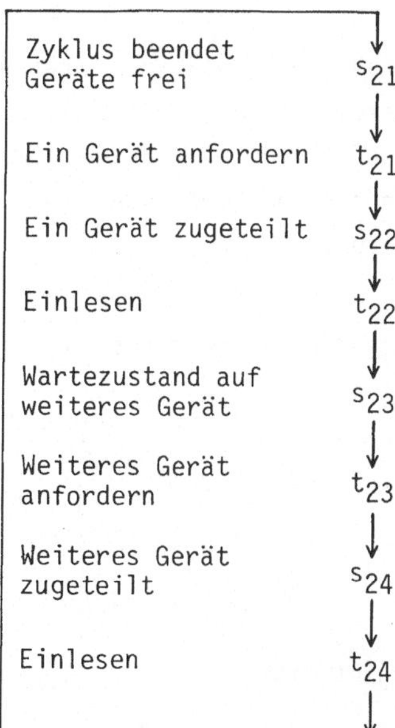

Es tritt ein Deadlock ein, wenn Prozeß 1 und Prozeß 2 jeweils ein Gerät belegt
haben und sie das zweite anfordern. (Die weitere Verarbeitung ist nicht modelliert.)

Petri-Netz mit Deadlock: Petri-Netz mit *einer* Lösung:

Prozeß 1   Prozeß 2   Prozeß 1   Prozeß 2

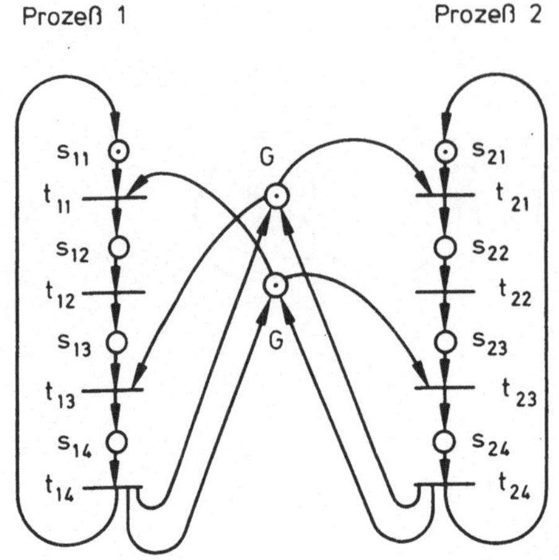

Abb. L31.3.1

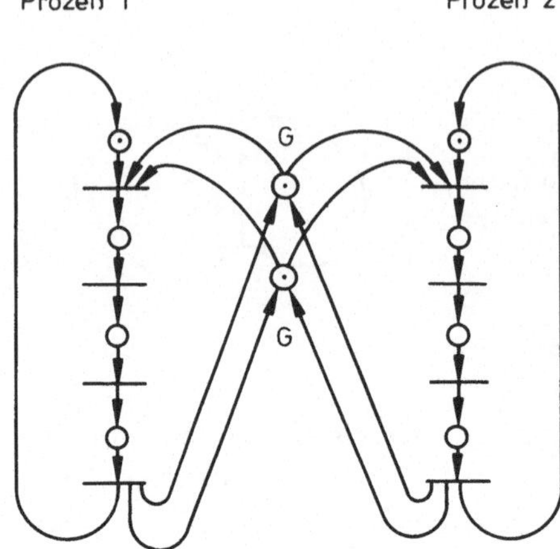

Abb. L31.3.2

Der Deadlock in Abb. L31.3.1 muß nicht auftreten, er kann jedoch eintreten, wenn die
Prozesse "parallel" laufen können. Die Lösung in Abb. L31.3.2 weist jedem Prozeß,
sobald er in die Phase "Ein Gerät anfordern" eintritt, exklusiv beide Geräte zu.

31.4

Die ganzzahligen, positiven Lösungen $\underline{i}$ des LGS $C' \cdot \underline{i} = \underline{0}$ liefern unter den in der
Aufgabenstellung gemachten Voraussetzungen die positiven Invarianten, die sich ggfs.
aus semipositiven Invarianten zusammensetzen. Dies sind die charakteristischen Vektoren von solchen Stellenteilmengen, auf denen die Markenanzahl beim Schalten konstant bleibt.

a) Es ist also das folgende LGS zu lösen:

$$\begin{pmatrix} -1 & 1 & 1 & 0 & 0 \\ 0 & -1 & 0 & 1 & 0 \\ 0 & 0 & -1 & 0 & 1 \\ 1 & 0 & 0 & -1 & -1 \end{pmatrix} \cdot \begin{pmatrix} i_1 \\ i_2 \\ i_3 \\ i_4 \\ i_5 \end{pmatrix} = \begin{pmatrix} 0 \\ 0 \\ 0 \\ 0 \\ 0 \end{pmatrix}$$

Es ergibt sich:

$$\mathrm{rg}(C') = 3, \quad n - 3 = 5 - 3 = 2$$

Die Dimension des Lösungsraums ist 2: 2 Variable können frei gewählt werden. Konkret:

$$i_3 = i_5, \quad i_2 = i_4, \quad i_1 - i_2 - i_3 = 0$$

1. Fall: $i_3 = i_5 = 1 \wedge i_2 = i_4 = 0$ liefert $\underline{i}_1 = (1, 0, 1, 0, 1)'$

2. Fall: $i_3 = i_5 = 0 \wedge i_2 = i_4 = 1$ liefert $\underline{i}_2 = (1, 1, 0, 1, 0)'$

$\underline{i} = \underline{i}_1 + \underline{i}_2 = (2, 1, 1, 1, 1)'$ ist eine positive Invariante, die sich aus den semipositiven Invarianten $\underline{i}_1$ und $\underline{i}_2$ zusammensetzt: Das Netz ist mit semipositiven Invarianten überdeckt, d.h. alle Stellen sind durch sie angesprochen.

b) Der Satz heißt:

Für jede sichere und lebendige (s. Aufgabenstellung) Markierung M0 und jede (semi-)positive Invariante gilt: $(M1)' \cdot \underline{i} = (M2)' \cdot \underline{i}$, wobei M1, M2 $\in$ [M0].

M0 heißt Markierungsklasse. Sie ist die Menge aller Folgemarkierungen, die durch sukzessives, nebenläufiges Schalten (Folgemarkierung) aktivierter Transitionen des PN von M0 aus erreichbar sind.

Es wird eine Folgemarkierung berechnet. Zuvor wird die Schaltfähigkeit geprüft.

<u>I. Prüfung auf nebenläufige Schaltfähigkeit</u> (Nebenläufigkeit = concurrence):

$$\text{conc}(U,M0) \Leftrightarrow \text{act}(U,M0) \wedge M0 \geq \sum_{t \in U} C^-(-,t)$$

U ist die Transitionsteilmenge des PN, die aktiviert ist. $C = C^+ - C^-$: C^+ enthält die Positivanteile von C, C^- die Beträge der Negativanteile von C. $C^-(-,t)$ gibt die Spalte t der Matrix C^- an. Es ist dabei

$$\text{act}(t,M0) \Leftrightarrow M0 \geq C^-(-,t); \quad t \in U$$

$$\text{act}(U,M0) \Leftrightarrow \bigwedge_{t \in U} \text{act}(t,M0)$$

$\text{act}(U,M0)$:

$$
MO = \begin{pmatrix} 0 \\ 0 \\ 0 \\ 1 \\ 1 \end{pmatrix}
\qquad
C^{-\prime} = \begin{array}{c} \begin{matrix} t_1 & t_2 & t_3 & t_4 \end{matrix} \\ \begin{pmatrix} 1 & 0 & 0 & 0 \\ 0 & 1 & 0 & 0 \\ 0 & 0 & 1 & 0 \\ 0 & 0 & 0 & 1 \\ 0 & 0 & 0 & 1 \end{pmatrix} \end{array}
$$

Offensichtlich ist $M0 \geq C^-(-,t_4) \Rightarrow U = \{t_4\}$. t_4 ist also aktiviert (schaltfähig = enabled), d.h. es gilt $\text{act}(U,M0)$.

$$MO \geq \sum_{t \in U} C^-(-,t):$$

$$MO = \begin{pmatrix} 0 \\ 0 \\ 0 \\ 1 \\ 1 \end{pmatrix} \quad ; \quad \sum_{t \in U} C^-(-,t) = C^-(-,t_4) = \begin{pmatrix} 0 \\ 0 \\ 0 \\ 1 \\ 1 \end{pmatrix}$$

Offensichtlich (hier trivialerweise, siehe act(U,MO)) ist die Ungleichung erfüllt. Es gilt also conc(U,MO).

II. Berechnung der Folgemarkierung M1:

Sie entsteht durch Schalten von t_4, d.h. $MO \xrightarrow{t_4} M1$.

Es gilt $M1 = MO + \sum_{t \in U} C(-,t)$, falls conc(U,MO) gilt:

$$MO + C(-,t_4) = \begin{pmatrix} 0 \\ 0 \\ 0 \\ 1 \\ 1 \end{pmatrix} + \begin{pmatrix} 1 \\ 0 \\ 0 \\ -1 \\ -1 \end{pmatrix} = \begin{pmatrix} 1 \\ 0 \\ 0 \\ 0 \\ 0 \end{pmatrix} = M1$$

III. Skalarproduktsatz für $\underline{i}_1$:

$$(MO)' \cdot i_1 = (0,0,0,1,1) \cdot \begin{pmatrix} 1 \\ 0 \\ 1 \\ 0 \\ 1 \end{pmatrix} = 1; \quad (M1)' \cdot \underline{i}_1 = (1,0,0,0,0) \cdot \begin{pmatrix} 1 \\ 0 \\ 1 \\ 0 \\ 1 \end{pmatrix} = 1$$

$$(MO)' \cdot i_1 = (M1)' \cdot \underline{i}_1 = 1$$

c) Auf den Stellen s_1, s_3, s_5 befindet sich insgesamt stets nur eine Marke. (Dieses Ergebnis ergibt sich hier auch für s_1, s_2, s_4; der Leser prüfe dies nach.) Die "Belastung" dieses Teilnetzes ist also unabhängig von der gerade geltenden Markierung stets gleich. Interpretiert man die markierten Stellen als in Aktion befindliche Bearbeitungsstationen und faßt $\{s_1, s_3, s_5\}$ als Abteilung mit drei Bearbeitungsstationen auf, so könnte die Konstanz der Marken als gleichmäßige Belastung der Abteilung interpretiert werden.

d)

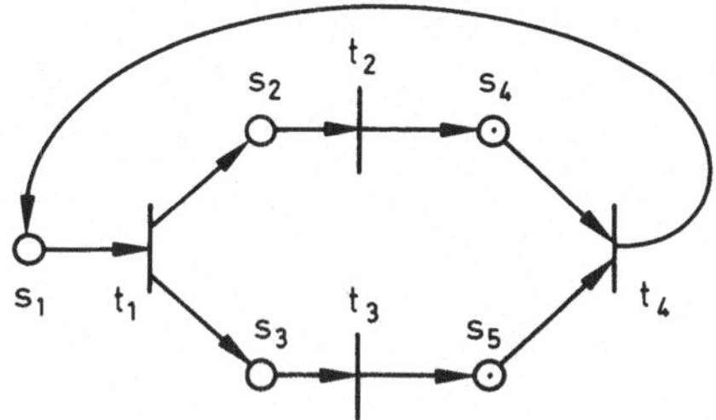

Abb. L31.4.1

31.5

Die Analyse eines PN bezüglich der Lebendigkeitsbegriffe kann weitgehend mit Hilfe
des Erreichbarkeitsbaums $E(PN,MO) = E(PN,M)$ durchgeführt werden. Die Knoten des
Baumes stehen für die sukzessiven, aus MO durch - nicht unbedingt nebenläufiges -
Schalten entstehenden, erreichbaren Markierungen. Die Kanten stehen für die einzelnen Transitionen, deren Feuern die neue Markierung erzeugt.

Die Konstruktion des Baumes ist beendet, wenn die Blattknoten

- eine tote Markierung,
- eine schon dagewesene Markierung oder
- eine in der Besetzung der Stellen immer gleiche Markierung, die jedoch in
  einer oder mehreren Stellen nur zunehmend mehr Marken ansammelt, also un-
  sicher ist,

aufweisen. Auch rechnergestützt entsteht bei großen Netzen schnell ein riesiger
Rechenaufwand.

Konstruktion des Baumes (Abb. L31.5.1):

Nach dem Verfahren von Aufgabe 31.4 können Folgemarkierungen berechnet werden. Prak-
tisch wird der MO-Vektor als Maske über die Spaltenvektoren von C gelegt und addiert.

Erreichbarkeitsbaum:

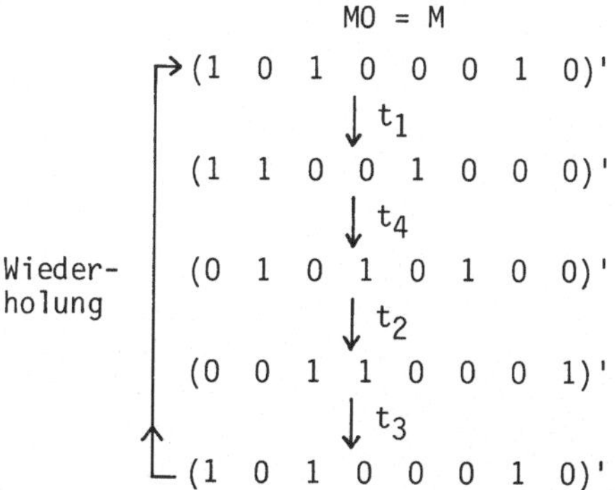

Abb. L31.5.1

a) $dead(t,M) \Leftrightarrow \neg \bigvee\limits_{N\in[M]} act(t,N)$

   $dead(t,M)$ gilt für kein t_i, da jedes t_i zumindest einmal schalten kann.

b) $liv(t,M) \Leftrightarrow \bigvee\limits_{N\in[M]} act(t,N)$

   $liv(t_i,M)$ gilt für jedes t_i (siehe a)).

c) $dead(M) \Leftrightarrow \bigwedge\limits_{t\in T} dead(t,M)$

   T ist die Menge aller Transitionen.

   $dead(M)$ gilt nicht, da zumindest ein t_i schaltet (siehe a)).

d) $liv(M) \Leftrightarrow \bigvee\limits_{t\in T} liv(t,M)$.

   $liv(M)$ gilt (siehe c)).

e) $liv2(M) \Leftrightarrow \neg \bigvee\limits_{t\in T} dead(t,M)$

   $liv2(M)$ gilt, da jedes t_i zumindest einmal schaltet.

f) • $liv1(M) \Leftrightarrow \neg \bigvee\limits_{N\in[M]} dead(N)$

   $liv1(M)$ gilt, da es keine tote Folgemarkierung gibt.

   • $liv3'(M) \Leftrightarrow \bigwedge\limits_{N\in[M]} repr(N)$

   $repr(N)$ heißt, daß N reproduzierbar ist.

   $liv3(M)$ gilt, da jede Markierung aus [M] reproduzierbar ist.

   • $liv4(M) \Leftrightarrow \bigvee\limits_{N\in[M]} repr(N)$

   $liv4(M)$ gilt, denn zumindest eine Markierung ist reproduzierbar (s. oben).

   • $liv5(M) \Leftrightarrow \bigwedge\limits_{N\in[M]} \neg \bigvee\limits_{t\in T} dead(t,N)$

   $liv5(M)$ gilt, denn alle t_i können immer wieder schalten.

<u>31.6</u>

Eine Interpretation ist nur durch starke Vereinfachung des Begriffs Programm möglich. Die beschränkte Einsetzbarkeit der Petri-Netze zeigt sich hier.

a) • Verschiedene Anfangsmarkierungen stellen verschiedene "Sets" von Startwerten
     dar.

   • Lebendig heißt hierbei, daß das Programm "irgend etwas" damit tun kann. Tot
     heißt, die Startwerte werden abgelehnt.

b) • Konflikt heißt, daß eine Transition ihre Schaltfähigkeit durch das Schalten
     einer anderen verliert: Eine Prozedur kann nicht mehr ablaufen, da z.B. not-
     wendige Daten nicht mehr da sind (z.B. zerstört).

   • Eine bestimmte Wertekonstellation impliziert die Abarbeitung mehrerer Proze-
     duren, die nebeneinander laufen können.

c) Siehe Punkt 2 unter b).

d) Sicherheit eines PN bedeutet die Beschränkung der Markenanzahl pro Stelle nach
   oben, Unsicherheit die Aufhebung der Beschränkung. Damit ist das Problem des
   "overflow" angesprochen. Analog könnte das Problem des "underflow" eingeführt
   werden.

e) Lebendigkeitsbegriffe (vgl. zu deren Definitionen die Lösungen der Aufgabe 31.5).
   M = M0.
   • dead(t,M):   Unter den Werten von [M] wird die Prozedur t nie aktiviert.
   • dead(M):   Das Programm läuft unter M nicht.
   • liv(t,M):   Jede Prozedur wird unter M durchlaufen.
   • liv(M):   Das Programm wird zumindest "angestoßen".
   • liv1(M):   Programm kommt nicht zu Ende.
   • liv2(M):   Jede Prozedur wird zumindest einmal durchlaufen.
   • liv3(M):   Beliebig häufige Rekursion der einmal durchlaufenen Programmteile.
   • liv4(M):   Lauf in eine Endlosschleife.
   • liv5(M):   Das gesamte Programm, d.h. alle Prozeduren werden immer wieder
                  wiederholt.

Die Anwendung dieser Begriffe auf Teilprogramme und das Vorsehen von Endemarkie-
rungen würde die Interpretation sinnfälliger machen: liv5(M) hieße dann, daß im
Programm unter M alle Prozeduren durchlaufen werden und daß intern gesetzte Parameter keine Veränderung des Ablaufs bei späteren Läufen bewirken. Der Leser versuche sich mit den anderen Interpretationen.

31.7

Auswertungsnetze (A-Netze; englisch: Evaluation-Nets, E-Nets) stellen Übergänge
(Transitionen) zur Verfügung, die eine weitergehende Ein- und Ausgabelogik haben
als Petri-Netze (nur logisches UND): Entscheidungsstellen bestimmen den konkreten
Schaltvorgang anhand eines festgelegten Übergangsschemas. Dem Schaltvorgang kann
eine Dauer zugewiesen werden. Die Marken können mit Attributen versehen werden,
die beim Schalten durch eine Übergangsprozedur verändert werden können. Dies ist
eine Lösung:

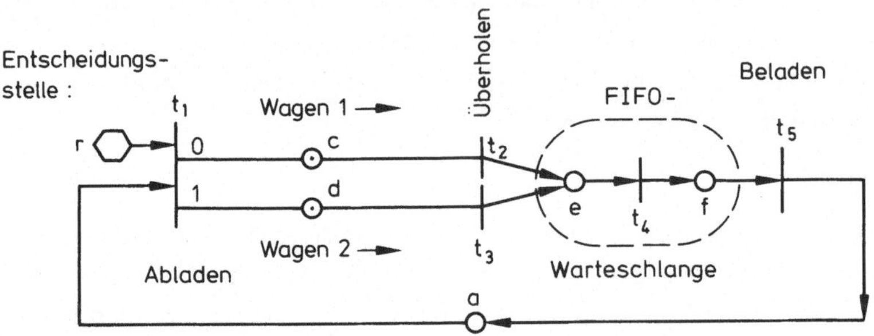

Abb. L31.7.1

Übergangstyp	graphische Darstellung	Bezeichnung	Schema
T-Übergang (Ausführung)		$T(a,c)$	$(1,0) \rightarrow (0,1)$
X-Übergang (Verteilung)		$X(r,a,c,d)$	$(0,1,0,0) \rightarrow (e,0,1,0)$ $(0,1,0,1) \rightarrow (e,0,1,1)$ $(1,1,0,0) \rightarrow (e,0,0,1)$ $(1,1,1,0) \rightarrow (e,0,1,1)$

Abb. L31.7.2

Legende: e heißt undefiniert.

Der Wert von r wird in Abhängigkeit des ankommenden Wagens gesetzt. Dazu werden
die Marken (Kerne K) mit einer Attributvariablen versehen bzw. äquivalent dazu die
Stellen s (M heißt Markierung, [ ] gibt die Anzahl der Variablen und (k) die k-te
Variable an):

$K[1]$ mit $K(1)$: Wagennummer 1 oder 2

bzw. $M(s(1)) = 1$ oder $M(s(1) = 2)$.

Eine Transition wird durch das Tripel

t = (Übergangstyp, Übergangszeit, Übergangsprozedur)

beschrieben. Hier:

$t_1 = (X(r,a,c,d)$, Abladezeit, $(M(r) = 0) \Rightarrow (M(c(1)): = M(a(1)))$;
$(M(r) = 1) \Rightarrow (M(d(1)): = M(a(1))))$

$t_2 = (T(c,e)$, Verzögerungszeit 1, $M(e(1)): = M(c(1)))$
(Verteilung)

$t_3 = (T(d,e)$, Verzögerungszeit 2, $M(e(1)): = M(d(1)))$
(Verteilung)

$t_4 = (T(e,f)$, 0, $M(f(1)): = M(e(1)))$

$t_5 = (T(f,a)$, Beladezeit, $M(a(1)): = M(f(1)))$
(Verteilung)

r: $(M(a(1)) = 1) \Rightarrow (M(r): = 0); (M(a(1)) = 2) \Rightarrow (M(r): = 1)$

Die Ablade- und Beladezeiten könnten für Wagen 1 und Wagen 2 unterschiedlich sein
und nach Verteilungen erfolgen.

32. DV-Anwendungen

Heidi Heilmann

Fachbereich Wirtschaftsinformatik

Grundlagen kommerzieller Datenverarbeitung: Stapel- und Dialogverarbeitung; Datenbereitstellung; Sicherheit und Ordnungsmäßigkeit; Wirtschaftlichkeit. Integrationsmodelle: Administrations-, Dispositions-, Informations- und Planungssysteme; Integration aller Anwendungssysteme einer Unternehmung; Integration im Rechnungswesen. Modulare Anwendungssysteme im Rechnungswesen: Kundenauftragsabwicklung und Verkaufsabrechnung; Finanzbuchhaltung: Debitoren, Kreditoren und Sachkonten; Personalabrechnung und Personalinformationssystem; Materialwirtschaft und Materialabrechnung; Anlagenrechnung; Kostenrechnung. Informations- und Planungssysteme für das Management.

Zugelassene Hilfsmittel für die Prüfungsaufgaben 32.1 bis 32.7: Skriptum/Umdrucke

Aufgaben

32.1

Für eine Reihe von Teilaufgaben innerhalb der Kundenauftragsbearbeitung, Fakturierung und Debitorenbuchhaltung bieten sich Dialoglösungen mehr als Batchlösungen an.

a) Nennen Sie die Teilaufgaben, bei denen Sie Dialoglösungen vorziehen würden.

b) Begründen Sie Ihre Entscheidung je Teilaufgabe.

c) Geben Sie für jede Teilaufgabe an, und begründen Sie, ob Sie nur die Datenerfassung oder auch die Verarbeitung im Dialog durchführen wollen.

d) Stellen Sie sich eine Unternehmung vor, die von einer schon laufenden Batchlösung in den o.a. Aufgabengebieten auf eine Dialoglösung der von Ihnen vorgeschlagenen Art wechseln will: Welche Probleme können auftreten, welche Vorbereitungen sind grundsätzlich zu treffen?

32.2

Datensicherheit und Datensicherung:

a) Welchen Datensicherheitsrisiken sind Datenbestände grundsätzlich ausgesetzt?

b) Wie beurteilen Sie diese Risiken bezogen auf die Datenbestände des Vertriebs und der Debitoren-/Kreditorenbuchhaltung?

c) Welche Datensicherungsmaßnahmen halten Sie in den Aufgabengebieten nach b) für besonders wichtig?

d) Beschreiben Sie alternative Möglichkeiten des Zugriffsschutzes gegen unberech-
   tigten Zugriff auf Daten dieser Arbeitsgebiete.

<u>32.3</u>

In einer EDV-Zeitschrift erschienen 1980 u.a. folgende Ausführungen zur bisherigen
Abwicklung des Vertriebs im Hause Dr.-Oetker-Tiefkühlkost. Lesen Sie die eingerahm-
ten Ausführungen bitte durch und beantworten Sie dann folgende Fragen:

a) Was beurteilen Sie an der beschriebenen Lösung positiv, was negativ?

b) Welche Alternativen sehen Sie für eine Verbesserung des beschriebenen Ablaufs?
   Beschreiben und beurteilen Sie diese Alternativen.

c) Stellen Sie eine Alternative in Form eines EVA-Übersichtsdiagramms dar.

DR.-OETKER-TIEFKÜHLKOST

Unternehmen und Mengengerüst

Zur Oetker-Gruppe gehörend, arbeitet die Dr.-Oetker-Tiefkühlkost im Nahrungsmittel-
bereich. Sie stellt Eiskrem und Tiefkühlkost her und vertreibt sie über zwei Zen-
tralläger und 30 Niederlassungen an den Lebensmittelhandel. Die zwei Werke des
Unternehmens stehen in Ettlingen (Eiskrem) und Bremerhaven (Tiefkühlkost).

Das Unternehmen macht mit ca. 900 Artikeln 310 Millionen DM Umsatz. Da ca. 50 000
Kunden beliefert werden, müssen täglich 5 000 bis 6 000 Lieferscheine und Rechnungen
fertiggestellt werden. 30 Auslieferungsläger garantieren eine schnelle Warendistri-
bution. Für die Kundenbetreuung sind 200 Außendienstmitarbeiter tätig.

Vertriebs- und Auslieferungsorganisation

Außendienstmitarbeiter und deren Verkaufsgebiete sind jeweils einer Verkaufsniederlassung zugeordnet. Die Kunden werden vom Außendienst besucht, der seine Tourenplanung mit Hilfe des Tourenbuchs durchführt. Darin enthalten sind Auftragsbelege
in Form von 1287-Handschriftlesebelegen, bedruckt mit Adrema-Anschriften und Kundennummer. In Handschrift müssen die Bestellmengen für den Belegleser IBM 1287 eingetragen werden. Dieser Beleg wird vom Außendienstmitarbeiter nach Ende der Tour
in die Verkaufsniederlassung gebracht und dient der Auftragsbearbeitung als Grundlage für die Kommissionierung des nächsten Tages. Zu den wesentlichen Aufgaben dieser Bearbeitung zählt:

- Erstellen der Ladelisten für die Auslieferung,
- manuelle Tätigkeiten für Statistiken und Auftragsbearbeitung,
- Auslieferung der Ware durch Tiefkühlfahrzeuge,
- Arbeiten nach der Auslieferung: z.B. Reklamationen bei nicht angenommenen Artikeln, Fehllieferungen oder Nachlieferungen auf Zusatzbestellung des Kunden.

Erst danach wird der Original-Lesebeleg in die Zentrale nach Bielefeld geschickt
und über den 1287-Leser eingelesen. Die eingelesenen Daten bilden die Basis für:

- die Fakturierung und Lagerabrechnung,
- die Fahrerabrechnung,
- die Außendienstmitarbeiter-Abrechnung sowie
- Statistiken und diverse sonstige Unterlagen.

Von der Entgegennahme des Auftrags bis zur Fakturierung und maschinell geführten
Lagerabrechnung (Bestände mengen- und wertmäßig) dauert der Gesamtablauf, je nach
Entfernung der Niederlassung, drei bis fünf Tage.

32.4

Bei der Fakturierung entsteht eine Vielzahl neuer Informationen, die gleichzeitig
oder über Transferdatenbestände in Folgeläufen in verschiedenen Dateien festgehal-
ten werden. Nehmen Sie bitte an, daß folgende Dateien angesprochen sind: Kunden /
Artikel / Verkaufsbezirke / Offene Kundenaufträge / Vertriebsstatistik mit Verdichtungen nach Kunden- und Artikelgruppen / Managementdatei / Aktionsdatei / Offene Posten
Debitoren.

a) Geben Sie für jede der oben angeführten Dateien an, welche neuen Informationen
   als Folge der Fakturierung entstehen.

b) Wählen Sie zwei Ihrer Beispiele aus; nennen Sie zu jedem Beispiel die zu der
   betreffenden Information gehörenden Datenfelder und bestimmen Sie deren Herkunft
   (= aus welcher Datei stammen sie bzw. wo werden sie erzeugt?).

c) Welche Informationen laut a) würden Sie vorzugsweise parallel zur Fakturierung
   übernehmen bzw. aktualisieren (also nicht über Transferdateien weitergeben)?
   Begründen Sie Ihre Auswahl.

32.5

Ein kleineres Unternehmen mit rund 1000 regelmäßig belieferten Kunden will 1984
Verkaufsabrechnung und Debitorenbuchhaltung computerunterstützt abwickeln. Beide
Aufgabengebiete werden derzeit noch mit Büromaschinen und voneinander isoliert
abgewickelt. (Das heißt z.B.: Nach der Fakturierung erhält die Debitorenbuchhaltung
Rechnungskopien für ihre Buchungen; Buchhaltung und Vertrieb arbeiten mit unter-
schiedlichen Kundennummern und Daten in getrennten, derzeit noch manuell geführten
Unterlagen.)

a) Skizzieren Sie eine zweckmäßige Vorgehensweise für die erstmalige Stammdatenerfassung der Kunden: Welche Teilschritte in welcher Reihenfolge empfehlen Sie
   in diesem Beispiel?

b) Entwerfen Sie einen Kundenstammsatz mit den Ihrer Meinung nach unbedingt erforderlichen Datenfeldern.

c) Nennen Sie weitere Datenfelder, die zusätzlich zu b) in Betracht kommen, und
   erläutern Sie deren mögliche Verwendung.

32.6

Eine Unternehmung will die Mitarbeiter-Fluktuation besser in den Griff bekommen und
plant genaue Auswertungen der Austrittsgründe.

a) Entwerfen Sie einen klassifizierenden Schlüssel für mögliche Austrittsgründe.

b) Stellen Sie die Auswertung der Austrittsgründe in einem EVA-Diagramm dar, das
   auch erkennen läßt, welche Bearbeitungshäufigkeit Sie vorsehen und inwieweit Sie
   an Batch- bzw. Dialogbetrieb denken.

c) Skizzieren Sie die Ausgabe(n) Ihres EVA-Diagramms.

<u>32.7</u>

In der Anlagenrechnung wird eine Reihe von Teilaufgaben abgewickelt:

a) Stellen Sie diese Aufgaben in einem Strukturdiagramm dar.

b) Kennzeichnen Sie die Ihrer Meinung nach wichtigsten Aufgaben der Anlagenrechnung aus diesem Strukturdiagramm.

c) Erläutern Sie knapp die Zielsetzung von *drei* Teilaufgaben der Anlagenrechnung nach Ihrer Wahl.

d) Nennen Sie die Vorteile, die der Computereinsatz für die Teilaufgaben nach c) mit sich bringt.

Literatur

[1] Mertens P (1982) Industrielle Datenverarbeitung 1, Administrations- und Dispositionssysteme. 4. Aufl. Wiesbaden

[2] Mertens P, Griese J (1982) Industrielle Datenverarbeitung 2, Informations- und Planungssysteme. 3. Aufl. Wiesbaden

[3] Stahlknecht P (Hrsg) (1982) EDV-Systeme im Finanz- und Rechnungswesen. Anwendergespräch, Osnabrück, Juni 1982. Springer, Berlin Heidelberg New York

Lösungen

32.1
Dialog- oder Batchlösung

a) Dialoglösungen für die Teilaufgaben	b) Begründung der Dialoglösungen	c) nur Datenerfassung, oder auch Verarbeitung (mit Begründung)
Kundenauftragsbearbeitung		
1. Auftragseingabe und -prüfung (Vollständigkeit, Korrektheit, Kundenbonität, Liefertermin, Deckungsbeitrag)	Reaktion auf Fehler/Probleme sofort möglich, z.B. Ablehnung nicht lohnender Aufträge, Angebot von alternativen Artikeln	Die angenommenen Aufträge sollten gleich verarbeitet, d.h. gespeichert werden; für abgelehnte Aufträge sind statistische Daten fortzuschreiben
2. Auftragszuordnung/Lieferfreigabe	Knappe Ware kann aufgrund menschlicher Entscheidung zugeordnet werden (Vollautomation schwierig).	Das parallele Schreiben von Versandpapieren/Rechnungen ist möglich, aber nicht unbedingt zweckmäßig (wenn z.B. mehrere Zuordnungen nacheinander erfolgen).
Fakturierung		
(3. Fakturierung)	(Nur in Ausnahmefällen sinnvoll, z.B. wenn Kunde Ware abholt und Rechnung benötigt.)	(Erfassung der zugrunde liegenden Daten erfolgte schon bei der Auftragseingabe.)
Debitorenbuchhaltung		
4. Zuordnung von Zahlungseingängen	Vollautomation ist unnötig komplex, menschlicher Eingriff besser (z.B. Beurteilung von Skontoabzug).	Paralleles Buchen der Zahlungseingänge ist möglich (Speicherbuchführung).
5. Eingabe sonstiger Buchungen (z.B. Verzugszinsen, Forderungsausfälle)	Nicht unbedingt notwendig, mehr eine Frage des Komforts, den man der Buchhaltung bieten will.	Paralleles Buchen ist zweckmäßig.
Sonstiges		
6. Stammdatenänderungsdienst	aktuelle Datenbestände, gleichmäßigere Auslastung der Fachabteilung	Änderung parallel zur Eingabe und Prüfung
7. Abfragen und Anzeigen (Kunden, Artikel, Konten, Belege ...)	verbessern die Auskunftsbereitschaft	Verarbeitung, d.h. Anzeige, ist Zweck der Eingabe

d) Probleme können auftreten

  - bei Auswahl/Erstellung geeigneter organisatorischer Lösungen und Programme,
  - durch fehlende Akzeptanz seitens der Mitarbeiter (Bildschirmarbeit),
  - bei der Umstellung vom laufenden auf das neue Verfahren (geschäftsjahres-
    gebundener, fester Umstellungstermin).

  Vorbereitungen:

  - frühzeitige Information der Mitarbeiter,
  - Schulung der Mitarbeiter,
  - stufenweise Umstellung (geringeres Risiko, aber mehr Schnittstellenprobleme),
  - besonders sorgfältige Abnahmetests.

32.2

a) Datensicherheitsrisiken:

  Katastrophenrisiko, Risiko technischer Störungen, Risiko vorsätzlicher Sachbe-
  schädigung, Diebstahlrisiko, Risiko widerrechtlicher Eingriffe (Verfälschen,
  Löschen, Einfügen von Daten), Risiko unbeabsichtigter Einblicke und - zahlen-
  mäßig am wesentlichsten - das Risiko fahrlässiger Kunstfehler (Fehler in Organisation, Programmierung, Dateneingabe, Operating).

b) Das Katastrophenrisiko sowie die Risiken technischer Störungen und vorsätzlicher
  Sachbeschädigungen sind im Vertrieb und in den Personenbuchhaltungen nicht höher
  als in anderen Anwendungssystemen anzusetzen. Dagegen kommen immer wieder Fälle
  des Diebstahls von Kundendaten vor. Auch hinsichtlich widerrechtlicher Eingriffe
  sind diese Anwendungssysteme gefährdeter als andere (Umleitung von ein- oder
  ausgehenden Zahlungen). Unbeabsichtigte Einblicke können aus der Sicht des
  Datenschutzgesetzes kritisch sein, wenn Kunden/Lieferanten natürliche Personen
  sind. Auch die Konsequenzen fahrlässiger Kunstfehler fallen besonders ins Gewicht (Ordnungsmäßigkeit der Buchführung, Verärgerung von Kunden/Lieferanten).

c) Datensicherungsmaßnahmen:

  - Einordnen der Datenbestände in geeignete Sicherheitsklassen, die nach defi-
    nierten Regeln behandelt und gesichert werden,
  - Auswahl und Kontrolle der Mitarbeiter,
  - Zugriff nur für Berechtigte,
  - Prüfungen einbauen (Eingabe- und Ergebnisprüfungen),
  - Prüffähigkeit der Anwendungssysteme sicherstellen,
  - sorgfältige Abnahmetests durchführen.

d) Zugriffsschutz durch Terminalidentifikation, feste Zuordnung zwischen Person und
  Terminal, Schlüssel zum Terminal oder Arbeitsraum, maschinell lesbare Ausweise,
  Paßwörter (auch wechselnde), Sicherungsdialoge, Messung persönlicher Merkmale
  (Sprache, Fingerabdruck usw.).

<u>32.3</u>

a) Positiv ist,

- daß 30 Auslieferungsläger eine schnelle Distribution der leicht verderblichen
  Ware ermöglichen,
- daß eine Tourenplanung erfolgt,
- daß vorbereitete Auftragsbelege in Handschrift schnell und problemlos ergänzt
  werden können.

Negativ erscheint

- die aufwendige, offenbar nicht computerunterstützte Kommissionierung in den
  Niederlassungen,
- die verzögerte Weiterbearbeitung des Lesebelegs, die dazu führt, daß alle
  Auswertungen erst 3 - 5 Tage später vorliegen; das bedeutet z.B., daß Lager-
  bestände im Computer seit 3 - 5 Tagen überholt sind und daß Rechnungen via
  Nachfakturierung mit derselben Verzögerung an Kunden gehen (hohe Zinsverluste
  durch zusätzliche Kapitalbindung in den Debitoren).

b) Die Alternative, die Handschriftbelege direkt an die Zentrale zu senden und
   sämtliche Arbeiten dort erledigen zu lassen (außer der physischen Distribution)
   scheidet aus, da der Postweg zu langsam ist und sich dadurch die Auslieferung
   an die Kunden verzögern würde.

Dezentrale Satelliten oder Stand-alone-Systeme in den Niederlassungen könnten
die Kommissionierung und Fakturierung vornehmen und parallel dazu Daten zur Weitergabe an die Zentrale sammeln. Allerdings müßte dann jede der 30 Niederlassungen über einen Belegleser verfügen, oder die Art der Datenerfassung müßte geändert werden.

Dasselbe würde gelten, wenn die Niederlassungen mit intelligenten Terminals und
Druckern on-line an die Zentrale angeschlossen würden. Bei dieser und bei der
vorhergehenden Alternative ist auch zu beachten, daß 5000 bis 6000 Lieferscheine/
Rechnungen täglich, verteilt auf 30 Niederlassungen, täglich je Niederlassung
das relativ kleine Datenvolumen von 167 bis 200 Lieferscheinen/Rechnungen ergeben.

Eine vierte, von Oetker tatsächlich eingeführte Lösung stellt die mobile Datenerfassung durch den Außendienst und Weiterleitung der Daten an die Zentrale
durch das Telephonnetz dar. Die Auftragslaufzeit konnte dadurch entscheidend
verkürzt werden.

c) Alternative mit mobiler Datenerfassung

Eingabe	Verarbeitung	Ausgabe
Tourenbuch ⟶	1. Auftragserfassung beim Kunden mit mobilem Datenerfassungsgerät und Auftragsbeleg ⟶	Auftragsbeleg
Auftragsbeleg ⟶	2. Weitergabe des Auftragsbelegs an die Niederlassung. Kommissionierung und Distribution wie bisher ⟶	Versandpapiere, Lieferung an Kunden
	3. Überspielen der notfalls korrigierten Auftragsdaten vom mobilen Datenerfassungsgerät über Telephonleitung an die Zentrale ⟶	Auftragsdaten in Zentrale
Auftragsdaten in Zentrale ⟶ Kunden-, Artikel- und sonstige Stammdaten ⟶	4. Zentrale Auftragsbearbeitung, Fakturierung und Bestandsführung ⟶	Kunden-, Artikel- und sonstige Stammdaten Rechnungen Transferdaten (Buchhaltung, Verkaufsstatistik, Fahrerabrechnung, Außendienstabrechnung)

<u>32.4</u>

Vorgegebene Dateien	a) Durch die Fakturierung entstehende neue Informationen	c) Parallel zur Fakturierung übernehmen: ja oder nein?
Kunden	Fortschreibung verschiedener Bestandsdaten, die durch die Rechnung angesprochen sind	Ja, auf den Kundenstammsatz muß ohnehin zugegriffen werden
Artikel	Mengen- und wertmäßiger Abgang an Kunden, Fortschreibung von Bestandsdaten	Ja, auf den Artikelstammsatz muß ohnehin zugegriffen werden
Verkaufsbezirke	Fortschreibung von Umsätzen/ Deckungsbeiträgen gesamt, nach Artikelgruppen, -rangstufen, Kundengruppen, -rangstufen usw.	Parallele Übernahme möglich, aber nicht zwingend erforderlich
Offene Kundenaufträge	Löschen/Kennzeichnen als erledigter Auftrag, ggfs. Bildung von Rückstandsaufträgen	Ja, weil Zugriff ohnehin erforderlich
Vertriebsstatistik (nach Kunden-/ Artikelgruppen)	Fortschreibung von Umsätzen/ Deckungsbeiträgen/Rabatten/ Rückständen nach Kunden-/ Artikelgruppen, Rangstufen, evtl. auch nach Regionen, evtl. auch mehrstufig	Parallele Übernahme möglich, aber nicht zwingend erforderlich
Managementdatei	Aktualisieren von Kennzahlen auf hoher Verdichtungsebene	Nein, da wegen zufälliger Tagesschwankungen keine tägliche Aktualisierung der Managementdatei vorgesehen
Aktionsdatei	Aktionsbezogene Verkaufsdaten (Umsätze, Deckungsbeiträge, Rabatte ...)	Parallele Übernahme möglich, aber nicht zwingend erforderlich
Offene Posten Debitoren	Neue offene Posten	Im allgemeinen nein, Erstellung einer Transferdatei für die Buchhaltung

b) *Kunden:*

Umsatz, auch gegliedert nach Artikelgruppen oder -rangstufen (im Fakturierungsprogramm ermittelt); Deckungsbeitrag, ggfs. auch untergliedert (Ermittlung im Fakturierungsprogramm, Deckungsbeiträge stammen aus den Artikelstammsätzen); bonuspflichtiger Umsatz (im Fakturierungsprogramm ermittelt); aufgelaufene Preisnachlässe/Rabatte (im Fakturierungsprogramm ermittelt); neuer Saldo (im Fakturierungsprogramm ermittelt); Datum der letzten Lieferung (im Normalfall Datum der Rechnungserstellung aus dem Fakturierungsprogramm); Summe Rechnungen/ Lieferungen im laufenden Jahr/Periode (im Fakturierungsprogramm ermittelt).

Artikel:

Artikelbestand, mengen- und wertmäßig; aufgelaufene Umsätze, mengen- und wertmäßig, ggfs. untergliedert nach Kundengruppen/-rangstufen und/oder nach Lagerorten (die auslösenden Daten stammen aus den offenen Kundenaufträgen bzw. aus
der Lieferfreigabe/Lieferscheinschreibung); Rabatte/Preisnachlässe je Artikel
(aus offenen Kundenaufträgen); Auftragsbestand des Artikels nach Menge und Wert
sowie Rückstandsmenge (durch Vergleich der Fakturierungsdaten mit offenen Kundenaufträgen im Fakturierungsprogramm ermittelt).

32.5

a) Stammdatenerfassung:

1. Für Vertrieb und Buchhaltung soll aus Integrationsgründen nur *eine* Kundendatei erstellt werden; es muß also für einheitliche Daten und für die Auf-
   nahme aller der Datenfelder Sorge getragen werden, die im Vertrieb und/oder
   in der Debitorenbuchhaltung schon jetzt bzw. im Rahmen der neuen organisatorischen Lösung benötigt werden.

2. Sind die vorhandenen Unterlagen über die Kunden: nicht redundant, vollständig, aktuell? Welche Unterlagen sind qualitativ besser, die des Vertriebs
   oder die der Buchhaltung?

3. Entwurf eines Datenerfassungsbelegs (eine direkte Eingabe aus vorhandenen
   Unterlagen durch Fachkräfte am Terminal ist nur bei entsprechender Qualität/
   Vollständigkeit dieser Unterlagen möglich).

4. Festlegen, wer wann wo und in welcher Reihenfolge welche Daten im Beleg ein-
   trägt.

5. Prüfungen der erfaßten Daten fixieren und in Übernahmeprogramme einbauen.

6. Änderungsdienst ab Erfassung organisieren.

7. Übernahme der Bestandsdaten zum Umstellungszeitpunkt organisieren.

8. Termin- und Personalplanung für die eigentliche Erfassungs- und Übernahme-
   arbeit entwickeln; für zentrale Koordination aller Arbeiten sorgen.

b) Notwendige Datenfelder des Kundenstammsatzes:

Kundennummer, Name, Anschrift(en), Verkaufsbezirk, Kundengruppe, Versandart,
Kreditlimit, Saldo, Verkehrszahlen Soll und Haben, aufgelaufener Umsatz (evtl.
nach Artikelgruppen), offener Auftragsbestand, Umsatz Vorperiode(n) (ggfs. nach
Artikelgruppen), Datum der letzten Buchung, bei konventioneller DV-Buchführung
Seitenzahl Kontoauszug, Zahlungsbedingungsschlüssel.

Im Übergangsbereich zu c) liegen Datenfelder wie: Region des Kunden, zuständiger
Verkaufssachbearbeiter, Branche, Entfernungszone, Belieferung ab Außenlager,

Sammelrechnung, Rabatt-/Preisschlüssel je Artikelgruppe, Zahlungsart, Bonus-
schlüssel, bonuspflichtiger Umsatz, ausbezahlte Boni, Skonti, aufgelaufener
Deckungsbeitrag laufendes Jahr und Vorperiode(n), Außendienstprovisionen, Mahn-
gruppenschlüssel, aufgelaufene Verzugszinsen.

c) Zusätzliche Datenfelder   Mögliche Verwendung

Zusätzliche Datenfelder	Mögliche Verwendung
Kurzanschrift, Angaben zur Alpha-sortierung	aussagefähiger in Bildschirmanzeige, Auswertungslisten
Kontaktpersonen beim Kunden	für Vertriebsberichterstattung, Werbungsmaßnahmen
Lieferantennummer beim Kunden	auf Wunsch des Kunden (Service)
Anzahl Rechnungskopien	Service gegenüber dem Kunden (bei Druckern mit Durchschlagerstellung aber problematisch)
Währungs-, Sprachschlüssel	für Auslandskunden
Datum letzte Auskunft	zur Prüfung der Bonität
Bankverbindung	für das Bankeinzugsverfahren
unerlaubte Abzüge	Überprüfung des Kunden auf absichtlich unseriöses Verhalten, Nachberechnung
überlassenes Werbematerial	zur Steuerung von Werbung, Werbungsbudget
größter bisheriger Auftrag, durchschnittliche Auftragsgröße, Datum des letzten Auftrags, Bestellhäufigkeit	zur besseren Steuerung und statistischen Auswertung im Vertrieb

(usw.)

32.6

a) Ein klassifizierender Schlüssel für Austrittsgründe sollte eine Differenzierung
   nach folgenden Gründen ermöglichen:

   - Kündigung durch Unternehmung oder durch den Mitarbeiter, normal oder fristlos;

   - Kündigung wegen: Erreichen der Altersgrenze/Invalidität/Tod; in oder zu Ende
     der Probezeit; von vornherein befristetes Arbeitsverhältnis; schlechte fach-
     liche Leistungen; negative Beeinflussung des Betriebsklimas; bessere Entwick-
     lungsmöglichkeiten außerhalb der Firma; höheres Einkommen außerhalb der Firma;
     private Gründe; Unzufriedenheit mit dem Aufgabengebiet; Fortbildung/Berufs-
     wechsel; Unzufriedenheit mit Wohn- oder Verkehrsverhältnissen; schlechte
     Beziehung zum Vorgesetzten; Unzufriedenheit mit dem Betriebsklima.

b) 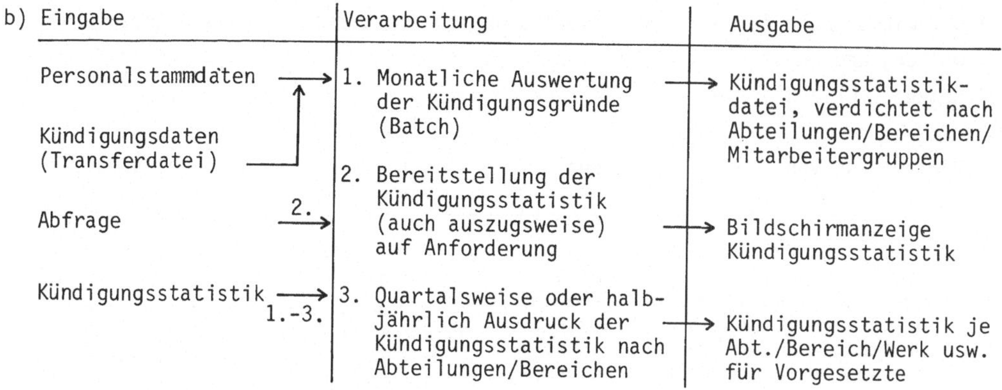

c) Kündigungsstatistik(en)

Verdichtungsstufen bilden einerseits Abteilungen/Hauptabteilungen/Bereiche/
Werke/Gesamtunternehmung (Weitergabe an die Führungskräfte) und andererseits
unterschiedliche Mitarbeitergruppen wie Arbeiter/Angestellte, männlich/weiblich,
Altersgruppen, Dauer der Betriebszugehörigkeit, Hierarchiestufen, evtl. auch
Berufsgruppen, Vorbildung usw. Wichtig ist die Bereitstellung von Vergleichs-
zahlen aus früheren Perioden in der Kündigungsstatistikdatei und von Vergleichs-
zahlen aus der Branche/Region usw. Auf der Grundlage der beschriebenen Möglichkeiten sind verschiedene Sortierordnungen/Verdichtungen miteinander kombinier-
bar; Abfragen können ebenfalls variabel vorgesehen werden. Nur die ausgedruckte
Statistik pro Quartal/Halbjahr wird einen festgelegten Aufbau über längere Zeit
beibehalten. Die Kündigungsstatistikdatei muß alle Daten auf der niedrigsten
Verdichtungsstufe für die gewünschten Zeiträume enthalten.

<u>32.7</u>

a)

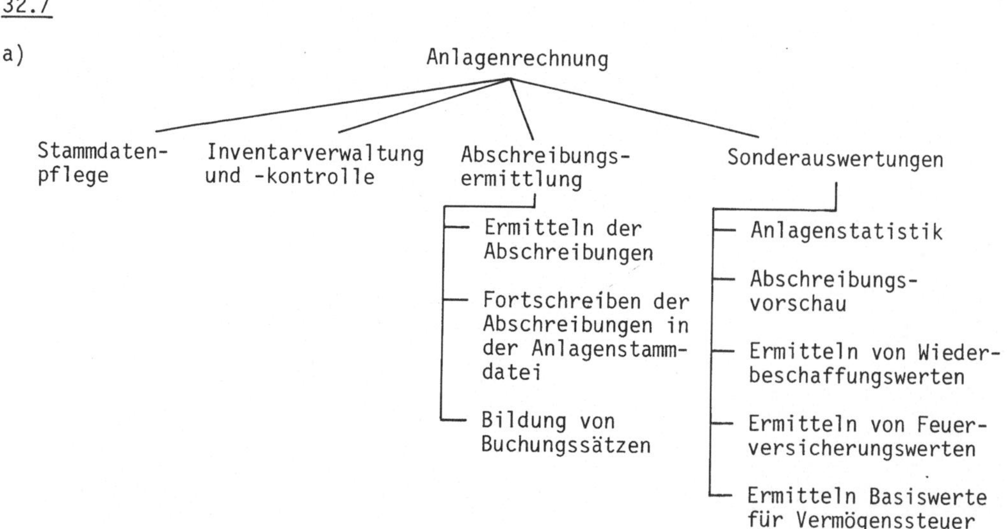

b) Die wichtigsten Aufgaben sind die Abschreibungsermittlung und die Inventarver-
   waltung und -kontrolle, wobei eine korrekte Stammdatenpflege zwingende Voraus-
   setzung für den korrekten Ablauf der gesamten Anlagenrechnung ist.

c) Zielsetzung von drei Teilaufgaben	d) Vorteile des Computereinsatzes für diese Teilaufgaben
1. Die Inventarverwaltung und -kontrolle unterstützt die Erstellung des gesetzlich vorgeschriebenen Bestandsverzeichnisses, die Abstimmung zur Sachbuchhaltung und die kostenstellenbezogene Bestandskontrolle.	Die aufwendige Führung von Karteikarten entfällt. Umsortierungen (nach Inventarnummern, Anlagekonten, Kostenstellen) sind maschinell schnell und zuverlässig möglich.
2. Abschreibungen gehen auf technische, wirtschaftliche und rechtliche Gründe zurück. Verschiedene Abschreibungsarten und -verfahren (bilanziell - kalkulatorisch; Einzel-, Sammelabschreibungen; indirekte - direkte Abschreibung; lineare - degressive Abschreibung usw.) ermöglichen, parallel angewandt, eine höhere Transparenz des Betriebsgeschehens auf dem Anlagensektor.	Verschiedene Abschreibungsarten/ -verfahren gemischt oder parallel anzuwenden, ist bei manueller Abwicklung vom Arbeitsaufwand her problematisch.
3. Anlagenstatistik, z.B. nach Maschinengruppen mit Alter, Reparaturkosten, voll abgeschriebenen Anlagen usw., erlaubt eine zukunftsbezogene Bewertung des Anlagenpotentials und erforderlicher Reinvestitionen.	Die manuelle Sammlung und Führung solcher Daten wäre zu zeitaufwendig und zudem fehleranfällig.

Neue Lehrbuchreihe – Informatik

Neuerscheinungen

F. L. Bauer, H. Wössner

Algorithmische Sprache und Programmentwicklung

Unter Mitarbeit von H. Partsch, P. Pepper
2., verbesserte Auflage. 1984. 109 Abbildungen.
XV, 513 Seiten. Gebunden DM 79,–. ISBN 3-540-12962-6

Inhaltsübersicht: Propädeutik des Algorithmenbegriffs. –
Rechenvorschriften. – Objekte und Objektstrukturen. –
Rechenstrukturen. – Überführung in repetitive Form. –
Programmvariable. – Ablaufbestimmende Elemente. –
Organisierte Speicher und Geflechte. – Programmieren als
Entwicklungsprozeß. – Literaturverzeichnis. – Quellenan-
gaben. – Sach- und Namenverzeichnis. – Glossar.

H. A. Klaeren

Algebraische Spezifikation

Eine Einführung
1983. VII, 235 Seiten. DM 49,–. ISBN 3-540-12256-7

Inhaltsübersicht: Einleitung. – Abstrakte Strukturen. –
Gleichungen, Spezifikationen. – Rechnungen in Glei-
chungssystemen. – Erweiterungen von Gleichungsspezifi-
kationen. – Finale Semantik. – Behandlung von Ausnah-
mezuständen. – Implementierungen von Gleichungsspezi-
fikationen. – Abstrakte Software-Spezifikationen. – Korrektheit von Spezifikationen. – Parametrisierte Spezifikationen.
– Praktischer Einsatz algebraischer Spezifikationen. –
Anwendungsbeispiel. – Lösungen zu den Aufgaben. –
Bibliographie. – Stichwortverzeichnis.

A. Bode, W. Händler

Rechnerarchitektur II

Strukturen
1983. 164 Abbildungen. XI, 328 Seiten
DM 49,–. ISBN 3-540-12267-2

Inhaltsübersicht: Klassifikation von Rechnerstrukturen: das
Erlanger Klassifikations System (ECS). – Parallelismus,
Virtualität und Sprachorientierung in den klassischen
Universalrechnerfamilien. – Pipelining. – Nebenläufigkeit.
– Adaptierbarkeit. – Literatur. – Stichwortverzeichnis.

R. Marty

Methodik der Programmierung in Pascal

1983. 33 vollständige Programmbeispiele. IX, 201 Seiten
DM 39,–. ISBN 3-540-12018-1

Inhaltsübersicht: Einleitung. – Rechnen mit ganzen
Zahlen. – Rechnen mit reellen Zahlen. – Selektive Ausfüh-
rung von Anweisungen. – Repetitive Ausführung von
Anweisungen. – Mehr über einfache Datentypen. – Felder.
– Prozeduren und Funktionen. – Records. – Mengen. –
Dynamische Variablen. – Dateien (Files). – Rekursive
Programmierung. – Programmverzweigungen in Ausnah-
mesituationen. – Anhang A: Syntaxdiagramme. – Anhang
B: Auswahl weiterführender Literatur. – Stichwortver-
zeichnis.

Systemanalyse

DV-Einsatzplanung
Von P. C. Lockemann, A. Schreiner, H. Trauboth,
M. Klopprogge
1983. 119 Abbildungen. XIV, 342 Seiten
Gebunden DM 49,50. ISBN 3-540-11893-4

Inhaltsübersicht: Das Unternehmen als Gegenstand der
Systemanalyse. – DV-Systeme im Unternehmen. – Stufen-
gliederung von DV-Projekten. – Arbeitsschritte. – Arbeits-
techniken. – Dokumentation. – Führung von DV-
Projekten. – Anhang A: Systemanalyse für ein kleineres
Unternehmen. – Anhang B: Fallstudie SAP. – Literaturverzeichnis. – Sachverzeichnis.

W. Heise, P. Quattrocchi

Informations- und Codierungstheorie

**Mathematische Grundlagen der Daten-Kompression und
-Sicherung in diskreten Kommunikationssystemen**
1983. 62 Abbildungen. X, 370 Seiten
DM 69,–. ISBN 3-540-12774-7

Inhaltsübersicht: Einleitung. – Grundlagen der Codierung.
– Quellen und Kanäle. – Information. – Quellencodierung.
– Kanalcodierung. – Informations- und Korrekturrate von
Blockcodes. – Algebraische Grundlagen der Codierungs-
theorie. – Lineare Codes. – Zyklische Codes. – Konvolu-
tions-Codes. – Literaturverzeichnis. – Stichwortverzeichnis.

H. Niemann

Klassifikation von Mustern

1983. 77 Abbildungen. X, 340 Seiten
DM 59,–. ISBN 3-540-12642-2

Inhaltsübersicht: Einführung. – Vorverarbeitung. – Merkmale. – Numerische Klassifikation. – Nichtnumerische
(syntaktische) Klassifikation. – Ein Klassifikationssystem. –
Literatur. – Sachregister.

Springer-Verlag
Berlin
Heidelberg
New York
Tokyo